中国酒城·醉美泸州

一座酿造幸福的城市

泸州年鉴

2018

LUZHOU YEARBOOK

泸 州 市 人 民 政 府　主办
泸州市地方志办公室　主编

方志出版社

图书在版编目(CIP)数据

泸州年鉴. 2018 / 泸州市地方志办公室编.--
北京：方志出版社，2018.9

ISBN 978-7-5144-3327-2

Ⅰ.①泸… Ⅱ.①泸… Ⅲ.①泸州市-2018-年鉴
Ⅳ.①Z527.14

中国版本图书馆CIP数据核字(2018)第223848号

泸州年鉴(2018)

编　　者：	泸州市地方志办公室
责任编辑：	罗　滔
出 版 人：	冀祥德
出 版 者：	方志出版社
	地址　北京市朝阳区潘家园东里9号(国家方志馆4层)
	邮编　100021
	网址　http://www.fzph.org
发　　行：	方志出版社图书经销中心
	电话(010) 67110500
经　　销：	各地新华书店
印　　刷：	四川川印印刷有限公司
开　　本：	889×1194　　1/16
印　　张：	28
字　　数：	703千字
版　　次：	2018年9月第1版　　2018年9月第1次印刷
印　　数：	0001~1000册
ISBN	978-7-5144-3327-2　　**定价：**260.00元

泸州市地图

四川省标准地图·基础要素版

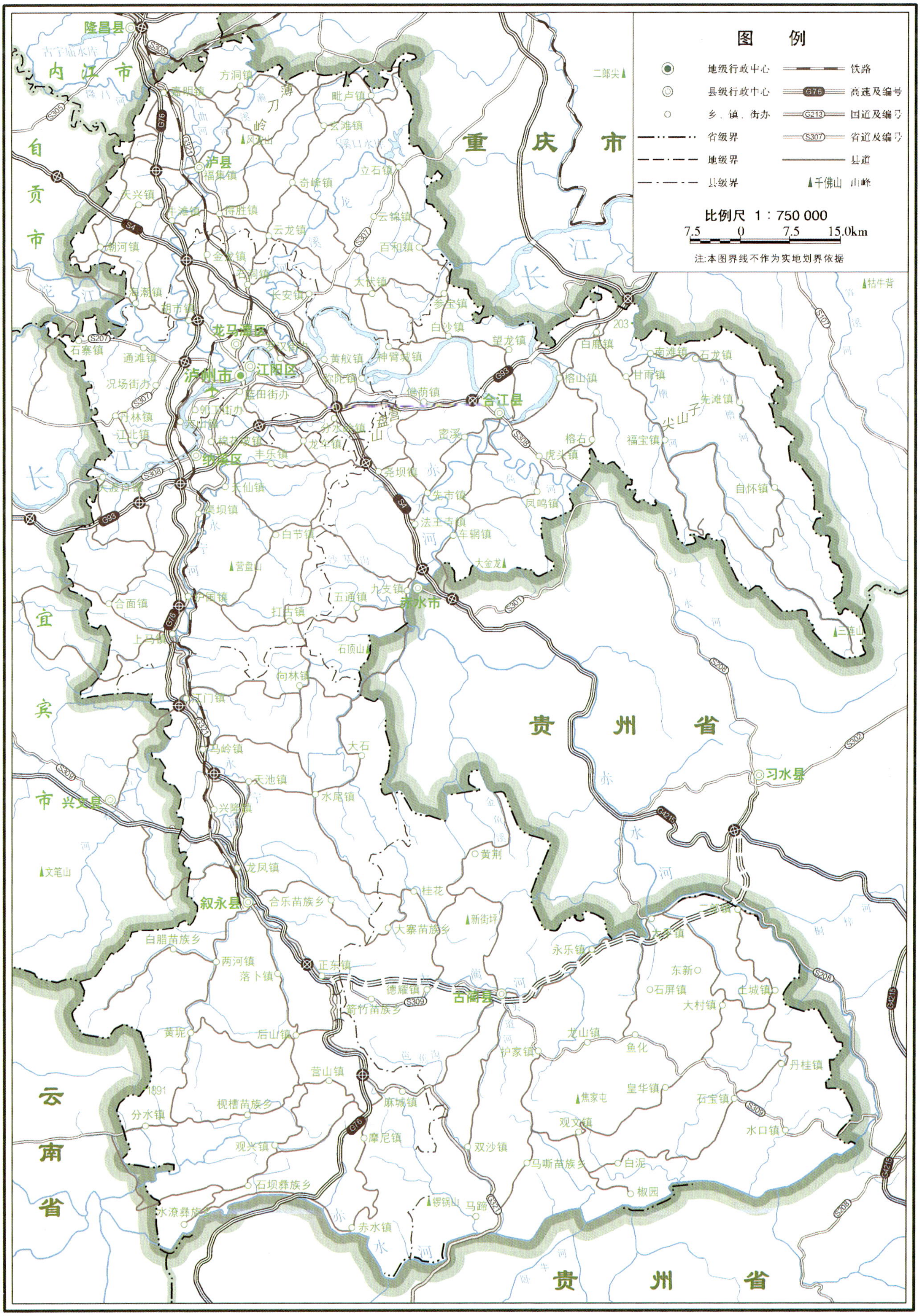

审图号：图川审（2016）018号

2016年5月 四川省测绘地理信息局制

项目建设

2017年11月17日，成渝高速环线泸渝段通过竣工验收

2017年11月23日,华为四川大数据中心上线

兴泸远大PC构件生产车间

古蔺县朝门水库水源工程枢纽

加宽改造后的沱江二桥

泸州市人民医院新院区

云龙机场建设施工现场

长江六桥施工现场

中航传动生产线

产业转型

2017年10月29日，2017年四季度全市重大工业和信息化项目集中开工仪式在泸州国家高新区泸州金能移动能源产业园一期项目建设现场举行

2017年12月12日，泸州市酒类企业加入川酒集团集中签约

2017年12月16日，步步高综合体开业

建设中的万达广场

“泸州造”首台新能源电动车

泸县电商孵化运营中心

黄荆八节洞生态旅游游人如织

泸州步长生物制药有限公司建设现场

海吉星农产品物流园

董允坝现代农业示范园区

区域中心城市建设

2017年9月26日，泸州市接受国家新型城镇化试点评估

2017年12月21日，泸州市创建全国文明城市总结表彰大会在泸州电视台演播大厅举行

城区照明景观工程（一期）

施工中的沱江新城北滨公园

沱江新城整体城镇化建设现场

二环路倒流河北侧菱形立交箱梁制作安装

蓝安路白加黑工程

鸭儿凼污水处理厂提标扩容工程

四川自贸区川南临港片区

2017年4月1日，省长尹力为四川自贸区成都片区、川南临港片区授牌

2017年5月16日，颁发广州市南沙自贸区首张异地营业执照

2017年5月26日，国际贸易单一窗口上线

2017年9月14日，泸州港开通每日一班集装箱货轮直发上海

2017年9月18日，泸县晚熟龙眼供港澳专车首发仪式

中国（四川）自由贸易试验区川南临港片区办公楼

自贸区大厅服务台

改革创新

2017年6月15日，国土资源部督察泸县农村土地制度改革三项试点工作

2017年8月25日，泸州市发起成立人才创新创业投资基金

2017年12月17日，全国“深化农村土地改革　实施乡村振兴战略”研讨会在泸县召开

2017年9月29日，第五届中国（泸州）西南商品博览会开幕式

2017年11月21日，泸州市深化国家监察体制改革工作小组工作会召开

2017中国国际酒业博览会盛况

农业农村改革：董允坝蔬菜“工厂”

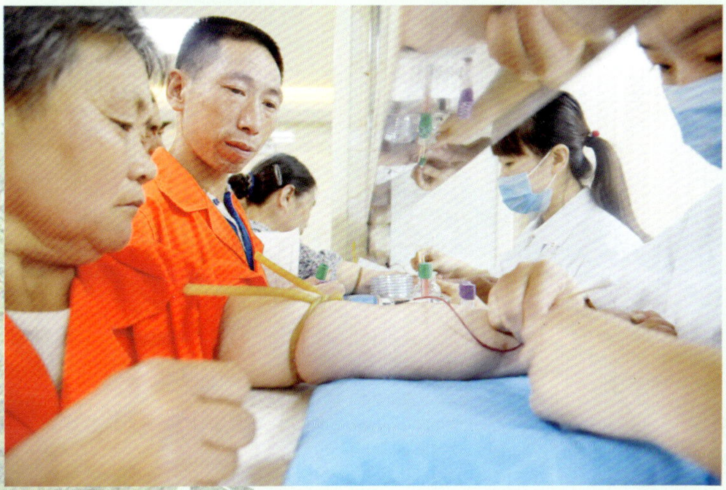

全民预防保健试点：2017年6月23日，泸州市叙永县叙永镇卫生院为环卫工人进行健康体检

深入推进农电体制改革，全面完成150个行政村农网升级改造

脱贫攻坚

2017年9月7日，部分在泸州的全国、省人大代表到叙永县专题调研脱贫攻坚工作和经济社会发展情况

2017年1月11日，市脱贫攻坚青年电商培训基地淘宝大学中爱电商学院揭牌仪式在叙永举行

叙永县扶贫岗位送进村

合江县榕山镇回洞桥村扶贫车间

古蔺县农村扶贫公路

古蔺县山地烤烟示范园区

泸州市甘蔗产业助脱贫

古蔺县黄荆乡金鱼溪聚居点

泸州市高粱产业助脱贫

民生和社会事业

2017年6月15日，市人医三级甲等综合医院评审现场评价院长汇报会召开

42个贫困村文化室通过达标验收

茜草居民棚改搬新家

国际诗酒文化大会

2017年就业援助月“就业帮扶、真情相助”专场招聘

2017年7月22日，张坝体育公园

泸州市民族团结进步创建进社区

梓橦路小学渔子溪学校运动场

生态环境

2017年10月26日，市委副书记、市长刘强现场督导砂石堆场整治规范和转运工作

2017年9月4日，泸州市沱江流域综合治理暨沱江河长制工作领导小组会议召开

2017年4月7日，长江干流出川断面突发环境事件应急演练

2017年泸县龙鱼谭坡耕地水土流失综合治理项目区

泸县得胜镇马溪河环境治理工程

玉带河生态主题公园

会议、活动

2017年3月18日，省委副书记、省长尹力在中国国际酒业博览会开幕式上致辞

2017年12月22日，中共泸州市委八届四次全体会议召开

2017年2月14日，市纪委八届二次全会召开

2017年1月6-9日，泸州市第八届人民代表大会第一次会议在泸州巨洋国际会议中心举行

2017年1月9日，新当选的泸州市第八届人民代表大会常务委员会组成人员及市人民政府市长、副市长在泸州巨洋国际会议中心向宪法宣誓

2017年1月9日，新当选的泸州市第八届人民代表大会常务委员会组成人员及市人民政府市长、副市长在泸州巨洋国际会议中心向宪法宣誓

2017年12月29日，市第八届人民代表大会第二次会议选举市委常委、市纪委书记杨晓为泸州市首届监察委员会主任

2017年1月5-8日，政协泸州市第八届一次会议在巨洋会议中心举行

2017年2月24日，泸州市创建全国文明城市工作攻坚会召开

2017年6月24日，“泸顺起义——中国共产党武装起义的先声”学术研讨会召开

党史地方志工作

2017年9月27日，中央文献研究室副主任张宏志在古蔺县太平镇中央红军四渡赤水太平渡驻地太平长征街调研

2017年10月11日，市委常委、副市长许先春到贵州省毕节市七星关区林口镇鸡鸣三省村等地考察调研

2017年5月17日，省委党史研究室副主任李仁在泸州调研党史工作

2017年11月23日，省地方志办公室主任马小彬到古蔺县桂花乡田坝村宣讲党的十九大精神

2017年7月7日，护国人文学院和四渡赤水干部学院建设三区党校融合发展工作文史研究小组会议

2017年泸州市党史地方志工作会

2017年 12月18日，《泸州经济开发区志（1992-2015）》评审会

2017年12月12日，《中国共产党泸州历史二卷》评审会

编辑说明

一、《泸州年鉴（2018）》坚持以马克思列宁主义、毛泽东思想、邓小平理论、“三个代表”重要思想、科学发展观、习近平新时代中国特色社会主义思想为指导，坚持辩证唯物主义和历史唯物主义的立场、观点和方法，坚持思想性、科学性和历史性的有机统一。全面、系统、翔实记载上一年度泸州市国民经济和社会发展的新进展，为泸州市统筹推进“四个全面”和奋力争创全省经济副中心服务。

二、本年鉴记述地域范围为泸州市现辖三区四县，以城市为记述重点，收录时限为2017年1月1日—2017年12月31日。采用分类编辑法，原则上设类目、分目、条目3个层次。有以下类目：彩页图片、专题记述、大事记、市情、中国共产党泸州市委员会、泸州市人民代表大会、泸州市人民政府、中国人民政治协商会议泸州市委员会、民主党派、社会团体、法治、军事、综合管理与监督、工业、农业·水利·气象、商业贸易、财政·税务、金融、城建·环保、交通、邮政·信息产业、科技·教育、文化体育、新闻出版、广播电视、卫生和计划生育、社会生活、区情县情、附录。

三、本年鉴使用现代语体文记述，执行国家关于出版物的有关标准和中国地方志指导小组《地方综合年鉴出版规定（试行）》。语言文字、标点符号、数字、计量单位的使用按国家有关标准执行。

四、本年鉴统计数据来源于泸州市统计局，正文中数据来源于各供稿单位。

供稿单位、责任人、撰稿人一览表

（排名不分先后）

供稿单位	责任人	撰稿人
中国共产党泸州市委员会办公室	易泽莲	张　毅　杨列健　钟　海
中国共产党泸州市纪律检查委员会 泸州市监察委员会	李建彬	李文娟
中国共产党泸州市委员会组织部	宋　勇	张友法
中国共产党泸州市委员会宣传部	阮小梅	周顺锋
中国共产党泸州市委员会统战部	韩俊平	易小飞
中国共产党泸州市委员会政法委员会	文耀全	杨　野
中国共产党泸州市委员会政策研究室	周　岚	宋燕美
中国共产党泸州市委员会台湾工作办公室	谢先海	江　涛
中国共产党泸州市委员会农村工作办公室	李仁军	李长江
中国共产党泸州市委员会机构编制委员会办公室	李春艳	陈　磊
中国共产党泸州市委巡察工作领导小组办公室	黄义明	周　娟
中国共产党泸州市直属机关工作委员会	张　兵	赵　涛
中国共产党泸州市委员会保密委员会办公室	张　伟	冯友平　杨静梅
中国共产党泸州市委员会党校	袁小宏	桂秋英
中国共产党泸州市委员会党史研究室 泸州市地方志编纂委员会办公室	邱　俊	佟德茹
中国共产党泸州市委员会老干部局	肖天云	杨　睿
中国共产党泸州市委员会群众工作局	熊克伟	李剑春
中国共产党泸州市委员会机要局	戚　勇	张　韬
泸州市机关事务管理局	徐春桃	阮　勇
泸州市人民代表大会常务委员会办公室	罗章海	杨　英　周　勋

续表

供稿单位	责任人	撰稿人
泸州市人民政府办公室	刘志勇	张　红
泸州市人民政府法制办公室	范永友	刘大权　何玉兰
泸州市人民政府物流和口岸办公室	冉国才	杨　岭
泸州市人民政府应急管理办公室	张洪磊	杨　昆
泸州市政务服务中心	周永革	谢大忠
泸州市扶贫和移民工作局	李小平	王　露
泸州市仲裁委员会	王　敏	邓　静
泸州市人力资源和社会保障局	陈智坚	吴成虎
泸州市民政局	卓　彬	王文兵
泸州市老龄工作委员会办公室	袁　红	陈　静
泸州市卫生和计划生育委员会	涂曲平	岑龙柱
泸州市民族宗教事务局	熊华跃	马国伟
泸州市外事侨务旅游局	向章明	万永静　刘　锐
泸州市档案局	丁　涛	韦佳利
中国人民政治协商会议泸州市委员会办公室	刘鹏飞	欧正聪　施崇亮
中国国民党革命委员会泸州市委员会	熊　丽	厉建永
中国民主同盟泸州市委员会	杨静喜	王珈英
中国民主建国会泸州市委员会	蓝　松	胡　晔
中国农工民主党泸州市委员会	卢赐恩	刘天明
中国致公党泸州市委员会	张永志	李　力
九三学社泸州市委员会	吴　源	邓明聪
泸州市工商业联合会	郑　理	朱富林
泸州市总工会	汪国莉	龙　潜
中国共产主义青年团泸州市委员会	刘　波	曾依慧
泸州市妇女联合会	刘　瑶	李亚平
泸州市残疾人联合会	徐　勇	王　娟
泸州市红十字会	李家秀	袁红梅
泸州市文学艺术界联合会	虞　潜	李　琴
中国人民解放军四川省泸州军分区	李建军	黄　胜

续表

供稿单位	责任人	撰稿人
中国人民武装警察部队泸州市支队	肖祥喜	刘　诗
泸州市人民防空办公室	唐　华	黄筱棠
泸州市公安消防支队	邹登全	王　鹏
泸州市公安局	聂海波	王　莉
泸州市人民检察院	赵　平	雷长彬
泸州市中级人民法院	吴洪汛	黄　俊
泸州市司法局	王亚强	张　林
泸州市发展和改革委员会	赵林春	陈　艺
泸州市工商行政管理局	徐　俭	范　雨
泸州市统计局	包　蓉	赵世伟
泸州市审计局	古　刚	魏宁航
长江航运公安局泸州分局	刘开林	潘　杰
国家统计局泸州调查队	罗　拥	刘　星
泸州市质量技术监督管理局	赵治力	万丕焱
泸州出入境检验检疫局	李　跃	于　垚
成都海关驻泸州办事处	付现民	屈成刚
泸州市国土资源局	江　勇	李　刚
泸州市食品药品监督管理局	曾　平	明　俊
泸州市投资促进局	雷文强	陈军文
泸州市安全生产监督管理局	马水利	刘　洋
泸州市商务局	林小勇	陈　欣
泸州经济和信息化委员会	张　红	廖相林　阳雨燕
中国（四川）自由贸易试验区川南临港片区管委会	魏蓉蓉	赵　飞
泸州国家高新区管理委员会	张元平	陈美丽
泸州长江经济开发区管理委员会	刘小兰	阮必兰
泸州市两江新城建设管理委员会	施崇欢	艾李健
国网四川省电力公司泸州供电公司	王　涛	李栋斌
四川泸州川南发电有限责任公司	黄　松	陈　瑾
四川长江工程起重机有限责任公司	李明富	岳小娅

续表

供稿单位	责任人	撰稿人
四川邦立重机有限责任公司	肖有宪	徐德强
四川长江液压件有限责任公司	阳　云	缪艳梅
泸州老窖股份有限公司	王洪波	赵明利
四川郎酒股份有限公司	刘　涛	胡基权
泸州市工业投资集团	周　峰	孙方义
泸州市兴泸投资集团	代志伟	彭　颖
泸州市交通投资集团有限责任公司	王洪禹	熊　竹
泸州市文化旅游发展投资集团有限公司	赵元柱	王立云　邱有收
青岛啤酒（泸州）有限公司	栾忠先	朱冠勇
中国白酒金三角酒业园区	袁晓彬	张　涛　曾　之
泸天化集团公司	吴冬萍	朱官忠
泸州北方化学工业有限公司	杨　林	谭文静
中海沥青（四川）有限公司	陈　利	周　礼
泸州市农业局	常　敏	周同海
泸州市林业局	李秋霖	罗　茹
泸州市水务局	谢　芳	梁　静
泸州市气象局	周家德	王　翔
泸州市交通运输局	朱晓群	周　琴
泸州市航务管理局	刘　冰	陈国强
长江泸州航道局	段原昌	周　菠
泸州海事局	王华才	刘育富　张倍源
川铁泸州铁路有限责任公司	张　庆	许小翠
泸州市民航管理局	漆会强	李琢璋
泸州市邮政管理局	虞卫国	王　芹
四川邮政公司泸州市分公司	钱洪斌	赵维丽
中国电信股份有限公司泸州分公司	陈　鸿	王欣越
中国移动通信集团四川有限公司泸州分公司	吴　超	冯　创
中国联合网络通信有限公司泸州市分公司	彭仁锋	钟夏夏
泸州市住房和城乡建设局	王晓谦	康　熙

续表

供稿单位	责任人	撰稿人
泸州市城乡规划管理局	陈　军	杨其江
泸州市城市管理行政执法局	黄生群	龙雅驰
泸州市环境保护局	傅　涌	税　颛
泸州市烟草专卖局	张映才	刘　蓉　兰　海
泸州市供销社	陈晓荣	李光凤
泸州市国有资产管理委员会	喻志强	刘潇阳
泸州市财政局	刘明春	王　毅
泸州市地方税务局	简　锐	李　芳　文　练
泸州市国家税务局	周建伟	余兆斌　彭　华
泸州市金融办公室	周红剑	张　勇
中国银行业监督管理委员会泸州监管分局	曾安全	刘　伟
中国人民银行泸州市中心支行	鲁剑雄	刘艺涵
中国农业发展银行泸州市分行	张晓峰	钟德强
中国农业银行股份有限公司泸州分行	陈良凯	武亚波
中国工商银行股份有限公司泸州分行	张黎明	陈江浩
中国建设银行股份有限公司泸州分行	代建勇	叶　霖
中国银行股份有限公司泸州分行	康　宇	幸　勇
交通银行股份有限公司泸州分行	阳彦富	宋华军
招商银行股份有限公司泸州分行	张德平	余龙泉
中国邮政储蓄银行股份有限公司泸州市分行	黄　河	牟　聪
泸州市商业银行	刘仕荣	付荟如
四川省农村信用社联合社泸州办事处	唐一平	任玉琦
中国人民财产保险股份有限公司泸州市分公司	王　敏	屈清莲
中国人寿保险股份有限公司泸州市分公司	杨　淼	张丁月
中国平安财产保险股份有限公司泸州中心支公司	曹　阳	王盐红
中国平安人寿保险股份有限公司泸州中心支公司	张桂琼	吴　平
中国太平洋财产保险股份有限公司泸州中心支公司	张　骏	骆　宁
中国太平洋人寿保险股份有限公司泸州中心支公司	张建平	张晓燕
泸州市科学技术和知识产权局	何　锋	程绍琴

续表

供稿单位	责任人	撰稿人
泸州市科学技术协会	许建国	向静怡
泸州市社会科学界联合会	黄　华	胡德明
泸州市教育局	谢　铭	张流斌　张瑞波
西南医科大学	刘广益	林　洁
四川警察学院	伊良忠	李春凤
泸州市职业技术学校	陈　飞	涂勋友
泸州职业技术学院	熊　剑	胡　蒙
四川化工职业技术学院	谢光杰	吕松洋
泸州广播电视大学	彭　兵	赵小容
泸州高中	李渝江	古帮伦
泸州老窖天府中学	张如栩	刘春梅
泸州市文化体育新闻出版广电局	王　毅	伍声军　徐　佳
泸州日报社	彭祖平	杨基德
泸州市人民广播电台	储超峰	郭隆江
泸州市电视台	赵晓东	张万平
西南医科大学附属医院	曾宪利	路　霞
西南医科大学附属中医医院	杨思进	陈孟利　谢艳玲
西南医科大学附属口腔医院	古　元	邓　婕
泸州市人民医院	许庆元	郭　云
泸州市中医医院	王万芳	杨　华
江阳区人民政府办公室	王天全	曾　卓
龙马潭区人民政府办公室	熊建辉	尹小玲
纳溪区人民政府办公室	曹仁容	徐东梅
泸县人民政府办公室	殷洪勇	高　翔
合江县人民政府办公室	罗　霞	伍家华　刘　翠
叙永县人民政府办公室	韦　超	黄永红
古蔺县人民政府办公室	刘义勇	曾凡艳

除以上单位为本年鉴提供图文外，还有市政府电子政务办、牟科、陈浩平、冯怀铸、吴良春等单位和个人提供了图片资料。

目　录

中国共产党泸州市委员会

泸州市人民代表大会

泸州市人民政府

中国人民政治协商会议泸州市委员会

民主党派

社会团体

法 治

军　事

综合管理与监督

工　业

农业·水利·气象

商业贸易

财政 · 税务

金　融

城建环保

交 通

邮政·信息产业

科技·教育

文化体育·新闻出版·广播电视

卫生和计划生育

社会生活

区情县情

附　　录

索　　引

专题记述

创建文明城　创出新奇迹——回顾泸州创文之路

三年创文，一创即成。泸州再添一张分量最重的城市名片——全国文明城市。一举把这张含金量最高的城市名片收入囊中，并浓墨重笔镌刻在泸州的发展里程碑上，创造这个泸州奇迹的，正是508万泸州人民的众志成城。

泸州魄力　层层传导压力

泸州市委书记蒋辅义反复强调，作为首屈一指的金字招牌，创建成为全国文明城市无疑是泸州加快建成区域中心的重要实现路径。泸州市委、市政府更是坚持把创建全国文明城市作为提升城市品质、树立城市新形象的重要抓手，作为惠及民生、造福群众的有效途径，摆上重要议事日程进行谋划部署，强力推进。

不务虚言，但求实干。泸州市委、市政府出台《创建全国文明城市的决定》《创建全国文明城市实施方案》《创建全国文明城市目标考核办法》《创建全国文明城市工作问责办法》等，明确“三年创建、一创即成”的奋斗目标，将创建工作列入年度目标考核及领导干部考核评价体系，实行“一季度一考核一奖惩”。泸州市委书记、市长每年与各区县党委、政府和市级部门主要领导双签目标责任书，确保层层传导压力、层层落实责任。

创文，成了泸州的“一把手”工程，从一开始就形成了以上率下的强大推动力。

泸州市建立健全了以市创建全国文明城市指挥部为核心，9大工作推进组整体推进，4个层面协同督查督办的“1+9+4”工作体系，建立完善9大推进组“周通气、月汇报、季推进”联席会议制度。三年来，市创建办召集9大工作推进组牵头单位召开碰头会、协调会、攻坚会51次，市区街社区四级视频会议12次，为明确工作目标统一思想、凝聚共识，形成齐抓共管的强大聚合力。

各牵头部门和责任单位主动在指标体系中找准定位、认清责任，不等不靠、不推不让，全力以赴任务落实。对于职责交叉、共建共管的工作，坚持积极配合、密切协作，形成快速高效的强大执行力。

泸州魄力，在泸州大地上刮起创文旋风。

泸州奇迹　走出有效路径

拿下全国文明城市这块“金字招牌”，功劳归于市民，荣誉属于市民。

因为，在泸州获得全国文明城市的功勋章里，有508万泸州人民共同使出的“洪荒之力”——三年创建、一举成功，泸州探索走出了一条“三全、三对、三到位”的有效路径。

“三全”组织创建强大合力。“三全”，即全民动员、全民参与、全民受益。全民动员，大力实施新闻宣传、对外宣传、网络宣传、社会宣传、文艺宣传“五宣联动”，开展周末行动、傍晚行动、小喇叭行动“三大行动”，充分激发市民主人翁意识，创成全国文明城市成为强烈共识和期盼。全民参与，引导全市上下共建共创，大街小巷随处可见广大市民践行文明的身影，文明热线里随时听到热心市民的真知灼见，微信朋友圈中持续感受到广大市民对创文的热情点赞。全民受益，升级改造老旧小区1300余个、主次干道800余公里、农贸市场20余个，新改建垃圾库、公共厕所等一大批公共设施，兑现惠民利民的承诺。

“三对”提升创建工作实效。“三对”，即对标、对点、对图。对标，将188个一级指标、256个二级指标、366个三级指标进行梳理，分行业制作创文“明白卡”，为各行各业对标创建提供了具体直观的依据。对点，扭住时点分解任务、倒排工期，紧盯节点提前做好相关准备，抓实地点落实区域、点位和网格具体工作，突出重点狠抓基础设施建设、“脏乱差”治理等关键环节，攻克难点限期督办解决突出问题。对图，坚持挂图作战、照图施工，对16800余个测评点位，全部按照规范化、标准化要求制作精准对标示意图，一点一图落实工作要求和举措。

“三到位”夯实创建工作保障。“三到位”，即责任落实到位、经费保障到位、考核奖惩到位。责任落实到位，市创建全国文明城市指挥部是创文工作的“智脑”，负责统筹协调，9个工作组整体推进、市、区、镇（街）、村（社区）层层落实的工作体系，压实三区“一把手”、分管领导、市级部门包保单位、基层一线的责任，形成千斤重担人人挑的良好格局。经费保障到位，三年来，市、区两级累计投入240亿元，全面保障各项工作开展。考核奖惩到位，将创文工作纳入三区和市级部门综合目标考核，制定专门考核办法，实行每日督查通报和“一季度一考核一奖惩”，督促创文工作强力推进。

上下同欲者胜，风雨同舟者兴。

泸州魅力　演绎文明之花

泸州市委副书记、市长刘强多次指出，创建全国文明城市是一项覆盖面广、牵涉范围大、关联度高的社会系统工程，要全域创建，形成齐抓共管、高效推进的合力。“三年创建、一创即成”，要让不可能变成可能，必须行非常之举。

让不可能变成可能，泸州创文的非常之举就是“六大工程”系统化：深化信仰信念工程，实施社会主义核心价值观“看得见、记得牢、践行好”三大工程，内化于心外化于行，凝“神”；深化文明素养工程，开展文明酒城·志愿有我、“礼让斑马线”、排队上下车、果皮纸屑不乱扔“四大文明行动”，从小事做起，从身边事做起，塑“形”；深化基础设施工程开展无障碍设施“零障碍”、背街小巷治理、老旧小区改造和主次干道“白加黑”改造“四大攻坚行动”，全面提升城市基础设施建设水平，铸“品”；深化安全畅通工程大力整治车辆乱停乱放、规划重点区域路段停车泊位、车辆乱调头乱变道、行人乱闯红灯乱穿马路、出租车乱象交通“五乱”，确保城市道路安全通畅，夯“基”；深化市场建设工程，对标创建标准，实施基础设施、市场秩序、市场管理“三大提升工程”，大力整顿规范市场经营秩序，固“本”；深化环境优美工程，大力开展整治占道经营行为、整治“牛皮癣”突出问题和倡导“垃圾分类”处理“两整治一倡导”行动，净化城市生活环境，扮“靓”。

在这场创文全民总动员中，崇尚实干、敢于创新的泸州人民在完成创建全国文明城市“规定动作”的同时，推陈出新连发“创新动作”，贡献创建新实招，不定期高频率刷出创建全国文明城市包保责任制、全国文明城市市民志愿巡访团等创文新热词。

三年来，一系列创文工程实施下来，“文明”基因已深深嵌入泸州城和泸州人的身体里，有了脱胎换骨般的变化：社会主义核心价值观主题公园、泸州好人馆、“一年四季·泸州好人”示范展示街和诚信示范街、“道德模范桥”“一年四季泸州好人桥”等“文明”地标越来越多；城市道路、交通设施、文体设施、卫生设施、小区改造等城市基础设施陆续升级改造；排队上下车、果皮纸屑不乱扔、礼让斑马线成常态；发动15支志愿者服务队、420个志愿服务站约30万名志愿者，常态开展环境卫生保障、交通秩序维护、入户宣传等志愿服务活动……

全国文明城市这块“金字招牌”背后的意义，是在问鼎过程中给百姓带来的实惠，这正是泸州追求这一荣誉的动力。下一步，泸州又锁定了建设全国美丽城市。

走在泸州街头，随意问一个泸州人，“您对泸州创文工作满意吗?”

“非常满意”。

铿锵有力的四个字，是泸州人民对创文的自信担当和满满骄傲。　　（泸州日报记者　朱虹）

泸州市2017年脱贫攻坚工作回顾

2017年，在省委、省政府的正确领导和省扶贫办的指导下，泸州市坚持精准扶贫、精准脱贫方略，坚持问题导向、目标导向，聚焦精准，查找不足，决战脱贫攻坚、决胜全面小康，超额完成全年脱贫攻坚目标任务。

一、主要成效

2017年，全市总计精准脱贫85019人，占省上下达目标任务的101.5%；精准退出贫困村149个，占省上下达目标任务的100%；合江县摘帽工作已接受省级检查验收评估；全市贫困发生率下降至2.5%。

泸州经验全国全省推广。成功举办了全省乌蒙山片区现场推进会、乌蒙山片区脱贫攻坚农房建设质量安全现场会、省水利脱贫攻坚和支持幸福美丽新村建设工作会以及全省产业扶贫、医疗扶贫、四项扶贫基金工作现场推进会；健康扶贫、援藏援彝、文化扶贫、科技扶贫、教育扶贫、“插花”扶贫、外资项目建设等工作在全国全省会议上作经验交流；省委书记王东明再次对泸州健康扶贫工作进行批示，要求在全省推广；省委常委、省纪委书记王雁飞，省委常委、省委农工委主任曲木史哈，省委常委、省委秘书长王铭晖分别对我市贫困县摘帽、四项基金、易地扶贫搬迁等泸州经验给予了充分肯定。

组织领导更加强化。市级成立独立运行的脱贫攻坚作战指挥部，突出产业、住房、医疗、教育、资金、易地扶贫搬迁六大攻坚重点，安排6名市领导分线联系负责。出台教育扶贫、健康扶贫、农村住房安全保障、易地扶贫搬迁、干部激励、驻村帮扶保障等一系列重大政策文件，实现政策统筹、资源整合、集中发力，指挥体系、责任体系更加完善。

精准识别全面提升。在全省率先创新构建数据信息“三专机制”，先后开展三次数据大清洗、两轮全覆盖动态识别，对象锁定更为精准，实现系统信息与实际情况一致、与档案资料一致、与帮扶户卡一致、与扶贫手册一致。

资金保障更加有力。全年整合各类扶贫资金238亿元，投入专项扶贫资金6.8亿元。“四项基金”规模达5.69亿元，在全省位居前列。引入天津银行组建扶贫项目基金，规模达60亿元。

医疗扶贫成效突出。县区医疗救助基金分别达500万元，规模位居全省前列。全民预防保健持续深入推进，全年免费体检178万人。泸州“四个百分之百”政策被省卫计委总结提炼为“八个百分之百”政策在全省推广实施。

教育扶贫更加深入。投入16.6亿元推进教育扶贫，对全市7.9万名建档立卡贫困家庭学生进行资助。出台《进一步明确和完善教育扶贫相关事宜的通知》，推进“9+3”免费职业教育计划，贫困家庭学生无一人因贫失学。

交通扶贫全面突破。实施“交通三年大会战”，建设赤水河环线扶贫公路273公里，新增149个贫困村通硬化路，三区实现村通公交，四县推进村通客运。

金融扶贫更加多元。金融扶贫效能充分发挥，累计发放扶贫小额信贷10.3亿元，中国人保财险泸州分公司为全市首期“政融保”农业产业扶贫授信5亿元。

易地扶贫搬迁成效显著。累计开工20008户77474人，开工率100%；已建成18282户71568人，累计建成率92.37%；已搬迁16281户66502人。基本实现“五年任务、两年完成”。叙永县江门镇集中安置点列入国家“砥砺奋进的五年”大型成就展。

宣传发动更加广泛。“五大教育”“五进农家”活动深入推进，全社会共同参与脱贫攻坚氛围浓厚，贫困群众内生动力不断增强，全市扶贫移民宣传工作连续两年被评为全省先进。

二、主要工作开展情况

（一）聚焦目标标准，攻坚责任全面落实。一是责任层层落实。按照“中央统筹、省负总责、市县抓落实”以及“五级书记抓扶贫”的总体要求，构建领导管面、部门管线、县区管片的工作体系。二是任务层层分解。围绕年度脱贫目标，严格按照脱贫标准，任务分解细化到行业、部门、人头。

（二）强化造血功能，产业扶贫加速起步。一是区域大产业加快发展。全域推进“脱贫产业园”建设，推动“扶贫车间”进村带户。引进广东温氏、山东寿光等农业产业化龙头企业，新发展特色农产品基地38万亩，覆盖带动4万贫困劳动力发展产业脱贫。二是收益机制不断优化。采取财政资金资助贫困户参股的方式，新增农民专合社372个，发展家庭农场463家。贫困村产业扶持基金提高到50万元/村，总额达2.2亿元，已周转借用1.49亿元；非贫困村产业扶持基金按每户500~3000元发放到乡，总额达9500万元，已周转借用5600万元。三是就业扶贫展现新成效。加大贫困劳动力的就业培训，开设扶贫专班，促进7756户贫困家庭就业。

（三）深化精准帮扶，确保政策精准到户。一是到户帮扶全面强化。出台《扎实抓好精准到户工作的意见》，对到户任务、政策宣讲、措施落实等提出了明确要求。二是脱贫成效不断巩固。深入开展“回头看”“回头帮”，做到已脱贫人口与预脱贫人口同步达标、稳定脱贫。三是住房保障全域覆盖。出台《关于加强贫困县农村住房安全保障的指导意见》，对贫困户和非贫困户危房实行全域改造，市财政对农户住房贷款给予全额贴息。四是医疗救助全面落实。出台《进一步明确和完善健康扶贫有关政策的通知》，落实医疗卫生“十免四补助”和“八个百分百”政策，实现贫困对象县域内就诊“零自付”、县域外住院自付费用控制在30%以内。五是低保兜底全面筑牢。无劳动力、无明白人、无稳定生活来源的特困群体全部纳入保障。六是教育扶贫持续推进。投入16.6亿元推进教育扶贫，对全市7.9万名建档立卡贫困家庭学生进行资助，贫困家庭学生无一人因贫失学。

（四）加大扶贫投入，资金监管不断加强。资金整合力度不断加大。贫困县涉农资金整合达10.7亿元，市级以上财政专项扶贫资金投入达4亿元。发行易地扶贫搬迁项目收益债20亿元，浦发银行扶贫项目基金实现投入56.8亿元。深入开展扶贫日、“百企联百村”等活动，募集社会资金1.6亿元。资金项目向摘帽县倾斜，资金监管更加严格。

（五）提升内生动力，扶贫扶志高度结合。一是宣传引导不断加强。坚持扶贫同扶志、扶智相结合，帮扶救济同内生动力相结合，开展培训1500多场次，培训贫困群众12万人次。二是组织引领不断加强。建成党员扶贫示范项目324个，培育党员脱贫示范户1610户，带动2.2万户困难群众脱贫致富。组建135个农技巡回服务小组，对贫困户开展生产技术帮扶。三是社会带动不断加强。人大代表、政协委员主动投身脱贫攻坚主战场，积极开展“脱贫攻坚——万名人大代表再行动”和“企业帮村、委员帮户、我为扶贫攻坚做件事”活动。

（六）着力真贫实脱，督查考核从实从严。一是周密组织考核验收。分类制定贫困县、贫困村、贫困户退出方案，组织考评验收。二是强化社会评估监督。聘请第三方评估机构对7个县区22个村进行抽样评估，确保脱真贫、真脱贫。三是着力推进督查整改。出台《泸州市督查巡查工作管理办法》，逐月督查考评，逐项检查整改。2017年，全市精准脱贫85019人，退出贫困村149个，合江县摘帽全部达标，全市贫困发生率下降至2.5%。

（七）围绕同步小康，对口援建全面深化。一是做实帮扶规划。着力抓好对口帮扶甘孜州乡城县、稻城县和凉山州盐源县、普格县工作，计划实施重点帮扶项目8类168个，启动实施项目91个，到位资金9625万元。二是加大产业帮扶。针对帮扶各县的特点，以设立直销点、推介会等形式开展产业扶贫。三是强化人才帮扶。实施“五十百千”人才培养工程、“青年劳动者技能培训行动”等就业培训项目，培训人员2379人次。

（泸州市扶贫移民局供稿）

中国（四川）自由贸易试验区川南临港片区建设回眸

2017年，是倍感振奋、成果丰硕的一年。这一年，中国（四川）自由贸易试验区川南临港片区在龙马潭区铿锵落地，开启了全面开放的新实践。挂牌9个多月来，川南临港片区秉持“为国家试制度、为四川建窗口、为地方谋发展、为群众增福祉”原则，确立“依托长江、承东启西、协同开放、面向全球”发展定位，全面开启“打造连接‘一带一路’和长江经济带的西部航运枢纽、内陆与沿海沿边沿江协同开放示范区、沿江开放型经济新高地，最终建设成为内陆自由贸易港”的事业征程，大胆试、大胆闯、自主改，各项工作取得阶段性进展。《中国（四川）自由贸易试验区总体方案》中涉及川南临港片区的141项试验任务，已推进实施136项、占比96.5%，完成70项、占比49.6%；复制推广一、二批自贸区改革经验158项；形成制度创新成果90余项，其中全国首创11项，在全省范围内推广7项、全市范围内推广22项；新增注册企业3041户，是原存量企业数的4倍多；有效助推全区外向型经济发展，完成进出口贸易总额112.5亿元、同比增长12倍，总量全市第一。

挂牌以来，我们始终坚持以制度创新为核心，以可复制可推广为基本要求，推进打造法治化国际化便利化营商环境。

狠抓投资便利化。建立行政审批“单一窗口”和“多规合一”建设项目联合审批平台，集中办理市区两级186项行政许可事项，实现“二十证合一”和118项行政许可事项“一章办结”，审批效率提高80%，受理行政许可办件近2万件。创新推出公共服务整体入驻服务模式，归集市区32个部门和企事业单位公共服务事项，受理公共服务、便民服务办件110万件。全国首创“政务服务异地直通互办”模式，与广东南沙、河南开封等17个地区建立异地直通互办网络。成立省内首家商务秘书公司，创新“集群企业住所托管”模式，已为14 00余家企业提供工商登记代办、外贸企业备案登记、企业集群地址托管、政策咨询、财税代理等“一站式”服务。全国首创“蜀信·银税卡”，应用“互联网+税务+银行”模式，集成办税、储蓄等多种功能，已办卡3834张。创新税务事项“首违不罚”机制，已有622位纳税人因不熟悉税收政策而首次轻微违法被免于行政处罚。推出商事登记“政银直通”和涉税事项“同城通办”等便捷措施，大幅提升办事效率。全面实行外商投资准入前国民待遇加负面清单管理制度，设立外资企业“单一信息窗口”，在香港建立人才工作站和招商服务站。

狠抓贸易便利化。创新建立国际贸易“单一窗口”，实施关检联合查验区“一次查验”。海关方面，首创“保B与港口出口联动”作业、“互联网+减免税审批”“江上申报，抵港验放”等服务模式。检验检疫方面，实施原产地签证“一体化”和检企“零见面”“预检快放”等模式。海事方面，实施“电子巡航+电子报港”航运监督和管理，对长江干线泸州段运输船舶进行全程监控。进口通关时间压缩到9.45小时、同比降低57%；出口通关时间压缩到1.02小时、同比降低74%。推动出台支持自贸区外籍人士、商务人员出入境15项便利化措施，实施港澳团队旅游二次签注立等可取等措施，将签注时间从“5个工作日”压缩到“两分钟”。引进4家知识产权中介服务机构为自贸区企业服务，累计完成商标申请688个、专利申请725件。结合扶贫开发，与珠海口岸合作，实现地方特色农产品直供港澳。

狠抓金融国际化。引进成都农商银行等金融和类金融机构23家。创新设立抵质押“单一窗口”，实现著作权、动产、不动产抵质押业务一窗办理。建立小微企业出口信用保险统保平台，对平台内企业保费实施全额补贴。推进泸州老窖集团海外发债，完成郎酒集团2亿美元跨境融资，巨洋集团海外发债获得批准。创新“融资+保险”险资直投模式，企业融资成本较传统模式降低30%。升级政策性融资担保体系，521户小微和“三农”企业的融资担保余额达61.2亿元。引进西南产权交易中心入驻，促进知识产权、物权、债权等规范流转。圆满承办2017年天府金融论坛泸州分论坛。片区银行业金融机构存款余额426亿元、同比增长20.9%，贷款余额203亿元、同比增长34.4%。

狠抓监管法治化。全面实行“三段式”“双随机”监管机制。建设“事中事后综合监管”平台，推动多领域数据共享、联动执法、联合惩戒。建立统一社会信用代码制度和公共信用信息共享平台、企业信息公示平台，完成存量机构代码向增量社会信用代码100%转换，实现信用信息“一站式”查询。全国首创“一窗通办”智能法律协同服务平台，整合公检法司和社会法律服务机构资源，为企业提供“全主体、全链条、全周期”法律服务。

挂牌以来，我们始终坚持产业集聚，着力增强发展动能，推进打造沿江开放型经济新高地。

主动承接产业转移。抢抓东部沿海智能终端产业转移机遇，出台支持发展先进制造业、总部经济等专项扶持政策，建立“专业招商+驻点招商+推介招商”模式，建立智能终端、口岸贸易等10个专业招商组，在5个沿海城市驻点招商，在深圳、苏州、天津等地召开8场自贸区大型招商推介会。新签约项目95个、签约金额150.3亿元。

积极搭建产业平台。启动建设西南大宗商品交易中心、进口商品分拨中心、出口商品集散基地、进出口加工基地（以下简称“两中心两基地”），总规划面积4万亩。国家开放口岸、综合保税区、跨境电商综合试验区争创工作有序推进。国际商品交易中心已入驻德国厨具馆、瑞士红酒馆等进口贸易企业12家，阿联酋、美国、瑞士等国货物在保税物流中心开展分拨业务。总部基地、开放口岸业务技术用房等项目加快推进。泸州港保税物流中心（B型）完成进出口货值2亿美元、同比增长5.6倍。

不断优化产业要素。推进完善多用途混合用地等制度，对落地项目所需土地进行应保尽保，编制《川南临港片区总体规划》《川南临港片区控制性详细规划》《川南临港片区产业发展规划》，片区建设用地在《泸州市土地利用总体规划调整完善方案（2016—2020年）》中实现全覆盖。创新开展低效用地治理，清理出停产或未正常经营的企业18家、面积达872亩。成立自贸区人才工作局和招才引智组，出台《自贸区集聚高层次人才十二条措施（试行）》及配套政策，引进和储备各类专业人才800名，邀请国内知名专家、学者开展专题培训20余场次，启动打造中国酒城国际人才港。设立自贸区产业发展基金和人才基金，对川南临港片区范围内的土地、财税实行封闭运行。累计争取上级出台政策98个、共319条措施支持川南临港片区建设发展。

挂牌以来，我们始终坚持共建共享，全方位加强开放合作，推进打造内陆与沿海沿边沿江协同开放示范区。

主动服务川南、联动周边地区。完成川南港口群合作研究，携手宜宾探索共建协同改革区。在自贡、内江、乐山、毕节等周边8个城市举办“自贸红利·区域共享”对接会，推出口岸通关“零费用”、保B仓库“零租金”等服务措施，吸引70余家进出口贸易企业到川南临港片区实地考察。与云南昭通开展“水水转运”合作，泸州至昆明等集装箱铁水联运班列达10班/周。泸州港集装箱吞吐量达55万标箱，进境粮食口岸完成粮食进口6.5万吨。

主动协同成都、深化片区合作。加强与成都片区协作，巩固铁水联运和公水联运，开通“泸蓉欧”快铁，成都与泸州港间集装箱高速公路费用全免，成都沃尔沃汽车零部件、绵阳安县银河铬矿均在泸州港进出。与成都青白江口岸合作，首创平行进口汽车异地监管展销模式，引进上海太元行等4家企业开展平行汽车进口贸易。与双流空港口岸合作，建立跨境电商查验管理平台，创新跨境直邮、保税备货“一线两用”机制，完成跨境电商清关分拨30批次。

主动对接沿海沿边沿江、融入“一带一路”。成立全国首个协同开放局，与天津东疆等25个沿海沿江城市（自贸片区）签订合作协议。加强与沿江口岸协作，完成长江物流公共信息平台一期建设，开行泸州至上海“天天直航快班”和升船机“五定”外贸直航班轮，实行内陆航运出口“一票制”，长江航道泸州至重庆段“Ⅲ升Ⅱ”工程进入生态影响评估审查环节。加强与沿海地区协作，同广东前海、福建平潭等6个沿海自贸片区建立深度合作关系，测试开通“泸州—广州—香港”铁海联运通道，与青岛前湾保税港区共建“一带一路自贸驿站”。加强国际合作，与德国杜伊斯堡港、澳大利亚巴罗萨市、美国加州中心建立合作关系。

挂牌以来，我们始终坚持超常推动，不断夯实“四梁八柱”，推进打造科学高效的运行管理体系。

建立“市区一体+三区合一”组织架构。由市委、市政府主要领导挂帅，成立川南临港片区领导小组，建立改革开放创新发展指挥部，市级60余个成员单位全方位参与，形成“市区一体、齐抓共管”的工作格局。设立川南临港片区管委会，组建“一室六局三中心”，龙马潭区20个职能部门增挂自贸试验区内设部门牌子，实现行政区、开发区、自贸区“三区合一、深度融合”。

建立“清单制+责任制”推进机制。制定总体方案责任分工清单、首批改革试验任务清单、制度创新指引清单，推动工作落实。启动编制《内陆自由贸易港三年行动计划》，倒排工作任务。出台《2017年自贸区建设考核办法》《关于分解下达2017年川南临港片区目标任务的通知》系列考核文件，建立自贸区网上督查督办系统，实行“每月一通报、每季一考核”。

建立“问题导向+焦点导向”创新模式。从社会点子征集、企业调研、课题研究等方面入手，聚焦企业和群众需求，建立自贸区建设问题清单、企业调研样本库。高质量举办“一带一路”倡议下内陆国际贸易发展论坛，建立决策咨询委员会。建立自贸区研究院，与深圳前海创新研究院等知名智库深度合作，公开招标课题14个。邀请第三方机构开展案例成果、营商环境、半年建设等评估，将评估结果作为改革创新的重要依据。

（聂和平　刘　其　陈鸿雨）

大事记

1 月

1 日，叙古高速公路古蔺西至太平互通 30 公里正式通车。

是日，升级改版后的张坝公园景观大道正式对外开放。“城市绿肺·唯美张坝”酒城乐园杯首届千人千骑迎新年骑游活动举行。

3 日，沱江二桥加宽改造工程蜀泸大道及北岸高架桥通车。

是日，泸州市在纳溪区永宁街道举行渡改桥攻坚建设项目集中开工仪式。

4 日，市政府与广东省佛山（云浮）产业转移工业园管委会在南苑会议中心签署项目合作框架协议，共同推进氢能源产业泸州空港产业园基地建设。

5 日，中国人民政治协商会议泸州市第八届委员会第一次会议在巨洋会议中心开幕。会议分组讨论《中国人民政治协商会议泸州市第七届委员会常务委员会工作报告》和《中国人民政治协商会议泸州市第七届委员会常务委员会关于提案工作情况的报告》。会议于 8 日闭幕，田亚东当选政协泸州市第八届委员会主席，周亚琼、何延政、沈才洪、梁中元、李锋、刘杰、罗素平当选副主席，刘鹏飞当选秘书长，丁勇等 69 人当选常务委员会委员。大会通过了《市政协八届一次会议提案审查委员会关于提案审查情况的报告》《市政协八届一次会议决议》。

6 日，泸州市第八届人民代表大会第一次会议在巨洋会议中心开幕。会议分团审查政府工作报告、计划报告、预算报告，审议选举办法草案等。会议于 9 日闭幕。曹建国当选市八届人大常委会主任，税光跃、王波、陈剑波、姚福康、黄勇、蒲俐当选市八届人大常委会副主任。刘强当选市人民政府市长，曹俊杰、陈日、马宗慧、丁湘、何绍明、熊启权、付小平当选市人民政府副市长。吴洪汛当选市中级人民法院院长。陈景强当选市八届人大常委会秘书长。马霞等 32 人当选市八届人大常委会委员。

是日，“2017 泸州首届美食节暨迎春购物月”系列活动在西南商贸城开幕，活动持续到 15 日。

16 日，泸州国家高新区和深圳市天昆实业科技有限公司投资合作项目签约仪式在南苑会议中心举行。双方拟在泸州国家高新区投资建设“泸州市智能生态车城”项目。

20 日，全市城乡建设工作会召开。会议提出：围绕建设“双两百”区域中心城市目标，泸州市将加快拓展大城市骨架，2017 年中心城区实施重点项目 107 个，计划完成投资 373.3 亿元。

22 日，市委书记蒋辅义率队开展走访慰问“送温暖”活动，向全市文明家庭、老领导、一线执勤交警、文明劝导员、环卫工人、公交车驾驶员等送去市委、市政府的关怀。是日，市领导曹建国、田亚东、谭红杰等分别走访慰问省劳模、困难职工、驻泸部队官兵和老干部、贫困党员。

26日，因勇救落水儿童牺牲的泸县公安局交警大队民警蔡松松追悼会在泸县殡仪馆举行。3月24日上午，省委追授蔡松松“四川省优秀共产党员”称号。4月1日，四川省人民政府评定蔡松松为烈士。4月6日，公安部追授蔡松松“全国公安系统一级英雄模范”荣誉称号。5月8日，四川省政府作出决定，追授蔡松松“四川省人民满意的公务员”荣誉称号。12月，蔡松松获得CCTV2017年度法治人物“年度致敬英雄”奖。12月，蔡松松荣获“第五届四川省道德模范”敬业奉献模范。

是月，四川省有5个百万人口大城市，泸州榜上有名。泸州中心城区面积达135平方公里、城市人口达136.2万人。

是月，2016年，泸州市建筑业完成总产值759.9亿元，全省排名第二，增速达31.6%。

是月，泸州市第4次荣获“全国无偿献血先进市”称号，148名市民荣获“全国无偿献血奉献奖”。

2月

7日，《泸州市中心城区及泸县中心城区中小学、幼儿园布点专项规划》通过审定。

9日，全市农村暨脱贫攻坚工作会议召开，确定2017年度完成149个村退出贫困村序列、82989人脱贫、合江县贫困人口全部脱贫的任务。

是日，泸州海吉星农产品批发市场有限公司水产品市场正式开业，全国各地80户商家入驻。

16—17日，市委书记蒋辅义率队调研泸县、纳溪区、江阳区、龙马潭区和泸州空港产业园区、泸州国家高新区、中国白酒金三角酒业园区、泸州长江经济开发区2017年开门红、稳增长、项目攻坚等重点工作。市委副书记、市长刘强参加龙马潭区和泸州长江经济开发区调研。

18日，泸州市商业银行首家异地分行在成都挂牌营业。

是日，四川第五届茶叶开采活动周暨全民饮茶日在纳溪区护国镇梅岭村黄石塔正式启动。

23日，泸州市政府与西南医科大学在成都签署泸州市医教园区基础设施建设总投资47亿元的项目合作协议。

是日，“国家工商行政管理总局商标局泸州商标受理窗口”启动仪式在龙马潭区举行。

24日，市委、市政府2017年泸州市创建全国文明城市工作攻坚及再动员、再安排、再部署会议在南苑会议中心召开。

27日，市政府与中建路桥集团有限公司在南苑宾馆签署合作框架协议，拟在城市基础设施建设、公共建筑、文化旅游等领域开展长期合作。

是日，四川省举行2017年第一季度重大项目集中开工仪式，在成都设主会场，在泸州等18个市（州）设分会场。泸州市主城区至泸县现代有轨电车项目、许继集团泸州基地（一期）项目等119个重大项目在龙马潭区石洞镇集中开工，总投资1042亿元。

28日，国务院印发《“十三五”现代综合交通运输体系发展规划》，泸州被规划为全国性综合交通枢纽。

是月，泸州市印发《泸州市文化产业发展规划（2016—2020年）》，规划明确要把泸州打造成为以文化、环境、生活、创业高度融和的“川南文化创意中心”。

是月，泸州水利重大项目被列入国家“十三五”规划，泸州市将建设1座大型水库5座中型水库。

是月，合江县尧坝古镇成功创建国家AAAA级旅游景区。

是月，泸州市入选四川省首批健康城市试点，合江县城、江阳区黄舣镇、江阳区黄舣镇马道子村入选省级健康村镇。

3 月

17 日，全省首个农旅特色小镇项目—中绿农旅“寨水一方”小镇开工典礼在江阳区马道子村举行。

是日，作为 2017 酒博会媒体“开放日”，人民网、新华社、中新网、《四川日报》等 97 家国家、省、市级媒体的 172 名媒体人汇聚酒博会会场，提前参观各大展馆。

是日，澳大利亚贸易和投资机遇推介会暨签约仪式在中国酒城大剧院举行。

18 日，2017 中国国际酒业博览会开幕式在泸州国际会展中心举行。本届酒博会以“举杯中国·品味世界”为主题，36 个国家和地区的 600 多家企业代表参会参展，10 余个国家和地区酒类企业组团参展，澳大利亚为本届酒博会主宾国。全国政协副主席刘晓峰出席开幕式并宣布本届国际酒博会开幕，中国酒业协会理事长王延才主持开幕式。四川省委副书记、省长尹力，中国轻工业联合会会长张崇和出席开幕式并致辞。

是日，以“畅饮未来 品味价值”为主题的 2017 中国国际酒业发展论坛在泸州市举行。

是日，2017 中国国际酒业博览会中国（四川）自由贸易试验区川南临港片区投资贸易推介会暨项目签约仪式举行，中国（四川）自由贸易试验区川南临港片区产业基金会、中科院光电研究院泸州分中心等 38 个总投资 465 亿元项目签约。

18—19 日，全国政协副主席、农工党中央常务副主席刘晓峰到泸州到古蔺县太平镇、泸县龙桥文化生态园实地调研。

18—19 日，省委副书记、省长尹力赴泸州市叙永县调研农业农村工作。

21 日，合江县重点扶贫农村公路项目在尧坝镇举行开工仪式。

27 日，四川省专家服务团精准扶贫—泸州行见面会在南苑宾馆召开，省 2017 年度专家智力服务基层示范行动在泸州正式启动。

29 日，正大集团在泸州投资生猪和肉鸡养殖项目座谈会在南苑会议中心召开。正大集团计划在泸州投资 63 亿元的养殖项目。

31 日，四川省乌蒙山片区 2017 年脱贫攻坚推进会在合江县召开。

是月，泸州市兴泸水务（集团）股份有限公司成功在香港联交所主板挂牌交易，成为泸州市首家在香港上市的企业，也是四川省水务行业第一家在境外上市的企业。

是月，西南地区唯一有机硅单体生产项目——合盛硅业（泸州）西南基地在泸州投产。

4 月

1 日，中国（四川）自由贸易试验区揭牌仪式暨建设动员大会在成都天府新区政务服务中心举行，成都天府新区片区、成都青白江铁路港片区、川南临港片区三大片区同步揭牌运行。省委书记王东明为中国（四川）自由贸易试验区揭牌并作重要讲话。省委副书记、省长尹力致辞，并为成都市、泸州市分别授予“中国（四川）自由贸易试验区成都管理委员会”牌、“中国（四川）自由贸易试验区川南临港片区管理委员会”牌。

7 日，泸州市委、市政府在酒城宾馆召开泸县太伏中学学生赵某死亡事件《人民日报》、新华社、中央电视台、《四川日报》、四川电视台、《华西都市报》等中央、省、市媒体记者见面会。见面会通报调查情况：排除他杀，调查没有发现欺凌。

是日，全市改革工作推进会召开。会议指出，泸州将出台专项改革方案 50 个以上，大力推进 204 项改革事项，推进完成 30 项国家、省级部署的改革试点任务。

是日，全省2017年长江干流出川断面突发环境事件应急演练在合江县榕山镇举行。

10日，中国（四川）自由贸易试验区川南临港片区富森美国际家居广场签约仪式在南苑会议中心举行。

10—11日，四川省高效节水灌溉暨农业水价综合改革工作推进会、四川省2017年水利脱贫攻坚和支持幸福美丽新村建设工作会、全省水土保持工作会在泸州市召开。

11日，四川省质量发展大会召开。泸州老窖股份有限公司作为获得第四届四川质量奖的5个集体之一、中国航天科技集团公司川南机械厂特级技师杨尹渝作为获得第四届四川质量奖的5名个人之一在成都主会场接受表彰。

17日，中国（四川）自由贸易试验区川南临港片区建设推进大会在南苑会议中心召开。

22日，泸州市公园建设服务中心被共青团中央、住房城乡建设部等22个单位联合命名为“2015—2016年度全国青年文明号”。

24日，泸州市2017年第二季度重大项目集中开工仪式在龙马潭区千凤路举行。152个重大项目集中开工，涉及产业发展、基础设施、社会民生、生态环保等多个方面，总投资662.4亿元。

24日，泸州市政府在南苑会议中心分别与环球佳酿酒业有限公司（筹）、壹玖壹玖酒类平台科技股份有限公司举行项目合作签约仪式，签约项目总投资80亿元。

28日，以“绿色江阳·品牌生活”为主题的四川（泸州）第二届江之阳蔬菜品赏会在江阳区董允坝现代农业示范园区开幕。本届蔬菜品赏会持续到5月2日结束。

5月

3—4日，中共中央委员、新华社原社长李从军在泸州调研脱贫攻坚工作。

5日，诺亚信高科技集团智能终端（泸州）基地项目签约仪式在酒城宾馆举行。诺亚信高科技集团拟投资8亿元人民币在四川自由贸易试验区川南临港片区建设智能终端及配套生产线。

9日，泸州市沙湾古镇·中天文旅城项目开工。该项目选址于酒谷大道周围、国窖长江大桥至长江大桥沿线，总投资90亿元，是一个集文化、旅游、商业、会展、酒店等多种业态于一体的大型文化旅游综合性项目。

16日，广东省委副书记、广州市委书记任学锋在广州市会见市委书记蒋辅义率领的泸州市党政代表团一行，双方就深化自贸区合作进行深入交流。广州市委副书记欧阳卫民，广州市委常委、市委秘书长潘建国，广州市副市长黎明，泸州市委常委、常务副市长曹俊杰参加会见。

是日，泸州市党政代表团赴中国（广东）自由贸易试验区广州南沙新区片区，考察调研自贸区建设发展经验。中国（广东）自由贸易试验区广州南沙新区片区和中国（四川）自由贸易试验区川南临港片区签订《战略合作框架协议》。

26日，中国（四川）自由贸易试验区川南临港片区内陆与沿海沿边沿江协同开放合作交流会暨国际贸易“单一窗口”上线仪式在龙马潭区举行。

是月，叙永县白腊苗族乡天堂村列入中国传统村落2017年中央财政支持范围进行保护。至此，泸州市有14个中国传统村落获得中央财政支持保护。

6月

1日，泸州市脱贫攻坚领导小组（扩大）会议在南苑会议中心召开。

3日，位于龙马潭区沱江北岸、投资300亿元的“天下川江国家文化公园”项目建设启动仪式在巨洋会议中心举行。

6日，由省政府副秘书长罗治平率队、全省21个市州相关领导及省属企业代表参加的全省国资国企改革经验交流暨工作推进会与会人员赴泸州市参观考察。

15日，北京航空航天大学泸州研究院在泸州市挂牌成立。

17—18日，《泸州市重点新兴产业发展方向研究》通过评审。

21日，副省长刘捷在市委书记蒋辅义陪同下，到叙永县水尾镇西溪村、黄金榜易地扶贫搬迁安置点专项督导脱贫攻坚工作，并在水尾镇为党员干部宣讲省第十一次党代会精神。

22日，泸州市政府与天津银行成都分行在南苑会议中心签署金融扶贫开发战略合作协议。

24日，“泸顺起义——中国共产党武装起义的先声”学术研讨会在泸州市南苑会议中心举行，此次研讨会由中央文献研究室第二编研部，中央党史研究室宣传教育局，四川省委党史研究室，泸州市委、泸州市人民政府，南充市委、南充市人民政府共同举办。中央文献研究室副主任、朱德思想生平研究会会长孙业礼，中央党史研究室原副主任、中共党史学会副会长高永中，国防大学政治部主任李升泉少将，军事科学院世界军事研究部原部长罗援少将，四川省委党史研究室主任刘晓晨，老一辈无产阶级革命家亲属代表朱和平、刘蒙、陈昊苏、杨绍明、谭翔东、吴本立，泸州市委书记蒋辅义，南充市委常委、政法委书记单木真出席会议。与会代表向泸州起义烈士纪念碑敬献了花篮。

29日，泸州市庆祝中国共产党成立96周年大会暨“两学一做”学习教育、整治微腐败问题工作推进会在南苑会议中心召开。会议宣读《中共泸州市委关于表扬创建“四好”领导班子先进集体、十佳乡镇（街道）党（工）委书记等先进集体和优秀个人的决定》，并为先进集体和优秀个人颁奖。

是月，四川省文明办公示2014—2016年度四川省文明村镇、文明单位、最佳文明单位名单，泸州市共有15个单位上榜，其中4个村入选省文明村镇、6个单位入选省文明单位、5个单位入选省最佳文明单位。

7月

1日，全市特困人员基本生活标准上调，这是泸州市第六次提高特困人员供养标准。

4日，2017年四川省重大产业项目集中开工泸州分会场总投资179.1亿元的38个重大产业项目开工仪式在江阳区江南科技产业园举行。

13日，四川自贸区成都青白江铁路港片区与四川自贸区川南临港片区战略合作协议签约仪式在成都举行。省委常委、成都市委书记范锐平，泸州市委书记蒋辅义出席签约仪式

18日，泸州市2017年创建全国文明城市迎检动员会在南苑会议中心召开。

20日，泸州市人民政府与深圳市盐田港集团有限公司在南苑会议中心举行泸州港合作协议签约仪式。

24日，即日起至9月，泸州市举办第七届群众文化旅游艺术展示活动，包括舞蹈大赛、原创歌曲大赛、微视频大赛、诗歌朗诵大赛四项活动。

28日，市政府与天圣制药集团、独墅联盟在巨洋会议中心举行战略合作签约仪式。

是日，“南开大学——泸州市合江县、叙永县基层实践基地”签约授牌仪式暨暑期实践座谈交流会在南苑宾馆举行。中央候补委员、南开大学党委副书记、校长龚克分别为南开大学在合江县、叙永县成立的两个基层实践基地授牌。

是日，四川省工会会员服务卡发放暨普惠性服务启动仪式在泸州、绵阳、乐山、达州等8市同步举行。

29—30日，四川自贸区川南临港片区“自贸

红利、区域共享”对接会先后在内江、自贡、乐山、眉山召开。泸州市委副书记、市长刘强，乐山市委副书记、市长张彤，眉山市委副书记、市长罗佳明等出席对接会。

8月

4日，交通运输部公布“十三五”期间全面推进公交都市建设第一批创建城市名单，50个城市作为第一批创建城市入选，泸州市榜上有名。

5日，市委书记蒋辅义，市委副书记、市长刘强率队督导长江和沱江沿岸环境保护突出问题整改。

7日，首届国际诗酒文化大会工作动员会在南苑会议中心举行。中国作家协会副主席、书记处书记吉狄马加在会上讲话。

8日，泸州市沱江流域综合治理工作推进会召开，市委副书记、市长刘强指出，力争在2020年泸州市境内整个沱江流域达三类水质标准。

9日，市委书记蒋辅义，市委副书记、市长刘强率队在纳溪区、龙马潭区、江阳区现场督导污水处理厂建设。

10日，市委书记蒋辅义率队在合江县和泸县现场督导环保工作。

是日，中国（四川）自由贸易试验区川南临港片区“自贸红利、区域共享”对接会在贵州省遵义市召开。

17日，四川省川南经济区发展协调小组暨川南经济区联席会第三次会议在泸州召开。省委常委、政法委书记、公安厅厅长、省川南经济区发展协调小组组长邓勇，副省长、省川南经济区发展协调小组副组长刘捷出席会议。自贡市、泸州市、内江市、宜宾市党政负责人参加会议。

是日，副省长刘捷率队专项督导泸州环境保护、饮用水源保护及河长制、防汛减灾、安全生产工。

18日，泸州市政府与四川省食药监局“打造食品药品安全泸州”战略合作备忘录签约仪式在成都举行。

是日，泸州京川集团有限公司在长江经济开发区正式投产，月生产手机50万台。

24—25日，四川省高层次人才创新创业投资基金川南片区泸州行活动举行。该基金总规模10亿元，用于投资各类人才参与、创办的项目和其他优质项目。这是四川在市州建立的第一支人才基金。

28日，在第十三届全运会跳水比赛男子10米台决赛中，泸州籍跳水运动员杨健夺得银牌，在此届全运会中，杨健获3枚银牌。

28—30日，由泸州市政府、中国作协《诗刊》社主办的首届国际诗酒文化大会·草堂国际诗会在成都杜甫草堂举行启幕仪式。30日，首届国际诗酒文化大会·国际诗酒文化座谈会在巨洋会议中心举行，来自15个国家的42位著名诗人、翻译家、评论家相聚泸州品酒论诗。

是月，全市有垃圾压缩转运站镇级24个、村级3个，垃圾库镇级293个、村级810个，垃圾收集池（房）镇级1080个、村级10134个，垃圾运输车镇级237个、村级173个，全市95%以上村庄的生活垃圾得到有效治理。

是月，泸州市成功接入国家异地就医结算平台。

9月

6日，全市打造食品药品安全泸州动员大会在南苑会议中心举行。

是日，泸州市首单进口报关报检业务，在中国（四川）国际贸易单一窗口平台完成，泸州市正式推进和实施标准化国际贸易单一窗口。

15日，四川省乌蒙片区脱贫攻坚农房建设质量安全现场会在合江县举行。泸州市在脱贫攻坚农村住房建设（含农村危房改造、易地扶贫搬迁）开工28320户，竣工12354户。

是日，第二届中国西部国际博览会进出口商品展暨中国西部（四川）国际投资大会在成都西部国际博览城开幕。泸州市集中签约项目23个，投资总额272.6亿元，其中现场签约项目3个，投资总额20.3亿元。开幕式后，全国政协副主席刘晓峰在省政协主席柯尊平，省委副书记邓小刚，泸州市委副书记、市长刘强等陪同下巡视泸州特装展馆。

20—21日，中国赤水河流域保护治理发展协作推进会在贵州省遵义市召开。泸州市签约6个项目，投资额144.8亿元。

22日，四川省大数据发展现场交流会在泸州召开。

25日，中央文献研究室副主任、全国红色旅游工作协调小组成员张宏志率队到泸州，调研泸州市红色资源保护利用和脱贫攻坚工作。

是日，泸州国家高新区智能终端产业园开园。

29日，“一带一路”倡议下内陆国际贸易发展论坛在中国（四川）自由贸易试验区川南临港片区举行。

是日，中国（四川）自由贸易试验区川南临港片区投资促进推介会暨项目签约仪式在巨洋会议中心举行。华安集团智慧驻车项目、厦门优传泸州自贸区国际产业园项目、沙湾古镇文化旅游综合体项目等27个项目集中签约，签约总金额约345.8亿元。

是月，泸州城区8所学校投用，提供5200余个学位。

10月

16日，泸州市国家森林城市成功通过复检，2011年—2017年泸州市连续七年保持国家生态最高荣誉。

17日，泸州市2017年“扶贫日”系列活动总结暨表彰大会召开，会议表彰了24家“百企联百村先进单位”、20名“酒城扶贫好人”、30户“脱贫先锋”。

25日，人保资本投资管理有限公司与泸州市城市建设投资集团、泸州老窖集团有限责任公司“战略合作签约仪式”在北京举行。人保资本公司以设立债权投资计划的方式为泸州市提供总规模为50亿元的资金支持。

27日，泸州市2017年第四季度重大城建项目集中开工暨四川城建职业学院项目开工在龙马潭区设主会场，其他区县设分会场。集中开工的重大城建项目48个，总投资287.3亿元，内容涉及基础设施、教育卫生、住房保障、商贸文化、市政园林等方面。

是日，政务服务“泸州通”暨智慧自贸单一窗口上线仪式在四川自贸区川南临港片区举行。

是日，2017年泸州—台湾产业合作推介会在南苑会议中心举行。

29日，2017年第四季度全市重大工业和信息化项目集中开工仪式在泸州国家高新区泸州金能移动能源产业园一期项目建设现场举行。此次集中开工重大工业和信息化项目49个，总投资226.5亿元，年度计划投资39.9亿元。

31日，泸州市2017年第四季度重大交通项目集中开工仪式在叙永县兴隆镇黄桷坪村举行。集中开工重大交通项目总投资108.1亿元。其中，国省干道建设项目3个，总投资37.2亿元；1070公里扶贫公路和3300公里通村公路项目总投资70.9亿元。

是月，G8515泸渝高速泸州段全线开工，泸渝高速公路项目是国家高速公路网G8515线广安至重庆至泸州段（四川境）工程中的重要组成段。其中泸州段全长42.37公里，道路按双向四车道高速公路标准修建，设计速度100千米/小时，估算总投资约39.39亿元。

11月

1日，副省长、省自贸办主任朱鹤新调研四川自贸区川南临港片区建设推进情况。

10日，泸州市政府、天府（四川）联合股权交易中心、天府商品交易所战略合作签约仪式在南苑会议中心举行。

14日，副省长、沱江河长杨洪波带领省环境保护厅、省住建厅等部门负责人到泸州，调研督导沱江流域综合治理。

15日，成都农商银行泸州分行开业。

17日，全国精神文明建设表彰大会在北京举行。泸州市被授予全国文明城市称号，泸州市委书记蒋辅义在北京参加表彰大会并领取全国文明城市奖牌。

是日，2017年泸州市高校毕业生就业服务月暨智能终端产业校园招聘会在泸州职业技术学院举行。298家进场企业提供1.7万个工作岗位。

18日，泸州市首届关爱环卫工人（文明劝导员）公益活动在江阳公园举行。

20—21日，国务院参事、全国政协民族和宗教委员会副主任杜鹰到泸州调研农村土地制度改革工作。

24日，泸州市县域经济暨工业经济现场推进会召开。

26日，“新时代”自贸区产融协同发展专业论坛在中国西部国际博览城举行。全国政协常委、民建中央副主席、上海市政协副主席周汉民，中联部原副部长、中国国际交流协会副会长艾平发表主旨演讲。四川省副省长朱鹤新致辞，泸州市委书记蒋辅义致辞，市委副书记、市长刘强主持论坛。

30日，泸州市政府与长江航道局在南苑会议中心签署战略合作框架协议。

是月，泸州市“12348”法律服务热线平台正式开通。

12月

1日，沱江六桥实现功能性通车。

8日，希尔顿集团与佳乐集团签约仪式暨泸州金融商业中心招商发布会在成都举行。

11日，叙永县江门镇3万立方米成品油库项目投运。

12日，四川省2017年第四季度重大项目集中开工暨全市2017年第四季度第二批重大项目集中开工仪式在自贸区总部基地工程建设现场举行。

是日，泸州市酒类企业加入四川省酒业集团抱团发展集中签约大会在南苑会议中心举行，泸州市135家酒类企业签约加入川酒集团。

14日，泸州市蔡松松、车盛寅、袁易获评第五届四川省道德模范，分别是敬业奉献模范、助人为乐模范、见义勇为模范称号。

16日，攀枝花市商业银行泸州分行开业暨战略合作协议签约仪式在南苑会议中心举行。该行将授信300亿元支持泸州经济社会发展。

是日，龙马潭区首个城市商业综合体——步步高新天地正式开业。

18日，为期2天的中国（泸州）第二届农产品交易博览会开幕。中国（泸州）第二届农产品交易博览会“农业投资推介会暨项目签约仪式”在巨洋会议中心同时举行。

是日，泸州市创建为全国水生态文明城市，是四川省继成都市后的第二个创建成功的城市。

21日，泸州市创建全国文明城市总结表扬大会在泸州电视台演播大厅举行。

是日，泸州市航空航天产业重大项目签约仪式在巨洋会议中心举行。

是日，泸州市政府与四川发展（控股）有限责任公司在巨洋会议中心举行邻玉·中国酒镇项目投资协议签约仪式。

是日，四川自贸区川南临港片区泸州—广州外贸铁路班列测试列首发。

22 日，中国共产党泸州市第八届委员会第四次全体会议审议通过《中共泸州市委关于全面深入贯彻落实党的十九大精神加快建设现代化区域中心的决定》。

是日，泸州市政府与中国邮政储蓄银行四川省分行战略合作协议签约仪式在南苑宾馆举行。

25 日，中国共产主义青年团泸州市第八次代表大会召开。

26 日，四川省政府民生工作第五督查组对泸州市十项民生工程及 20 件民生实事实施情况进行年终督查。

29 日，泸州市八届人大常委会召开第九次会议审议并表决通过泸州市监察委员会副主任、委员，任命徐海、任中榕、徐其虎为泸州市监察委员会副主任，任命李建彬、邓修贵、余映梅、王勇为泸州市监察委员会委员。

是日，位于江阳区酒谷大道的泸州市人民医院沙茜院区门诊部开诊，该院占地面积 133 亩，建设面积约 16 万平方米，设置床位 1000 张。

是月，截至月底，全市 10 项民生工程 80 个小项、20 件民生实事 27 个小项，共 107 个民生小项全面完成年度目标任务，有 22 个小项超年度目标任务 30 个百分点以上。

市 情

位置·沿革

【行政地理位置】 泸州位于四川省东南，东与重庆市和贵州省接壤，南与贵州省连界，西与云南省和四川省宜宾市、自贡市相连，北接四川省内江市和重庆市。

1983年3月3日，国务院批准成立省辖泸州市，下辖市中区和泸县、纳溪县、合江县。1985年6月4日，国务院决定将叙永县、古蔺县划归泸州市管辖。1996年7月1日，泸州市行政区划调整，设江阳区、龙马潭区、纳溪区和泸县、合江县、叙永县、古蔺县，市政府驻泸州市江阳区大山坪。至2017年年底，全市有12个乡、110个镇、22个街道办事处。在12个乡中，少数民族乡8个，其中苗族乡6个、彝族乡2个。2017年3月，省政府批准合江县密溪乡撤乡设镇。2017年4月，省政府批准龙马潭区石洞镇撤镇设街道办事处，叙永县大石乡撤乡设镇、黄坭乡撤乡设镇、石坝彝族乡更名为石厢子彝族乡。2017年6月，纳溪区区政府同意新建皂角树社区居委会。2017年8月，江阳区区政府同意撤销建国村村委会。全市行政区域面积12232.34平方公里。

【自然地理位置】 泸州为川南要冲，巴蜀门户，处于云贵川渝四省市结合部“金三角”地带，地理上控扼两江（长江、沱江）两河（赤水河、永宁河），自古以来就为锁钥一方的关隘重地；依托其自然地理，泸州人民繁衍生息2000多年，使泸州成为国家版图中兼具自然个性、文化个性地区。

泸州地形地貌总体北低南高，境内大部分为1000米以下低山，少数中山，全市最高海拔1902米、最低处仅203米。主要山脉有叙永丹山等14条。全市喀斯特地貌发达，面积2439平方千米，占全市辖区面积20%。

泸州河流湖泊众多。长江由西从纳溪区大渡口镇进入泸州，流经泸州纳溪区、江阳区、龙马潭区、泸县至合江县望龙镇入重庆市，横穿全市133千米，江面宽600~1300米。境内汇入长江主要支流有永宁河、沱江、龙溪河、赤水河。湖泊主要有海潮湖、玉龙湖、凤凰湖、红龙湖等。水资源总量大，但分布不均，开发较难。

【交通地理位置】 泸州历来是川、滇、黔、渝四省市结合部的经济枢纽，泸州更具水陆空交通区位优势，成为长江“黄金水道”和西南出海南通道上的璀璨亮点，向南可以通过川黔高速公路，川黔铁路到达广西、广东，向东可以通过黄金水道和泸渝高速公路，把东部地区通过水路和陆路联系起来，然后到达沿海地区。截至2017年，泸州开通“泸州—南京”“泸州—武汉”“泸州—上海”3条内支线班轮以及“泸州港—水富”水水中转班轮，开通“泸—汉—台”“泸—宁—韩”“泸—宁—日”3条近洋外贸航线，在已建成的昆明、成都、攀枝花内陆无水港的基础上完成德阳、乐山两个内陆无水港的建设工作。泸州是国家交通部确定的二级枢纽站和长江主枢纽港城市。2017 年，泸州高速公路通车总里程达 455 公里，居全省第三、川南第一。拥有“隆纳”“纳黔”“泸宜”“泸渝”“成自泸赤”“宜叙”“叙古”等 7 条高速公路，93 公里绕城高速闭环运行。截至 2017 年 4 月，泸州蓝田机场已开通北京、上海、广州、深圳、厦门、杭州、海口、长沙、南宁、西安、昆明、贵阳、稻草亚丁、兰州、丽江、南京、武汉、郑州等 18 个城市直达航班。迁建的云龙机场位于泸县云龙镇、龙马潭区石洞镇和双加镇交界处，迁建工程于 2009 年初启动，项目于 2012 年 5 月 14 日获国家立项批复，2014 年 11 月项目可行性研究报告获得国家发改委正式批复，项目初步设计 2015 年 12 月获得民航西南地区管理局和省发展改革委正式批复。2011 年、2012 年、2013 年、2014 年、2015 年、2016 年、2017 年均列为省、市重点项目。云龙机场建设规模按军用三级永备、民航 4C 标准规划建设，建成后的云龙机场，将成为四川省第三大航空港。截至 2017 年年底，泸州建成隆黄铁路（隆叙段），叙大、隆黄（叙毕段）、川南城际铁路。

【历史沿革】 泸州古称江阳。夏、商时属梁州之域。周代属巴国辖地。周慎靓王五年（前 316 年）秦灭巴、蜀，设置巴郡，辖有包括泸州在内的大片土地。西汉景帝前元六年（前 151 年），在长江与沱江交汇处（今泸州市江阳区）设置江阳县；汉武帝建元六年（前 135 年）置犍为郡，领有江阳县。东汉建安十八年（213 年），置江阳郡。梁武帝大同年间（535—546 年）置泸州。隋炀帝大业三年（607 年）改泸州为泸川郡。唐高祖武德元年（618 年）复置为泸州。民国初改泸州为泸县，民国 24 年（1935 年）设置四川省第七行政督察区。1949 年 12 月泸县解放，泸州先后为川南人民行政公署（省级）、泸县区行政督察专员公署（地级）、泸州专区专员公署（地级），泸州市（川南行署辖、地辖）所在地。1960 年 7 月 14 日，国务院批复撤销泸州专区，所属市县划归宜宾专区。1983 年 3 月 3 日，国务院批复将地辖泸州市改为省辖市，原宜宾地区的泸县、纳溪、合江、叙永、古蔺 5 县划归泸州市。1995 年 12 月 24 日，国务院批复泸州市市中区更名为江阳区；设立泸州市纳溪区、龙马潭区。

梁武帝大同年间（535—546 年），“远取泸水以为名”，“泸州”作为地名沿袭至今。

气候特征

2017 年泸州市气温偏高，降水基本持平，日照正常。年内强降温、暴雨洪涝、连阴雨、风雹、雷暴等气象灾害较常年偏轻；高温干旱较常年略重，暴雨洪涝仍是 2017 年的主要气象灾害。综观全年，光、温、水充足，属农业气象年景正常偏好年。

【温度】 2017 年全市平均气温 18.1℃ ~18.9℃，较常年平均偏高 0.5℃ ~0.8℃。全年仅 3 月、6 月、10 月气温偏低；年内其余时段气温以偏高为主。7 月上旬中后期开始到 8 月，全市普遍出现高于 38℃的高温天气，东部、南部部分地方超过 40℃。全年极端最高气温 42.2℃（叙永，8 月 7 日），高温天气较常年略偏重。年内寒潮天气有 4 次，接近常年，其中 3 月上旬末至 3 月下旬前期、4 月中旬、6 月中下旬、10 月中旬、11 月中旬末到下旬初出现阶段低温天气过程，年极端最低气温 0.4℃（古蔺，12 月 21 日）。

【降水】 2017 年全市降水量 654.0 毫米 ~1134.3 毫米，与常年平均比较，除叙永正常外，其余区县偏少 1 ~2 成，属正常年份。降水分布不均，出现一般夏旱和伏旱。区域性暴雨过程少，以单点强降雨为主，分别出现在 5 月 21 日、6 月

22日、8月24日、9月5日等。3月中旬、6月中下旬、10月中旬、11月中后期出现连阴雨天气。全市年雨日139天～187天，较常年偏少4天～21天。

【日照】　2017年全市日照时数1095.4小时～1267.5小时，接近常年平均，正负偏幅在1成左右。年内4月、5月、7月、8月、9月、11月日照偏多，光照充足；其余月份日照偏少，3月中旬、6月中下旬、10月中旬、11月17—23日出现阴雨寡照天气。

水文河流

【河流】　泸州境内地质构造复杂，地形地貌多样化，大、中、小江河溪流众多，但小溪河源径流短。境内河流同属长江水系，以长江为主干，成树枝状分布，由南向北和由北向南汇入长江。主要河流有长江干流、沱江、赤水河、古蔺河、永宁河、塘河、濑溪河、东门河等。集雨面积50平方公里以上河流有61条，其中集雨面积50～100平方公里30条、100～400平方公里20条、400平方公里以上11条。泸州河流属于亚热带季风气候控制下季风型河流，即暖季河流，径流靠夏季降水补给，夏季最大，冬季最小。

【水资源】　全市水资源总量为66.57亿立方米/年。地下水藏量丰富，达10.65亿立方米/年，以南部叙永、古蔺两县熔岩底中山区最富，长江以南构造裂隙水较丰，长江以北风化带裂隙水贫乏，地下水开采3.25亿立方米/年。

【水能】　境内除沱江外，其余各中、小河流河床较陡，落差集中，加之雨量充沛，多年平均径流总量66.57亿立方米，为修建水电站提供了丰富的水能资源。泸州境内水能理论蕴藏量有63万千瓦。赤水河与永宁河流域，占全市水能3/4；赤水河可开发容量，占全市可开发量1/2多。

生物资源

【野生动物】　泸州境内有野生动物214种，分属25目65科。属国家一级保护动物有2种：豹（别名金钱豹、豹子、文豹，猫科），合江、叙永、古蔺等地曾有发现。云豹（猫科）古蔺、叙永曾有发现，属国家二级保护动物有28种。

【野生植物】　泸州境内有高等植物520科、813属、5950种，其中国家一级保护植物6种、二级保护植物24种。一级保护树种有：水杉，杉科，1960年引种后，全市各区县均有栽培。珙桐，珙桐科，在泸州数量少，主要分布在合江县福宝林区，古蔺黄荆林区亦有分布。南方红豆杉，红豆杉科，分布于合江、叙永和古蔺山区。银杏，又称白果、鸭脚，银杏科，泸州各区县均有栽培。台湾苏铁，又称铁树，苏铁科，泸州移植引进作为园林观赏绿化植物。水松，杉科，主要分布在合江、古蔺。

【鱼类生物】　泸州境内河流深切，河谷陡峭。长江自西向东横贯境内，沱江、永宁河、赤水河、濑溪河、龙溪河等交织成网，其间蕴藏着十分丰厚的鱼类生物资源。辖区天然水域中有各种水生动植物近500种，其中淡水鱼类品种169种。长江上游特有鱼类有32种，国家Ⅰ级保护品种有3种：中华鲟、达氏鲟、白鲟，国家Ⅱ级保护品种有4种，省级重点保护品种有12种。泸州长江段133公里及一级支流沱江、永宁河、赤水河为长江珍稀特有鱼类国家级自然保护区。

【森林资源】　全市森林面积857万亩，林木总蓄积2926万立方米，森林覆盖率49.7%。珍稀植物珙桐、水杉、桫椤、篦子三尖杉、连香树、香果树等46种。中药材天麻、五倍子、佛手、黄柏、杜仲、安息香等1444种。飘溢“王者香”的佛兰、四季兰（三星蝶、荷瓣、梅兰、梅瓣）、双鼻双舌、多瓣多鼻等兰草为珍稀名品。

矿产资源

【概况】 泸州地质构造复杂，地层以各种沉积岩为主，因而矿产资源丰富，矿种繁多。已探明矿种有煤、石油、天然气、硫铁矿、铁、铜、金、耐火黏土、溶剂白云岩、水泥用石灰石、高岭土、磷、玻璃用砂、石膏、大理石、方解石等20余种。其中，尤以煤、硫铁矿、天然气储量丰富。

【金属矿类】 分4亚类9种。其中黑色金属矿有菱铁矿、赤铁矿、褐铁矿3种。有色金属类有铜、铅、铝土矿3种。贵重金属类有黄金1种。放射性、稀散元素矿产有铀、镓2种。

【非金属矿类】 其中化工非金属矿类有硫铁矿、磷块岩、岩盐、长石砂岩、含钾砂岩5种，冶金非金属矿类有耐火黏土、铸型砂岩2种，建材非金属矿亚类有石灰岩、大理岩、白云岩、方解石、石膏、高岭土、膨润土、水泥黏土、石英砂岩、粉石英10种，宝石非金属矿亚类有玛瑙、玉石、白宝石、彩石、空心石5种。

民族人口

【人口】 2017年年末全市公安户籍登记总户数155.28万户，户籍总人口509.58万人，其中城镇人口209.10万人，乡村人口300.48万人。年末全市常住人口431.72万人，其中城镇常住人口211.33万人，乡村常住人口220.39万人。城镇化率48.95%，比2016年提高1.45个百分点。

【民族】 到2017年年底，全市有48个少数民族成分，少数民族人口13.1万人，全市有2个少数民族地区待遇县、8个民族乡、342个民族村寨。

市花市树

【市花】 市花桂花。

【市树】 市树桂圆树。

泸州城市名片

【全国文明城市】 2017年11月17日，中央文明委授予泸州市全国文明城市称号。三年创建，一举成功，泸州市荣获“全国文明城市”称号，是泸州发展史上具有里程碑意义的大事喜事。

【国家历史文化名城】 1994年1月4日，国务院命名。

【全国双拥模范城】 1994年7月，民政部、中国人民解放军总政治部命名。1997年1月第二次命名，2000年1月12日第三次命名。2002年7月第四次命名，2004年1月7日第五次命名。2012年2月27日第六次命名，2016年7月29日第七次命名。

【国家卫生城市】 1995年12月，全国爱国卫生运动委员会命名（全国爱国卫生运动委员会第三批命名国家卫生城市）。2000年4月第四次命名。2005年第五次命名。2007年2月，全国爱卫会发出《关于对2006年国家卫生城市（区、镇）复审工作的通报》，泸州市等43个市被重新确认为

"国家卫生城市"。2016年7月7日，在全国爱国卫生工作会议上，泸州再获国家卫生城市"金牌"，喜夺"六连冠"，泸州还是四川唯一获得国家卫生城市优秀城市的城市。

【中国优秀旅游城市】 2005年12月22日，国家旅游局命名。

【国家森林城市】 2011年6月18日，全国绿化委员会、国家林业局命名。

【中国酒城】 2012年12月，经中国文物学会、中国名城委共同审议，一致赞成泸州市冠名"中国酒城"。

【国家园林城市】 2014年9月，由住房和城乡建设部命名。

【联合国人居奖·良好范例】 2001年7月11日，联合国人居委员会中心将"2000年联合国（迪拜）国际改善居住环境最佳范例奖"的良好范例称号授予泸州市滨江路环境综合整治工程。

风景名胜

【概况】 泸州历史源远流长，文化积淀深厚，民族风情浓郁，旅游资源富集，形成了以名酒文化、生态文化、红色文化、历史文化、长江文化为代表的五大特色旅游资源。全市有A级景区34个，其中AAAA级景区11个、AAA级景区9个、AA级景区14个；全市有省级旅游度假区2个、旅游强县（区）2个、旅游扶贫示范区1个、旅游扶贫示范村12个；全市共有旅行社25家、旅行社分社31家、旅行社服务网点132家；全市共有星级宾馆18家，其中五星级宾馆1家、四星级宾馆6家、三星级宾馆4家、二星级宾馆7家；全市有旅游车公司3家，有专业旅游车124辆。区域内有国家级自然保护区2个：叙永县画稿溪自然保护区、长江合江——雷波段珍稀鱼类自然保护区；国家级森林公园1个：合江县佛宝森林公园；全国红色旅游经典景区3个：泸州市泸顺起义旧址、古蔺县红军四渡赤水太平渡陈列馆、叙永县鸡鸣三省石厢子会议旧址。

文化遗产

【国家级文物保护单位】 截至2017年年底，泸州市有国家级文物保护单位共16处，分别是：明代泸州大曲老窖池、明代泸县龙脑桥、宋代泸县宋墓、清代叙永春秋祠、清代况场朱德故居、泸州老窖窖池群及酿酒作坊（江阳区、龙马潭区）、南宋报恩塔（江阳区）、玉蟾山摩崖造像（泸县）、泸县龙桥群、罗盘嘴墓群（泸县）、泸县屈氏庄园、神臂城遗址（合江）、合江崖墓群、尧坝镇古建筑群（合江）、清凉洞摩崖造像（叙永）、古蔺县红军四渡赤水战役遗址、茶马古道（泸州段）。泸州市国家级文物保护单位总共归类为16处。

【国家级非物质文化遗产】 2006年6月，泸州老窖酒酿制技艺、泸州雨坛彩龙入选首批国家级非物质文化遗产名录；2008年6月，古蔺郎酒传统酿造技艺、分水油纸伞制作技艺入选第二批国家级非物质文化遗产名录。2014年12月3日，古蔺花灯和合江县的先市酱油酿造技艺入选第四批国家级非物质文化遗产代表性项目名录。截至2017年12月，泸州市级以上非物质文化遗产173项。其中国家级非物质文化遗产6项、省级非物质文化遗产45项，在全省各市州中名列前茅，位居川南第一。

中共泸州市委、市人大、市政府、市政协领导

中共泸州市委

书　记　蒋辅义
副书记　刘　强　谭红杰
常　委　曹俊杰　鞠　丽（女）　刘　云　王建翔（挂职）　许先春（挂职）　龚玉泉（挂职）
　　　　杨　晓　徐　斌　封　安　张文军
秘书长　郭　庆

泸州市人大常委会

主　任　曹建国
副主任　税光跃　王　波　陈剑波　姚福康　黄　勇　蒲　俐（女）
秘书长　陈景强

泸州市人民政府

市　长　刘　强
副市长　曹俊杰　王建翔（挂职）　许先春（挂职）　龚玉泉（挂职）　陈　日　马宗慧（女）
　　　　丁　湘（9月止）　何绍明　熊启权　付小平　郭　庆（9月起）
秘书长　何　杰

泸州市政协

主　席　田亚东
副主席　梁中元　周亚琼（女）　何延政　沈才洪　李　锋　刘　杰　罗素平（女）
秘书长　刘鹏飞

中国共产党泸州市委员会

市委工作综述

【主要经济指标】 2017年，市委团结带领全市广大党员干部群众，贯彻落实中央、省委决策部署特别是中共十九大精神和省第十一次党代会、省委十一届二次全会精神，按照市第八次党代会部署，着力强化“三抓三主动”，强力推进“六个突破”，统筹抓好稳增长、调结构、促改革、惠民生、防风险各项工作，保持经济增长走在全省前列、民生事业持续改善、社会大局安定和谐、政治生态总体风清气正的良好局面。全年地区生产总值1596.2亿元、增长9.1%，全社会固定资产投资2042.1亿元、增长18%，规模以上工业增加值增长10.9%，社会消费品零售总额722亿元、增长13.3%，地方公共财政收入146亿元、增长11.3%，城镇居民人均可支配收入31449元、增长8.6%，农村居民人均可支配收入13670元、增长9.8%。

【学习宣传贯彻党的十九大精神和省第十一次党代会精神】 把学习宣传贯彻中共十九大精神和省第十一次党代会精神作为首要政治任务，第一时间召开市委常委（扩大）会议、全市视频会议传达学习，制定下发学习宣传贯彻《通知》，市委中心组6次开展集体学习。市委常委带头到联系县区、单位和系统作辅导报告，全市各级党组织分层分类开展学习讨论和党员干部学习培训，统筹各类资源开展全方位、多角度、立体化宣传，用中共十九大精神武装头脑、指导实践、推动工作的热潮在全市持续兴起。坚持用中共十九大精神统揽泸州全局工作，召开市委八届四次全会，审议通过《全面深入贯彻落实党的十九大精神加快建设现代化区域中心的决定》，确立了分三步走建设现代化

2017年4月24日，泸州市创建全国文明城市江阳区工作现场会

区域中心的目标任务，对贯彻“五位一体”总体布局和党的建设重大部署作出具体安排，全面推动中共十九大精神在泸州落地生根。

【项目建设】 制定并实施“三化（合法化、市场化、企业化）、三不（不入库、不兜底、不担保）、三提供（提供合作企业、提供优惠政策、提供良好环境）”的操作办法，分类别组织4次重大项目集中开工，每季度召开项目流动现场会，聚焦聚力大抓项目、抓大项目。全市609个重点项目完成投资1724亿元、牵头负责的33个省重点项目完成投资189.6亿元，超额完成年度目标任务。其中，许继电气泸州基地、江麓容大汽车无级自动变速器研发生产基地等一批重大产业项目开工，川南城际铁路、云龙机场等一批重大基础设施项目加快建设，医教园区（二期）、城乡污水处理设施等一批重大民生和环保项目布局实施。

【产业转型升级】 坚持工业为大、工业为重、工业为先，统筹推进三次产业协调融合发展。特别是以技改扩能盘活存量、以招引项目做优增量、以园区建设集聚能量，分领域召开5次产业发展现场推进会，全市产业转型发展呈现良好态势。白酒、机械、化工、能源等传统产业发展提质增效，泸州老窖、郎酒销售收入、入库税金大幅增长，组建四川酒业集团带动中小酒企抱团发展、打造泸酒“第三极”，泸天化债转股工作取得实质性突破。现代医药、高端装备制造、新能源新材料、信息技术、航空航天、卫星导航等新兴产业发展成效明显，华为大数据中心建成投用，北航研究院挂牌成立，与清华、北航、航天科工集团共建航空发动机基地，引进汉能集团、智能终端等企业和项目，国家北斗导航位置服务数据中心四川分中心项目落户泸州。商贸、物流、金融、旅游等现代服务业规模进一步扩大、业态更加完善、水平不断提升，全市服务业增加值同比增长9.5%。农业供给侧结构性改革深入推进，引进正大集团等国家级龙头企业，新建现代农业示范园区15个。

【新型城镇化建设】 每季度召开城市工作推进会研究部署城市工作，提高城市规划、建设、治理水平。城市规模进一步扩大，“两江新城”集中成片开发加快推进，中心城区建成区面积达154平方公里、人口达152万人。城市功能品质进一步提升，沱江二桥加宽改造、重要节点立交改造等项目竣工投用，主城区至泸县有轨电车项目开工，夜之味美食广场、步步高新天地等特色街区、商圈建成运营，万达广场等大型商业综合体加快建设，引进希尔顿等高端品牌。城市人居环境进一步改善，老城区改造提升和低端功能区有机更新加快推进，城市棚户区和危旧房改造年度任务全面完成，道路黑化、生态绿化、夜间亮化、市容整洁化、服务便民化全面取得实效。同时，支持县城、重点镇、特色小镇发展，中心带动、梯次衔接、功能互补的新型城镇体系加快构建。

【自贸区建设】 成功争取四川自由贸易试验区川南临港片区在泸州挂牌，设立综合保税区和国家开放口岸取得阶段性进展。聚焦制度创新，按照“完全复制、借鉴改进、自主创新”三种类型，复制推广改革经验148项，实施136项试验任务，形成制度创新成果90项。突出产业发展，加快培育对外贸易、跨境电商、跨境金融等外向型经济，新注册企业2907家，全年进出口总额达18亿美元、实现成倍增长。落实国省改革部署，实施204个改革事项和35个年度重大专项，国家新型城镇化综合试点、养老服务业综合改革试点、农村土地制度改革三项试点等取得积极经验，国资国企、行政审批等重点领域改革成效明显。全方位推进开放合作，高水平举办酒博会、商博会、农博会，规模效益影响持续提升；深化区域合作，学习考察沿海发达地区和周边先进地区，与成都青白江铁路港、深圳盐田港等开展务实合作；多渠道开展招商引资，一批央企、大型国企、知名民企投资泸州。

【脱贫攻坚和民生改善】 始终把脱贫攻坚作为头等大事，聚焦合江县摘帽、149个贫困村退出、8.3万贫困人口脱贫，相继开展春季攻势、夏季战役、秋季攻坚、冬季冲刺，扎实抓好精准扶贫精准脱贫。成立市脱贫攻坚指挥部，强化力量统筹、政策统筹、资金统筹、督导统筹，落实“六个精准”“五个一批”，易地扶贫搬迁住房建设任务完成，医疗扶贫、教育扶贫、“两线合一”成果巩固，全年脱贫任务圆满完成。抓实十大民生工程、办好20件民生实事，全民预防保健服务体系建设深入推进，农村住房安全保障工作全面推开，市人民医院创建三甲医院通过评审，西南医疗康健中心一期竣工，筹建城建、医疗、航空、海事等职业院校进展顺利，就业促进、文化体育、社会保障、社会救助等社会事业全面进步，全市民生支出占地方公共财政支出的比例保持70%以上。

【生态环境保护】 长江上游绿色生态廊道加快构筑。高标准严要求接受中央环保督察，动真碰硬抓好中央和省级环保督察问题整改，227件交办信访件全部办结，长江沿岸砂石堆场和非法码头、集中式饮用水水源地保护、国家级自然保护区违建项目、农村面源污染等突出问题得到有效解决，城乡生活污水处理、垃圾收集焚烧等环保基础设施加快建设，得到群众认可。全面落实河长制，制定实施意见推进长江沱江沿岸生态优先绿色发展，临江企业退江入园工作启动，绿化泸州行动全面推开，天然林防护、水土保持、水源涵养等重大生态工程有序实施，长江、沱江泸州段水质稳定向好。持续打好大气、水、土壤污染防治“三大战役”，全市主要污染物减排总量保持全省前列，主城区空气优良天数同比增加40天，城市集中式饮用水水源地水质达标率100%，未发生一起土壤污染事故。

【民主政治建设】 法治泸州建设全面推进。支持和保证市人大及其常委会依法行使职权，围绕城市治理制定颁布《泸州市物业管理条例》《泸州市违法建设治理条例》《泸州市市容和环境卫生管理条例》3部地方性法规，综合运用专题询问、调研视察、执法检查等形式，监督和助推市委重点工作取得明显成效；支持和保证市政协和各民主党派、工商联依据章程履行职能，通过视察调研、专题协商、专题议政等形式，聚焦重大项目落地、自贸区建设、高层次人才引进等聚智聚力、献计献策，形成调研报告14个，组织企业、委员等助力脱贫攻坚、全国文明城市创建等中心工作；支持群团组织积极参与中心工作；推动驻泸部队全面停止有偿服务。全面推进依法治理，统筹抓好依法执政、依法行政、公正司法、全民守法，持续开展基层法治示范创建和法律“八进”活动，以社会治安和安全秩序、经济和建设领域秩序、信访秩序、社会稳定秩序、城市管理秩序、社会风气为重点深化基层治理，解决问题靠基层、化解矛盾在基层的法治良序正在形成，社会大局和谐稳定。

【精神文明建设】 落实意识形态工作责任，坚持正确舆论导向，加强互联网内容建设，健全舆情监测、预警、研判和处置机制，清朗的互联网空间总体形成。大力开展喜迎中共十九大、省第十一次党代会等系列主题宣传，江门古寨易地扶贫搬迁项目等亮相国家“砥砺奋进的五年”大型成就展。全力创建全国文明城市，组织“全民动员、全民参与、全民受益”的人民战争，创新“对标、对点、对图”的有效方法，强化“责任落实到位、经费保障到位、考核奖惩到位”的组织体系，经过三年努力，一举创成全国文明城市，城市文明程度、市民文明素养全面提升。推进文化事业和文化产业繁荣发展，市体育生态园竣工，学士山文创产业园等加快建设，广播影视、区域媒体、新兴媒体、全民健身等事业全面发展，一批文化设施、文化产品、文化服务推向群众。

【全面从严治党】 坚持把党的政治建设放在首位，推进“两学一做”学习教育常态化制度化，严明政治纪律和政治规矩，加强和规范党内政治生活，教育引导各级党员干部树牢“四个意识”，坚决维护以习近平同志为核心的党中央权威和集中统一领导。压实党建责任，健全并严格执行“常委挂县”“季度述职”“每月督查”制度，各级党组织更加聚焦党建主业主责。从严加强各级班子队伍建设，更加鲜明重基层、重实绩、重公认的用人导向，省委表彰的8名第一书记全部提拔重用，新提任99名县级干部均具有基层工作经历；深化教育规范在前、约谈提醒在前、纪律处理在前“三个在前”机制，落实关心激励措施，出台“1+N”酒城人才新政，干部队伍忠诚、干净、担当的自觉更加强化。以标准化建设为突破口推进基层党建全面过硬，各领域基层党组织政治功能、服务功能明显增强。深入推进党风廉政建设和反腐败斗争，强化“两个责任”，以落实中央八项规定精神为重点正风肃纪，聚焦扶贫领域整治群众身边腐败问题，全覆盖开展巡察工作，扎实抓好党风廉政建设社会评价有关工作，群众获得感和满意度不断提升。一年来，虽然全市改革发展稳定和党的建设各项工作取得新进展，但仍然存在一些问题、短板和薄弱环节，主要表现在：不平衡、不充分发展的问题仍然突出，经济总量、人均水平仍然较低；实现高水平的全面小康任务艰巨，脱贫攻坚剩下的都是“硬骨头”，就业、教育、医疗、住房、社会保障等与群众美好生活需要还有不小差距；基层治理存在薄弱环节，法治建设需要进一步加强；全面从严治党任重道远，有的基层党组织、党员干部不能适应新任务新要求等等。 （张 毅 杨列健）

市委办公室工作

【文稿工作】 全年组织撰写市委八届三次全会、四次全会，中央环保督察，全省精神文明建设表彰大会、全省新型城镇化建设经验交流暨工作推进会等各类综合文稿200余篇，起草制定《关于认真学习宣传贯彻党的十九大精神的通知》《深入学习宣传贯彻党的十九大精神扎实开展基层治理工作方案》《关于全面深入贯彻落实中共十九大精神加快建设现代化区域中心的决定》《贯彻落实中央八项规定精神和省委省政府十项规定精神的实施细则》等多项重要文件，为推进市委决策部署的贯彻落实提供有力保障。

【信息工作】 全年编发《快报》《快报增刊》62期，被省委办公厅采用信息125条。其中：《泸州市全面推进“清单制+责任制”工作法 全力以赴推动省第十一次党代会各项决策部署落地落实》《治蝇贪 聚民心 固根基 泸州市创新“五个三”工作法整治扶贫领域微腐败》被省委办公厅《工作情况交流》采用，是全省21个市州中唯一被采用2篇工作情况反映的市州；《四川泸州市创新“五个三”工作法整治扶贫领域微腐败》等5条信息被中央办公厅采用；《叙永县出台“土政策”帮扶临界贫困户》得到省委副书记邓小刚的肯定性批示。全市党委信息工作在全省党委信息工作会上作交流发言，目标考核名次同比上升6位。

【调查研究工作】 全年组织撰写《工业经济运行分析报告》《村集体经济发展路径选择》《实施乡村振兴战略的思考》《基层脱贫攻坚的困难问题和对策建议》等调研文章16篇，编发《领导决策参考》4期，编辑《情况与建议》6期。其中：《让自贸区成为泸州加速发展新引擎》在《人民日报》刊发。

【公文处理】 全年审核和制发各类文件529件，处理中央、省、市级各类文件1575件，办理领导批示1300余份，向省委报备党内规范性文件55件，备案审查规范性文件189件，报备及时率和备案率均达100%。泸州市党内法规工作在全省党内法规工作会议上代表市州作经验交流。2017年度《中办通讯》《秘书工作》征订荣获全省一等奖。

【会务政务活动服务】 规范建立健全《重要会议、活动接待信息报备制度》《市委常委和市人大常委会、市政协主要领导一周重大活动统筹协调制度》《市委常委会会务工作任务分工》等制度，全年完成市委八届三次、四次全会、泸顺起义学术研讨会、全市农村工作暨脱贫工作推进会、中国（四川）自由贸易试验区揭牌仪式、中央环保督察等重大会议服务176次。统筹做好市领导到基层、部门调研督导活动180余次，各级领导到泸州调研视察等政务活动10余次。

【应急值班工作】 建立《值班工作手册》《紧急突发事件信息报送工作手册》等制度。加强值班预测监测，将公安天网、安监、交通、水务、住建、环保、海事等单位视频监控系统与市委值班室应急平台对接，逐步实现信息报送网络化、处置智能化。全年抽查市级部门79个次，乡镇（街道）282个次，接收各类传真4858份，机要电报43份，编辑《值班综合信息专报》343期，《值班快报》158期，向省委值班室报送《突发事件信息专报》15期，无迟报、漏报、瞒报等现象发生。

【督查督办工作】 全年发出督查通知118件，督查通报16期；开展专项督查38次，现场督查和暗访770次；召开协调座谈会220次，督促协调解决问题731个；编发督查短信318期，报送督查动态8期。2017年，督促办理市人大代表建议、市政协委员提案共568件，承办省人大代表建议、省政协委员提案1件，实现办结率、回复率“两个100%”。

【负责人】 中共泸州市委秘书长：郭庆；市委副秘书长、办公室主任：张立新；市委副秘书长：李小平、张兴友、张司伦、韦光永（女、9月起）；市委办纪检组组长：肖扬（11月起）；市委办副主任：伍洪、易泽莲（女、6月起）；市委办公室副县级纪检员：易泽莲（女、6月止）；机关党委书记：先元富。 （钟　海）

中国共产党泸州市纪律检查委员会（泸州市监察委员会）

【重要会议】 2017年2月14日，中国共产党泸州市第八届纪律检查委员会第二次全体会议召开。全会审议通过杨晓代表市纪委常委会所作的《强化监督执纪问责，巩固良好政治生态，为全市经济社会发展提供坚强纪律保证》工作报告。全会听取合江县、古蔺县、市经信委、市国土局等10个单位主要负责同志的述责述廉，并进行民主测评。2017年4月6日，市委常委、市纪委书记杨晓主持召开全市扶贫领域侵害群众利益腐败问题动员会。2017年6月20日，市委常委、市纪委书记杨晓主持召开扶贫领域侵害群众利益腐败问题专项整治暨执纪审查工作推进会。

【人事任命】 2017年12月29日，市第八届人民代表大会第二次会议选举市委常委、市纪委书记杨晓为泸州市首届监察委员会主任。根据杨晓提名，市八届人大常委会第九次会议表决任命徐海、任中榕、徐其虎为市监察委员会副主任，李建彬、邓修贵、余映梅、王勇为市监察委员会委员。

【问责问效】　把2017年确定为“问责专项行动年”。严格落实签字背书、责任清单、约谈提醒、述责述廉等制度，约谈455个单位主要负责人，问责党委（党组）6个、领导干部126人。1. 聚焦脱贫攻坚头等大事强化监督检查。在严惩扶贫领域“微腐败”的同时，围绕扶贫政策、项目、资金落实情况，组织监督检查185次、发现问题481个，问责20人。2. 靠前监督迎接中央环保督察工作。从相关部门抽调业务骨干组成4个督查组，跟踪督促环保督察反馈问题整改，通过案件督办、追责问责等，为压实责任、限期“销号”提供纪律保证。3. 围绕全国文明城市创建强化督查问责。重点督查创文通报问题整改情况、市级领导交办事项落实情况，督促整改问题1363个，对工作滞后、整改不力的7个单位、14名责任人进行问责，以严问责倒逼真尽责快见效。4. 监督换届风气。纪检干部“一对一”全程实地督导村（社区）换届纪律执行情况，严肃查处违反换届纪律行为，问责9人、开除公职1人、移送司法机关3人。

泸州市首届监察委员会主任杨晓带头进行宪法宣誓

【腐败整治】　坚持监督执纪力量往基层延伸、工作重点往基层下移，以“零容忍”态度整治基层“微腐败”。2017年4月至9月，在全市开展“扶贫领域侵害群众利益腐败问题专项整治行动”，收集问题线索1221条，立案803件，处分450人；7月至9月，深化整治群众身边不正之风和腐败问题，针对窗口行业领域、土地征收流转等8个方面存在的问题开展集中整治，收集问题线索828条，立案423件，处分190人。查处“微腐败”案件总量排名全省第4位。用好“三个排查”，精准发现问题线索。整合力量深入基层，通过精准巡访、纵向监督检查、交叉审计开展问题线索排查，对全市11.5万户贫困户进行100%走访，收集问题线索成案率超过70%。抓好“三个审查”，严查“微腐败”案件。市、县（区）纪委提级管理“微腐败”问题线索，提级审查案件107件、跟踪督办1102件；组织县区之间交叉审查33件，交叉审查人员由市纪委统一管理；整合力量蹲点审查84个单位、乡镇（街道），查处问题线索188个。搞好“三个谈话”，加强干部教育引导。分层分类开展全覆盖集体谈话，做到“四个讲清楚”；针对查处的系统性、典型性问题，对可能存在类似问题的干部开展针对性约谈139次789人；对违纪干部开展谈心谈话，惩前毖后、治病救人。开好“三个会议”，主动回应群众期盼。在案发地所在乡镇（街道）、村（社区）召开案情通报会78场次、现场清退会34场次、整改反馈会129场次，答复解决群众诉求，提升群众满意度。建好“三个机制”，推进长效治理。出台《泸州市整治群众身边“微腐败”十六条措施（试行）》，统筹开展源头监督、内部监督、外部监督，所有乡镇均落实村组财务管理人员，8831个村（居）民小组公开了组务、占比56%；

全市纪检监察干部“一对一”联系1617个村（社区），实地走访群众1.3万户，基层监督力量进一步充实、监督机制进一步健全。

【正风肃纪】 推动党风政风持续好转。驰而不息推进作风建设，以优良党风政风带动社风民风。持续贯彻落实中央八项规定精神。紧盯元旦、春节、中秋等重要节点，对136个市县部门、乡镇（街道）开展明察暗访。重点抓好公款购买消费高档白酒、违规发放津补贴、公款旅游、违规大操大办等监督整治，查处违反中央八项规定精神问题51起，处分70人、通报曝光68人。强化监督公开规范权力运行。严把干部廉政审查关，审查回复306人次；对农业、林业等5个单位15个一级廉政风险岗位实地抽查审计，查找问题67个，制定防控措施89条；推进科技防腐，督促行权平台网上办件168.4万件、同比增长14.6倍，办件总量排名全省第5位；建设覆盖市县乡村四级的信息公开服务监管平台，推动权力阳光运行。倾听诉求回应期盼提升群众满意度。出台《关于进一步加强党风廉政建设社会评价工作的意见》，制定细化责任、宣传引导、分析评估、化解问题等12条措施，组织干部开展“敲门”服务，让群众切身感受到经济社会发展、民生事业改善、脱贫攻坚成效、党风廉政建设成果，群众满意度明显提高，社会评价实现大步追赶提升。创新廉政载体丰富廉政文化。深入挖掘提炼泸州红色文化，打造红军长征四渡赤水太平渡陈列馆等4个廉政教育基地；开展“我们的节日·中国酒城好家风”系列活动，引导干部培育良好家风；强化廉政品牌宣传，《人如伞，骨正不腐》获全省首届廉政公益广告大赛金奖。

【纪律审查】 巩固发展反腐败斗争压倒性态势。把握节奏和力度，稳中求进推进纪律审查。发挥政治巡察利剑作用。坚持边推进、边探索、边规范，扎实开展政治巡察，着力发现问题、形成震慑。探索运用“三个结合”工作法，完成两轮对24个市级部门、单位党组织的巡察，对4个单位党组织问题整改开展“回头看”；对巡察发现的违规公款旅游、违规发放津补贴等共性问题进行整治。第一轮巡察反馈的209个问题已整改到位206个，督促被巡察单位完善制度机制82个。强力推进惩贪治腐。坚持力度不减、尺度不松、节奏不变，保持反腐败高压态势。全市受理信访举报2041件（次），处置问题线索2968条，立案1454件，处分1376人；立案总量、处分人数均排名全省第7位。开展执纪审查质效检查评估，督促整改问题19个，推动县（区）规范审查流程、提升案件质量。坚决守住办案安全底线，开展“执纪审查安全月”活动，夯实人防物防技防基础。加强信访工作。整合力量、综合施策，下大力气解决信访突出问题，对全市长年反映、久拖不决的重复信访举报问题进行专项治理，通过领导包案一批、挂牌督办一批、协调督办一批、提级复查一批。制定《检举（控告）失实澄清保护暂行规定》，容错纠错机制进一步健全。

【自身建设】 全面开启监察体制改革。倒排工期、挂图作战、压茬推进，推动机构编制划转、人员转隶等改革各项工作落地。市县监委顺利挂牌成立，精准派单、每天调度、跟踪督办等工作机制得到省纪委肯定，市县两级92名转隶干部全部到岗履职；研究制定监督执纪监察工作试行办法、审查调查措施使用试行规定等4项制度机制，监委运转顺畅高效。稳步推进派驻机构改革。做深做细编制及人员划转、任前谈心谈话、人员安置流转等工作，25名派驻纪检组组长全部到岗履职，112个纪检监察干部编制划转到位、到位人员79名，运转保障、考核管理等制度逐步完善。加强干部教育培训。深入推进“两学一做”学习教育常态化制度化，推行每月例会学习、每日参阅、岗位实战培训等学习制度，对260名新任纪检监察干部和业务骨干进行专题培训，轮训纪检监察干部3900人次。加强干部监督约束。坚持“刀刃向内”，全市纪检监察系统提醒谈话19人、函询11人、诫勉1人，立案审查纪检监察干部违纪问题5件，处分5人。

【负责人】 中共泸州市纪委书记、市监委主任（12月起）：杨晓；市纪委常务副书记、市监委副主任（12月起）：徐海；市纪委副书记、市监委副主任（12月起）：任中榕（女）、徐其虎；市纪委常委、秘书长、市监委委员（12月起）：李建彬；市纪委常委、市监委委员（12月起）：邓修贵、余映梅（女）；市监委委员（12月起）：王勇

（李文娟）

组织工作

【“两代表一委员”推选工作】 推选出席中共十九大代表1名，省第十一次党代会代表26名，省人大代表34名，省政协委员18名，省党代表、省人大代表、市“两会”选举等全部满票或高票当选。

【重要精神学习】 持续深入开展党的十九大、省第十一次党代会和省委十一届二次全会、市第八次党代会和市委八届四次全会学习宣传贯彻落实，开展中共十九大精神进机关、进农村、进企业等“七进送学”活动，分层分类举办示范培训班120多期，利用农民夜校、“云视泸州”开展专题辅导4000多场次，广泛开展“重温入党誓词”主题党日活动，广大党员干部“四个意识”更加牢固、“四个自信”更加坚定。

【“两学一做”学习教育】 市委中心组带头开展集中学习14次，各级党委（党组）平均开展学习12次以上。以“喜迎十九大，做合格党员、当干事先锋”为主题开展活动，打好了精准脱贫攻坚、全国文明城市创建等一批“硬仗”“漂亮仗”，涌现出了全国公安一级英模、全省优秀共产党员蔡松松等一批先进典型。结合庆祝建党96周年，评选命名党员示范岗100个、示范团队50个、示范单位50个，摄制展播100名优秀共产党员系列微视频。

【政治思想建设】 突出抓好换届后各级领导班子政治建设，开展“新班子展示新形象、新一年再创新业绩”干部全覆盖谈心谈话9000多人次、市本级调研干部750人次，制定加强和规范党内政治生活、严格党内监督，县乡党委工作运行机制等政策文件。建立党建特邀研究员制度，邀请17名具有丰富党建工作经历的同志作为全市第一批特邀研究员，围绕新时代组织工作提出研究课题。

【培养锻炼干部】 对准脱贫攻坚、项目投资、

2017年9月7日，市委常委、组织部部长徐斌（右二）到合江县白米镇梨湾村调研基层党建工作

产业发展、农村基层、依法治理和信访维稳“五个一线”培养选拔干部，选派420名干部到“五个一线”和藏区彝区挂职任职，评选表扬优秀乡镇党委书记10名、第一书记25名，提拔重用干部32人，面向基层遴选公务员133人。

【干部选任工作】 制定防止干部带病提拔“1+5+1”文件，出台干部选任操作办法、市级部门科级干部选拔任用工作规程、职务预审办法等系列制度，开展选人用人专项检查24个单位，干部“带病提拔”责任倒查9名。

【选拔培训干部】 扎实抓好市委党校迁建和“两院三馆一址”特色干部教育培训基地建设，组织开展自贸区建设、电子商务、供给侧结构性改革等重大专题培训，大力实施“干部学历能力提升工程”，全市培训各级党员干部6万多人次，全覆盖培训新任县级领导干部和乡镇党政正职，完成了优秀年轻干部人才递进培养5年计划任务，累计选拔培养优秀年轻干部人才2045名，新招录急需紧缺专业选调生13名，市级机关跨部门轮岗交流优秀年轻中层干部21名。

【干部监督管理】 提醒函询诫勉干部1461名，排查扶贫领域“微腐败”问题线索828条，立案423件，党政纪处分190人，组织处理个人事项填报不准的干部68名，干部个人事项查核工作，紧扣《两项法规》创作漫画读本。

【人才体制机制改革】 出台“1+N”酒城人才新政，市本级设立5000万元人才发展专项资金，培育国家万人计划、省千人计划专家7名；新引进两院院士12名，建立院士专家工作站16个，引进紧缺专业硕士以上研究生646名，高层次团队30多个、高层次人才3000多名。

【人才沟通交流合作】 成立市人才协会，先后与北京航空航天大学、西南大学等高校签订合作协议，建立法国巴黎、日本枥木等海外人才工作站6个，深圳、温州等人才工作联络站11个，召开醉美泸州人才新政成都推介会，组织开展国家和省“千人计划”专家泸州行、海外高科技人才泸州行等活动。

【人才创新创业创造】 在全省率先设立总规模10亿元（首期规模2亿元）的人才创新创业股权投资基金，大力实施领航泸州人才、紧缺人才倍增、特色人才开发、本土人才提升、人才平台支撑“五大人才专项工程”，各类人才创新创业创造活力竞相迸发，西南医科大学获得国家科技进步二等奖，北方化工院士专家工作站引进的王泽山院士获得国家最高科学技术奖。

【推进人才流动】 龙马潭区在自贸区成立全省第一个人才工作局，出台自贸区集聚高层次人才12条措施，推进人才向自贸区集聚，先后引进各类高层次人才187名，为自贸区建设提供人才支撑；创新实施“岗编分离”制度，乡镇中小学校教师“县管校聘”、贫困村医生“县聘乡管村用”或“乡聘村用”机制，开展“酒城三农之星”评选，对首批6个团队和50名助力脱贫攻坚的农村优秀人才（团队）进行激励，424名机关事业干部人才主动申请奔赴脱贫攻坚一线。

【人才工作环境优化】 扩大党委联系专家范围，设立泸州市高端人才服务中心，拓宽人才服务绿色通道，办理高层次人才子女入学、家属随迁等服务46件；总投资7.1亿元的人才公寓建设全面启动，开展“酒城英才”“泸州市拔尖人才”等评选表扬，全日制博士、正高级职称等969名优秀人才享受资金激励。

【基层组织建设】 1. 标准化建设。出台基层党组织建设“1+7”标准化文件及“一个计划、四项制度”配套措施，编印基层党组织标准化建设工作手册。2. 切实推进各领域党建工作取得突破。创新完善农村基层党组织设置，在农民合作社、专业协会、农业社会化服务组织等建立产业党组织1481个。开展“两新”组织“党旗飘扬·先锋引领”主题实践活动，集中组建“两新”组织党组织252个，建成泸州（长江）经济社会组织学院，开展“两新”组织党务干部、人才培训20多期。3. 深入开展抓党建促脱贫攻坚。全市动态培养保持村（社区）后备干部5000名，67个软弱涣散村党组织全部实现转化升级。深化拓展“一改三化”模式发展壮大集体经济，村均收入达11.02万元，突破百万元的村13个，千万元的村2个；在全省率先建立三级“农民夜校”管理体系，创新设立7所县区“农民夜校”总校，探索建立社区夜校，累计开展教学近9万课时，参学群众133万人次。全覆盖选派“五个一”“三个一”帮扶力量，全市向324个贫困村和702个有20户以上贫困户的非贫困村选派第一书记702名，帮扶干部2394名，农业技术巡回服务小组104个。创新实施“支部结对子·党员手拉手”城乡党建结对活动，2.7万名机关干部帮扶贫困户6.9万户，制定切实关心爱护脱贫攻坚一线干部激发干事创业活力实施办法和激励基层干部奋发有为二十条规定，市县财政每年投入1620万元，对派驻第一书记和驻村工作组经费全额保障。4. 基层基础保障。继续实施“季度述职”等制度，召开基层党建流动现场会，层层传导压力责任；加大基层党建经费投入保障，设立基层党建“双2000万”专项资金，村、社区工作经费连续5年递增15%，村、社区工作经费分别达12.16万元、15.2万元，高标准建成村（社区）市级示范阵地33个，分领域分别打造市级党建示范阵地和规范化阵地66个，设立困难党员干部关爱帮扶资金500万元，累计帮扶救助困难党员干部2460人。

【负责人】 中共泸州市委组织部部长：徐斌；常务副部长：宋勇；副部长、市人社局局长：周毅；副部长、市人才办主任：曾妍（女）；副部长、市委老干部局局长：冉雷波；副部长、市委编办主任：孙海燕（女、8月止）；副部长、市委编办主任：吴伟（8月起）；副部长、市委党建办主任：吴兴华；副部长：郑勇（9月起）；部务委员：肖春；市党员干部信息中心主任（2月止）、副县级纪检员（2—11月）、市委组织部纪检组组长（11—12月）：文华（女）；市人才办副主任：周丛伟；党员教育中心主任：张敬书（女）；市委非公有制经济和社会组织工作委员会专职副书记：刘泽林（8月起）；市委党建办副主任：艾宗然（8月起）。 （张友法）

宣传工作

【概况】 2017年，泸州市文明创建、舆情信息、历史名人文化传承创新工程等10项工作在全国、全省作经验交流，获中央文明委、中宣部、省文明委等省级以上表彰8次，市委宣传部机关被中宣部表彰为“舆情信息工作优秀单位”（全省仅3个市州）。泸州市荣获中央文明委命名的“第五届全国文明城市”荣誉称号，实现“三年创文、一举创成”目标。

【理论武装】 思想共识进一步凝聚。把学习宣传贯彻习近平新时代中国特色社会主义思想和中共十九大精神作为首要政治任务。市委中心组集中学习22次，邀请中央文献研究室副主任张宏志等15位领导专家到泸州讲座，市委中心组学习工作连续12年获全省先进。标准化打造“两坛一堂·人生导航”品牌（酒城讲坛、坝坝讲坛、道德讲堂），开展十九大精神“七进”宣讲1.8万场次，20余万人次参与。开展十大市级社科课题研究，《长江上游工业城市绿色转型研究》等2项省级社科课题结项。牢牢掌握意识形态工作领导权，狠抓“四个责任”，强化各类意识形态阵地管控，将意识形态工作纳入市委第二轮巡察。坚持每周舆情分析研判会，每月意识形态工作联席会，向市委常委会汇报意识形态领域情况4次，向省委报告意识形态工作2次，全市意识形态领域总体平稳。

2017年12月21日，泸州市创建全国文明城市总结表彰大会在泸州电视台演播大厅举行

【舆论引导】　主流舆论进一步壮大。组织“聚焦云龙机场建设”等重大集中采访23次，推出“决胜全面小康，建成区域中心”等重大主题宣传16个，市级主要新闻单位微信公众号粉丝超过130万，增长35%。推出六大系列20个外宣选题，全年在省级以上主流媒体和境外媒体刊（播）稿件49577件，增长17%；在央广、川报、川台发稿量稳居全省市州前三。连续2年在央视CCTV—1和CCTV—13播报泸州城市天气预报，连续5年在央视、凤凰卫视等投放城市形象宣传片，与清华大学城市品牌研究室合作，推出泸州城市形象定位语（中国酒城·醉美泸州，一座酿造幸福的城市）和城市形象标识。

【网络治理】　网络环境进一步净化。扎实开展净化网上舆论环境专项整治、打击网上暴恐音视频等专项行动13次，实地检查网络媒体127家次，约谈13人次，整改问题25个。完善重大事项网络舆情风险评估制度，建立网络舆情每周会商机制，坚持7×24“人工+智能”监测，全年发出网络舆情专报939期。实现网络问政平台市县乡“三级全覆盖”，全年办理网民问政12003件，群众满意度97.6%。建立“基础、骨干、核心、专家”四支队伍，组织开展网络舆论引导62次，发表网评、主题帖等近8万余篇（条）。建立网络安全应急协调机制，组织网络安全应急演练2次，及时化解风险隐患19个，有效处置突发舆情9起。

【文明创建】　文明创建深入人心。坚持“全域创建、全面创建、全民创建”理念，在市委、市政府坚强领导下，全市上下众志成城，打赢创建全国文明城市的“人民战争”。加强统筹协调，健全“1+9+4”工作机制，构建“横到边、纵到底”工作格局。奋力攻坚克难，以信仰信念等“六大工程”为统揽，大力实施“牛皮癣”治理等“十大攻坚行动”；狠抓基础设施升级改造等“五项重点工作”；实施排队上下车等“四大文明行动”。强化督查问责，落实包保联创责任制，创新“对标、对图、对点”工作方法。深化氛围营造，新闻、外宣、网络、社会、文艺“五宣联动”，开展周末、傍晚、小喇叭“三大行动”，形成全民参与、共建共享良好局面。坚持常态长效推进，市委、市政府印发《关于巩固创建全国文明城市成果、建立常态长效机制的实施意见》，持续巩固提升创建成果。

【社会主义核心价值观建设】　社会主义核心价值观落地生根。打造核心价值观主题公园33个、主题院落40个、主题街区28条、泸州好人馆1个，“一年四季·泸州好人”示范展示街等7条、“道德模范桥”“美德少年桥”等7座。连续26年举办“屈原魂”传统诗词创作大赛，印发《生命如松》《我的家风故事》等系列读本10万余册。发布“红黑榜”名单（300余人）。全市10人获评国家级、省级“文明家庭”“道德模范”；17人入选“四川好人榜”，1人入选“中国好人榜”。新创全国文明单位2个、全国文明村镇2个、全国文明校园1所。

【文化发展】 文化文艺繁荣兴盛。实施文化基础设施建设等八大工程，建成幸福美丽新村（社区）文化院坝178个。电视剧《铁血护国之青年朱德》通过国家广电总局审核并取得发行许可证，引进《红灯记》《白毛女》等精品到泸州演出15场。杨慎入选四川首批十大历史名人。成立市文资委，实施文化产业重点项目38个，完成投资33.3亿元；组建市文旅集团，投资2.3亿元的尧坝古镇文化旅游扶贫开发项目一期工程全面完工。加快“一园两区”建设，市文创孵化园创成“全省文化产业示范基地”。全市文化产业实现营业收入244.6亿元，同比增长18%；入库税金10.3亿元，增长19%。

【基层基础】 基层组织建设全面夯实。深化全市宣传思想文化系统领导班子思想政治建设，深入贯彻习近平总书记纠正“四风”重要指示，建立全系统党风廉政工作定期通报、定期分析、定期谈话机制，推进“两学一做”学习教育常态化制度化，文联、社科联组织机构实现乡镇（街道）全覆盖。基层队伍建设全面加强。制发《泸州市文化体育人才集聚工程实施细则（试行）》，全年组织集中培训9期，参训1400人次。全市143个乡镇（街道）宣传文化队伍共配备2112人，其中，宣传委员、宣传干事配备率均达100%，文化干事配备率150%，政府购买的村（社区）公益性文化岗位配备率150%。基层工作创新全面深化。广泛深入开展全市宣传文化系统大调研，推出十大优秀创新案例。“泸州343文化惠民扶贫行动”“小微信做好网上群众路线大文章”等一大批泸州经验、泸州模式、泸州典型，被中宣部、省委宣传部作为典型案例进行推广。

【负责人】 中共泸州市委宣传部部长：鞠丽（女）；正县级副部长：唐一；副部长、市委外宣办（市政府新闻办）主任：魏仁泉；副部长、市文明办主任（6月起）：阮小梅（女）。

（周顺锋）

统一战线工作

【多党合作事业】 指导九三学社泸州市委开展换届工作。就市委重大决策征求意见建议，限时办结、及时反馈建议意见100余件。“两会”期间，市级各民主党派围绕全市重点、难点、热点问题，提交集体提议案56件，个人提议案285件。2017年，市级民主党派共有12个党派组织、25人获党派中央和省委会31项表彰。泸州职业技术学院挂牌成立“致公—中关村加—战略新兴产业及创新创业人才培养基地”，共建人才培养基地、新兴专业、合作共享实习实训及就业平台。召开海外侨胞与“一带一路”建设泸州交流座谈会、开展乌蒙山区脱贫攻坚民主监督工作，提升“致泸合作”20年品牌影响力。

【经济联络工作】 通过举办专题讲座、短期培训班等方式，培训民营企业家、企业管理人员达1200余人次；以“百企联百村”活动为载体，积极引导民营企业投资涉农产业项目251个，投入项目资金3.9亿元，动员商会和企业捐款捐物约1333.9万元，助力脱贫攻坚。全国异地商会达14家，实现“东西南北中”网络布局全覆盖；依托异地商会引进招商项目20个，签约金额达73.26亿元。大力倡导“泸商精神”，采编“泸商之歌”；商会建设工作在全国作经验交流。加强海外交流，促成“干细胞产业研发（中国·泸州）基地建设”等2个项目落户泸州；筹建法国巴黎工作站、德国柏林工作站等6个海外人才工作站；开展“港澳台海外企业大走访”活动，走访企业20家，帮助港澳台海外在泸人士解决实际困难18件。

【民族宗教工作】 县（区）民宗办统一升格为民宗局，建立民族宗教事务服务中心；提升对古蔺、叙永两个少数民族待遇县的帮扶力度，向上争取政策性资金突破3亿元，完成省级留成资金2.73亿元；开展民族团结进步创建活动，成功获全国民族团结进步创建活动示范单位命名1个、省级7个，市本级命名5个。开展“双五好”创建活动，命名“五好宗教活动场所”10个，评选“五好宗教教职人员”19人，通报表扬安全标准化建设宗教活动场所5个；做好民族宗教领域社会稳定风险排查及矛盾化解，协调解决信访问题7件，依法查处借教敛财行为13次，依法拆除非法露天造像2处。

【党外知识分子和新的社会阶层人士统战工作】 全市新的社会阶层联谊组织已达11个，川南片区新的社会阶层人士统战工作座谈会在泸州召开。调整充实市党外知识分子联谊会（简称知联会）6名副会长、3名常务理事，新吸收理事40名。成立市知联会教育宣传、建言献策、社会服务、联谊交流4个专门工作委员会，开展各类活动34次。社会服务特色化，结合对口帮扶藏区贫困县工作，组织以泸州市新的社会阶层人士律师代表为主体的“四川同心·法律服务团”泸州分团赴甘孜州稻城县、乡城县开展法律服务活动，在省委统战部、省人社厅等七部门表彰大会上，泸州同心·律师服务团乡城县分团和西南医科大学同心专家服务团被评为“同心服务活动”先进集体，3名新的社会阶层人士代表、4名党外知识分子被评为先进个人。高校统战项目化，打造西南医科大学“同心品牌”七个子项目，成立“同心学校”“同心实践教育基地”，成功举办4期培训班、6期“同心讲坛”，对统一战线凝心聚力服务“十三五”规划等40多个课题进行调研并结项。

【对口帮扶藏区贫困县工作】 全年完成帮扶资金1.62亿元、占计划数127%；到位援助资金6935万元，划拨项目进度款6001万元，帮扶资金使用率为87%，助推乡城县、稻城县23个贫困村退出，665户3445人脱贫。加强项目帮扶，建立“1+N”项目管理体系，在总体规划框架下分别每个援建项目制定具体实施方案，全年共启动项目44个，占五年规划数的98%。加强产业帮扶，打造14个旅游扶贫新村，建成藏香猪、藏鸡等规模化特色种植养殖基地4个，示范带动成立农牧业专合社36个。加强智力帮扶，实施“1+N”老师

2017年5月13日，泸州市对口帮扶稻城县脱贫攻坚项目集中开工仪式

带徒弟、党政干部递进培养、专业技术人才提升“三大工程”，派出139名援藏干部和专业人才到藏区工作，（协助）开展各类党政干部培训37期共培训2753人次。

【党外干部配备】　与市委组织部联合出台《关于进一步加强党外干部队伍建设的实施意见》。先后5次集中向市委组织部推荐党外干部人选35人次，提拔交流18名县级党外领导干部，从市级部门推荐6名党派干部到县（区）挂职、3名到省上挂职。截至年底，全市党外干部6692名，科级以上党外领导干部512人，市、县（区）两级全覆盖配备县级党外领导干部90人。2017年，农工党、致公党省委班子、省工商联班子中均有党外人士。泸州市党外代表人士在省人大代表、省政协委员中的占比分别达37.1%、61.1%。成功推荐1名党外人士为全国政协委员人选。

【负责人】　中共泸州市委统战部部长：徐斌；常务副部长：韩俊平；副部长：陈通军、谭斌（5月止）；机关党委书记：项晓芸（女、11月起）。（易小飞）

政　法

【概况】　全年公安机关立各类刑事犯罪案件9729件，检察机关批捕1182件，起诉2233件，法院判决2299件。其中，立侵犯酒类知识产权类案件72件，抓获犯罪嫌疑人99人，涉案金额达1.5亿元。开展打击破坏环境资源违法犯罪、打击危害食品药品安全违法犯罪专项活动，共办理刑事案件76件。

【维护社会安全稳定】　加强情报信息收集分析研判，汇总分析、研判预警各类情报信息6664条。完成社会稳定风险评估1937件。加强涉恐隐患排查整治，实施“清流2017”等三项攻坚行动。持续开展“无邪教”创建，查处邪教组织非法活动30起，抓获违法人员22人。特别是在中共十九大期间，严格落实维稳责任制，对排查出的50余个重点群体和2000余名重点人员，逐一落实稳控措施。

纳溪区禁毒宣传月启动仪式

【社会治安综合治理】　全年刑事立案数在2016年下降16.4%的基础上又下降20.98%，破案率同比上升14.81%；全省平安建设满意度测评比上年度上升9位。化解或管控各类社会突出问题508件。

【负责人】　中共泸州市委政法委书记：封安；常务副书记：郑理；副书记、综治办主任（12月止）、常务副书记（12月起）：邹毅；副书记、维稳办主任（12月起）：文耀全；副书记、综治办主任（12月起）：代鸿宾；机关党委书记：周权；纪检组组长：唐小玉（女、11月起）；副书记、维稳办主任（1月止）：雷安平。（杨　野）

对台工作

【概况】 2017年，全市新签约投资项目3个，新注册台资企业7家，新引进台商投资2.016亿元。全年开展两岸经贸活动1次，承接对台交流项目2个，邀请台商到泸州考察75人次。组织因公赴台考察团组9个88人次，涉及现代农业、生态环保、城市管理、园区建设、教育医疗、人才招引等。

【对台经贸工作】 10月27—28日，举办2017年泸州—台湾产业合作推介会，30余家台湾企业参加推介会。台湾区电机电子工业同业公会高级顾问、中华大学讲座教授、中华文化永续基金会顾问尹启铭，台旭科技集团董事长、台湾商业总会监事江诚荣，台湾“观光局”专案顾问段云天教授、台湾统一促进党金门光前支部主委谢湘蓉等5个团组、75人次台商到泸州开展经贸考察。

【对台交流交往】 6月2—3日，台湾南投县基层代表团一行35人到泸州参访交流，走访酒业集中发展区、国宝窖池，参观泸州城市建设。8月11日—13日，台湾民意代表马文君女士率台湾南投县教育交流参访团到泸州参访，46名台湾学生首次入住泸州市当地学生家庭开展体验式交流活动，并举办台湾南投县文教交流参访团·四川泸州老窖天府中学交流联谊会，开展《灵动如水·泸州城》文化专题讲座。泸州老窖天府中学与台湾五育高中签订友好学校合作协议。

【服务台胞台属台企】 针对台泥泸州赛德水泥有限公司运输市场问题、泸县伟翔模具厂厂房遗留问题、鸿福制衣工程纠纷和资金困难问题、台胞曾维秀山林权益诉求问题、玉燕养殖场环保排污问题以及合江丰羽茶厂销售问题，主动对接企业行业主管职能部门，做好协调服务工作。3月，帮助离家77年的97岁台湾老兵胡定远找到在泸州的亲人，完成老人回泸州探亲的各项工作。

2017年8月12日，台湾南投县文教交流参访团与泸州老窖天府中学师生合影留念

【涉台宣传教育】 11月21日，邀请中央台办宣传局局长、国台办新闻局局长、国台办新闻发言人马晓光到泸州为市委中心组开展《台海局势与对台工作》专题讲座；11月，在《台湾旺报》刊载题为《抢抓四川自贸区川南临港片区建设等战略机遇——四川泸州：加快建成成渝城市群南部区域中心城市》的泸州专版报道；12月12日，对全市外宣联络员开展对台宣传工作专题培训。开展台海形势报告5场，进行赴台考察

人员行前涉台教育11次。

【负责人】 中共泸州市委台湾工作办公室主任：谢先海；副主任：毛莉平（女）；副县级纪检员：王维秀（女、11月止）。 （江 涛）

市直机关工委工作

【政治思想建设】 学习习近平新时代中国特色社会主义思想、中共十九大精神、省第十一次党代会精神，举办专题理论辅导6场次，培训2000余人次。发文要求市直党组织依托“三会一课”、大讲堂、网络等手段，采取撰写心得体会、学习研讨、集中宣讲、专题发言、党课辅导等多种形式学懂弄通做实。在泸州日报开辟“学习十九大市直机关在行动”宣传专栏3期。加强理想信念教育，开展红色教育专题培训8期335人次。组织开展“读系列经典·做合格党员”百字征文活动和“严肃机关党内政治生活”等课题调研活动，征集百字心得169篇、调研文章68篇，评选表扬70篇。贯彻中央全面依法治国战略部署和省市依法治理工作安排，配合抓好法律进机关工作，编印《领导干部学法读本》。开展新民法专题讲座，组织400余名党员干部到场聆听。定期开展党员干部思想研判，把意识形态工作责任制列入机关党建宣传思想工作目标考核。

【基层组织建设】 推进机关党建目标“清单式”管理，组织69名直属机关党组织书记进行述职测评，对69个市直部门2017年度机关党建工作进行考核通报，压实管党治党主体责任。推进机关党建工作“标准化”管理，指导机关党组织对466个基层党支部进行分类定级，对其中13个后进基层党组织按标准化要求制定升级转化措施；指导69个直属机关党组织开展阵地标准化建设，实现100%达标；在市住建局、市水务局、市质监局开展党建标准化建设试点，中央国家机关工委正部长级副书记陈存根到泸州调研。推进基层组织建设“常态化”管理，新建机关党组织46个，撤销机关党组织31个，到期换届机关党组织12个，按照市委党建领导小组文件要求整建制转出单位党组织关系4个，新任免机关党委书记29名、专职副书记10名、副书记14名、委员73名；统一设计印发《党支部工作手册》《支部委员会会议记录本》《党小组会议记录本》，翔实记载基层党组织工作开展情况，督促“三会一课”等制度落实。

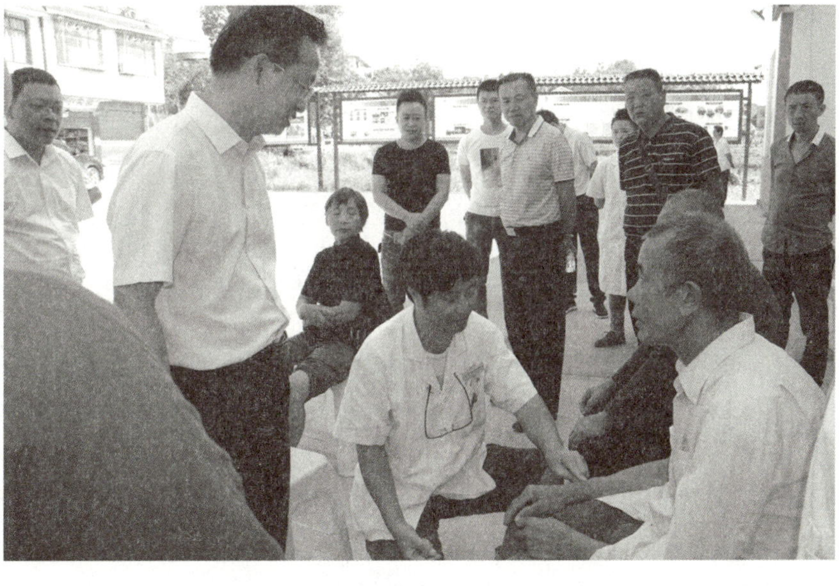

2017年9月，合江县白米镇梨湾村义诊现场

【机关党员教育管理】 加强教育培训，开通“泸州机关党建”微信公众号，搭建党员教育信息化平台；统一征订《全面从严治党面对面》《四川机关党建》《时事报告》等党建刊物，免费发放各直属机关党组织学习；集中开展专题培训和以会代训900余人次。推进“两学一做”制度化，机关党组织每年开展1次以上专题培训，每月开展“固定党日”活动，每月确定1天“党员

学习日”。新发展预备党员122名，到期转正90名，培训入党积极分子和新党员372名。深化创先争优，持续开展“四好”领导班子创建活动和共产党员“示范行动”，大力开展“双争”“双亮”主题活动。推荐省委、省政府表彰先进帮扶单位7个、优秀驻村干部3名，推荐市委表扬“四好”领导班子先进集体12个，共产党员示范单位6个、示范团队6个、示范岗10个；鼓励市直部门和区县机关党建创新，评选表扬创新案例10个。注重激励关怀，建立健全党内关怀帮扶制度，在重要节日走访慰问机关贫困党员、离退休老党员和生病住院党务干部159人，发放党内慰问和关爱帮扶资金70余万元；建立手机短信发送平台，发送机关党员干部入党纪念日、党的生日提醒信息1.9万条次。

【机关党的作风纪律建设】 组织开展《中国共产党纪律处分条例》《中共国产党问责条例》等党规党纪专题培训，组织观看《打铁还需自身硬》《巡视利剑》等专题片，向市直各部门赠送《廉政瞭望》杂志2000余册。举办“抒清风明月诵中华经典”廉洁诗词诵读比赛活动，组织37个市直部门参赛，评选表扬15个单位等次奖。指导创建“市直机关廉洁文化进机关示范点”，验收命名27个，推荐市纪委命名5个。强化专项宣传，通过落实党风廉政建设社会评价集中宣传方案，印制宣传折页、制作宣传展板、设置电脑屏保、推送手机微信，组织召开党代表专题座谈会，对入党积极分子开展专题培训和考试测评，结合创文包保进社区、精准扶贫到农户等进行广泛宣传，推动社会评价工作宣传落实到位。强化机关作风日常监督，点名通报不遵守培训考试纪律的入党积极分子和新党员4名、上班时间炒股等违反工作纪律人员4人、请销假制度不完善问题4个。加强专项领域督查，对脱贫攻坚领域工作作风和工作落实情况多次督查。加强“微腐败”整治，对50余个市直部门和三个区进行督查。开展纪检干部“一对一”联系村工作，收集回复和协调解决诉求15个。严把廉洁关，收缴市直机关4个单位5名干部上交礼金4500元。严肃案件查办，立案11件，党纪处分11人，向市纪委移送案件1件。

【干部驻村帮扶】 重新调整19名市级领导和63名县级领导联系点，指导轮换驻村干部389名。集中举办为期4天的培训班1期，培训驻村干部195名。多次进村入户督查“三个一”帮扶情况。在2017年5月省上下发的2016年度“五个一”帮扶工作考核通报中，泸州市名列全省第二。市直机关工委争取资金为联系村完成公路、水利和阵地建设，推动村集体经济发展，新华社、《四川日报》等多家媒体对此进行了宣传报道。派驻的第一书记胡凌鸣被省委、省政府表彰评为2016年脱贫攻坚“五个一”驻村帮扶先进个人。

【文明城市创建】 开展文明细胞建设行动，对市级机关2个省级最佳文明单位、5个省级文明单位，2个市级最佳文明单位、36个市级文明单位、3个市级文明示范窗口进行创建指导，并提出创建复查验收意见。开展职工精神文化活动，举办机关职工篮球赛，组织19个部门18支队代表队进行44场比赛；举办机关羽毛球比赛，组织30个部门200余名机关干部参加男双、女双和混双3个项目比赛；组队参加泸州市第六届老年运动会羽毛球比赛；举办太极拳培训班，800多名机关干部参加学习训练；选派人员参加省直机关工委、省总工会、团省委、省妇联举办的全省“公文写作大赛”。开展文明宣传行动，充分利用LED屏等宣传媒介持续刊播公益广告，实现市直机关公益广告刊播全覆盖；通过机关党建微信公众号推送创文信息3期、手机短信平台推送创文宣传口号1.9万条次；举办“文明城市创建我参与”知识竞赛活动，组织8000多名党员干部参与竞赛；举办创文问卷宣传测评活动，组织1.39万名机关干部参与测评。开展文明交通行动，编发《机关文明驾乘安全手册》1万多册、发放创文车贴6000多张，清理并免费向市民开放市直机关停车位1597个。开展志愿服务行动，派出机关党员到各包保社区网格化下沉志愿服务。市直机关工委被市委、市政府表扬为创文工作先进集体，3名职工被表扬为创文工作先进个人。

【机关党的群团工作】 以维护职工权益为重点，扎实抓好工会干部培训、工会普惠制、工会财务检查、工会组织换届工作和春节“送温暖”活动。加强机关团的工作，做好市、省两级“两红两优”推报工作，做好省第十四次团代表候选预备人选推选工作、市第八次团代表推选、考察、公示等工作。组织机关团员青年参加“学总书记讲话 做合格共青团员”主题教育实践和“我的青春我的梦”征文比赛等。支持机关妇女组织开展“巾帼建功”“巾帼维权”。倡导机关单位和党员干部积极支持“栋梁工程”“送温暖一日捐”等慈善活动。

【负责人】 中共泸州市委直属机关工委书记：刘云；副书记：张兵、吴杰；副书记、纪工委书记：张勇。

（赵　涛）

巡察工作

【概况】 2017年，泸州市巡察机构围绕职能定位，突出政治巡察，聚焦党的全面领导、党的建设、全面从严治党、党风廉政建设和反腐败斗争，发现问题、形成震慑。全年市本级巡察单位24个、7个区（县）共巡察单位70个，市县两级合计发现问题1707个，向纪检监察机关和相关单位移交线索311条，立案75件，给予党政纪处分42人，对2名正县级领导干部给予党内警告处分并免职，移送司法机关35人，清退违规资金190.8万元，补缴党费33.4万元，挽回国有资产1000余万元。

【党委主体责任落实】 2017年，市委书记蒋辅义主持召开3次巡察工作领导小组会议、3次书记专题会、2次市委常委会议，听取巡察情况汇报，研究巡察成果运用。将巡察工作纳入区（县）党委综合目标考核，要求“述职述巡察、考核考巡察”，全年区（县）委书记向市委述职2次，市委半年和年终目标考核对巡察工作均进行专门检查和重点考核。市县党委在机构编制、经费运转、物资设备等方面给予充分保障，全市巡察机构共列编行政和事业编制93个，实际到位81人，预算875万元作为巡察工作专项经费，配齐工作设施设备，做到“有人干事、有钱办事”。

【巡察队伍建设】 市委巡察办正副主任、巡察组正副组长均从纪检监察和组织系统中产生；全市遴选1210名巡察人才库人员均是纪检监察、组织人事、财政、审计部门的业务骨干。加强教育培训，采取集中授课、以会代训、组内研讨、印发《巡察干部业务指南》等方式积极为巡察干部“充电”。通过制定《巡察干部管理制度》、组织观看警示教育片、签订承诺书等，不断强化巡察干部纪律意识，全年共35名巡察干部提拔交流到重要岗位，全市参加巡察工作的干部无一违纪被处分。

【巡察动员部署】 每轮巡察启动前，市县巡察办通过与纪检监察、组织、群工、审计、财政等相关单位协调衔接，广泛收集涉及被巡察对象的信访反映和问题线索，全年共发函592份，收集问题线索112条。每轮巡察启动时，层层组织召开动员会，形成各级支持、配合、参与巡察工作的合力。通过在动员会上公布举报电话、在市级主流媒体发布巡察公告、在被巡单位设置意见箱等方式，畅通信息收集渠道，全年共收到来信、来访、来电1118件，从中发现问题线索284条。

【进驻巡察】 始终坚持问题导向，通过“测、谈、查、访”等方式，进驻被巡单位找问题、挖线索。2017年，全市共发放《党风廉政建设问卷调查》和《民主测评表》7200余份，收集意见建议462条；开展个别谈话5086人次，达被巡单位在职干部职工90%以上，从中收集问题线索705条；查阅被巡察单位的文件、财务账簿、会计凭证、会议记录等资料26000余份，从中发现问题线索917条；对巡察中发现的疑点，直接到问题涉及的现场、单位实地深入了解，提高发现问题的准确性。

【巡察反馈问题整改】 实行反馈问题“双签收”、整改情况“双报告”、整改结果“双公开”，压实被巡单位党组（党委）书记巡察整改主体责任。巡察机构加强对整改落实情况的跟踪了解和督查督办，建立成果运用台帐，使巡察成果在报告、反馈、移交、督办、整改等环节做到痕迹管理、有据可查。截至年底，市县巡察反馈的1577个问题整改到位1335个。同时，督促被巡单位在整改中举一反三，健全完善相关制度机制256项。

【巡察移交线索处置】 出台《巡察发现问题线索及信访事项处置办法（试行）》，将巡察发现的问题线索按5个类别进行分级分类处置。各级巡察机构严格按照《办法》规定，主动加强与纪检监察机关、组织部门的协调联络，确保对巡察发现的线索快速移交、督促快查快结。各级纪检监察机关建立“绿色通道”，对巡察移交的线索集中力量、优先办理，对反映问题具体、条件成熟的，第一时间启动立案调查。2017年，市县巡察移交的311条线索已办结253条，组织部门对巡察反馈存在问题的干部及时作出组织处理，免职3人，调整岗位20人。

【回访督查】 对巡察反馈问题整改情况全面核查，确保问题整改不留盲区，对整改不到位、不见底的不予“销号”。市县巡察组通过回访，发现整改不到位问题82个，立即责成被巡单位党组再整改，整改到位73个。通过回访督查，对没见底的问题“再了解”，对没发现的问题“再发现”，对已纠正的问题“再核查”，不断深化和巩固巡察成果，形成长效震慑。2017年7月，巡察组在对某单位开展回访督查时，发现该单位整改违规发放津补贴问题后“旧病复发”，又违规发放奖金补贴的违纪线索，通过调查核实后，对相关责任人给予记过处分，违纪款项予以清退。

【负责人】 中共泸州市委巡察领导小组办公室主任：姜来；副主任：黄义明。 （周 娟）

群众和信访工作

【概况】 2017年，市本级各类信访受理平台受理群众来件7392批（件）次，同比上升10.5%，其中：接待来访2334批8540人次，同比分别下降5.2%和6.4%；纸质来信1141件次，同比下降18.7%；网上信访3917件次，同比上升38.9%。全年受理“12345”市长热线11.32万件，办结11.24万件，办结率为99.3%，群众满意率达99.5%。

【信访源头治理】 全年排查化解矛盾纠纷3616件，化解率90.3%；对泸州沱江五桥等30余个项目实施社会稳定风险评估，保证项目实施过程中未引发信访问题。

【信访渠道畅通】 积极打造“信、访、网、电、屏”五位一体的诉求表达渠道。实现远程接访、会议培训、协调会商、应急指挥等常态运用。积极探索“互联网+信访”模式，大力推进网上投诉平台建设，升级改版互联网门户网站，开通市长热线门户网站、微信公众号、微博以及手机APP应用服务等，网上信访成为群众信访反映主渠道。

【领导接访下访】 全年有县级以上领导457人次参与接待群众786批2754人次，推动化解信访事项361件；235人次县级以上领导带案下访，化解信访问题505件。

【信访专项治理】 分阶段在全市范围内深入开展“化解信访矛盾规范信访秩序”、信访突出问题“属地治理系统治理”、十大领域涉稳信访突出问题专项治理“三项活动”，有效化解和妥善处理信访积案2375件。其中：在“化解信访矛盾规范信访秩序”活动中化解信访问题2238件；在信访突出问题“属地治理、系统治理”活动中化解信访突出问题105件；在十大领域信访突出问题专项治理中推动化解信访突出问题32件。

“12345”市长热线受理中心接受市民赠送锦旗

【信访秩序治理】 在市、县、乡、村四级广泛开展信访法治宣传活动563次。加大违法上访行为处置力度，全年依法处置违法上访人员174人次，其中判刑1人，刑事拘留10人，行政拘留49人，教育训诫114人。

【重点乡镇治理】 将2016年进京非正常上访、进京越级走访、到省集体访综合指标全市排名前21位的乡镇（街道）确定为信访重点治理乡镇（街道），实行退出摘帽机制。全年12个重点治理乡镇实现“三无”目标。

【负责人】 中共泸州市委群众工作局局长：张明顺；副局长：熊克伟、曹大愚、李江银；副县级纪检员：林海霞（女、11月止）。

（李剑春）

机构编制

【自贸试验区建设】 设立中国（四川）自由贸易试验区川南临港片区管理委员会，为市委、市政府正处级派出机构，核定行政编制25名，从市本级调剂30名事业编制用于设立自贸区辅助性事业单位；设立自贸区行政审批局，与龙马潭区行政审批局合署办公，自贸区与龙马潭区实现行政区、开发区、自贸区“三区合一”；龙马潭区20个相关部门增挂自贸试验区内设部门牌子，实行“一个机构、两块牌子”，承接相关试验任务；构建自贸区川南临港片区体制机制框架，在市现代服务业发展促进中心增挂自贸区川南临港片区发展促进中心牌子，增加事业编制5名，在市属事业单位增加25名编制用于保障自贸区海事、出入境检验检疫、海关等中央垂管部门工作力量。

【服务经济社会发展】 创建全国食品安全城市，设立泸州市食品药品投诉中心，核定事业编制5名，设主任1名（正科级），增加市食药监支队行政执法类事业编制3名，配齐配强食品药品监管工作力量；会同市农业局研究制定印发《加强乡镇农村经营管理机构队伍建设方案》；保障基层安全监管工作，印发《关于健全完善安全生产监管有关机构编制事项的通知》，进一步明确市安监局安全生产综合监管职责，增加市安监局部门副职1名，单设政策法规科，切实保障安全生产领导力量和法治化建设；促进现代农业发展，服务打造董允坝国家现代农业示范园区建设，将江阳区现代农业发展服务中心升格，加强领导力量；进一步建立健全社会信用体系、金融发展、财政投资、园区经济建设、口岸物流、工业经济研究、PPP项目推进、招商投资等行业体系，大力提供编制支持，推进泸州市产业转型升级；大力发展航空航天相关产业，进一步理顺相关管理体制。

2017年7月26日，省委编办主任雷世界（左三）调研自贸区建设

【人才队伍建设】 服务基层人才队伍建设，印发《关于创新推进基层专业技术人才队伍建设的若干意见》和《关于实行岗位与编制分离促进干部人才向基层一线流动的通知》，解决基层专业技术人才引进难、留住难的问题。服务高层次人才队伍建设，强化高层次人才引进编制保障，在自贸区成立全省第一个人才工作局，专门负责高层次人才引进工作；在市人才服务中心增挂市高端人才服务中心、市大学生创新创业活动中心牌子，为泸州市高端人才服务工作提供体制机制保障。服务园区专业人才队伍建设，印发《关于进一步加强机构编制服务保障人才工作的通知》，下放部分机构编制管理权限到自贸区、园区（功能区），由其根据专业人才需求实施编制使用计划，报机构编制部门备案。

【民生事业保障】 教育方面，在全市空缺事业编制总量内，跨区县跨行业动态调整1225名事业编制收归市上统筹管理，建立“跨区域调整、区域内动态调整、多校任教、购买服务”的教育资源配置机制，保障全市中小学义务教育均衡发展编制需求。医疗卫生方面，完成市妇幼保健与计生服务资源的整合；整合县域医疗卫生服务资源，建立医联体管理模式，县级医院统筹管理乡镇（社区）卫生服务人员编制。精准扶贫方面，增设市扶贫移民工作局内设机构督查考核科，增加科级领导职数1名，增设总会计师，统筹调剂行政编制2名。公共服务方面，加强防震减灾工作专业性和科学性，增加地质环境监测站事业编制2名，加强农村社会管理和公共服务，编制重点向基层一线倾斜，在乡镇设置经济发展、社会事务、公共安全、农业技术等综合机构。

【岗编适度分离】 会同财政、人社、卫计委等部门出台《关于推进县乡医疗卫生服务一体化管理指导意见的通知》，整合县域医疗卫生服务资源，充分发挥县级医疗卫生机构的职能职责和人才、技术、管理优势，将乡镇卫生院纳入县级医院统一管理，促进人才向一线流动，下沉基层、服务基层、建功基层。会同组织、财政、人社等部门出台《关于实行岗位与编制分离促进干部人才向基层一线流动的通知》，明确对市、县（区）派驻乡镇（街道）、社区及各类园区，派驻时间一年以上的干部人才实行岗编分离，并在培养使用、流动管理、评价激励、服务保障等方面提出了一系列激励政策措施，通过组建精干队伍全国驻点、整合资源派驻乡镇工作站、选派专业技术员支教、支医、支农、支文等方式，推动全市经济社会实现转型跨越。

【政府职能转变】 动态调整完善权责清单。开展市、县两级行政权力事项清理，清理公布市本级除行政许可外行政权力事项5399项，在前次基础上减少528项。推进市级部门行政许可事项清理和核查，对“最多跑一次”的事项进行全面梳理。推进政务服务一体化平台事项认领工作，以一体化平台建设为契机，进一步推进市、县两级行政权力事项清理。推进行政审批制度改革。清理优化行政审批事项，实行“一枚印章管审批”。将33个市级部门、19个区级部门和14个中央、省垂管单位的418项行政审批事项，清理整合为232项，编制标准化审批操作流程，办理时限提速80%。推行“一窗接件”模式，实现“一口受理”审批机制。实行“统一收件、内部流转、联合审批、限时办结、统一发证”的模式，企业注册办理时限由原来最长的20个工作日下降到1个工作日。

【重点领域改革】 纪检监察体制改革方面，配合市纪委推进纪检监察体制改革工作，开展涉及25个派驻纪检组和监察委的人员编制、领导职数、内设机构等调整划转事项，全面完成改革任务。盐业监管体制改革方面，会同经信委、食药监局，积极推进盐业监管体制改革，完成职责划转，编制核定和内设机构设置工作。环境保护方面，落实环保督查要求，进一步明确无名矿山由市国土局承担环保职责，落实河长制工作要求，设立长江上游珍稀特有鱼类国家级自然保护区泸州工作站，增强水利部门河湖管理机构编制力量。统计管理体制改革方面，积极配合市统计局开展对县级以下统计管理体制改革工作，完善全市统计执法监督机构，充实统计工作力量，明确领导职数，调整县、乡统计职责，为逐步构建统一管理、权责明确、监督有力的基层统计管理体制提供机构编制坚实保障，全省统计工作现场会在泸州召开，得到了国家统计局的肯定。推进综合行政执法改革试点。推进城市管理综合执法体制改革，印发《关于〈泸州市推进城市执法体制改革改进城市管理工作实施方案〉的通知》，整合城市管理相关职能、执法资源、执法队伍，下移执法重心，实行区级执法，解决基层城市管理问题，提升公共服务水平。推进事业单位分类改革。对承担行政职能事业单位进行职能清理，清理完成56个市级参公管理事业单位，共有编制1747名，其中执法队伍18个，编制535名。积极协调推进经营类事业单位转企改制，完成46个行业协会商会与事业单位脱钩，剥离事业单位承担的行业协会商会职责。

【推进供给侧结构性改革】 制发《关于对市级行政事业编制实行统筹管理的通知》，将市本级党政群机关和事业单位的空编全部收回，按照保发展、保底线、保运转原则，构建编制和人员同步增减的长效机制，市本级党政群机关和事业单位共统筹收回行政编制134名，事业编制800余名，核减收回的编制用于重点保障承担国家、省市重点改革任务和项目，承担安全、环保、食品药品监管等底线工作，承担市委、市政府中心工作等部门用编所需。

【监督检查工作】 落实控编减编各项措施。开展2017年控编减编执行情况督查，完成对纳溪区、叙永县的实地督查，层层传递控编减编压力，完成三年全覆盖的督查目标。严格执行“吃空饷”核减编制标准。加强与组织、人社部门的沟通联系，将核减“吃空饷”单位编制工作纳入各区县控编减编专项督查范畴。开展控编减编以来，全市共核减6个“吃空饷”单位编制64名（其中核减“吃空饷”单位空余编制57名）。修订完善《泸州市机构编制监督检查协调配合制度》。完善“四个纳入”机制，从2017年起，泸州市委编办作为巡察监督成员单位专项参与巡察监督工作，涉及机构编制执行情况21个，撰写巡察专项报告21份，评价机构编制执行情况存在问题的单位13个，通过巡察，配合市审计局对市农业局等6个部门开展经济责任审计。

【登记管理工作】 实施事业单位登记管理服务标准化，实现登记管理业务、年度报告公示、咨询查询等事项“全事项”“全流程”网上办理。全面完成机关、群团及事业单位统一社会信用代码赋码颁（换）证，公示率99%；全市机关、事业单位中文域名注册覆盖率89%；新版《事业单位法人证书》换发率100%；督促已撤销事业单位办理注销登记77家。市妇幼保健院和江阳职业高中作为事业单位法人治理结构试点单位，江阳职业高中完成法人治理结构试点工作，市妇幼保健院试点工作有序推进。

【负责人】 中共泸州市委机构编制委员会主任：孙海燕（女、6月止）、吴伟（8月起）；副主任：叶伦汉（3月起）、李春艳（女）；副县级纪检员：肖扬（11月止）；市事业单位登记管理局局长：刘云。

（陈　磊）

政策研究

【重点课题调研】 围绕城市建设、产业发展、乡村振兴发展、城市综合治理、创文工作、攻贫攻坚等开展专题调研，形成工业经济运行分析报告、城市小区物业管理报告、村集体经济发展路径选择、县域经济突破分析报告、基层脱贫攻坚的困难问题和对策建议、构建亲清新型政商关系的建议等调研文章。加强调研载体建设。全年编辑《领导决策参考》3期，刊载各级领导调研文章60余篇；编辑《情况与建议》6期。

农业农村改革——泸州市江阳区江北新农村建设示范片华阳街道白湾村

【文稿组织】 组织起草《让自贸区成为泸州加速发展新引擎》，在10月27日《人民日报》刊发。组织自贸区宣传稿件在《民主与法制》刊物刊载，组织撰写全市县域经济现场推进会、全市改革工作推进会、省委政研室调研汇报材料等市领导讲话材料。

【深化改革】 全年组织深改领导小组会议6次，审议出台专项改革方案56个，对接中央、省上专项方案28个，完成试点改革任务23项，开展专项方案督察40项。农村土地三项制度改革、医疗扶贫等改革经验在全国、全省推广。一是抓顶层设计。落实“责任制+清单制”，建立市领导直接抓改革方案落实机制，拟出52个重要改革方案落实清单，书记、市长、副书记各牵头直接抓5个，其余市领导分别抓3个左右。将深改工作纳入对专项小组、部门、县区的年度目标考核，量身定制目标考核细则，实现考核督察全覆盖。二是抓方案落实，盯紧关键环节，制定出台市委全面深化改革领导小组《2017年工作要点》《2017年工作台账》《2017年改革落实台账》。建立《2018年度重大改革试点落实清单》，全年承接中央、省级部署改革试点23项，全面完成试点任务。全民预防保健、农村宅基地制度改革、新型城镇化综合试点城市、自贸区川南片区建设等改革试点工作成效明显。自贸区川南临港片区制度创新走在前列，自4月1日挂牌以来，已复制推广制度148项，创新制度60项。

【县域经济突破】　强化目标导向：制定《2017年县域经济突破实施方案》，明确县区县域经济突破的主要经济指标、重点项目建设、园区主营业务收入等任务，完善《泸州市县域经济考核办法（试行）》，强化目标考核，考核结果作为市委、市政府对县区综合目标考核的重要依据。强化协调联动：完善县域经济突破工作机制，明确县区党委、政府抓县域经济的主体责任和市级成员单位的工作职责。强化分类指导：指导三区和泸县以城市工作为统揽抓县域经济，合江叙永古蔺以脱贫攻坚为统揽抓县域经济，突出发展定位和发展重点，大力推进县域经济发展，形成县区竞相突破发展的格局。强化现场推进：先后在合江和泸县召开全市县域经济突破现场推进会，通过现场实地考察、召开会议等方式，总结县域经济发展经验，营造县域经济发展氛围。强化督查调研：把县域经济突破督查纳入市委“六个突破”督查工作内容，坚持每季度开展一次县域经济突破工作督查。

【督查督办】　全年督办市长交办件16大项41小项，现场督办22次，召开座谈协调会25次，编发短信242条，完成市政府工作报告任务分解和市委“三抓三主动”相关工作督导。推动环保督查中畜禽养殖场和养殖专业户搬迁、川酒集团组建、集中式饮用水水源保护整改、古叙垃圾发电项目、智能终端招商、小市旧城改造、安全生产监管平台建设等督办事项落到实处。

【负责人】　中共泸州市委政策研究室主任：周岚（女、12月止）、许仁兵（12月起）；副主任：许有权、黄智勇；副县级纪检员：樊朝华（11月止）。

（宋燕美）

保密工作

【指导管理】　市委出台《中共泸州市委关于进一步加强和改进保密工作的实施意见》，建立健全保密委员会成员单位及委员“双述职”以及保密工作责任不落实或落实不到位保密约谈制度。将保密工作责任制落实情况纳入机关单位领导班子和领导干部年度述职考评内容。同时，将《实施意见》贯彻落实情况纳入市委保证目标考核重要内容，与区县、市级各部门单位签订保密工作责任书。加强定密管理，指导机关单位梳理制定《保密事项一览表》，明确“保什么”。编印《保密工作实用手册》，解决基层保密工作“怎么保”。加强涉密载体保密管理，进一步健全完善涉密纸质载体和涉密计算机管理制度，指导督促机关单位落实涉密载体全过程管理。

【宣教培训】　3月，组织市、县（区）两级60余个部门单位、在主城区分设6个街头宣传点，通过发放保密宣传资料、宣传纪念品、播放保密常识宣传音频资料等形式，积极向广大市民普及保密法知识。先后到各级机关、单位上门开展保密常识培训学习16场次。先后开展“涉密人员上岗培训”2期，“一般公职人员保密教育培训”2期，“专兼职保密干部培训”5期，“新任领导干部保密培训”3期，“涉密人员在岗培训”2期，“军工企业保密管理及涉密人员培训班”1期，全年培训1700余人次。依托党校递进班、主体班、科干班和初任公务员班开展专题保密培训5期。积极开展保密警示教育，组织《胜利之盾》观看场次185场；依托互联网运营商移动MAS平台，定期向全市公职人员发送保密提醒短信4.5万条。依托泸州职业技术学院，率先在全国市州一级开展保密警示教育基地（实训平台）建设。举办酒城第五届保密讲坛，邀请中国电子科技集团公司第三十研究所专家到泸州授课。组织全市重要党政机关及涉密单位保密专兼职干部40余人到湖南保密学院，开展为期一周的保密知识和专业技能培训。组织举办第五届在泸军工单位协作组联席会议。

【技术服务保障】 全市9150台互联网计算机安装监控终端，基本实现全覆盖。全年发出技术核查通知书49份。对全市涉密网络外的涉密单机进行注册式台账管理。并适时开展跟踪运维服务16场次。到市委组织部、市纪委、市检察院以及市电信公司、移动公司等有关要害部门单位开展专项检查，积极为中共十九大和“省第十一次党代会”胜利召开营造安全保密环境。全程为省第十一次党代会泸州代表团提供随团保密服务保障。参与泸州迎接中央环境保护督察工作。拟订《中央环境保护督察组在泸期间保密服务保障实施方案》，编印《保密须知》3000余份，到综合组现场检查指导2次。全程介入泸州自贸区建设保密工作。先后联合国安、规划等相关部门到自贸区办公室、自贸区管委会开展专题调研活动3次，集中开展保密培训1次，并结合川南临港片区规划实际，对纳入规划内的涉密单位和重点目标进行了摸排。完成涉密载体移动销毁平台建设，基本具备涉密载体移动销毁能力。到火箭军驻泸部队敏感部位开展反监听检查1次，为全市涉密会议提供移动通信屏蔽设备和手机屏蔽柜等保障服务10次，开展异常信号检查检测服务8次。市涉密载体销毁中心全年销毁涉密硬盘、涉密优盘、涉密光盘2300余个（张），销毁各类纸质载体近6吨。

【监督检查】 全年先后开展年度保密检查、高考等国家统一考试、两项工作专项督查、互联网门户网站、《意见》贯彻落实专项督查以及资质单位“双随机”抽查等工作。先后与市邮政管理局、市国土资源局、市公安局、市法院等部门单位联合开展重点行业、领域保密督导检查，规范行业系统保密管理。2017年，分别向市检察院、市纪委移交失泄密案件1起。

【负责人】 中共泸州市委保密办公室主任：张伟；副主任：黄智超；副县级纪检员：彭林洁（女、12月止）。 （冯友平 杨静梅）

党校教育

【办学格局】 在全省率先探索办学体制改革，在三个区分别挂牌中共泸州市委党校江阳区分校、龙马潭区分校、纳溪区分校，整合市区党校教学科研资源。融入市委“两院三馆一址”泸州特色干部人才教育培训基地建设，增挂“四渡赤水干部学院”“护国人文学院”两块牌子，形成“七块牌子一套班子”的办学格局，开辟泸州特色干部人才教育培训新路子，挤入全省特色干部教育培训第一梯队。增设学院建设与对外培训科，组织开展特色教育培训。

【干部培训】　全年培训各级各类干部53期，3916人。其中组织部调训的培训班13期537人，人社局调训的公务员初任班7期699人，统战部调训的统战班3期179人。清华远程教育培训班9期1431人，中国西部远程教育培训班19期981人。新增了甘孜州藏区干部培训班、民族宗教政策法规培训班、少数民族干部培训班。完成2批10场554人次的四川省拟任县处级党政领导职务政治理论水平任职资格考试工作。突出主业主课，大力创新教学方式，成功探索双讲式教学、情景模拟式教学、大型互动式论坛教学、结构化研讨式教学、读书分享活动等，在优化教学设置、选好配强教学师资、丰富教学活动、强化教学管理等上下功夫，学员对培训质量的满意度达95%。

市委党校2017年春季主体班开学典礼

【理论宣讲】　组建“义务宣教队”开展“送教下基层”行动，深入贫困地区开展义务宣讲，助力脱贫攻坚。全年义务送教到古蔺、叙永、合江贫困乡镇、村等地6场次，培训贫困群众1000多人；义务送教到包保社区宣讲7场次，受众300余人。2017年，党校教师有34人次先后入选市委十九大宣讲团、十八届六中全会精神宣讲团、省十一次党代会宣讲团、依法治市宣讲师资库、“酒城讲坛”宣讲师资库等，深入全市各地各单位开展理论宣讲106场次，受众2万多人。党校教师成为全市理论宣讲的主力军，宣讲工作产生了广泛积极的社会影响，3名教师荣获“酒城讲坛”优秀讲师称号，市委讲师团被评为全省讲师团系统先进单位。

【科研资政】　“中国人民大学中国经济改革与发展研究院四川泸州教研基地”以及“四川省委党校四川行政学院智库研究基地”在市委党校挂牌，为校地合作、智库建设和决策咨询搭建新平台。2017年，全面完成《四川蓝皮书·四川特色小镇发展报告》任务，对总结泸州经验、宣传推广泸州产生很好效应；完成全省党校系统重大招标课题，全年制定和落实《关于教研人员参加学术活动的暂行规定》《校决策咨询研究项目管理办法》等有关制度4个，编印《江阳论坛》6期，完成市级以上调研课题9个，在市级以上刊物发表论文及调研报告42篇。推送优秀成果45篇参加各类学术评选，推选教师加入各类人才专家库21人次，开展全市党校系统科研业务培训4次。

【学历教育】　省委党校在职研究生班泸州教学点全年新招2017级公共管理专业研究生51人。省干函院泸州分院招生166人，东北财经大学网络学院泸州学习中心招生145人。学历教育特别注重教学管理、注重考风考纪、注重学籍管理、注重经费管理等，分别被省委党校评为“2017年度全省党校系统在职研究生教育综合目标考核先进单位”，被省干函院评为“四川省干部函授学院先进分院”，被东北财经大学网络学院授予“学习中心成长奖”。

【负责人】　中共泸州市委党校校长：徐斌；市

委党校党委书记、常务副校长：袁小宏；副校长：赵红伟、廖元刚、赵宇光；机关党委书记：郑刚；校长助理：刘航（11月起）。（桂秋英）

党史研究

【基本著作编写】 1.《中国共产党四川省泸州市历史（第二卷）》通过省上的初步评审，需要进一步的修改完善。2.《中国共产党合江历史（第二卷）》于12月正式出版发行。3. 评审通过《中国共产党叙永县历史（第二卷）》《中国共产党泸县历史（第二卷）》。《中国共产党江阳区历史》通过第一次初审。4.《中国共产党泸州市委执政实录（2016）》正式出版发行。

【研究成果】 1. 由四川省社会科学院为责任单位，中共泸州市委党史研究室和西南医科大学为联合申报单位、合作研究单位的《鸡鸣三省会议文献收集、整理与研究》课题获2017年度国家社会科学基金重大招标项目立项。2. 中央党史研究室课题《泸州白酒产业与地方经济社会发展》受到好评，并结题。完成中央党史研究室出版的《改革开放实录系列丛书》泸州部分内容。中央党史研究室课题《中国工农红军川滇黔边区游击纵队史料汇编》文稿进一步校对。市级课题《革命老区政策与泸州市乌蒙山片区精准扶贫对接研究》获得全省习近平总书记扶贫开发战略思想理论创新和实践创新学习成果优秀论文征集评选活动三等奖和全市征集评选活动二等奖。3. 开展中央党史研究室课题《抗战在泸州史料》、省级课题《四川改革开放实录》资料征集工作。4. 出版发行《三线建设在四川》（泸州卷、江阳卷、叙永卷、龙马潭卷）和《泸州起义》连环画、《抗日英雄骆健郎》《红色古蔺》《少女奢香》《抗美援朝叙永战友五十联书法集——永宁儿女》。5.《泸顺起义》《图说红军长征在泸州》画册正在作正式出版前的修改和完善工作。6. 党史论文《“从此天涯寻正道 他年另换旧旗旌”——试论泸顺起义中的朱德与刘伯承》获得“泸顺起义——中国共产党武装起义的先声”全国学术研讨会征文三等奖。党史论文《三线建设在泸州地区的“军民融合”发展历程》入选“从三线建设到军民融合发展”全国学术研讨会。7. 完成《图说红军长征在古蔺》《四渡赤水故事续编》《古蔺剿匪记》稿件编辑工作，等待印刷出版；推进党史人物传记《傅钟传》《陆更夫传》的编写工作；启动小说《红杜鹃》《傅华峰》创作工作。

【资政工作】 1. 泸州党史资政工作经验在全省作交流发言。市委党史研究室主任邱俊在全省党史研究室主任会上作题为《加强领导 亲自参与——泸州市委高度重视着力抓好党史资政育人工作》的交流发言。2. 多篇资政报告获得市领导肯定性批示。《关于泸州市抗战文化资源保护和开发情况的报告》获得市委书记蒋辅义，市委常委、宣传部部长鞠丽和市委常委、副市长许先春的肯定性批示。《四渡赤水干部学院建设工作方案》获得市委常委、宣传部部长鞠丽和市委常委、组织部部长徐斌的肯定性批示；四渡赤水干部学院在市委党校和古蔺县太平镇挂牌成立。四渡赤水干部学院将力争打造成为全国干部教育培训基地、中国特色社会主义教育基地。《革命老区政策与泸州市乌蒙山片区精准扶贫对接研究》获得市委常委、副市长许先春肯定性批示。

【宣传教育】 1. 成功承办“泸顺起义——中国共产党武装起义的先声”全国学术研讨会。6月24日，为纪念中国人民解放军建军90周年和泸顺起义90周年，由中央文献研究室第二编研部、中央党史研究室宣传教育局、省委党史研究室、泸州市委市政府、南充市委市政府联合主办，市委办公室、市委党史研究室、江阳区委区政府具体承办的“泸顺起义——中国共产党武装起义的

先声”学术研讨会在泸州市举行。中央文献研究

2017年6月24日，“泸顺起义——中国共产党武装起义的先声”学术研讨会在泸州举行，与会代表向泸顺起义革命烈士纪念碑敬献花篮

室副主任、朱德思想生平研究会会长孙业礼，中央党史研究室原副主任、中国中共党史学会副会长高永中，国防大学原政治部主任李升泉将军，中国战略文化促进会常务副会长罗援将军，省委党史研究室主任刘晓晨，南充市委常委、政法委书记单木真等出席会议并讲话，泸州市委书记蒋辅义出席并致辞。老一辈无产阶级革命家朱德亲属代表朱和平、刘伯承亲属代表刘蒙、陈毅亲属代表陈昊苏、杨闇公亲属代表杨绍明和谭翔东、吴玉章亲属代表吴本立，以及中央和地方有关部门的专家学者100余人参加研讨会。2. 召开“传承优秀传统文化与弘扬红军长征精神研讨会”。6月12日，由省社科联和市委宣传部、市委党史研究室、市社科联共同主办的“传承优秀传统文化与弘扬红军长征精神研讨会”在古蔺县召开。会议听取古蔺县关于红军长征四渡赤水转战古蔺路线调查成果汇报，有关专家在会上作主题发言，云、贵、川部分市（州）、县（市区）社科界、党史界代表在会上作交流发言。会议还发布《优秀传统文化传承与红军长征精神弘扬研讨会·古蔺共识》3. 加强革命遗址遗迹的保护和开发利用，充分发挥其教育功能，创建和命名中共党史教育基地。“泸顺起义纪念地”被命名为四川省中共党史教育基地。2017年3月，市委办公室发文公布中共泸州地方史陈列馆暨泸州起义指挥部旧址纪念馆、刘雪亮烈士故居等20个场所为第二批泸州市中共党史教育基地。4. “泸顺起义”陈列馆布展内容审查完毕。5. 审核把关重要革命纪念场馆的史实。做好红军长征四渡赤水机要陈列馆、泸州市红色保密教育馆、升级改造后的泸州市烈士陵园、泸州酒业园区展馆等场馆展陈内容的审查。

【负责人】 中共泸州市委党史研究室（市地方志办公室）主任：邱俊；副主任：官燕（女）、李军（女）。（佟德茹）

老干部工作

【概况】 截至2017年12月底，全市有副县级以上离退休干部1954人，其中厅级实职离退休干部50人，离休干部354人，副县级以上退休干部1600人。

【离退休干部党组织建设】 4月，市委在全省率先成立市委离退休干部党工委，机构设在市委老干部局，设书记1名，副书记1名，党工委委员5名（含书记、副书记）；增加2名事业编制；各县（区）均成立离退休党工委。加大经费保障力度。全市离退休干部党支部上缴党费全额返还，对离退休干部党组织书记、委员给予每月100～300元工作补贴。4月，在纳溪区召开全市离退休干部党组织建设工作推进会。市离退休干部管理服务中心的合唱团、老年诗书画研究会等10个团队全

部建立活动党支部。截至年底，全市有离退休党员14413名，建立离退休干部党支部（党小组）850个。

【老干部待遇落实】 市委书记蒋辅义、市长刘强、市委常委徐斌带头走访慰问老领导，组织召开厅级实职离退休干部情况通报会2次；组织厅级实职离退休干部参加每月20日定期举办的集中学习活动，参加市八次党代会、市委八届二次全会等重要会议，参观考察中国（泸州）酒博会、中国（四川）自由贸易试验区川南临港片区等重点项目；组织厅级实职离退休干部赴河南、山西、甘肃、青海等地健康休养。落实中央和省委关于离休干部提高享受待遇文件，为28名生活长期不能完全自理的离休干部提高护理费标准。落实建国初期参加工作部分退休干部的困难补助。组织人员到县（区）、市级部门对中央和省委出台的老干部政策贯彻落实情况进行督查，全市离退休干部的政治待遇、生活待遇全面落实。建立健全困难老干部帮扶信息平台，加大特殊困难帮扶力度。全年全市各级党组织帮助离退休干部协调解决生活等具体困难65件，帮扶困难离退休干部236人，提供帮扶资金71万元。

2017年5月25日，市委老干部局在市老干部活动中心举办“喜迎十九大 坚定跟党走”老干部文艺会演

【离退休干部管理服务】 11月，把市委老干部局下属3个“小而散、职能相近”的参公事业单位进行整合，将市离休干部休养所、市老干部活动中心两个正科级单位的职能、编制和人员全部划入市关工委办公室，增挂市离退休干部管理服务中心牌子。

【老干部学习活动阵地建设】 全年接待离退休干部学习活动3.22万人次，每月测评的满意率都超过95%；举办“春满泸州”“颂歌献给党”“喜迎十九大、坚定跟党走”等系列主题活动10场次；组建合唱团、舞蹈队、太极拳队、诗书画研究会、赏石文化研究社、乒乓球队、网球队、桥牌队、摄影组等离退休干部活动团队10支；举办书画、舞蹈、摄影、乒乓、台球等培训班11期，培训人数305人次。年底，中心顺利通过省委老干部局的达标验收，并成功创建为四川省老干部学习活动阵地规范化建设示范和达标单位。

【老干部发挥余热】 1. 助力现代化区域中心建设。开展为“决胜全面小康、建成区域中心”建言献策征文、访谈座谈、诗词书画摄影作品征集、文艺会演等活动，全市收集整理老干部优秀征文56篇，开展访谈座谈活动143场次，征集优秀书画作品169件、诗词作品68首、摄影作品97件，开展主题文艺会演68场次。建言征文选送省委老干部局参评，获一等奖1篇、二等奖2篇，“畅谈、展望、建言”活动得到中组部老干部局的肯定。2. 助力全国文明城市创建。全市1.29万名“酒城五老”志愿者深入大街小巷开展“排队上下车”“果皮纸屑不乱扔”“文明酒城志愿有我”等文明劝导行动，特别是在未成年人“网吧监管”工作中做出突出贡献。3. 助力脱贫攻坚。在全市离退休干部中深入开展“我为脱贫攻坚出份力”活动，创新实施“双联一整合”举措。市关工委助力脱贫攻坚工作在全省关工委会议上作交流发言。全市选派324名离退休干部“党建顾问”结对联系贫困村“第一书记”，组织336个离退休干部党支部结对联系贫困村党支部。全年，整合涉老组织等各类力量帮助贫困村培育蔬菜、核桃、黑山羊、甜橙、茶叶等产业基地36个，发展产业项目123个；筹集帮扶资金7400多万元，帮助6100名贫困户成功脱贫。泸州市“双联一整合”经验在全省离退休干部助力脱贫攻坚工作推进会上作交流发言。4. 关工委助孤帮困。组织引导各级关工委实施“铸魂工程”“关爱工程”“创新工程”。全年筹集关爱基金299万元，救助品学兼优困难中小学生1000名，关爱孤儿、特困学生158名。组建“心理疏导队”“野泳劝导队”“文明劝导队”“脱贫攻坚服务团”等志愿服务队伍13支，组织开展社会主义核心价值教育、爱心活动310多次，摄制法制微电影《噩梦》在全市中小学校播放。探索实施“1+3+N”关爱工作新模式（即对每一名“五失”未成年人，落实一名素质较高的“酒城五老”志愿者结对关爱；每周谈一次心，每学期访一次学校，每年送一次温暖；“N”是指协调多个部门参与关爱行动）。全市4000余名“酒城五老”志愿者参与结对关爱“五失”青少年。

【负责人】　中共泸州市委老干部局局长：冉雷波；副局长：肖天云；机关党委书记：李凤英（女）。

（杨　睿）

机关事务管理

【机构建设】　市机关事务管理局内设机构为8个科室（办公室、接待科、财务科、办公用房管理科、公务车辆管理科、公共机构节能管理科、后勤改革与综合管理科、会议管理与服务科），下属正科级事业单位市接待服务中心。市辖四县三区均设立机关事务管理局（办），职能职责进一步完善，体制机制进一步健全，市县两级机关事务实现集中统一管理。

【接待工作】　严格执行市贯彻落实中央八项规定精神和省委、省政府十项规定精神的实施细则，积极发挥接待工作“辅政”作用，坚持原则性与灵活性相结合、点线面相结合、示范引领和督查指导相结合，做好重要来宾、重大活动、重点服务对象和重要点位展示工作。坚持问题导向，扎实开展干部队伍针对性教育培训，对全市7个县区和88个市级部门多次开展专题调研督导，狠抓统筹指导和整改提高，全年完成接待任务651批次，确保了面上接待有章可循、规范有序，重要接待精益求精、严谨合规，实现了公务接待节俭合规、商务接待规范高效、外事接待尊重惯例、公务接待遵循标准。2017年，荣获“全省政务接待工作优秀集体”荣誉称号。

【公务用车管理】　贯彻落实《党政机关公务用车管理办法》，严格执行公务用车购置审批有关规定，加强公务用车使用监管，积极推进保留车辆标识化、信息化管理。强化专项督查，逢假必查，实现了部门、区县和乡镇监督全覆盖。逗硬执行公务用车“六个不得”的纪律要求，严格督促、指导车改单位健全完善配套制度，积极探索解决乡镇公务出行租车不规范、私车公用等突出问题。加强对过渡性车辆服务中心监管指导，确保安全运行、优质服务。公开规范处置车改取消车辆，市级处置收入600余万元全部上缴市级财政用于脱贫攻坚。及时组织公务用车“定点保险、定点维修、定点加油”政府采购工作，对前期采购需求论证、采购方案制定、开标评审等重点环节严格把关，确保各项工作合法合规。

【办公用房管理】 坚持依法合规、科学规划、规范配置、有效利用、厉行节约的原则，务实推进市级办公用房规范化、精细化管理。解决市级部门机关单位分散办公、办公用房资源使用效益低、苦乐不均、调剂困难等突出问题，组织开展对全市 88 个部门（单位）的全面走访和征求意见，聘请专业机构对市级 29 万平方米办公用房进行精准测绘，完善办公用房基础档案和管理台账，综合运用调剂、租用等手段，推进办公用房资源合理配置和节约集约使用。注重将务实管用的经验固化为制度成果，制定出台《泸州市市级机关办公用房管理办法》，并结合《党政机关办公用房管理办法》的新要求予以修订完善。

【公共机构节能管理】 组织制定全市公共机构节能“十三五”规划，推动建立覆盖全市的公共机构节能工作协调体系，将公共机构单位建筑面积能耗下降列入全市绩效目标考核，以此为抓手，强力推进全市公共机构节能管理。组织开展节约型示范单位、节水型单位建设和绿色办公、绿色食堂、绿色公房、绿色出行、绿色接待、绿色会议“六大绿色行动”，全面启动市委、市政府集中办公区节能改造，大力推广运用新能源、新技术、新产品。全市公共机构节能工作有声势、有成效，在全社会发挥示范引领作用。

【后勤改革与综合管理】 大力推进机关后勤服务社会化改革，制定《政府购买机关后勤服务实施意见》，公平公正公开地做好市委、市政府“两个大院”物业管理服务、保安服务及机关食堂劳务服务“三项服务”采购工作，重点抓好市委、市政府机关食堂管理服务工作，克服客观条件制约增开早餐。建立完善大宗物资公开比选、采购审批流程管理、定期市场询价、安全巡查等制度，加强对区县、市级机关后勤接待财务和物资管理的指导，努力打造节俭后勤、阳光后勤、绿色后勤、标准后勤、满意后勤。牢固树立厉行节约、过紧日子的理念，严格预算编制，严控“三公”经费，加强支付管理，严肃财经纪律，强化监督指导，促进全市后勤接待财务物资管理规范化、标准化。

【会议管理与服务】 倾力服务全市各类重要会议、重大活动，突出重点抓南苑会议中心服务管理。学习借鉴金牛宾馆、成都市机关事务管理局等办会模式及经验，健全完善《会议服务考评实施办法》，强化与电力、消防等部门的协作配合，努力做到会前精心准备、防患未然，会中全程跟踪、强化保障，会后查漏补缺、及时总结，确保全市高规格、高标准、高频次会议的顺利召开。

【负责人】 泸州市机关事务管理局局长：韦光永（女）；副局长：吴文湘　徐春桃。

（阮　勇）

泸州市人民代表大会

【概况】 全年听取审议专项工作报告17项，作出决议决定9项，组织开展视察调研、执法检查、专题询问等监督工作47次，审查规范性文件120件，任免国家工作人员77人次，组织选举省十三届人大代表和市监委主任。

【市第八届人民代表大会第一次会议】 泸州市第八届人民代表大会第一次会议于2017年1月6日在泸州市巨洋国际会议中心举行，会议议程九项，正式会期3天半。会议听取和审查泸州市人民政府工作报告；审查和批准泸州市2016年国民经济和社会发展计划执行情况及2017年国民经济和社会发展计划；审查泸州市2016年财政预算执行情况和2017年财政预算草案的报告，批准2016年市本级财政预算执行情况和2017年市本级财政预算；听取和审查泸州市人大常委会工作报告、泸州市中级人民法院工作报告、泸州市人民检察院工作报告；会议选举泸州市第八届人民代表大会常务委员会主任、副主任、秘书长、委员，泸州市人民政府市长、副市长，泸州市中级人民法院院长，泸州市人民检察院检察长；会议审议关于泸州市第八届人民代表大会专门委员会设置的议案，表决通过关于泸州市第八届人民代表大会专门委员会设置的决定和泸州市第八届人民代表大会专门委员会组成人员人选。

会议通过泸州市第八届人民代表大会第一次会议《关于政府工作报告的决议》《关于泸州市2016年国民经济和社会发展计划执行情况及2017年计划的决议》《关于泸州市2016年财政预算执行情况和2017年财政预算的决议》《关于泸州市人民代表大会常务委员会工作报告的决议》《关于泸州市中级人民法院工作报告的决议》《关于泸州市人民检察院工作报告的决议》。

大会秘书处共收到代表提出的建议、批评和意见162件。

【市第八届人民代表大会第二次会议】 泸州市第八届人民代表大会第二次会议于2017年12月28日在泸州市巨洋国际会议中心举行，会议议程三项，正式会期2天。

会议选举泸州市出席四川省第十三届人民代表大会的代表、泸州市监察委员会主任；补选泸州市第八届人民代表大会常务委员会秘书长、委员；表决通过泸州市第八届人民代表大会部分专门委员会主任委员人选名单。蒋辅义、刘强、曹建国等41人当选为泸州市出席四川省第十三届人民代表大会的代表；杨晓当选为泸州市监察委员会主任；王春芳当选为泸州市第八届人民代表大会常务委员会秘书长；王亚容、唐敏当选为泸州市第八届人民代表大会常务委员会委员。

【市八届人大常委会1至9次会议】

2017年1月9日，泸州市第八届人民代表大会常务委员会举行第一次会议，会议议程共两项。会议审议并表决通过《泸州市第八届人民代表大会常务委员会关于接受刘国强辞去四川省第十二届人民代表大会代表职务的决议》及有关人事任免事项。

2017年2月24日，泸州市第八届人民代表大会常务委员会举行了第二次会议，会议议程共五项。会议审议表决通过《泸州市第八届人民代表大会常务委员会2017年工作要点》《泸州市第八届人民代表大会常务委员会关于设立泸州市第八届人民代表大会常务委员会代表资格审查委员会的决定》《泸州市第八届人民代表大会常务委员会代表资格审查委员会组成人员名单》，对市七届人大常委会第四十三次会议审议意见办理情况报告进行了满意度测评，组织常委会组成人员集中视察了沱江六桥、沱江二桥加宽改造工程、集装箱码头等重点项目建设情况。

2017年4月27日，泸州市第八届人民代表大会常务委员会举行第三次会议，会议议程共九项。会议二次审议《泸州市物业管理条例（草案）》，首次审议《泸州市人民代表大会常务委员会任免国家工作人员办法修正案（草案）》；审议表决通过泸州市人民代表大会常务委员会关于提请审议《泸州市人民代表大会关于修改〈泸州市人民代表大会议事规则〉的决定（草案）》的议案，《泸州市人民代表大会常务委员会关于修改〈泸州市人民代表大会常务委员会议事规则〉的决定》，《泸州市人民代表大会常务委员会组成人员守则修正案》，《泸州市人民代表大会代表议案处理办法修正案》及有关人事任免事项；听取审议泸州市人民政府关于推进国家知识产权试点城市建设情况的报告，关于贯彻实施《中华人民共和国归侨侨眷权益保护法》情况的报告。

2017年6月22日，泸州市第八届人民代表大会常务委员会举行第四次会议，会议议程共五项。会议听取和审议泸州市人民政府关于泸州市易地扶贫搬迁工作的情况报告；审议《泸州市市容和环境卫生管理条例（草案）》，表决通过该（草案）的必要性和可行性，决定列入下一次常委会会议继续审议，并将条例（草案）和有关说明向社会公开征求意见；审议《泸州市物业管理条例（草案）》（三次审议稿），表决通过《泸州市物业管理条例》，并将按立法程序报省人大常委会批准；审议表决通过《泸州市人民代表大会常务委员会任免国家工作人员办法修正案》《泸州市人民代表大会常务委员会审议意见办理办法修订案》《泸州市人民代表大会常务委员会组成人员联系市人大代表办法修订案》《泸州市公民旁听市人民代表大会会议办法修订案》《泸州市公民旁听市人民代表大会常务委员会会议办法修订案》；对泸州市易地扶贫搬迁工作情况开展专题询问。

2017年8月24—25日，泸州市第八届人民代表大会常务委员会举行第五次会议，会议议程十三项。会议审议《泸州市市容和环境卫生管理条例（草案）》；审议市人民政府关于2017年1—6月泸州市国民经济和社会发展计划执行情况的报告，泸州市2017年1—6月工业经济发展情况的报告，市人民政府关于泸州市2016年财政决算和2017年1—6月预算执行情况的报告，市人民政府关于泸州市2016年度市级预算执行和其他财政收支的审计工作报告，市人大财经委关于泸州市2016年财政决算审查结果的报告（书面），市人民政府关于泸州市本级2017年财政预算调整方案的报告；审议市人民政府关于涉法涉诉信访工作情况的报告，市中级人民法院关于涉法涉诉信访工作情况的报告，市人民检察院关于开展涉法涉诉信访工作的情况报告；审议并表决通过有关任免案。会议还对市人民检察院关于落实未成年人检察工作审议意见情况报告进行满意度测评，对泸州市涉法涉诉信访工作情况开展专题询问。

2017年9月29日，泸州市第八届人民代表大会常务委员会举行第六次会议，会议议程共两项。会议审议并表决通过泸州市人民代表大会常务委员会关于接受丁湘辞去泸州市人民政府副市长职务的决定，审议有关任免案并决定任命郭庆为泸州市人民政府副市长。

2017年11月24日，泸州市第八届人民代表大会常务委员会举行第七次会议，会议议程共八项。会议审议市人民政府关于《中华人民共和国农产品质量安全法》贯彻落实情况的报告和泸州市人大常委会执法检查组关于检查《中华人民共和国农产品质量安全法》实施情况的报告；审议市人民政府关于贯彻实施《城乡规划法》《四川省城乡规划条例》的报告和泸州市人大常委会执法检查组关于检查《中华人民共和国城乡规划法》《四川省城乡规划条例》实施情况的报告；审议市人民政府关于泸州市环境保护工作情况的报告，市人民检察院关于检务公开情况的报告；审议并表决通过市人大常委会关于召开泸州市第八届人民代表大会第二次会议的决定及有关任免案。

2017 年 12 月 25 日，泸州市第八届人民代表大会常务委员会举行第八次会议，会议议程共十三项。会议审议市政府关于泸州市 2016 年度市级预算执行和其他财政收支审计查出问题整改情况的报告；审议市政府关于市八届人大一次会议代表建议、批评和意见办理情况的报告，听取市人大常委会人代工委关于市八届人大一次会议代表建议、批评和意见办理情况的报告（书面）；听取关于市八届人大二次会议筹备工作情况的报告；审查市八届人大二次会议有关文件；审议并表决通过泸州市第八届人民代表大会常务委员会代表资格审查委员会关于个别代表资格的审查报告（书面），泸州市人民代表大会常务委员会关于泸州市监察委员会副主任、委员任免及主任、副主任、委员宪法宣誓有关事项的决定及有关任免案；对“一府两院”办理有关审议意见情况报告及 2017 年市八届人大一次会议代表建议重点督办件办理情况进行满意度测评。

2017 年 12 月 29 日，泸州市第八届人民代表大会常务委员会举行第九次会议，会议议程共两项。审议并表决通过市人大常委会关于召开泸州市第八届人民代表大会第三次会议的决定及有关任免案。会议决定泸州市第八届人民代表大会第三次会议的日期和会期。会议任命徐海、任中榕、徐其虎为泸州市监察委员会副主任。

【代表工作】　大力开展代表培训工作。1 月 5 日，在市八届人大一次会议前开展了人大代表履职专题培训，5 月 15—16 日举办全市第八届人大代表培训班；并分别于 4 月 18 日至 24 日在深圳全国人大培训基地、6 月 26 日至 7 月 2 日在青岛人大培训中心举办两期全市人大代表和人大干部培训班，10 月 30 日至 11 月 5 日组织部分市人大代表参加青岛人大培训中心举办的代表履职能力培训班；组织部分人大代表参加立法工作培训、预算工作培训等专业性培训学习。

【履职监督工作】　指导县乡人大完善和深化代表密切联系群众制度、代表履职登记制度、代表述职评议制度、代表履职考核评价和退出制度等“四项制度”；推进县（区）“人大代表工作中心”，乡镇（街道）、村（社区）“人大代表联络工作站”建设，建成代表履职监督阵地 804 个；推动全市区县、乡镇全面开展直选代表向原选区选民述职工作，全年共组织代表现场述职和书面述职 2585 人次；共交办代表建议 182 件，主任会议确定其中 9 件作为重点督办件，代表建议按时办结率和代表满意率（含基本满意）两个 100%；建成市人大代表履职网上服务平台。

【人事任免工作】　全年组织 57 名拟任命人员进行任前法律知识考试，任免国家工作人员 77 人次，其中任职 61 人次、免职 16 人次。

【来信来访受理工作】　2017 年接待上访群众 375 人，处理来信 165 件，经审查符合条件并转交办 308 件，全部处理。首创律师参与信访接待，为信访群众提供免费法律咨询，通过第三方参与信访工作，引导群众依法化解信访矛盾起到积极作用。实施“信访案件办理情况工作通报”，切实加大督办力量，促使一批信访案件得到有效化解。

【内务司法委员会工作】 1. 提请市人大常委会听取和审议市检察机关检务公开工作情况报告。2. 组织内司委部分委员和部分市人大代表对全市外国人管理工作情况、《中华人民共和国反家庭暴力法》实施情况、司法体制改革工作情况、市中级人民法院刑事庭审实质化改革工作情况、泸州市“基本解决执行难”工作情况进行视察调研；对全市农村人口市民化工作开展专题调研，形成《泸州市农村人口市民化推进工作存在的问题及对策建议》调研报告，在市人大《人大之声》第9期发表。3. 牵头开展涉法涉诉信访工作重点监督。4—6月，市人大常委会领导分别率队到7个区县和6个市级部门开展涉诉信访工作专题调研。8月24日，在市八届人大常委会第五次会议上，对全市涉法涉诉信访工作开展专题询问并形成审议意见经市人大常委会主任会议审查通过后印送“一府两院”办理。12月，“一府两院”就整改落实情况将专题向市人大常委会报告，通过满意度测评。4. 坚持把建议办理与监督工作相结合，督办常委会交办的代表建议25件，其中重点建议3件，督办件全部按期办结并书面答复代表，代表满意率100%；配合省人大重点督办的省十二届人大五次会议代表提出的《关于加强社区矫正工作的建议》，做好省人大交办的相关法律法规的意见征求反馈。

【财政经济委员会工作】 1. 全年开展视察调研8次。2月，承办常委会组成人员对泸州港、沱江二桥加宽改造工程等重点项目推进情况视察。5月，开展污水处理提标扩容项目视察调研，提出“强化工程管理、完善市政建设功能配套、加快企业污水处理能力建设”等合理化建议，为建设绿色生态泸州提供保障。重庆市荣昌区人大常委会到泸州考察医药产业园区建设发展情况，开展医药园区建设及医药产业发展情况调研。6月，开展全市安全生产工作视察活动。8月，攀枝花市人大常委会到泸州进行ppp项目招商及运行等有关情况视察调研，开展PPP项目建设与监管等情况视察调研。9月，开展“泸州造”产品视察调研。2. 全年开展调查研究6次。一是开展企业国有资产经营管理及监管情况调研。4月，会同市国资委、财政局到泸州老窖等国有企业开展专题调研，提出要专注发展、强化企业内部管理、切实做强做优做大国有企业，主动服务、积极履行责任、为区域中心城市建设作贡献，深化监督、增强人大监督意识、建立定期接受人大监督的制度机制等建议，并就调研情况形成专题调研报告。二是开展重大资金筹集使用管理专题调研。4—5月，会同市财政局、国资委组成调研组，通过发放调查表、实地了解情况等方式，到工投集团、港投集团、市棚改中心等20余个单位，开展历时2个月的重点项目重大资金筹集使用管理专题调研，根据调研情况撰写出《关于对我市重大项目建设、重点资金筹集使用管理情况的调研报告》，围绕重大项目建设、重点资金筹集使用管理等方面存在的问题，提出推动重点项目建设、加强筹融资管理工作的建设性意见。三是开展高危行业抚恤赔偿标准调研。6月，联合市人社局、民政局、安监局等部门，开展高危行业因公殉职抚恤赔偿标准调研，针对“现行事业人员因公殉职抚恤标准低于同一时期发生矿难的矿工”的问题，提出用工单位对高危行业从业人员统一购买商业意外伤害保险，以减轻政府负担、增加补偿额度的建议。四是开展对计划、预算执行情况等方面的调研。7月，分别到市发改委、市财政局、市审计局，调研2017年上半年政府计划和预算执行情况、2016年决算草案编制、2016年市级预算执行及其他财政收支审计工作情况，完成对相关报告的初审工作，并形成相关审查报告及审议意见、决议决定（草案），为市八届人大常委会第五次会议听取和审查相关报告打好基础。五是开展“营改增”情况调研。10月，为了解泸州市全面推行“营改增”后财政税收和行业减负情况，市人大财经委到部分企业和国税、地税、财政等部门进行专题调研，提出加强部门联系合作、坚持依法征管和优化服务“双轮驱动”等建议，并形成专题调研文章为市委、市政府领导提供决策参考。六是开展审计查出突出问题整改落实情况跟踪调研。11 月，联合市审计局通过到合江县、叙永县、古蔺县就各级各部门审计查出问题整改落实情况开展跟踪调研并形成专题调研报告，为 12 月市人大常委会听取和审议市人民政府关于审计查出问题整改情况的报告奠定基础。3. 完成常委会转交的市人民政府《泸州市民营企业建立现代企业制度的评价和奖励办法》《进一步促进建筑业持续健康发展意见》《中国（四川）自由贸易实验区川南临港片区促进先进制造业发展暂行办法》等 15 个规范性文件的备案审查工作。

2017 年 10 月 18 日，“两条例”新闻发布会

【教育科学文化卫生委员会工作】 1. 持续监督食品安全工作。协助常委会视察国家食品安全示范城市创建工作。11 月分别到北城街道食品药品监管所、邓氏米花糖、留串锋火锅串串、西南医科大学食堂（城北校区）、永辉超市等实地查看，并召开座谈会。10 月，组织市食安办、部分市人大代表就主城区餐厨废弃物处置管理工作进行调研，并在视察后及时将视察情况整理形成《关于创建国家食品安全示范城市工作的视察意见》经常委会领导审定后送市政府，明确提出了泸州市主城区餐厨废弃物处置存在的问题及建议意见。2. 协助常委会听取和审议市政府关于推进国家知识产权试点城市建设情况的报告。3. 开展调研。开展“城区学校教育重点课题调研”、职业教育发展情况、非物质文化遗产保护、全民预防保健工作等方面的调研。4. 开展《泸州市白酒历史文化保护条例（草案）》起草前期工作。

【农业与农村工作委员会工作】 1. 全年开展法律监督 2 次。11 月市八届人大常委会第七次会议听取和审议市政府关于《农产品质量安全法》在泸州市贯彻实施情况的报告，涉及粮食、蔬菜、家禽、畜产品、水产品、水果、茶叶 7 大类 57 个品种。检查《农产品质量安全法》在全市贯彻实施的情况。市八届人大常委会第四次会议听取和审议市人民政府关于泸州市易地扶贫搬迁情况的报告并进行专题询问。2. 全年开展专题调查研究 10 次。3 月先后赴国家和省级贫困县古蔺县、叙永县、合江县 7 个乡镇 8 个村，开展《四川省农村扶贫开发条例》贯彻落实情况调研。6 月，赴纳溪、合江开展办理省人大第 9 号议案调研，赴古蔺箭竹乡调研脱贫攻坚工作落实情况。7 月，赴泸县、纳溪区开展水利工程管理体制及农田水利设施产权制度改革调研。8 月，开展《退耕还林条例》实施情况及竹资源开发利用情况的调研。10 月，赴叙永县调研脱贫攻坚工作落实。11 月，赴古蔺县马嘶乡、桂花乡调研脱贫攻坚工作落实情况。3. 开展有关重要活动。修订工作规则和对口联系制度。

【城乡建设环境资源保护委员会工作】 1. 积极做好立法工作。扎实开展《泸州市市容和环境卫生管理条例（草案）》立法调研、起草、修改、论证和审议工作。《泸州市市容和环境卫生管理条例（草案）》《泸州市物业管理条例（草案）》2017年9月22日经四川省第十二届人民代表大会常务委员会第三十六次会议批准，于2017年12月1日起施行。抓好《泸州市违法建设治理条例》施行后相关贯彻落实工作。12月，市人大常委会听取和审议市政府关于《泸州市违法建设治理条例》贯彻落实情况的报告。2. 围绕民权民生抓监督。一是开展《中华人民共和国固体废物污染环境防治法》《四川省固体废物污染环境防治条例》贯彻实施情况执法检查；二是开展省环保督察反馈问题整改工作情况专项检查，针对省环境保护督察组《关于在泸州市开展环境保护督察情况的报告》反馈的问题，重点对城市扬尘污染治理、集中式饮用水源地保护、城市集中式污水处理设施及配套管网建设等方面整改情况进行专项督查调研；三是协助常委会开展《中华人民共和国城乡规划法》《四川省城乡规划条例》执法检查。全面了解泸州总体规划及专项规划编制和实施情况，起草检查报告；四是协助常委会开展重点工程项目集中视察工作。3. 围绕热点难点抓调研。对城南片区污水管网建设问题、旅游产业发展情况、违法建设治理工作情况、《泸州市城市规划建设及管理工作存在问题及对策建议》重点课题、全市乡镇污水处理厂建设运行情况、涉法涉诉信访工作情况、沱江流域“一河一策”治理工作情况等群众关注的热点、重点问题开展调研工作。4. 积极督促有关工作的办理落实。督促有关部门办理好市八届人大代表提出的涉及城乡建设环境资源保护工作的建议、批评和意见。召开代表建议办理督促会，特别加强对《关于修建龙透关大桥、长江五桥的建议》重点建议的督查，35件建议按时办接，满意率达100%。

【外事侨务民族宗教委员会工作】 1. 开展《中华人民共和国归侨侨眷权益保护法》贯彻情况调研和审议。先后到纳溪区、合江县侨资企业，社区“侨之角”调研，与区县政府交换检查意见并形成调查报告。2. 审议市政府贯彻实施《中华人民共和国归侨侨眷权益保护法》情况的报告，向市政府提出可行性建议。3. 调研少数民族乡镇扶贫攻坚情况。到古叙民族乡实地调研。4. 推动中国（四川）自由贸易试验区川南临港片区的建设。对泸州港保税物流中心（B型）和自贸区管委会总部大楼、办事大厅等的实地视察并建言献策。5. 开展“一带一路”建设和自由贸易试验区

2017年10月12日，泸州市人大常委会在叙永县召开全市“脱贫攻坚—万名人大代表再行动”活动现场会

建设的专题调研，及时向市委提交工作报告。6. 开展贯彻落实国务院《宗教事务条例》《四川省宗教事务条例》情况重点课题调研和宗教活动场所安全管理情况调研，并提出对策建议。7. 开展全市华侨权益保护情况专题调研。实地调研江阳区、泸县，重点了解了各县区华侨权益法律保障、创新创业、社会保障方面的情况，形成专题调研报告。8. 开展外国人管理工作调研。

【法制委员会工作】 全年服务市人大常委会制定、施行地方性法规3件，备案审查市规范性文件117件，参与地方性法规预调研1部，办理省人大常委会法工委征求立法建议意见38件，制定2018年立法计划和5年立法规划。1. 推动泸州第一部实体法规——《泸州市违法建设治理条例》的实施。牵头制定《泸州市违法建设治理条例》宣传贯彻实施“五个一”工作方案，排查违法建设面积87.19万平方米，限制房产交易106起，截至11月底，主城区累计拆除存量违法建设34.671万平方米。四个县累计拆除存量违法建设14.62万平方米，全市累计拆除新增违建28.64万平方米。《泸州市物业管理条例》和《泸州市市容环境卫生管理条例》获批并2017年于12月1日起施行。积极参与《泸州市白酒历史文化条例》预调研，拟定5年立法规划和2018年立法计划。2. 全年向省人大常委会报备规范性文件15件，地方性法规3件。备案审查市政府报备的规范性文件36件，备案审查县（区）人大常委会规范性文件81件。3. 搭建“一库一点一系统”平台，公开征选27名专家学者，组建市八届人大地方立法咨询专家库，打造地方立法智囊团；确定首批基层立法联系点2个。

【负责人】 市人大常委会秘书长、办公室主任：陈景强（12月止）、王春芳（12月起）；副秘书长：罗章海、刘旭晴（女）；办公室副主任：罗芹（女）、李娅琴（女）、杨英（女）；纪检组组长：赵润琼（女、11月起）；机关党委书记：陈虹（女）；人代工委主任：马霞（女）；人代工委副主任：刁元富；研究室主任：刘志华；研究室副主任：赵红；法制工作委员会主任：肖俊；法制工作委员会副主任：马辽川（6月起）；内务司法委员会主任委员：王国萍（女）；内务司法委员会副主任委员：杨晓康（女）；财政经济委员会主任委员、市人大常委会预算工作委员会主任（兼）：马霞（女）；财政经济委员会副主任委员：陈富强；教育科学文化卫生委员会主任委员：康江；教育科学文化卫生委员会副主任委员：夏雪（女）；农业与农村委员会主任委员：郝晓宏；农业与农村委员会副主任委员：张文芬（女）；城乡建设环境资源保护委员会主任委员：王春芳；城乡建设环境资源保护委员会副主任委员：黄莉（女）；外事侨务民族宗教委员会主任委员：唐敏（女、6月起）；外事侨务民族宗教委员会副主任委员：马东升；法制委员会主任委员：雷正云；法制委员会副主任委员：胡永学。

（杨　英　周　勋）

泸州市人民政府

市政府办公室工作

【调查研究】 围绕全市经济社会发展中的重点、难点和热点问题，开展专项对策调研和重点课题调研，积极为领导决策提供参谋建议。先后10余次到区县，开展古叙易地扶贫搬迁、自贸区建设、全民预防保健等重点课题调研工作，并形成调研材料送领导决策参考，完成《内陆港口自由贸易模式研究》等重点课题。在国家统计局办公室《工作情况交流》（第8期）上刊登理论文章1篇，在《四川行政管理》《政务》等省级机关刊物上发表调研文章6篇，在《党的建设》《学习习近平总书记系列重要讲话精神成果汇编》等省市刊物上发表领导署名文章2篇。全年编辑《政务调研》12期、《泸州经济》1期。

【以文辅政】 完成2017年《政府工作报告》。完成市领导重要文稿起草工作，总结提炼的新型城镇化综合试点、国资国企改革、工业稳增长、现代服务业、沱江污染治理、对口帮扶藏区彝区贫困县等工作经验在全省大会上进行交流。编印完成《参考资料》4期和《2016年市长文稿资料汇编》《部分省市政府工作报告》等资料汇编12册。

【公文质量提高】 严格落实“零差错、零失误、零缺陷”的工作要求，完善《泸州市人民政府办公室公文处理工作规范（2017年修订）》等工作制度，严格审核制发公文，严把办文程序关和文字关，大力提高公文办理质量和办理效率，确保公文的权威性和严肃性。完善公文办理工作台账，及时跟踪掌握公文办理进度和结果。严格执行《公文限时办结制》等规章制度，切实提高公文办理效率。特别是针对公文办理质量，从严规范文件办理送签流程，对部门单位“倒签文”“跳跃式签文”、越级报送、多头报送等视情况进行通报。严格执行《公文质量测评办法》，每季度对各区县、市级各部门单位上报公文进行质量测评和错情通报，并把评价结果作为年终绩效评价的重要参考。全年共分办政府收文3490件；送签、转办办公室收文2019件；审核请示报告公文1720件；退回不规范公文350件；发出各类公文2654件。所有文件均及时办理，未出现错办、漏办现象。

【办会水平提升】 修订完善《泸州市人民政府办公室会务工作规范》，规范办公室会务服务工作，提高会议服务制度化、规范化、精准化水平，对会议类型及工作职责，会前、会中、会后工作要求进行了分解细化，形成工作清单，确保办会精准高效。承办了2017中国国际酒业博览会、2017第五届中国（泸州）西南商品博览会、川南经济区第三次联席会、首届天府金融论坛泸州分论坛、中央环保督查以及市政府全体成员暨区县长会、市政府常务会等重大会议（活动）100余项，其它会务工作600余项，会务工作得到与会领导肯定和好评。

2017年1月，市委副书记、市长刘强（左二）带队检查食品安全

【服务发展】 优质服务领导，做好市政府领导工作活动信息和重要嘉宾到泸州信息收集报送，加强对全市性重大会议和活动的统筹协调，进一步规范政府领导出席活动和会议的操作规程，严格执行申请和报告制度，切实提高工作的规范性、科学性、预见性；提前做好政府领导对上汇报沟通、外出招商引资、下基层督导调研等活动的沟通协调，细化实化工作方案，确保目标明确、安排合理。全年共收集报送市政府领导每日预安排和市政府系统重要来宾接待信息600余条；参与并协调组织市政府领导外出参加重大招商引资活动50余次，协调组织重大招商推介会7次；陪同市政府领导下基层督导调研200余次。主动对上争取，充分发挥统筹协调作用，加大对上争取力度，协助市政府领导到省级部门和国家部委汇报沟通工作300余次，争取争取中央、省上相关领导到泸州调研指导40余次，向上争取资金3.2亿元。配合做好泸州水运口岸开放申创工作，口岸开放年度审理计划请示已报国家口岸办，临时开放口岸请示已报交通运输部。在全国首创“零费用”口岸，泸州国际贸易“单一窗口”报关报检业务总量全省第一。扎实服务基层，严格落实“五个一”工作要求（一个项目、一个领导、一套班子、一个方案、一跟到底），到企业调研指导20余次，解决问题30余个，全面完成联系8个重点工业企业目标任务。加大对泸州老窖、郎酒两大龙头企业的帮扶力度，完成泸州老窖6080版及其他酒类销量1350.376万元，在全市100个部门中居第二位。

【政务环境优化】 实施“放管服”改革，全面完成市政府下达的22项“放管服”改革目标任务，扎实抓好“双随机一公开”“两集中三到位”、村（社区）证明事项清理、一体化政务服务平台建设等工作。不断深化政务公开，全年主动公开政府信息58464条。全力推进行政权力依法规范公开运行，网上运行行权办件1285954件，较2016年增长1016%。

【督查督办】 聚焦“大事、要事、难事”，围绕市委、市政府重大决策部署，突出重点对市长刘强交办的环保督察、智能终端产业发展、自贸区建设、新机场建设、脱贫攻坚、安全稳定等29项工作进行跟踪督办，全年对领导批示、交办事项和重要会议议定事项的催办督办达100%。按照“大任务变小、粗任务作细、虚任务落实”的原则，对市长确定的每一项督查任务，都明确分管领导、牵头单位和配合单位，并落实到具体责任人，努力做到“工作项目化、项目责任化、责任具体化”。特别是针对重要会议、重要文件、重要任务，实行专项调度，加大推进措施，确保如期完成任务。完善统筹调度机制，建立市长明确任务、秘书长统筹协调、文秘科室组织实施、职能部门具体落实的督查工作体系。完善沟通协商机制，加强与市目督办的对接沟通，突出“常态化对接、动态性联系、经常性共享”。完善动态管理机制，分类建立工作台账，逐一明确牵头领导、责任单位、完成时限，实行项目化管理、台账式推进，逐项盘点销号。

【建议提案办理】 严格按照“件件有着落、事事有回应”的要求，全年市政府办公室共承办人大代表建议 13 件、政协委员提案 17 件，答复率 100%。

【负责人】 泸州市人民政府党组成员，市政府秘书长，市政府办公室党组书记：何杰（12 月止）；市政府副秘书长，市政府办公室主任：刘志勇；市政府副秘书长：胡晓玲（女）、杜安坚、钟华贵（5 月起）、雷安平（1 月起）、张明顺、余克明；市政府副秘书长（挂职）：魏哲平、漆会强、高宇、刘伟涛（5 月起）、闫桂升（11 月起）；市长助理：谌鹏（11 月起）；纪检组组长：淡黎明（8 月止）、张合（11 月起）；市政府办公室副主任：周德富（8 月止）、刘中贵、李力（女）、淡黎明（8 月起）、邱亚琳（女、5 月起）；市政府办公室机关党委书记：邱亚琳（女、5 月止）、袁野（6 月起）。（张　红）

外事工作

【因公出国（境）管理】 办理因公临时出国 37 批 114 人次，其中自组团 22 批 93 人次，双跨团 15 批 21 人次，公务员及参公人员 30 人次；因公临时赴港澳 10 批 51 人次，其中自组团 7 批 22 人次，双跨团 3 批 29 人次。

【外宾接待】 邀请并接待美国博瑞山医疗公司、英国比尔城堡家族集团、德国北威州代表团等 34 批 290 人到泸州访问。重点做好 2017 年中国国际酒业博览会等重大会议的相关准备和外宾接待服务工作，完成来澳大利亚、美国、德国等 10 余个国家 100 余名重要外宾的接待，完成现场翻译和相关资料翻译、外事接待礼宾礼仪培训指导、省市领导会见等各项服务工作。

2017 年 12 月 21 日，泸州市航空航天产业重大项目签约仪式

【对外交往】 利用酒博会、海科会等契机宣传推介泸州，促成 38 个项目签约，总投资 465 亿元。助推泸州市政企代表团走出国门，与澳大利亚恩菲尔市、澳中友好发展协会、德国德累斯顿工业大学等签订了多项合作协议；组织泸州市雨坛彩龙参加 2017 香港欢乐春节文化庙会；推动中国（四川）自由贸易试验区川南临港片区参加“美丽四川·创业天府”专场推介等活动，为企业走出去搭建平台。

【友城缔结】 继续深化与韩国平昌郡等城市在

经贸、旅游、教育等方面的交流与合作。3月17日，与澳大利亚巴罗莎市签署合作谅解备忘录；9月13日，与英国诺丁汉市签订友好合作框架协议；11月22日，与澳大利亚阿德莱德港恩费尔市签署友好合作备忘录。

【重点出访团组】 6月4—14日，市委书记蒋辅义率团访问加拿大、巴西、阿根廷，先后拜访加拿大温莎市、巴西凯马杜斯市等6个市政府，与温莎科技园区维特克科技有限公司、里约商会等10余家企业（协会）对接座谈等。代表团与温莎市政府就建立友好合作关系达成意向，双方拟在自贸区建设、机械制造、教育、物流贸易等方面加强交流与合作；拟引进加拿大现代化温室农业生产技术等先进科技项目入驻泸州产业园区；与阿根廷阿维侠内达市政府建立友好合作关系，双方将进一步加强交流合作并签订友好城市合作协议。4月19日—28日，市委副书记、市长刘强率团访问美国、德国、瑞典，先后拜访对接美国利弗莫尔等3个市政府，考察了美国欧菲光、德国莱蒙蒂斯、瑞典ABB等27个企业、参观2个国家实验室。与美国利弗莫尔市就建立友好城市的事宜达成初步共识。11月18日—25日，市政协主席田亚东率市政协、市商务局、市外侨旅游局等部门赴新西兰、澳大利亚开展酒业、旅游、自由贸易试验区等方面的合作交流。举办泸州老窖糯红高粱引种实验项目合作签约仪式、自贸区推介会、泸州—巴罗莎合作论坛等活动，促成泸州老窖股份有限公司与澳大利亚昆士兰大学签署《泸州老窖糯红高粱引种实验项目合作协议》、泸州市政府与阿德莱德港恩费尔市议会签署《友好合作备忘录》、泸州市与澳中友好协会签署《关于共建“泸州中澳产业园”项目合作谅解备忘录》，并在澳大利亚揭牌设立“泸州市驻澳大利亚商务代表处”和“泸州老窖酒文化（澳大利亚）体验中心”。12月3日—7日，市委副书记谭红杰率团出访德国。代表团先后拜会德国翁纳城市大区主席马奇奥拉、黑尔纳市政府市长杜达；拜访德累斯顿工业大学、翁纳汉莎职业技术培训学院、德累斯顿中心学校和麦尔培训学校，与德累斯顿工业大学签署了战略合作协议，双方拟组建“泸州中德职业教育联盟”，开展职业教育深度合作；代表团还拜访阿鲁尔克铝金属加工公司、AB电力集团等企业，并邀请各企业高层与专家到泸州进行实地考察，到泸州投资建厂。8月21日—24日，常务副市长曹俊杰赴香港参加“天府新机遇”四川主题活动，拜访对接中国节能环保投资公司、昊阳国际控股集团等有投资意向香港企业8家，促成重大项目签约。泸州临港投资集团和中国电力国际发展有限公司签订泸州临港产业园分布式能源项目，建成后年供热量210万吉焦，年发电量3.6亿千瓦时，综合能源利用率达88%；与香港圣汇有限公司、北京安贞医院尤斌、史东梅团队共同投资5亿元，建设国家三级甲等综合医院及养老康健项目。3月6日—15日，副市长陈日率团访问美国、日本、韩国，与美国北加利福尼亚世界贸易中心、日本振兴贸易机构和韩国贸易协会等机构开展对接座谈。

【外宾接待和会见】 3月18日，省委副书记、省长尹力在南苑会议中心会见领馆代表团一行和其他重要外宾。1月10日—11日，美国博瑞山医疗公司访问泸州，并与泸县人民政府共同签署《美国博瑞山医疗器械生产基地项目投资合同书》。7月12日—13日，德国北威州投资促进署署长华珮一行4人访问泸州。9月13日，市委副书记、市长刘强在成都会见出美国硅谷地区政商代表团，就推进美国倍赛达公司、楷登公司在泸投资生产进度，推动泸州高新技术产业实现新突破等进行工作会谈。3月18日，市人大常委会主任曹建国会见意大利国家众议院前议长艾琳·皮维蒂一行，双方就促进泸州与意大利地方城市间文化、经贸等方面的友好往来进行交流。5月15—16日，中国驻澳使馆公使衔商务参赞黄任刚率澳中友好协会执行会长陈阳磊等一行4人访问泸州。3月19日，副市长丁湘与到泸州参加酒博会的美国利弗莫尔市市长约翰．马尔尚行工作交流。10月26日，副市长马宗慧与英国文化教育协会东亚区考试业务总监史蒂夫·亚当斯开展座谈。3月16—18日，英国比尔城堡家族集团有限公司总裁欧斯曼子爵访问泸州，与市外事侨务旅游局、泸州老窖股份有限公司有关负责人就推动友城、教育、医疗卫生等领域合作进行座谈。3月17日，德国北威州代表团与龙马潭区、市商务局等市级有关部门举行经贸座谈，双方就推动泸州港与德国杜伊斯堡港的深度合作，推动泸州与德国北威州资金互动、技术互送、教育共享等达成共识。11月6日，澳大利亚Deakin大学迪肯学院、TMG麦尔卡学院、堪培门理工学院、通途教育集团等高校和教育机构到泸州考察。11月20日，由美国加州参议员夏乐柏、成都加州中心总裁张家华及加州相关企业负责人组成的考察团一行7人到访泸州自贸区。12月21日，德国林巴贺航空发动机有限公司总裁林巴贺到泸州出席航空航天产业重大项目签约仪式。

（万永静　夏　静）

侨务工作

【服务经济】　借助酒博会、中阿经贸文化交流峰会、海科会、第十五届东盟华商会等平台，组织各县（区）及市级相关部门5批100余人次参会，积极宣传泸州，推介合作项目，达成美国楷登公司与泸州高新区签署框架协议等合作事项。借助泸州市侨界海外资源优势，先后组织3批35人次海外专家和企业家与泸州市相关机构对接，促成“干细胞产业研发（中国·泸州）基地建设项目”等一批高新技术项目落户泸州，促成德拉特国际贸易有限公司等侨资企业入驻自贸区川南临港片区。

【依法护侨】　协约为普律师事务所成立“为侨法律服务站”，拓宽涉侨法律援助的渠道。全年，接受群众咨询50多人次，受理涉侨来信来访20余件次，办结率为100%。

【侨务惠民】　全年，统筹慰问金15.45万元，慰问困难群众60人次，争取捐赠资金（含物资折合）近200万元。为合江县人医争取到价值115万人民币的等离子微创手术系统；促成欧洲华侨华人社团联谊会捐赠50万元为古蔺县永乐镇西华村通组道路建设；另争取到产业扶持金、孤儿助养金、侨爱暖心包、贫困学生助学金等捐赠资金。

【海外联谊】　组织召开2017侨界人士“庆国庆、迎中秋”茶话会，四大班子领导以及相关单位、归侨侨眷、侨界人士70余人共聚一堂；会同市电视台组织“一带一路”沿线国家侨胞开展《天下泸州人 共祝泸州好》的春晚短片摄制。继续聘任德籍华人、德意志银行私人资产部门经理张云先生为市侨联驻德国侨界代表，借助泸州市在海外设立的6个人才工作站。充分利用“泸州侨”微信公众号以及“古蔺侨胞”“叙永侨联之家”微信群等载体，拓展海外联谊新渠道。

【参政议政】　归侨侨眷提出《民营医疗机构亟待解决融资难问题》等意见建议10余条。整理报送侨情专报2篇，其中，《针对中国车祸问题一位海归人士的建议》得到省侨联的认可并经省侨联转报中国侨联。组织部分侨界人大代表、政协委员前往基层开展群团工作中心情况调研。

【文化外宣】　与四川省侨联等单位共同承办“亲情中华”文化惠民演出（古蔺行）活动。选送《家园》《梦幻丝路》等10幅作品参加第三届世界华侨华人摄影展。组织参加第十八届世界华人学生作文大赛，全市有12篇作品获奖，其中一等奖2名。

【组织建设】 龙马潭区红星街道龙桥子社区成功创建为2017年度全国“为侨服务示范单位”，合江县侨办被评为全省侨务工作先进集体，以及开展侨界产业扶持、在律师事务所挂牌设立“为侨法律服务站”等。《泸州市侨联改革方案》正式行文印发，进一步理顺全市侨联工作机制。西南医科大学留学归国人员唐华等申报的5个项目获2017年国家自然科学基金立项，基础医学院周傲博士获牛顿国际奖学金。 （万永静　曾　李）

地方志工作

【修志工作】 1. 编辑完成《泸州市乡镇简志》。该志于2016年12月全面进入编纂，2017年完成编纂，全书共16.8万字、245张图片。2. 开展名镇名村名酒志编写工作。组织参加全国名村志、名酒志文化工程启动会议。以市政府办公室名义下发《关于大力推进名镇名村志文化工程的通知》，要求7个名镇名村开展首批名镇名村志文化工程；相关区县都成立编纂班子，落实编纂经费和人员，开展资料收集和编纂工作。其中《福宝镇志》和《尧坝镇志》完成初稿。指导泸州老窖股份有限公司、四川郎酒集团配合做好中国地方志指导小组办公室组织开展的中国名酒志文化工程，加快推进《泸州老窖志》和《郎酒志》编写工作。3. 做好对市级部门、区县、乡镇修志工作的指导。《泸州市煤炭工业志》出版，评审《泸州市粮油志》《泸州市发展改革委员会志》《泸州市农村工作志》《中国共产党泸州市直属机关工作委员会志》《泸州经济开发区志》，指导《中共泸州市委志》《泸州市委组织部志》《泸州市档案局志》《安宁镇志》编写工作。泸县和叙永县编辑出版《泸县文化体育新闻出版广电志》《泸县环境保护局志》《泸县残疾人联合会志》《叙永县畜牧局志》。4. 督促和指导叙永县开展《叙永县志》编纂出版工作。

【年鉴工作】 1. 开展年鉴编纂培训。为3月召开全市年鉴编纂培训会，7个区县和154个市级部门（单位）年鉴编纂人员参加培训。2.《泸州年鉴（2017）》和区县年鉴陆续与年内公开出版发行。3. 推荐区县年鉴参与评奖工作。《江阳年鉴（2016）》获评全国地方志优秀成果（年鉴类）一等奖。4. 指导叙永县、古蔺县、合江县申报参与贫困地区年鉴资助工程。

【课题工作】 1. 泸州市地方志办公室作为牵头单位，牵头完成省地方志工作办公室重点课题《地方志工作机构设置、人员配备与素质结构模型研究》并顺利结题，并推荐到中指组参与优秀成果评奖。2. 市志办完成省级课题《四川地方志工作融入“一带一路”战略问题研究》。合江县志办完成省级课题《社会主义新方志与旧志之区别研究》。纳溪区志办《纳溪百年老宅》课题研究工作有序推进。3. 撰写《国务院〈地方志工作条

泸州市史志学会第一届第二次会员代表大会

例〉修改刍议》《志鉴数字化建设探讨》等论文参加中指组办公室、中国地方志学会举办的第七届中国地方志学术年会和中指组办公室举办的“依法治国与依法治志”论坛、方志文化国际学术研讨会、精品年鉴与年鉴编纂创新研讨会。

【地方志宣传和信息化建设】 利用成果展览、网站、微信、《泸州史志》等载体和手段，加强地方志社会宣传工作。完成“泸州史志网”网站搬迁到华为公司“云平台”工作。“泸州史志网”刊载信息200余条。《泸州史志》出刊4期。

【地方志资源开发利用和馆库建设】 1. 编辑出版地情书籍。地情书《泸州盐茶古道》约40万字，形成送审稿报四川人民出版社审稿修改中。江阳区编写的地情书籍《何家坝——中国长江奇石第一村》出版发行。2. 继续开展家训家规家谱收集整理利用工作。3. 继续推进中共泸州市党史资料馆、市方志馆、市历史陈列馆“三馆并建”工作，完成初步方案设计，规划总面积1.5万平方米。 (佟德茹)

档案工作

【资源体系建设】 档案资源更加丰富。实行档案逐年滚动“双接收”，向全市199个市级部门单位发出《泸州市档案局关于切实开展档案“双移交”工作的通知》，要求市级部门单位在“十三五”期间，共分三批次，每批一次性集中移交从1996年起至2000年止5年内形成的纸质档案与电子档案，使档案“双套制”成为档案管理常态。对创建全国文明城市、中央环保督查等重大活动中形成的档案资料管理工作进行指导，做好接收进馆的衔接工作。市馆努力征集到川南区党委行署珍贵档案资料101卷和族谱等珍贵档案资料47卷册。市馆采集馆藏民国档案文件级目录数据3.7万条。清理抗战档案4.1万件，国家重点档案98.4万件。出台《泸州市档案局关于支持中国(四川)自由贸易试验区川南临港片区建设的若干意见》，档案行政权力共14项全部下放自贸区。邀请省档案科研所为自贸区“量身定制”的“档案共享查询系统”软件安装到位，基本建成自贸区档案信息资源的共享查询平台。

【利用体系建设】 依法开展到期档案的开放利用工作，市馆共开放档案209个全宗27918卷。利用网站、微信、QQ、邮件等现代传媒手段，多形式开展查档服务，尽力为查档群众提供“一站式”服务，有效为查档群众及时解决特殊工种、工龄认定、学籍等个人问题，使其获得重大切身利益，并免受来回奔波之苦，满意率达100%。全市共接待查档者29843人次、提供档案资料53043卷件、复印档案资料87678万页，开展来电来函和异地查档571人次。其中，市馆共接待查档者1404人次、提供档案资料5265卷次、复印档案资料3439页，开展来电来函和异地查档79人次。市馆办理问政平台在线问答4例、处理预约查档39件、回复领导信箱8件。

【安全体系建设】 2017年全市无档案安全事故发生，档案安全工作在全省作经验交流。古蔺县档案馆新馆建设完工，建筑总面积2.38万平方米的市档案馆新馆建项目列入占地125亩的“市民服务中心”项目，作为2017年市上推进的重点建设项目。为纳溪区、泸县档案馆新馆建设争取到中央投入资金1003万元、省上投入资金800余万元。切实加强档案信息安全保密工作，在市保密局指导下，对涉密、划控使用档案进行清理。对档案数字化外包公司进行严格安全保密管理。

【信息化建设】 探索档案数字化外包服务新方式，通过竞争性谈判确定更专业更安全的外包服务公司，全年完成市馆馆藏档案数字化150万页，著录目录24万余条。累计完成重要全宗、利用频繁等档案数字化2.7万余卷465.4万页。市局网站完成改版，进一步完善网站管理制度，切实加强网站运行维护。更新各类信息520条、政务微博300余条。

2017年7月27日，泸州市档案局联合南城街道国窖社区开展“创文宣传进社区”活动

【文化建设】 尽力挖掘档案资源，独立或联合开发档案文化产品，全市共开发档案文化产品15部310.02万字。全市清末宣统二年（1910年）的珍贵档案《川省川汉铁路有限公司股票》入选《四川档案文献遗产名录》。公开出版的《中央红军转战泸州》和内部发行的《中国酒城抗战记忆》，分别荣获省优秀档案编研成果二等奖和优秀奖。公开出版《朱德与泸州》《清代叙永直隶厅档案官印赏析》《泸州红色记忆》等书籍。与《酒城新报》联合创办“档案·珍档拾贝”档案文化专栏。编著《泸州市档案局（馆）志（1983—2015年）》（约33万字）。印发《泸州档案工作》简报12期。多渠道报送档案工作信息2350余条次。档案信息工作在全省21个市州中再次名列第一，连续6年名列全省前三。创新开展“国际档案日”宣传活动16项，发放资料1.2万余份，接受咨询1500余人次；举办“档案大家说”微视频拍摄、专题集邮展、“泸州市家庭档案知识讲座”等活动；利用全市1500辆出租车LED灯每天播放240次，700余辆公交车车载电视每天播放25次，城区广告电视大屏幕每天播放40次10秒宣传动画，累计播放时长超过2000余小时。全市爱教基地举办展览10个，接待1.2万余人次。市馆爱教基地以“泸州记忆”为主题，进行升级改造和展陈调整。爱教基地建设工作在全省作经验交流。

【法治建设】 汇编档案法律法规制度23个。在“3月法制宣传月”和“6·9国际档案日”，面向10万余人次开展档案法制宣传，发放宣传资料1万余份，接受公众咨询3500余人次。制作《2017年法治文化宣传栏》一期。开展纪念《档案法》颁布30周年系列活动，组织近万人次参加中国档案报社和省档案局联合开展的两次“档案法律法规知识竞赛”活动。建立“法律七进”工作台账，行政权力网上公开运行34例（利用未开放档案的审批），完成6名行政执法人员的到期换证。制定“三项制度”试点工作实施方案，完善公示制度、执法全过程记录制度和重大行政执法决定审核制度。推进“放管服”重点工作，开展档案行政执法专项检查工作。全市执法检查200余个单位。

【精准扶贫档案工作】 贯彻落实《关于进一步规范脱贫攻坚档案工作的意见》，构建市区县乡村四级联动工作体系，指导全市涉贫区县、乡镇街和贫困村开展精准扶贫档案文件材料的收集整理，进一步完善精准扶贫档案资料的基础业务工作。对各乡镇街、村两级干部共约2900人进行扶贫政策和档案业务知识培训，实地指导贫困户建档立卡、扶贫开发项目档案等基础业务工作。

【经科档案工作】 指导泸州老窖、兴泸集团等国有企业的档案工作。联合市发改委、卫计委等六部门转发《四川省产业园区档案管理办法（试行）的通知》。协调各园区管委会建立健全档案工作机制。检查指导金融企业贯彻落实《金融企业业务档案管理规定》，并提出整改要求。指导规范在泸州的大专院校档案工作。监督指导科技事业单位加强档案规范化管理。

【重点建设项目档案工作】 推进重点建设项目档案工作。开展“项目年”活动，641个省市级重点建设项目中，48个省级项目全部登记（登记率100%），检查指导380个。联合市发改委对市级16个重点建设项目的档案工作，进行专项督查。对中国白酒金三角酒业园区大渡基地工程项目、产城大道一期工程的中铁二十四局建设项目的档案工作，进行指导。

【负责人】 泸州市档案局局长：粟辉；副局长：曾泽兰（女）、丁涛；纪检组组长：张利萍（女）。

（韦佳利）

政务服务

【概况】 2017年，市政务服务中心大厅进驻单位46个，人员300余人。全年窗口办件量超百万件，按时办结率、现场办结率、群众满意率保持100%，无超时件。市公共资源交易中心全年完成各类项目交易1035项，成交金额323.80亿元，增收节支资金32.27亿元。

【行政审批与公共服务】 巩固“两集中三到位一杜绝”工作，截至年底入驻中心的具有行政审批职能的窗口部门共34个（其中：单设行政审批科的部门28个，将行政审批科挂靠到法规科等业务科室的部门6个），市级46个单位的行政审批事项、公共服务事项进入中心集中受理、统一办理，入驻窗口工作人员300多名，社保、医保、就业、税务、公积金中心、公安出入境等实现整体进驻。市政务服务大厅行政审批、公共服务事项按时办结率、现场办结率、群众满意率均达100%。开展村（社区）证明事项清理工作，共清理出需村（社区）开具的证明事项755项，最终在全市仅保留需村（社区）开具证明事项14项，同时，制作全市统一的证明事项办事指南和表单，并在市政府门户网站对外公开。

【“互联网+政务服务”工作】 利用泸州市建设华为（泸州）大数据中心的有利条件，完成推进本系统的所有信息化业务系统上云，政务服务大厅智能化设施建设取得进展，大厅设置排队机4台、自助机11台、查询机6台、自助服务区4个、背靠背评价机1台。投入资金30余万元，在办事大厅工作窗口安装窗口服务智能化管理系统和员工考勤系统。全省政务服务一体化平台建设在11月27日正式切换到新平台办件，至年底，市本级在一体化平台上共受理行政许可事项352件，办结331件；受理公共服务事项37件，办结18件。

【建设项目并联审批】 市投资建设项目服务中心进驻市政务服务大厅，为重大项目实施全程免费代办服务，对重大招商项目开辟“绿色通道”，实行“一个项目，一名领导，一个部门，一个团队”。全年召开并联审批协调会198场次，现场踏勘会议200场次，通过建设项目并联审批办理项目128个，总投资额450.55亿元；为企业办理“五证合一”“多证合一”累计达2196户，新设立公司240户（含高新区），注册资本129.67亿元，新设立分公司100户。

【公共资源交易服务】 1. 持续推进平台整合。在2016年完成市县（区）公共资源交易平台整合的基础上，先后组织召开全市公共资源交易工作会议1次，片区会议3次，强化对县区平台的业务和标准化建设指导。将电子交易平台迁移到华为（泸州）大数据中心“政务云”上。2. 持续抓好现场管理。与发改、财政等部门配合，从项目受理、要件审查、预约场地、网上报名等进行规范，修订完善现场管理规章制度37项。3. 持续抓好项目服务。完善重大项目交易“绿色通道”，建立分管领导负责的协调机制，采取简化进场程序、提前接洽、专人对接、延时服务等措施，加大项目交易服务力度。4. 创新服务企业采购。为国企交易161项，成交金额18.45亿元，节约资金1.38亿元。

【自贸区建设服务】 支持在龙马潭区开展相对集中行政许可权改革试点，自贸区川南临港片区行政审批局与龙马潭区行政审批局合署办公，统一行使市级30个部门和区级18个部门下放、划转到自贸区的审批权限，变“体外循环”为“体内循环”，实行“一枚印章审批、一个窗口受理、一张清单实施”。组织相关部门对自贸区涉及的行政审批进行全面清理、整合，自贸区行政审批局可受理整合后的行政许可事项186项，所有行政许可事项办理时限比原时限平均提速80%。放宽准入，推行全程代办，放宽经营范围备案条件，推行商事主体名称网上自主申报和市场主体简易注销，开展“多证合一”商事登记制度改革、企业住所登记申报制和集群注册。在全国首创商事登记内陆沿海异地直通办理模式，与天津滨海新区，河南开封，湖北襄阳，广州南沙、贵州遵义等12个地区达成意向性合作协议，建立“受理清单异地共建、要件审核异地互认、集群注册异地托管、快速通道异地颁证”的工作机制；推行商事登记“政银直通”服务，将该业务推广至市内各银行网点。创新开设行政审批现场勘验“中介超市”，采取全国公开征集、专业查询认证、专家评审、整体入驻方式，确定中介服务机构入驻名单，制定川南临港片区“中介超市”准入淘汰和监督管理实施办法，真正实现行政审批中介服务“零”距离。

【负责人】 泸州市政务服务中主任：罗永平；副主任：周永革、林云；纪检组组长：黄世芳（女、12月止）；市公共资源交易中心主任：邓祖明（9月止）、张凯（12月起）。（谢大忠）

市政务服务中心

自然灾害和抗灾救灾工作

【概况】 全市发布各类预测预报预警信息2265余万条，针对地灾险情实施提前主动避让230处834户2811人，成功避险2起，避免4户19人因灾伤亡。

【应急指挥平台建成】 率先实现运用平台进行全市综合应急演练和“双盲”演练信息化指挥；充分发挥平台调度功能，连续67天在市政府应急指挥中心召开泸州市地质灾害防治和防汛减灾市长视频调度会；值班室“三化”（标准化、制度化、枢纽化）建设试点成功。2017年，泸州市政府应急指挥平台建设获得中国信息协会颁发的“中国应急管理信息化管理创新奖”、省政府办公厅表彰的“全省政府系统办公室工作先进集体”、省人社厅等5部门联合表彰的“四川省防灾减灾工作先进集体”。

【负责人】 泸州市政府应急管理办公室主任：陈光明。（杨　昆）

扶贫移民工作

【概况】 2017年，实现精准脱贫85019人，精准退出贫困村149个，合江县摘帽工作接受省级检查验收评估，“一低三有”目标全面实现。

【泸州经验全国全省推广】 成功举办全省乌蒙山片区现场推进会、乌蒙山片区脱贫攻坚农房建设质量安全现场会、省水利脱贫攻坚和支持幸福美丽新村建设工作会以及全省产业扶贫、医疗扶贫、四项扶贫基金工作现场推进会；健康扶贫、援藏援彝、文化扶贫、科技扶贫、教育扶贫、“插花”扶贫、外资项目建设等工作在全国全省会议上作经验交流；省委书记王东明再次对泸州健康扶贫工作进行批示，要求在全省推广；省委常委、省纪委书记王雁飞，省委常委、省委农工委主任曲木史哈，省委常委、省委秘书长王铭晖分别对泸州市贫困县摘帽、四项基金、易地扶贫搬迁等泸州经验给予了充分肯定。

【精准扶贫】 市级成立独立运行的脱贫攻坚作战指挥部，突出产业、住房、医疗、教育、资金、易地扶贫搬迁六大攻坚重点，安排6名市领导分线联系负责。出台教育扶贫、健康扶贫、农村住房安全保障、易地扶贫搬迁、干部激励、驻村帮扶保障等一系列重大政策文件，实现政策统筹、资源整合、集中发力，指挥体系、责任体系更加完善。市委、市政府主要领导分别带头联系1个国贫县、帮扶1个以上贫困村，7名市委常委分别联系1个县区包干扶贫。落实对口帮扶部门（单位）526个，派驻驻村工作组324个1284人，所有贫困村和702个有20户以上贫困户的非贫困村均派驻“第一书记”（1026人），安排贫困户帮扶责任人3.9万名，确保村村有工作组、户户有帮扶人，实现“五个一”“三个一”全覆盖。出台《泸州市督查巡查工作管理办法》，制定问题、任务、责任三项清单，逐月督查考评，逐项检查整改，确保所有扶贫任务按时优质完成。在全省率先创新构建数据信息“三专机制”，先后开展三次数据大清洗、两轮全覆盖动态识别，对象锁定更为精准，实现系统信息与实际情况一致、与档案资料一致、与帮扶户卡一致、与扶贫手册一致。分类制定贫困县、贫困村、贫困户退出方案，明确退出指标、验收方法、考核机制，落实县区乡镇的达标责任、行业部门的认定责任、帮扶干部的包保责任。聘请第三方评估机构对7个县区22个村进行抽样评估，加大监察、审计和媒体的脱贫监督力度，强化社会力量的监督和参与，确保脱贫退出经得起各方的检验，确保脱真贫、真脱贫。全年整合各类扶贫资金238亿元，投入专项扶贫资金6.8亿元。“四项基金”规模达5.69亿元，在全省位居前列。抓好对口帮扶甘孜州乡城县、稻城县和凉山州盐源县、普格县工作，落实帮扶责任，狠抓项目实施，推进产业发展，提升公共服务水平。计划实施重点帮扶项目8类168个，启动实施项目91个，到位资金9625万元。

【行业扶贫】 1. 医疗扶贫。县区医疗救助基金分别达500万元，规模位居全省前列。全民预防保健持续推进，全年免费体检178万人，县域内住院救助8万余人。泸州“四个百分之百”政策被省卫计委总结提炼为“八个百分之百”政策在全省推广实施。“泸州模式”得到中央和省领导的批示肯定。2. 教育扶贫。投入16.6亿元推进教育扶贫，对全市7.9万名建档立卡贫困家庭学生进行资助，累计完成农村薄弱学校校舍改造81.6万平方米。出台《进一步明确和完善教育扶贫相关事宜的通知》，推进“9+3”免费职业教育计划，坚决阻断贫困代际传递，贫困家庭学生无一人因贫失学。3. 交通扶贫。实施“交通三年大会战”，建设赤水河环线扶贫公路273公里，新增149个贫困村通硬化路，江阳、龙马潭、纳溪三区实现村通公交，泸县、合江、叙永、古蔺四县推进村通客运，贫困地区群众出行更为便捷。4. 金融扶贫。金融扶贫效能充分发挥，累计发放扶贫小额信贷10.3亿元，中国人保财险泸州分公司为全市首期“政融保”农业产业扶贫授信5亿元。

叙永县石厢子彝族乡堰塘村易地移民搬迁点

【易地扶贫搬迁】 实行规划、设计、监管、保障、验收“五统一”，累计开工20008户77474人，开工率100%；建成18282户71568人；搬迁16281户66502人，基本实现“五年任务、两年完成”，通过了国家易地扶贫搬迁专项检查和国务院扶贫开发领导小组脱贫攻坚第四督查组督查。叙永县江门镇集中安置点列入国家“砥砺奋进的五年”大型成就展。

【产业扶贫】 全域推进“脱贫产业园”建设，推动“扶贫车间”进村带户。组织泸州老窖、兴泸集团、文旅集团等市属国有企业联系3个贫困县、打造3个扶贫产业示范片。引进广东温氏、山东寿光、正大集团、陕西海升等农业产业化龙头企业，新发展特色农产品基地38万亩，覆盖带动4万贫困劳动力发展产业脱贫。资产收益扶贫机制由试点转变为全面推广，采取财政资金资助贫困户参股的方式，推动贫困户与龙头企业、专合社实现联结捆绑发展，新增农民专合社372个，发展家庭农场463家；产业扶持基金进一步壮大，贫困村产业扶持基金提高到50万元/村，总额达2.2亿元，周转借用1.49亿元；非贫困村产业扶持基金按每户500～3000元发放到乡，总额达9500万元，周转借用5600万元。

【就业扶贫】　加大贫困劳动力的就业培训，在泸州职业技术学院、三河职业技术学校等开设扶贫专班，让贫困学子入学即上岗，结业即就业。建立“一库五名单”，促进7756户贫困家庭实现就近就业。

【移民工作】　编制完成《泸州市大中型水库移民后期扶持十三五规划（2016—2020年）》，通过省级专家组评审。2017年启动两个新（扩）建中型水库，组织召开专家咨询审查会4次，调整移民安置规划方案3个，规划设计的深度和质量明显提升；制定移民安置2017年度计划，落实移民安置政策，加强前期指导，跟进技术服务，严格审核把关。加快推进移民后扶项目建设进度，确保安置点配套设施全面完善、移民户后期发展全面保障；精准锁定后扶移民人口20008人，在全省率先完成后扶管理系统信息录入，受到省上表扬。全年核发移民直发直补后扶资金1202万元。

【扶贫宣传】　“五大教育”“五进农家”活动推进，全社会共同参与脱贫攻坚氛围浓厚，贫困群众内生动力不断增强，全市扶贫移民宣传工作连续两年被评为全省先进。开展“弘扬美德，携手扶贫”扶贫主题宣传，实施文化扶贫“双百工程”，开展“干群一家亲”“五大主题教育活动”“五进农家行动”“农民夜校”活动，开展培训1500余场次，培训贫困群众12万人次以上，争创省级“四好村”75个。实施“第一书记带领办、贫困党员带头干、带动全村奔小康”的党员精准扶贫“三带工程”，建成党员扶贫示范项目324个，培育党员脱贫示范户1610户，带动2.2万户困难群众脱贫致富。组织409名农技人员、产业大户、“田秀才”“土专家”组建135个农技巡回服务小组，对贫困户开展生产技术帮扶，引导贫困群众自力更生、勤劳致富。开展“脱贫攻坚——万名人大代表再行动”和“企业帮村、委员帮户、我为扶贫攻坚做件事”活动，结对帮扶的层次和范围进一步扩大。党政主导、群众主体、干部主责、社会主动的帮带格局全面形成。

【负责人】　泸州市扶贫和移民工作局局长：李小平；副局长：何为、何世强；总会计师：彭飞（12月起）。　（王　宇）

中国人民政治协商会议泸州市委员会

【概况】 2017年1月，政协泸州市第八届委员会由30个界别组成。委员396名，其中常委会组成人员69名。内设办公室、研究室和提案、财经、农业、人口资源环境、教科文卫体、社会法制、学习文史、民族宗教港澳台侨外事、地方政协和委员联络委9个专门委员会。

【市政协八届一次会议】 1月5—8日，政协泸州市第八届委员会第一次会议在巨洋会议中心召开。会议听取和审议《政协泸州市第七届委员会常务委员会工作报告》《政协泸州市第七届委员会常务委员会提案工作情况的报告》。列席泸州市八届人大一次会议，听取并协商讨论《泸州市人民政府工作报告》《泸州市中级人民法院工作报告》《泸州市人民检察院工作报告》，协商讨论《泸州市2016年国民经济和社会发展计划执行情况及2017年计划（草案）的报告》《泸州市2016年财政预算执行情况和2017年财政预算（草案）的报告》。会议选举出政协泸州市第八届委员会主席、副主席、秘书长、常务委员。田亚东当选政协泸州市第八届委员会主席，周亚琼、何延政、沈才洪、梁中元、李锋、刘杰、罗素平当选副主席，刘鹏飞当选秘书长，丁勇等69人当选常务委员会委员。中共泸州市委书记蒋辅义作重要讲话。会议期间，通过整体协商，围绕泸州市经济、政治、文化、社会和生态文明建设中的重大问题，开展小组讨论34场，组织大会发言15个，审查立案政协提案386件，整理建议意见31条，通过联组讨论向党政集中反映重点意见13条。

2017年5月5日，全国政协常委、提案委员会主任孙淦到江阳区围绕“启动长江经济带生态修复工程”重点提案督办调研

【市政协常委会议】 1.1月8日，市政协八届一次常委会议召开。会议审议通过政协泸州市第八届委员会副秘书长名单、各专门委员会主任、副主任名单。2.6月30日，市政协八届二次常委会议召开。会议传达学习省第十一

次党代会精神；听取市政府关于中国（四川）自由贸易试验区川南临港片区建设情况的通报；审议市政协财经委《关于加快推进中国（四川）自由贸易试验区川南临港片区建设的调研报告》；审议通过有关人事事项。3.9月28日，市政协八届三次常委会议召开。会议听取市政府关于泸州市建设川滇黔渝结合部教育高地情况的通报；审议通过市政协教科文卫体委《关于加快建设教育高地打造区域教育培训中心的调研报告》；听取市创建全国文明城市指挥部关于泸州市创建全国文明城市工作情况通报；审议通过《政协泸州市委员会界别活动实施办法（试行）》；视察泸州教科城建设发展情况。4.12月5日，市政协八届四次常委会议召开。会议专题传达学习中国共产党第十九次全国代表大会精神、全国政协十二届第二十三次常委会议和省政协十一届第二十次常委会议精神；听取市政府关于政协委员提案办理工作情况的通报；听取市纪委、市监察局关于泸州市党风廉政建设情况的通报；审议通过《政协泸州市第八届委员会常务委员会关于认真学习贯彻中国共产党第十九次全国代表大会精神的决议》；各民主党派、市工商联和市总工会围绕贯彻落实中国共产党第十九次全国代表大会精神作大会发言。5.12月25日，市政协八届五次常委会议召开。会议传达学习市委八届四次全委会精神；专题学习《中华人民共和国旅游法》；听取市政府关于泸州市全域旅游发展情况的通报；审议市政协民宗外侨委《关于加快我市全域旅游发展的调研报告》；审议通过有关人事事项。

【市政协主席会议】 1.1月8日，市政协八届一次主席会议召开。会议审议通过政协泸州市第八届委员会副秘书长建议名单；审议通过政协泸州市第八届委员会各专门委员会主任、副主任、委员建议名单。2.2月7日，市政协八届二次主席会议召开。会议审议市政协各委室2017年工作计划；研究政协泸州市委员会2017年工作要点和2017年度协商计划；审议通过有关人事事项。3.5月19日，市政协八届三次主席会议召开。会议研究确定市政协八届一次会议重点提案；研究市政协2017年重点提案督办工作。4.6月15日，市政协八届四次主席会议召开。会议审议市政协财经委《关于加快推进中国（四川）自由贸易试验区川南临港片区建设的调研报告》；审议通过了《政协泸州市委员会主席会议工作规则》。5.9月4日，市政协八届五次主席会议召开。会议传达学习省政协学习会议精神；听取市中级人民法院和市人民检察院工作情况通报；研究通过市政协聘请文史研究员名单；审议通过市政协教科文卫体委《关于建设川滇黔渝结合部教育高地的调研报告》；审议《政协泸州市委员会界别活动实施办法（试行）》。6.11月28日，市政协八届六次主席会议召开。会议学习安全生产法律法规知识；传达学习省政协十一届二十次常委会精神；研究市政协各专门委员会联系市级部门方案；审议《政协泸州市第八届委员会常务委员会关于认真学习贯彻中国共产党第十九次全国代表大会精神的决议（草案）》；通报全国25个城市政协工作联系会议有关情况。7.12月14日，市政协八届七次主席会议召开。会议学习中共中央和中共四川省委关于进一步纠正“四风”、加强作风建设有关文件精神，研究贯彻实施意见；学习《中华人民共和国旅游法》；审议市政协民宗外侨委《关于加快我市全域旅游发展的调研报告》；研究市诗书画院有关工作；研究基层治理工作；研究有关人事事项。

【政协主席会议成员视察】 1.3月23日，市政协主席会议成员视察泸州市重点项目建设推进情况，形成《我市重点建设项目推进情况的视察报告》。2.5月3日，市政协主席会议成员视察龙马潭区全国文明城市创建工作情况，形成《关于龙马潭区全国文明城市创建的视察报告》。3.6月13日，市政协主席会议成员视察泸州市自贸区建设工作情况，形成《关于加快推进中国川南临港片区发展调研报告》。4.6 月 20 日，市政协主席会议成员视察泸州市国家食品安全示范城市创建工作情况，形成《关于泸州市创建国家食品安全示范城市工作情况的视察报告》。5.10 月 16 日，市政协主席会议成员视察合江县脱贫摘帽工作情况。6.8 月 3 日，市政协主席会议成员视察泸州市环境保护工作情况，形成《全市环境保护工作视察报告》。7.8 月 15 日，市政协主席会议成员视察泸州市智能终端产业发展情况，形成《关于我市智能终端产业发展情况的视察报告》。8.11 月 9 日，市政协主席会议成员视察泸州市惠民殡葬事业工作情况。9.12 月 6 日，市政协主席会议成员视察泸州市法院工作暨“三型法庭”建设工作情况。

2017 年 5 月 5 日，全国政协调研组到叙永县落卜镇视察石漠化综合治理示范项目

【政协委员集体视察】 组织全体市政协委员，由市政协主席、副主席或委托区县的市政协委员小组长带队，围绕泸州市“渡改桥”建设、医疗纠纷处置、园区科技创新等问题到基层、深入一线，通过听汇报、实地考察、座谈等形式进行集体视察。形成《关于我市“渡改桥”建设情况的视察报告》《关于我市医疗纠纷现状与处置对策的调研报告》等视察调研报告。

【专题调研】 组织各专委会，围绕泸州市教育事业发展情况、全域旅游发展、乡镇集中式饮用水源地保护、易地扶贫搬迁等开展专题调研，形成《关于加快建设教育高地打造区域教育培训中心的调研报告》《关于加快我市全域旅游发展的调研报告》《全市乡镇集中式饮用水源保护现状专题调研报告》《关于我市易地扶贫搬迁工作的调研报告》等调研报告。

【专题协商】 充分发挥协商民主重要渠道作用，围绕重大战略及决策开展专题协商。1.4 月，围绕酒城人才新政“1+N”政策开展专题协商，提出“战略侧重应适当调整”“战术目标应更加精准”“人才界定标准应尽量统一”等 7 个方面的意见建议。2.5 月，围绕《泸州市物业管理条例（草案）》开展专题立法协商，从理顺法律关系、衡平各方利益、强化组织保障等方面提出意见建议。3.7 月，围绕《泸州市市容和环境卫生管理条例（草案）》开展专题立法协商，就调整相关条文、增强可操作性等提出意见建议。4.8 月，围绕《政协泸州市委员会界别活动实施办法》和《政协泸州市委员会双月协商座谈会组织实施办法》开展专题协商，就活动形式、平台载体、组织保障等问题征求各党派团体意见。5.8 月，围绕“赤水河流域生态经济发展协作”开展专题协商，与遵义市政协就举办“中国赤水河生态经济研讨会”“共同推进立体交通建设”“自贸区相关推介合作”等工作达成协商共识。6.9 月，围绕教育高地建设开展专题协商，就《关于建设川滇黔渝结合部教育高地的调研报告（送审稿）》广泛征求各民主党派代表、教育专家意见。7.10 月围绕《全域旅游发展战略实施方案》开展协商专题协商，提出

"推进重大项目""提升文化内涵""扩大宣传影响"等5个方面的意见建议。

【提案与办理】 政协八届一次会议期间及会后一年来，征集并通过提案委员会的审查，立案提案386件。其中，集体提案68件，委员个人和联名提案318件。经各承办单位办理，截至2017年年底全部办结。其中解决或采纳的A类提案164件，占42.5%；正在解决或拟采纳的B类提案202件，占52.3%；因条件所限暂不能解决的C类提案20件，占5.2%。

【社情民意信息】 2017年，市政协向市委、市政府报送《社情民意专报》29期；向市级有关部门转送《社情民意信息》6期；向全国政协、省政协报送社情民意信息169篇，被全国政协采用4篇，被省政采用58篇。

【上下互动及交流】 1. 配合全国政协提案委完成对长江上游生态修复工程的重点提案督办工作；2. 配合省政协完成自贸区建设等10余项重点课题调研任务；3. 参加省政协常委会、主席学习会、全省地方政协联席会、全国25城市政协工作联系会、全国政协信息联系点工作会、川南七市政协联系会、赤水河流域保护治理发展协作推进会等重要会议；4. 先后同省内外20余个市州政协开展合作交流；5. 协助省政协举办全省地方政协联络工作座谈会；6. 制定《政协泸州市委员会界别活动实施办法（试行）》，成立23个市政协界别小组，出台市政协领导和专委会联系界别的实施意见，以视察调研、协商座谈、履职活动为依托，畅通界别联系渠道、激发界别协商活力。

【理论与实践研究及宣传】 加强对外宣传，通过《四川政协报》《泸州日报》、四川政协网等各级各类媒体，刊发报道政协新闻信息2000余条，宣传政协履职成果，营造政协工作良好社会氛围。

【文史资料选集编辑】 召开文史工作座谈会，组织开展"泸州宋城文化保护利用"研究，邀请北京大学、人民大学、中山大学等国内著名宋史专家到泸州考察指导、把脉会诊，形成《重塑泸州宋城文化品牌引领泸州城市创新发展》研究报告；完成《泸州宋城文化资料汇编》成书出版发行。完成市诗书画院换届重组，大力开展诗词书画摄影创作交流活动，努力搭建展示醉美泸州形象、体现泸州文化内涵的艺术平台。

【负责人】 中国人民政治协商会议泸州市委员会秘书长兼办公室主任：刘鹏飞；副秘书长：秦惠光（女）、陈笑冰（女）、汪永灵、高长万、熊建辉（12月止）、余静（女、12月起）；办公室副主任：欧正聪（兼）、张波；纪检组组长：许艳（女、11月起）；机关党委书记：陈刚；研究室主任：欧正聪；提案委员会主任：晏天佑；提案委员会副主任：林青松（1月起）、何光兵；财经委员会主任：姚照平（女、12月止）、王志刚（12月起）；财经委员会副主任：代雪芹（女、1月止）、雷文彩（1月起）、吴必元；农业委员会主任：罗远清；农业委员会副主任：陈治琼（女）、冯继虹（女、6月起）；人口资源环境委员会主任：王国萍（女、1月止）、陈道元（1月起）；人口资源环境委员会副主任：张国红（女）；教科文卫体委员会主任：李一萍（女）；教科文卫体委员会副主任：林青松（1月止）、兰自力（女、1月起）、孙阳光；社会法制委员会主任：马超美（1月止）、任英（女、1月起）；社会法制委员会副主任：王云旭；学习文史委员会主任：史乃广；学习文史委员会副主任：兰自力（女、1月止）、宋国楷（1月起）、彭林洁（女、12月起）；民宗外侨委主任：宋智伟；民宗外侨委副主任：代雪芹（女、1月起）；地联委主任：刘利（女）。 （欧正聪 施崇亮）

民主党派

中国国民党革命委员会泸州市委员会

【概况】 截至2017年年底，中国国民党革命委员泸州市委员会（以下简称民革泸州市委）在册党员总数为496名，平均年龄47岁，有高级职称党员39人，有中级职称的党员297人，党员中有省人大代表1名，市人大常委1人、代表12人。县级政协副主席1名、常委2名、代表12名。有省政协常委1名、委员1名，市政协常委7名、委员30名，县级政协常委7名、委员19名。基层组织10个：纳溪区基层委员会（辖纳溪支部，泸天化支部、气矿支部），市属一、二、三支部，西南医科大学支部、江阳区支部，龙马潭区支部，泸县支部。

【参政议政】 2017年，民革泸州市委会被民革中央授予“民革全国参政议政工作先进集体”荣誉称号。1. 调研工作。4月，主委刘旭晴带队到厦门自贸区进行实地调研，形成调研报告和社情民意信息，供自贸区建设和发展参考。6月，主委刘旭晴带队到泸县调研城乡规划工作，围绕泸县城乡建设提出建议。2. 参政议政。2017年“两会”期间，民革党员提交集体提案13件，个人提案50余件。其中，集体提案《关于进一步提升城市治理精细化水平的几点建议》作为市政协大会书面发言引起市领导及有关部门的高度重视。2017年市政协确定18件重点督办件，民革提案《关于加快推进泸州高校扩容提质的建议》《关于解决发展“医养结合”的养老模式问题的建议》《关于整合旅游文化资源，打造泸州石刻博物馆的建议》《围绕产业发展推进我市特色小镇建设的建议》被评为重点督办件，占总数的22.2%。《加强和改进脱贫攻坚工作的建议》被市人大列为重点建议。社情民意《西部欠发达地区推进供给侧机构性改革面临的突出问题》被全国政协采用。3. 政治协商。2月，在市委统战部组织召开的“全市统一战线代表人士人才工作座谈会”上，市委会围绕“1+N”人才新政作题为《海纳百川聚才智共绘最大同心圆》的发言，发言中针对人才新政提出了13点建议，受到相关部门的重视。4月，市委会对《云贵川三省政协协助推进赤水河流域生态经济发展协作协议书》提出的意见建议被省民革收集后提供给有关单位参考。7月，在市委组织召开的党外代表人士工作座谈会上，主委刘旭晴主委代表民革作《借力全省金融发展大势，争当川南经济领头羊》的发言，从金融领域提出三点建议，得到市委、市政府主要领导的肯定。4. 民主监督。在开展对古蔺县华年村帮扶的同时做好民主监督，寓监督于帮扶之中，5月，市委会组织考核组到古蔺县二郎镇贫困村实施交叉考核检查。民革对口龙马潭区开展脱贫攻坚民主监督工作，4—6月，市委会分别到龙马潭区双加镇大冲头村、长安镇长春村，通过查阅资料、召开座谈会、随机抽取入户等方式进行督查，对督查过程中发现的问题形成书面建议报送市委。

【服务社会】 2017年，民革泸州市委会被民革中央授予“民革全国社会服务工作先进集体”荣誉称号。热心扶贫救困。开展敬老活动。做好招商引资工作。全年市委会聚焦泸州金融产业发展和自贸区建设，先后协调推动“加大内陆开放背景下的供应链金融研讨会”“助力白酒千亿产业研讨会”等全国性会议在泸州召开，持续扩大泸州的对外宣传；协助推动中信银行、民生银行到泸州落户；推动省金融工作局在泸州自贸区试点搭建数字化信息平台。

【促进祖国和平统一】 5月，组织机关干部赴台，围绕台湾地区和两岸关系历史、台湾名胜古迹和风土人情、台湾社会文化进行了学习考察。市委会利用中秋节、九九重阳节等传统节日活动，通报台情；加大对关爱抗战老兵的宣传工作，持续做好抢救收集老兵抗日文史资料、关爱抗战老兵工作。为泸州抗战老兵联系募集资金及物资价值30余万元。

【负责人】 中国国民党革命委员会泸州市委员会主委：刘旭晴（女）；副主委：熊丽（女）、何学军、宋远平。 （历建永）

中国民主同盟泸州市委员会

【组织建设】 2017年发展新盟员39人，平均年龄36岁，全市盟员总数达673人。新盟员中本科以上学历34人，其中博士1名，硕士9名，学士12名。在高校及中学发展盟员20名，科技医卫界发展盟员6名，继续保持界别优势。在机关发展6名有培养前途的年轻干部，在经济界发展3名。全年盟市委和基层组织推荐和组织盟员参加省市社会主义学院、清华大学、北京大学、中国人民大学、浙江大学、中山大学、厦门大学、广西大学等各级各类培训187人次。2017年，市直工委主委任晓雷当选为泸州市互联网+创新产业联盟理事长，并入选首批省级优秀创新创业导师人才库，盟员赵永康被选为泸州市首届“五老七贤”；纳溪区委员会主委赵永忠获“感动四川检察人物”荣誉称号，副主委张仁俊被表彰为“四川省会计工作先进个人”，支委彭仲芳被表彰为“全国维护妇女儿童权益先进个人”，还与龙马潭区委员会主委余占琴一并被表彰为“四川省三八红旗手”；水稻所支部主委谢戎培育的品种获国家品种保护授权，支委丁国祥被授予第四届“酒城英才”荣誉称号，并由副研究员晋升为研究员，支委徐富贤获1项国家发明专利；化院支部主委周文被中共泸州市委、市政府授予第七批学术和技术带头人荣誉称号；泸县委员会盟员赵贤菊被表彰为泸州市优秀教师，闫顺友被表彰为泸县优秀班主任；泸州二中支部主委王庆被评为“泸州市直属校优秀备课组长”，盟员李世贵被评为“泸州市直属校优秀班主任”；江阳区委员会盟员苏懿创办的企业获“四川省脱贫攻坚明星龙头企业”荣誉称号。西南医科大委员会盟员发表专业论文30余篇，参编专业书籍与医学规划教材6部，参与各级在研课题30余项，开展新技术、新项目15项。

【参政议政】 盟市委先后就市政府工作报告、酒城人才新政、教育高地建设、自贸区建设、智慧城市建设、脱贫攻坚、文明城市创建、建设现代化区域中心的决定等重大问题提出意见建议。在2017年的两会上，民盟市委提交集体提案8件和大会发言1篇，市政协委员33人共提交个人提案43件，市人大代表7人提交意见、建议7件。其中，《关于加快产业转型升级的建议》《关于加强我市地下管线综合建设管理的建议》被市政协列为重点提案，并获市委书记蒋辅义，副市长陈日、丁湘批示。盟市委参与《泸州市加快建设川滇黔渝结合部教育高地》课题调研，到各区县部分中小学和幼儿园开展实地调研，前往德阳、宜宾、贵州毕节、遵义和上海、苏州等地进行考察学习，并召开座谈会听取社会各界的意见与建议。承担民盟省委《四川自由贸易试验区建设》调研课题，盟市委主要领导参加到成都、厦门、福建的调研，通过研究形成《加快推进中国（四川）自由贸易试验区川南临港片区建设》的调研报告。围绕民盟中央2017年教育论坛打造《欠发达地区迈向基础教育现代化道路的探索与实践》《中小学书法教育师资匮乏及解决途径的探究》两个课题。针对民盟中央法治论坛论文要求，开展公民代理制度的改革等多个法治专题调研。盟市委社情民意报送至民盟省委126篇，市政协179篇。获全国政协、中央统战部分别采用1篇，民盟中央采用7篇，省政协采用19篇，省委统战部采用8篇，民盟省委采用79篇，市政协采用56篇，市政协专报7篇、转送1篇。其中，《建议调整完善农村危房改造政策使其更“接地气”》被全国政协采用并转送国务院有关部门，《实施“中国制造2025”离不开精细化的技工人才》被中央统战部采用，《建议减少和规范对基层的检查》获省委书记王东明重要批示。

【社会服务】　一年来，盟市委先后多次到2016年整村脱贫的对口扶贫村——古蔺县二郎镇雷家沟村，进村入户，为村集体产业发展、道路建设、农民增收等问题出计策、想办法。盟市委主委周亚琼为合江县福宝镇穆村贫困户协调养殖培训费2万元；协调落实水利、公路等修建经费和移动通信设施，带领市政协部分委员和泸州市中医院专家赴穆村开展扶贫义诊活动，送去医药咨询、物资等约1万元，同时对28户贫困户进行结对帮扶。盟市委副主委杜旭林带领林业专家、种养殖企业家、风投企业家等一行为叙永县震东镇普市村精准扶贫工作做出项目规划和论证。各基层组织定期不定期到结对帮扶贫困村开展精准扶贫工作，组织贫困户开展技术培训，争取产业发展贷款资金，利用各种活动和节日对贫困户开展走访慰问和送温暖活动。盟员苏懿创办的企业与台北企业签订古蔺县大寨苗家农旅融合项目合作协议。盟市委先后参与三次全市精准扶贫督导工作，入户300余家，形成督查报告，提出有针对性的建议报送中共泸州市委。各基层组织相继开展多种形式的支教行动。江阳区委员会持续开展“盟校合作”，向古蔺县大寨苗族乡中学捐赠了6000元助学资金，并组织该校校长、教师前往泸州七中城西校区和泸州七中佳德国际学校开展交流学习活动；与江阳区张坝街道办事处匠心社区签订社区服务合作协议，利用教育资源优势到社区免费开展家长培训、学生辅导工作。龙马潭区委员会带领盟员骨干教师走进叙永赤水河中学、凉山州普格民族中学上示范课、做讲座，还选送两所学校部分教师到龙马潭区城区学校跟班学习教育教学先进经验。泸县委员会到结对共建的奇峰镇春木小学开展多次慰问，邀请泸县实验学校教师开展“送教下乡”活动。纳溪区委员会持续开展“送法进校园”活动，为3个学校的青少年学生带去师生爱听的法制课。江阳区教育综合支部走进泸州市蓝田中学，为该校150余名初三年级学生开展“助力中考”心理健康专题讲座。市直工委主委任晓雷创办的黑马数码公司为叙永县江门镇高家村小学捐赠一套互联网多媒体设备，为龙马潭区部分学校的小学生们送去生动的创客课。与泸州金土地种业有限公司签订“盟金合作”协议以来，盟市委充分发挥水稻所支部的专业技术优势，帮助该公司开辟杂交高粱研发新领域，助力该公司进入“十三五”四川省高粱育种攻关项目，每年获上级部门10多万元的科研经费资助。2017年，盟员丁国祥团队选育的新品种金糯粱1号获四川省科技厅成果转化资金50万元。盟员徐富贤作为水稻产业体系首席专家，先后在泸州开展3次技术培训，培训各级农技人员、水稻种植大户及专合社骨干500余人次。纳溪区农业局支部到纳溪区天仙、丰乐、渠坝等乡镇开展“送农技下乡”活动，将农业生产技术送到田间地头，指导茶叶企业改进生产技术，引导农民发展果树创收致富，对家庭农场进行技术指导，促进生猪、林下鸡养殖业的发展，推广应用粮油生产防灾减灾和增产技术。

【对接工作】 经过盟市委和相关部门的努力，民盟中央副主席张平、龙庄伟原则同意把蒋兆和故居博物馆命名为中国民主同盟传统教育基地，同意为泸州与北京、上海等发达地区教育合作牵线搭桥。此外，在盟市委的对接邀请下，全国政协常委吴正德（民盟中央原副主席、全国政协常委、民盟四川省委原主委）到泸州为第八届市政协委员授课，并调研精准扶贫农产品企业。

【负责人】 中国民主同盟泸州市委员会主委：周亚琼（女）；副主委：杜旭林、黄修华、熊建辉；副主委兼秘书长：杨静喜。 （王珈英）

中国民主建国会泸州市委员会

【组织建设】 全年发展新会员26人，平均年龄39.3岁，大专以上学历占96.2%，中高级职称占50%，市、区（县）政协委员4名，企业中层以上11名。截至12月底，共有会员501名，平均年龄52.8岁，经济界会员389人，占77.64%，会员结构进一步优化，联系经济界的党派特色更加突出。推荐10名会员成功入选民建省委第九届专门委员会；选派78名会员参加民建中央、省委会和各级部门举办的多类培训。501名会员中有30人次获得各级各类表彰。民建市委会与民建益阳市委、民建龙马潭区基层委员会与民建阜阳市颍州区支部分别缔结为友好市委会和友好支部，达成跨省型组织建设、项目对接等多方面协议。

2017年12月30日，民建泸州市委主委、市政协副主席沈才洪（右一）为古蔺县二郎镇石榴村捐款

【参政议政】 在各级“两会”上，民建市委、区（县）基层组织和会员中的人大代表和政协委员共提交提案建议130件（其中市委会提交集体提案9件）。调研报告《大力培育赛事经济，增强泸州发展活力》被选作市政协八届一次会议大会发言，民建市委会集体提案《关于加强农村食品安全监管工作的建议》被确定为重点督办件，《加强我市港口物流业提档升级 为自贸区建设奠定良好基础的建议》被评为优秀集体提案。会员蓝松《关于进一步提升我市园区发展质效的建议》、会员白红《关于进一步整合城市资源、加大各部门停车协同管理的建议》被评为优秀个人提案。

【民主监督】 参加各种协商会、通报会、座谈会、征求意见会等40余次，表达意见和建议50多条（次），提出的部分意见建议被采纳。共有会员32人次担任市级、县（区）级相关部门各类特约、特邀人员，参与行风政风评议、阳光政务等工作。

【信息工作】 开展参政议政调研活动，形成调研报告10篇。坚持每季度发布信息社情民意课题指南，以强化业务培训等形式提升社情民意信息工作实效，全年收到会员撰写的信息和社情民意208条，被全国政协采用1条，民建中央、省政协采用5条，省委会采用26条，市政协采用26条。

【脱贫攻坚】 由民建市委主委牵头，多次到扶贫挂钩村古蔺县二郎镇石榴村蹲点督导扶贫攻坚事宜，帮助解决该村安全用水、用电改造以及基础设施建设，并指导该村新成立种养殖专业合作社和种植加工专业合作社，全年向石榴村捐款175799元。通过实地入户随机抽查、背靠背座谈等方式，做好党派脱贫攻坚民主监督工作，全年开展并参与民主监督3次，走访贫困户227户，提出意见建议14条。18名市政协委员参与市政协“我为‘脱贫攻坚’做件事”活动，改“输血式”扶贫为“造血式”扶贫。引导会员及会员企业通过设立精准扶贫教育基金、帮助贫困村发展产业等方式，汇聚爱心助推公益扶贫，全年捐款捐物221.64万元。

【社会服务】 争取时任民建中央副主席，全国政协常委、副秘书长宋海率队到泸州调研，并与市委书记蒋辅义会谈，就泸州产业发展、自贸区建设、脱贫攻坚以及面对大环境泸州如何把握和突出自身优势，加快建成“区域中心城市”提出科学中肯建议；协助市政协邀请民建四川省委主委、省政协副主席陈文华，民建省委副主委、省政协常委、副秘书长王元勇率队到泸州调研中国（四川）自贸试验区川南临港片区建设工作，实地了解川南临港片区发展现状，为自贸区发展把脉支招。加强外联聚才引智，主动邀请唐山、遵义、益阳、遂宁、自贡等地民建组织到泸州调研，收集关于泸州白酒产业、旅游产业、生态环境保护和城市建设管理等方面的意见建议；由民建省委牵线，邀请会员企业中农鸿笙控股（集团）就雄安新区产业转移项目到泸州进行商务考察，并在民建省委、民建泸州市委的带领下多次赴雄安新区、保定、石家庄等地招商对接，成效显著；纳溪区基层委员会牵桥搭线为区政府招引2个项目，计划总投资达66亿元；会员立足本职岗位、以商招商，共争取各级项目80余个，争取资金8.7亿元，招商引资8个项目，总金额达26.45亿元。

【负责人】 中国民主建国会泸州市委员会主委：沈才洪；副主委：谢华（女）、余静（女）、彭兵。

（胡　晔）

中国农工民主党泸州市委员会

【参政议政】 1. 中国农工党泸州市委开展协商视察，反映社情民意。参与市委、市政府、市人大、市政协针对泸州市重大决策的讨论协商。参与部门民主协商会、座谈会以及各类视察、学习、考察活动。2017年以来，基层组织向市县（区）党委、政府、政协报送社情民意信息78篇，市委会报送社情民意信息57篇。农工党中央采用《关于修改〈关于加强和改进机动车检验工作的意见〉中“车辆年检规定”的建议》等共2.5篇，省政协采用《关于放宽一级医院医保限制用药范围的建议》等4篇，农工党省委采用12.5篇。2. 强化专题调研，配合省委会开展“关于加强精准扶贫工作的建议”“沱江流域水环境综合治理情况研究”等专题调研。联合市食药监局开展“食品安全基层治理工作”专题调研。联合西南医科大学开展“加快我省医学教育改革、夯实医疗卫生服务供给侧结构性改革基础”专题调研，联合市环保局开展“关于我市环境监管存在的问题和建议”专题调研，为“健康中国”“美丽中国”建设建言献策。在市政协八届一次会议上，农工党泸州市委会提交《关于进一步加强全民预防保健工作的建议》等集体提案6件，党员中的市人大代表、市政协委员完成议（提）案和意见、建议26件。市委会在市政协八届一次会议上作题为《关于加快泸州区域中心城市建设的建议》的大会发言和《完善社区卫生服务体系 助推健康泸州统筹发展》的书面发言。《关于加快泸州区域中心城市建设的建议》被市政协评为重点提案，并获蒋辅义书记签批。3. 发挥党派优势，做好招才引智。全国政协副主席、农工党中央常务副主席刘晓峰到泸州出席“2017中国国际酒业博览会”。省政协副主席、省委主委王正荣先后4次到泸州指导健康扶贫、环境保护、文化旅游等工作。市委会以《外引内培 聚智聚才为泸州建设区域医疗健康中心提供人才支撑》为题，在全市统一战线人才工作座谈会上建言全市招才引智工作。

【组织建设】 1. 加强组织管理。成立医卫、教科文、人资环、经济与法律4个专委会，以及参政议政、组织宣传、社会服务、工会联谊4个工委会。2. 队伍发展。推荐8人次参加省级及以上统一战线系统培训；推荐20名入党积极分子参加市委统战部第13期民主党派入党积极分子培训班的学习；联合举办泸州市民主党派骨干成员培训班，组织5名党员参加广西大学继续教育学院培训班学习。依靠统战部、对口领域单位（部门）推荐人才。注重吸收部分公务员、年轻人才入党。2017年新发展党员平均年龄34.5岁，中上层人士16人，人口资源、生态环境领域党员4人。2名党员提任实职处级干部，6名党员提任实职科级干部。3. 基层建设。纳溪区支部委员会升格为基层委员会，下设医教支部委员会和综合支部委员会。泸县支部升格为支部委员会。批准西南医科大学支部委员会升格为基层委员会。4. 2017年12月，市委会被农工党中央评为“坚持和发展中国特色社会主义学习实践活动”优秀地市（县）级组织，纳溪区支部被评为优秀基层组织，龙马潭区支部主委刘正春被评为先进个人。《完善民主党派基层组织建设制度 切实推进基层协商民主制度建设》获农工党中央理论研究优秀论文二等奖。

【社会服务】 1. 聚焦脱贫攻坚。市委会6次赴叙永，2次到古蔺，6次到联系帮扶村，前往合江、泸县、江阳、贵州毕节、入农户、察民情，送温暖，真扶贫。落实民主监督，市委会组织1次，参与5次，走访4个县（区）12个村344家农户，形成督查报告4篇，发现问题26个，提出意见建议12条。农工党四川省委健康扶贫合江行活动，向合江县移交价值8470万元的医疗设备。扎实做好健康扶贫调查数据采集工作并提出建议报送农工党中央。资助对口帮扶村叙永县大石乡旺龙村修建群众服务中心、卫生站，投入使用。2017年11月成功通过验收，实现整村脱贫。2. 聚焦教育事业。开展“关爱留守儿童春风行动”“情系留守童心圆梦”校服捐赠等4次“同心筑梦”活动。“小城大爱 扶贫攻坚”帮扶特困儿童现场书画义卖活动引起广泛关注，共收到书画作品463件，现场成交356幅，筹得善款34.1万元，精准帮扶20名特困儿童，弘扬了社会正能量。3. 聚集医疗卫生。市委会、基层组织赴贵州毕节大方县羊场镇，凉山州普格县，叙永县大石乡凤凰场，纳溪区打古镇、永宁街道开展送医义诊活动5次，服务群众3000余人，捐赠药品价值2万余元，培训200余名医务人员。4. 法治宣传。江阳区支部开展“法照肝胆”千人计划讲堂系列活动，为市检察院、法院、公安、税务、交通、文化、旅游等系统，江阳区、龙马潭、纳溪区、合江县机关单位或乡镇等主讲预防职务犯罪9场，受众2000余人。纳溪区基层委员会2017年为机关、镇村干部、学校学生等宣讲法律54场，受众

3000 余人。5. 环境保护。农工党市委会联合市环保局等部门在江阳区开展“携手共建文明泸州 绿色青山美丽江阳”第十届环境与健康宣传周活动。基层农工组织开展“六·五世界环境日”绿色骑行活动、“保护濑溪河 从我做起”等宣传活动。

【负责人】 中国农工民主党泸州市委员会主委：何延政；副主委：卢赐恩、唐敏（女）、雷文彩。

（刘天明）

中国致公党泸州市委员会

【参政议政】 泸州市致公党员中有省人大代表 3 人，省政协委员 2 人；市级人大代表 9 人（常委 1 人），政协委员 24 人（常委 5 人）。2017 年省市两会提交提案、建议 73 件（其中集体提案 4 件）。致公党市委会作《关于加强我市特殊教育事业的建议》的书面发言。《关于改进农村低保执行的建议》被上报致公党中央作为全国两会选题之一。《关于加强社区矫正工作的建议》被列为省人大重点督办件，《关于加强泸州创新平台建设的建议》等得到媒体和有关部门的重视。整体推进强化参政合力。组织参政议政骨干围绕泸州市社区管理、涉农项目资金监管等调研建言。《关于实施生态农业的建议》列入省委会调研课题。市委会征集各支部调研课题 10 个。完善信息网络，关注民生反映民意，向有关方面报送信息 80 余条，《推进医养结合存在的问题及建议》被全国政协采用，35 条信息被市政协、省委会采用。25 人次参加市政协举办的参政议政工作培训。各基层组织纷纷开展参政议政、课题调研推进会。选派骨干参与脱贫攻坚检查培训，组织督查组对合江县脱贫攻坚工作开展督导。协助致公党江苏省委会代表致公党中央赴古蔺、叙永开展脱贫攻坚民主监督工作。参加致公党中央对口四川开展脱贫攻坚民主监督工作研讨会。

【致泸合作】 1. 4 月，经省委会协调，中国泰合集团向泸州市捐赠“致泸合作”产业扶贫资金 200 万元，支持叙永县水尾镇西溪村等 8 个贫困村脱贫致富。2. 对接工作。致公党市委会协调，争取致公党中央、致公党北京市委、致公党四川省委支持。2 月，邀请全国政协常委、致公党中央原副主席杨邦杰到泸州调研文化旅游发展情况，邀请致公党中央到泸州调研农村电商平台建设情况，争取政策支持。协调致公党南京市委到泸州开展医疗、教育帮扶，捐赠常用药 2 万余元，文具 3000 余元，开展手术带教和医学指导 20 余人次。3. 经过多次努力，争取到同仁堂 7 月 31 日至 8 月 1 日到泸州考察，推进医药项目合作。4. 经过致公党深圳市委、致公党泸州市委前期协调沟通，1 月，泸州市与深圳市部分智能终端企业在深圳市召开调研座谈会。深圳宝德科技公司、深南电路公司、帝晶光电科技公司等 8 家企业参与座谈会，部分企业与市投促局初步达成合作共识，深圳厂家网正在泸州开展项目前期工作。5. 9 月 13—16 日，由致公党四川省委举办的"致泸合作十百千"工程培训会在成都举行。泸州市 10 个社区、合江县法王寺村相关负责人、群众代表一共 22 人参加。2017 年，致公党泸州市委被致公党中央评为“社会服务工作先进集体”，刘诗琴、罗冠英、王开信被评为“社会服务工作先进个人”。

【组织建设】 选举产生 18 名代表参加 6 月 24—26 日在成都举行的致公党四川省第七次代表大会。马宗慧当选省委副主委，易彬、卢世伦当选省委委员，致公党市委会及基层支部在会上获得 8 项先进集体表彰，廖竞瑜等 17 人获先进个人称号。考察联系 26 人，对非公经济人士开展考察。

【宣传联谊】 全年向《团结报》《中国致公》、省委会、市委统战部报送宣传稿件 105 条，采用 61 条。春节期间向海外亲友发送贺卡、信件或电话联系 50 余次，邀请海外友人回国创业兴业，与德意志银行部门经理张云对接沟通。11 月 10—11 日，致公党中央组织英国、日本、澳大利亚等国海外侨胞在泸州召开海外侨胞与“一带一路”建设交流座谈会。市委书记蒋辅义，市委常委、副市长许先春会见考察团一行，来自近 20 个国家和地区的海外侨胞、市级相关部门及致公党基层组织相关负责人和企业家代表等 70 余人参加座谈，并考察四川自贸区川南临港片区和合江县法王寺镇法王寺村。

【人才引进】 1. 6 月 21—23 日，市委会组队参加致公党江苏省委举办的“引凤工程”南京站活动，与来自美国加州大学、英国牛津大学、德国慕尼黑工业大学的 72 名海外博士、博士后一起交流，宣传泸州人才新政。2. 致公党泸州市委协调中关村加一战略新兴产业人才发展中心与泸职院达成战略合作协议。直属支部党员贺军作为国家级众创空间菁泸汇众创空间创始人之一先后赴叙永、古蔺等地为当地的创客和职业学校学生进行创新创业培训，并为泸州高中的学子们作“创新，不必等到我长大”的主题演讲。

【精准脱贫】 为帮扶村叙永县麻城乡寨和村协调落实村委会阵地建设资金 50 万元；协调 25 万元为该村设立社区基金，帮助群众产业发展；协调 3 万元为该村和古蔺双沙镇万寿村特困户购买仔猪、饲料和生活用品；协调致公党南京市委到村上开展教育帮扶，捐赠文具价值 3000 余元，认领学生 30 名。协助省委会在纳溪天仙镇举办致公圆梦大讲堂“致泸合作”十百千技能培训班，160 余名群众参加培训。江阳支部、龙马潭总支、直属支部多次开展助学活动，泸县支部开展养殖扶贫、失地农民素质提升等培训，教育支部开展送教下乡活动，西南医科大学支部到泸县清平社区进行健康讲座、义诊、送医送药上门服务。培训 200 余人，义诊 40 余人，协调和捐赠物资价值近 10 万元。

【负责人】 中国致公党泸州市委员会主委：马宗慧（女）；副主委：张永志、卢世伦、叶勇。

（李　力）

九三学社泸州市委员会

【概况】 九三学社泸州市委（简称社市委）有 2 个基层委员会、18 个支社，2017 年新发展 40 名成员，社员总数达 560 人，平均年龄 52 岁，其中离退休人员 187 人，占 33.39%；高级职称 268 人，占 47.86%。获社中央 2013—2017 年度参政议政先进集体，获社省委社会服务、机关建设、宣传工作、参政议政等先进集体，获社省委信息工作二等奖（第二名）。

【组织建设】 1. 支社联谊不断加强，凝聚力更强。长起支社、四支社、机关支社召开以“记忆中的长江三厂”为主题的座谈会。西南医科大学基层委和泸县支社联合到兆雅镇开展以社区卫生调研和义诊为主题的公益性活动。多个支社联合开展主题教育活动。纳溪基层委和机关支社联合到纳溪棉花坡开展以爱国主义教育为主题的支社活动。2. 组织、选派骨干成员参加各种学习培训和学习交流活动。社市委组织召开骨干社员培训会，选派社员外培学习，共组织 21 位社员参加泸州市民主党派第三期骨干成员在广西大学的培训班、省委统战部第 37 期党外干部班、泸州市党外年轻干部培训班的学习。3. 在基层组织间开展创优争先活动和主题活动。表彰 2016 年度“五比五看”活动先进集体 9 个、优秀社员 15 人、优秀社务工作者 15 人和 12 名参政议政先进个人。4. 组织开展第 107 个“三八”妇女节、重阳节活动、体育比赛活动和喜迎十九大知识竞赛活动等丰富多彩的活动。5. 成立“九三泸州市委青年工作委员会”，进一步创新活动形式，通过青年论坛、课题调研等充分发挥青年社员作用。6. 开展两省四市开展社会服务义诊和经验交流。九三学社贵州省毕节市、赤水市，四川省资阳市、泸州市等联合在贵州赤水市开展以“携手共进·共谋发展”为主题的大型义诊和科技咨询活动，到黔北天台镇凤凰村开展农旅融合发展调研，学习借鉴新农旅融合发展模式、产业结构调整方式。先后与九三学社自贡等市委开展多种形式的学习交流活动。

【参政议政】 1. 在市“两会”期间，在市政协八届一次会议上作《关于推进我市乡村污水治理的建议》的书面发言，提交《关于加快泸州现代有轨电车建设的建议》等6件集体提案，其中《关于加快泸州现代有轨电车建设的建议》《关于加快推进行政区划调整的建议》等2篇重点提案被蒋辅义书记批示并转化落实。社员中的市人大代表、政协委员提交37件议案（提案）；省两会期间，省人大代表、政协委员提交2件提案或建议。多件提案得到重视和采纳：“珍爱工业遗产留住历史记忆”提案得以转化为“税西恒水电博物馆项目”规划上报；对“整合旅游资源，打造一流旅游目的地”的提案，市政府高度重视，委托专业团队编制完成《泸州市全域旅游发展战略实施方案》，将旅游产业作为支柱产业予以打造，旅游产业发展迈出新步伐。2. 开展课题调研申报工作。开展联合调研，协同相关部门及基层组织共同开展联合课题调研。2017年向社省委申报3篇调研课题，其中《关于落实产业化精准扶贫的策略研究》被立项。收到社员申报课题10余篇，其中《关于进一步夯实我市乡镇卫生队伍建设的建议》《泸州市“参与型”城郊旅游模式的探索和研究》等5篇获社市委立项。3. 2017年收到社情民意信息90余篇，编辑上报72篇，被社中央、省政协、省委统战部、社省委采用部分稿件。

【社会服务】 1. 开展“三下乡”活动。组织医疗卫生、农业、法律、书法等方面的专家到江阳区丹林镇为广大群众义诊、书写春联、法律和农业科技咨询，为群众测血压、把脉问诊、讲解健康保健知识。2. 组织开展科普“三进”活动。组织两支社农业专家到泸州绿苑农林公司开展甜橙种苗和产业基地调研指导、提供无偿服务。在况场镇开展科普活动、义诊活动，举办科普健康知识讲座。市四支社联合九三学社西南医科大学专家教授到古蔺开展疾病筛查、常规体检、医学诊断等义诊活动及农业技术指导等活动。龙马潭区支社邀请泸州老窖电子商务公司B2B事业部到魏园村进行农产品电商平台帮扶。西南医科大学三支社专家团队赴大立社区举办“健康课堂”暨义诊活动，并作了“关注疼痛、提高生活质量”健康课堂讲座。3. 参与公益事业。参加泸州市肢残人协会2016助残“暖冬行动”启动仪式，向生活困难的残疾人、贫困残疾人学员发放慰问金和爱心书包。4. 开展“六一”捐资助学活动。社市委慰问古蔺石屏镇茅坝村小的师生，支助5000元学习用品和2000元的助学金。龙马潭区支社到特兴镇魏园村开展“六一”儿童节慰问活动，捐助书包和慰问金。5. 开展爱心图书捐赠活动。社市委、泸州市作家协会、四川天平资产评估事务所联合在合江县神臂城镇中心小学开展“爱心图书捐赠”活动。捐赠价值5.5万元图书和10000元奖学金捐款。6. 开展第29届“国际科学与和平周”活动。在古蔺马蹄镇中心校开展以“传播卫生知识、促进全民健康”为主题的第29届“国际科学与和平周”活动启动仪式。组织九三学社西南医科大学专家教授到马蹄镇中小学幼儿园、马蹄镇卫生院，叙永县水潦乡中心校、卫生院等地为学生和群众开展医学体检、彩超检查、疾病筛查、常规体检、医学诊断、卫生知识宣传等，活动共义诊群众500多人，体检筛查2510名学生，发放医学宣传资料1000余份。7. 开展定点合作。社市委、泸县支社持续开展与兆雅镇“雅龙水稻专合社”帮扶，助其依靠科技开展农业产业化和适度规模经营，实现带领农民致富增收目标。“双创”工作成绩斐然，九三成员投身“双创”工作，成员单位成功创办为国家级“创客空间”2个，省级“创客空间”2个。参加泸州创文工作和依法治市活动。

【脱贫工作】 1. 提前规划，做好产业扶贫项目。年初到茅坝村进行产业规划，通过实地查看，专家论证，将花椒种植作为茅坝村致富的特色产业，并提供技术指导、解决花椒苗费用1万余元、建立花椒种植示范基地，完成2017年村规划种植花椒20亩，惠及贫困户105户。2. 为茅坝村10户贫困户送去大米、食用油及救助慰问金。3. 组织市畜牧、农业方面的专家到茅坝村举办“畜牧养殖和疾病防治”“农业科学种植”等知识讲座，为茅坝村农业种养殖业进行近期和远期规划。4. 为茅坝村争取太阳能光伏提灌站项目，解决该村用水用电问题。5. 开展民主党派扶贫攻坚民主监督工作和检查工作。九三学社脱贫攻坚民主监督工作组赴古蔺县开展为期3天的脱贫攻坚民主监督工作。到古蔺、叙永、合江开展交叉检查和脱贫督导工作。6. 开展“同心树人”活动。开展跨省教育扶贫，社市委助成贵州威宁县羊街中学10余名教师到泸州老窖天府中学和泸州七中学习教育教学管理经验。

【对接工作】 争取社中央副主席、农业部副部长张桃林到泸州调研江阳区国家级现代农业示范区（董允坝现代农业示范区）和纳溪区种养循环治理面源污染示范基地。社市委开展对接相关工作，主动对接社中央、社省委、社重庆市委开展追寻先贤税西恒生平事迹调研活动及洞窝水电工业遗址保护利用等工作；配合相关部门、推动泸州税西恒水电博物馆申报九三学社全国传统教育基地，开展税西恒人物传研究。先后到科技部汇报工作，争取泸州创建国家农业科技园区。成功与澳大利亚巴罗莎市议会、广东自贸区广州南沙新区片区等地签订9份战略合作框架协议或合作备忘录；成功引进四川东辉博瑞影视文化传播有限公司、泸州远丰汽车销售股份有限公司2个投资1000万元企业入驻泸州；争取《泸香型白酒新、老酒变化趋势及窖泥风味成分研究（省院省校重点）》等4个科研项目资金110万元。

【负责人】 九三学社泸州市委员会主委：李作孝；副主委：罗素平（女）、刘先赋、张新利、秘书长：吴源。 （吴　源）

社会团体

泸州市总工会

【思想引领】 1. 学习贯彻宣传中共十九大精神。组织各级工会通过集中观看直播、党组会议、中心组学习、机关职工会等形式，学习领会十九大会议精神，尤其是习近平新时代中国特色社会主义思想。邀请知名专家学者开展十九大专题理论辅导，依托门户网站、微信、微博等平台动态反映全市各地工会学习宣传贯彻十九大精神的具体举措和感悟体会，迅速掀起学习贯彻十九大精神的热潮。市总工会制发《泸州工会系统深入学习贯彻党的十九大精神的实施方案》，在全市工会系统分层次、多形式、全覆盖开展学习宣传活动20余次。开展“中国梦·劳动美——喜迎党的十九大”主题宣传教育活动，组织职工微电影大赛、“网聚职工正能量”、正风肃纪文艺演出等活动，参与职工5万多人。2. 制度化常态化推进“两学一做”。将“两学一做”与重点工作、解决职工问题、基层组织建设、党员素质提升结合起来，制度化常态化推进。通过党组织主要负责人讲党课、专题辅导报告、个人自学等形式，引导全市工会干部牢固树立“四个意识”，增强“四个自信”，争做“四讲四有”合格党员。市总工会创新开展“党员微讲堂”活动，每周五下午安排半天“讲堂时间”，从领导班子成员到中层干部，再到普通职工，轮流上台讲授自己负责的工作，讲内容、析重点、找问题、谈打算，通过“人人做老师，个个当学生”的方式，推动机关干部“被动灌输式”学习向“主动思考型”学习转变。3. 大力弘扬劳动精神和社会主义核心价值观。加强对工会门户网站、微信、微博、各类出版物的监督管理，把握各级工会正确宣传导向。大力宣传工会工作成就和典型经验，省级以上主流媒体用稿163篇，市级主流媒体用稿79篇。开展社会主义核心价值观巡讲20场

2017年泸州市“五一”劳动奖章获得者

次，宣传职工1.2万多名。开展送文化进企业21场，弘扬职工职业道德，覆盖企业420余家职工2.8万名。

【组织体系建设】 1. 全市新建工会组织100多个，工会组织达8251个，吸纳工会会员85.2万人。健全向工作难度大区域派驻工会主席和工委会、经审会、女工委员会同步选举等制度，全市“双亮”工程实施面达85%，“六有”建设面达70%以上。指导12个市属基层工会按期换届。加强工会会员实名制管理工作，全市完成会员录入近30万人。2. 经费保障加强。补助基层工会工作经费1300多万元，其中市总工会划拨经费112.75万元，专项用于补助乡镇（街道）、开发区（产业园区）工会工作经费。向上争取到项目经费1961万元，帮助县区“三中心”、基层工会职工书屋等阵地建设。3. 队伍建设加强。举办素质提升培训班8期、培训工会干部400余人，选送57名工会干部参加省总干校、清华大学远程教育等培训班。全市77社会化专职工会干部全部列入省总经费保障范畴、新列入40多人。

【维护维权】 1. 参与《职业病防治规划（2017—2020）》《“健康泸州2030”规划纲要》等政策的制定。推动做实政府和群团联席会议、劳动关系三方协调会议等机制，完善部门联动维权机制。扎实开展“七五”普法宣传教育，参与职工50万人次。大力推进“两书”制度，发出劳动法律监督意见书、建议书13份和5份。2. 维权力度加大。整合法律援助经费80万元，调整充实职工维权法律顾问团，为一线职工提供法律咨询3万多次，办理职工维权案件358件，涉案金额1535万元。推进企业工资集体协商，配备市、县区两级集体协商专职指导员32名，签订工资专项集体合同5781份，2个单位被命名为全省首批集体协商示范单位。3. 职工队伍保持和谐稳定。制发《泸州市总工会网络舆情监控处置管理办法》《泸州市总工会关于突发公共事件信息发布和舆论引导的实施方案》，回复省上反馈涉泸舆情10期，全市没有出现涉及劳动关系方面的大规模群体性事件。

【关心关爱】 1. 建立联系机制。探索建立以常委联系委员、委员联系职工代表、职工代表联系职工、工会干部定期蹲点调研为主要内容的联系蹲点制度。2017年，市县（区）两级总工会86名常委联系工会委员226名，进一步联系职工代表1000多名、一线职工5000余名，帮助基层解决一批困难和问题，架通工会干部与职工之间的“连心桥”。2. 加强困难帮扶。投入资金1458万元，实施帮扶项目38个，走访慰问职工6万多人次，资助2150名家庭困难职工子女上学，为5500多名职工提供就业帮助，帮助1047户职工成功脱困。参与供给侧改革涉及困难职工的帮扶，为古叙煤田、泸天化等困难职工提供了职工安置和转

2017年10月26日，泸州市总工会送文化到泸县企业

岗技能培训服务。深化职工医疗互助保障活动，为16951名职工办理了职工医疗互助保险参续保手续，办理赔付服务1121人次、赔付金额153万元。投入资金15万元，建设职工心灵驿站项目3个，妈咪宝贝屋项目8个，“职工红丝带”防艾宣传项目1个。3. 推进普惠服务。在全省第一批启动工会普惠性服务，与泸州邮政、泸州邮政银行签订合作框架协议，规划“54321”服务项目，发放普惠性服务会员卡3.03万张，服务职工9000多人次。

【服务发展】 1. 经济技术活动。围绕市委、市政府“产业创新发展年”工作主题，举办十二届职工创业创新技能大赛，开展农电岗位、中式烹调、建筑砌筑工等16个工种比赛，全市规模以上企业参与面达90%以上，参与职工14万人次，是近5年职工技能大赛中赛事类别、工种、参赛人数最多的一次。按照“六比六赛”要求，在产业项目、基础设施项目、社会事业项目等领域，组织开展重点工程劳动竞赛，切实锤炼重点项目管理水平。主动参与区域劳动竞赛，承办川南四市公交车长技能大赛，选派3名教师参加全省第四届青年教师教学竞赛，1人获数学组第一名。2. 开展职工“三个十万行动”，组织职工技能培训、技术比赛、技术交流、岗位练兵等活动，实现职工技术培训2.88万人次，参与练兵职工12万人次，85名职工通过技能培训、劳动竞赛等获得晋级职业资格。扎实推进职工教育培训示范点、职工书屋示范点建设，新增省级职工教育培训示范点1个、省级工会职工书屋示范点1家、省级职工（农民工）文化驿站2家，新命名市级职工书屋示范点5家。广泛开展全市职工读书、摄影、微电影、羽毛球、游泳、网球等文化体育活动，参与职工30万人次。3. 发挥劳模示范作用。大力弘扬劳模精神、劳动精神和工人阶级伟大品格，新命名市级五一劳动奖状（奖章）各10个、工人先锋号20个，全市2人获评全国五一劳动奖章、4人获评全省五一劳动奖章，4人入围四川工匠提名、2人评为四川工匠。组织103名市级以上劳模赴省外疗养，选送15名省部级以上劳模参加省总、全总组织的劳模疗养活动；市级以上劳模春节慰问金发放实现全覆盖，省部级以上劳模免费体检实现全覆盖。强化劳模管理，4人因涉及违法违纪行为被取消劳模资格或待遇。4. “文明泸州”职工志愿服务项目被评为2017年度四川省十佳志愿服务项目。

【“公转”工作】 1. 安全生产群众监督。组织1408个单位开展“安康杯”竞赛活动，参与职工15.25万人。在生产一线设立群监员1600多人，发现安全隐患183个，并及时督促整改。市县两级总工会聘请专家到83个企业开展安全诊断，排查解决安全生产隐患76个。开展近3个月的高温天气劳动保护监督检查工作，检查高温企业832家，覆盖职工近5万人。参与安全事故调查处理7起。建成全省首个安全生产群众网络监管平台和全省首个劳模安全技术创新工作室。2. 脱贫攻坚。牵头制发《泸州市群团组织助力脱贫攻坚工作方案》，在脱贫攻坚一线广泛开展劳动竞赛，选树五一劳动奖状表扬对象8个、五一劳动奖章表扬对象8名。3. 创新创业。组织合理化建议活动，企业参与面达80%以上，全市职工提合理化建议32000多条、实施率达32%。开展“工会就业援助月”活动，举办招聘活动8场，达成就业意向6000多人次。投入资金100万元，为1148名困难职工进行创业培训，为77名困难职工提供创业帮扶资金。实施民生工程，帮助就业困难人员再就业1086人。4. 全国文明城市创建。发动职工志愿者7万人次，扎实开展文明劝导、“三无院落”整治等工作。

【改革创新】 1. 制定出台改革方案。《泸州市总工会改革方案》正式印发实施。2. 落实企事业单位民主管理改革任务。落实《泸州市创新企事业单位民主管理制度改革方案》，加强与人社局、国资委等部门协同配合，督促企业依法落实和规范运作以职代会为基本形式的企业民主管理制度，全市公有制企业厂务公开民主管理建制率达100%，非公有制企业建制率达90.1%；全市获评全国厂务公开民主管理先进单位1家、省级厂务公开民主管理先进单位3家、省级职工民主管理示范单位5个。3. 牵头推进乡镇（街道）群团工作中心建设。推动全市乡镇（街道）群团工作中心实现全域覆盖，做到有钱办事、有人办事、有地方办事，有效破解了基层“三无”困境。乡镇（街道）群团工作中心全年开展集中活动700余次、直接服务群众数十万人次、解决实际问题3200余个。4. 改进工作作风。建立联系蹲点等密切联系群众制度，明确市总工会职代会的基层一线人员比例调整到60%以上，领导班子设置兼职领导1—3名，促进更多群众参与决策。

【负责人】 泸州市总工会主席：刘云；党组书记、常务副主席：张正平；副主席：邵怡（女）、郑智；经审会主任：汪国莉（女）；机关党委书记：赵蜀兰（女）。（龙　潜）

共青团泸州市委员会

【理想信念教育】 1. 深化“我的中国梦”主题教育活动。开展“与人生对话”“14岁集体生日”“18岁成人仪式”“红领巾相约中国梦——城乡手拉手”等活动，开展各类主题教育活动近1000场，覆盖青少年30万余人。2. 开展“学党史、知党情、跟党走”系列活动。广泛开展学习雷锋活动、“红领巾心向党”活动、“喜迎十九大——我向习爷爷说句心里话”主题教育活动2000余场次，参与学生近60万人次。3. 大力实施“青年马克思主义者”培养工程。在全市各高校举办“做新时期青马人”培训会，通过听取专家报告、交流研讨和实践锻炼。全年共开展报告会23场，培养大学生骨干1000余人。4. 全面深化培育和践行社会主义核心价值观活动。在全市各学校开展“诵读中华经典 美丽我的酒城”全民阅读系列活动、“共创文明城市 争做文明少年”泸州少年儿童广场系列活动、“我为核心价值观代言”活动等社会主义核心价值观主题教育活动900余场。5. 学习宣传贯彻中共十九大精神。按照“全面覆盖、统筹推进、示范引领、纵横延伸”的总体思路，通过团干部带头讲团课、团员讨论、撰写心得体会等形式，把学习中共十九大精神与“三会两制一课”结合起来开展，融入学习研讨、主题团日活动、专题组织生活会。

【服务中心】 1. 文明城市创建。将助力文明城市创建作为共青团服务党政的重要抓手，整合泸州市青年志愿者协会、创文青年突击队、各级团委力量，参与文明城市创建。全年发动青年志愿者参与包保社区迎检活动5万余人次，协调解决社区棘手问题3600余个，制作各类公益广告1万余张，参与入户宣传3万余户，发放宣传资料5万余份，劝导各种不文明行为3000余次。2. 脱贫攻坚。与四川唯一得到淘宝大学授权的中爱电商学院合作，在全省率先建立泸州市脱贫攻坚青年电商培训学校（基地），免费为贫困青年提供专业电商培训教学。举办培训班4期，实践指导培训班31期，培训1618人。与泸州市益康富硒生态牧业有限公司合作开发基于微信的“泸州市扶贫农产品电商平台”，在该平台每卖出一样产品，益康公司将为市团委“汇青春 智扶贫”系列活动捐赠一元公益金；与泸州美琪教育集团、泸贵高速公司、四川联发天然气公司等联系沟通，为泸州市贫困县贫困村小定向捐赠物资约12万元。发起“让泸州山娃温暖过冬”冲锋衣校服众筹项目，募集566448元善款，惠及50所乡村校点

5000余名学生。推动“流动青少年宫”服务下沉到基层，共开展活动14场，覆盖基层15个贫困村，帮扶对象享受经费139482元。3. 安全生产。在全市安全生产月启动仪式上，表彰获得2016年度泸州市青年安全生产示范岗的单位，启动2017年度泸州市青年安全生产示范岗创建工作，四川天华股份有限公司合成车间、泸州鑫福化工有限公司离子膜烧碱生产车间DCS控制室成功被评为“全国青年安全生产示范岗”。在“六一”期间，成功举办“红领巾飞扬·小伙伴成长”2017年泸州市“安全生产月”系列活动暨庆六一游园活动，活动参与人数达1万余名。4. 招商引资。主动向团中央汇报争取，功承办中青企协泸州行活动，达成意向投资项目8个。会同龙马潭区政府、自贸区管委会联合制定招商引资工作实施方案，依托中国青年企业家协会，先后在市级领导的带领下赴北京对部分中国青年企业家开展“一对一”联系招商，通过上门拜访中青企协会员单位、召开招商推介会等方式，招引更多大项目、好项目入驻泸州。

2017年8月，泸州市获第四届“创青春”四川青年创新创业大赛一、二、三等奖和优秀组织奖

【青年成长成才】 1. 青年就业创业。依托园区、孵化器、创业协会等建立8个青年创业园基地，组织开展“青春创业大讲堂”、创业主题沙龙等分享交流活动30场。建立贷款规模达3000万元的泸州青年创客小额贷款项目（简称LYL），通过预审、实地面试、专家评审，扶持创业青年36人，推荐发放贷款520万元。选拔42人组建志愿者导师团队，为创业项目配备创业导师。2. 留守学生关爱工作。依托留守学生之家、童伴之家、未成年人心理成长中心等关爱阵地，开展“童伴计划”“春柳计划”“学业1+1教育关爱活动”等留守学生关爱项目。全年投入资金近100万元，开展各类关爱活动100余场次，参与志愿者3000余人次，受益留守儿童达1万余人。3. 网上共青团工作。常态化抓好“青年之声”工作，线上实时收集和回复青年意见，线下开展相关实地服务活动。截至年底，平台提问数46731条，回复数40630条，点赞数66399次，专家数572。推动“青年之家云平台”推广与建设，建成投入使用“青年之家”21个。开展了“1+100”团干部直接联系青年集中服务月活动，在春节前后组织团员青年参与春运志愿服务活动。4. 青少年权益维护。利用六一儿童节等重要时间节点，开展团干部走访、法制进校园、情景剧展演、禁毒宣传活动、青少年维权团体课、征文活动等青少年权益维护活动80余场次，参与志愿者440余人次，惠及重点青少年群体8000余人次。充分发挥泸州市未成年人心理成长中心12355青少年服务台作用，共接听热线300个，开展团体心理辅导活动20余

次，心理教师培训6次，服务近8000人。争取财政资金300余万元，大力实施大学生志愿服务西部计划泸州“小桂花”精准扶贫专项。5. 典型宣树工作。充分发挥典型的示范带动作用，成功推报团中央2016年度“两红两优”先进集体和个人4个，省级2016年度“两红两优”先进集体和个人47个，表彰市级2016年度“两红两优”先进集体和个人54个。向团省委汇报争取，追授泸州英雄民警蔡松松“四川青年五四奖章”荣誉称号；表彰市级“五四青年奖章”集体和个人16个。

【共青团泸州市委第八次团代会召开】 12月25—26日，共青团泸州市委第八次代表大会在南苑会议中心隆重召开，市委书记蒋辅义，市委副书记、市长刘强，市人大常委会主任曹建国、市政协主席田亚东等领导出席大会，团省委副书记任世强到会祝贺，来自全市各级团组织代表256人参加大会。第八次团代会以“不忘初心砥砺前行　担当实干奋发有为”为主题。

【负责人】 共青团泸州市委员会书记：卢启刚；副书记：毛莉平（女、2月止）、刘洋麟、刘波（女、3月起）、石惠（女、12月起）；蒋凌燕（女、2月止）。（曾依慧）

泸州市妇女联合会

【项目建设】 围绕“决胜全面小康，建成区域中心”战略，做好“项目投资攻坚年”及“六个突破”相关工作。争取中国妇基会、省发改委、省妇联等上级项目资金346万元，超额35万元，完成目标任务的111%，其中“古蔺苗乡织女园”100万省级妇女居家灵活就业项目落户古蔺大寨乡。争取财政资金140万，打造市级妇女儿童之家（家长学校）示范点35个，改善妇女儿童发展环境，提升妇女儿童获得感、幸福感。争取市福利彩票公益金资助关爱农村留守儿童项目10万元，关爱农村留守困难儿童200人。投入资金34万，发布实施泸州市妇女儿童项目16个。

【巾帼脱贫】 举办农村贫困妇女就业招聘会12场，新建市级妇女居家灵活就业示范基地3个、巾帼脱贫示范基地10个，带动贫困妇女就业1421人。实施关爱农村留守妇女儿童和星级家庭评选工作，召开全市妇联组织助力脱贫攻坚暨巾帼脱贫现场会，评选星级家庭5万余户。各级妇联举办家政服务、手工制作、农村实用技术等培训122期，培训总人数达6000余人。实施省级项目“精彩人生女性终身学习计划”，依托“女性享学吧”和“妇女之家”平台，线上注册女性学员3000余名，线下开展知识技能培训。通过“基础培训+个性化定制”，新培育巾帼致富带头人62名。依托“城乡妇女岗位建功”活动，组织广大妇女巾帼创新功、岗位争优秀，创建全国巾帼建功先进集体1个、巾帼建功标兵1名、巾帼文明岗3个；省级巾帼文明岗4个、巾帼建功标兵4人。

【家庭建设】 “三八节”期间，举办以“传承家风 润泽酒城”为主题的泸州市纪念“三八”国际劳动妇女节107周年暨家庭才艺展示活动，表扬妇联系统先进集体37个、先进个人46名。联合市纪委、市委宣传部、市文明办、市文联举办以“树清廉家风·晒最美家庭·创文明城市”为主题的泸州市“最美家庭”表扬暨家庭文化作品展，评选出市级最美家庭100户，其中创建全国最美家庭1户、省级最美家庭3户。在农村广泛开展星级家庭创建，全市评选星级家庭5万余户，其中五星级家庭988户。开展健康家庭建设，全市评选出健康家庭500户。联合市教育局等8部门出台《泸州市关于指导推进家庭教育的五年规划（2016—2020年）》，组织开展家庭教育沙龙，泸州市心源社会工作中心承接的“书香满家 亲子阅读”项目在全省作交流发言。

【巾帼维权】 成立泸州市维护妇女儿童权益基地，设立反家暴联络中心，开通妇女儿童维权案件“快立、快审、快结、快执”绿色通道。落实《关于做好婚姻家庭纠纷预防化解工作的意见》，联合印发《关于进一步明确在婚姻家庭纠纷调解工作中职责的意见》《关于建立家事案件协作机制备忘录》《关于进一步加强妇女儿童法律援助工作的意见》等文件，在区县成立婚姻家庭纠纷专业化人民调解委员会，在乡镇（街道）、村（社区）建立婚姻家庭纠纷组织。江阳区“爱在家庭”婚姻家庭纠纷调解模式在全省信访婚调工作者培训会交流，纳溪区妇联维护妇女儿童合法权益典型案例获得省妇联、省女法官协会、省女检察官协会、省律师协会联合开展的第二届四川省维护妇女儿童权益十大优秀案例。邀请市巾帼维权女律师团成员在全市开展普法巡回讲座 2987 场，聆听群众达 9 万余人，发放宣传资料 10 万份。

【妇联改革】 制订《泸州市妇联改革方案》，提出 17 项主要改革举措。加强对区县妇联改革的指导，加快推进乡镇（街道）妇联组织区域化建设，与市委组织部联合印发《关于全面加快推进乡镇（街道）妇联区域化建设实施意见》。在全面完成村（社区）“会改联”工作的基础上，抓实巩固提升、建章立制、长效发挥，充分调动“会改联”后兼职副主席、执委等妇女骨干的积极性、主动性。省级课题《新形势下妇联组织形态创新研究》顺利结题，以课题成果纵深推进基层妇联改革。孵化培育服务妇女、儿童和家庭的社会组织，泸州社工协会、心源社会工作中心纳入四川省妇女儿童社会组织联盟成员单位。

【队伍建设】 组织泸州市妇联系统“巾帼心向党 建功新时代”学习贯彻中共十九大精神宣讲会，到天仙镇等宣讲十九大精神，在妇联新媒体上开设十九大宣传专栏。推进“两学一做”制度化常态化，开展“脱贫攻坚 情系红光”“支部结对子 党员手拉手”“重温入党誓词”等主题党日活动，拍摄妇联系统党员电视教育片《英雄村的党员先锋 巾帼致富领路人》、泸州首部女性公益宣传片《她时代 更精彩》。联合复旦大学举办泸州卓越女性培训班，推荐妇联干部参加北京大学、清华大学、省妇联等各类培训 100 余场次，向省妇联和市委组织部推荐优秀女干部 40 名。成立市级机关女干部合唱团，打造泸州女干部文化艺术交流品牌。

【负责人】 泸州市妇女联合会主席：刘瑶（女）；副主席：刘斌（女）、蒋凌燕（女、4 月起）；纪检组组长：郭家莲（女、11 月止）。

（李亚平）

泸州市科学技术协会

【“创新驱动”战略】 1. 建设院士专家工作站，引进高端人才。新建院士（专家）工作站 6 家，泸州老窖集团院士专家工作站和泸州北方公司院士专家工作站，入选全国 100 个“2017 年示范院士专家工作站”。2. 服务企业科技信息推广应用。全市 224 家企业注册登记使用专利信息库。高新区、泸州北方化学工业有限公司等举办专利信息推广应用专利工程师培训，有 40 多家企业负责科技、知识产权工作的领导和项目负责人等共 106 人参加培训。

【农业产业发展服务】 精心培育和打造科普惠农精准扶贫项目品牌，争取到国家基层科普行动计划资金 160 万元，申报备案实施项目 13 个；省基层科普行动计划项目奖补资金 92 万元，获奖项目10个；省科普项目专项经费110万元，申报项目8个；省科普专项扶贫资金合江县回洞桥村20万元，叙永西溪村20万元；中国科技馆支持古蔺县黄荆镇中心小学建校园科技馆，科技馆展品价值30万元。实施省乡土人才创新创业大赛奖补项目5个，获得项目奖补资金4.9万元。全国“科技助力精准扶贫工程”选送4个项目参加中国科协“支持科技组织和科技专家为贫困地区提供精准科技服务项目”遴选。报送合江荔枝集约化生产和保鲜技术示范与推广参加“全国科技助力精准扶贫科技服务项目”遴选。加大实施市级科普示范项目的投入并向贫困地县区倾斜。投入112万元实施“市级基层科普行动计划”，创建奖补科普示范村（社区）14个、农技协8个、科普示范基地6个；投入15万元支持县区科普资源开发项目；投入17万元实施“银会合作”贷款贴息，向农技协、农村科普带头人累计发放贷款2434笔、7265.75万元；投入60万元实施“科普中国e站建设”，建设24个。支持“农技协+互联网”发展模式。支持鼓励农技协、科普示范基地建立协会网站，发展农村电商，全市建农村电商服务站7个。

【精准扶贫】 1. 动员科技组织和专家投身脱贫攻坚。2017年支持建设农技协联合会2个，农技协20个，截至年底，全市有农技协481个，其中在民政局登记162个。农技协组织和服务在贫困县实现全覆盖。针对获科普资金支持的农技协、基地、村、农村创新创业团队等科协组织，在奖补资金使用上，明确把帮扶贫困户作为硬性指标，列入资金使用预算。2017年，通过实施省科协“千会千村联万户工程”，全市会村结对数61个，联系户数1200户，全市参与科技扶贫科技专家114名，全市助力建档立卡贫困户171户757人。2. 市级学会助推扶贫攻坚。组织园艺学会专家李小孟到市科协扶贫联系村叙永县观兴镇河坝村授课，专门讲解猕猴桃栽培种植技术，受到在场近100位种植户的热烈欢迎；市老科协“白村千户促科技”行动、定点专家联系家庭农场、老专家服务营等系列科技活动，还专门送去过冬物质到叙永县青杠村定点慰问贫困户。地质学会开展泸州市古蔺县、合江县异地扶贫搬迁安置户地质灾害隐患调查，调查1880户（其中古蔺县调查1550户、合江县调查330户），同时对安置户进行地灾防治宣传普及。

【学术活动】 市药学会开展处方点评大赛和学术论文评选活动，并下基层医院科普合理用药知识；市药业园区科协承办四川省药学会药剂专委会2017年学术年会；图书情报学会实施“共享工程”，推动城市信息化进程；市老科协组织老科技工作者开展“喜迎十九大永远跟党走”文艺会演，年内开展“三下乡”“四进社区”各类科普活动5场次，活动受众5000余人；市护理学会坚持举办各类培训班近十期，受训会员及基层单位近千人，开展最美护士评选，继续主办技能大赛等；中医药学会开展“开展十大名中医”评选，推动学术交流和学术获得的提升；地质学会开展地质灾害排查及灾害应急演练。组织推荐上报73篇论文参加第25届四川省青少年科技辅导员论文评选，6篇论文代表四川参加全国青辅协学术论文交流和评选，获得1个二等奖，4个三等奖。

【公民科学素质提升】 1. 颁布《泸州市全民科学素质行动计划纲要实施方案（2016—2020年）》（泸市府办发〔2017〕4号）。2. 举办第33届泸州市青少年科技创新大赛，推选的项目在第32届四川省青少年科技创新大赛中，获得11金22银32铜；第32届全国青少年科技创新大赛，取得历史最好成绩：3个二等奖，1个三等奖，1个获创意奖。3. 实施农村科普培训提升农民科学素质。实施省科协“百场万次”科普引领工程，全市开展科普报告11场，科普宣传活动359场。参与市委宣传部牵头的“三下乡”活动。组织开展以“绿色发展 脱贫奔康”为主题的市第22届“科技之春”科普宣传月活动。4. 强化科普阵地建设。泸州市科技馆破土动工。叙永县运用现代化手段建设青少年活动中心。

【组织建设】 新建企事业科协3个，园区科协1个，高校科协1个。创建科普示范企业3个。泸县科协被评为全国科协系统先进单位。

【负责人】 泸州市科学技术协会主席：王志刚；副主席：何方俊、张连俊；纪检组组长：蒋毅。

（向静怡）

泸州市工商业联合会

【组织建设】 1. 2017年联系指导上海、海南、新疆、宁波、南宁、敦煌等地新组建商会筹备组，指导推动江苏、西藏、青海、玉溪等地商会组建筹备工作，成立遂宁泸州商会，协助推动深圳、西安等地泸州商会换届。截至年底，全市异地泸州商会14个，成立异地泸州商会筹备组10个。2. 新成立进出口贸易商会，正在推进驾驶培训、网吧等商会筹建。截至2017年年底，全市有各级商会组织199个，会员总数达15425名。3. 制定泸州市“四好”商会建设工作实施方案，纳溪区、合江县、泸县继续保持了全国“五好”工商联称号，叙永县保持了省“五好”工商联，龙马潭区成功创建为省“五好”工商联。4. 泸州市工商联、3个区县、16个行业商会和基层商会获得省联表彰为2013—2016年基层组织工作优秀单位。5. 制定《市委统战部、市工商联负责人联系非公有制经济代表人士和直属商会制度》《企业家主席（副主席）、会长（副会长）工作述职办法（试行）》，召开专门会议听取主席会长述职。6. 市、区县两级分别建立非公经济人士后备梯队，推荐非公经济人士担任各种社会职务，444名会员担任各级党代表、人大代表、政协委员。7. 泸州市工商联获得中华工商时报“2017年度‘创新中国’特别奖”。

【招商引资】 2017年签约引进巴中国际总商会投资10亿元建设可溶性心脏支架生产项目、长治泸州商会投资20亿元建设泸商文化产业园项目、厦门优传集团投资10亿元建设自贸区保税物流综合区项目、佛山四川极速智能科技有限公司投资10亿元建设液晶光电人工智能项目，协助深圳泸州商会注册泸州深圳自贸产业园有限公司。全年引进投资项目20个，签约金额73.26亿元，到位资金5.08亿元。

【人才建设】 1. 会同市人才办制定《泸州市驻外人才工作联络站管理办法（试行）》，在上海、南京、西安等地泸州商会及其筹备组新设人才站6个、依托商会设立的驻外人才站达9个，协助市人才办为每个驻外工作站划拨经费3万元，制定完善管理考核办法。邀请省委统战部、工商联领导和28位高层次非公有制企业人才出席酒城人才新政（成都）推介会。2. 协助驻外人才站组织领军企业家、自贸区专家等优秀人才到泸州考察交流，协助职业技术学院举办自贸区政策创新和人才引进专题培训会。3. 遴选216人建立市县两级非公经济代表人士后备梯队，向省工商联推荐8名人士担任副主席、常务理事、理事，向市人才协会推荐4名副会长、14名理事人才。4. 指导纳溪区、合江县等在人才集中的大城市设立“纳才引智工作站”，指导泸县工商联协助科瑞德引进四川省“千人计划”1名。5. 全年工商联系统引进教授2名、博士研究生2名、硕士研究生7名。

【脱贫攻坚】 2017年全市累计动员企业、商会231户，投资涉农产业项目251个，投入资金3.9亿元，捐款物1333.9万元，帮扶困难群众2.5万人。佳乐集团被评为全国“万企帮万村”精准扶贫行动先进民营企业，合江县、泸县工商联以及8个企业、商会被评为四川省“万企帮万村”精准扶贫行动先进单位，15个企业、商会荣获全市“百企联百村”先进单位，8名企业家荣获“酒城扶贫好人”称号。

【参政议政】 在市委全委会征求《关于全面贯彻十九大精神，进一步加快现代化区域中心建设的决定》意见座谈会上，提出建设区域性人才中心、完善维权机制等多项建议被采纳。在酒城人才新政“1+N”意见出台之前，向市人才办提交《关于抓好聚智聚才工作的几点建议》报告，多条建议被吸纳。围绕精准扶贫开展调研献策，在市政协大会联组会上作《构建利益联动机制，强力助推产业扶贫》的建议发言。开展企业转型发展调研，在市委建言献策会上提出《关于中小微企业降本增效的建议》。调研成果《实施品牌强市战略，推动经济转型发展》获得市社会科学成果三等奖。向市政协报送集体提案5件，向省工商联提交集体提案素材2件。其中《关于引导民营企业投身扶贫攻坚主战场的建议》被市政协列为重点督办提案，并被评为优秀提案。《关于加快发展我市航空产业的建议》提案引起市委、市政府高度重视，《关于加强盲道建设管理的建议》提案得到办理落实。2017年，分别向市政协、省工商联报送社情民意信息66条、34条和党外人士建议36条。其中《村道建设成为一些贫困村脱贫拦路虎》等信息被省政协采用，《建议设立川南临港自贸片区法院》和《建议开展四川职业技能大赛》等信息被省委统战部采用。

2017年2月28日，泸州市民营经济发展暨建立现代企业制度工作推进会对全市10户建立现代企业制度的民营企业命名颁奖

【调查研究】 向市政府上提交《优化创业发展环境，加强企业家队伍建设，推动经济健康持续快速发展》的调研对策建议，多项建议转化为决策，被泸委发〔2018〕2号文件采纳。围绕脱贫攻坚、人才培养、优化环境等专题开展调研，撰写的《构建亲清政商关系，优化经济发展环境》《关于引导民营企业投身扶贫攻坚主战场的思考》和《泸州市年轻一代非公经济人士调查报告》被《新蜀商》《泸州经济》等刊用。多次到定点帮扶的叙永县鑫福煤业有限公司开展调研，帮助协调转供电、预征过头税、用地问题。围绕自贸区招商引资引才，专程到深圳市泸州商会调研，向市政府报送创建“泸州—深圳产业园”的报告，引起副市长熊启权高度重视，召开专题协调会进行研究落实。

【服务会员】 与发改委、国土局、企业家联合会等单位加强联系，召开专题协调会议，为商会、会员企业协调解决具体问题32个。其中，协助国土局开展企业用地专项整治工作，帮助一批企业解决久拖不决的用地问题；协助建材商会解决西南建材港项目规划调整问题，协助传媒商会推进广告创意产业园项目，协助进出口商会解决贸易展示中心用房问题以及部分企业资质、信用评估中出现的若干问题。2017年，市工商联被省联评为法律服务工作先进单位。

【负责人】 泸州市工商业联合会党组书记：郑理（11 月起）、王华（10 月止）；副主席：甘立祥、廖泳清；秘书长：邹夏（女）；纪检组组长：邓应兵（11 月止）。（朱富林）

泸州市文学艺术界联合会

【文艺活动】 1. 打造市文联自身“文艺品牌”。市文联举办“泸州市第十四届诗会暨第六届梨花诗会”；与成都市文联、《泸州酒城新报》联合举办《中国同题诗歌三人行》首发仪式暨《草堂》春天走进泸州活动，中国作协、四川省作协、成都市文联等部门的领导，《草堂》诗刊、《解放军文艺》《青春》等杂志的主编以及省内外诗人、本土诗人 100 余名参加了首发仪式；举办纪念毛泽东同志《在延安文艺座谈会上的讲话》发表 75 周年暨《风过泸州带酒香》任德祥个人作品音乐会；承办泸州市第七届群众文化旅游艺术展示活动，包括：由市舞蹈家协会承办的舞蹈大赛和由市音乐家协会承办的原创歌曲大赛。2. 打造“惠民月展工程”。2017 年，市文联举办“贺新春首届世界名画（油画）临摹展”“泸州市中书协会员作品展览”“诗意福宝”龚仁军中国画作品展、“庆六一”2017 年少年儿童书画作品展、“庆祝香港回归 20 周年——川南书画作品交流展、庆祝建军 90 周年暨泸州复员军人书画作品展、“七月流火”—陈铁油画作品展、“喜迎党的十九大，少长共绘中国梦”书画展、“辉煌五年、奋进泸州——泸州市喜迎十九大胜利召开书画摄影展”“文明泸州人”摄影大赛优秀作品展、川南四市书画名家赴南京邀请展作品回川展览、“小手创文明，大美绘泸州青少年书画大赛作品展”等。2017 年，市文联举办各类艺术作品展览 20 余次，各类展览共接待观众近 10 万人次。3. 服务中心工作。2017 年是泸州创建“全国文明城市”攻坚之年，为弘扬酒城优秀文化，营造泸州“树文明新风，倡廉洁清风、传优良家风”的社会风尚，泸州市文联开展“清风送爽润酒城”为主题的系列活动。即开展“清明，那一抹淡淡的乡愁——我的家风故事”征文活动、“诵读中华经典 · 美丽我的酒城”诗词朗诵会、“清风送爽润酒城”书画摄影展览。与市文明办联合举办“文明泸州人”摄影大赛、“小手创文明，大美绘泸州青少年书画大赛”活动等。与市委组织部合作，开展“党旗飘扬 · 我在脱贫攻坚主战场”第一书记风采摄影巡回展活动。由市摄协组织各区县摄影家围绕“第一书记风采”拍摄主题，蹲点拍摄第一书记驻村扶贫工作生活情况。

美丽四川 · 神奇天府 2017 四川摄影拉力赛总决赛现场

【文艺创作】 1. 重点文艺作品创作。市文联组织文学、音乐、美术工作者根据泸县民警蔡松松的英雄事迹短短两个月时间创作出报告文学、诗歌 80 余篇（首）、歌曲 6 首、连环画 120 幅（出版成连环画读本《英雄蔡松松》发至学校和基层派出所）。2. 文艺创作参展获奖。1—12 月，全市文艺家参加各类展出 260 多人次，获得各类奖励

100多项。泸州市作家们在各级报刊上发表数以万计的各类文学作品，出版的文学作品集达12余部。

【文艺交流】 1.8月，市文联承办“国际诗酒文化大会——川南文艺风”活动。中国作协副主席、书记处书记吉狄马加到会指导并讲话，川南四市文联主席、中国诗歌网相关领导以及川南四市诗人、艺术家代表70余人参加活动。此次活动对在广泛的群众中间推广诗歌，传承弘扬泸州浓厚的诗酒文化传统起到推动作用。2.10月，市文联与宜宾、自贡、内江市文联共赴南京参加由南京美术馆主办的“墨舞川南——川南四市美术书法名家名作南京邀请展”。邀请展展出120幅书画作品，汇集川南四市艺术家创作的新品佳作，促进川南和南京美术书法界的相互学习交流。3.12月，市文联承办“美丽四川·神奇天府”2017四川摄影拉力赛总决赛。此项大赛是由《中国摄影报》社、四川省摄影家协会主办、市摄协具体承办的全省最高规格、最高水准的摄影艺术创作交流活动，全国100多名资深摄影大家到泸州创作拍摄。

【组织建设】 2017年，全市143个乡镇（街道）全部成立文联组织，实现乡镇（街道）文联建设全覆盖。3月，市文联增设泸州市文艺评论家协会。泸州市文艺评论家协会以团体名义加入泸州市文联，市文联市属文艺家协会增至12个。此项工作得到全国文联的肯定并在全国文联组联工作会议期间材料交流。

【负责人】 泸州市文学艺术界联合会主席：虞潜；专职副主席：王萍（女）。 （李　琴）

泸州市残疾人联合会

【服务项目创新】 向省残联申报创新项目转化5个，制度转化5个，其中“严重精神障碍患者的关爱补贴”“将正在享受建档立卡扶贫对象生活补贴残疾人纳入低保”两个项目被省残联认定为创新项目。

【“量体裁衣”个性化服务】 1.调整充实“量服”工作领导小组，配备专职工作人员，安排专项经费，做到人员、设备、场地、资金四落实。2.全面持续深化“量服5335”战略，将174834名残疾人纳入“量服”平台，精准为制定一人一策的服务，落实145989项次服务。持证残疾人落实覆盖率100%，手机录入率为100%。3.残疾人参与“开放量服”，服务评价满意率为99.84%。4.全市144个“机构量服”，为残疾人提供服务655604项次。

2017年11月21日，四川省残联党组书记、理事长毛大付（后排左一）到泸州市特殊教育学校调研

【涉残民生项目】　扶持城乡残疾人居家灵活就业完成42563人，占目标任务数27700人的154%；扶持农村贫困残疾人发展生产完成9011人，占目标任务数5500人的164%；为贫困残疾人适配亟需的基本辅助器具完成5200人，占目标任务数3267人的159%；资助重度残疾人护理费用完成49037人，占目标任务数35216人的139%；救助贫困家庭脑瘫儿童完成310人，占目标任务数300人的103%；救助贫困家庭重度听力残疾儿童完成70人，占目标任务数51人的137%；残疾人家庭无障碍改造完成646户，占目标任务数350户的185%。

【康复工作】　1. 免费发放辅助器具2169件；为20名听力残疾儿童发放助听器和进行康复训练；为33名成人免费验配发放助听器；完成人工耳蜗植入手术与康复训练16名；孤独症儿童康复训练65名；智力残疾康复训练120名；开展康复知识讲座10余次，发放康复宣传资料1万余份。2. 做好残疾人家庭医生签约服务工作，签约服务率达83%，超额完成省残联下达任务。3. 出台《关于民生工程聋儿人工耳蜗康复项目的医学评估初筛检查费给予补贴的通知》，为15名贫困聋儿提供人工耳蜗康复项目医学评估检查补贴3.29万元。4. 争取中央彩票公益金项目276.4万元，为217名听力残疾儿童、智力残疾儿童、孤独症儿童带来早期干预的福音，使这部分受益儿童更好地融入社会。

【教育工作】　1. 实施泸州市特色项目圆梦助学工程，为308名符合条件的残疾大学生和贫困残疾人子女大学生发放助学补助金95万元。2. 开展"通向明天—交通银行残疾青少年助学计划"，完成任务数11名，落实资金1.1万元。3. 确定各县区特校为不能到校读书的残疾儿童少年开展送劳动技术教育上门服务，按照3万元/区（县）下拨到特校作为送教上门的工作费补贴。适龄残疾儿童义务教育阶段入学率达91.3%。

【就业工作】　1. 全市残疾人就业保障金征收总额为6116万元，其中市本级2839万元，比上年同期增长0.1%。2. 举办残疾人专场招聘会11场，签约残疾人150余人。3. 落实资金300万元，扶持残疾人就业创业229家。其中，90名农村贫困残疾人种养殖和118名城镇残疾人享受到3000元～15000元不等的就业创业扶持资金；扶持农村残疾人就业扶贫基地10个，每个给予3万元的补贴；奖励通过自身努力获得相应资格证的残疾人2名；奖励超额安置残疾人的企业9家。

【残疾人培训】　1. 开展残疾人"能力提升行动"计划技能培训5138人，超额完成目标任务数2200人。2. 投入85万元，引进成都广辉皮具美容有限公司、绵阳何氏盲人按摩学校、泸州市竹韵贸易有限公司、泸州市特殊教育学校等相关社会组织为残疾人提供职业技能培训和实用技术培训，培训残疾人200余人次。3. 投入40万元，为全市700户农村建档立卡贫困残疾人进行鸡苗养殖培训，发放鸡苗2.8万羽、养殖手册700余册、鸡苗疫苗药物1400余件。

【社会保障】　1. 争取资金3088万元，向全市48948名重度残疾人发放重度残疾人护理补贴；争取资金1400万元，向11273名残疾人扶贫对象发放生活补贴。2. 协调有关部门，为全市18266名重度残疾人、独生子女伤残死亡家庭夫妻，按100元/年·人的标准为其代缴城乡居民养老保险费，为全市76805名一级、二级重度残疾人和三级、四级精神、智力残疾人购买第一档城乡居民基本医疗保险。3. 出台《关于将享受建档立卡扶贫对象生活补贴的残疾人纳入低保的通知》（泸市民发〔2017〕172号），从2017年9月1日起，将现有享受残疾人扶贫对象生活补贴的建档立卡残疾人，且家庭财产状况符合低保条件的，通过申请、审核、审批等程序后，以家庭为单位全部纳入低保兜底保障。

【文体宣传】 1. 引进四川省残疾人艺术团与泸州市特殊教育学校签订残疾人艺术培训、演出协议，争取到5万元资金专项用于未成年残疾人艺术人才。2. 在全市初中以上普通学校开展残疾人运动员选拔工作，筛选出40名残疾人运动员备战2018年四川省第九届残疾人运动会。3. 在《泸州日报》和新华网客户端对脱贫致富的残疾人代表人物事迹进行连载，通过电台等平台宣传相关残疾人政策、残疾预防知识和“量服”知识，多次邀请残疾人工作者、残疾人自强模范、助残先进做访谈节目，残疾人宣传工作有声有色。4. 在8月25日全国第一个“残疾预防日”，组织开展以“推进残疾预防，建设健康中国”为主题的一系列宣传教育活动，发放《残疾预防基本手册》1000余份。

【法制维权】 1. 制定《泸州市残疾人联合会行政执法三项制度试点实施方案》，明确试点人员及范围、试点任务及方法步骤。2. 建立《行政执法公示制度》《行政执法全过程记录制度》，制作安置残疾人就业情况检查系列执法文书，聘请常年法律顾问，对行政权力的运行进一步规划做到有章可循。

【人才工作】 1.5月3—7日，首次与北京大学联合举办“泸州市残疾人工作者能力素质提升班”，参训学员达70名。2. 与各级总工会联合举办2017年“量体裁衣”式残疾人服务劳动竞赛，评出区县级“量服”能手35名、市级“量服”能手10名。

【基础设施建设】 市残疾人康复服务中心建设项目主楼和附属楼主体工程竣工，全年完成投资1621万元，完成年初计划的100%。

【对外合作】 1. 争取到与“四川神康癫痫病医院”的合作项目在全市实施，初步筛查出有治疗意向的癫痫病人332人，入院手术治疗53人，获得救助资金22万元。2. 争取到与爱尔眼科的合作项目，全年实施白内障和胬肉手术1016例，获得爱尔基金会捐助资金141万元。

【负责人】 泸州市残疾人联合会理事长：邹勇；纪检组组长：李莉（女）；党组成员：陈儒（12月起）。 （王 娟）

泸州市红十字会

【备灾救灾】 “6·24”茂县特大山体滑坡灾害和“8·8”九寨沟地震发生后，受省红十字会派遣，泸州市红十字山地救援队前往灾区开展救援工作。其中，九寨沟地震发生后，泸州市红十字会联系泸州老窖股份有限公司捐献毛毯，价值30万元，并及时运往灾区发放到受灾群众手中，募集群众捐款如数上缴省红十字会统一用于灾后重建工作。

【救助工作】 扎实开展“博爱送万家”慰问活动，联系泸州电视台“帮帮团”栏目以及相关爱心企业，在古蔺、叙永、合江等贫困县发放家庭包120个，洗衣机16台以及米、油等生活用品。为基层贫困户送去价值约14万元的大米、食用油、棉衣棉被等物资和慰问金。募集爱心人士捐款11.52万元资助9名学生上学。实施中国红十字基金会“红十字天使计划”项目，2017年资助白血病儿童18名，募得基金救助57万元；资助先天性心脏病儿童6名，累计募得基金救助13.5万元。争取爱心企业项目捐款338万元，用于支持泸州市的扶贫工作。

【救护培训】 全年累计培训急救员397人。全年群众性普及培训4300人。2017年春节（大年初二）在古蔺县丹桂镇开展天坑救援，将坠入110米天坑的遇难者遗体运送出来；9月26日接市应急办通知，到叙永县分水镇搜救坠入悬崖的采竹笋村民，山地救援队在100多米的悬崖下找到坠崖遇难村民。

【无偿献血、造血干细胞捐献、遗体（器官）捐献】 进一步建立和完善无偿献血宣传和献血志愿者招募工作机制，保障全市临床用血100%来自于无偿献血。登记采集造血干细胞2000余份，3人通过初配，进入再动员程序。全年共开展4次遗体器官捐献主题宣传活动，发放资料1.3万多份，接待群众咨询800多人次，通过纸质登记报名捐献46人。3月31日开展遗体器官捐献者缅怀纪念活动。开展春节“送温暖”活动。春节前夕，对8户遗体器官捐献者的家属进行慰问，安排慰问金1000元/户。2017年，泸州市实现器官捐献2例，捐献大器官7个、眼角膜4枚。

【负责人】 泸州市红十字会专职副会长兼秘书长：李家秀（女）。（袁红梅）

泸州市社会科学界联合会

【概况】 2017年，泸州市社科联被四川省社科联评为综合工作先进市州社科联，规划评奖、信息工作、组织建设获单项先进单位，古蔺县、叙永县社科联被评为全省先进社科联，陈英、李业帅、董青青、肖静4人被评为全省社科工作先进个人。3月23日，在广西柳州召开的全国大中城市社科联工作会议上，泸州市社科联、叙永县社科联、四川警察学院社科联被评为全国社科组织先进单位，胡德明、王艳戎、陈洋3人被评为全国社科工作先进个人，8篇文章编入《全国社科工作经验集萃》。泸州市社科联在全国、全省经验交流3次，省社科联原党组书记、副主席姜怡到泸州指导工作2次。

【重大理论学习宣传】 1. 组织理论社科工作者对中共十九大、省委十一次党代会和市委八次党代会精神进行理论阐释和宣讲宣传186场次。2. 组织召开学习贯彻中共十九大精神座谈会，编印《泸州市学习习近平总书记系列重要讲话精神成果汇编》。3. 在《泸州日报》开辟理论专版，刊载解读评论文章40余篇。4. 下发《社科界加强意识形态工作的通知》。

【学术交流】 1.6月12日，承办省社科联“传承优秀传统文化与弘扬红军长征精神”研讨会在古蔺县召开，李涛、张文杰、杨先农及云、贵、川部分社科界、党史界代表参会并发言，会议编印《文章集萃》，形成《古蔺共识》。2.9月25日，联合举办中国（四川）自由贸易试验区川南临港片区“一带一路”内陆国际贸易发展论坛。3.11月12日，联合主办中国泸州长江教育创新峰会。4. 组织40余人到东莞市社科联考察学习，组织30余人次参加全国社科联工作会、全省基层社科培训会。

【社科研究】 1. 全市全年获省级课题立项7项。市社科联牵头的2项省级社科课题成功结项，市领导交办的重大社科课题《泸州水生态文明建设研究》顺利完成。3项社科课题获国家社科基金立项。2. 2016年立项的6个市级重大课题顺利结项，编印《2016年重大课题成果选编》。市委、市政府主要领导圈定的8个重大课题有序推进，2个重大课题全省公开招标。组织开展《走进赤水河》等6个重点文化课题研究。3. 组织申报市级社科课题258项，立项140项，结项119项。组织汇编《2016—2017年泸州市哲学社会科学研究成果选编》。4. 《泸州市社科优秀成果评选办法》首次以市政府名义出台，奖金总额由28万元提高到67万元。第十四次评奖工作完成初评、学科评审工作。

【酒城讲坛】 1. 坚持“一月一主题”，确定经济金融、法律法规、长征精神、艺术鉴赏等9大主题，公开征集讲题123个，固定点举办讲座38场。2. 邀请罗援、肖得美、李智等20余位专家学者到泸州开展讲座，11月11—12日，举办酒城讲坛——国际诗酒文化专场讲座，陈晓光、叶开、李少君、鲍国安等8位专家学者到泸州开展讲座。3. 到机关、学校、企业、军营、街道、社区，举办讲座178场。4. 制定基层酒城讲坛“场地、标识、内容、人员、流程、制度”6个方面标准，标准化打造基层酒城讲坛25个，全力抓好7个示范点建设。依托民间讲堂举办系列讲座254场。5. 新增讲师23人。表彰优秀讲师10名。

【社科普及】 1. 组织酒城讲坛讲师、市级社科学会（协会、研究会）和市级社科普及基地累计开展科普讲座230余场次，购买5万余元书籍免费赠送，组织50余块社科知识展板进行巡回展出，发放各类科普资料10万余册。2. 累计刊发各类社科信息和社科知识2100余条。3.《泸州社会科学》出刊4期，编印5000余册免费赠予全国同行交流。资助出版《图说长征》《泸州集邮文化》等社科普及读物10本。4. 省级社科普及基地—四渡赤水战役与长征精神普及基地按时通过省社科联评估检查，获良好等次。5. 建立社科普及项目扶持机制，直接资助20场，资金近10万元。6. 推动建立区县级社科普及基地38个。

【基层基础建设】 1. 4月20日，召开五届三次理事（扩大）会议，市委常委、宣传部部长鞠丽出席会议并讲话。2. 6月13—14日，全省基层社科联（泸州）培训会在古蔺县举行，全省13个市州的基层社科联负责人和社科工作者参加会议。3. 9月24—30日，与中山大学联合举办理论社科骨干培训班，40名理论社科骨干参加为期1周的培训。4. 制定《关于将市级社科学会分类分组开展活动的实施意见》，将41个学会分为三类开展活动。市诗词学会、集邮协会等8个社科学会按时换届。5. 按照“有人员、有经费、有项目、有品牌”的标准，明确“乡镇社科联主席由副科级领导干部担任，专职副主席按中层干部配备”。8—11月，联合下发《关于对基层社科联组织建设推进情况进行督查的通知》，由市委常委、宣传部长带队，对各区县的乡镇（街道）社科联建设进行专题指导、调研督查、专项督导。乡镇（街道）社科联建设在全省率先实现全覆盖（143个）。6. 建立兼职副主席联系学会、联系基层制度。参加纳溪区大渡口镇太和村精准扶贫工作和纳溪合面镇基层社会治理工作。全国文明城市创建工作负责联系督查张坝街道、蓝田街道工作和城区农贸市场督查工作。

【负责人】 泸州市社会科学界联合会主席：黄华（女）；副主席：胡德明。 （胡德明）

法 治

法治政府建设

【组织机构建设】 2017年，市政府法制办增设副主任1名，增加1个正科级事业单位，增加事业编制5名，干部职工共19人。设置综合科、法规科、行政复议应诉科、依法行政指导科、行政执法监督科和市法治政府建设服务中心。

【依法行政指导】 将“抓法治”列入“三抓三主动”工作内容，与“抓发展”“抓党建”并列。制定《泸州市法治政府建设工作领导小组工作规则》和《泸州市法治政府建设实施方案（2017—2020年）》，对44项重点任务和115项主要举措进行细化量化，明确“路线图”“时间表”。出台2017年法治政府建设工作意见，安排部署年度11项重点工作任务。印发《市县区政府及部门主要负责人履行推进法治建设第一责任人职责清单》，明确政府主要负责人7个大项20个小项、部门主要负责人6个大项12个小项职责任务。

泸州市青少年法治教育基地

【依法行政决策】 提升领导干部法治意识，开展市政府常务会议会前学法33件次。落实省市重大行政决策程序性规定，把公众参与、专家论证、风险评估、合法性审查和集体讨论决定作为重大行政决策必经程序。公布市政府重大行政决策事项58项。全年开展行政决策事项合法性审查635件。

【规范性文件管理】 加强行政规范性文件管理，全年向省政府报送备案行政规范性文件33件，报备及时率、内容合法性、资料齐全性和施行日期以及有效期制度执行率均为100%。备案审查区（县）政府、市级部门报备规范性文件31件。开展第三次规范性文件清理，清理行政规范性文件300余件，确定市政府（办公室）制发的规范性文件继续有效66件，废止与失效150件，拟修订发布84件。清理涉及“放管服”的规范性文件103件，清理涉及生态文明建设及环境保护的规范性文件169件。

【重点领域立法】 推动出台《泸州市违法建设治理条例》《泸州市物业管理条例》《泸州市市容和环境卫生管理条例》3部地方性法规。起草《泸州市城乡规划管理办法》，开展《泸州市白酒历史文化保护发展条例》预调研工作。

【强化行政复议应诉】 全年新收行政复议案件74件，办结67件。承办市政府行政应诉案件106件（经复议后提起诉讼的77件），其中一审案件62件、二审案件44件，结案件中无败诉案件。

【行政执法监督】 加强行政执法与刑事司法衔接，推动建立由检察院、政府法制办、人民法院、公安机关等部门和其他主要行政执法机关为成员单位的联席会议制度和案情通报制度。开展行政执法人员清理，清理行政执法主体583个，行政执法人员12615人。开展行政执法证件年审，年审证7934本。组织全市2906名开展行政执法证申领前的公共法律知识考试，对考试合格的人员审核办理执法证件2129个。集中清理全市各行政执法部门使用的行政执法文书1365份，评查行政处罚案卷43卷。

【开展全国行政执法三项制度试点工作】 探索建立全国行政执法公示制度“五个必”、行政执法全过程记录制度“六个齐”、重大行政执法法制审核制度“七个一”模式，试点工作举措在全国范围内推广应用。通过试点，全市建立统一的执法公示平台，全面实现所有行政执法信息的集中展示。围绕全过程记录，对容易引发争议的行政执法过程进行音像记录，还原执法场景，实现行政执法行为全过程留痕和可回溯管理。

【负责人】 泸州市人民政府法制办公室主任：李振蛟；副主任：范永友。 （何玉兰 刘大权）

公 安

【维稳安保】 实现十九大安保“三个不发生”和“六个零”硬目标，市公安局被省厅评为十九大安保先进单位，荣记集体三等功。搜集各类情报信息2621条，汇总各类风险信息150余条，排查各类不安定因素554件次，成功化解313件次，实现无一人进京上访。办理全省第一例以涉嫌拒不履行信息网络安全管理义务罪实施打击处理的案件，无涉恐涉爆案件、无重大群体性事件发生。组织开展无预警、无预案、无剧本“紧急突发事件”应对处置模拟实战对抗演练。建立新形势下“大警卫”格局，公安警卫任务“零差错”，完成全国“两会”“一带一路”高峰论坛、“酒博会”、中央环保督查和创文国检等重大任务共53次。特别是成功应对泸县太伏中学“4·1”、古蔺“12·30”等多起突发事件。

【打击破案】 坚持合成作战，开展“三打击一整治”“打击盗抢骗”“2017缉毒破案攻坚”专项行动，严打严防违法犯罪活动，涉暴涉恐、恶性治安案事件“零发生”，现行命案全破；打黑除恶、命案侦破、打拐、多发性侵财犯罪打击、追逃等工作居全省前列，实现泸州退出全省毒品问题重点市州的目标。成功破获部督“非法控制计算机信息系统案”“网络水军”团伙案，得到中央、部、和省厅领导的充分肯定。刑事立案同比下降20.98%，破案上升10.46%；打掉涉恶类犯罪集团15个；破获毒品部级目标案件2起，省级目标案件8起，缴获毒品45.4公斤，全市外流贩毒同比下降22%。摧毁侵犯泸州市知名酒类品牌知识产权制假售假窝点65个，涉案金额1.5亿余元。黄赌案件受理数同比下降27.5%。

【安全监管】 全年公安安全监管领域无重特大安全事故发生。全市道路交通安全形势持续好转，事故数同比下降1.02%。连续11年未发生较大以上及有影响的火灾事故，亡人火灾起数同比下降100%。部督缉枪治爆逃犯缉捕完成率100%，全市未发生一起涉爆物品危害公共安全事故。

泸州市公安局组织灾后救援训练

【文明城市创建】 “创文”期间，全市公安民警取消所有节假日，上下联动，综合施策，全面清理创文死角，紧盯影响创文的治安问题，加强监管、加大打击处理力度，紧盯交通秩序问题，全面排查漏洞和安全隐患，连续攻坚，逐一整改，逐项达标，全面打好社会环境治理、包保社区建设、交通秩序整治、治安综合治理、公共安全保障五场硬仗。

【公安改革】 在全国率先成立大数据警察支队。警辅改革、“三级图巡+”改革、执法规范化建设等工作经验被公安部、省公安厅推广。全市1474个行政村配备兼职驻村辅警，实行“一村一辅警”治安治理模式。“三级图巡+”改革，深化实战运用，提升图巡支撑力，破获侵财案件473起，抓获侵财类犯罪嫌疑人349人，上网逃犯68人，破获系列案件20串，打掉团伙28个，支撑大要案件数据分析和研判100余次，主城区街面六类案件发案同比下降27.6%。编制涵盖6大方面1100余项内容的行政执法权力运行手册及20项执法制度，实现了打击效能、执法质量、群众满意度明显提升和突出执法问题、涉警信访问题、民警违纪违法案件数量明显下降的“三提升三下降”。

【派出所整合】 在全省率先启动公安派出所整合重组工作，优化警务资源配置，全市143个派出所整合重组为80个中心派出所，62个5人以下的派出所暂停运行，81名机关民警充实到派出所，变“分散发力”为“攥指成拳”，实现派出所从“散而弱”向“聚而强”转变，实现党委政府满意、群众满意和民警满意“三个满意”。

【“云墙”工程建设】 启动泸州市“智慧云护城墙”工程建设，纳入全市基层社会治理“131”体系建设，力争通过2～3年，实施视频监控、重点防控、治安管控、专业采集、实战应用等五大集群22个项目建设，建成信息化、智能化、立体化的社会治安防控体系。天网五期年内完成1507个前端点位勘点设计，采集公共场所无线上网数据50亿余条，车站、医院实时数据接入700余万条；建立“人脸识别系统”点位50个，实战作用发挥明显；移动警务终端录入信息103.6万人次；“两车卫士”安装量突破11万辆，破案165起，抓获71人，追回被盗的摩托车、电动车226辆，安装“两车卫士”的失窃车辆追回率达71.06%。

【社会评价体系建设】 设立警务效能监测中心，开通泸州公安6110110监督服务电话，自主研发“一线受理、高效回访、监督巡视、自动分析”

的警务效能监测系统，整合民意测评、警务工作回访、视频督察、受理“12345”群众投诉、便民咨询服务等公安服务和监督职能。设立以来，通过警务监测平台发送测评短信和受理6110110来电收集群众意见78903条，其中满意68913条，一般满意6750条，满意率95.89%，经一访、二访后，满意率上升为98.92%。2017年，泸州公安社会综合评价全省排名第七。

【队伍建设】 实施“励警工程”，大力推进警营文化建设，以“颂扬身边典型”征文、演讲以及专业警种比武竞赛等为载体，挖掘、培育不同层次、不同类型的先进典型。从严压实党风廉政建设“两个责任”，公安队伍信访举报、立案查处件数和人数连续三年呈现“三下降”。全市公安机关88个集体和340名个人受到表彰奖励。涌现勇救落水儿童的一级英模蔡松松，全国优秀人民警察、“情满万家·派出所好民警”杨政，全国优秀人民警察唐艺，“全国公安百佳刑警”董治南等先进个人和全国公安优秀基层单位江阳刑侦大队技术中队等先进集体。

【负责人】 泸州市公安局党委书记、局长：何绍明；党委副书记：计小民；党委副书记（2月起）、常务副局长（6月起）：聂海波；副局长：计小民（3月止）、卢天润（3月止）、雷宏（12月止）、柳飚（3月起）；纪检组组长：张玉帆（11月起，此前任市公安局纪委书记）；政治部主任：易强（2月起）；交警支队支队长：舒建平；国保支队支队长：汪永华；机关党委书记：杜江。

（王　莉）

长江航运公安局泸州分局

【概况】 2017年，长江航运公安局泸州分局接处警686起，破刑事案件37起；查处行政案件175起（其中消防案件77起，治安案件98起）；处置未知名尸体132具，查明尸源78具，尸源查明率59.02%；上报国保信息131条；检查船舶809艘（次）、码头94处（次），下达责令整改通知书85份，督促整改消防隐患行为463项。联合执法106次。

【打击生态犯罪】 泸州分局开展打击非法采砂、打击非法捕捞、“一条龙”打击生态犯罪专项行动，破获各类破坏长江生态环境犯罪案件30起，抓获犯罪嫌疑人33名。收缴非法捕捞水产品的渔具100余副，扣押船只4条。

【治安管理】 加强水上流动警务室、航道重点工程警务室建设，落实警务室管理和警务宣传工作。强化辖区单位主体责任制建设，与30余家单

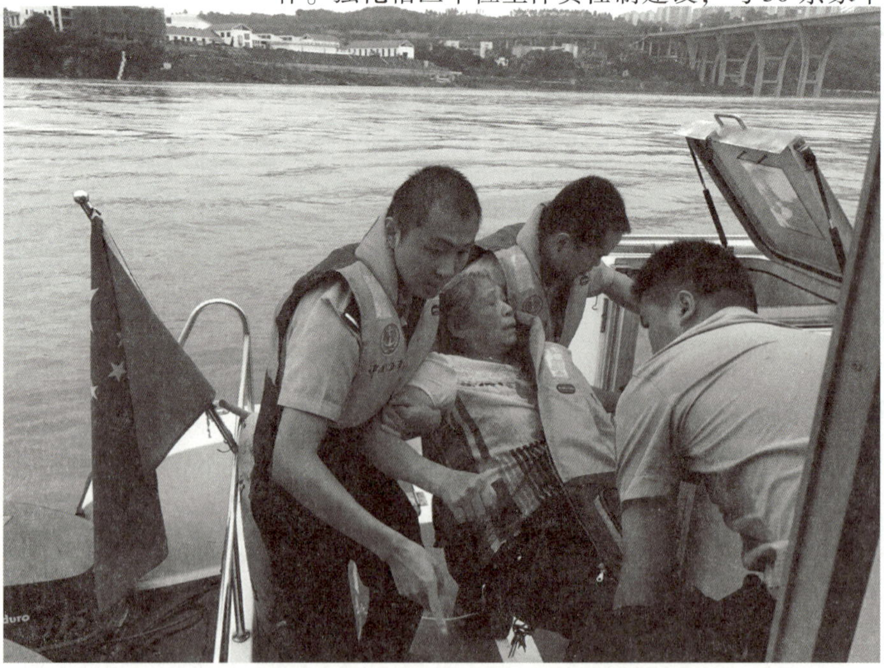

2017年6月29日，民警在长江救起落水老人

位负责人签订责任书，落实企业主体防控责任。对重点水域、港口、码头开展“公共场所安全整治”“客运安全整治”等10余项专项整治行动，组织并参与涉水单位联合执法106次。

【安保维稳】　开展“两会安保”“‘一带一路’高峰论坛”“十九大安保”等15次安保维稳行动，保障各大型会议、节假日期间辖区内安全稳定、形势可控。

【消防监督】　完善全警消防和部门联动工作机制、港航社会单位消防监督“一对一”工作联系机制，确定34家消防重点单位。开展冬春火灾防控、夏季消防安全检查等系列专项整治行动，督促各港航单位消防责任人和管理者严格落实消防安全责任制，逐级压实监管责任，与辖区单位签订《消防安全承诺书》82份，查处消防案件76起，行政拘留13人，约谈单位负责人4次。在“全国安全生产月”“119”消防宣传月活动中，利用各类媒体、平台开展主题宣传，组织辖区企事业单位开展消防应急演练11次，参加演练人数200余人，单位22个，开展消防安全培训4次。

【执法规范化建设】　完成分局办案中心和涉案财物管理中心的改造。制订执法规范及案件办理制度16项，细化执法工作流程，规范案件办理的运作程序，实现执法制度、执法主体、执法管理、执法行为的规范化。通过逐项清理、核查，理清分局行政处罚、行政强制目录及侦查措施权、强制措施权和刑罚执行权目录，编制执法权利清单，列明760项执法权利，增强权力的透明度，主动接受群众监督，提高执法公信力。

【特色警务】　持续推进特色警务，未知名尸体处置工作品牌、水上消防安全监管工作品牌、水上巡逻工作品牌、生态犯罪打击品牌效应初显。各派出所围绕品牌创建重点工作，结合实际，打造一批初具特色的警务工作品牌：合江派出所“信息警务服务群众”品牌、泸州派出所“服务港口经济发展”品牌、南溪派出所“治安防控”品牌、宜宾派出所“未知名尸体尸源查找”品牌。创建内涵丰富、特色鲜明的“川江金盾 平安卫士”党建品牌，各党支部分别建立“一支部一品牌”，机关党支部“服务基层聚警心”党建品牌、实战单位党支部创建“铁血忠诚护党旗”党建品牌、宜宾南溪派出所党支部创建“党旗耀三江”党建品牌、泸州派出所党支部创建“川江金盾护党旗”党建品牌、合江派出所党支部创建“党员做先锋，业务争进位”党建品牌。

【队伍建设】　全面运用泸州分局公众微信号，成为辖区群众了解长江信息的重要渠道。党员民警蔡苏川因英勇跳江救人的英雄事迹被泸州市人民政府评为“泸州好人”，调研员王庆昌被评选为“全国公安优秀刑警”。2名民警荣立个人三等功，1个集体荣立集体三等功；3个集体获得集体嘉奖，5名民警获得个人嘉奖。

【负责人】　长江航运公安局泸州分局局长：刘开林；政委：罗中；政治处主任：方建平；副局长：刘军。（潘　杰）

消　防

【概况】　2017年，全市出警出动5479起，其中火灾扑救1940起，抢险救援621起，社会救助2758起，公务执勤160起，抢救和疏散人员2499余人，成功处置“2·12”龙马潭区波士顿小区火灾、“7·8”江阳区桃源山庄小区火灾、“7·22”叙永县画稿溪强降雨抢险救援、“8·12”纳溪区白节镇山体滑坡、“11·17”江阳区酒城全科次氯酸泄漏，完成酒博会、商博会等大型安保任务。支队荣获“十九大安保先进支队”“双拥先进单位”“创建全国文明城市工作先进集体”

等荣誉称号，市政府连续6年为支队荣记集体二等功。年内，全市消防部队11人荣立个人三等功，涌现出一大批以“抱火哥”张振宇为代表的先进典型。

2017年11月28日，泸州市代表队荣获全省首届森林消防技能竞赛二等奖

【实战能力提升】 组建高层建筑灭火救援专业队和石油化工事故机动队2支，全年开展实兵实装拉动、无预案导调实战演练9次，开展各类型比武竞赛4次，常态化集训9期，培训基层指挥员、攻坚班组成员、专职消防员273人次，90%以上士兵取得职业技能资格，18名基层指挥员通过指挥能力考评，全市消防部队正规化创建100%达标。完成“119”指挥中心改造、柯达高清会议系统升级、辅助通信装备配备和17个政府专职队接警平台等建设项目，完成创世4G单兵图传、4G布控球和华平4G单兵图传等装备采购并投入使用。

【火灾形势】 全市连续11年未发生较大以上及有影响的火灾事故，亡人火灾起数同比下降100%。消防支队结合冬春火灾防控和夏季消防安全检查工作，全市监督执法人员进行地毯式的排查，消除一大批火灾隐患，切实维护全市火灾形势的高度稳定。全市共检查单位22123家，发现火灾隐患或违法行为36298处，督促整改35701处，下发责令整改通知书15653份，下发行政处罚决定书968份，责令“三停”308家，临时查封332家，罚款577万余元，拘留103人。

【党委责任制】 推动落实各级党委政府消防安全领导责任和行业部门消防安全监管责任以及单位消防安全主体责任。市政府出台《重大火灾隐患整治办法》，全面贯彻落实国务院办公厅《消防安全责任制实施办法》。在每月市长督办会将高层建筑消防安全整治、电气火灾专项治理、住宅小区、冬防、夏防等作为各县和市级部门督办议题。多次召开消防安全委员会联席会，分析研判会商重大消防事项。

【风险研判】 每季度开展火灾形势分析评估，坚决遏制重特大火灾事故的发生，全力维护社会面消防安全形势稳定。印发《全市高层建筑消防安全综合治理方案》《人员密集场所消防安全专项整治暨消防安全标准化管理示范打造实施方案》《电气火灾综合治理工作方案》等13个专项整治行动方案，迅速行动抓落实，联合相关部门开展消防隐患排查，将专项行动向纵深推进。在国务院、公安部消防局等多次督查中被省总队推荐位迎检支队，获得督查组高度肯定。

【负责人】 泸州市公安消防支队支队长：邹登全；政治委员：田勇；副支队长：齐春生、王俊军（7月起）；司令部参谋长：晏小平；政治处主任：王章励（7月起）。 （王　鹏）

检 察

【概况】 2017年，泸州市检察机关批准逮捕各类刑事犯罪嫌疑人1182件1520人，向人民法院提起公诉2233件2868人，查办贪污贿赂职务犯罪案件89件110人、查办国家机关工作人员渎职侵权案件35件35人。各项工作获市级以上表彰奖励142项，其中，省级表彰29项、国家级表彰14项。市检察院被表彰为“全国未成年人思想道德建设先进单位”“全省科技强检示范院”，在全省检察机关综合目标考评中位列第二。纳溪区检察院被表彰为“全国文明单位”“全国先进基层院”，合江、叙永、古蔺县检察院被评为全省检察文化建设示范院、优秀院。

【公诉】 受理移送审查起诉一审案件2814件3768人，审结案件2329件2984人，其中提起公诉2233件2868人，决定不起诉82件89人，办理职务犯罪案件诉前和判决同步审查65件97人。开展打黑除恶专项斗争，起诉危险驾驶、交通肇事，非法持有、私藏枪支弹药罪等危害公共安全犯罪683件690人，起诉黑社会性质组织、绑架、杀人、强奸等严重侵犯公民人身权利的暴力犯罪239件309人，起诉抢劫、抢夺、盗窃、诈骗等多发性侵财犯罪697件875人，起诉毒品犯罪239件293人。起诉破坏社会主义市场经济秩序犯罪88件162人，起诉侵犯知识产权犯罪案件23件43人，起诉利用网络、电话、短信实施诈骗、色情、赌博等犯罪12件23人，起诉生产、销售有毒有害食品、假药劣药等犯罪案件14件38人。推进刑事案件简繁分流等刑事庭审实质化改革，适用简易程序1114件。开展智慧公诉试点，纳溪区检察院被高检院公诉厅确定为智能语音和“三远一网”在公诉工作中的应用试点单位，制定《关于远程视频提讯工作办法》、会签《关于开展远程视频庭审工作的实施意见》等制度，规范刑事办案区、远程提讯室、远程庭审室的管理运行，全市检察机关适用该系统开展远程庭审15件18人，远程提讯30件36人。

【审查逮捕】 受理公安机关移送审查逮捕案件1589件2161人。经审查，批准逮捕1182件1520人，不批准逮捕392件609人。开展保护“青山绿水”和“舌尖安全”两个专项活动，批准逮捕危害食品药品安全犯罪案6件10人，批准逮捕破坏环境资源犯罪8件13人。

【职务犯罪侦查监督】 执行检察机关职务犯罪侦查案件由上提一级审查决定逮捕规定，市检察院受理各区、县检察院反贪、反渎部门报请审查逮捕案件25件26人，审查后决定逮捕14件14人。执行职务犯罪捕后变更强制措施报告机制。

【刑事侦查监督】 依托“两法衔接”平台，建议行政执法机关移送涉嫌犯罪案件57件。叙永县检察院办理的“四川金康公司、人人康大药房等销售假药立案监督案”入选全国检察机关“两个专项立案监督活动”优秀案件。纠正侦查活动中的违法情形65件次。市检察院制定实施《关于规范公诉案件退回补充侦查工作的实施意见（试行）》，公诉案件一次退查率、二次退查率分别同比下降10个百分点和8个百分点。

【刑事审判监督】 办理二审抗诉案件14件19人。注重运用书面纠违、检察长列席法院审委会等非抗诉监督方式纠正审判活动违法，提出书面纠正意见47件次。检察长、分管副检察长列席法院审判委员会讨论刑事案件7件次。

【刑事执行监督】 派驻检察室检察收押释放法律文书6169份，督促看守所按期按规定交付执行罪犯323名，跟踪时限监督683人次，对检察机关办案期限届满前提示517件，督促看守所催办法院、公安机关等办案单位及时换押733人次，审查异地羁押情况160人次，对刑罚执行和监管活动中违法情况提出书面纠正违法29件，开展羁押必要性审查案件149件。办理财产刑执行违法监督案件24件，纠正刑罚执行、监管活动和监外执行脱漏管等违法情况158件次。

【未成年人检察】 受理审查逮捕未成年人涉罪案件73件104人，批准逮捕44件60人，不批准逮捕29件45人。受理审查起诉未成年人犯罪案件126件173人，起诉89件118人，不起诉14件15人，附条件不起诉15人。办理审查逮捕侵害未成年人的案件66件81人。制定《关于对撤销监护人资格案件实施法律监督的办法（试行）》和《关于未成年人监护权转移工作的实施办法（试行）》，与市综治委会签《关于将未成年人权益保护纳入网格化服务管理的实施意见（试行）》，与市民政等部门会签《泸州市困境儿童分类保障工作实施方案》，将涉及未成年人案件的预防、发现、办理、监管等纳入网格管理，实行特别分类管理。向社会公开发布《泸州未成年人检察工作白皮书》，全面分析泸州市未成年人犯罪情况和变化趋势，提出应对措施。

【反贪污贿赂】 立案侦查贪污贿赂案89件110人。其中贪污案34件53人、受贿案47件47人、行贿罪1件1人、挪用公款案2件2人，另有1人同时涉嫌贪污和受贿，2人涉嫌行贿和贪污，20万以上大案76件94人，涉案金额1700余万元。依托“小专项”活动，惩治群众身边“微腐败”。查办侵吞、骗取、截留国家就业创业补助资金案件18件32人，查办医保系统贪贿案件11件11人，查办工程项目领域职务犯罪10件10人，查办惠农扶贫领域职务犯罪案件27件32人。

【反渎职侵权】 2017年2月10日至11月5日，开展为期9个月的查办“打击侵犯公民民主权利和扶贫惠民领域渎职犯罪”小专项行动。立案查处玩忽职守案19件19人、滥用职权案7件7人、破坏选举案4件4人、泄露国家秘密案4件4人、徇私舞弊不征少征税款案1件1人。

【职务犯罪预防】 结合办理职务犯罪案件，注重以案促改、以案促防，帮助相关单位堵塞管理漏洞33个。纳溪区检察院针对就业创业补助资金管理中的问题发出《检察建议》，为国家追回补贴资金260万元。开展“预防职务犯罪邮路”活动，把职务犯罪预防植入到邮政营业网点中，将职务犯罪警示案例、政策法规、廉政理念送进千家万户。参与和推动社会信用体系建设，提供行贿犯罪档案查询3534件次，审查否决列入黑名单的投标人23个。

【民事行政检察】 完善“以诉讼监督为中心，非诉行政检察和维护公共利益并重”的民事行政检察监督格局，受理审查民事行政检察结果监督案件79件，审结59件，向法院发出再审检察建议9件，提出抗诉2件，提请省院抗诉被采纳1件；受理并审结审判违法行为监督案件17件，向法院提出检察建议13件；受理并审结执行活动监督案件24件，向法院提出检察建议21件；受理并审结行政违法行为监督案件24件，向行政机关提出监督意见23件；办理支持起诉案件10件，成功7件，办理督促起诉案件1件；发现公益诉讼线索18件，立案办理15件，发出诉前检察建议6件，跟进审查行政机关回复6件。

【控告申诉检察】 接待群众来访2507人次，接受群众来信722件，其中检察长接待群众176人次。接收举报线索96件，其中，属于本院管辖的自侦案件举报线索21件，属于其他院管辖的46件，非检察机关管辖的29件。举报中心初核27件，移送立案5件。奖励举报人2人，发放举报奖金 0.4 万元。开展律师参与化解和代理涉法涉诉信访案件工作 28 件，开展不立案举报线索审查 15 件。受理申诉案件 133 件，其中，民事行政申诉 113 件，办理刑事申诉案件 21 件。办理国家赔偿案件 3 件。办理司法救助 65 人，发放救助金 38.7 万元。

【检察技术】 开展技术性证据审查工作，接受委托出具书面文证审查意见书 254 份，接受委托出具书面检验鉴定意见书 11 份，开展远程电子数据勘验 90 余次，接受委托出具书面检验报告 12 份。介入泸县太伏中学学生死亡重特大舆论事件处置工作，组织实施全国科技强检示范院复审工作，继续推进专家辅助人制度，做好 CNAS 国家认可工作，推进电子数据实验室运行和规范化标准化管理。推进新时期检察信息化工作转型升级，推进电子检务工程实施，改进统一业务应用系统，解决市检察院数据中心和运行维护中心各种故障 700 余处。开展电子数据取证云平台建设，完善远程视频讯问系统、远程视频接访系统，保障全国、全省、全市电视电话会议正常召开 50 余次。按照“全面、全部、全程”的要求做好讯问职务犯罪嫌疑人全程同步录音录像工作 100 余次。

【警务保障】 协助执行拘留 80 余人次、执行拘传 30 余人次，执行逮捕 50 余人次、执行传唤出警 200 余人次，押解犯罪嫌疑人 63 人次、执行看管出警 600 余人次、执行提押犯罪嫌疑人、被告人出警 40 余人次，参与出庭维护秩序出警 30 余人次，参与冻结扣押出警 56 人次，送达法律文书出警 200 余人次，协助调查取证出警 300 余人次，参与查询通信信息出警 100 余人次，查询金融机构 48 家 97 个账户，涉案查询冻结金额 700 余万元。

【案件管理】 执行办案组织搭建和分案制度，建立以员额检察官为主体，检察官助理、书记员为辅助人员的办案单元，采用随机轮案的方式分配案件，推行统一业务应用系统试点，细化检察官行权界限和办案流程，对 192 件案件开展流程监控，发出流程监控通报 22 期，预警流程问题 206 个。建立入额院领导参与案件质量评查机制，入额院领导作为普通评查员，参与特种案件评查，以独任检察官身份办理案件，依法履行案件办理过程中的各项职权职责，承担相应办案责任，有 24 名入额院领导参与案件质量评查，共评查普通案件 323 件、重点案件 6 件。建立普通评查常态化机制，配合司法体制改革后员额检察官绩效考评建立每半年进行一次全面抽查的评查机制，抽查案件 487 件，其中评定为合格（含一般瑕疵）的 481 件，评定为重大瑕疵的 5 件、错案 1 件。采取分段清理、分类处理、巡查监督、抽查核对等方式推进积存涉案财物的处置，分类、分案建立工作台账，确保每一笔款项，每一个物品都能与案件一一对应。保障律师阅卷权、调查权，接待律师申请阅卷 763 人次，其中异地阅卷 36 人次，接待辩护人、诉讼代理人申请阅卷 790 人次，制作电子卷宗 7505 卷。

【人民监督】 建立检察门户网站、案件信息公开系统、“两微一端”（即官方微博、微信和搜狐新闻客户端）、视频接访系统的“四位一体”新媒体平台，开发网上为民服务中心、控告举报申诉在线受理、案件信息在线查询、检察业务在线咨询等“N”项功能。建设检察服务大厅，将 12309 举报电话、业务咨询、控告申诉受理、律师接待、律师阅卷、案件受理、案件信息查询等工作整合到“检察案管、控申大厅”。修缮电子显示屏、LED 触摸屏、查询电脑等硬件设施，实行“一站式”服务，发布重要案件信息 363 条、网上公开生效法律文书 1833 条、公开案件程序性信息 4985 条。邀请人大代表、政协委员参加检察开放日活动 82 人次，观摩庭审 8 次，召开座谈会 18 次。配合司法部门选聘人民监督员 64 名，其中省司法厅选聘10名，市司法局选聘54名。执行人民监督员监督事项告知、人民监督员参与案件跟踪回访、执法检查、监督案件等制度，邀请人民监督员参加检务活动68人次，提交人民监督员监督案件17件17人。

【检察改革】 依据检察官权力清单，制定实施《泸州市检察机关完善司法责任制的实施意见（试行）》《泸州市检察机关检察官履职监督办法（试行）》《泸州市检察机关办案组织设置办法（试行）》《泸州市检察机关检察辅助人员岗位职责规定（试行）》《泸州市人民检察院检察官权限管理办法（试行）》《泸州市人民检察院检察业务办案流程（试行）》《泸州市人民检察院入额院领导和部门负责人办案工作量化管理办法（试行）》《泸州市人民检察院检察官联席会议制度（试行）》《泸州市人民检察院检察官提请检察委员会审议案件管理规定（试行）》《泸州市人民检察院检察官、检察辅助人员、司法行政人员绩效考核实施细则（试行）》《泸州市人民检察院检察官、检察辅助人员、司法行政人员绩效考核奖金分配办法（试行）》等制度，探索构建权责明晰、制约有力、运行高效的检察权运行机制，全市两级检察院195名员额检察官办理件6095件，入额院领导带头办案成为常态。配合监察体制改革试点，做好案件线索清理、结案与移交，全市两级检察院93名检察官转隶到监察委工作，原由检察机关行使的反贪污贿赂、反渎职侵权、职务犯罪预防职权，统一移转监察委行使。

【负责人】 泸州市人民检察院检察长：罗乐；常务副检察长（6月起）：赵红；副检察长：陶琦、胡运汉、罗莲（女）；党组成员：梅英（女）；机关党委书记：洪明贵；纪检组组长：张合（11月止）、李发扬（11月起）；政治部主任：宋利梅（女）；专职检察委员会委员：任芳（女）、易从中。 （雷长彬）

法院

【概况】 2017年，全市法院充分发挥审判职能作用，服务改革发展大局、推进司法改革、全面加强自身建设，工作实现新发展。全市法院受理各类案件54769件，审执结52732件，同比分别上升21.21%、22.30%，其中市法院受理各类案件3451件，审执结3320件，同比分别上升17.19%、14.64%。2017年，全市法院共获得市级以上集体荣誉81项，其中国家级3项、省级54项；164名干警获得市级以上荣誉，其中国家级2人、省级154人。市法院荣获全省法院争创“两个一流”考核特等奖第一名，被省人社厅、省法院联合授予全省法院系统先进集体，市法官协会荣获全国先进集体。

【刑事审判】 依法严厉惩治涉黑、涉恶、涉毒、故意杀人等严重危害群众安全感的犯罪，审结“两抢一盗”案件492件、“黄赌毒”案件414件。妥善审理涉众犯罪案件，依法审结非法集资案件10件，为957名受害群众挽回经济损失2.85亿元。依法严厉惩治职务犯罪，妥善审理贪污、受贿、渎职侵权案件82件124人，加大对脱贫攻坚领域职务犯罪的打击力度，1件案件入选全省脱贫攻坚领域职务犯罪典型案例。贯彻落实宽严相济刑事政策，对罪行轻微、认罪认罚、主观恶性不深的1160名被告人依法判处缓刑。

【民商审判】 全面贯彻新发展理念，妥善审理涉金融借款、民间借贷、买卖合同、建设工程类案件11076件。依法审理破产案件22件，服务供给侧结构性改革。落实“多兼并重组、少破产清算”要求，建立法院与政府联动机制，依法受理泸天化公司破产重整案件，促进企业转型发展。完善知识产权审判“三合一”机制，发布《酒业知识产权司法保护白皮书》，指导酒类企业加强知识产权保护，1 件入选全省法院保护知识产权典型案例。出台《加强环境资源审判工作、服务生态文明美丽泸州建设意见》，全市法院均设立环境资源审判庭或专业合议庭，审结该类案件 65 件，2 件入选全省法院环境资源审判典型案例。

2017 年 12 月 4 日，泸州中院全体干警面向国旗，庄严宣誓

【行政审判】 审结行政案件 943 件，对其中 165 件依法判决驳回原告诉讼请求，50 件依法判决撤销、确认违法，92 件依法裁定驳回起诉。通过发布行政审判白皮书、提出司法建议、召开座谈会等方式，主动延伸审判职能，市法院与市政府建立行政复议应诉与行政审判工作联系机制，市人大常委会组织召开推进依法行政座谈会，推动司法与行政良性互动。推进行政机关负责人出庭应诉，全市行政机关负责人出庭应诉率 56.7%，同比提高近 10 个百分点。

【执行工作】 全市法院共执结案件 17485 件，同比上升 37.42%。有财产可供执行案件执结率为 99%，执行到位 21.45 亿元，同比上升 69.16%。持续巩固执行工作联席会议优势，联席会成员单位增至 46 家，在市委政法委的直接领导下，合力攻克“执行难”。探索人民法庭审执一体化改革，实行执行案件分段实施、过滤化解、繁简分流，创新经验被省法院推广、最高法院转发。与市公安局联合出台《关于开展司法拘留社会矛盾化解工作的实施意见》，构建“公法联动、资源共享、纠纷同调”工作机制。加大打击拒执犯罪力度，移送犯罪线索 44 件，移送起诉 10 人，判决 9 人。一件非法处置查封财产案件入选全省法院 2017 年度十大典型案例。

【司法责任制改革】 实行人员分类管理，市中院员额法官、司法辅助人员、行政人员占比分别为 32.12%、49.64%、14.6%，实现审判资源向办案一线回归。组建专业化审判团队，市法院按照“3+2+3”模式组建 13 个审判团队，审判资源配置更加优质高效。院领导带头办案，全市法院院领导办理案件 4078 件，其中市法院院领导办理重大疑难复杂案件 510 件。规范审判权运行，制定《关于独任法官、合议庭办案机制规定》等 10 余项制度，明确审委会、合议庭、法官的审判权力边界。定期开展庭审、裁判文书、案件质量“三评查”活动，实现案件评查全覆盖，加强审判管理。

【刑事诉讼制度改革】 出台《进一步推进刑事庭审实质化改革工作的实施意见》，充分发挥庭审在认定事实、甄别证据、公正裁判方面的核心作用。全市法院以庭审实质化方式审理一审刑事案件 181 件，其中 141 件采用多媒体示证，证人出庭作证 64 件 71 人次，侦查人员出庭作证 46 件 52 人次，鉴定人员出庭作证 23 件 23 人次，专家出庭作证 4 件 5 人次。扎实推进轻刑快办工作，基层法院共办理轻刑快审案件 900 件。

【繁简分流配套改革】 全市法院均组建速裁庭或者速裁团队，加大小额诉讼程序适用力度，基层法院适用小额诉讼程序立案3476件，结案3471件，结案率99.8%，平均审理期限为15.3天。探索开展民商事案件要素式审判改革。合江县法院率先研发简案智审系统，实现劳动争议、交通事故损害赔偿及民间借贷等案件要件化、标准化审理，不断提高司法效率。

【司法公开】 健全审判流程、庭审活动、裁判文书、执行信息四大公开平台，进一步拓展司法公开的广度和深度，提升人民群众的获得感和参与感。审判流程公开实现各类案件全覆盖，当事人可自主查询案件进展；直播庭审430次，观看量达723071人次，市法院1件案件被省法院表彰为“十佳庭审”；在中国裁判文书网公开裁判文书53644份；公开执行信息18497条。

【司法为民】 推进诉讼服务中心提档升级，完善诉讼服务网和“12368”诉讼服务热线，为当事人提供“一站式”服务。运用微博、微信、网站等平台发布信息1672期。实行网上立案、网上查询，让信息多跑路、让群众少跑腿。开展巡回审判2200余次，推广“车载法庭”“院坝法庭”，法官到田间地头，察民情、讲法理，用真情化解矛盾，让群众切身感受到社会主义司法的关怀和温暖。全市减免诉讼费2478万元3745人；司法救助212.5万元139人。

【司法队伍建设】 扎实推进“两学一做”学习教育常态化、制度化，开展“四对照四提升 做忠诚卫士”专题教育；坚持“教、严、创”三字要诀，创新基层党建工作模式，在泸州召开的全省法院基层党建工作会上，市法院作经验交流。强化预防腐败惩防体系建设，制订分管领导监管责任清单，完善五方面的管控机制。开展“法官论坛”“法官龙门阵”“道德讲堂”等学术活动，全面提升队伍职业素养和文明司法水平。泸县法院成功创建成为全国文明单位。市法院通过全国文明单位复查验收，继续保持全国文明单位称号。

【人民法庭建设】 深化“三型法庭”建设，全市大部分人民法庭建成科技法庭，实现信息化审判。打造“一庭一品”亮点。江阳区法院人民法庭为园区企业提供“问诊式”司法服务；叙永县法院组建民族团结进步法庭，将民族习惯与调解有机结合，妥善化解涉少数民族案149件；合江县法院人民法庭坚持巡回审判、以案说法，有效提升基层群众的法治意识。泸州“三型法庭”建设写入省法院向省人代会所作的五年工作报告，工作经验在全省作交流。

【服务自贸区建设】 市法院出台服务保障自贸区建设指导意见，提出三大方面15条保障措施。龙马潭区法院成立自贸区巡回法庭，明确管辖范围，制定裁判规则指引，组建精英审判团队，审结涉自贸区案件120件。探索审执机制创新，实施规制滥用管辖权异议、财产保全预执行、金融企业纠纷诉讼对接机制等创新制度，参与建设“一窗通办、智能法律协同服务平台”，打造诉非衔接升级版，不断提高服务保障自贸区建设的实效性。

【社会基层治理】 处理各类来信来访436件，市上交办的32件信访事项全部办结。依法打击违法上访行为。分发挥人民法庭“桥头堡”作用，将家事审判改革同基层社会治理充分融合，发起并成功承办全省法院家事审判改革研讨会，以纳溪区法院江宁法庭为代表的家事审判“1+2”泸州模式受到充分肯定。

【负责人】 泸州市中级人民法院院长：吴洪汛；常务副院长（12起）：蒲卫东；副院长：陈春、徐斌（女）、张明勇；执行局长：王宏；政治部主任：聂卫；纪检组组长：李华超（11月起）；机关党委书记：靳泰雨（女）；审判委员会专职委员：简兴超、陈志超（12月起）。

（黄 俊）

司法行政

【普法宣传】 1. 全面推进“法律八进”。以“法律八进”为抓手，推动法治宣传教育在各行业、各领域“生根开花”。2. 开展“法律进机关”活动。印发《泸州市完善国家工作人员学法用法制度的实施意见的通知》，启动拟任科级干部网上学法考法平台，编写《领导干部学法用法读本》，努力做响泸州普法“名片”。市县两级新增普法讲师11人，开展“法润泸州·七五普法行”巡回宣讲和“以案说法”50余场次。3. 开展“法律进校园”活动。在发挥课堂主渠道作用上强化“第二课堂”，市人大牵头组织开展大规模学生心理健康调研，实施第二届“向日葵法治夏令营”，开展“宪法晨读”“法娃进校园”“零距离观摩法庭庭审”“我与家长同学法”“法育未来”中小学生法治手抄报和法治征文比赛等主题活动。4. 开展“法律进乡村、进社区”活动。实施“六个一”工程，在144个乡镇（街）设立法治辅导站和法律援助工作站，帮助全市1769个村（社区）建立《村规民约》《居民公约》。开展“法律服务进千村（社区）”活动，组织103个法律服务小分队，到村（社区）开展宣传。探索出“网格化普法”“坝坝学法论坛”“院坝讲堂”“普法进农家”等普法新模式，让群众在喜闻乐见中增长法律知识。5. 开展“法律进企业（园区）”活动。部门联动，开展“网络诚信·消费无忧”3·15主题活动，举办《消费者权益保护法》大型知识竞赛。组织律师团队为酒类企业进行免费“法律体检”，帮助100余家企业完善章程，制定和审查各类制度200余项。为园区引进法律服务机构和法律顾问，推动企业聘请法律顾问61名，开展企业经营管理人员法律巡讲45次，参与人数836人次。6. 开展法律进单位、进宗教场所、进军营活动。推动医院、公园、车站等公共场所建立法治宣传栏、电子显示屏9015个。入寺开展集中法律知识培训7次，培训857人次。在全市团以上部队和县区武装部建立16个军人军属法律援助工作站，举办法律讲座5场次，解决官兵及家庭合法权益15件。

全国优秀人民警察、“情满万家·派出所好民警”杨政（中）与干警合影

【示范点创建】 截至年底，全市命名市级示范乡镇（街道）9个、机关（单位）15个、示范点24个，6个省级示范点接受检查验收。龙马潭区、叙永县申报为“全国法治县（区）创建活动先进单位”，泸县清溪社区、纳溪区打渔山社区申报为“全国民主法治示范村（社区）”。

【普法品牌】 争取中央专项资金，启动全市青少年禁毒教育基地建设，高标准新打造龙马潭区自贸区、叙永县岩头上法治公园等阵地20余个，命名省级法治教育示范基地5个。创编《巴倒烫》《特殊关爱》等32部法治文艺节目，新创编法治文艺节目10部，开展“法润泸州·法治文艺进万家”134场次，开展“清凉之夏·法治电影进万家”204场次。开展“法律温暖·家庭幸福”为主题的“三八”维权周法治宣传、“感恩亲情．重塑人生”、“6·26”国际禁毒日等系列活动。叙永县拍摄的《阳光下的新苗》法治宣传片，在全国禁毒工作会播放。《泸州日报》法治与生活普法专版、“法治泸州网”“法润泸州”微信公众号、《给您说法》普法情景剧成为全市专属普法的“四张名片”，法治声音广泛传递。

【服务经济建设】 全市律师“两代表一委员”人数从上届10余人增至33人，其中省党代表1人，实现历史性突破。服务自贸区建设。整合司法行政力量，制定泸州市司法局助推川南临港自贸片区建设的意见。建立自贸区“法律协同服务平台”，遴选推荐市内5家实力较强的律所［四川蜀泸、时代永嘉、中豪、明炬（泸州）、秉和］链接加盟，促成国内顶级律所北京大成成都分所与泸州市理光律师事务所签订合作框架协议，并与自贸区开展工作对接。市司法局与自贸区管委会、市商业银行合作，签订三方战略合作协议，建立手机移动服务APP平台，以便为泸州市自贸区企业提供及时便捷法律服务。服务中心工作。为新建渝昆高铁提供社会稳定风险防范建议，建议在项目建设中引入律师、公证等法律服务，避免法律瑕疵引发社会不稳定；参与川泸运业公司股权处置纠纷、原泸州市阀门厂职工群体上访案件处理；组织律师参与涉法涉诉信访工作，在市法律服务专区免费解答群众法律服务咨询451人次；律师到市人大和市、检、公参与信访值班90人次，接待来访群众64人次，3名信访人分别书面签订《停诉息访承诺书》《停访承诺书》；接受市人大涉法涉诉信访专题询问。服务对口藏区。多次组织律师团赴乡城县和云南楚雄，就2016年四川、云南发生的“5·29”重大杀人案件为对口援助的乡城县党委政府和乡城县的受害人家属提供法律支持；选派律师参与甘孜州炉霍县一斗殴致死案件的法治宣传工作，泸州市律师同心团援藏工作受到省委统战部、省司法厅等8部门联合表彰，2名律师被评为先进个人。

【四川省法医物证司法鉴定培训基地落户泸州】

省司法厅下达《关于建立四川省法医物证司法鉴定人教育培训基地的批复》（川司法函〔2017〕24号），正式批准同意四川省法医物证司法鉴定人教育培训基地建立在西南医科大学，承担组织全省法医物证司法鉴定教育培训和学术交流活动。成为继四川大学华西基础医学与法医学院、西华大学和四川西南司法鉴定中心之后，设立的第四个全省司法鉴定教育培训基地。

【法律援助民生】 全市累计办理法律援助案件2756件（目标任务1600件），提供法律援助事项15189件（目标任务11800件），提供法律援助20701人次（目标任务15000人次），完成比例138%，超额完成指标，全年法律援助案件零投诉。新建驻北京、浙江金华两个省外工作站，累计建成驻中山、贵阳、昆明、东莞等6个省外工作站。在泸州电台成立阳光政务法律援助自愿律师团，38名律师组成负责解答听众法律咨询。做好军人及家属法律援助工作，办理法律援助案件6件，提供法律咨询56人次；参加军队全面停止有偿服务工作，每周定期集中办公，草拟修订腾退协议7份。完成“12348”法律服务热线改造升级工作，新热线设4个席位，实行24小时值守服务。

【组织国家司法考试】 完成2016年通过国家司法考试人员的职业资格申请授予和颁证工作。2017年，泸州仍然是全省第二大考区，组织1780名考生在泸州高中参加考试。

【司法体制改革】 推荐省级人民监督员 10 名，选任市级监督员 54 名，截至年底全市完成 13 件监督工作，参与检务活动 4 起。推动市委、市政府出台律师制度改革、法律援助工作、国家工作人员学法用法制度等实施意见，并对改革落实情况进行全面督导。同市公安局探索开展“公调对接”，出台实施意见，形成协同督导机制，将“全年完成 15 个主城区派出所调解室进驻”工作纳入目标考核。

【“绿色回归家园”基地建设】 推进集社区矫正、安置帮教、戒毒康复技能培训基地为一体的泸州市“绿色回归家园”项目建设。选址在龙马潭区双加镇“泸州阳光乐源农业生态开展发有限公司”所属农场，采用公司投资建设、财政支付租金和政府购买服务的方式建设。

【司法所规范化建设】 泸州市作为全省司法所规范化建设试点市（州），2017 年完成 33 个司法所规范化建设工作，全面完成省厅下达的 142 个司法所规范化率达 65% 的目标任务。

【人民调解】 开展人民调解“评星定级和市级调解能手”活动；在自贸区培育“外贸行业矛盾纠纷人民调解委员会”，推进“调解跟着项目走”；设立市校调委，指导县乡两级校调委建设，化解校园矛盾纠纷；建立医疗纠纷快速反应处置机制，实行 24 小时值班备勤，推行医疗责任保险制度，落实“521”调解机制，市医调委被省司法厅评为“五星级人民调解委员会”、被司法部授予“全国模范人民调解委员会”荣誉称号。

【社区矫正与安置帮教】 全面落实监管、教育、帮扶三大任务。创建职业技能培训长效机制，与市财政局、市人社局联合印发关于开展社区服刑人员和强制戒毒人员再就业劳动技能培训的通知，采取政府购买服务的方式，为特殊人员进行职业技能培训。规范执法监管，对入矫（解矫）宣传、定期报告、社会调解评估、考核奖励、请销假制度、执行变更、解除矫正等进行规范，做到执法有据、程序严谨。建立市县乡三级督查制度，市县乡分别每半年、每季度、每月督查 1 次，督查必有通报、有整改，规范常态督查。基层所每月组织社区服刑人员开展军事化队列训练、集中训诫、学习政策法规、开展义务劳动，促进其改造。落实“金砖会晤”、中共十九大等重要时期安全监管，坚持日报告制度、建立重点人员监管联动机制，确保安全稳定。开展“延伸帮教进高墙”活动，与 6 所监狱开通网络探视系统，374 名服刑人员通过网络探视平台与 728 名家属实现远程“会见”。实施无缝对接，在省厅指导下，组织精干力量赴新疆新源监狱，完成 2 名泸州籍刑满释放“危安犯”必接工作，并做好后期安置稳控。

【队伍建设】 全系统 2017 年累计 144 名先进个人和先进集体荣获各级表彰，其中，获得省部级表彰 9 个，地州级表彰 44 个，县处级表彰 91 个。市医调委和 3 名调解员被司法部表彰为全国模范。市医调委被省厅授予“五星级调委会”，纳溪区法律援助中心唐毅被推荐为司法部表彰的“最美法律援助人”候选人，古蔺县唯理法律服务所主任周舒被推荐为省厅表彰的“四川司法行政系统十大杰出人物”候选人。涌现出市强戒所已故优秀民警王绍培，在全系统组织号召学习，并向省厅申报追授记个人二等功。

【负责人】 泸州市司法局局长：辜继杰；副局长：苏世毅、王亚强、陈柯剑；纪委书记：董剑；机关党委书记：刘喜讯（女）；政治部主任：林涛（6 月起）。 （张 林）

仲 裁

【案件受理】 2017 年受理仲裁案件 250 件，受案标的额8.4亿元，2016年受案标的额6.4亿元，同比增长31%。受理服务合同纠纷案件91件，占全部案件数的37%；商品房买卖合同纠纷49件，占20%；借款合同纠纷28件，占11%；建设工程合同纠纷25件，占10%；房屋买卖、租赁、安置合同纠纷11件，占4%；劳务分包合同及招商引资合同纠纷8件，占3%；其他纠纷38件，占15%。物业服务合同纠纷和商品房买卖合同纠纷案件数量持续增长，劳务分包合同、招商引资合同、股权转让合同纠纷等新类型案件显现。

【仲裁结案】 2017年结案323件（包括2016年及以前遗留案件162件，2017年161件），平均结案天数144天（其中2017年立案并结案161件，平均结案天数62天）；裁决结案139件，占总结案数的43%；调解及撤案184件，占总结案数的57%。2017年仲裁案件一件被市中级人民法院发回重新仲裁，无撤销仲裁案件和不予执行案件。

【仲裁管理】 1. 仲裁委换届。2017年正式启动第五届仲裁委的换届工作。市政府批复拟聘任第五届仲裁委组成人员，市审计局审计通过第四届仲裁委员会财务工作，第五届仲裁员征集申请表工作业完成。2. 成立金融仲裁院和自贸区仲裁院。2017年4月，经市府办批复，中国（四川）自由贸易试验区川南临港片区仲裁院和泸州金融仲裁院正式设立。作为泸州仲裁委员会的派出机构，自贸区仲裁院解决涉及泸州自贸区的各类国内外商贸经济纠纷，金融仲裁院解决金融系统在金融交易、金融服务等金融活动中发生的商事纠纷。3. 建章立制。修改《仲裁规则》，开展金融仲裁和自贸区仲裁规则的编订工作；修改单位内部规章制度和制订内部管理细则；建立单位内控管理体系，制定完善并有效实施内控管理制度、流程、程序和方法，对财务工作风险进行有效事前防范、事中控制、事后监督。

【队伍建设】 组织工作人员参加海口“仲裁秘书办案技巧”培训，成都杨立新教授“民法总则理解与适用专题培训”，绵阳“仲裁员培训”，北京中国政法大学“仲裁机构业务骨干研修班培训”。2017年组织仲裁员、仲裁工作人员及相关政法单位人员，开展4次培训活动，参训人员700余人次：5月举办“应急处突拓展培训”、中院法官李春讲授“仲裁审理技巧专题讲座”；7月与市中院联办“民法总则法律实务专题讲座”，邀中国民法专家、民法总则主要起草人之一杨立新教授主讲；8月举办“法律实务沙龙”，由北京仲裁委员会资深秘书储欧亚主持，就电子证据的认定及仲裁第三人的问题展开研讨，并演示模拟仲裁庭庭审过程。

【负责人】 泸州市仲裁委员会秘书长：王敏（女）。

（邓　静）

军 事

泸州军分区

【思想政治建设】 深入开展维护核心、听从指挥主题教育活动，扎实推进“两学一做”学习教育常态化制度化，坚持不懈地用习近平新时代中国特色社会主义思想和强军思想武装头脑、培育官兵、指导实践。军分区党委组织集体学习10次、开展理论辅导4场，组织专题学习讨论3次，人手一册印发应知应会“口袋书”。中共十九大召开后，在报告原文学习、上级专家宣讲、党委常委授课、理论要点解读、舆论氛围营造基础上，广泛开展“五个一”活动，组织全区官兵职工“寻根铸魂”重走长征路、再访红军渡，真正把信仰种子植入灵魂，把红色基因融入血脉。

【部队改革】 紧跟改革进程，4次开展改革专题教育，引导官兵真诚拥护改革、真心支持改革、真正服从改革。严格按编制、按规定、按程序统筹抓好干部落编定位、交流干部接收、干部转业退休等工作，组织战士落编定岗和退役。制定下发《泸州军分区管理工作若干问题规范》，坚持用每月办公会、每周交班会统筹协调工作任务。及时传达学习文职人员政策规定，逐人摸清思想底数和转改意愿，紧前做好现役军人转改文职人员工作。依令实施干休所调整改革，精心做好离退休干部和遗孀服务保障工作，做好干休所合并整编各项准备。

【国防动员】 狠抓战备工作，及时修订完善应急应战动员方案，严格落实战备值班、工作报告、检查抽查等制度，结合节日战备组织开展营区、民兵武器仓库安防演练，完成“两会”、十九大和重大节假日期间维稳处突和巡逻执勤任务。区分首长机关、现役官兵、民兵三个层次，扎实抓好体能、参谋业务、“三实”等基础训练，5月开展分区联合训练，6月指导任务区县开展空军场

2017年11月16日，泸州军分区在古蔺县太平镇红军四渡赤水陈列馆开展教育活动

站挂钩训练，7 月组织开展《民兵训练大纲》矿难救援行动课目试训工作，11 月份组织轻武器实弹射击训练。全年完成 3000 余名民兵年度训练任务数，组织综合应急连、专业分队、各类救援分队集训 21 期 105 天，参训人员共 1723 人次。扎实做好年度军事训练考核，严格考风考纪，落实军事训练不达标的一票否决制度，强化军事训练导向，接受省军区军事训练考核，成绩总评良好。龙马潭区人武部被省军区表彰为“军事训练先进单位”。抓好民兵组织整顿，采取拉动式点验的方式，对各县（区）民兵应急连进行逐个点验，确保人员装备落实。开展国防动员潜力调查，做好兵役、预备役登统计，扎实抓好年度新兵征集工作，联合市委、市政府出台《关于进一步鼓励大学生参军入伍的意见》，完成新兵征集任务，其中大学生比例占征集总数 40%，“五率”量化考评位居全省第 8 名。牵头完成 40 所大中学校 4.4 万余名学生军训任务。

【从严治军】 严格规范抓管理正秩序，持续开展条令学习月活动，细化贯彻军委国防动员部“6 个规范性”文件具体措施，完善检查督导、风险预判、整改督查、责任追究等机制办法。持之以恒抓基层打基础，突出抓好“两个经常性”和“三个一线”建设，对全区 163 个基层武装部开展规范化建设“回头看”，组织 13 期 592 人次专武干部及民兵骨干培训，安排 2 名机关干部当兵锻炼，组织 3 名干部换岗锻炼，开展军分区党委常委挂钩帮建活动，召开军分区建设与管理工作座谈会，推动帮建支部、帮带干部、帮抓骨干落地落实。纳溪区人武部被省军区表彰为“全面建设先进人武部”。毫不放松抓安全保稳定，坚持党委常议、主官主抓，紧盯“17 个重点要素”，4 次召开专题安全形势分析会，5 次下派工作组督导检查，对查找出的 8 个方面 46 个具体隐患和问题，拉单列表、定人定责逐一整改，确保安全稳定工作无死角、全覆盖。江阳区人武部被省军区表彰为“安全稳定工作先进单团级位”。扎实推进全面停止有偿服务工作，6 次召开推进会研究对策、部署任务，军分区有偿服务项目 56 个，关停 45 个，余下 11 个复杂敏感租赁项目，按成熟一个关停一个的原则稳妥推进。

【参建参治】 完成急难险重任务，先后参加泸州市创建全国文明城市迎检活动、泸州市 2017 年抢险救灾综合演练，出动 1000 余名民兵完成泸州市“酒博会”等多项重大活动的警戒执勤任务，完成合江县车辋镇、纳溪区打古镇森林灭火、纳溪区白节镇山体滑坡等抢险救灾任务。开展精准扶贫活动，建立 200 万元扶贫开发专项基金，分区机关拿出专项资金 30 万元，用于解决军分区对口帮扶村古蔺县太平镇九龙村新建活动室建设。经省市县评估检验，挂钩贫困村全部脱帽、80% 以上的挂钩贫困户脱贫。

【负责人】 泸州军分区司令员：董智勇；政治委员：李峥阳；副司令员：汪国荣、李建军；战备建设处处长：梁 棋；动员处处长：谭 宏；政治工作处主任：寇志超；保障处处长：李东亮。

（黄 胜）

武警泸州市支队

【服务中心工作】 以保卫中共十九大为核心任务，落实维稳“四个要则”，实行全要素联合值班，6 次组织首长机关带实兵演练，全力打好“三场维稳战役”。把军事训练作为党委工程，狠抓军事训练“八落实”，4 次专题议勤议训，7 次组织勤训轮换，培训“四会”教练员，严密组织“魔鬼周”极限训练，5 名官兵在集训比武中荣立三等功。精心组织正规化执勤，推进“五防一体化”建设，备勤室“四项功能”全达标，执勤硬隐患全归零，执勤目标连续 33 年无事故。动用兵力 8500 余人次，完成群体性聚集事件处置、武装巡逻、押解押运、警戒设卡和现场警卫等勤务

67起。

【安全检查】 严密组织“群众性创安”“百日安全竞赛”和安全大检查，消除34处问题隐患，切实做到政治安全抓牢、枪弹问题防严、行车风险降低、治酒全时覆盖。

2017年3月18日，酒博会武警值守

【事件处置】 1月29日12时35分，古蔺县看守所两名在押犯洛某和吕某因个人物品分配问题发生口角，而后升级为抓扯打架，12时45分，古蔺县武警中队应急班携带防暴器材进入监区，与监狱民警一起制止打斗，有效遏制事态恶化。3月7日19时20分，一名女子在泸县看守所门口静坐。哨兵立即警告，令其退出警戒线，在该女子不予理睬的情况下，泸县武警中队迅速将该女子控制，并移交泸县玉蟾派出所处理。

【技能培训】 培训技术学兵65人，分5批组织业务集训，严密组织后勤专业比武，优化“一组五队”编组。

【负责人】 武警泸州市支队支队长：苏文瑞；政治委员：郑治。 （刘 诗）

人民防空

【人防工程建设与管理】 1. 全市办结人防行政审批项目187个，审批建设防空地下室36万平方米（其中四县的项目67个，批准建设防空地下室约18万平方米），人防建设投资近10亿元，完成应建必建、以建为主、以收促建的工作目标，杜绝人防易地建设费违规免减，收取易地建设费1.68亿元（其中包括四个县收费4544万元）。市人防办加强对各区住建局、园区住建分局审批工作的指导和检查，实现平稳过渡，运行情况良好，企业办事更加方便快捷。2. 指挥工程建设稳步推进。泸州市公民避难知识教育中心及人防应急指挥中心正式投入使用。扎实推进重点项目泸州人防（国防）综合训练示范基地暨核心疏散基地建设，办完相关土地手续和征用交付；完成方案设计、初步设计和施工图设计，进入评审预算。3. 开展城市地下空间开发利用规划编制及人防建设总体规划修编。《泸州市人民防空（民防）建设总体规划（2014—2030）》通过规委会评审，市政府正式批准实施。

【组织指挥】 1. 完成省办下达的“蜀盾—2017”综合性演习任务。2. 完成2017年全市防灾救灾综合应急演练任务。演练有市人防机动指挥通信支队和泸县人防、合江人防办、叙永人防办、古蔺人防办共20人参加，出动人防中型机动指挥通信车1辆、县级前端信息采集车4辆。开设机动指挥所，与事件突发现场的县人防办前端信息采集车开通视频会议，充分利用卫星通信、视频会议、车载云台、单兵信息采集、短波通信、警报统控等多种手段进行现场数据、语音、图像信息采集传输，完成演练任务。

【通信警报建设】 1. 改造提升人防预知预警系统，新安装防空防灾警报60台，实现城市新建区域全覆盖。完成“9·18”防空警报试鸣工作。2. 全年完成无线电台专向联络机上通报3万余组，其中收1.2万余组、发1.8万余组。电台沟通率达99%，电报差错率未超过0.2%。

【平战结合经营管理】 1. 全年共检查40余次，发现隐患3处，投资3万余元落实整改；测试消防设备运行情况、安全检查11次，保证商城设备设施正常运行，用电安全等日常工作；对商城各门市、摊位进行变压器、配电柜以及用电线管、线路等全面检查、清理、整改，确保商场的用电安全。2. 全年平战结合经营收入313万余元。

【人防宣传教育】 利用“9·18”防空警报试鸣活动，宣传防空警报知识。为《中国人防》《四川人防》等报刊组稿90余篇，刊发30余篇，印发人民防空宣传单1000多份，印发《防空防灾知识手册》20000册，制发防空防灾知识试卷50000份。在“世界民防日”“世界水日”“禁毒宣传”“全国法制宣传日”活动为契机，设立市人防办知识宣传点，悬挂横幅标语，印制宣传资料。

【负责人】 泸州市人民防空办公室主任：付希；副主任：唐华；纪检组组长：曾长国（11月止）、杨姚东（11月起）。 （黄筱棠）

泸州人防“三防”专业队完成“蜀盾—2017”全省人防综合演习任务

综合管理与监督

重点项目建设

【重点项目计划】 2017 年，全市确定实施重点项目609 个，计划总投资 9756.5 亿元，年度计划投资 1547.7 亿元。按项目批次分，竣工项目 82 项，年度计划投资 139.1 亿元；加快建设项目 178 项，年度计划投资 889.5 亿元；新开工项目 192 项，年度计划投资 519.1 亿元；加快前期项目 157 项，未安排年度计划投资任务。按项目性质分，重大产业类项目 276 项，年度计划投资 801 亿元；重大基础设施类项目 210 项，年度计划投资 473.3 亿元；重大民生及社会事业项目 105 项，年度计划投资 252.2 亿元；重大生态环保项目 18 项，年度计划投资 21.2 亿元。

2017 年 10 月 31 日，泸州市 2017 年第四季度重大交通项目集中开工仪式在叙永县举行

【重点项目完成情况】 全市 609 个重点项目完成投资 1724 亿元，同比增长 24%。其中，华为四川大数据中心建设项目（一期）、泸州市老旧道路“白加黑”升级改造工程、泸州长江生态湿地新城整体城镇化建设项目（含北部核心区道路一期、安置房及土地征收）等 72 个项目竣工；医疗器械产业（孵化）园项目、国道 546 线纳溪区机场口—合江县九支镇、古叙垃圾焚烧发电项目等 159 个项目开工建设；泸州老窖酿酒工程技改项目、泸州高新区医药产业园建设项目、川南城际铁路内自泸线等 178 个项目加快建设。产业项目投资拉动明显，项目完成投资 889.9 亿元。

发展与改革

【主要经济指标】 2017 年，全市地区生产总值 1596.2 亿元，比 2016 年（下同）增长 9.1%，总量居全省第 6 位，增速居全省第 1 位；规模以上工业增加值增长10.9%，增速居全省第2位；全社会固定资产投资2042.1亿元，增长18%，总量居全省第2位，增速居全省第1位；社会消费品零售总额722.1亿元，增长13.3%，总量居全省第7位，增速居全省第1位；地方一般公共预算收入146亿元，同口径增长11.3%，总量居全省第2位，增速居全省第15位；城镇居民人均可支配收入31449元，增长8.6%，总量居全省第5位，增速居全省第10位；农村居民人均可支配收入13670元，增长9.8%，总量居全省第10位，增速居全省第5位。

【项目投资】　全社会固定资产投资完成2042.1亿元，增长18%，总量居全省第2位，增速居全省第1位。重大项目建设加快推进，全市举行重大项目集中开工仪式4次，集中开工项目452个，总投资2837亿元。全市实施的609个重点项目完成投资1724亿元，占年度投资计划的111.4%。精准对接国、省发展改革委促投资稳增长政策措施，全年累计争取中央、省预算内投资项目等资金88亿元，新获国家发改委核准发行4支企业债券34.2亿元，成功发行全省首支外债3亿美元。鼓励市级平台公司推行市场化投融资，开始实施第一批14个计划总投资171.16亿元的市场化投融资项目。

2017年12月2日，国家发改委城市和小城镇改革发展中心科研管理部主任薛付东带队视察西部智能产业园的兴泸远大PC工厂

【工业突破】　坚持工业为大、工业为重、工业为先，规模以上工业增加值同比增长10.9%，增速居全省第2位。产业转型升级步伐加快。泸州老窖酿酒工程技改、郎酒天宝峰陶坛酒库等项目加快建设，川酒集团成功组建，白酒产业增加值增长14.7%。新火炬化工技改、合盛硅业泸州基地等项目竣工投产，聚碳酸酯（一期）加快推进，白酒、机械、化工、能源“四大产业”增加值增长12.9%。以招大引强加快培育新兴产业，智能终端产业从无到有、初具规模，落户项目93个，总投资380亿元，32个项目建成投产，投产后可实现年销售收入520亿元，“泸州造”智能手机走出国门。航空航天、装备制造、现代医药、信息技术、新能源新材料等新兴产业加快培育，航天科工预冷动力技术中心签约，泸州金能移动能源产业园（一期）开工建设，步长生物制药基地加快推进，新能源电动专用车实现量产。

【服务业突破】　加快服务业规模扩张、业态丰富、比重提升，2017年第三产业增加值完成562.4亿元、同比增长9.5%，占地区生产总值比重达35.2%。商贸物流业加快发展，步步高综合体、海吉星物流园（一期）建成运营，西南商贸城（三期）、万达广场、和润粮食物流基地等项目快速推进。“互联网+”推动线上线下融合发展，网络消费、移动支付、共享经济等新业态不断壮大，电子商务交易额252亿元、增长30%。房地产消费需求旺盛，实现商品房销售额350.3亿元、增长40.3%。金融服务功能不断增强，兴泸水务在香港联交所、华西证券在深圳证交所成功上市，入驻成都农商行、中融保险、国金证券等7家金融机构。文化旅游业不断提升，文化消费试点工作获文化部表彰，凤凰湖景区创建为国家AAAA级景区，实现旅游总收入441.9亿元、增长33.4%。

【农业发展】 实施粮食生产能力提升工程、粮油绿色高产高效创建活动，粮食总产量206.1万吨，粮食生产总体稳定。推进农村一二三产业融合发展，集中打造产业融合发展示范园15个，新认证“三品一标”农产品37个，新发展市级以上重点农业龙头企业25家、农民专业合作社481个。稳步推进农村集体资产股份制合作制改革试点，江阳区、纳溪区等土地流转收益保证贷款试点工作扎实推进。

【中心城区扩容提质】 “两江新城”加快集中连片开发，泸县撤县设区进展顺利，加速融入主城区一体化发展，中心城区建成区面积154平方公里、人口152万人。沱江二桥加宽改造、沱江六桥等项目建成投用，长江二桥、二环路等项目快速实施，不断畅通城市干线、环线路网。城市道路“白加黑”升级改造、城区景观照明（一期）工程等全面完成，沱江新城南北滨公园主体完工，茜草二水厂（一期）、鸭儿凼污水处理提标扩容工程建成投用，城市有机废物协同处理示范工程开工建设。创建为全国文明城市，入选全国首批公交都市建设城市，城市品质功能不断提升。

【城乡建设加快】 县城集聚作用增强，四个县实施城镇建设重点项目48个、完成投资141.8亿元，合江县、叙永县、古蔺县县城面貌显著改善。“百镇建设行动”进展顺利，15个试点镇完成投资13.1亿元，大渡口镇、江门镇、白节镇列入第一批省级特色小镇。全域推进幸福美丽新村建设，建成幸福美丽新村250个、省级“四好村”75个。新型城镇化试点取得实效。出台促进非户籍人口落户城镇十条措施及实施细则，全市新增城镇户籍人口16万人，户籍人口城镇化率达41%，提高3.16个百分点。继续深化多元化投融资机制改革，筹集城镇建设资金159亿元。探索推进城乡规划管理体制改革，创新行政管理机制，完成4个乡镇行政区划调整，城镇化率达49%。

【改革开放】 重点领域改革深入推进。落实国、省改革部署，实施204项改革事项、35项年度重大改革、30项国省改革试点。深化“放管服”改革，在全省率先开展企业投资项目承诺制试点，

泸州港国际集装箱码头

民营经济占地区生产总值比重达58.5%。深化商事制度改革，“多证合一”全面实施，全市新增各类市场主体4.2万户、增长20.7%。开展全面创新改革，实施综合改革事项10项、军民融合试点事项6项。国家信用体系建设示范城市创建推进，在全省率先建成公共信用信息平台，与三省八市建成信用联盟。供给侧结构性改革扎实推进。去产能成效明显，淘汰钢铁产能11万吨、平板玻璃114万重量箱、制砖800万匹/年。去杠杆稳妥有序，规上工业资产负债率50.1%，下降2.4个百分点。降成本持续发力，营改增试点全面推开，直供电、直供气企业达33户、26户，降低企业用能成本8亿元。创新驱动作用增强。与清华、北航、航天科工集团共建航空发动机基地，挂牌

北航泸州研究院。新认定市级众创空间16家，新增孵化面积21万平方米。国家高新技术企业达69家，实现高新技术产业产值315亿元、增长48.7%。开放合作不断深化。主动融入“一带一路”、长江经济带建设，列入西部大开发长江—川藏西向开放节点城市。与澳大利亚巴罗萨市、英国诺丁汉市建立友好合作关系。建成成都、昆明、六盘水等无水港，开通“泸蓉欧”快铁，推出泸州至上海“天天直航快班”。推动川南经济区一体化发展，履行川南经济区联席会轮值主席职责。自贸试验区川南临港片区开局良好，复制推广改革经验158项，形成制度创新成果90项，14项制度全国首创。招商引资成效显著，“酒博会”“商博会”“农博会”三大展会市场影响力和集聚力不断增强，全年到位市外国内资金1289.9亿元，增长18.8%。

【扶贫攻坚】　落实“六个精准”“五个一批”，实现脱贫8.5万人、退出贫困村149个、合江县脱贫“摘帽”。强化基础设施建设，累计完成易地扶贫搬迁16281户66502人，基本实现“五年任务、两年完成”；叙永县江门镇集中安置点列入国家“砥砺奋进的五年”大型成就展。建成农村扶贫公路2148.4公里、渡改桥8座，贫困村电网改造升级全面完成。加强产业扶贫，在全省率先将贫困村产业扶持基金提高到50万元/村，“跨县接乡联村”特色产业带规模扩大，贫困地区造血功能持续增强。

【社会事业】　民生支出占一般公共预算支出比重达70.1%。新建公办中小学校19所、幼儿园8所，“全面改薄”累计竣工校舍98.1万平方米。国家健康城市试点工作深入推进，市人民医院创建三甲医院通过验收。启动公立医院薪酬制度改革试点，全民预防保健工作扎实推进。开展第七届群众文化旅游艺术活动等本土品牌活动300余场，广电高清智能终端普及率达50%，“宽带乡村”工程全面实施。坚持就业优先战略行动，城镇新增就业4.33万人，城镇登记失业率控制在3.23%。“五项社会保险”覆盖面进一步扩大，基本医疗保险参保率持续稳定在98%以上。全面开展基层治理专项行动，国家食品安全示范城市创建进展顺利，安全生产形势持续向好。生态文明加快建设。污染防治“三大战役”成效初显，主城区环境空气优良天数273天、比2016年增加40天；扎实开展城市集中式饮用水源地专项整治，全面落实“河长制”，市、县两级城市集中式饮用水水源达标率100%。绿化泸州行动深入实施，全市森林覆盖率达50.4%，综合治理水土流失面积199.8平方公里。狠抓中央环保督查问题整改，制定生态文明考核机制和生态补偿机制。

【负责人】　泸州市发展和改革委员会主任：李锋（8月止）、黄玉林（8—12月）；副主任：张毅贤、吴雪松、赵一、李霖、何显兵；纪检组组长：卢家灿（11月止）、许亮（11—12月）；机关党委书记：胡琳（女）；市铁建办副主任：曹天林；市重大项目稽察办主任：赵林春；市以工代赈办主任：刘川铃。　（陈　艺）

统　计

【统计管理体制改革】　2017年4月，泸州市被确定为全省基层统计管理体制改革的试点地区，调整优化基层职能和事权，将原来乡一级承担的一些统计职能、事权划为县直管或承担。在县（区）统计局增设乡镇（街道）统计管理办公室。各县（区）统计局领导班子，增配1名副局长和总经济师。成立市统计执法监督局。在县（区）统计局设立统计执法监督局。市统计局和4个县成立统计大数据中心。建立地方党委政府对统计调查工作、统计数据质量责任制。县（区）统计局的领导干部实行双重管理体制，以市统计局管理为主，县（区）协助管理。每个乡镇（街道）的1名专职统计人员，以县（区）统计局管理为主，乡镇（街道）管理为辅。国家统计局内刊《工作情况交流》专刊专文（2017 年第 8 期）介绍泸州统计管理体制改革，泸州市在四川省政府深化统计管理体制改革电视电话会议上交流发言；全省统计管理体制改革现场会主会场在泸州召开。

【市统计局被表彰为全国统计系统先进集体】 2017 年 12 月，泸州市统计局被人力资源社会保障部、国家统计局表彰为全国统计系统先进集体。2017 年，泸州市获全省市州统计工作综合考核评比一等奖。

四川省统计局副局长梁伟华（中）督查泸州市三农普查工作

【统计助力经济社会发展】 编制发布《泸州市工业生产动态监测》《泸州市工业效益动态监测》《泸州经济动态》及领导参阅的《泸州工业快报》、46 期《统计分析》，向有关领导和部门单位提供经济运行信息。组织或参与定期召开的经济形势分析会，与市级 14 个部门单位及 7 个区县共同分析判断，提出科学意见建议。召开市级部门绿色指标发展体系专题座谈会。参与制订《泸州市加快现代服务业发展政策措施》《关于将科技研发投入纳入 2017 年主要目标任务的通知》等 10 余个市级重要政策文件。向有关领导和市级部门报送 11 期《统计预警》。市统计局联合市卫计委、市人社局共抓健康服务业统计监测工作。试点农业供给侧统计监测工作。在纳溪区、泸县开展农村农作物废弃物利用情况专题调查。

【泸州统计“智库”建设】 扩展统计学会会员队伍。与中国人民大学研究院达成战略合作意向。市统计局成立 15 个课题组，涵盖结构调整和转型升级、区域经济、“三农”、党建和队伍建设、统计基础和统计法治等领域。其中“新型城镇化背景下土地产权深化改革研究”课题组申报四川经济稳中求进系列研究课题。调整充实统计刊物编辑队伍。丰富内刊《统计视野》栏目，补充调整内刊编辑部成员。编纂《2016 年泸州统计调研课题集》。2017 年，市统计局报送 73 期统计分析、统计报告、调研报告、统计预警材料。

【统计测评】 6 月下旬，泸州市社情民意调查中心建成。受市纪委、市监察局委托，开展“2017 年度全市乡镇（街道）党风廉政建设群众满意度电话测评”。2017 年，有 5 个区（县）统计局的社情民意调查中心建成投入使用。市统计局开发“泸州市统计局测评汇总统计平台”软件，服务市委、市政府对 93 个市级部门、单位的“三抓三主动”工作满意度测评。

【统计方法制度创新】 对接省统计局，在统计调查体系、绩效考核调整等方面做好国民经济核算等三大核算方法制度创新工作准备。深化投资统计改革，推进按法人单位财务支出法进行投资统计的改革。深化“五证合一、一照一码”统计登记调查制度改革，建立完善部门单位信息库。市统计局组织人员到上海市浦东新区统计局学习自由贸易试验区（自贸区）统计工作。成立泸州自贸区统计联络小组，龙马潭区统计局设置专门统计岗位，配备专职统计人员从事四川自贸区川南临港片区统计。

【第三次全国农业普查】 1月，第三次全国农业普查入户登记启动。全市7000余名普查指导员、普查员，凭借PDA和纸质普查表进行全覆盖入户登记普查。1月至4月初，全市共普查登记1048338户普通农户、2836户规模户、4435户农业经营单位；4月初至5月，全市共登记141个乡镇（涉农街道）、1420个行政村（涉农社区），入户登记采集的数据按要求全部及时上报，标志入户登记和联网直报全面完成。6月上旬，在全市范围内组织开展市级事后质量抽查工作。6月下旬，县级质量抽查全面完成。

【专项统计调查】 2017年6月，组织开展泸州市全省平安建设群众满意度测评现场调查。同月，组织开展企业用工调查。组织统筹2017年住户调查样本轮换工作。

【统计法治和执法监督】 市统计局印发《重大行政执法决定法制审核制度》《行政执法全过程记录制度实施办法》《行政执法公示制度》，统计行政执法“三项制度”在全省统计系统率先建立，出台系列配套文件；制定《泸州市统计法治宣传教育第七个五年规划》。市县两级统计局成立统计执法监督局，配备专职执法人员；开展4次网报数据质量巡查，巡查175多家企业；执法检查199户企事业单位，全市立案查处20起，通报2017年查处的8起典型统计违法案件。

【负责人】 泸州市统计局局长：包蓉（女）；副局长：梅秀莲（女）、任强、况涛；纪检组组长：徐勇（女、11月止）；机关党委书记：黄正平；总统计师：陈颖（女）；总经济师：熊莉（女）。

（赵世伟）

国家统计局泸州调查队

【提高统计数据真实性】 市政府下发《关于进一步提高城乡居民收入数据质量的通知》和《关于进一步开展秋收粮食播种面积核查的通知》。队领导班子成员带队前往区县宣讲中央两办《统计违纪违法责任人处分建议办法》，会同市农业局、市统计局开展了秋收粮食播种面积核查工作。制定出台《主要调查数据核查办法》，建立定期核查和各级责任人签字上报的责任追溯体制，形成分级担责、分级问责、责任自负的管控制度。按照“双随机”执法检查的标准和要求，组织力量对区县调查基础工作开展执法检查，立案查处3家企业，其中：2家给予警告处罚，1家给予警告并处罚款6000元的行政处罚。

【专项调查】 2017年，经总队批准，市队设立了专项调查科，对口承接总队、市委、市政府安排的各项重大专项调查。1. 在创建全国文明城市中促成市领导到国家统计局文明城市测评组对接工作，争取四川调查总队的支持，邀请北京专家到泸州指导；形成调查报告3篇，其中《创文工作中存在的问题值得重视》得到市长刘强和市委常委鞠丽批示。市队被市委、市政府评为“泸州市创建全国文明城市先进集体”。2. 推进白酒价格指数规范运作，争取在央视经济频道滚动播出，极大提高了指数的权威性和影响度。3. 无偿组织开展涉及上千家规模以上企业的市级部门“三抓三主动”大型民意测评工作。

【信息分析】 2017年，市队于整合信息资源，探索推进“开放式”的经济形势分析，在经济形势分析会上植入“调查讲坛”、“专题分析”“宣传展示”等新元素提升分析实效。建立协作、督办工作机制，信息分析多点开花。全年，市队撰写调查报告20篇，其中5篇被国家局采用，6篇被总队内网采用，2篇获省市领导批示，多篇次被市级刊物采用。经济信息、工作信息、《四川调查》等各类稿件采用情况也有明显提升。

【负责人】 国家统计局泸州调查队队长：罗拥；副队长：张智、但光辉。（刘　星）

审　计

【概况】 2017年，泸州市审计机关完成审计项目178个，查出主要问题金额180.75亿元，审计发现非金额计量问题200个，为政府增收节支和挽回损失5.16亿元。移送司法、纪检监察机关和有关部门处理事项38件。出具审计报告和专项审计调查报告150篇，提出审计建议284条，推动完善规章制度19项，向社会公告审计结果19篇。泸州市审计局审计业务工作绩效考核获评全省优秀单位（全省第5名），市审计局实施的叙永县2014—2015年乌蒙山片区易地扶贫搬迁和地质灾害避险搬迁安置专项资金审计被评为全省优秀项目，4个单项工作被评为全省优秀。

2017年12月27日，市审计局调研联系企业

【跟踪审计】 结合7个县区扶贫审计、城镇保障性安居工程跟踪审计、财政预算执行审计、国有企业提质增效和“项目年”决策部署推进情况专项调查等项目，重点关注“项目投资攻坚年”和精准扶贫精准脱贫、“三去一降一补”、简政放权与“放管服”改革等重大决策部署贯彻落实情况，揭示出部分县（区）财政存量资金管理碎片化、长期沉淀等现象，扶贫资金统筹和重大项目融资渠道拓展需进一步创新机制，扶贫政策执行需进一步精准，扶贫资金管理需进一步加强等问题。

【财政审计】 探索计算机审计和非现场审计方法，深化预算执行、决算草案、税收征管和重点专项资金审计，完成财政审计项目60个，查出个别区县未及时安排上级专项转移支付资金；高收入群体个人所得税征管存在漏征；财政等部门审核把关不严，个别企业申报不实获取财政补助资金等主要问题金额81亿元，提高财政资金使用绩效，规范财政预算管理和执行，推动税收相关调控政策落实。

【经济责任审计】 重点关注土地出让、重大资金安排、重大工程建设等重点领域决策行为，突出对宏观经济政策执行和推动地方（部门、单位）事业发展情况审计，促进依法执政、依法行政，服务全面从严治党。对38名党政领导干部和国有企事业单位领导人员开展经济责任审计，查出领导干部负有直接责任、主管责任和领导责任的问题金额51.46亿元。

【政府投资审计】　加强重点建设项目跟踪审计和竣工决算审计，突出对参建单位履职尽责情况监督，加大违法违规问题追责力度。全年对80个政府投资项目进行竣工决（结）算审计和跟踪审计，累计审减工程投资3.28亿元；“项目年”决策部署推进情况专项审计调查报告得到市长刘强批示，省级重点建设项目跟踪审计工作受到省审计厅通报表扬。

【民生资金（项目）审计】　以“上审下”“交叉审”方式实施了四县三区的扶贫资金审计。查处扶贫政策执行、资金管理使用、项目组织实施等方面存在的110个问题，查出各类违规问题金额2.59亿元，向纪检监察机关移送案件线索14件、涉及责任人32人；向政府及相关部门移送案件线索2件；向司法机关移送案件线索2件、涉及责任人2人。配合相关部门开展扶贫领域侵害群众利益腐败问题专项整治行动，组成专项审计组，加大对挤占、挪用、截留、贪污扶贫资金等行为的审计及查处力度，共移送市纪委线索处理书4件，问题线索疑点43个，涉及金额4621.84万元。实施市本级和四县三区保障性安居工程跟踪审计，对存在问题提出建议和整改要求，向纪检监管部门移送违法违纪问题线索6件，有2名村级干部受到党纪政纪处分。

【负责人】　泸州市审计局局长：龚百川；副局长：宋革会（女）、张蓉波（女）、古刚、温水源（1月止）、周习兵；纪检组组长：李发扬；总审计师：毛能均；机关党委书记：吴念霞（女），经责分局局长：蔡浩。　（魏宁航）

工商行政管理

【登记改革试点】　1．实行窗口登记或无纸全程电子化登记双轨模式，申请人可自主选择。截至12月25日，全市通过系统申请企业注册登记939件，核准809件。研发泸州市个体全程电子化登记系统，开通手机微信登记功能，个体户通过微

2017年2月23日，市委书记蒋辅义（左）和省工商局局长万鹏龙（右）共同为“国家工商行政管理总局商标局泸州商标受理窗口”揭牌

信进行个体申报、实名认证、在线电子签名，实现全程通过手机办理个体营业执照。2．实行企业名称自主申报、自主查重、自主选用制，并授权自贸区川南临港片区核准市辖区名称与市行区划连用以及冠市级行政区划的企业名称等。通过改革进一步释放名称资源，拓展名称登记范畴，提升名称登记效能，2016—2017年度，全市办理企业名称预先核准登记15189户，较2014—2015年度同期增长61.99%。3．简化住所（经营场所）提交材料与流程，负面清单外实行住所（经营场所）信息申报承诺制，探索开展异地登记注册，办理“一址多照”4087户，受理住所信息承诺申报制登记444户。4．2017年3月起，全面推行企业简易注销登记改革，在“宽进”的同时，让企

业“快退”。降低市场主体退出成本。全市准备进行简易注销的企业自主公示1023户，核准497户，不予核准注销2户，不予受理83户，正在进行公告245户，撤销公告18户，公告过期170户，收件8户。

【“证照分离”改革试点】 在中国（四川）自由贸易试验区川南临港片区开展“证照分离”改革试点，改革涉及51项行政许可事项。改革清理和取消了3项行政许可事项，1项行政许可事项由审批改为备案，15项行政许可事项实行告知承诺制，提高16项办理行政许可事项的透明度和可预期性，对16项涉及公共安全等特定活动加强市场准入管理。通过开展“证照分离”改革试点，为企业提供了便捷高效优质服务，有利于企业加快适应国际通行的投资贸易规则，提高市场竞争能力，形成法治化、国际化、便利化的营商环境。

【“一小时办结”制】 探索开展企业注册登记“一小时办结倒计时服务”制度，在自贸区川南临港片区先行试点，办理42件。推行“最多跑一次”登记，梳理了47项“最多跑一次”服务事项清单，明确11条改革措施。

【商事制度改革】 1. 市场主体数量和投资额增长迅速，全市共有各类市场主体24.43万户，比改革前总量增长76.58%，各类市场主体投资总额4247.16亿元，是改革前的6.73倍。全市完成民营经济增加值950亿元，增速为9.5%，民间投资完成1000.5亿元。2. 高新技术产业、新兴服务业、“互联网+”快速发展。新登记服务业11万户，占比87.8%。服务业企业成为经济转型升级的重要推动力。民营经济增加值总量占地区生产总值比重为57.4%。民间投资占全社会固定资产投资比重为54%。3. 商事制度改革后，企业成活率为95.71%，个体户成活率为92.99%。全市私营企业、农民专业合作社和个体工商户从业人员达46万人，成为吸纳新增就业的主渠道。

【企业年报抽查】 全市对省局抽查的2556户企业年报市场主体进行检查，其中2017年抽查的1022户企业检查事项涵盖《工商总局随机抽查事项清单》12大项40小项，即除年报信息公示、即时信息公示外，还要对登记事项和经营行为进行检查，做到“一次检查，全面体检”。

【“泸州市企业信息公示平台”】 与“国家企业信用信息公示系统”“信用泸州”实现互联互通。通过全国统一社会信用代码为信用根，汇集工商、法院、税务、食药监等36个部门各类涉企信息52.98万条，涵盖企业登记、变更、许可审批、资质荣誉、行政处罚等16类信息，实现部门之间的涉企信息共享和监管协作。

【“红盾春雷行动”】 查处了全国新《反不正当竞争法》第一案、“安化黑茶”特大传销案件等。前5年红盾春雷行动共立案查处各类违法案件6000余件，案值近亿元，为消费者挽回经济损失4000余万元。

【重点领域监管】 竞争执法及经济检查机构查处案件7000余件。打击传销、规范直销，查处各类传销案件8件，5个县区创建为“无传销城市”。查处各类商标违法案件413件。对全市5家市级以上传统媒体、726家互联网进行监测，共监测各类广告65余万条次，查处虚假违法广告案件673件，广告条次严重违法率由0.90%降至0.06%。开展线上线下一体化监管，查处涉网案件119件，责令整改网站368个次，提请或责令关闭网站106个。开展重点领域合同格式条款监管工作，查处合同违法案件292件。开展红盾护农行动，查处农资违法案件360件。结合省环境污染防治“三大战役”和环保督察，加大抽检力度，抽检农资696批次、成品油507批次。

【消费维权】 实施全市“12315”指挥中心升级改造，为实现“全省一级‘12315’数据中心，一套‘12315’业务办理系统”奠定基础，实现省、市、县、所四级贯通，建成“一会两站”521个、12315“五进”维权服务站363个。五年来，全市通过12315系统受理消费者投诉10323件，办结率100%，挽回经济损失近700万元；受理举报1205件，各类咨询39277件。

【流通领域监管】 围绕与民生密切相关的商品和服务，抽检流通领域重点商品3977批次，立案查处侵害消费者合法权益案件1595件，责令经营者下柜退市不合格商品货值300万元。

【创建全国文明城市】 承担市场环境工作推进组和农贸市场提质专项攻坚行动两项牵头工作。坚持问题导向，开展督查458次，检查点位333个，发现问题124个，全部整改到位。实施基础设施、市场秩序、市场管理“三大提升”工程。对20个农贸市场实施“一场一策”改造和领导包片、科室包市场的责任制，强化农贸市场监管，确保市场环境卫生、经营秩序良好。新增规范摊点位859处，清理地沟11580处，市场面貌焕然一新，实现“创文”迎检“零扣分”目标。落实各职能部门管理责任和业主管护责任，开展诚信集中宣传1100余场次，集中整治行动270次，处罚违规行为560起。

【民营经济】 筹备2016年全市民营经济发展大会，市委、市政府出台《促进民营企业建立现代企业制度的实施意见》等多个政策文件。制定民营企业建立现代企业制度评价指标和奖励办法，财政每年安排资金1000万元奖励经费。全市首批11户民营企业现代企业制度通过省专家诊断评审组评估。2017年又对100户民营企业开展了诊断评审工作。2013—2016年，全市民营经济实现增加值由664.7亿元增加到867.2亿元，占GDP的比重达58.5%。2016年11月，在加快推进四川民营经济发展大会上，市长刘强作为唯一的地市州代表作经验交流。泸州市被评为民营经济发展工作先进市。

【商标品牌战略】 市政府印发《泸州市商标兴市战略》《泸州市商标战略年度实施计划》《泸州市“十三五”商标战略发展规划》，完善商标注册、运用、保护和管理四大体系建设。推进商标战略进园区，建设省级园区商标服务示范站1个，市级园区商标服务示范站（点）2个。加强农业商标品牌建设，赠送商标61件，创立了一批以“赤水河”甜橙、“邓桂”桂圆等为代表的农业品牌，“纳溪特早茶”“古蔺赶黄草”取得地理标志商标注册。获批设立国家工商行政管理总局商标局泸州商标受理窗口、商标质权登记受理点。2017年接受商标咨询3000余次，受理商标申请734件，辐射周边5市及邻近的贵州、云南、重庆。五年来，全市新增有效注册商标8927件，增幅达130%。全市有效注册商标16300件，商标总量居全省第五位。其中，驰名商标25件、省著名商标73件、市知名商标181件、地理标志证明商标6件、国际注册商标300余件。

【广告管理】 全市入选四川省广告“专家库”31人、“项目库”5个、“人才库”72人和“数据库”1641条。组织泸州广告经营单位多次参加省内外的公益广告大赛，全市共有22件公益广告作品在各类大赛中获奖。泸州市选送的《人如伞，骨正不腐》获得2017年四川省第一届公益广告大赛所有类别金奖和廉政类（电视）一等奖。全市广告经营额增至9.78亿元，广告经营单位增至3204户，从业人员增加5.13倍。

【合同监管】 以供水、供电、供气、电信、商品房买卖、房屋中介、建筑装饰装修等行业为重点开展合同格式条款专项整治行动，约谈企业

266户次，纠正涉嫌违法违规格式条款84条，查处合同格式条款侵权案件43件。办理动产物抵押登记1676件，为企业融资54.18亿元。抓好合同信用建设，全市有工商总局公示“守合同重信用”企业15户，省级“守合同重信用”企业75户，市级“守合同重信用”企业139户。继续深化合同帮农工作，建立合同帮农指导站126个，合同帮农指导点178个，签约合同8.49万份，订单金额12.45亿元。

【非公党（团）建】 单独建立党组织1023个，联建党组织287个，覆盖企业1999家，党组织覆盖率82.1%。人民网、国家工商总局、四川组工网等多家媒体报道泸州非公党建经验。

【负责人】 泸州市工商行政管理局局长：沈怀荣；副局长：李孝义、郑敏、黄勇、徐俭、梅永红（8月起）；纪检组组长：杨姚东（11月止）、邓彬（11月起）；机关党委书记：王勇。

（范　雨）

质量技术监督

【质量强市】 出台《泸州市十三五质量发展规划》《泸州市十三五标准化体系建设发展规划》《关于实施品牌发展战略 深入推进质量强市的意见》《泸州市政府质量奖评选管理办法》《泸州酒地理标志产品保护管理办法》等系列文件，制发《泸州市2017年质量强市工作要点》《2017年质量发展行动计划》《泸州市酒城工匠评选管理办法》。

【质量品牌行动】 泸县青花椒、牛滩生姜、江阳张坝桂圆3个产品创建为国家地理标志保护产品。泸州老窖股份有限公司、川南机械厂杨尹渝均荣获第四届省政府质量奖，且名列首位。47家企业68个产品获批第十二届四川名牌，创历史新高。完成第三届市政府质量奖评选工作，5家企业、5名个人获奖。举办第二届“酒城工匠”评选活动，10名个人被评为“酒城工匠”，打造泸州精工品牌。龙马潭区、合江县大力创建四川省质量强市示范城市。泸县获批创建省级有机产品认证示范区。合江县获批创建省级地理标志产品保护示范区，实现泸州市省级地标示范区“零”的突破。

【质量升级】 自2015年起，连续三年实施“质量升级”计划，市政府下拨300余万元，对质量提升成效显著企业给予资金补助。2017年，在全市30余家重点工业产品生产企业开展质量提升行动，打造出9家质量转型升级标杆企业，以“先进带后进”的方式，推动全市行业质量水平整体提升。在全省率先开展瓦楞纸箱产品质量对标行动，形成上万字《瓦楞纸箱质量对标技术分析报告》。出台并实施服务自贸区建设18条举措。

【标准化建设】 在全国率先筹建全国白酒酒庄、全国酒类包装2个标准化技术委员会，全国白酒酒庄标准化技术委员会筹建工作进入答辩阶段。中海沥青、四川天一科技申报的《高原环保沥青》《二甲醚催化剂》省级地方标准，获全省先进制造业地方标准立项，这是首次由泸州市企业承担省级地方标准制修订工作。启动泸州菜标准化建设，组建“泸菜”地方标准编写小组，豆瓣沱鱼、泸州泡姜泡海椒等4个泸菜地方标准形成初稿。新创建基层工会综合服务、纳溪林下鸡养殖、合江真龙柚、叙永彝族新寨等6个国家级标准化示范项目。

【特种设备安全监管】 全市共有特种设备使用单位3380家，注册登记特种设备16321台。推进“智慧监管”，初步建成“一个中心、四个平台”特种设备安全监察信息化体系，即96933电梯应急救援指挥中心、车载 CNG 气瓶电子监管物联网系统、液化石油气气瓶信息化监管系统、特种设备监察安全管理系统和检验系统。启动特种设备

3·15 主题宣传活动

安全标准化试点建设，率先在龙马潭区选定 20 家企业试点。升级改造全市使用 15 年以上的 14 台老旧电梯，对全市 44 家电梯维保单位实行信用评价，提高电梯安全质量。启动电梯远程监控平台，对全市 100 台重要场所的电梯实现远程监控，成功处置电梯应急救援 364 起。

【产品质量计量监管】 建立泸州市工业企业产品质量动态监管平台，将 1535 家企业数据全部录入，实时掌握企业质量状况。制定《泸州市 2017 年产品质量市级定期监督抽查计划》，覆盖全市 317 家企业 37 种产品，全年抽检产品 574 批次，检验合格 555 批次，平均合格率 96.7%，较上年提高 1%。加强打假治劣，重点开展醇基液体燃料、烟花爆竹、农资、钢材、电线电缆等系列专项整治行动，查处 1 起销售到泸州冒用厂名厂址、质量不合格的电线电缆案件，端掉 1 个制售假冒名牌洗衣粉窝点。2017 年，移送公安机关涉刑案件 2 起，发出案件通报书 5 份，行政约谈 2 次。

【检验检测能力建设】 继国家酒类及加工食品质量监督检验中心成熟运转、国家酒类包装产品质量监督检验中心步入正轨后，2017 年 11 月，四川（国家）重装站泸州计量检测中心投运。启动四川省酒类产业计量测试中心筹建工作，整合泸州市质检所、泸州市纤检所优势资源，拟改制成立四川国检检测有限责任公司。质监下属共有 3 个国家级检验检测中心、2 个省级检验检测中心和 1 个市级院士专家工作站，检验检测能力位居西部地级市前列。

【负责人】 泸州市质量技术监督局局长：梁闯；副局长：王显波、朱国松、邓玲（女，12 月起）、曾伟（10 月止）；机关党委书记：徐林；总工程师：赵治力；纪检组组长：秦道良。

（万丕焱）

成都海关驻泸州办事处

【概况】 2017 年，成都海关驻泸州办事处获"第四届省级文明单位"称号。全年征收"两税"入库 6.7 亿元，比 2016 年（下同）增长 10%。监管进出口货物 28 万吨，增长 7%；货值 35 亿元，增长 19.2 %。接受申报报关单 6445 份。监管进出境集装箱 2.7 万标箱次，增长 27%。

【长江经济带通关一体化改革】 加强与长江沿线海关的通关合作，创新举措促进"全国通关一体化""汇总征税""信任通关"等重大业务改革在泸州落地生根。2017 年泸州口岸海关通关时效实现大幅度提升，其中进口通关时间压缩到 9.22 小时，同比降低 56%，出口通关时间压缩到 1.89 小时，同比降低 49%。

【助力四川自贸区川南临港片区建设】 第一时间成立政策研究领导小组，随市委、市政府考察上海、广州、天津等自贸区，开展自贸试验区建设各项专题研究，结合川南临港片区实际制订出台《成都海关支持和促进中国（四川）自由贸易试验区川南临港片区建设发展实施细则》。落实自贸区“制度创新”核心任务，研究符合泸州特点的各项通关创新措施，全国首创“泸州港保B与泸州港出口联动”“整车进口异地展示交易”等创新举措，推出“互联网+企业注册”等海关监管制度创新。在全球四大会计师事务所之一的毕马威对川南临港片区半周年运行总结的60项制度创新中，泸州办制度创新成果达10项，其中全国首创3项，全省首创2项，省内领先3项。

【助力泸州港保税物流中心（B型）建设】 对外宣传泸州港保税物流中心（B型）优势，配合相关部门招商引资，引进博禄化工、深圳华侨城等重点企业并量身打造通关监管方案，采用提前审价、分送集报、到场查验等措施为其提供高效优质服务。充分发挥泸州港保B对自贸区贸易便利化的支撑性作用，促进平行进口汽车、跨境电商、保税仓储物流等新兴业态发展。保B入驻企业5家，5家发生实质性业务，共征收两税1.1亿元，同比激增6倍，监管进出口货物4.5万吨，同比激增10倍，货值6.3亿元，同比激增5倍，为企业实现提前退税450余万元。税收指标在关区4个保B中名列第一。

2017年10月19日，成都海关泸州办事处联合多部门开展联合查验工作

【助力泸州港国家开放口岸建设】 配合市委、市政府向海关总署、国口办等部门汇报，争取对外开放口岸建设政策支持；深化“三互”大通关建设，推动“单一窗口”建设和“一站式”作业机制；推进关检合作，与口岸联检单位签订战略合作备忘录，建立完善联系配合机制；共同建立泸州港关检联合查验平台，制定完善联合查验操作规程，在泸州水运口岸切实落实“一次申报、一次查验、一次放行”，推动“口岸一体化”，打通通关一体化“最后一公里”。建议取消口岸部门收费，采用政府购买服务，打造“零费用口岸”，切实为进出口企业降低口岸通关成本。关检共同开展联合查验95次，查验117个集装箱，为企业节约吊箱移位费4.6万元，每个集装箱平均节约5小时。从泸州港进出境货运量33.9万吨、增长5%，货值52.1亿元，同比增长2.8%。

【协同开放】 召开进出口企业、货带、船运公司座谈会，宣讲海关“通关一体化”“汇总征税”“信任通关”等改革政策。加强与自贸区青白江片区合作，主动作为，推动“蓉欧班列”西向开放通道与“长江黄金水道”东向经济动脉互联互通，逐渐形成以青白江铁路口岸和泸州水运口岸为结点，以两地保B为平台，横贯东西的开放通道。多次到成都双流机场充分利用泸州机场开通的国内航线，尤其是重点航线，大力实施国际航线国内段的航空运输新格局，充实、扩展泸州港保B仅依托长江航运的单一局面，从而真正实现水、陆、空、铁“多式联运”的大格局，增强泸州的综合竞争力。

【上级支持】 7月海关总署党组成员、国家口岸办主任张广志到泸州指导泸州港开放口岸建设；成都海关党组成员、关长窦志民及其他关党组成员到泸州8次，分别带队开展四川自贸区川南临港片区调研、泸州港国家开放口岸建设调研、泸州港保税物流中心（B型）调研及“全国通关一体化”政策宣讲等。年内随同市委书记蒋辅义向国家口岸办、海关总署加贸司等部门汇报，争取口岸建设、自贸区建设等政策支持；市委书记蒋辅义、市长刘强拜会成都海关关长王文喜，座谈自贸区川南临港片区建设、综合保税区申建工作；海关总署改革办、加贸司，成都海关加贸处等职能部门到泸州调研。

【负责人】 成都海关泸州办事处主任：付现民；副主任：邓鹏。（屈成刚）

泸州出入境检验检疫局

【概况】 2017年，泸州检验检疫局扶持泸州白酒、竹笋等传统特色产品出口，池窖、国仁和玉蝉3家酒业公司首次出口白酒到韩国。全年检验检疫集装箱22948标箱，比2016年（下同）增长4.28%；检验检疫及通关、监管货物共3871批次，货值7.23亿美元，同比分别增长2%，6%，其中，检验检疫及通关1303批次，货值1.8亿美元，监管非法检货物2201批次，货值5.45亿美元，包装鉴定367批次，数量84053件。

【出口产品检验检疫】 2017年，检验检疫出口产品972批，货值11011万美元，分别增长65.87%、141.76%。检出不合格10批，货值38万美元。其中，检验检疫出口动植食类产品305批，货值2147.2万美元，分别增长22.5%和28.4%。检验检疫出口白酒126批、379676升、708.1万美元，分别增长24.8%、7%和31.6%，主要输往新加坡、美国、泰国、肯尼亚、缅甸、吉尔吉斯斯坦等20余个国家。吉尔吉斯斯坦为2017年首次开拓的新市场。检出不合格1批，货值1.1万美元，为白酒，原因是塑化剂DBP值0.704mg/kg，超过出口国韩国0.3mg/kg要求，对该产品出具《出具货物不合格通知单》，不准出口。检验出口工业产品104批，货值3912.1万美元，出口批次减少8.77%，货值增加197.45%。主要品种为硝化纤维素、硝酸锶、甲基三氯硅烷。工业品包装不合格检出批次12批，2714件，同比批次增长140%，数量减少99.33%。口岸监管科检验检疫及通关出境目录内产品563批，4951.3万美元。其中笋类、调味料等食品产品39批，442.6万美元，分别增长200.00%、1237.16%；硫酸二钠、磷酸二氢铵、钛白粉等化工产品230批，1814.2万美元，同比分别增长198.70%、140.01%；木制品、陶瓷、石料、金属等工业产品96批、258.5万美元，分别增长284.00%、243.38%；液压机、加工机机动车零件等机电类产品198批，2436万美元，同比分别增长1064.71%、1484.91%。

【进口产品检验检疫】 2017年，检验检疫进口产品331批，货值6826万美元，同比分别增长70.26%、67.21%。检出不合格159批，货值2189.1万美元，同比批次增长29.27%，货值下降18.32%。其中，共检验检疫进口动植食类产品198批，货值2614万美元，同比分别增长64.4%和37.6%。主要为高粱、干豌豆、无水乳糖（饲用）、乳清粉（饲用）、牛骨粒和天然饮用水、葡萄汁、鸡尾酒、木窗等，来自法国、日本、德国、加拿大、澳大利亚、美国、孟加拉、巴基斯坦和西班牙等国家。检出不合格122批，货值1691.6万美元，同比分别增长56.4%、42.9%。

不合格产品为乳清粉（饲用）、牛骨粒、高粱、无水乳糖（饲用）、天然饮用水、葡萄酒、和鸡尾酒。检验进口工业品 133 批，货值 4212 万美元，同比分别增长 107.81%，89.01%。泸州辖区进口工业品主要有：机电产品、化工品、印花全棉平纹布。检出不合格 37 批，货值 582.67 万美元，主要有机电产品、硅藻土、印花全棉平纹布等。检出进口轻纺产品不合格 1 批、货值 0.2 万美元。产品为进口印花全棉平纹布，来自中国香港，不合格原因为耐汗渍色牢度、耐水色牢度不符合国家强制性标准 GB18401—2010《国家纺织品基本安全技术规范》的要求，对该批不合格产品进行销毁。

【国门生物安全监测】 全年，完成 24 个实蝇监测点布控，其中 5 个 TML 点、1 个 ME 点、1 个 CUE 点和 2 个 P 点布在集装箱码头，1TML 个点、1 个 ME 点、1 个 CUE 点和 2 个 P 点布在合江县密溪、真龙柚产区，2TML 个点、2 个 ME 点、2 个 CUE 点和 2 个 P 点布在叙永和古蔺示范区，共捕获 1369 只实蝇，未监测到外来检疫性实蝇。在泸州直属库粮库、泸州直属库合江分库、泸州新希望饲料有限公司、进口粮食加工企业设置 6 个杂草监测点，开展进境粮食次生苗和外来杂草的监测，未发现外来杂草。医学媒介生物监测情况，在泸州口岸办公区、生活区、集装箱堆场、进境粮食仓库、周边绿地等地开展医学媒介生物监测工作，全年共捕获鼠类 5 只，蚊类 2342 只，蜚蠊 131 只，未发现新增医学媒介生物物种。

【进出口食品安全监督抽查】 实施 2017 年度进出口食品安全监督抽查工作，抽取出口白酒样品 2 个、进口高粱样品 10 个、进口红酒监测样品 1 个、进口鸡尾酒监测样品 1 个、进口葡萄汁监测样品 1 个，均未检出不合格，整体质量状况良好。

【出口食品企业备案及监管】 对辖区出口食品生产企业实施年度监管，共发现 11 个问题，不符合项涉及卫生质量体系、设备设施及 SSOP，企业已整改完毕。全年新增出口食品备案企业 6 家。截至年底，有出口食品备案企业 15 家。

【通关业务】 全年签发各类检验检疫证书（单）2541 份，增长 3.5%。其中出境证单（书）1529 份，入境证单（书）658 份。全年出口直放 731 批，货值 3849.92 万美元；进口直通 24 批，货值 153.58 万美元。签发各类产地证 354 份，金额 2228.48 万美元，分别增长 12.38%、38.30%。其中，签发普惠制证书 42 份，金额 329.85 万美元；中国—东盟区域性原产地优惠证书（FORM E）110 份，金额 932.86 万美元；一般原产地证书 66 份，金额 555.15 万美元；中国—巴基斯坦自贸区原产地证书 101 份，金额 313.96 万美元；中国—韩国自贸区原产地证书 23 份，金额 55.17 万美元，中国—澳大利亚自贸区原产地证书 2 份，金额 8.89 万美元，中国—秘鲁自贸区原产地证书 4 份，金额 15.78 万美元；中国智利自贸区原产地证书 3 份，9.18 万美元；中国—新加坡自贸区原产地证书 2 份，金额 12.73 万美元；中国—哥斯达黎加自贸区原产地证书 1 份，金额 4.95 万美元。实施原产地签证无纸化申办，全年申请无纸化申办企业 10 家，受理无纸化签证 354 份，金额 2228.48 万美元；在 3 家企业开展原产地证书预签，预签证份数 66 份、签证金额 363.76 万美元。

【口岸监管】 加强对泸州港进境粮食的检验及过筛、灌包、仓储过程后续监管工作，6 月，对进境粮食贸易企业及进境粮食加工使用企业开展培训，邀请质检总局专家在成都开展 1 次集中培训，20 家进口粮食进口商和加工使用企业参加。7 月，协调市政府及相关部门解决进境粮食监管场地下脚料处理能力不足的问题。同月，辖区全部进境粮食加工企业在“进境粮食检验检疫管理系统”中上线运行，并逐步对用粮企业运输车辆实施备案管理。全年，泸州口岸共截获有害生物的80种、1017次，其中检疫性有害生物5种、138次。其中，活体检疫性有害生物家天牛为泸州口岸首次截获，活体有害生物赤足郭公甲、白腹皮蠹为泸州口岸首次截获。

【实验室建设】　2017年，泸州局综合实验室共受理法检48批276个项目，委托检验57批468个项目。4月，接受认监委和CNAS组织的现场换证评审工作，共扩项37项，覆盖7大类81个项目，全部项目获得推荐。完成《硝化纤维素运输包装检验技术规范地方性标准》的气密性贮存试验及核心检验项目第三方检测机构的检验验证，初步论证项目的科学性。

【负责人】　泸州出入境检验检疫局局长：李跃；副局长：黄晨（4月起）、张彪（3月止）、杜钰（女）。

（于　垚）

物价管理

【价格调控】　2017年，泸州城市CPI同比上涨1.8%，完成省政府下达的控制在3.5%左右的调控目标任务；进一步完善社会救助和保障与物价上涨挂钩联动机制，2017年启动联动机制，向全市27万城乡低保户、民政优抚对象、孤儿、领取失业保险人员、国家救助的困难学生等救助对象发放价格临时补贴400余万元。

【价格管理和改革】　1. 电价改革。进一步降低电力要素成本，取消、降低、暂停征收各类随电价征收的基金和附加，降低四川电网目录销售电价和趸售电价，组织实施直购电政策，降低丰水期小水电上网电价，实施丰水期居民生活电能替代电价，实现国网四川省电力公司直供区和全资公司供区用电同价。2. 水价改革。推进农业水价综合改革，建立健全农业水价形成机制，促进农

2017年8月18日，泸州市政府与四川省食品药品监督管理局签署“打造食品药品安全泸州”战略合作协议

业节水和农业可持续发展。指导城市供水企业对新建高层住宅与用户协商议定二次供水价格。3. 环境价格改革。按照国家统一要求，调整泸州市污水处理费收费标准，主城区居民用水征收0.95元/立方米，非居民用水平均征收1.40元/立方米。

【收费管理】　2017年，按照四级目录清单管理的要求对《泸州市行政事业性收费目录清单》《泸州市涉企行政事业性收费目录清单》《泸州市考试考务目录清单》《泸州市经营服务性收费目录清单》《泸州市涉企经营服务性收费目录清单》《关于公布2017年度涉农收费和价格公示表的通知》等清单进行编制并予以公布。同时，按照国家、省推进供给侧结构改革的要求，贯彻落实涉企减负政策文件9个，取消涉企行政事业性收费12个，涉及发展改革、公安、环境保护、住房城

乡建设、农业、质检、宗教等部门；停征涉企行政事业性收费23个，涉及国土资源、环境保护、交通运输、卫生计生、水务、农业、质监、食品药品监管、新闻出版广电、林业等部门；取消涉及个人事项行政事业性收费4个，涉及卫生计生等部门；停征涉及个人事项的行政事业性收费2项，涉及民政等部门，减轻企业负担6814万元。降低水土保持补偿费等8项行政事业性收费征收标准，涉及公安、水务、农业、经信、科知等部门，减轻企业188万元。

【成本监审】 2017年，全市共监审学校、幼儿园、养老院、农业供水、旅游、垃圾处理、污水处理、自来水、其他等9个行业21个单位，审核经营者申报成本52060.21万元，核减不合理成本费用13047.39万元，核定成本39012.82万元，审减幅度为25.06%。市本级共监审养老院、污水处理、垃圾处理、农业供水4个行业4个单位，审核经营者申报成本21799.71万元，核减不合理成本费用7203.07万元，核定成本14596.64万元，审减幅度为33.04%。

【价格监督检查】 1. 价格专项检查。组织开展省市重点项目价费负担、砂石等建材价格、涉企收费、机动车检验检测收费、电力价格、医疗收费及药品价格、房地产、煤炭市场价格行为等专项检查。检查部门和单位326个，处理价格违法案件30件，实施经济制裁总金额148.15万元。其中：退还用户金额119.47万元，没收违法所得金额12.98万元，罚款15.70万元。2. 市场价格检查。开展元旦、春节、五一、中秋、国庆等重大节假日期间和“中国国际酒业博览会”“西南商品博览会”“国际诗酒文化大会”等活动期间及易地扶贫搬迁建材市场价格、服务重点项目维护砂石价格稳定、迎峰度冬期间煤炭市场价格的检查和巡查，组织检查组31个，出动检查人员386人次，检查商场超市110个次、各类摊点门市3450个次、农贸市场118个次、客运站42个次、停车场85个次。3. 结合社会信用体系建设，制订《泸州市价格诚信建设试点示范工作实施细则》，在全市232家物业服务行业开展价格信用等级评定工作。开展泸州市“明码实价示范街”“明码实价示范店”“价格诚信单位”等创建活动。4. 受理价格举报。受理“书记市长信箱”“12345”市长热线、全省信访系统转办件和“12358”价格举报投诉等，全年办理各类价费举报投诉和咨询850件（其中投诉举报382件、咨询468件），办结率100%，通过群众投诉举报查处和纠正价格违法违规行为57件，实施经济制裁总金额68.1万元，其中：退还用户金额64.3万元，没收违法所得金额1.05万元，罚款2.75万元。

【价格监测】 2017年，采集上报主要商品和服务价格监测数据、主要建材价格监测数据报表116份，专题分析64篇，在市政府门户网站发布猪粮比价信息49期，合理引导生猪生产和猪肉消费预期。每周周末、重大事件及节假日期间，向市委、市政府及相关部门领导发送价格监测手机短信1600余条。开展全市住房市场价格和生猪市场价格基本情况调研，并提出建议。 （陈　艺）

国土资源管理

【“生态国土”建设】 严格落实耕地保护措施，落实“一票否决”考核，逐级压紧压实主体责任，扎实推进耕地“三位一体”保护。至2017年年底，全市耕地保有量达41.2万公顷，基本农田保护面积32.47万公顷，分别占任务的106%、100%。协调推进基本农田保护边界、城市开发边界和生态保护红线“三线合一”，全面完成全市永久基本农田划定工作。扎实推进高标准农田建设，全年全市投入资金2.54亿元，建成高标准农田17.9万亩，新增耕地1.69万亩，分别占任务的111%、113%，并获全省农田水利建设国土资源项目绩效考核第二名。推进绿色矿业发展，全面完成矿产资源规划编制。推进环境污染防治，完成叙永县落卜片区硫铁矿矿山地质环境恢复全国示范项目一、二期，第三期项目完成初验，治理面积4.64平方公里。全力以赴抓中央环保督察问题的梳理排查及分类处置，第一时间办理交办问题的整改。

【节约集约用地】 狠抓征而未供地集中清理和存量土地的供应，全市2012—2016年报批土地供地率70%，超任务5个百分点。加强土地供后监管，2014年以来供地项目巡查率90%。加强住宅用地供应调控，完善供前诚信审查、竞买保证金自有资金审查等制度，按规定落实商改住措施，促进了房地产健康发展。执行工业项目准入制度，对投资强度、创税率等进行联合会审，作为参与土地竞买前置条件。出台支持工业企业"零地"技改用地政策，全市26个技改项目在原土地上共改扩建厂房16.77万平方米。推进闲置低效用地再利用，盘活利用存量土地1975亩，支持建成竣工备案后的工业用地转产发展新业态，促进企业转型升级。以自贸区为试验田，探索土地混合利用、弹性年期供应等优化土地利用管理的新政策。

合江县榕山镇小洋洞村、回洞桥村高标准农田建设项目

全力配合做好煤矿去产能工作，对县（区）依法决定关闭的15个矿山，及时注销（或提请注销）采矿许可证。

【稳增长用地保障】 坚持全市用地保障"一盘棋"思路，采取差别化用地保障政策，狠抓改革试点任务推进和节约集约用地措施的落实，主动向改革和节约集约、盘活存量要空间。全年全市累计通过增减挂钩、宅基地退出指标保障用地4300余亩。对全市"项目投资攻坚年"确定的重大且急需项目予以优先保障，609个重点建设项目中370个续建项目及新开工项目无一受土地制约影响落地，支持全市年度固定资产投资完成2042.1亿元，同比增长18%。

【土地出让收益再创历史新高】 优化土地经营，强化储备土地前期开发，做好储备土地专项债券发行工作。全市供应土地近3万亩，实现土地出让收益184亿元，其中城市规划区103.2亿元，突破"百亿大关"，城市建设资金有效聚集，泸州城市形象不断提升。

【矿产服务保障】 在古蔺县、叙永县投入资金560万元，开展乌蒙山区地质矿产调查；有序推进矿业权审批制度改革，简化合并审批要件，规范采矿权审批管理，严格落实矿业权人勘查开采信息公示制度，不再对矿山企业矿产资源开发利用情况年度检查；加强矿业权市场建设，新设矿权一律招拍挂交易，全年新出让采矿权5个，其中3个为古蔺县建材园区建设设置饰面用灰岩。特别是古蔺县椒坪石灰岩矿经过46轮竞价，以3010万元拍卖成交，刷新石灰岩矿成交历史。

【国土脱贫攻坚】 项目资金向贫困县倾斜，在全市贫困村投放土地整理项目18个，资金达2.59亿元，另在贫困县投入资金1.63亿元，建成高标准农田10.05万亩；单列1350亩扶贫用地计划下达3个贫困县；对古叙两县符合条件的19个非煤矿山办理资源增划，新增产能450万吨/年，保障了扶贫项目用地用矿需求。推进指标有偿流转，在贫困县实施挂钩项目13个7445亩，终验2个275亩；实施工矿废弃地项目2个1950亩，验收6个3900亩，推动节余指标的有偿流转。在贫困县实施避险搬迁687户、重大工程治理4处、应急排危除险16处，泸州市避险搬迁和工程治理在全省国土资源系统作经验交流。泸州市“捆绑”运用国土资源政策助力贫困地区脱贫攻坚的做法得到国土资源部的肯定，并受邀在国土资源部举办的第4期国土资源政策助推脱贫攻坚培训班上作专题授课。

【地质灾害隐患监测】 首次将地灾防治作为“生命工程”来抓，全面压实各级政府、防灾责任人主体责任，地灾隐患点实现应急演练全覆盖，隐患告知率、群众知晓率达两个100%。全覆盖推进地灾隐患排查，对3户以下地灾隐患点受威胁住户立即搬迁，全年调查核实地灾隐患点754处，并对所有隐患点实施专职监测、对29处重大隐患点开展专业监测，全年集中分类整治消除隐患324处，实施地灾避险搬迁885户3983人，重大地灾工程治理7处和29处应急排危除险，分别占任务的350%、120%。坚持以气象信息引领地灾预警，提前主动避让834户2811人，成功避险2起，避免4户18人因灾伤亡，全市地质灾害隐患监测点连续18年实现“零伤亡”。

【土地制度改革试点】 统筹推进泸县农村土地制度改革“三项”试点，腾退复垦宅基地1万亩，5000余亩指标实现政府保底收储，宅基地价值逐步显化；统筹土地征收制度、集体经营性建设用地入市改革，撬动农村集体建设用地明显增值。压茬推进土地二级市场改革，完成交易机构组建、职能整合和流程再造，交易信息系统建设全面启动，研究拟定配套政策近20项，土地有形市场加快形成。创新建立外网申请内网办理、APP预约办理、延时服务办理，完成全市不动产登记数据大融合实现市内全域查询。推进农村房地一体不动产登记，出台指导意见和实施方案，完成农村宅基地管理系统建设，古蔺县完成国家级试点示范工作。农村土地制度改革、土地二级市场试点、不动产统一登记等3项国家级改革在泸州扎根结果，国土资源部、省委深改组多次给予通报表扬，并在全国性改革推进会、评估会上作典型经验交流发言，试点工作走在全国前列。

【“法治国土”建设】 制定出台重大行政决策程序规定和专家咨询论证、行政应诉和行政复议工作办法等7个制度性规定，出台财务管理等7个内控制度。“一把手”切实履行法治国土建设“第一责任人”职责，强化执法行为“留痕”意识，凡重大决策事项必须通过合法性审查，建立法律顾问联席会议制度并常态化推进。主动公开政府信息，强化依申请公开，全年政府信息公开量减少至79件，仅占2016年的14%；复议诉讼案件减少至39件，减少44%；胜诉率由2016年的81%提升至87%；政务公开工作被评为全省国土资源系统先进集体并作经验交流，网络问政工作被市评为十佳优秀单位。强化执法巡查监管，全年共查处违法案件66件，结案57件，申请法院强制执行1件，责令退还土地110.9亩，没收建（构）筑物2.025万平方米，拆除建（构）筑物1.072万平方米，依法取缔涉嫌无证采矿9宗。泸州市煤矿超层越界开采专项整治，受到国土资源部督导组的充分肯定；2016年度卫片执法实现市、县两级政府“零问责”。

【负责人】 泸州市国土资源局局长：丁跃萍

（女）；副局长：江勇强、陈世伟、陈纪军、胡汉兵；机关党委书记：江勇；纪委书记：徐华琼（女，11月止）；纪检组长：杨姚东（11月起）；总工程师：税雪飞。（李　刚）

食品药品监督管理

【食品药品监管】　2017年，全市共有食品药品生产经营单位47716家。其中获证食品生产企业639家（白酒生产企业345家，非白酒食品生产企业294家），食品小作坊1920个（白酒小作坊938家，非白酒食品小作坊982个）；食品销售经营者26821家，其中获证食品销售经营者17160家，备案食品销售经营者6826家，登记食品销售小摊贩985家，其余1850家食品销售经营者在换证、备案、登记等核实中；食用农产品集中交易市场181个，其中食用农产品批发市场6个，农贸市场175个；餐饮服务经营者8656家（特大型餐饮3家、大型餐饮198家、中型餐饮1082家、小型餐饮5932家、快餐店184家、小吃店940

2017年9月26日，全市打击“白板肉”“地沟油”专项行动启动仪式

家、饮品店317家）；单位食堂1977家，“三小”备案餐饮服务类小经营店及摊贩4338家；16家药品生产企业、5家医疗机构制剂单位、2家化妆品生产企业；药品批发企业36家，药品零售连锁公司34家，药品零售门店1967家；医疗器械生产企业3家，经营企业1120家；保健食品生产企业1家。

【创建国家级食品安全城市】　6月，泸州市代表四川省参加全国“双安双创”成果展。8月，省政府将“打造食品药品安全四川”放在泸州先行先试，市政府与省局签署“打造食品药品安全泸州”战略合作备忘录，副省长杨兴平等领导出席签约仪式。11月，全国“双安双创”工作现场会在北京召开，中共中央政治局常委、国务院副总理汪洋出席会议并作重要讲话，泸州市在会上作题为《聚焦民生 严守底线 打造国家食品安全示范城市》的经验交流。

【食品药品安全监督抽检】　2017年，全市食品抽检计划任务21790批次，实际完成任务数为22398批次，不合格1846批次，不合格率8.24%。其中食药监系统计划完成食品抽检17445批次，实际完成18149批次，不合格1769批次，不合格率9.74%。

【食品安全主体责任落实】　召开企业履行主体责任报告会2次，通报食品违法典型案例，警示警醒食品生产经营企业负责人，切实增强主体责任意识，53家食品生产经营企业进行履行食品安全主体责任报告。加大食品药品生产经营环节风险排查，排查食品药品生产经营单位50422家次，排查处隐患4926处，督促企业整改到位4796处。

【餐饮质量提升】　实施大中型餐馆“明厨亮灶”工程，完成8085家餐饮单位“明厨亮灶”建设，全市主城区、县城大中型餐馆实现“明厨亮灶”全覆盖。推进全市学校食堂规范化管理，全市学校食堂全面实现持证供餐。以“放心肉菜示范超市”创建为抓手，加快推进“品质肉菜专柜”建设，确保老百姓“菜篮子”安全。加强群体性聚餐“双备案”管理。市政府出台《关于进一步加强农村自办群体性宴席管理工作的通知》，明确群体宴席举办者、承办者、监管者责任，防范突发性、群体性食品安全事件发生。全市“坝坝宴”备案46620次。

【“三小”行业监管】 市政府出台《泸州市食品小作坊小经营店及摊贩管理实施细则》，加强“三小”行业规范管理。大力推行食品小作坊“备案建档、挂牌公示、要素监管、强制检验”四位一体监管模式，备案食品小作坊1212个。

【农村食品专项整治】 以农村小食品经营店为重点开展专项整治，组织开展农村食品市场、校园周边食品安全市场交叉检查。制定下发了《加强食用农产品市场准入管理的意见》，实施食用农产品市场准入制度。与市农业局就加强食用农产品质量监管、保证农产品质量安全签订《合作协议》。

【药品化妆品及医疗器械监管】 对11家药品生产企业，36家药品批发企业，34家药品零售连锁企业，1917家药品零售企业进行了全覆盖监督检查，对药品使用单位开展了1853次随机抽查。撤销药品GSP证书9家，立案164件，结案192件（其中当场处罚89件），罚没款39.76余万元，移送公安机关10起。检查化妆品批发专营、兼营店、美容院、美发店、药店等化妆品经营企业2551家次，责令改正24家次。

【打击食品药品违法犯罪】 受理投诉举报1030件（含省局交办69件），对21件举报件进行奖励。立案1284件，同比上升53.76%；结案1437件；罚没款金额1132.098万元，同比上升34.56%；移交司法机关案件34件，同比上升54.5%。

【白酒医药产业发展服务】 协调省局通过白酒生产许可现场核查150家，延期换证23家。协助沈酒集团、川酒集团整合白酒生产资源，白酒生产许可证事宜圆满解决。大力开展食品安全追溯体系建设，52家规模以上食品生产企业开展HACCP质量体系认证工作。推进仿制药一致性评价和药品上市许可持有人制度试点，2家药品生产企业5个品种开展一致性评价。2家化妆品生产企业取得“化妆品生产许可证”西蜀九锦取得“药品生产许可证”和GMP证书。完成西南医科大学附属医院35个医疗机构制剂品种注册审批工作。西南医科大学附属中医医院药物临床试验机构（GCP）通过资格认定。与国家总局和省局协调汇报，解决了科瑞德凯华制药有限公司原料药出口欧盟相关事宜。华康药业、洪昇医药、润森医药迁入泸州市。支持泸州医投集团在药品流通领域兼并重组。180余家药品零售门店通过GSP认证，取得“药品经营质量管理规范认证证书”。承接省局医疗器械第三方物流试点工作，指导共筑药械、景宏器械、泰和鸵人医疗器械等3家公司规范开展医疗器械第三方物流工作。

【负责人】 泸州市食品药品监督管理局局长：曾平；副局长：蒋东旭、杨明辉、徐云刚、王天俊；机关党委书记：岑伟；纪检组组长：邓玲（女、11月止）；食品安全总监：贾牧；药品安全总监：任江，稽察支队长：朱清。（明　俊）

安全生产监督管理

【概况】 全市2017年安全生产重大事故得到有效遏制，较大事故得到有效控制，共发生各类生产安全事故 185 起，死亡 171 人，煤矿和各行业领域均未突破省上下达的控制指标，事故起数和死亡人数实现双下降。死亡人数低于省政府下达控制指标进度的 11.40%，未发生较大以上生产安全事故。

【安全生产领导改革】 率先在全省乃至全国出台《关于贯彻〈中共中央、国务院关于推进安全生产领域改革发展的意见〉的实施意见》，配套出台相关改革发展制度规定和工作措施 40 余个，出台《泸州市安全生产巡查工作制度》和《泸州市新提任副县级领导干部担任市安全生产巡查专员暂行办法》，制定《泸州市推进安全生产领域改革发展重点任务分工方案》将改革任务细化为 83 项具体内容，为全市安全生产领域改革发展明确方向。

2017 年 5 月 28 日，共青团泸州市委、泸州市安全生产监督管理局联合举办“安全生产月”暨庆“六一”游园活动

【安全生产党政同责】 修订完善《泸州市安全生产党政同责一岗双责管理暂行办法》，印发《泸州市党政领导干部履行安全生产“一岗双责”监督检查办法（试行）》，进一步明确市、县（区）、乡镇（街道）党委政府领导责任、部门监管责任和属地责任。全年共召开 4 次常委会、6 次常务会研究安全生产工作；召开 4 次安委会全体成员会部署安全生产工作；召开 12 次安全生产市长督办会分析安全生产形势，交办存在的问题和隐患；市委书记 8 次、市长 30 次出席安全生产重要活动，市政府班子成员带头开展安全生产专题述职。制定《泸州市党政同责工作目标绩效管理办法（试行）》《泸州市安全生产目标管理考核奖惩办法》《泸州市防范重大生产安全事故责任体系实施办法》等规范性文件，实行安全生产工作“双考核、双奖惩”制度。市委组织部印发《关于在干部选拔任用工作中进一步体现和落实环境保护、安全生产相关要求的暂行实施办法》，明确规定 5 类安全生产工作成效显著的干部，在同等条件下可优先提拔使用；明确规定对发生重大以上安全生产事故等八种情形的干部不得提拔或进一步使用，进一步落实固化党政领导责任。

【部门安全生产职责】 在安全生产“三个必须”的基础上，进一步明确“管生产安全必须管职业健康”的要求，印发了《泸州市市级部门安全生产监督管理职责规定》，明确了 41 个市级部门的共同安全监管职责、具体安全监管职责和其他有关部门的 5 项安全监管职责。将安全生产职责细化到责任清单和权力清单中，作为部门“三定”规定职责的补充。将组织、宣传、政法、编办等部门纳入市安委会成员单位进行管理，在干部培训及任用、宣传教育、人员编制、部门“三定”、社会治安综合治理等方面，全面给予支持，并纳入年度目标考核，安全生产基础保障更加全面。

【安全生产隐患排查】 督促落实整改国家煤监局和省政府安办、省安全监管局、四川煤监局排查出的有关问题，对国家和省上查出的问题全部整改完毕。全面推进自查自改自报和隐患排查整改跟踪闭环制度。继续实行政府购买专家服务为企业排查治理隐患，聘请中国危化协会的专家对全市危化品企业进行隐患排查，出资55.8万元，聘请广西煤炭专家煤矿安全技术协会专家对泸州市14个煤矿企业（其中国有煤矿2个，民营煤矿12个）开展隐患排查，排查出安全隐患353条；出资54.2万元，邀请省安全技术中心对全市31个煤矿企业开展全面安全体检。2017年以来，全市重点行业领域排查事故隐患19388条，整改18865条，整改率97.3%，投入整改资金1368万元，及时消除了一大批安全隐患，避免和减少了全市安全生产事故的发生。

【安全生产宣传教育】 在《泸州日报》、泸州电视台等媒体开设宣传窗口，加强新《中共中央、国务院关于推进安全生产领域改革发展的意见》和有关安全生产法律法规及安全知识的宣传，并在党校培训中开设《安全知识课》；编制安全生产知识读本3万余册放到村社区，列入农民夜校培训内容。精心组织“安全生产月”活动，被评为全国“安全生产月”活动先进单位。充分发挥工会、团委、妇联等群团组织作用，联合举办“安全直通车”“安康杯”知识竞赛活动、“安全贤内助”“安全生产青年示范岗”等主题评选活动，营造人人争当安全生产的参与者、宣传者、监督者的浓厚氛围。

【执法规范化建设】 在全国创新开展安全生产行政执法“三项制度”试点，出台《泸州市安全生产行政执法程序规定》《泸州市安全生产行政处罚案件审理工作制度》《泸州市安全生产“双随机一公开”实施细则（试行）》《泸州市安全生产行政执法过错追究实施办法（试行）》等规章制度。全市共设立24个片区执法中队，到位107人，配备了14台执法车辆和其他执法装备。制订泸州市安全生产领域违法犯罪协作办案工作制度》加强行政执法与刑事司法衔接，落实“四个一律”执法措施，在水陆交通、建筑施工和工矿商贸行业广泛建立联合执法、跨区域执法等常态化机制，全面实行“执法式”检查，严厉打击安全生产非法违法行为。2017年安监执法办案件数294件，同比增长230%，行政处罚额度1238万元，突破千万元创历史新高。依法打击生产经营单位非法违法违规违章行为1442起，停产整顿354家，暂扣吊销证件56个，追究刑事责任5人，依法关闭取缔安全生产违法违规、不符合安全生产条件的企业112家。曝光严重违法违规行为和重大事故隐患2批共73家。

【重特大事故防范】 制订泸州市标本兼治遏制重特大事故工作方案》，并按照“五位一体”源头管控的要求，将工作细化到部门。将安全监管部门纳入市规委会成员单位，将安全作为城乡规划布局、设计、建设、管理的前提。制作发放了《泸州市安全生产重点行业领域基本情况、事故隐患风险辨识和防控措施一览手册》，推进安全风险分级管控和隐患排查治理双重预防机制。排查出重大风险点3个、较大风险点29个、一般风险点48个、低风险点72个，对3个重大风险点和29个较大风险点全部落实管控措施和责任人。常态化实行重大隐患挂牌督办和市长督办。2017年挂牌督办1个省级、50个市级重大安全隐患，召开市长督办会督办事故隐患1962个。

【安全生产大检查】 制定工作方案，成立以市长为组长的工作领导组，书记、市长带头到一线开展为期4个月的安全生产大检查，7名联系县（区）的市委常委分别带队对县（区）开展为期一个月的联合督查和驻守督导，全市各级各部门均结合监管职责制定大检查工作方案，严格按照“四个一律”和“五个一批”要求，依法严查重处各类安全生产违法违规行为。全市上下累计组织督查（检查）组7632个，检查企事业单位28878家（次），有效传导安全生产压力，始终保持安全监管高压态势。大检查期间，泸州市接受国家、省的多次督查考核，均得到高度肯定。

【道路交通安全监管】 强化源头和路面管控，组织开展平安交通、道路运输平安年、危化品运输专项整治，突出农村赶集、红白喜事、堤坝堰等重点时段和路段，加强“两客一危”车辆动态监控和路面勤务部署，重点整治无证驾驶、酒后驾驶、货车非法改装、农村面包车超员、摩托车违法以及客车超员、超速行驶、货车超载、疲劳驾驶、涉牌涉证等违法违规行为，查处交通违法行为124.25万起，查获非法营运车辆793辆；通过监控平台查处客车驾驶员违反“六严禁”103起，全部责令停运，有58名驾驶员被记分处理

【水上交通安全监管】 着重强化对企业、船舶的安全管理，突出重点渡口、码头、船舶的动态监控，严格执行停航封渡、签单发航、六不发航等规章制度，关闭、取缔非法码头46座，销毁脱管船舶12艘，成功处置各类事故及险情2次，救助人员6人，救助遇险船舶3艘，挽回经济损失0.21亿元。

【煤矿安全监管】 建立完善了煤炭行业安全管理“市领导包县、县领导包矿”责任体系，督促煤矿企业履行安全生产主体责任，将煤矿安全的责任落实到一线的管理者和操作者层面。严把了煤矿企业的复工复产验收关。对春节期间放假或市场低迷等因素停工停产的煤矿，凡要组织复工复产的企业，均由产煤县组织相关部门和专业技术人员进行严格检查验收合格后，方能复工复产，有效地预防和减少了事故的发生。聘请专家开展煤矿全面安全体检和隐患排查，组织煤矿瓦斯、水害防治专项整治，完成辖区内5个国有煤矿瓦斯监控数据及井口视频接入市级平台，全年停止井下采掘作业煤矿3个，局部停止采掘作业头面18个，停止各类设施设备82台，罚款260余万元。全面推进高危行业“机械化换人、自动化减人”，2017年全市煤矿新建成机械化矿井7处，实现高档普通机械化采煤16处，综合机械化采煤4处，机械化矿井占生产矿井比重达83%，机械化水平明显提升。化解过剩产能，在2016年煤矿去产能“五年任务一年完成”基础上，2017年再退出煤矿4处，化解产能78万吨，超额完成48万吨，完成目标任务的260%。

【非煤矿山安全监管】 严格建设项目安全设施“三同时”和复工复产加强源头防控，开展打非治违和专项治理、淘汰落后工艺和设施设备、非煤矿山建设项目安全设施“三同时”专项整治，100%全覆盖检查非煤矿山企业，立案查处53件，行政处罚116.6万元，非煤矿山实现年度安全生产零死亡。

【危险化学品和烟花爆竹安全监管】 印发了《泸州市危险化学品安全综合治理实施方案》，强化危化品登记备案，建立危险化学品运输线路分级分类管理制度，约谈违法违规企业负责人；开展长江流域四川境内危化品企业、氯碱行业生产企业、涉氨制冷企业液氨使用、重点易制毒化学品安全生产专项整治，印发《对危险化学品和烟花爆竹企业实行安全生产监管分级和属地管理的通知》，按照“巩固A级、提高B级、重点整治C级、压缩淘汰D级”的原则，实施安全风险分级监管。印发《泸州市城镇人口密集区危险化学品生产企业搬迁改造实施方案》，对泸州富邦化工有限公司、纳溪天意精细化学品有限责任公司、泸州瑞兴生物工程有限公司、泸州大洲化工有限公司等4家企业实施异地搬迁计划。继续聘请中国化学品安全协会专家，对全市30家处于正常生产状态的危险化学品企业开展安全诊断检查，共查出1289项问题，全部督促整改完毕，危化行业实现年度安全生产零死亡；开展烟花爆竹专项整治和回头看，下达《责令限期整改指令书》和《现场处理措施决定书》95份，发现事故隐患620

余项，隐患整改率100%；查处非法违法违规案件101件，安全监管部门罚款9.57万元，移送公安机关刑事和行政拘留31人，收缴非法烟花爆竹5649件。

【建筑施工安全监管】 开展岁末年初全市住建领域安全生产专项整治行动、春节后复工复产安全专项检查、汛期住建领域安全生产专项检查，开展建筑起重机械、预防坍塌事故专项整治，立案调查36起，罚款502万元，同比增长130%，对3个建筑企业和2名项目经理记入了不良行为记录，对2名专职安全管理人员的安全生产能力考核证书予以吊销；建成远程视频语音监控系统跟踪整改施工现场安全隐患或不文明施工现象900余次，克服了监督人员不足的瓶颈；建成预警系统起重设备356台次，发现整改起重量超重等违章操作现象260余次，克服起重机械专业管理人员短缺短板；建成省级安全文明施工标准化工地4个。

【消防安全】 组织开展冬春火灾防控、夏季消防检查，启动高层建筑、电气火灾、养老服务机构等13个专项整治行动，责令“三停”305家，临时查封335家，罚款543万余元，拘留112人。完善主城区86个社区、600余个小区消防设施，制作消防车通道模板800个、消防警示牌1500套，规范和打通消防通道、等高操作面等920余处；计划投入3000万元推进“智慧消防”建设，进一步提升全市火灾防控信息化、智能化水平

【特种设备安全整治】 印发《泸州质监系统集中开展特种设备安全专项整治工作实施方案》，开展特种设备安全隐患排查治理专项行动，排查整治重大隐患233起，吊销压力管道安装许可资质1起;；开展特种设备安全标准化建设，有20家特种设备使用单位通过示范创建验收，实现特种设备管理体系标准化、风险防控常态化、监管方法规范化、信用评价公开化的管理格局。

【负责人】 泸州市安全生产监督管理局局长：李华桂；副局长：张继林、邹江勇、周宇、牟远华；总工程师：官伟平；纪检组组长：胡宁（8月止）、唐超（8月起）；机关党委书记：马水利（11月起） （刘 洋）

投资促进

【概况】 2017年，全市新履约市外国内项目713个，投资总额2253.2亿元，实际到位市外国内资金1289.94亿元（含续建），同比增长18.84%。其中，省外国内到位资金422.14亿元。全年新引进5亿元以上重大项目46个。

【工业产业招商】 坚持“工业为大、工业为重、工业为先”招商理念，明确将航空航天、智能终端、大数据、高端装备制造、现代医药、新能源新材料等作为投资促进的重点产业，分别落实市领导联系负责推进，依托行业协会牵线搭桥，上门拜访对接企业560余家，邀请欧菲光、朵唯、华勤、与德、维信诺等企业到泸实地考察，累计到泸实地考察企业达280余家。

【重大招商活动】 参加2017知名企业四川行、2017中国西部（四川）国际投资大会等省级重大平台活动，加快促成一批重大项目成功签约。重点围绕智能终端、高端装备制造、现代医药、新能源、新材料等产业，举办了“酒博会·泸州投资说明会”“自贸区·深圳投资说明会”“商博会自贸区投资推介会”等专题活动，狠抓重点企业跟踪促进，累计邀请900余家企业参会。2017年，利用专题活动平台签约项目48个，投资总额541亿元。

【智能终端集群招商】 2017年，全市将智能终端作为工业招商的重点产业，整合市、区、园区力量，智能终端产业招商取得明显成效。累计对接智能终端企业600余家，引进禾苗、麦穗、诺亚信、沃特沃德、大象等80余家智能终端企业投资建设93个项目，投资额近400亿元。

2017年4月，市委副书记、市长刘强在中国（四川）自由贸易试验区川南临港片区深圳投资推介会上发言

【项目落地】 落实专人负责项目落地工作，全程跟踪促进项目，并分类整理签约项目，重点跟踪督促5亿元以上重大项目。加大对中外知名企业四川行、西博会、国际投资大会等省级平台签约项目的督查力度。截至2017年年底，2014年以来的省级平台签约项目总计266个，投资总额2012亿元，履约247个，履约率92.86%，开工225个，开工率84.59%，累计到位资金1045.39亿元。

【对外开放】 抢抓长江经济带战略、东部产业转移机遇，上门拜访上海产业促进中心、惠州市政府等单位，与惠州市政府签订友好城市战略合作协议，珠三角产业招商成果丰硕。成功举办中国（四川）自由贸易试验区川南临港片区内陆与沿海沿边沿江协同开放合作交流会，组织参加赤水河流域生态保护治理发展协作推进会，现场签约项目6个，签约金额达144.6亿元。组织开展泸州市代表团赴德国、美国、瑞典对接促进活动，有效促成美国博瑞山医疗公司、美国倍赛达公司、美国麦王环保等外企落户泸州；依托中国国际酒业博览会，邀请澳大利亚作为主宾国，并与巴罗萨建立了友好城市关系。

【负责人】 泸州市投资促进局局长：徐兵；副局长：彭兵（8月止）、殷国兵、雷文强、谢美春（8月起）；纪检组组长：朱发云。 （陈军文）

国有资产管理

【概况】 2017年全市国有及国有控股企业的资产总额3755亿元，同比增长29%，位居全省第2名；所有者权益总额1333亿元，同比增长30%，位居全省第2名；实现营业收入273亿元，同比增长25%，完成年度目标的158%，位居全省第4名；实现利润总额68.7亿元，同比增长32.6%，完成年度目标的249.8%，位居全省第3名。其中，市级国有及国有控股企业的资产总额3218亿元，同比增长23.4%；所有者权益1030亿元，同比增长22%；实现营业收入268亿元，同比增长25%，实现利润总额68.2亿元，同比增长38%。国有企业发展质量效益明显提升。印发《关于加强和改进企业国有资产监督防止国有资产流失的实施意见》（泸市府办发〔2017〕89号）、《泸州市人民政府关于改革和完善国有资产管理体制的实施意见》（泸市府发〔2017〕41号）等文件。

【重点国资企业经营实绩】 老窖集团2017年资产总额877亿元，同比增长10%；销售收入147.5亿元，同比增长16%。兴泸集团资产总额达684亿元，比2016年增长28.5%；全年实现利润7.6亿元。工投集团2017年资产总额209亿元，同比增长 3%；销售收入 9 亿元，同比增长 51%。

【国资企业融资】 兴泸集团成功发行 10 亿元永续中期票据和 20 亿元公司债券；工投集团成功发行 4.3 亿元债权融资计划。全年监管企业（包括老窖集团、兴泸集团、工投集团，未含委托监管企业）到位融资约 226 亿元。其中，为市财政及泸州市基础设施建设实现投融资 131 亿元，超额完成市委、市政府下达的融资 40 亿元的任务。

【民生项目建设】 兴泸集团加快推进 22 个民生项目建设，完成投资 46.37 亿元，各项目取得阶段性成功。茜草二水厂（一期）工程、鸭儿凼污水处理厂、泸县县城供水复线管工程实现完工。工投华瑞房地产公司投资 28586 万元承建的滨河家园安置房建设工程修建完成，安置户数 685 户。

【泸酒产业发展】 1. 老窖股份公司参与投资设立泸州老窖百调酒业公司、泸州老窖果酒酒业公司、明江股份有限公司。2. 老窖股份公司酿酒工程和包装中心技改项目持续推进。截至 12 月底，完成酿酒工程技改项目资金募集和注入工作，建成集灌装、仓储、物流、信息化于一体的成品酒包装基地。3. 四川省酒业集团于 2017 年 6 月 22 日落户泸州挂牌成立。

【兴泸水务上市】 泸州市兴泸水务（集团）股份有限公司于 2017 年 3 月 31 日在香港联交所正式挂牌上市，证券简称“兴泸水务”，证券代码为“02281”，共成功募集资金约 4.94 亿港元，成为全省水务行业第一家境外上市企业。

【行政事业单位国有资产管理】 1. 审核和审批市级行政事业单位处置国有资产 55 批（次），资产账面原值 23161.72 万元。其中，处置房屋建筑物 1 处（房屋建筑物面积 35057.06 平方米，土地面积 3129 平方米），账面原值 20675.04 万元；处置办公设备 38 批（次），账面原值 1985.38 万元；处置车辆 6 辆，账面原值 137.57 万元；处置其他资产 10 批（次），账面原值 363.73 万元。2. 委托国资公司管理的 33 处资产（建筑面积 9463.71 平方米，评估价值 4400 万元），以国有资本金的方式注入国资公司。3. 强化市级行政事业单位经营性资产的租金收缴，2017 年租金收入（含税）2173.05 万元，较 2016 年增加 247.97 万元，增长 12.88%。

【负责人】 泸州市国资委党委书记：曹俊杰；党委副书记、主任：喻志强；副主任：刘中全、余元玲（女）、何厚久、刘欣（12 月起）；机关党委书记：周春伟；纪检组组长：刘刚（11 月止）。

（刘潇阳）

四川煤气化公司

泸州市兴泸投资集团有限公司

【概况】 2017 年，泸州市兴泸投资集团有限公司资产总额达 713 亿元，比 2016 年（下同）增长 27%；净资产 347 亿元，增长 19%；完成营业收入 28.8 亿元，增长 72%；实现利润总额 12.97 亿元，增长 35%。

【投资】 2017 年，公司拓宽投资领域、扩大投资规模，完成投资 76.42 亿元。推动重大基础设施升级，云龙机场迁建工程不断提速，新航站楼初具规模，飞行区工程抓紧建设；沱六桥通车，川南城际铁路进展顺利，隆黄铁路叙毕段有序推进。推动国企平台快速生长，参股组建川酒集团，加速白酒产业调整升级。出资组建航发公司，推进云龙机场、蓝田机场等股权资产注入，促进泸州市航空航天事业蓬勃发展；完成向交投、临港、城投、文旅投注入资产。推动安居工程建设，持续投资棚户区改造，月亮湾、玉带河畔等工程主体完工，玉带花园 1174 套定向限价房竣工验收，数万名群众喜迁新居。

2017 年 3 月 31 日，兴泸水务在香港交易所主板挂牌上市

【产业拓展】 2017 年，公司以域外拓展、产业链延伸、相关产业多元化为转型抓手，培育新的收入和利润增长点。供水产业取得重要突破，2017 年 3 月兴泸水务公司在香港联交所成功挂牌，成为四川省供排水行业第一家在境外上市的企业，兴泸集团由此迈入国际资本市场。茜草二水厂投运，纳溪二水厂、黄溪水厂等项目不断推进，江阳区城乡一体化供水接近完工，日供水能力从 33 万吨提升至 42.6 万吨。供气覆盖范围加快扩张，成功发展 10 家大型工业客户，完成泸州市首个燃气中央空调项目，售气量提升至 1.8 亿立方米，新拓展用户 2.3 万户。停车场运营效率有效提升，一期 5 个停车场平均车位周转率提升至 73.1%，二期停车场加快建设，三期停车场启动实施。物业服务开辟新市场，资质升为国家一级，成功开辟汽车后市场等增值业务。治污功能不断增强，鸭儿凼提标扩容进水调试，镇村污水处理点建成 69 个，基本实现一级场镇全覆盖，污水日处理能力从 16 万吨提升至 31 万吨。垃圾处理持续拓展，接入泸县、合江、赤水等地垃圾，垃圾焚烧发电（一期）日处理量提高至 1024 吨，排放指标达欧盟标准；城市有机废物协同处理示范工程开展招标。基金业务不断做大。兴泸基金管理公司成功入围全国“百亿私募”榜，是四川仅有的两家公司之一，也是四川省市州中唯一管理规模突破 50 亿元的公司，管理 5 支基金，规模近 300 亿元，成功投放 90.3 亿元。建筑产业提档升级，联合领军企业，抢先设立四川省市州首家建筑工业化 PC 项目公司，第一批产品投用。居泰公司获得国家一级房地产开发资质，并成功设立建设公司，参与建筑施工市场竞争。

【融资】 2017 年，公司到位融资资金 114.4 亿元，成为全市落实融资额度最大、综合融资成本最低的投融资公司。直接融资再上台阶，成功发行易地扶贫、停车场项目收益债、永续中票和公司债，落实资金 38 亿元，突破性实现国家发改委、中国证监会、中国银行间市场交易商协会三家债券产品的全线运用。银企合作成效显著，落实棚改三、四期国开行专项贷款额度 49.5 亿元，在全省同类企业中获批额度排名第一，到位 24.9 亿元。

【脱贫攻坚】 2017 年，公司贯彻落实党委、政府战略部署，努力使企业发展成果惠及更多更广的基层群众。持续为古叙易地扶贫搬迁提供资金支持，帮助 3600 余户贫困家庭改善发展环境；投资 1.4 亿元建成古蔺黄荆金鱼溪异地扶贫安置点示范工程，带动近万名困难群众脱贫奔小康。启动实施古蔺县一、二批 8 个产业扶贫项目，落实资金 1044 万元，带动农民就近就业增收致富。开展定点扶贫，巩固深化对口帮扶村脱贫成果。公司被泸州市委授予脱贫攻坚先进帮扶单位，派驻的第一书记被评为泸州市“优秀第一书记”。

【负责人】 泸州市兴泸投资集团有限公司董事长：袁斗泉；总经理：代志伟。 （彭　颖）

泸州市工业投资集团有限公司

【概况】 2017 年，泸州市工业投资集团有限公司资产规模 213.12 亿元，净资产 76.83 亿元，经营收入 19.69 亿元，实现融资 40 亿元，融资余额达 85.39 亿元。

【产业投资】 2017 年，全年实现以新材料、能源为代表的重点产业领域投资 25.4 亿元。联手中石油成功竞拍、建设完成千凤路加油站，收购、改造加油站点 6 个，并实现规模化经营。军民融合发展项目乙基纤维素生产、金属燃油箱股权投资项目落地。成立产业引导基金，加快推进医疗健康产业发展。切入安防职业教育培训、智慧安防等产业。开展工业化建筑产业园区建设，实现投资 5 千万元。联合成立并控股四川酒业集团公司，实现投资 5 亿元。加快建设聚碳酸酯项目，全年完成投资约 11 亿元。

【金融服务】 工投基金公司围绕引导大产业功能，牵头成立泸州产业引导基金，规划并建设泸县医药园区、机械装备制造等产业子基金群，重点投资全市战略新兴产业、医疗健康产业、优势传统产业、园区基础设施建设。工投担保公司突出服务中小微企业，业务范围和业务能力迅速提升，企业效益突出，实现年利润 780 万元。组建成立泸州工投融资租赁公司。继续关注集团资源聚合能力和服务能力提升，整合并成立集团金融事业部，拓展工投金融产业发展。

四川四季融美电子科技有限公司生产车间

【负责人】 泸州市工业投资集团有限公司董事长：谭光军；总经理：潘建华；副总经理：周峰、龚萍（女）、刘汉良、刘奇；纪委书记：邝利（女）。 （孙方义）

工　业

综　述

【概况】　2017年，全市工业经济呈现出稳中向好、量质并升、效益改善的态势。全市工业增加值达725亿元，比2016年（下同）增长9.7%，对GDP的贡献率达50.3%。规模以上工业企业662户，增加值增长10.9%，增速分别高于全国、全省4.3、2.4个百分点，位居全省第2位。分产业看，白酒产业增长14.7%，化工产业增长12.9%，机械产业增长8.5%，能源产业增长1.8%。企业效率大幅提升，规模以上企业实现主营业务收入1651.2亿元、增长17.6%，实现利润总额104.3亿元、增长19.0%。全市完成工业投资582.5亿元、增长3.3%，工业投资总量继续保持全省第2位。完成技改投资411.6亿元，技改投资总量继续位居全省第4位。全年供应天然气20.56亿立方米、增长14.6%，其中工业用气16.57亿立方米、增长15.7%。全社会用电量达77.1亿千瓦时、同比增长5.3%；其中，工业用电43.6亿千瓦时、增长1.1%。全市产业园区主营业务收入2248亿元，增长18.3%。新增建成区面积1.78万亩，累计建成区面积达82.7平方公里，入驻企业达2070户。（梁　松）

【酿酒工业】　2017年，全市酒业主营业务收入807.82亿元，同比增长20%。出台《中国白酒金三角酒业园区创新发展规划》，指导白酒园区纳入国家开发区审核项目。狠抓老窖技改扩能等30个酒类重点项目建设，1—12月，10个酒业重点项目完成投资67.23亿元，其中，泸州老窖酿酒工程技改项目建设，全年完成投资16.8亿元，完成目标任务的120%；郎酒泸州包装基地201酿酒车间1200余口窖池和4万吨储酒罐区建成投用，新建设2万吨储酒罐区主体完工，全年完成投资20亿元，完成目标任务的125%。组建四川酒业集团有限责任公司。继续实施中小酒类企业培育工程，形成了8家“骨干”企业、11家“小巨人”企业、12家“小巨人培育”企业。打造“中国白酒·泸州产区”品牌，泸州·中国白酒商品批发价格指数9月1日起在央视财经频道滚动发布。泸州老窖股份有限公司“久香牌曲药”等9项产品获首批“生态原产地保护”产品称号；玉蝉酒业等22家酒企的34个产品荣登第十二届“四川名牌”产品榜。出台全市推进食品安全追溯体系试点建设意见，24家酒企纳入试点建设，泸州老窖“三级质量监管机制”获“四川省质量安全最高奖项（四川质量奖）”。

【化学工业】　2017年，化工产业市场回暖，重点围绕新型肥料、精细化工及新材料、石油化工三大产业链，构建循环化工基地，转型升级成效明显。泸天化集团继续按“稳、改、转”总体思路，稳步推进主辅业分离，开展“退城入园”咨询研究论证。北方公司有机硅资产盘活，合盛硅业（泸州）有限公司实现产值10亿元。中蓝新材料20万吨聚碳酸酯项目一期10万吨装置主体竣工、新火炬公司年产2×70千克重氧水项目建成试生产。中海金象和中海沥青启动混合所有制改革工作。启动城镇人口密集区危险化学品生产企业搬迁改造工作，初步确定纳溪天意化工等3家企业实施搬迁入园。全年实施化工项目11个，完成投资25亿元。2017年，全市化工产业主营业务收入164.3亿元，同比增长17.9%，规模以上工业增加值增速达12.9%，全行业扭亏为盈。

（罗代珍）

2017年11月28日，长机公司与豪能股份有限公司（母公司）在上交所主板整体上市

【医药工业】 2017年，医药产业继续以科技创新为核心，强化项目招引，完善现代医药产业体系，提升医药产业园区承载能力。医药产业园签约落地成都赋智未来干细胞等项目14个，形成4平方公里的项目承载区，入驻企业48家（工商登记）。出台《泸州市人民政府关于促进医药产业健康发展的实施意见》《泸州医药产业园区产业发展扶持办法》《泸州医药产业园区产业发展扶持办法实施细则》等配套政策。泸州步长生物制药及新药产业化基地、医疗器械产业（孵化）园等项目加快推进。生物医药公共服务平台、大学科技园、食品药品检测中心等平台项目入驻。设立2亿元政策扶持基金、20亿元股权投资基金、20亿元产业发展基金。医药产业主营业务收入28.6亿元。

（罗代珍）

【机械工业】 2017年，全市机械产业主营业务收入140亿元，规模以上机械工业增加值增长8.5%；取缔“地条钢”产能110万吨，通过了国家和省打击取缔“地条钢”工作组的核查；泸州益鑫钢铁有限公司、泸州江阳钢铁有限公司跨区县重组为泸州鑫阳钢铁有限公司，减量置换钢铁产能200万吨。汽车科技产业园全年完成投资50240万元，完成年度目标任务的200.96%。中航EPS转向系统汽车配套产业项目全年完成投资18020万元，一期工程开始试生产。江麓容大汽车无级自动变速器（CVT）研发生产基地项目全年完成投资22620万元，一期主体工程完工；睿盈锻造项目全年完成投资10780万元，实现整体搬迁投产；长江机械智能工厂全年完成投资9600万元，进入设备安装调试阶段。

（黄 彬）

【能源工业】 2017年全市天然气用气量20.56亿立方米，同比增长14.6%；工业用气16.57亿立方米，增长15.7%，工业直供气占工业用气量92%。2017年泸州地区生产天然气1.95亿立方米，其中页岩气0.26亿立方米。

长宁页岩气田集输气干线工程项目于2017年11月建成投运，项目投资7.5亿元，起于宁209脱水站，止于纳溪西站，干线全长119.1千米（泸州市境内48.3千米），设计管径D813，设计压力6.3MPa，设计规模40亿立方米/年。

江北供气工程项目于2017年12月开工建设。

该项目起于铁清分输清管站，止于胡市输气站，干线全长37.95公里（泸州市境内34.59公里），设计压力6.3兆帕，设计规模190万立方米/年，项目投资1.42亿元。（李 权）

【轻工业】 2017年，实施千亿白酒产业战略，出台《泸州市“十三五”酒业发展规划》，酒业增加值增速实现14.7%，高于全省工业增加值增速6.2个百分点；全市白酒主营业务收入实现807.8亿元、同比增长20%，占全省的35.8%、全国的14.3%。泸州老窖、郎酒集团主营业务收入再次突破100亿元，泸州老窖荣获“中国轻工业百强企业”“中国轻工业食品行业50强企业”，郎酒集团荣获“中国白酒行业十大影响力品牌”，泸州老窖国窖工段被评为全国轻工行业先进集体（正式批文还未下达）；仙潭酒业、沈酒集团、国粹酒业等中小酒企位列“2017第9届华樽杯中国酒类品牌价值200强”。轻工行业重点项目加快推进。泸州永丰浆纸有限责任公司年产20万吨漂白竹浆纸一体化项目一期竣工投产，合江金田纸业二期竣工投产；中国白酒金三角酒业园区中远物流4.8万吨智能化酒库项目竣工，泸州老窖酿酒工程2万口窖池技改项目启动建设。（罗飞成）

【信息化产业】 2017年，泸州市互联网出口带宽达全省第二、宽带速率达全省第一，实现村村通4G通信信号；政务云建设和数据资源整合工作全省领先，被四川省定位为川南大数据区域中心，并成为唯一获省政府支持创建国家大数据产业集聚发展区的城市；华为四川大数据中心（一期）工程建成投用，四川省大数据发展现场交流会在泸举行。举办了第二期智慧城市研修班，印发了《泸州市智慧乡镇（街道）建设指导标准》《泸州市智慧社区建设指导标准》《泸州市智慧乡村建设指导标准》《泸州市信息化精准扶贫实施意见》等政策性、标准性文件。完善了信息安全保障体制，成立了信息安全科，启动了泸州市信息安全监控中心建设，开展了泸州市容灾备份中心建设前期工作。（黄祖鑫）

【智能终端产业】 2017年，按照“一业四园”发展定位，泸州市形成长开区智能终端产业园、高新区智能终端产业园、江阳区智能终端产业园和纳溪区智能终端产业园等4个园区为核心的智能终端制造产业基地，重点引进手机、显示模组、摄像头模组、指纹传感模组等整机及配套企业，智能终端产业实现从无到有、规模从小到大的突破发展。全市共签约智能终端企业82家，总投资额380亿元，产能产值可达1497.5亿元。共投产企业32家，产能产值521亿元，累计产值102.2亿元。共规划建设标准化厂房477.36万平方米，建成投产53.45万平方米，装修中62.74万平方米，建设中100.75万平方米，后续规划240.42万平方米。共规划建设生活配套94.32万平方米，建成投产21万平方米，装修中1.5万平方米，建设中19.13万平方米，后续规划52.69万平方米。（周 强）

【大数据产业】 印发《泸州市人民政府关于加快大数据产业发展的实施意见》（泸市府函〔2017〕100号）、《泸州市政务信息资源共享管理暂行办法》（泸市府发〔2017〕55号）。四川省大数据发展现场交流会在泸召开。2017年2月启动泸州市数据资源管理服务平台项目建设，完成四大基础数据库建设。在全市共调研梳理65家单位（含二级单位）的政务信息资源目录1056个，政务信息项13814个，建立了全市统一的政务信息资源编目体系；累计梳理各类政务信息系统177个，完成整合63个。被省政府信息化建设领导小组办公室点名表扬。（张国梁）

【白酒产业】 修订完善《泸州市“十三五”酒业发展规划》，拟定《泸州市推进白酒产业供给侧结构性改革加快整合发展的实施意见》。全市白酒产业呈现“收入较快增长、效益大幅提升、结构不断优化”的发展态势，名优白酒产品价格稳步提高，酒企营利能力大幅增强，泸州老窖股份主营业务收入全年突破100亿元，原酒基金携手40余家规模以上酒类企业稳定合作窖池8000余口，收储原酒1万余吨。参与并成功组建四川酒业集团有限责任公司，大力支持全市中小酒类企业抱团发展，泸州老窖酿酒工程技改等30个酒类重点项目建设加快推进，泸州·中国白酒商品批发价格指数在央视财经频道滚动发布。

【负责人】 泸州市经济和信息化委员会主任：李霄；副主任：曾发海、梅勇、杨康宁（女）、林朝晖、张军华；纪检组组长：袁晓彬；机关党委书记：陈建琼（女，11月止）、向文才（11月起）；总经济师：张红（女）。 （廖相林 阳雨燕）

四川泸州（长江）经济开发区

【概况】 2017年，四川泸州（长江）经济开发区企业达659家，比2016年（下同）新增24家。全年园区完成主营业务收入635亿元，增长25%；完成规模以上工业增加值113.4亿元，增长15.9%；实现企业利润40亿元，增长20%；完成企业投资额59.8亿元，增长22%；完成入库税金8亿元，增长20%；建成区面积新增4平方公里，达28.6平方公里；从业人口达4.8万人。2017年长开区被市委评为“脱贫攻坚先进帮扶单位”；再度荣获“2017年度全国优秀物流园区”；被市委评为“创建全国文明城市先进集体”；园区安全工作被市政府年度目标考核为一等奖。

【园区工业】 2017年，园区工业企业共294家（规上工业企业105家）。实现工业总产值427亿元，增长20.6%。其中，食品饮料企业完成工业总产值170.2亿元，占园区工业总产值的39.9%；精细化工企业完成工业总产值105.8亿元，占园区工业总产值的24.8%；装备制造企业完成工业总产值56.5亿元，占园区工业总产值的13.2%；其他完成工业总产值94.5亿元，占园区工业总产值的22.1%。申报第八批国家级新型工业化产业示范基地于2018年2月13日获得国家批准。

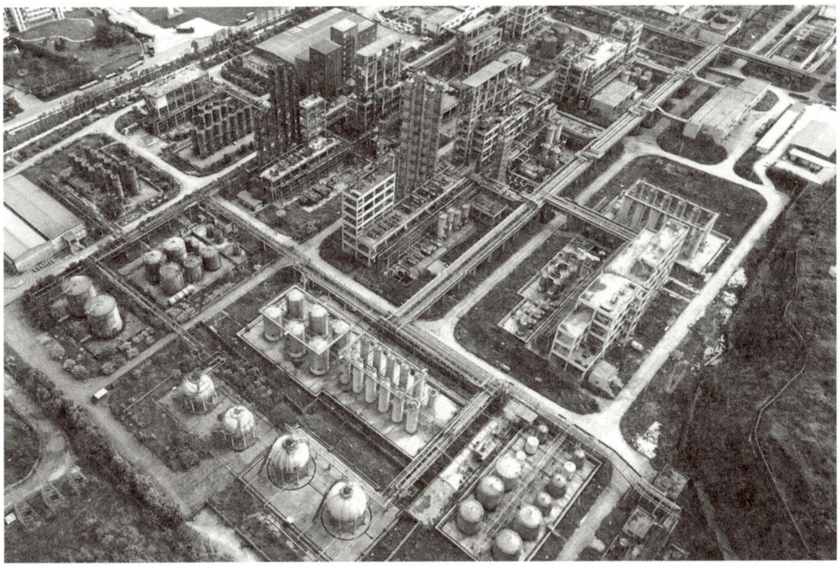

长江经济开发区临港化工园

【港口物流】 投资6000万元的联检大楼开工建设。多式联运中心完成初设。国家水运开放口岸申报进展有序。成功开行泸州至上海“天天快班”，并与德国杜伊斯堡港成功签约。加强与成都青白江协作，成功搭上蓉新欧“顺风车”，2017年11月24日装载着41个40英尺集装箱的泸蓉欧首发班列驶出泸州港，为融入“一带一路”经济圈迈出新步伐。全年泸州港完成集装箱吞吐量55万标箱，同比增长9.8%；铁水联运完成1.78万标箱；外贸集装箱量2.99万标箱；进境粮食指定口岸完成粮食进口6.48万吨。全年泸州港保税物流中心实现集装箱通关5909标箱，完成进出口总额2.02亿美元，同比增长900%；完成两税收入共1.06亿元，同比增长370%。联系外贸企业完成进出口总额3.8亿美元。

【项目建设】 全年实施重点项目52个，总投资508.97亿元，完成投资51.36亿元，其中新开工27个，续建17个，前期工作8个。海吉星农产品物流园一期交易区成效显现，引入龙头企业50家，商家600余户，日批发蔬菜1200吨，水产180吨，产品检测中心建成投运。全年，建成并交付使用62.1万平方米标准厂房。建成专家楼和员工公寓1325套，可同时安置1.2万人。港口大厦基础施工进展顺利。科技创新企业孵化器二期、三期项目开工。檀木苏香限价商品房一期项目主体完成80%。，港城新居安置房一期项目主体完成30%。，抚琴山水二期安置房主体完成20%。物流园区市政道路完成A路土石方工程20%，箱涵工程经启动。

【融资工作】 盘活土地资源、固定资产，加强项目包装、储备和申报，争取到国、省重大项目前期经费、外经贸发展专项资金、工业发展引导资金、物流园区市政道路项目资金共计2680万元。大件路拓宽改造工程挤进省发改委2018年“长江经济带港口集疏运通道建设项目”，可获中央预算内投资1.875亿元。临港产业园区项目成功申报国家发改委项目收益债7.8亿元，第一期募集到位资金5亿元。与国土部门的协作，建成土地信息共享制度，共同督促企业及时缴纳土地出让金。全年出让土地17宗，收入土地出让金28158万元。利用政府资金存放的放大倍数效应，为智能终端产业筹集流动资金7亿元，担保融资1000万元；临港集团通过项目融资、发行企业债筹融资27.54亿元，为园区发展提供资金保障。

【招商引资】 制定《智能终端产业招引优惠政策兑现管理办法》。建立健全全面全年全员招商引资机制，转变招商引资方式，优化招商引资环境，实现招大引强。派出100余人次，赴上广深等地，围绕智能终端、供应链物流、精细化工、半导体芯片等产业，定向抛出自贸区“橄榄枝”招商，一批优质项目相继签约落户、建成投产，长开区“朋友圈”得以不断刷新。新签约项目54个，其中5亿元以上项目10个，智能终端34家，如诺亚信、鑫龙上、晶志、洲际恒通、汇丰等；48个项目，包括诺亚信等手机整机项目21个，以及京川集团等配套项目27个。总投资141亿元，投产15家，可实现产值238亿元，2017年完成销售收入46.14亿元；7家企业升规入统。签约资金163.2亿元人民币，到位资金67亿元人民币，引进外资1011万美元。

【安全环保】 严格落实“三同时”规定，强化安全发展理念，强化党工委、管委会、部门和企业“三个责任”，结合园区实际制定了《长开区关于贯彻〈中共中央 国务院关于推进安全生产领域改革发展的意见〉的实施意见》以及《长开区推进安全生产领域改革发展重点任务分解及落实计划》；园区管委会与属地3个街道和管委会内设及派驻的共15个部门签订了安全生产责任书，安全环保监管局与园区签约引进的68个企业和投产运营的57个企业分别签订了安全责任书。稳步推进了铬渣场土壤一期65亩生态修复工程，正在开展二期相关工作。全年共排查各类安全隐患551个，整改548个，按期整改完成率100%，3项在整改限期内正在整改。管委会投入安全隐患治理资金1000多万元，整改隐患21个。

【管理服务】 全年完成农户、企业依法和谐拆迁311户，征收面积1085.2亩，改迁杆管线81处30公里，保障安置经费4.06亿元，在建97万平方米的檀木苏香、港城新居等安置房完成投资8.1亿元。解决历史遗留问题，完成历史遗留未拆迁农房28户，企业搬迁3户。“三纵两横”的物流园区路网破土动工，希望大道延长线建设进入攻坚阶段，振兴路跨线路桥力争尽快通行，消除最后一公里交通“瓶颈”，道路通车里程达45公里，有效改善通行能力；新建市政排水管网9.9公里，每天可减少直排污水6000吨，排污管网里程达50公里。成立智能终端领导小组，明确职责分工，及时协调解决企业用电贵、融资难、招工难等问题。

【负责人】 泸州（长江）经济开发区党工委书记：刘光明；党工委副书记、管委会主任：靳地胜；党工委副书记、管委会常务副主任：喻兵；党工委副书记：李平；党工委委员、管委会副主任：梁亚琼（女）；党工委委员、管委会副主任：何睦；党工委委员、纪工委书记：伍炀。

（阮必兰）

泸州国家高新技术产业开发区

【概况】 2017年，泸州高新区规划区主营业务收入770.0亿元，比2016年（下同）增长18.2%。核心区主营业务收入216.0亿元，增长27.8%；工业总产值184.5亿元，增长22.7%；规模以上工业增加值增速17.5%；企业利润总额12.8亿元，增长22.3%；企业投资29.2亿元，增长36.7%；基础设施投资11.65亿元比增长40.2%；入库税金3.5亿元，增长32.1%；地方一般公共预算收入1.22亿元，增长42.9%；招商引资实际到位资金90.52亿元，增长20.1%。

【产业发展】 根据新的形势和园区发展实际，重新定位高端装备制造、新一代信息技术、新能源新材料、现代医药、现代服务业五大主导产业，产业集群集优发展格局进一步优化，在2016年全省84个省级园区考核中排名第7位，被科技部批准建设全国创新型特色园区，被团中央确定为全国青年创业示范园区。发展大数据产业，华为（四川）大数据中心于11月23日正式上线运行，建筑面积1.3万平方米，部署机柜1032个。快速发展智能终端产业，新建2000亩智能终端产业园，引进智能终端龙头企业24家，项目全部达产后预计产值达660亿元以上。大力发展太阳能新材料产业，引进总投资69亿元的泸州金能移动能源产业园项目。引导传统机械产业转型升级，通

国家级科技企业孵化器

过引领园区存量企业转型发展和智能化改造，新增产能50亿元。

【招商引资】 坚持把招商引资作为园区发展的主要抓手，全力招引大企业、大集团、大公司。全年共签订正式协议30个，框架协议9个，其中5亿元以上工业项目11个，签约金额272.5亿元，被四川省评为“四川省投资促进先进集体”。特别是自2016年底以来，突出抓好智能终端产业招商，拜访重点企业1000余户，邀请300余户企业到高新区考察，签约智能终端产业链龙头企业24家（其中整机+核心配件企业16家），同步引进配套企业43家，协议计划总投资达126亿元。

【项目建设】 坚持要素资源向重点项目倾斜，政策服务向重点项目倾斜，攻坚力量向重点项目倾斜，推动工业招商项目快速开工建设、投产见效。2017年，高新区实施市级重点项目46个，完成投资45.43亿元，形成新的产能100亿元。华为（四川）大数据中心项目全部建成投运；许继电器泸州基地项目进入正式运营；高新区标准化厂房建设项目厂房建成投用，生活配套设施建设完成主体施工；泸州国家高新区众创中心完成主体施工；江麓容大汽车无级自动变速器（CVT）研发生产基地一期项目主体完工；中航EPS转向器一期项目主体完工并部分投产。

【功能建设】 按照产城融合发展的理念，高端规划、高效建设，不断提升园区功能。加快推进扩园扩区。推进扩区规划编制，先期向南往分水岭方向拓展1.3万亩产业用地，扩区范围控制性详细规划和产业发展规划完成初步成果。完善生产配套功能建设，建成32万平方米标准化厂房，完成众创中心主体施工。加快完善生活配套功能，建成8万平方米生活配套设施，建成350套人才公寓，建成能容纳中小学72个教学班级规模的高新区中小学校。加快建设融资平台建设，仅用半年时间，高投集团总资产达80亿元，成功通过AA级主体信用评级，全年通过争取银行贷款、政策性贷款等方式，完成融资28亿元。

【负责人】 泸州国家高新区党工委书记：付小平；党工委副书记、管委会主任：王强；党工委副书记：王涛、张元平；党工委委员、管委会副主任：林茂、底伟（3月止）、李高和（8月止）、张德春、罗了威、熊正彪（3月起）；党工委委员、组织部部长：徐珊（女、8月起）。

（陈美丽）

中国白酒金三角酒业园区

【概况】 中国白酒金三角酒业园区（原名泸州白酒产业园区，2016年5月更为现名）成立于2015年6月，前身为2006年建立的泸州酒业集中发展区，黄舣核心建成区面积达6.8平方公里，创建为国家新型工业化产业示范基地、全国浓香型白酒综合加工产业知名品牌创建示范区、四川省首批“51025”重点培育成长型特色产业园区、四川省循环经济示范园区等。

【经济指标】 2017年，园区实现产值和服务性收入544亿元、同比增长23.7%，工业总产值320.8亿元，增长22.9%，规模以上工业增加值增长11.2%，入库税金10.5亿元、增长18.7%，基础设施投资12.5亿元、增长35.8%。

【扩园拓展】 谋划园区长远发展，与江阳区、泸州老窖集团、泸州老窖股份有限公司通力协作，启动园区工业、城镇两大板块建设，按照“统一拆迁、统一场平、统一规划”要求，先期投入10.8亿元，提前完成拟征收土地的社保缴纳，6340亩集体土地征收全面铺开，加速构建“产业东进、城镇北扩、相融互动”的发展新格局。

【转型升级】 出台《关于共建共享中国白酒金三角酒业园区实施意见》，促进酒类项目向园区集中，推进集群发展和品牌打造。园区被列入《中国开发区审核公告目录》（2018 年版）。启动专项规划编制，编制完成《酒业园区产业发展规划》《智慧园区规划》。扶持入园企业科技创新，海普制盖、裕同包装等企业新增“信息码易识读的瓶盖”等专利 7 项，海普制盖 e 瓶盖等新产品得到广泛应用，正在开展酿酒机器人、酒类包装机器人等智能酿酒设备研发。

【项目攻坚】 树立“开明开放”工作意识，开展白酒产业链、特色城镇专题招商，成功与投资 50 亿元的环球佳酿、锋远包装、沈酒玖、山水容科技、泸酒包装等项目签约。按照“三高两严”要求，全力推进 26 个重点项目建设。其中，省、市重点项目 19 个，新开工锋远包装、宏太阳包装等项目 6 个，竣工中远物流 4.8 万吨智能化酒库、宝晶玻璃窑炉扩能技改等项目 3 个，泸州老窖酿酒工程技改、安置小区等 10 个项目进展顺利。

【服务提升】 采取“一业一策”“一企一策”分类指导，对园区 88 户生产型企业，建立了“一户一档案、一户一台账”，完善“全过程跟踪、全天候服务、全方位保障”服务机制；协调办理海普制盖、宏旭公司、中飞包装“园保贷”资金 1300 万元等事宜；协调处理宏太阳公司、原捷艺发公司发展困难、债务维稳等问题，促进企业重拾信心、重获新生。园区秉持“服务好一个企业，就是招引了一个企业”“最多让企业跑一次”的服务机制，实现了园区“企业办事不出园”，逐步解决了已入驻企业房产、土地遗留问题，让企业放心入驻、安心生产、安心经营。2017 年，园区企业订单量普遍稳中有升，未出现一户企业非正常停工。

【安全环保】 秉承“创新协调绿色开放共享”理念，扎实抓好安全生产，突出酒罐区、在建工地、生产现场等重点部位，开展消防安全、汛期安全、职业卫生等 4 大专项整治活动，对灌装线按照“成熟一条、整改一条”的原则进行清理整改和升级改造。扎实抓好环境保护，新编制完成拓展区规划环评报告书，正在开展已建成区规划环评跟踪评价。2017 年，园区持续保持安全稳定良好态势，通过了中央环保督察和全市安全巡查。

【负责人】 中国白酒金三角酒业园区党工委书记：鞠丽（女）；党工委副书记：付小平、张良、徐利（女）、刘淼（5 月起）；党工委副书记、管委会主任：刘淑兰（女）；党工委副书记、纪工委书记：袁晓彬（3 月起）；管委会副主任：杨明辉、殷国兵、邹学明、张宿义（5 月起）、代继波、王志勇。 （张 涛 曾 之）

泸州老窖股份有限公司

【营销工作】 1. 高端产品价值回归。国窖 1573 成功占据“浓香国酒”品牌高度，52 度经典装价格接近千元大关，保持量价齐升势头。中国品味定位为“中国白酒超高端产品”，在全国核心重点市场开展品鉴活动。继续推行国窖 1573 按生产年份定价，适应老酒价值回归的消费趋势，极大地提升了国窖 1573 的品牌影响力。2. 中端产品调整到位。特曲产品打响“浓香正宗，中国味道”品牌价值回归攻坚战，形成了 6080 老版特曲、老字号特曲、百周年纪念版特曲和晶彩版特曲齐头并进的势头。窖龄酒坚持“商务精英第一用酒”的定位，塑造了品牌形象，扩大了圈层影响。3. 大众产品快速恢复。头曲、二曲突出“大众消费第一品牌”的形象占位，基本站稳了阵脚。

【统一营销体系】 构建完成“四总三线一中心”体系，建成运行全国“7 大营销服务中心”。试点

"阿米巴"营销组织管理模式。有效掌控A类以上核心网点达35.88万家。在全国开展联合会战、专项会战，启动5大单品团购客户大招商，在全国14个核心市场开展打假会战。海外市场覆盖44个国家和地区。投资设立美国明江公司。

2017年3月18—22日，中国国际酒业博览会

【品牌宣传】 推进以传统中式白酒、以传统中式白酒为基础的养生酒和创新酒类产品为支撑的"三大品系"。重大庆典活动影响深远。策划举办"国际诗酒文化大会"，连续10年成功举办"泸州老窖·国窖1573封藏大典"，办好"中国国际酒业博览会"和"高粱红了"等重大活动。借助影响全球全国的大事件，进行深度植入宣传。举办"让世界品味中国全球文化之旅"。在全国重点区域建立了22个"国窖荟"、30个"魅力精英俱乐部"。邀请5万余名核心消费者到泸州参加"泸州游"，在全国重点城市举办"七星盛宴"39场，开展20余场"6080时光记忆"品鉴活动。异业合作全面开展。携手新浪财经组建"融·新商会"。深化与港中旅、中远、宝马等重点企业的异业合作。

【质量管理】 产品质量再上台阶。质量安全监管水平持续提升，全面强化"三级质量安全监管机制"。将质量安全管理延伸至供应商、物流运输合作方及经销商。邀请第三方认证机构，开展质量安全外审。建立了严于国家标准的200余项企业标准，涵盖了原粮种植、曲药生产、酿酒生产、基酒储存、勾调组合、灌装生产和质量检验等环节。强化有机农场管理，连续8年通过有机认证检查。再次荣获四川省最高质量奖项——"四川质量奖"，成为全省唯一获得该项荣誉的酒类企业。还获得"全国实施卓越绩效模式先进企业""全国质量信得过产品""全国产品和服务质量诚信示范企业""全国白酒行业质量领先品牌"等荣誉。

【科技创新】 充分发挥国家固酿中心、院士专家工作站、博士后科研工作站、四川省白酒产研院等平台作用，与中科院、江南大学等10余所高校及科研院所合作持续加强；举办"健康食品创新与发展产业技术论坛暨2017国家固态酿造工程技术研究中心年会"；入选2017年全国示范院士专家工作站，引进5名博士进站开展研究；通过国家工业设计中心工信部复审；白酒行业唯一的863计划主题项目——"固体发酵工艺系统优化"顺利推进，完成国家、省、市项目验收16项。

【科技装备】 组建"泸州老窖产品工业设计中心"，推进白酒生产、包装等技术革命；深化与国际国内顶尖智能化设备企业的合作，推进在制曲、酿酒和包装等各生产环节智能化装备研发工作，奠定白酒工业4.0基础；完成罗汉酿酒基地传输、摊晾等生产环节的机械化改造，酿酒机械化实验取得突破性进展，酿酒生产进入3.0建设时期。

【科技成果转化】 申报国家、省、市项目39项，获批资金近2000万元。共申请和授权专利20件，其中发明专利受理13件，发明专利"提高浓香型白酒呈香味物质含量的方法”荣获第十九届中国专利奖优秀奖，荣获四川省政府科技奖励2项。

【产品创新】 成功开发滋补大曲、茗酿等10余款健康养生酒品，实现产品类型全覆盖。在全国10余个重点省市开展了100余场“泸州老窖健康中国行”品牌宣传活动。创新酒品不断推出。成立泸州老窖百调公司，在创新酒品版块率先实现混合所有制改革。开发十二星座预调酒、百调现调基酒、橡木桶白酒等创新产品。加大“桃花醉”推广力度，开发夜场版、电商版、婚庆版专属产品。定制产品不断丰富，更加适应消费个性化需求。电商产品增势明显，以超体、泸小二电商版、生肖年份酒和节庆酒等为代表的互联网产品不断推陈出新，电商渠道销售收入同比增长超过68%。

【重点项目建设】 泸州老窖酿酒工程技改项目完成投资11亿元，场平、设计等基础性工作基本完成；泸州老窖国窖文化旅游公园项目规划方案设计即将完成，进入筹备建设阶段；财务共享系统实施项目落地运行，财务管理实现了“记账会计”到“管理会计”的跃升；供应链管理咨询及SAP实施项目完成，实现保障管理与信息化水平“双提升”；营销咨询及系统实施项目如期完成，实现对市场营销的信息化管理；人力资源管理优化升级基本完成，增添企业发展活力。

【负责人】 泸州老窖股份有限公司董事长：刘淼；总经理：林锋；党委副书记、常务副总经理：王洪波；党委副书记：江域会（女）；副总经理：沈才洪、何诚、张宿义；监事会主席：伍勤；财务总监：谢红（女）。 （赵明利）

四川郎酒股份有限公司

【概况】 四川郎酒股份有限公司（简称郎酒股份）是以生产经营中国名酒“郎”牌系列酒和投资控股为主营业务的大型现代化企业，有员工近1.3万人，负责酒类板块的生产经营。郎酒股份有13家全资及控股子公司。2017年，郎酒股份公司调整了事业部和产品结构，成立青花郎事业部，负责经营青花郎、红花郎及高端藏品郎酒；将新郎酒、郎牌原浆事业部并入郎牌特曲事业部；对中低价产品进一步清理，整个公司主营青花郎、红花郎、郎牌特曲、小郎酒4大单品。公司对青花郎、小郎酒、郎牌特曲进行重新定位，中高端产品的销售上升趋势明显。2017年度包装成品酒5.2万吨，比2016年（下同）增加331吨。白酒销售增长14%，缴纳税费16.4亿元。其中，青花郎系列（含藏品）增长56%，小郎酒系列增长12%，郎牌特曲产品增长17%。

2017年7月15日，郎酒天宝峰陶坛酒库封坛启用仪式

【酿造生产】 二郎基地酱酒酿造投粮30043.6吨。泸州浓香基地完成201车间共2016口窖池延窖，浓香酿造投粮9757吨。制曲投小麦37016吨。

【品牌建设】　梳理和整合产品，聚焦发展核心品牌。2017年，公司集中精力发展青花郎、红花郎、小郎酒、郎牌特曲四个品牌；完成青花郎、小郎酒、郎牌特曲品牌的全新定位，从下半年开始加大品牌投入力度。青花郎定位为“中国两大酱香白酒之一”，于7月15日召开青花郎新战略发布会；小郎酒定位为“喝小酒、小郎酒，全国热销的小瓶白酒”；郎牌特曲定位为“来自四川，浓香正宗”。

【品牌推广】　通过电视媒体（中央电视台、浙江卫视、江苏卫视、河南卫视、山东卫视等）实现“客厅覆盖”，通过分众电梯媒体实现“家门口、办公室覆盖”，通过城市户外广告实现“街面覆盖”，通过永达和航美传媒实现高铁、机场等“路上覆盖”，通过新媒体移动端实现“线上覆盖”；全面提升青花郎、小郎酒、郎牌特曲的品牌高度、美誉度。6月22日，由世界品牌实验室主办的2017（第十四届）《中国500最具价值品牌》排行榜评选结果在北京揭晓，郎酒以573.96亿元的品牌价值位居“中国500最具价值品牌榜”第51位，连续9年居白酒行业品牌第3位。7月30日，青花郎入选CCTV国家品牌计划榜单。10月，在第24届中国国际广告节上，汪俊林董事长荣获2017年度中国广告长城奖广告主奖；“郎牌特曲《梨园春》擂响中国大赛”案例荣获2017年度营销传播案例。

【营销工作】　新郎酒和郎牌原浆事业部并入郎牌特曲事业部，同步整合经销商和销售队伍；做实各品牌大区管理机构，逐步恢复城市经理层级；郎酒市场消费氛围、招商布局、市场动销和消费需求明显好转。1. 青花郎以“青花盛宴”为主线，辅助高端会议赠酒等品鉴和品牌推广活动，对目标消费群进行精准培育，全年执行青花盛宴950场次、高端会议赠酒1000余场。2. 红花郎在四川、重庆、贵州等地开展“红花郎·幸福2017”大型品牌活动，评选十大最美新娘、十大宴席酒楼、十大中式婚礼，实现线上线下联动，打开婚宴市场渠道。3. 郎牌特曲以“鉴赏荟”为突破口，以单位团购开发为核心营销方式。冠名河南卫视“梨园春”活动，冠名山东卫视“功夫王中王”，在江苏开展掼蛋精英大赛，通过活动制造品牌氛围，促进产品的销售。4. 小郎酒以餐饮策动为原点，以核心餐饮店建设为重心，开展全渠道终端网点广覆盖。在湖南、重庆、四川、贵州等地开展“最美老板娘”评选活动。5. 主导产品销售价格调整。通过取消配赠、调整厂价、取消消耗性费用，分步、有序提升市场价格。6. 强化市场督察，严厉打击违纪违规，加强价格管理，严格查处违约销售。2017年，共查处商家违约销售657起；其中，青花郎216起、小郎酒232起、郎牌特曲157起、网络及电商52起。7. 全面提振商家和核心终端两级销售体系的经营信心，商家体系得到扩张。8. 市场招商工作取得一定成效。11月中旬至12月上旬，在石家庄、广州、杭州、沈阳、北京、兰州、呼和浩特、青岛、郑州等9个城市召开“全国精准招商会”，强力推进全国化战略布局。全年招商成功并开始正常合作的客户878家，实现销售订单11.86亿元。9. 坚持开展年度售后服务调查和核心经销商满意度调查，持续提升服务水平。调查结果显示：物流服务满意度提升6%至84%，售后服务满意度提升7%至82%，包装质量满意度提升9%至89%，往来账务处理和核对满意度提升3%至76%；酒体满意度95%。10. 继续开展体验营销活动。打造参观亮点，提升接待水平。通过与红牡丹艺术团合作，把郎酒文化与本地特色文化有机融合，丰富接待形式和内容，得到了来宾的一致好评。全年接待参观938批16400人次，其中“红色之旅”406批6451人次。

【酒体研发】　1. 成立专职技术委员会办公室，进一步全面梳理生产过程的相关数据，逐步形成郎酒浓香生产工艺、标准、制度等技术性文件。2. 对市场竞品酒体质量进行研究分析，开展青花郎、红花郎 15、郎牌特曲 T9 等酒体提档升级研究；设计研发郎平纪念酒等产品投放市场；勾调的 50°郎牌原浆酒获酒博会“青酌奖”荣誉。3. 加强技术服务市场，同步促进酒体质量信息收集。派技术人员参与“青花盛宴”“郎特菁英品鉴荟”等市场营销活动，推动技术服务营销、助力营销落地，2017 年酒体满意度达 91%。4. 开展浓香窖泥培养液应用、酒体品质与储存容器、储存条件关系、陶坛加热老熟、提高蒸馏效率研究等 13 个项目研究，继续推进中国白酒 169 计划及技术创新联盟项目，推动科研技术进步，全年评审立项技术革新 39 项；发布《酱香型郎酒酿造技术文件汇编》等 3 个文件。5. 依托高校科研优势，推进产、学、研全面融合，促进产业创新升级。全年申报技改项目 6 项，获得资金 488 万元；申报科技奖 3 项，获得资金 16.5 万元，其中《浓酱兼香型白酒生产技术创新及应用》荣获四川省科技进步三等奖。

【质量监督】 1. 进一步健全质量管理体系，提高品质保障能力。发布新版《管理手册》《程序文件》。2. 多措并举，提升食品安全监管水平。首次外请专家开展模拟食品安全“飞行检查”；与食药监局共同开展打假、样品真伪鉴定、抽样风险研判工作，提高食品安全管控能力。3. 全年检验包材 15700 批；抽检各类样品 53500 个，同比增长 23.8%；抽检成品酒 1835 万件，质量缺陷同比下降 0.07%。全年检测食品安全样品 17400 个，同比增长 43.3%。

【知识产权】 1. 加强知识产权保护，提升企业硬实力。修订知识产权《程序文件》《管理手册》，通过第三方监督认证审核，获得市级“知识产权示范企业”称号。全年申请国家专利 4 项，发明专利 2 项，实用新型专利 2 项，获得授权 2 项，发表论文 3 篇，其中 1 篇荣获优秀论文二等奖，1 项专利获省一等奖提名。2. 协助执法部门查扣假仿冒郎酒 85.2 万瓶。收缴假仿冒郎酒包材 72.9 万套。协助司法行政部门办理案件 1，397 件。查封生产销售假仿冒郎酒窝点、仓库 121 个。协助刑事拘留犯罪嫌疑人 115 人。

【负责人】 四川郎酒有限责任公司董事长：汪俊林；总经理：付饶；常务副总经理：罗文伟；副总经理：蒋英丽（女）、夏平、江祖明；董事会秘书：汪博炜。 （胡基权）

青岛啤酒（泸州）有限公司

【概况】 青岛啤酒（泸州）有限公司是由青岛啤酒股份有限公司与泸州市国有资产经营有限公司合资组建的独立法人企业，公司注册资金 11111.00 万元，成立于 2001 年 2 月，产能 12.5 万千升。上市“青岛啤酒”“山水啤酒”和“崂山啤酒”“扎啤”“鲜啤”等一系列产品，产品结构从瓶啤、易拉罐到桶装啤酒等多种包装形式，行销云贵川渝。

【运营管理】 2017 年，公司“瓶改听”项目投产，听酒产量接近 1 万千升；公司获四川省国税局“四川省纳税信用 A 级企业”、泸州市“五一劳动奖”状和泸州市“企业质量奖”。

【质量管理体系建设】 修订和新增相关检验计划、内控标准、外包装质量标准；组织 PQA 全体人员对新增易拉罐检测仪器操作 SOP 进行培训和操作验证，邀请南宁工厂 PQA、PQC 人员到厂现场指导，确保易拉罐项目按期投产；每季度按照泸州公司质控评价表进行内审持续改进；6 月完成工艺原则的差异分析及《青岛啤酒（泸州）公司工厂工艺标准》的修订；对进厂物料、半成品、成品中出现的不合格品严格按照《泸州公司不合格品管理流程》进行处置；9月根据《技术标准管理流程》管理要求，整理泸州公司在用技术标准771个。

【工艺实验】 开展易拉罐杀菌机PU试验，确定杀菌机工艺参数；开展PVPP保质期浊度预测试验（瓶装），将产品送巴斯夫（中国）有限公司进行数据检测，确定PVPP的最佳添加量，在实验室进行13个周期强化实验后浊度仍然符合国标优级(0.9EBC)；进行21次工艺调整实验，涉及麦汁充氧量、满罐温度、升温糖度、还原温度、酵母添加量等内容，冷贮酒乙醛指标合格率达100%；根据总部要求将14°P青岛麦汁酒花添加方式由3次添加调整为2次添加，并确保了调整前后苦味质不受影响.

【负责人】 青岛啤酒（泸州）有限公司董事长：栾忠先。 （朱冠勇）

泸天化集团公司

【概况】 2017年，泸天化集团完成各类产品销售500余万吨，实现营业收入65亿元，上缴国家税收近2亿元，生产经营现金流实现自主平衡，集团旗下企业保证了持续经营，并逐步步入良性发展轨道，“三年脱困”目标基本得以实现。泸天化股份公司连续三年获得“全国实施卓越绩效模式先进企业”的殊荣。天华公司合成氨装置连续四年获得全国能效“领跑者”第一名。年末五家核心企业（泸天化集团公司、泸天化股份公司、天华股份公司、宁夏和宁公司、天华富邦公司）进入了“司法重整”程序。

【运行管控】 全集团实现长周期44余套·次，主要生产装置运行纪录不断被刷新突破。其中，

泸天化工厂一角

泸天化股份公司合成氨新系统装置连续运行451天，创国内同类型装置长周期运行的最高纪录，一号煤锅炉创下连续运行316天的佳绩；天华公司合成氨装置连续运行334天、尿素装置连续运行322天，均创下历史最好纪录。集团主要生产装置物耗成本降幅显著，保持了全国同类装置领先水平。

【管理创新】 投入资金近500万元，建立泸天化集团专有云平台，开展了系统升级、MDM和OA等项目，实现供应链业务、财务一体化，办公系统信息化，通过信息化对管理的支撑，降低经营管理和决策风险。中蓝新材料公司成为四川省混改试点企业。

【技术创新】 全年，投入资金4589万元，研发项目37个，完成专利申报9项，新获得专利授权

1 项，获得省市科技进步奖 4 项、开展科技成果转化 3 项，新工艺应用 2 项，新产品增收 3.5 亿元。

【企业改制】 主业“三项制度”改革，实现经理层全部市场化选聘、中层干部竞聘上岗、分流安置富余人员 1200 余人。签订“三供一业”改造移交的框架协议，争取到省级财政资金补贴约 8000 万元。实施营销体制改革，各企业产供销实现一体化。古叙煤田公司按国家去产能政策，完成鲁班山南矿 90 万吨关闭退出，获国家去产能补贴资金 1.62 亿元。

【转型发展】 “三新”转型项目攻坚取得突破。农业科技服务公司和众康检测公司相继成立，新型复合肥投放市场，通过农化服务，实现传统化肥产业向“新农化”转型顺利起航；引领集团产业转型的 10 万吨/年聚碳酸酯工业化示范项目，推进迅速，同时自主解决了主反应器设计、制造等 100 余项重大技术难题，昭示着集团坚定迈向“新材料”产业的决心；环保公司成功取得泸县、合江县乡镇农村污水处理、临港工业园区等 8 个环保项目，实现当年投入、当年见效，彰显着“新环保”产业蓬勃向上的未来。“退城入园”、提质增效、转移过剩产能等项目论证有序推进。启动了“退城入园”整体规划前期工作，开展了园区选址比较论证，编制完成《泸天化集团公司产业转型规划》。

【负责人】 泸天化（集团）公司董事长：谭光军；总经理：宁忠培；党委副书记、纪委书记：胡谋（10 月起）；副总经理：刘孔满、胡谋（10 月止）、傅利才（10 月起）；总工程师：辜凯德；财务总监：龚萍（女）。 （朱官忠）

中海沥青（四川）有限公司

【概况】 2017 年，中海沥青（四川）有限公司全年累计加工原油 50.91 万吨，实现产品销售量 55.90 万吨，利润总额 6230 万元，销售收入 19.36 亿元，缴纳税金 1.35 亿元。

【安全生产】 全年安全生产“零”事故，完成地方政府及炼化公司下达的各项 HSE 目标指标。超额完成节能指标，全厂单因能耗 10.66（千克标准油/吨原油×因数）。同时公司获得泸州市“2016 年度安全生产创先争优先进单位”称号，“2016 年度安全生产工作目标考核一等奖”。

中海沥青（四川）有限公司

【市场营销】 坚持主市场和战略市场方向，采取不同的销售策略，提升战略市场沥青效益。1. 川渝主市场，通过紧抓一方面充分利用价格杠杆，灵活策略，控制入川资源量；另一方面抢抓重点项目，开拓高端沥青市场，避开低端价格竞争。通过移库销售坚挺川渝市场价格，把握集中赶工季节性机遇，适时推价，增加效益。2. 开展改性沥青委托加工业务，产品质量达交通部标准并成功销售。3. 丰富产品种类，推行定制化生产。以川西及西藏需求为引导，“优质优价”供应西藏市场，进一步丰富SBR系列产品，成功供应SBR II—C改性沥青应用于川西甘孜州道路项目。

【科技成果】 引导员工创新，通过合理化建议实施加氢污油循环项目、污油收回、沥青换热器管更换、电脱盐排水换热器保温、电精制罐油品回收、罐区工艺管线改造等项目，实现增效。“中海油36—1”重交通道路沥青、SBS改性沥青获得第十二届“四川名牌产品”称号。高原环保沥青发布企业标准，并成功获得四川省质量技术监督局地方标准立项。公司“星型SBS改性沥青关键技术研发及产业化应用”项目获四川省科技进步三等奖。

【市场开拓】 继续做好与中海金象的委托加工业务，优化加氢操作条件，做好产销衔接。同时推进合并重组前期工作，与中海金象沟通，配合各中介机构开展工作。公司在保证生产经营稳定的同时，以产业发展和文化融合为线条做好员工思想工作，稳定员工队伍。继续巩固与四川石化石脑油和蜡油供应业务，定期走访四川石化，保持双方良好合作关系。开拓西藏沥青市场。借助“一带一路”倡议，设立拉萨库区，进行移库销售减少中间环节。量身定制实施《高原环保沥青》企业标准。

【负责人】 中海沥青（四川）有限公司领导班子成员：高宇、王春江、赵毅刚、陈利、黄平。

（周　礼）

泸州北方化学工业有限公司

【概况】 2017年，泸州北方化学工业有限公司主营业务收入18.58亿元，实现利润1027万元。军品全面完成年度生产交验任务，较好履行了服务国家国防建设的核心使命。民品油箱、羟乙基、乙基、甲纤业务呈现较好发展势头，为公司经营质量的改善作出重要贡献。其中油箱业务实现销量235万套，利润2762万元；羟乙基业务实现销量3837吨，实现盈利452万元；乙基业务通过产品供应结构调整，实现销量296吨，同比增长8%；甲纤业务实现收购外方股权后的平稳过渡，全年实现产品销量13458吨。

【科技创新】 召开第五次科技大会，制定落实公司科技创新实施方案，修订《科研管理办法》等9项科技制度。公司院士（专家）工作站通过中国科协认证，获评“全国示范院士（专家）工作站”，进站院士王泽山荣获2017年度国家最高科学技术奖。公司知识产权管理体系贯标通过中知认证有限公司第三方认证。

【降本增效工作】 推进全面预算管理、“两金”管控和两级集中采购等工作，持续发挥财务及采购降本增效作用。1. 统筹资金管理和使用，推进降杠杆、减负债工作，带息负债总额同比减少1.12亿元。通过拓宽融资渠道、调整优化结构，同比降低融资成本1000余万元。2. 进一步规范了“两金”管控流程，“两金”占用较预算降低841万元，全年完成存货处置变现1466万元。3. 将全面预算与划小核算单元高度融合，对重点成本、可控费用等逐级分解落实责任，加强过程控制和考核激励。4. 应对工矿企业和化工企业减产、停产造成重点原材料需求紧张的严峻形势，通过多渠道开发新供应商、异地调运等措施，协调保障了氯乙烷、煤炭、环氧乙烷等的采购供应工作。5. 推进两级集中采购，全面落实网上竞价采购，公司集采率同比上升22%，较好地完成了中国兵器工业集团公司考核指标要求。6. 抓好库存物资优化工作，全年盘活库房积压物资153万元，实现了库房资源的有效利用。

【精益管理】 全面推进精益管理，实施精益改善项目动态申报，全年完成公司级项目 14 项，单位级项目 21 项，提升全价值链体系化精益管理水平，形成“全员主动参与改善”的企业文化。通过“日查”“周查”“综合检查”三结合的方式，分片分区落实责任，从标识、标牌抓起，从清理、清扫做起，督导开展现场改善工作。抓好设备防腐、区域定置、标识制作、卫生间改造等工作，自查整改问题 2682 项，累计投入经费 400 余万元，实施考核 10.5 万元，奖励 5.9 万元。全年共征集合理化建议 8673 条，提案率 281%，节创价值 1087 万元，兑现奖励 60.9 万元。加强能源管理体系建设及能效对标管理，更新淘汰落后及高耗能设备 307 台（套），能源环保公司、特能公司、纤维素公司分别实现了万元可比价产值综合能耗同比下降 8.4%、18.8% 和 10%。完成公司能源计量业务的移交，全年节约费用 403 万元。

【负责人】 泸州北方化学工业有限公司总经理：邓维平；党委书记：陈俊；监事会主席：马蓉（女）；首席科学家：赵其林；党委副书记、纪委书记、工会主席：杜兰平；副总经理：谭敏、矫劲松、张永明；董事：杨斌；监事：王忠毅；总会计师：张绍琼。 （谭文静）

四川长江工程起重机有限责任公司

【概况】 2017 年，长起公司围绕集团公司“转型升级、提质增效、扭亏脱困”总体发展要求，以效益为导向，实现起重机主导产品为主，新兴环保业务为辅拓展对外经营，全面推进各项工作，实现销售收入 18801.92 万元。

【新产品研发】 新研发的 GTC080 全液压汽车起重机一举斩获 BICES 2017 中国国际工程机械创新“白金奖”。重点发展 36 吨、55 吨、80 吨起重机，平头 8 吨/12 吨产品批量上市；80 吨产品进入小批量试制阶段；55 吨启动研发并通过方案评审。与天工院、重庆大学等合作，提升技术水平。

【质量管理】 加强过程控制，实施标准化作业，全面推进部件面漆化工艺，产品各项质量指标均大幅提高；主导产品 M 吨 BF 达 274.4 小时，同比提高 49%。成立以售后服务处为主导的售前预处理 PDI 小组，对每台出厂产品在发车前，针对性地检查生产自检、质量专检后，实施出厂检查，产品故障率大幅下降。

【业务拓展】 公司建立湖北高曼、普什等较稳定的经济协作伙伴。通过开拓市场，2017 年与长特、邦立、金达莱等用户建立良好的合作关系，全年完成外协收入 1253 万元。

【销售渠道】 中标中国能建电子商务平台 2018 年框架协议投标和中国电力电子商务平台 2018 年框架协议。拜访中机建设、中化建设、上海建工、苏美达等重点单位。依靠泸州政府支持、深挖本地大型施工项目，以项目带动大客户开发与销售。全年完成投标 19 次，中标 5 次 5 台产品，合计销售金额 840 万元。完成 22 家代理商签约，开展用户座谈会及巡展 13 次。首次在工厂举办了 G 系列用户体验日活动。

【负责人】 四川长江工程起重机有限责任公司董事长、总经理：乔健；党委书记：徐盛；副总经理：李树基、于良、吴辉、蒋明星。

（岳小娅）

四川邦立重机有限责任公司

【概况】 四川邦立重机有限责任公司（简称邦立重机）位于泸州市泰安镇国家高新技术开发区，

于2016年4月从江阳区茜草镇整体搬迁至泸州国家高新技术开发区。公司占地面积30万平方米，有职工520人（不含4个控股子公司），有各类专业技术人员208人，其中享受国务院政府津贴专家3人，省市学术和技术带头人7人，省市拔尖人才6人。邦立重机系列抓钢（料）机国内市场占有率在80%以上，汽车拆解机国内市场占有率在60%以上，公司产品出口到东南亚、中东、中亚、非洲30多个国家和地区。2017年，公司被评为泸州市质量提升优秀企业和泸州市政府最具成长性十佳企业，并以第一名的成绩获得高新区质量提升先进单位。

【市场拓展】 全年新增合同近4亿元，汽车拆解机市场稳步提升、石油装备首次批量采购、钻机底盘开发新客户；抓钢、抓料机在新一轮的废钢加工市场推进；成立海外市场印尼办事处，完成外籍员工招聘，对越南、印尼、斯里兰卡等国家的市场拓展有效推进。国内市场公司的营销队伍建设、销售公司的内部管理取得进步，直销能力和直销比例大幅提升。网络营销、网站建设取得成效，战略合作营销也取得快速发展。

【产品技术】 公司制订和实施了新一代系列抓钢（料）机、系列汽车拆解机、系列大型挖掘机的发展规划。规划完成新一代125吨、75吨、48吨大型挖掘机、新一代52吨、48吨、43吨、32吨级系列抓钢机、石油装备喷砂机和中频加热的研制。研制完成的8吨纯电动挖掘机成功完成销售；25吨级纯电动挖掘机完成总装和投放深圳市场。

【负责人】 四川邦立重机有限责任公司董事长：蔡禹；总经理：段滨；副书记：肖有宪；总经理：钟春健、王梅、蹇皓；总经理助理：王文斌、孙公胜、丁昆、熊家祥。（徐德强）

四川长江液压件有限责任公司

【“带锁换向阀”获国家发明专利】 1月，四川长江液压件有限责任公司“带锁换向阀”喜获国家发明专利，为长江液压拖拉机配套用液压元件市场的拓展提供支持。

【长江液压获第十二届“四川名牌”】 2月，四川省第十二届“四川名牌”名单出炉，长江液压榜上有名。

【“盾构机液压缸开发”列入市重点科技项目】 2月，四川长江液压件有限责任公司自主研发的“隧道工程盾构机液压缸”项目，通过了由泸州市科技局与市财政局联合组织的科技项目立项管理评审，列入2017年泸州市重点科技项目。

【长江液压产品首次亮相北美】 3月7日至11日，长江液压首次携带13款产品登陆美洲，参加美国拉斯维加斯国际动力传动博览会。在中国液压气动密封件工业协会以及北京西麦克国际展览有限公司的支持下，长江液压单独设立了展台。展览期间以北美、南美、中东、非洲等国近20家客商达成持续沟通的意愿。

【高性能液压件工程技术研究中心通过省级验收】 4月，四川长江液压件有限责任公司组建的“高性能液压件工程技术研究中心”，经省科技厅组织专家评审并通过验收，被授予“四川省工程技术研究中心”称号。

【长液公司项目列入省级重点科技计划】 6月，公司“智能型电液比例控制负荷传感多路阀关键技术研究及应用”列入省级重点科技计划。该项目同时列入中国制造2025四川行动专项。10月，

"特大型液压缸系列科技成果转化"项目，列入省级2017年科技计划项目。

【参与《液压齿轮泵行业标准》制（修）订】 11月，全国《液压齿轮泵》行业标准制（修）订工作在合肥进行。长江液压技术中心主任戴元龙作为全国液压气动标准化技术委员会液压传动和控制分会液压泵标准工作组专家成员参加标准制（修）订。

【再获"国家高新技术企业"】 11月，公司在2013—2016年间，不断提升企业自主创新和科技研发实力，培育了一系列在国内市场处于领先水平的科研新成果，再次获得科技部"国家高新技术企业"的认定。

【液压油缸获"优质国产配套件产品称号"】 12月，经过中国工程机械工业协会全断面隧道掘进机行业掘进机械分会专家的评审推荐，长江液压生产的盾构机液压油缸荣获全断面隧道掘进机行业"优质国产配套件产品称号"。

【负责人】 四川长江液压件有限责任公司董事长：肖涌；总经理：阳云。

（缪艳梅）

国网四川省电力公司泸州供电公司

【企业概况】 国网泸州供电公司成立于1981年10月，是隶属于国网四川省电力公司的特二型供电企业，担负着泸州市三县三区的供电任务，供电面积9821平方千米，供电人口422万人。公司设置18个职能部门（中心）及业务支撑机构，下属5个县级供电公司、1个集体企业（北辰电力公司）。公司35千伏及以上变电站89座、总变电容量580万千伏安，35千伏及以上线路159条、共2621公里。2017年完成售电量59.37亿千瓦时，同比增长0.96%；主网最高负荷145.88万千瓦，同比增长4.9%，再创历史新高。截至2017年12月31日，电网连续安全生产4191天。2017年，公司通过"全国文明单位"复查，被授予"泸州市创建全国文明城市工作创文行业工作先进集体""泸州市2017年劳动竞赛优秀组织单位"称号。

2017年11月26日，国网泸州供电公司党员服务队慰问泸州江阳区石鱼村贫困户

【电网发展】 完成"十三五"电网滚动规划、新一轮农网改造升级规划，以及泸州高新区、沱江新城新型城镇化配电网规划。完成主干电网投资6.32亿元，投产9项输变电工程，新建变电站5座，新增线路155千米。220千伏泰安站等3个项目投运，进一步提升高新区、纳溪、泸县骨干电网供电能力。古叙地区投运1个110千伏、2个35千伏变电站，极大改善二郎、石宝、水潦等地电网薄弱情况，解决34个村1.9万户低电压问题。

【电力保障】 落实泸州市安全生产大检查工作部署，整治安全隐患1637项，分级分层精准管控作业现场，加强电网运行维护，确保了电网安全稳定运行。投入资金4200万元完成502个低电压专项治理，快速抢修56起供电外力破坏事件，制定20项应急预案，有力保障泸州夏季负荷再创新高，全网未发生供电不足情况。出动发电车43次、保电人员578人次，确保了党的中共十九大、泸州市“两会”、酒博会等127项保电任务万无一失。开展安全用电宣传进社区、进农村、进校园活动56场次，专项服务高危及重要客户396次，配合应急办开展防灾减灾、高层建筑电器火灾联合应急等5次演练。

【优质服务】 推行业扩新政提升报装速度，高压接电时间平均缩短5天。投资7038万元，完成华为大数据、智能产业标准厂房等重大项目用电配套工程，金能移动能源科技、老窖酿酒基地等项目建设用电按期接入。供电客户经理入驻园区零距离服务，主动上门服务68次，开展培训28期。落实直购电和富余电量政策，41户企业执行优惠电量20亿千瓦时，节约用电支出6817万元。全力保障云龙机场建设，按期完成施工用电接入。全面服务泸州市11个城市建设项目，完成41项57千米供电线路迁改，两江新城整体城镇化项目、长江六桥、二环路纳溪段电力线路完成迁建，川南城际铁路供电工程通过可研审查，泸州高铁站涉及5条高压线路完成迁改方案编制。深化为民服务，公司供区于7月实现了全域同网同价，减少居民电费支出1.07亿元。7支党员服务队服务社区57个、特困户1409人次，受理报修和求助电话2800余件，切实为群众办实事。深化行风建设，走访省、市级“两代表、一委员”652名，收集意见建议89条。

【扶贫攻坚】 公司坚持把电力保障作为脱贫攻坚的政治任务，向上争取资金支持，省电力公司分3次追加下达28个贫困村及21个未改造村项目。公司供区260个贫困村实现农网改造项目全覆盖，剩余265个未改造村全部纳入项目储备。全年累计完成5.4亿元农网投资，惠及169个村、10.9万户，贫困户全部满足“户户有生活用电”标准。累计完成242个易地扶贫搬迁集中安置点8028户电力接入。公司定点帮扶古蔺仙寺村、叙永奇峰村、纳溪天台村，投入23万元进行农户养殖帮扶，爱心捐赠、医疗救助495人、31万元，结对帮扶164户贫困户，摘帽124户。仙寺村、天台村通过省上脱贫验收。

【负责人】 国网泸州供电公司总经理：王涛；党委书记：尹友中；副总经理：冯岗、高俊、熊浩伟、李勇（10月止）、宋暾昉（10月起）；纪委书记、工会主席：沈涌（7月止）、熊筠华（10月起）。

（李栋斌）

四川泸州川南发电有限责任公司

【概况】 截至2017年12月底，川南发电有限责任公司累计发电390.1亿千瓦时，实现产值134.13亿元，上缴税费8.54亿元，实现全年安全环保零事故，污染物全部达标排放，再次成为川内同等级机组中唯一实现“零非停”的火电企业，被评为泸州市2017年安全生产优秀单位。

【安全环保】 实现全年安全环保生产零事故、机组零“非停”，被评为泸州市2017年安全生产优秀单位。全年机组脱硫投运率100%、综合脱硫效率95%以上，二氧化硫平均排放浓度为238毫克/标准立方米；脱硝投运率100%、综合脱硝效率77%以上，氮氧化物平均排放浓度为161毫克/标准立方米；除尘投运率99%以上，烟尘平均排放浓度为20毫克/标准立方米，全部实现达标排放。落实1号机组除尘及脱硫提效改造后的除尘电价，1号机组自4月18日起每度电加价0.002元。

【节能降耗】 开展建言献策、“公司有困难，我该怎么办”征文、演讲系列活动，累计收到员工合理化建议46条、投稿33篇。严格控制项目费用，减少外委维护项目，增加自主检修维护量，同时加大修旧利废力度，修理费用同比减少515.42万元，技改费用同比减少703.34万元。严格物耗控制，液氨、燃油单耗均同比降低，节省费用约314万元。加大白泥脱硫应用力度，节约费用约151万元。厉行勤俭节约，管理费用同比减少77.07万元。

【电力营销】 加强与华电四川公司等6方火电企业的沟通和联系，向省政府及相关部门反映燃煤火电生产经营困难实际，申请减免火电偏差电量的考核与分摊，呼吁尽快建立燃煤火电系统备用补偿机制、出台“两部制”电价等火电利好政策，并为川内火电企业争取到2017年欠发电量补偿资金9.65亿元，落实2016年欠发电量补偿的水电超发收益资金2.01亿元，免除对火电偏差电量的考核，其中公司应获得的补偿资金为1.05亿元，减轻公司生产经营压力。2017年，在机组节能调度排川内同类型机组最后的情况下，取得省经信委下达上网电量计划完成率（131.3%）排名第一的成绩，不合格电量在川内同等级机组中最少。

【负责人】 泸州川南发电有限责任公司董事长、总经理：李胜章；党委副书记、工会主席：黄松；常务副总经理：李万富；副总经理：刘胜金、单丹；总工程师：苟发全；纪委书记：姜波。

（陈 瑾）

农业·水利·气象

综　述

【概况】　2017年，全市贯彻落实中央、省委1号文件精神，以农业增效农民增收为核心，深化农村改革，推进农业供给侧结构性改革，持续推进幸福美丽新村建设和脱贫攻坚，全市农业农村经济社会发展、农民增收取得阶段性成效。泸县被省委办公厅、省政府办公厅表扬为2016年度全省“三农”工作先进县，被省委农工委、省财政厅命名为全省农民增收新产业新业态示范县；纳溪区、泸县被省委办公厅、省政府办公厅表扬为2016年度全省农民增收工作先进县。江阳区云峰村等101个村被省委、省人民政府命名为2016年度省级“四好村”。

古蔺县大寨乡向日葵园区

【农民收入】　压实农民增收区县委书记、区县长负责制，签订目标责任书，每季度召开农村经济形势和农民增收分析会，查找工作中薄弱环节。调整农业结构，深化农村改革，发展新产业、新业态，促进一二三产业融合发展，农民收入较快增长。2017年，全市农业总产值305.2亿元，增长3.81%，增加值186.2亿元，增长4%；农村居民人均可支配收入13670元，列全省第10位，比2016年增长9.8%，列全省第5位。

【农业供给侧结构性改革】　2017年，集中连片发展江阳区董允坝、纳溪区“智慧三江”等产业融合示范园15个。新认证（续展）“三品一标”农产品80个，创建为省级农产品质量安全监管示范市，完成高标准农田建设26.83万亩，泸县三星桥水库、叙永县龙洞水库建设完成。叙永县水潦彝族乡（赤水河甜橙）、古蔺县桂花乡（古蔺赶黄草）被成功认定为全国一村一品示范村镇。新增市级以上重点龙头企业25家、市级以上示范专合组织47家（其中省级示范专合组织18家）、家庭农场示范场45个。全市31个省级重点龙头企业、250个市级重点龙头企业帮扶贫困村实现全覆盖。1家企业在“全省农业产业化龙头企业带动脱贫攻坚推进大会暨产业扶贫专题培训班”上交流脱贫攻坚经验，4 家企业被表彰为“四川省 2017 年带动脱贫攻坚明星农业产业化龙头企业”。

【农村改革】 实行农村改革清单制和工作推进责任制，建立改革台账，明确 39 项重点改革任务。农村土地承包经营权确权登记数据汇交加快推进。江阳区通过省上确权登记数据汇交质检，成为农业部首批通过质检初查合格的 5 个县区之一。全市 7 个区县确权验收结果均为优秀，颁发土地承包经营权证 8.5 万本。农村集体土地所有权、小型水利工程、集体林权等农村产权确权登记全面完成。农村产权流转体系不断完善，全市各级农村产权市场交易金额近 6 亿元。全域推进“一改三化”村集体经济发展模式，市财政每年划拨 2000 万元专项用于支持村集体经济发展，并对贫困村给予额外扶持。江阳区、泸县、合江县和叙永县列入全省扶持村集体经济发展试点，农村集体经济快速发展。土地流转收益保证贷款试点工作进展顺利，累计发放农村土地流转收益保证贷款 1.62 亿元。

【新村建设】 严格落实党委、政府主要领导第一责任人制度，制定出台《泸州市 2017 年幸福美丽新村建设意见》，将幸福美丽新村建设纳入市上对县区目标考核的重要内容。严格实施“一村一案”“多规合一”，组织指导县区制定新村建设实施方案 258 份，每月统计核对建设进度，每季度开展专项督查，半年现场评比考核。全市全年共整合各级各类资金 35.76 亿元、农民投资投劳 8.25 亿元投入幸福美丽新村建设，全市新建幸福美丽新村 250 个，创成省级“四好村” 101 个，市级“四好村” 180 个，县级“四好村” 230 个。

【负责人】 中共泸州市委农村工作委员会主任：熊启权（1 月止）、张文军（1 月起）；副主任：李仁军（6 月起）、何平（6 月止）、李支勇；副县级纪检员：向文才（11 月止）；纪检组组长：杨国超（11 月起）。 （李长江）

农 业

【概况】 2017 年，全市种植优质稻 180 万亩、酿酒高粱 62.46 万亩（含再生高粱）、优质蔬菜 120 万亩、水果 105 万亩、茶叶 42 万亩、中药材 21.5 万亩，粮食总产量 206.13 万吨、蔬菜产量 280 万吨、水果产量 60 万吨，均创历史新高；荔枝、龙眼的面积、产量均占四川省的 90% 以上；酿酒高粱面积居四川省第 1 位；优质稻、特色蔬菜、优质柑橘、特早茶均处于全省领先行列；出栏生猪 390 万头同比增 4 %；出栏肉牛 8.6 万头，同比增长 6.2%；成鱼起水 8.29 万吨，同比增

高标准农田机插秧

5.6%；肉类总产35万吨，同比增长4.2%。全市农业增加值186.2亿元，同比增长4%；农村居民人均可支配收入达13670元、同比增长9.8%，其中农民家庭经营性收入达3000元、同比增长13%。

【粮食生产】 全市粮食作物播种面积542.5万亩，比2016年（下同）减少12.3万亩；总产量206.13万吨，增加0.54万吨；优质稻面积稳定在180万亩以上，酿酒高粱面积62.46万亩（含再生高粱）；油菜播栽44.2万亩，增加10.43万亩，增长30.9%；油菜籽产量5.85万吨，增加1.58万吨。

【粮油高产创建】 全市建水稻和高粱绿色高产高效创建示范片30个，面积30万亩，高产创建示范辐射带动面积达超过100万亩。其中，泸县落实水稻绿色高产创建示范片20个、面积20万亩，示范片平均亩产674.6公斤，比非示范片每亩多产38公斤；江阳区、龙马潭区、纳溪区、合江县、古蔺县纳入落实高粱高产创建万亩示范片10个、面积10万亩。

【经济作物种植】 全市优质蔬菜种植面积120万亩，增长13.4%；水果总面积达181万亩，增长0.4%，名优水果面积稳定在105万亩以上；茶叶面积达42万亩，增长1.7%；中药材种植面积达21.5万亩，产值达6.1亿元。特色蔬菜、优质柑橘、特早茶均处于全省领先行列。新增现代经作产业标准化基地11万亩，刘氏泡菜在泸县新建2000亩标准化生产基地，海升果业集团在叙永县新建高标准柑橘基地4000亩，古蔺马蹄专业合作社在古蔺县新建4500亩标准化示范园。

【畜禽养殖】 全市出栏生猪390万头，比2016年增4%，出栏肉牛8.6万头，增长6.2%；肉类总产量35万吨，增长4.2%。新建畜禽标准化规模养殖场62个，以生猪为主的主要畜禽适度规模养殖比例达74%，提升1.5%，成功创建部级畜禽养殖标准化示范场1家，省级畜禽标准化示范场5家。

【渔业生产】 全市成鱼起水8.29万吨，增长5.6%；投放鱼种量1.1万吨，增长4.8%。建成8个1080平方米的流水养殖槽，每个槽体可年产成鱼2万公斤；成功创建农业部健康养殖示范场1个。全年无渔业安全生产事故和水产品质量安全事故发生。

【动物卫生监督】 产地、屠宰检疫率均达100%。产地检疫生猪130.54万头，牛、羊2.76万头，禽661.57万羽；屠宰检疫生猪100.3万头，检疫出不合格生猪892头并进行无害化处理。全年监督无害化处理病（害）死生猪2861头。9个省际公路动物卫生监督检查站实行24小时值班，共监督检查车辆3875辆，查验活畜10.52万头、活禽3.43万羽、动物产品588.03吨。日常“瘦肉精”检测13万头份，检测合格率100%。全年未发生重大畜产品质量安全事故。

【动物疫病防控】 免疫猪310万余头、牛29万余头、羊47万余只、禽3400万余羽、犬20万余只，免疫病种为猪猪瘟、猪口蹄疫、高致病性猪蓝耳病，牛羊口蹄疫，羊小反刍兽疫，禽流感，狂犬病；应免畜禽的免疫密度达100%，免疫抗体合格率达70%以上。全面完成动物疫病的流行病调查和疫情预警预报任务，检测了牛、羊布病2352头和15080只、牛结核病279头、犬狂犬病20头；及时开展H7N9的流调监测工作，流通环节检查监测市场摊位826个、监测家禽5.45万羽，养殖环节检查监测养殖场（户）870个、监测家禽51万羽、检测样品634份，检测认定H7N9全部阴性。集中开展春、秋两季重大动物疫病防控，全年未出现重大动物疫情。申报中央投资225万元、地方配套25万元建设泸州市兽医实验室项目，获得国家发改委和农业部审批。

【生猪屠宰监管】 开展生猪定点屠宰资格、生猪屠宰检验检疫、屠宰环节病害猪无害化处理和生猪“代宰”行为等为重点的“扫雷行动”，查处生猪屠宰领域违法行为为14起。定期对每家屠宰企业的生猪宰前宰后检疫、检疫检验人员配备、台账建立、肉品流向、检疫室设置及检测试剂存放等情况开展检查。在全市76家生猪屠宰场、7个省际检查站、1个无害化处理场安装远程视频监控系统。

【饲料监管】 对全市饲料和饲料添加剂生产经营企业开展抗菌药整治专项检查，检查饲料生产经营单位2360个（次），处理违法案件1起，责令整改问题24项（次）。开展饲料质量安全监测和免税抽检工作，生产环节完成饲料免税兼质量安全监督抽样27个，经营和养殖环节完成饲料质量监督抽检样品30个，抽检合格率100%。

【兽药监管】 对兽药GMP生产企业开展跟踪监测。开展兽用抗菌药专项整治行动，兽药经营使用环节，检查经营使用单位2412家，立案3起。开展兽药及兽药残留监督抽检，兽药生产环节抽检阿维菌素粉样品3个，兽药经营使用环节抽检30批次，养殖环节抽取动物源细菌耐药性监测样品100份、动物产品兽药残留样品37个，兽药及兽药残留监督抽检合格率均为100%。全市兽药规范化管理率100%。

【农业生态保护】 全市农药使用量1990.15吨，减少189.9吨。主要农作物专业化统防统治覆盖率达38.64%，提高6.1个百分点；绿色防控覆盖率为27.3%，提高8.1个百分点。农药生产经营单位检查率达91.5%，高毒限用农安要销售管控措施覆盖率达95%。在87个乡镇街建立农药包装废弃物回收点222个，回收农药包装废弃物13.5万个。推广测土配方施肥技术和有机肥替代化肥行动，推进畜禽有机肥资源利用和因地制宜种植推广绿肥，修正完善3种以上主要粮食作物施肥指导意见，建立2种以上主要经济作物优化施肥方案，化肥使用量实现零增长。规模化养殖场畜禽粪污综合利用率65%以上，农作物秸秆综合利用率达83%以上。建成日处理能力40吨的病死畜禽无害化处理厂1个，病死畜禽收贮点8个，全年无害化处理病死生猪3万多头。长江上游珍稀特有鱼类国家级自然保护区生态问题得到全面整治。

【农产品品牌建设】 推行“公共品牌+企业商标”的双品牌发展模式，打造“江之阳”“合江荔枝”“赤水河甜橙”等地区区域品牌和农产品品牌。“江之阳”成功列入全省2017年重点培育的10个区域公用品牌之一，纳溪区瀚源有机茶、泸县刘氏泡菜、龙马潭区罗沙贡米、龙马潭区九狮柚、叙永县赤水河牌柑橘、古蔺赶黄草获首批国家生态原产地保护的产品，地理标志农产品“纳溪特早茶”列入首批中欧地理标志产品互认互保“100+100”中方地理标志产品公示清单；泸州桂圆、“江之阳”蔬菜直销港澳，合江真龙柚、赤水河牌甜橙出口加拿大。

【农业行政执法】 执法检查各类涉农经营主体5000余家，查处违法行为立案146件，结案率100%，处罚金额35万元。举办各类农业行业执法能力提升培训班50余期次，培训执法业务骨干200余人次。开展农业法律法规宣传，发放宣传资料36万余份。

【渔政执法】 开展为期6个月的“亮剑2017”渔政专项执法行动，开展打击非法捕捞行动4次，渔政部门执法检查215次，与长航公安联合执法4次，收缴地笼网、草钩等非法网具1258张（副），查处非法捕捞行为35起，暂扣“三无”船9艘，收缴电鱼工具18台（套），行政处罚6人。

【渔业安全检查】 开展日常安全生产检查46次，联合水务、长航公安等相关部门开展联合检查6次，检查江河网养设施12处，渔船集中停靠点12处，进行安全生产知识宣讲12次，组织渔业水上应急演练1次。完成了渔船“三证合一”工作，渔业船舶的年度检验船检率达100%。

【农产品质量安全】 全年农产品检测平均合格率99.6%，省级专项监测抽检样品390个，未发现农药残留超标，农产品质量安全省级例行抽检21个市州排名第一，全年未发生一起农产品质量安全事故。加强农产品质量安全监管，成为全省3个国家级追溯平台建设城市之一，成功创建四川省农产品质量安全监管示范市。全市获得“三品一标”认证产品219个，“三品一标”产地认证460.9万亩，纳溪区成为全国首个省级有机产品认证示范区。

【农业产业扶贫】 实施扶贫产业项目71个，完成项目总投资8.8亿元，在贫困地区建设特色产业化种植基地17.3万亩，特色养殖基地25个，新发展温氏家庭农场50个，新发展巨星寄养场30个，全市依托发展产业带动脱贫人数达47546人，带动贫困户人均增收1200元以上。

【农业技术扶贫】 324名驻村农技员走访贫困户2.6万户次，举办各类集中培训1600余次，培训贫困户8万人次，发放技术资料12万余份，培育科技示范户1615户，培训各类型新型职业农民1896人，建立新品种推广示范点150个，科技示范基地面积1.5万亩。组织204名农业专家、414名农业技术骨干开展技术帮扶，专家团开展巡回服务408次，农技骨干长期到村指导。通过技术扶贫，贫困村适用技术推广率提升到90%以上，主要农作物良种覆盖率达95%以上。

【农村改革】 全市土地确权颁证率达90.4%，新增流转土地面积10万亩，新增流转适度规模经营土地面积6.7万亩；农村土地流转达99.7万亩，占传统耕地面积的30%以上，其中一次性流转30亩以上的适度规模面积达40万亩。农村土地承包经营权收益保证贷款试点工作持续推进，全市累计发放贷款1.6亿元。推进农村集体资产股份合作制改革试点，发展壮大村集体经济，江阳区分水岭镇董允坝村列入2017年全省集体经济10强村。

【新型经营主体】 支持新型农业经营主体发展，在市级支农预算中设立新型农业经营主体培育资金，对申报成功国家级、省级示范社给予一定奖励。2017年，全市新增农民合作社477个、家庭农场505家，累计注册农民合作社达4152个，家庭农场1791个，市级以上的农业合作社示范社、家庭农场示范场达485个，参加农民合作社获益农户超过40万户。

【农机装备】 全市农机总动力达227万千瓦，同比增长8%，平均每百亩耕地拥有农机动力42千瓦。其中：柴油机动力122.22万千瓦，增长9.4%；汽油机动力13.64万千瓦，增长6.34%；电动机动力91.2万千瓦，增长6.6%。农业机械原值达15.74亿元，增长11.1%。

2017年泸州市农业机械拥有量增长情况

项目	单位	2017年	2016年	增长量	增长率
农机总动力	万千瓦	227	210	17	8%
拖拉机	台	88	97	-9	-9.3%
耕整机	台	44284	37278	7006	18.8%
水稻插秧机	台	228	226	2	0.1%
联合收割机	台	550	530	20	3.8%
机动脱粒机	台	62700	59536	3164	5.3%

续表

项目	单位	2017 年	2016 年	增长量	增长率
农产品初加工动力机械	台	165225	152458	12767	8.4%
畜牧养殖机械	台	61019	53662	7357	13.7%
林果业机械	台	660	620	40	6.5%
运输机械	台	3189	4280	1091	-25.5%
农业机械原值	亿元	15.74	14.16	1.58	11.2%

【农机作业】 全市主要农作物耕种收机械化水平达 56.3%。完成机耕面积 252.54 千公顷，增长 5.8%；机播面积 54.66 千公顷，比增长 77.8%；机收面积 110.24 千公顷，增长 18.1%。

2017 年泸州市农业机械作业增长情况

项目	单位	2017 年	2016 年	增长量	增长率
机耕面积	千公顷	252.54	238.67	13.87	5.8%
机播机积	千公顷	54.66	30.75	23.91	77.8%
机收面积	千公顷	110.24	93.32	16.92	18.1%
机械植保面积	千公顷	210.46	190.87	19.59	10.3%
机电灌溉面积	千公顷	69.3	73.79	-4.49	-0.6%

【农机投入】 全市农机化总投入 2.16 亿元，同比减少 3.1 %；农机化经营总收入 16.16 亿元，增长 4.5%；农机化经营总利润 1.9 亿元，增长 8.6%。

2017 年泸州市农机化投入与经营效益增长情况

项目	单位	2017 年	2016 年	增长量	增长率
农机化总投入	亿元	2.16	2.23	-0.07	-3.1%
农机化经营总收入	亿元	16.16	15.46	0.7	4.5%

续表

项目	单位	2017 年	2016 年	增长量	增长率
农机化经营总利润	亿元	1.9	1.75	0.15	8.6%

【农机服务组织】 全市农机化作业服务组织 76 个，从业人员 3344 人，同比减少 0.2%。农机化作业服务专业户 4983 个，农机专业户占农机户总数的 8.3%。乡村农机从业人员达 14.9 万人，农机维修点 181 个，农机经销企业和经销点 166 个。

【农村提灌站】 全市新建提灌站 22 座，改造提灌站 40 座，全市提灌站拥有量 1040 座，提水保灌面积 111.11 万亩。

【农机安全监管】 开展农机执法检查 93 次，其中开展跨区作业检查 8 次、假牌假证检查 56 次、农机维修企业检查 17 次、拖拉机年检检查 12 次。注册大中型拖拉机 0 台，转入 3 台，报废、注销拖拉机 2979 台，转出 7 台，过户 11 台，年检运输型拖拉机 1859 台，年检率达 55.6%。新办拖拉机驾驶证 113 个，转入 10 人，注销 3244 人，转出 12 人，期满换证 1038 人。全市农机较大以上事故发生起数为 0。

【负责人】 泸州市农业局局长：余泽华（8 月止）、余茂杰（8 月起）；副局长：傅浩然、赵付平、陈超、牟光彬；纪检组组长：杨国超（11 月止）；总农艺师：刘康；机关党委书记：常敏（女）；总经济师：江维兵（12 月起）。

（周同海）

林　业

【概况】 全市完成营造林 40.83 万亩，实施森林管护 373.75 万亩，巩固退耕还林成果 61.47 万亩，实施新一轮退耕还林 1 万亩。全民义务植树 1075.4 万株，参加人数 218.3 万人次。采伐林木蓄积 14.51 万立方米，占全年采伐计划的 23%。新增森林面积 5.61 万亩、森林蓄积 40.78 万立方米，森林覆盖率达 50.4%。泸州市被省政府评为 2012—2016 年保护发展森林资源优秀等次。查处涉林案件 295 件，依法打击处理各类违法犯罪人员 315 人次，收缴木材 234 立方米，收缴野生动物 1134 只（头），挽回经济损失 220 万元。全年未发生森林火灾，森林火灾损失率为 0。未发生成灾性病虫害，林业有害成灾率为 0。

中国（泸州）首届农交会上的泸州林业展馆

【造林绿化】 完成营造林 40.83 万亩，其中人工造林 21.36 万亩、封山育林 2 万亩、森林抚育 8.95 万亩、低产低效林改造 8.52 万亩；完成迹地更新 0.6 万亩。完成大田育苗 4990 亩，预计产合格苗 5792 万株；容器育苗 320 亩，预计产合格苗 570 万株；全市新增森林面积 5.61 万亩，新增森林蓄积 40.78 万立方米，森林资源实现连续“双增”。

【天然林资源保护工程】 完成天保工程公益林建设 0.9 万亩，其中人工造林 0.4 万亩，封山育林 0.5 万亩；实施森林管护 373.75 万亩，其中国有林管护 55.13 万亩、集体林 318.60 万亩；实施森林抚育 4.06 万亩，其中国有林抚育 3.6 万亩，集体公益林抚育 0.46 万亩；实施集体公益林生态补偿 318.60 万亩，其中国家级公益林 195.44 万亩，省级公益林 123.16 万亩；实施养老、医疗、工伤、生育、失业五项保险补助 799 人。

【退耕还林工程】 投入中央财政资金 7779.49 万元，完成退耕还林成果巩固 61.47 万亩，实施新一轮退耕还林 1 万亩。全市累计完成退耕还林工程造林 201. 9 万亩，其中退耕地造林 74.06 万亩，配套荒山造林 73.6 万亩，封山育林 10.2 万亩，巩固退耕还林成果新造林 44.04 万亩。

【全民义务植树】 3 月 10 日，市绿化委员会组织开展市级义务植树活动，市级机关团体、企事业单位、大中专院校、驻泸部队等 82 个单位 3000 余人，在龙马潭区石洞镇机场快速路两侧开展以“推进新一轮绿化泸州行动，共建共享绿色家园”为主题的市级机关义务植树活动。栽种垂丝海棠、红叶碧桃等观赏树木 0.6 万株，新增城市绿地 3 万平方米，有效巩固国家森林城市和国家园林城市创建成果。各区县同步开展各种形式的义务植树活动。全市完成义务植树 1075.4 万株，参与人数 218.28 万人次。

【林业产业】 按照国家林业局统计口径，全市实现林业产业总产值 2148569 万元。第一产业为 625711 万元，其中林木育种和育苗 27829 万元，营造林 26620 万元，木材和竹材采运 53102 万元，经济林产品的种植与采集 216785 万元，花卉及其他观赏植物种植 134778 万元，陆生野生动物繁育与利用 1275 万元，林业系统非林产业 165322 万元。第二产业为 708778 万元，其中木材加工及木、竹、藤、棕、苇制品制造 162692 万元，木、竹、藤家具制造325532万元，木、竹、苇浆造纸和纸制品122580万元，林产化学产品制造3600万元，木质工艺品和木质文教体育用品制造9630万元，非木质林产品加工制造业5150万元，林业系统非林产业6821万元，其他72773万元。第三产业814065万元，其中林业旅游和休闲服务761026万元，林业系统非林产业53039万元。全市竹业总产值757239万元，占全市林业产业总产值的35.24%。

【林木采伐管理】　采伐林木蓄积14.51万立方米，占全年采伐计划61.96万立方米的23%。做好采伐限额执行监督，指导县区做好相关采伐限额的调整。

【林地资源管理】　全市征占用林地项目159个，征占用林地572.5公顷。林地变更通过省林业厅验收，省林科院完成泸州第九次森林资源清查工作，国家林业局昆明院完成对泸州“一清”工作检查。

【森林公安】　全年查处涉林案件295件，其中刑事案件68件，破39件，刑事拘留11人，逮捕2人，取保候审53人，监视居住1人，侦查终结39件，移送起诉40件，移送起诉40人；行政案件227起，其中查处治安案件5起，依法打击处理各类违法犯罪人员315人次。收缴木材234立方米，树木122株，收缴野生动物1134只（头），铲除罂粟44株，为国家、集体和林农挽回经济损失220万元。

【森林防火】　全年未发生森林火灾，无安全责任事故和人员伤亡，森林火灾发生次数和损失率为0。市委、市政府印发《党委、政府及有关部门（单位）森林防火工作职责》，首次明确党委部门职责，为全省首创。《四川省泸州市森林火灾高风险区综合治理项目初步设计》通过省林业厅批复，下达计划资金2918万元。全市投入森林防火宣传资金250余万元，开展宣传活动615次，发布戒严令3.5万份，广播电视宣传2530次，发送手机短信50余万条，发放防火知识、告知书等宣传资料200余万份，刷新、新建固定宣传碑牌4000余块，受教育面413万余人次。全市建成各级森林防火指挥部（所）150个，组建专业森林消防队伍14支386人，半专业森林消防队伍81支1373人，应急森林消防队伍29支935人，群众森林消防队伍1809支33275人。组织大型森林防火演练8次，一般森林防火演练239次。泸州市代表队在全省首届森林消防技能竞赛中获二等奖。

【林业有害生物防治】　全市林业有害生物发生面积17.5万亩，发生率2.4%，其中病害3.1万亩、虫害13.7万亩、鼠害0.7万亩。“四率”指标成灾率为0，测报准确率94%。林木种苗产地检疫率100%，无公害防治率99.9%。

【野生动植物保护】　加强保护野生动植物资源宣传力度，利用世界野生动植物日、“3·12”植树节、湿地日、森林日、爱鸟周、保护迁徙候鸟执法宣传周等时机开展形式多样的宣传活动，发放宣传资料3万余份。组织合江县、古蔺县完成黑熊资源分布调查，配合省林业厅完成秋季迁徙水鸟同步调查。

【产业发展】　现代林业基地面积实现快速增长，新建产业基地16.54万亩，建成一批竹林、商品用材林、经济林、短周期工业原料林、木本药材和苗木花卉基地。全市现有竹林基地378万亩、木质工业原料林203.9万亩、特色经济林155万亩。纳溪、合江、叙永列为省级现代林业示范县和重点县。

全市林产加工企业达600余家，其中：规模以上企业达79家，年销售收入上2000万元53

家，上亿元11家。有市级龙头企业32家，省级龙头企业22家，国家级龙头企业2家。竹浆生产能力达20万吨/年，造纸能力达30万吨/年，人造板产能达88万立方米/年，木竹地板产能达60万平方米/年，木竹家具产能达224万件（套）/年。叙永永丰纸业20万吨竹浆纸一体化项目建成试营运，泸州竹产业园区一期建成开园，大旺国际竹种园建成对外开放。

新建国家森林公园1个、国家森林康养基地1个、省级森林康养基地3个。全市现有国家森林公园2个、国家湿地公园1个、国家森林康养（养生、体验）基地3个、省级森林公园3个、省级森林康养基地3个。全年接待生态旅游1387.82万人次，实现产值77.79亿元。

【集体林权制度改革】　完善和深化集体林权制度改革，组织开展集体林地承包经营纠纷调处工作考评。全市发生林地承包经营纠纷113件，成功调处107件，调处率95%。搭建林权流转平台，建立林权交易中心，规范林权、林木交易流转交易行为，泸县、叙永县融入全省林权流转交易平台网点布局。继续推进古蔺县经济林（果）权抵押贷款试点，制订《古蔺县经济林（果）权证颁证管理办法》《古蔺县经济林（果）权抵押贷评估管理办法》等配套制度。颁发经济林（果）权证15本，面积504亩，抵押金额400万元。

【负责人】　泸州市林业局局长：余茂杰（8月止）、杜旭林（8月起）；党组书记：陈小平（12月起）；副局长：叶志国、李秋霖；机关党委书记：罗庆文。（罗　茹）

水　利

【水利重点项目】　2017年，长江上游干流泸州段防洪治理工程、向家坝灌区北总干渠一期工程2处国家172项重大水利工程完成国家发改委立项；永宁水库（大型水库）及江阳区双河水库、纳溪区玉水水库、古蔺县关口水库、泸县土公庙水库等中型水库前期工作有序推进；完成泸县三星桥水库，叙永县纳坪水库、高木顶水库、龙洞水库，古蔺县观文水库、朝门水库、刘家水库等7座水库枢纽工程建设；古蔺县石梁子水库、龙马潭区三溪口水库灌区配套改造项目等重点建设工程有序推进；新开工建设纳溪区云回水库。长江上游干流泸州段防洪治理工程、向家坝灌区北总干渠一期工程2处国家172项重大水利工程完成国家发改委立项；完成泸县三星桥水库，叙永县纳坪水库、高木顶水库、龙洞水库，古蔺县观文水库、朝门水库、刘家水库等7座水库枢纽工程建设；新开工建设纳溪区云回水库。

【小农水项目】　在纳溪区、泸县、合江县、叙永县、古蔺县等5个区县实施小农水项目，在江阳区、龙马潭区、纳溪区、泸县、合江县、古蔺县等6个区县实施高效节水灌溉项目，以及实施水库灌区配套及改造项目，新增有效灌面3.5万亩。在纳溪区、泸县、叙永县、古蔺县实施水土流失治理项目，全市完成水土流失综合治理199.8平方公里。

【水资源管理“三条红线”】　出台《泸州市“十三五”最严格水资源管理“三条红线”考核工作方案》《泸州市“十三五”水资源消耗总量和强度双控行动工作方案》《泸州市十三五节水型社会建设规划》《泸州市节约用水管理办法》《泸州市地表水功能区划》，严格执行取水许可管理制度，全面推进节水型社会建设，严格控制用水总量红线、用水效率红线、水功能区限制纳污红线。

【水生态文明城市建设试点】　2013年7月，泸州市列入全国水生态文明试点城市以来，经过三年试点，泸州的水生态文明城市建设成效显著，完成 107 个重点项目和 11 个示范工程投资任务，全面完成试点任务。

泸县龙鱼谭坡耕地水土流失综合治理项目区

【河长制工作】 建立《泸州市河湖名录库》。建立市、县、乡三级河长体系，设立河长 746 名。市级层面，分别由市委书记、市长等 14 名市领导担任市内 6 大主要河流市级河长；县、乡层面，确定河长 732 名；设立村、组级河段长 4698 名，基本实现所有河湖全覆盖。出台实施方案、工作方案、一河一策方案和 4 张年度工作清单，形成“1+1+1+4”河湖管理保护工作模式。组织开展基层河段长巡河和清河、护岸、净水、保水“1+4”行动。出台《泸州市全面落实河长制工作领导小组运行规则》《泸州市市级河长工作推进机制》《泸州市市级河长制会议制度》《泸州市全面推行河长制工作督导检查制度》《泸州市河长制工作信息共享和信息报送制度》等制度。

【水利改革发展经验全省推广】 落实全面深化改革主体责任，深化实施泸县农田水利设施产权制度创新运行管护机制试点和纳溪区四川省深化小型水利工程管理体制改革试点工作。对接落实上级出台的专项改革方案，牵头组织实施《中共泸州市委办公室 泸州市人民政府办公室关于创新机制推进水利支持幸福美丽新村建设的实施意见》。2017 年，四川省高效节水灌溉暨农业水价综合改革工作现场推进会、四川省水土保持现场推进会及四川省 2017 年水利脱贫攻坚和支持幸福美丽新村建设工作会 3 个省级现场会同时在泸州市召开，泸州市创新 PE 管灌为主的高效节水灌溉模式、农业水价综合改革、水土保持清洁小流域建设、水利脱贫攻坚和支持幸福美丽新村建设等方面取得的成功经验在全省推广。

【防汛抗旱】 健全完善以各级行政首长负责制为核心的防汛责任制度。市、县、乡均按换届后的人事变动及时调整充实防汛抗旱指挥机构，村社成立防汛抗旱工作组或落实防汛抗旱责任人，并分级在本地主要媒体上公示城镇、重要水库、重点山洪灾害易发区等重点防汛区域责任人名单。建设 17 处中小河流水文监测站，并完成系统安装调试投用。牵头组织相关成员单位成立防汛工作督查组，分别对 7 个区县及市级相关部门开展督导检查；整合全市督办力量，开展了汛期专项督导，对督导中发现的具体问题限期整改。开展以防汛救灾为背景的全市综合大演练和“双盲演练”，加强了物资储备和应急抢险队伍建设，强化预警预报和值班值守工作，进一步完善会商机制并坚持汛期每日调度会商，强化信息共享，提升防汛应急能力，确保汛期安全。

【水利扶贫】 解决 23877 名建档立卡贫困人口饮水困难问题，新增有效灌溉面积 1.18 万亩，发展高效节水灌溉面积 3.47 万亩，综合治理中小河流 5.223 千米。

【负责人】 泸州市水务局局长：周洪华；副局长：郭杰贤（女）、童登辉；总工程师：张权；机关党委书记：谢芳（女）。 （梁 静）

气 象

【气候概况】 2017年泸州市气温偏高，降水基本持平，日照正常。年内强降温、暴雨洪涝、连阴雨、风雹、雷暴等气象灾害较常年偏轻；高温干旱较常年略重，暴雨洪涝仍是2017年的主要气象灾害。综观全年，光、温、水充足，属农业气象年景正常偏好年。

【温度】 2017年全市平均气温18.1～18.9℃，较常年平均偏高0.5℃～0.8℃。全年仅3月、6月、10月气温偏低；年内其余时段气温以偏高为主。7月上旬中后期开始到8月，全市普遍出现高于38℃的高温天气，东部、南部部分地方超过40℃。全市年极端最高气温42.2℃（叙永，8月7日），高温天气较常年略偏重。年内寒潮天气有4次，接近常年，其中3月上旬末至3月下旬前期、4月中旬、6月中下旬、10月中旬、11月中旬末到下旬初出现阶段低温天气过程，年极端最低气温0.4℃（古蔺，12月21日）。

【降水】 2017年全市降水量654.0～1134.3毫米，与常年平均比较，除叙永正常外，其余区县偏少1～2成，属正常年份。降水分布不均，出现一般夏旱和伏旱。区域性暴雨过程少，以单点强降雨为主，分别出现在5月21日、6月22日、8月24日、9月5日等。3月中旬、6月中下旬、10月中旬、11月中后期出现连阴雨天气。全市年雨日139～187天，较常年偏少4～21天。

【日照】 2017年全市日照时数1095.4～1267.5小时，接近常年平均，正负偏幅在1成左右。年内4月、5月、7月、8月、9月、11月日照偏多，光照充足；其余月份日照偏少，3月中旬、6月中下旬、10月中旬、11月17—23日出现阴雨寡照天气。

古蔺县东新镇有机猕猴桃喜获丰收

【风雹】 4月13日23时，市区沿沱江沿岸出现降雹，但雹粒小，持续时间短，灾害影响较轻，无明显经济损失。8月1日叙永分水、营山等地出现了局地冰雹和阵性大风天气，330.83公顷农作物受灾，绝收82.04公顷，经济损失702.84万元。

【春、秋阴雨寡照】 重于近年。3月5日—25日，泸州市出现少见的持续低温寡照天气，对小麦开花授粉造成不利影响，也影响小春作物病虫害的防治；造成大春育苗中发生烂秧烂种；经济果木开花期有不同程度推迟。6月11日—28日，出现持续阴雨、寡照的天气。其间全市日平均气温同比偏低0.9℃～2.3℃，总日照同比偏少3～8成，雨日和雨量明显偏多。灾害发生在泸州市水稻抽穗扬花期间，造成防御障碍型冷害，使玉米、高粱、瓜果蔬菜开花授粉受阻，光合作用受限，有机物积累少，形成秕粒数多和秃癞，造成霉烂、落果严重，坐蔸、死颗，易感染病虫害。10月中旬前期，阴雨天气不断。不利再生稻和再生高粱的收晒，红苕采挖和油菜移栽进度受阻。但充足的降水对2017年遭遇严重伏旱东南区域的塘库、田间蓄水状况有明显改善。11月17—23日出现一段时间的湿冷天气，使红苕采挖和小麦、油菜播栽进度受阻，但同时对前期作物旺长有一定的抑制。

【干旱】 从2017年6月底开始，到8月23日，全市主要以晴热少雨天气为主，发生了不同程度的高温和伏旱。全市大部分地方达一般伏旱，东部部分地方达严重伏旱。此次高温伏旱天气过程对合江县影响最大，造成合江县0.3587万人和0.2409万头大牲畜饮水困难，农作物共10.9736千公顷受灾，包括轻旱8.4378千公顷、重旱1.8458千公顷、干枯0.69千公顷，经济损失259万元 。

【暴雨洪涝】 2017年发生“5·21”“6·22”“8·24”“9·5”单点暴雨洪涝天气过程，灾害影响最大的“6·22”“8·24”两次暴雨洪涝。1.“6·22”暴雨洪涝。6月21日午后开始到22日，泸州市自南向北出现1次区域性暴雨天气过程。古叙山区受灾较重。叙永水利、农田、房屋、交通均受到不同程度损坏，安置转移38人，损坏房屋45间，倒塌5间，公路1处严重塌方，农作物受灾1717.73公顷，绝收386.47公顷，经济损害1727.49万元。古蔺因灾死亡1人，受灾耕地面积2.53公顷，倒塌房屋28间，损坏房屋152间，导致直接经济损失633.39万元。2.“8·24”暴雨洪涝。受台风“天鸽”影响，从8月23日夜间开始到8月25日从东南到西北出现一次暴雨天气过程。此次过程造成纳溪177公顷农作物受灾，17公顷绝收，75间房屋损坏，19间倒塌，经济损失594万元；叙永房屋损坏76间，安置转移358人，农作物受灾面积242.63公顷，绝收面积24.6公顷，水利、公路受到一定损坏，造成经济损失594.28万元。

【气象服务】 2017年泸州市气象台准确预报出多次强降雨天气过程，通过电话及手机短信向县领导和各相关部门乡镇领导、气象信息员等发送预警信息和通报雨情39批次56172条，为抗灾救灾争取了主动，全市实施提前主动避让230处834户2811人，成功避险2起，避免4户18人因灾伤亡。为纳溪垃圾填埋场地灾处置、高（中）考、泸顺起义开馆仪式、创建全国文明城市、全市重大项目集中开工仪式、泸县第六届龙眼节，“双沙菜花节”“黄荆老林英雄会”“古蔺苗家风情节”“云溪放歌”“2017年农民新春大联欢”“中国特早茶之乡·四川第五届茶叶开采活动周”“纳溪丰乐桂花节”等重大社会活动提供精准的气象保障服务，得到各级领导和社会各界的一致好评。

【气象现代化建设】 2017年9月完成X波段双偏振雷达的调试，并投入业务试运行。泸州市合江县、泸县、古蔺县、叙永县四个中央财政“三农”气象服务专项建设项目进展顺利，其中合江、泸县完成建设工作。

【人工影响天气作业】 开展人工消雹作业130批次，发射高炮弹2312发，有效避免和减轻冰雹危害，保障烟叶生产。开展人工增雨消减雾霾科学实验作业10批次，发射火箭弹44枚。合江、纳溪开展抗旱增雨作业5次，共发射炮弹18枚。

【负责人】 泸州市气象局局长：王赛西（6月起）；副局长：叶大友（6月止）、周家德、武友初（6月止）、冉祯军（6月起）；纪检组组长：冉祯军（6月止）、武友初（6月起）。

（王　翔）

商业贸易

内贸流通

【概况】 全市社会消费品零售总额同比增长13.3%，增速居全省第1位。制定印发《泸州市加快内贸流通创新推动供给侧结构性改革专项行动的实施方案》。引导企业“走出去”拓产促销，依托全省市场拓展“三大活动”，组织企业、行业商协会参加“进展会、进市场、进商超”等省外“六进”活动1000余批次，创新举办“泸州特色产品全国行”北京站、上海站、重庆站等专场活动，得到省领导和省商务厅的肯定和认可。特别是组织企业参与西部博览会进出口展、贵阳酒博会、广交会。同时，开展泸州特色产品进高速公路服务区展示展销工作，出台并印发《泸特产品进高速公路服务区管理运营办法（试行）》，并与省交投集团对接，拟结合相关服务区“创建全国百佳服务区”工作的开展，深化拓展泸特产品进高速路服务区宣传展示工作。

2017年9月29日—10月2日，第五届中国（泸州）西南商品博览会举行

【会展经济】 继续巩固提升泸州市品牌会展水平，成功牵头举办2017中国国际酒业博览会、第五届中国（泸州）西南商品博览会、“首届美食节暨迎春购物月”等展览展会，增强内贸流通和招商引资活力。酒博会签约酒类项目246个、总额达360亿元；商博会现场厂商签约及交易额达42.5亿元，同比增长13.9%。鼓励支持各区县、行业商协会举办各项节庆展会活动，有力拉动消费增长。

【优化营商环境】 狠抓市场运行监测能力建设，强化商务预报和市场运行分析，提高信息发布质量和应急保供能力；持续加强商务执法队伍建设，畅通“12312”商务举报投诉渠道，推进打击侵权假冒综合协调工作，治理互联网领域、农村和城乡接合部市场侵权假冒行为，加大对单用途商业预付卡以及药品流通、报废汽车回收拆解、二手车流通、拍卖、典当等领域和行业的事中事后监管；全面推进商务诚信建设，开展

“诚信兴商”活动。

自贸区工作

【自贸工作统筹】 发挥自贸办的牵头抓总作用，统筹市级有关部门主动向商务部等国家部委和相关省级部门沟通协调44次，邀请各级领导131人次到泸州指导；主动向国家商务部、省商务厅、福州自贸区输送挂职干部3人次；向第一二批自贸区开展学习考察，组织自贸区专题培训600余人次。牵头组织召开领导小组会议2次，统筹制定任务分工和产业规划，扎实开展创新政策研究，全力筹备自贸区挂牌各项工作。2017年4月1日，中国（四川）自由贸易试验区川南临港片区成功挂牌运行。牵头制定了《中国（四川）自由贸易试验区川南临港片区建设实施方案》及其《任务清单》，向国家、省上报创新案例7项，累计上报争取下放的省级管理事项96项，省上拟下放30项、委托2项；川南临港片区建立行政审批“单一窗口”，集中办理市区两级186项审批事项。加大督查督办，确保市级部门、川南临港片区管委会有序推进改革创新试验任务。

四川自贸区川南临港片区办公大楼

【自贸区创新】 根据《中国（四川）自由贸易试验区总体方案》，出台《泸州市商务局制度创新任务清单》，推进国际贸易“单一窗口”、实施外商投资负面清单管理制度、探索白酒产销体制创新、加强商务系统行业管理等为主要内容的改革创新事项，共涉及三年改革创新56项（牵头36项、配合20项），完成7项，并向国家、省上报创新案例7项。

【区域合作和项目引进】 会同川南临港片区管委会牵头研究确定拟重点招商的产业、领域和区域，制定招商引资扶持政策、人才引进政策等，牵头开展区域协作组工作。加快沿海沿边沿江协同开放步伐，开展“自贸红利·区域共享”宣传推介8场次，与澳大利亚巴罗萨市、深圳前海蛇口片区、青岛前湾保税港区、成都市等城市（地区）签署合作协议30个。借助2017中国国际酒业博览会、第五届中国（泸州）西南商品博览会，参与举行川南临港片区投资贸易推介会，签约投资金额810.8亿元。

【贸易便利化措施落地】 向上争取进出口备案权下放到自贸区，加强外贸企业引进和跟踪服务，刺激进出口注册企业和新增实绩企业增长。1—12月，全市新增进出口备案企业244家，新增进出口实绩企业99家，新增企业实现进出口实绩17.4亿美元，占全市进出口实绩的84.4%。与川南临港片管委会共同推动国际贸易“单一窗口”在泸州试运行，推进部门资源整合，大力实施“三互”行动，提高进出口便利化程度。争创泸州港综合保税区，出台《泸州市促进加工贸易加快发展实施意见》等政策措施。1—12月，保税物流中心（B型）进出口货值9275万美元，同比增长546.8%；进境粮食货值1537.19万美元，同比减少3.84%。

【负责人】 中国（四川）自贸试验区党工委书记：刘光明（5月起）；党工委副书记、管委会主任：靳地胜（5月起）；管委会副主任：任晓波（5月起）、刘宇（8月起）、朱勇（11月起）、申波（9月起）、冉国才（9月起）、张蕾（女、9月起）、梁亚琼（女、9月起）、游进（6月起）、张明勇（6月起）；党工委副书记兼纪工委书记：魏蓉蓉（女、11月起）。 （赵 飞）

服务业

【服务业规划】 落实稳增长各项政策，实施《泸州市现代服务业发展规划（2014—2020）》，制定《泸州市中心城区农贸市场建设专项规划（2015—2030）》，印发了《泸州市2017年现代服务业发展实施方案》《泸州市服务业龙头企业培育计划（2017—2021）》，确立梯次推进的十大现代服务业。

川南临港片区首证

【项目建设】 围绕服务业“三百工程”，健全服务业重大项目、重点企业、重点品牌联系服务机制，做强服务业发展支撑。江阳万诚国际红星美凯龙商场、江阳摩尔商场、龙马潭步步高商业综合体年内将建成营业，城北万达广场、泸县城西商业综合体、叙永县川滇黔商贸城等商业综合体和海吉星商贸物流园、西南商贸城二期等重点专业市场建设顺利推进；城北万达广场累计完成投资9.4亿元，超额完成任务，外装、内装、机电工程一部分完成，开始景观工程施工；西南商贸城三期累计完成投资10.2亿元，完成主体工程70%；海吉星农产品国际商贸物流园累计完成投资3亿元，一期主体完工，粮油副产区，配套餐饮、公寓等竣工投运。龙马潭区、泸县被评为“2017年全省商贸流通转型升级示范县”，合江县被评为“2017年全省服务业强县”，叙永县获评全国家政扶贫示范县。泸州市服务业与一、二产业融合发展的做法在全省服务业电视电话会议上作经验交流。

【负责人】 泸州市商务局局长：游进；副局长：林小勇、邹学明、刘春涛（女）、曾萍（女）；机关党委书记：毕永进；贸促会专职副会长：张伟。

物流和口岸工作

【概况】 泸州市依托泸州港，围绕自贸区川南临港片区，不断拓展口岸功能平台，争创国家开放水运口岸和综合保税区，开展制度创新，大力发展现代物流业，打造川滇黔航运物流中心。

【口岸功能】 2月6日，泸州港列入口岸开放2017年度审理计划请示上报国家口岸管理办公室；7月22日，成功争取国家口岸管理办公室主任张广志到泸州市指导申创国家开放口岸工作。7月10日，申创泸州港国家临时开放口岸请示上报省政府；8月10日，首次邀请四川边防总队总队长康孟喜到泸州指导开放口岸建设。12月27日，申创进口肉类指定口岸请示上报省政府。2017

年，泸州港完成集装箱吞吐量55万标箱、同比增长9.8%，其中铁水联运箱量完成约3万标箱。截至12月，累计完成铁水联运集装箱量近10万标箱，位居内陆港口铁水联运箱量第一、全国港口铁水联运箱量前十。

泸州港国际集装箱码头

【保税物流】 申创泸州综合保税区请示上报省政府。2017年，泸州港保税物流中心（B型）完成报关752票，同比增长398.01%；完成进出口货重8.2万吨，同比增长1493.96%；实现集装箱通关共5036标箱；完成进出口总额1.8亿美元，同比增长709.13%；完成两税收入共9908.58万元人民币，同比增长564.99%。

【通关效率】 列入四川国际贸易“单一窗口”标准版第一批试点地区，成功上线运行国际贸易“单一窗口”，成功办理全省首票报检货物，在全省率先实现报关报检“双达标”。2017年，泸州地区通过标准版报关528票、报检512票，总量超1040票。进口货物通关时间为9.22小时，比2016年减少11.57小时，缩短56%，出口货物通关时间为1.89小时，比2016年减少1.83小时，缩短49%。

【通道建设】 泸州港开行“天天直航快班”，直发南京、上海。开通泸州—广州外贸铁路班列。与德国杜伊斯堡港签署《战略合作备忘录》。在成都国际陆港设立无水港区，开通泸蓉欧班列。

【物流主体培育】 2017年，推进物流服务体系建设项目28个，成功争取省级扶持项目8个，扶持资金达1900万元。泸州临港物流园区、宏图（泸州）物流基地被评为“2017年全国优秀物流园区”。建立城乡配送网点810个。培育国家A级企业22家。

【负责人】 泸州市人民政府物流和口岸办公室主任：冉国才。

（杨　岭）

供销合作经济

【概况】 2017年，泸州市供销社系统完成销售总额72.55亿元，农副产品购进总额39.14亿元，农产品销售总额46.2亿元。再生资源回收额完成3.74亿元，销售总额4.3亿元。电子商务销售额完成1.57亿元，连锁销售额完成19.98亿元。领办创办农民专业合作社32个，创建市级以上示范专业合作社5个，其中省级示范社1个、市级4个。建成新型基层供销社69个，建成电子商务村级服务网点1123个。

【综合改革工作】 江阳区、泸县、纳溪区、龙马潭区、叙永县出台《关于深化供销合作社综合改革的实施意见》。推动建立“三会”制度（社员代表大会、理事会、监事会）。泸县供销社监事会于2017年8月24日成立。古蔺县成立理事会。纳溪区、泸县、叙永县和市供销社做实供销合作社发展基金，实施“互联网+供销社”模式，建立农村合作经济组织联合会、组建新型基层供销合作社、创新联合社治理机制。

【基层组织建设】 2017年，全系统建成新型基层社69个，建设农村社区综合服务社940个、庄稼医院542个。全市1345个行政村中，农村综合服务社村级覆盖率达69%、庄稼医院村级覆盖率达40%。推进农民专业合作组织规范发展。重点抓好食用菌、龙眼、花椒、特色水果等产业的规范化发展，抓好产品推介、质量认证和地标认证工作。引导专业合作社开展标准化生产和品牌化经营，多形式组织开展农超对接，增强内部活力和发展后劲，促进农业农村经济发展。2017年累计发展农民专业合作社594个，其中建档立卡贫困户995户，带动农户68301户；产品注册商标70个，获得市县级以上行政主管部门认定的品牌18个，有机认证24个。开展土地流转业务23个。

【电子商务进农村】 以农产品流通服务为重点，将供销社传统业务经营与电子商务相结合，依托社有龙头企业组建电商公司，建设电商平台，以农特产品、农村日用消费品、农资超市为基础，建设农村电子商务综合服务站。指导泸县和叙永县抓好全省“互联网+供销社”试点工作，泸县电商产业园建设基本竣工，即将投入运营；叙永县正在推进全国电子商务进农村示范县建设。2017年，全市供销系统培育涉农电商企业7家（区县供销电子商务有限公司），建设县级电子商务运营平台7个，发展镇村级电商服务网点1267个，农村电商镇级覆盖率100%、村级覆盖率达83%，其中，江阳区、纳溪区、龙马潭区、泸县实现乡镇和行政村全覆盖。全市系统电商销售额突破1.5亿元。

【项目工作】 2017年，市社向总社争取到了农业综合开发项目，项目资金840万元。全系统开展土地托管服务面积22820亩，土地流转服务面积29365亩，对加快供销社转型升级、推动农业供给侧结构性改革起到示范带动作用。泸县投资1.2亿元的农产品冷链物流项目加快推进，该项目建成后冷冻冷藏库一次性总存储量可达6.25万吨，成为一个集农产品冷链物流、加工储存和连锁配送为一体的川南大型综合性多功能物流中心。纳溪区乐道子林下土鸡产业融合项目投资1400万元建成投运，该项目以“龙头企业+专业合作社+基地+农户”的生产模式带动农民增收，将产生良好的社会效益和经济效益。古蔺县为农服务中心投资840万元的建设项目竣工，为泸州市搭建第一个全新的为农综合服务平台。

【负责人】 泸州市供销社主任：陈晓荣；副主任：杨庆伟、胡学莲（女）、李启富；机关党委书记：胡林；纪检组组长：熊春艳（女）。

（李光凤）

粮　油

【概况】 2017年，泸州市完成粮食收购28.5万吨，粮食销售48万吨，油菜籽收购0.59万吨，食用油销售1.98万吨。

【基础设施建设】 重点推进低温库建设，纳溪区、泸县和叙永县（一期2万吨）低温库建设项目全面完工并相继投入使用，合江县低温库建设项目正按工程进度顺利推进，预计年内将全面竣工。全面开展智能粮库项目申报工作，全市拟建设1个市级应用平台、7个县级应用终端、1个示范库、3个储备库、4个政策性收纳库，总仓容25.65万吨，总投资1629.4万元，该项目实施方案获省上批准，2018年将全面组织实施。扎实推进仓储设施项目建设。江阳区于2017年初正式启动江阳国家粮食储备库项目，完成投资2028万元，该项目列入2018年中央预算内粮食仓储项目予以申报。

【政策性粮油管理】　严格落实中籼稻托市收购政策，审查确定收储企业2家，收储库点3个。开展收购政策宣传，适时开展托市收购巡查，2017年度收购最低收购价稻谷4563吨，实现助农增收36万元。严格执行国家军粮供应政策，提高服务质量和水平，按照“以兵为本”思想服务部队，完成军粮供应任务。

【供应和应急管理】　随时掌握当地粮油购销、库存、加工能力及布局情况，指导和督促企业入市收购，引导企业跨区域采购本地稀缺品种补充市场，保证市场供需平衡。重点抓好部队、院校等群体性消费单位的粮油供应工作。特别关注城镇低收入居民、下岗职工等群体，防止因粮油价格上涨影响其生活水平。将市级粮食应急网点和价格监测网点工作经费纳入财政预算，2017年争取市级粮食应急工作补助经费44万元。

【监督检查】　开展粮食流通市场监管。全面整治粮食市场购销秩序，坚决打击“打白条”、哄抬粮价、囤积居奇等违法违规行为。2017年，全市共组织开展各类政策性粮食购销监督检查和粮食流通监督检查441次，出动检查人员1203人次，检查企业562个次，查处粮食流通案件2例（均处以责令改正）。

【产业发展】　2017年全市粮食行业在建项目共17个，年度完成投资7107万元，全年全市建立放心粮油标准化配送中心5个，社区、新村示范店34个，乡村粮油超市和连锁店48个，新增粮食产后服务中心7个，发展规范粮食专合组织11个。泸州市粮食行业协会评选并授牌市级放心粮油示范企业20家和放心粮油示范店8家。泸州金土地农业发展有限公司被评为全国放心粮油示范工程第六批示范加工企业，泸州金土地农业发展有限公司“金土地牌”大米、叙永县马岭粮油食品有限公司“清凉牌”水磨糯米磕粉被评为四川省人民政府办公厅公布的第十二届“四川名牌”产品。

【质量监管】　依托粮食科技活动周、食品安全宣传周、爱粮节粮宣传周、“爱粮日”等组织开展粮油质量安全专题宣传活动，现场解答群众关心的粮油质量辨别技巧和食品安全等问题，发放宣传资料6500余份，大幅增强全民食品安全意识和优劣粮油的辨别能力。组织开展军供粮、储备粮、产新粮食质量调查和品质测报、原粮卫生调查、商品粮库存的质量专项检查活动，抽检样品384个，切实保障全市人民“舌尖上的安全”。

（陈　艺）

烟　草

【概况】　2017年，泸州市烟草专卖局（公司）实现“两烟”销售收入44.52亿元（含税）；实现税利10.47亿元，其中税金7.09亿元。辖区销售卷烟66.06亿支（13.21万箱），卷烟单箱结构2.88万元，增加1.69%。收购烤烟1.1147万吨（22.29万担），收购均价22.7元/千克；烟农户均收入（含烟税返还、行业各种补贴、保险赔付）4.91万元。

【烟基项目】　全市行业累计投入资金2187万元组织实施烟基210件，烟区综合条件进持续改善。烟草行业援建古蔺县朝门、叙永县纳坪水库完工并蓄水，叙永县龙洞水库扎实推进。叙永县摩尼镇联盟村、古蔺县双沙镇白马村新农村建设项目基本建成为乡风文明、环境整洁的乌蒙山区特色宜居村落，旧貌展新颜。

【烟草执法】　全年查获各类案件1900起，查获卷烟2263.08万支，同比增长1%；价值1423.5万元，增长1%。刑拘31人、逮捕21人、判刑12人。查获网络案件9起。

【负责人】 泸州市烟草专卖局（公司）局长、经理：徐忠良；党组书记：邓明智；副局长：唐利；副经理：王敬、蒋胜、江磊；纪检组组长：张映才。 （刘蓉 兰海）

古蔺县山地烤烟示范园区

财政·税务

财 政

【概况】 2017年，全市地方一般公共预算收支预算顺利完成，收入总量稳居全省第2位；收入质量明显提升，税收收入比2016年（下同）增长22.2%，占一般公共预算收入比重提升4.9个百分点。全市一般公共预算支出增长9.4%，支出总量和增幅分别位居全省第6位、第7位。出台《泸州市重点项目税收征收管理办法》《2017年综合目标（财税工作）考核办法》《泸州市涉税信息交换与共享保障暂行办法》。

【资金争取】 抢抓长江经济带、“一带一路”、新型城镇化试点、脱贫攻坚、自贸试验区川南临港片区等重大政策机遇，2017年全市争取到位中央、省资金310亿元，同口径增长18.6%。其中：省转贷新增债券资金51.8亿元，增长60.3%，有力支持城市、交通等基础设施建设，以及教育、生态环保等民生事业发展；省转贷置换债券资金77.4亿元，有效缓解当期还本付息压力；均衡性转移支付资金27.5亿元，增量资金2.3亿元，超过全省市州平均水平；农业转移人口市民化奖补资金1.1亿元，规模居全省第1位；重点流域水污染防治中央资金0.6亿元，规模居全省第2位。

【助推建设发展】 围绕“项目投资攻坚年”工作主题，转变财政支持发展方式，支持设立投资发展基金，保障脱贫攻坚、建设发展资金需求。积极推进PPP工作，全市有55个项目纳入财政部PPP综合信息平台项目库，总投资超过640亿元。助推国有企业市场化转型发展，市级新增三家AA级国有企业。贯彻落实各项结构性减税降费政策，全年累计为企业减负超过10亿元。支持川南临港片区建设发展，帮助设立建设发展基金，健全完善财税政策，制定跨区入驻企业财税分配办法。

【保障民生和社会事业】 2017年全市10项民生工程和20件民生实事预算执行总额达93.1亿元，为预算的117.8%。教育、社保、医疗卫生、住房保障等民生支出258.4亿元，占一般公共预算支出比重为70.1%。支持对口援藏援彝，投入援助资金0.8亿元，帮助受援县脱贫攻坚和民生改善。

【财税改革】 制定《调整完善市区财政体制实施方案》，按照“积极稳妥、统筹兼顾、循序渐进、分步实施”的原则，合理调整划分市、区财政收入分享比例和支出责任，财力与事权和支出责任相适应的制度逐步健全。按照全省水资源费改税试点工作安排，2017年12月1日起全面实施水资源费改税。推进透明预算制度建设，预算公开更加规范细化。加强预算绩效管理，绩效评价扩面提质。对142个乡镇（街道）财政规范化管理实施全覆盖检查，对发现问题逐一督促整改落实，开展“订单式”实用业务培训，制定《关于进一步加强乡镇财政管理的意见》，促进乡镇财政规范运行。

【风险防范】　全面清理整改不规范的融资担保行为，防范和化解财政金融风险；制定促进经济和金融健康发展的政策措施，维护良好金融生态环境；修订出台《泸州市政府性债务风险应急处置预案》，切实加强债务风险防范。截至2017年末，全市地方政府债务余额371.3亿元（其中：一般债务230.7亿元、专项债务140.6亿元；市级债务176.5亿元、区县债务194.8亿元），低于省政府核定的债务限额386.5亿元，债务风险总体可控，财政运行状况总体良好。

【负责人】　泸州市财政局局长：葛洪亮；副局长：杨晓慧（女）、戴勇、王雪莉（女）、陈进；纪检组长：章进峰；市农业综合开发办公室主任：郭瑀（女）；总会计师：许平；机关党委书记：刘明春；市住房公积金管理中心主任：张伟东；市财政监督检查局局长：熊波；市级财政国库支付中心主任：黄洁（女）。　（王　毅）

国家税务

【概况】　泸州市国家税务局成立于1994年9月，属中央直属机关驻京外单位。下辖8个区县国税局，市局设18个科（室、中心）和直属税务分局、稽查局、第一稽查局、车购税管理分局等4个直属单位。全市系统有在职职工944人。泸州市国家税务局主要负责全市增值税、消费税、车辆购置税、企业所得税、个人储蓄利息所得税、废弃电器电子产品处理基金以及文化事业建设费的征收工作。全市国税系统共管理服务纳税人89034户，酒业、化工、机械、能源是主体骨干税源。

【国税收入】　2017年，全市组织国税收入133.7亿元，继2012年后再次破百亿元大关，排名全省第4位，创泸州国税历史最高水平。其中计划口径收入128.76亿元，同比增收38.84亿元，增长43.2%，超市政府目标任务49.7%。实现市、区（县）级一般公共预算收入33.71亿元，增收13.84亿元，增长69.6%，其中市本级一般公共预算收入为9.89亿元，增收4亿元，增长67.9%，超市委、市政府目标任务12.7%。全年累计落实税收优惠15.58亿元，办理出口退（免）税4061万元。

【税收征管】　贯彻落实国务院“放管服”要求，推进税收征管体制改革，稳步推进事前审核、固定管户、无差别管理、经验式管理等传统管理方式，向事中事后管理、分级分类管理、差异化管理、大数据管理等现代管理方式转变。贯彻落实国务院6项减税政策等税收优惠政策，助力“大众创业、万众创新”。联合工商、地税部门签订实名信息采集备忘录，与遵义市国地税签订《跨区域税收合作框架协议》。推动综合治税平台建设和税收情报运用，采集35个部门信息142万条，查补税款3.29亿元。

【纳税服务】　服务自贸区川南临港片区发展，向上争取国家启运港退税政策并正式实施，复制推广上海、广东等地自贸区税收服务项目11项，自主创新8项。推进国地税合作，开展纳税信用等级评价及结果运用，通过银税互动发放贷款1.01亿元。“一窗一人”办税模式逐步推开，基本形成“网上办税为主、自助办税为辅、实体办税服务厅兜底”的办税新模式。在全省2017年度纳税人满意度调查中，泸州国税排名全省第3位，名次较2016年提升7位。中央电视台新闻频道《改革在哪里》栏目播出自贸区川南临港片区个体户1分钟领取发票的服务举措。

【依法治税】 组建10人法律顾问团队开展法律咨询服务，提升依法治税水平，执法正确率保持全省最高水平。纳溪区国税局新创建为四川省国税系统依法行政示范单位。开展打虚打骗、走逃失联专项整治、税警合作，移送公安机关侦办案件29起，实现稽查查补税款1.86亿元。成功办结泸州国税历史上首例反避税案件，补征税款、加计利息共215.06万元。

【负责人】 泸州市国家税务局局长：苟茂林；副局长：袁波、屈正江、周建伟（9月止）；纪检组组长：王云；总经济师：艾应奎；机关党委书记：王惠（女）。

（周建伟　余兆斌　彭　华）

地方税务

【概况】 泸州市地方税务局组建于1994年9月，下辖7个地方税务局，即江阳区、龙马潭区、纳溪区、泸县、合江县、叙永县、古蔺县地方税务局。设有9科3室1中心及4个直属机构，即办公室、政策法规科、流转税科、所得税科、财产与行为税科、基金科、纳税服务科、征管与科技发展科、收入核算与财务科、人事科、机关党委办公室、监察室、机关服务中心、第一直属税务分局、第二直属税务分局、第三直属税务分局和稽查局。全市地税系统有干部职工998人。主要承担12个地方税种、代征二手房交易增值税、原营业税欠税、5个基金、附加、费的征收管理和全市97800户纳税人的征管服务工作。

【地税收入】 2017年，全市地税组织收入75.66亿元，比2016年（下同）增收12.93亿元，增长20.62%。其中税收收入69.54亿元，增收12.15亿元，增长21.16%；组织地方级税收52.65亿元，增长21.2%；省级税收5.68亿元，增长24.06%。组织全市公共财政收入52.12亿元，增收8.82亿元，增长20.37%，其中：市本级公共财政收入14.58亿元，增收3.37亿元，增长30.11%。税收收入规模、增速排名均居全省第3位。

【依法治税】 规范执法行为。贯彻落实重大税务案件审理办法，降低税收执法风险。加强税收规范性文件管理，抓好合法性、合理性、合规性审查。开展权力清单动态调整，梳理行政权力82项。开展法治创建。纳溪区地税局被命名为“四川省地税系统法治基地”，龙马潭区地税局第二税务所、纳溪区地税局第一税务所被命名为“四川省地税系统依法行政示范单位”。落实税收优惠。兑现惠及泸州经济社会发展和各项关系民生的税收优惠政策，全年共减免税金23.19亿元，其中执行国务院六项减税政策减免税金2143.72万元。开展法治教育宣传。制定法治宣传教育第七个五年规划（2016—2020）和领导干部学法计划，开展“法律八进”育活动，与泸州电视台合作，创作电视情景剧《逃不了的税》，增强干部法治意识。

【纳税服务】 助力川南临港自贸区创新发展。研究出台支持自贸区创新发展15条意见，将6项权限主动下放到自贸区地税机关，在自贸区实现“一网式”直办，国地税办税服务厅“一窗式”联办，涉税事项“一站式”通办等便民办税服务；探索自贸区税收制度创新，其中5个创新案例入选自贸区制度创新案例汇编，3个案例作为首批改革试点经验在全市推广，1个案例作为第二批改革经验在全市推广。2017年，入驻自贸区企业入库地税收入3.33亿元。发挥以税咨政职能。立足中央和省市改革部署，开展调研，形成《从税收视角看泸州经济和税源发展趋势》《税收助力四川自贸区川南临港片区建设的思考》等调研报告，纳入市委、市政府决策参考。办理税政咨询，全年共办理市政府及相关部门各类涉税征求事项意见298件次，充分发挥税收在决策部署、招商引资、产业转型等方面的职能作用。持续深化税务行政审批改革。仅保留3项税务行政许可事项，全面取消非行政许可审批；推行“多证合一”“三证整合”，简化市场主体登记注册程序，大大缩短了市场主体办理市场准入登记的工作时限。

【税制改革】　稳步推进水资源税改革。全市共接收412户水资源费征收档案资料，建立完善水资源税纳税人台账管理。深化税收征管体制改革。实施国地税合作3.0版，全面完成44项市、县级合作事项。推进国地税联合大厅办税服务，全市共建国地税联合办税窗口142个，共驻政务服务中心办税服务厅10个，推行“一窗一人一机”，实现了涉税业务全市通办，统一排队叫号、统一前台受理业务、统一岗责体系和服务制度。建立国地税联席会议机制，开展国地税联合办税督导调研，协同开展定期定额户、企业所得税核定、共享外出经营建筑服务企业信息。整合国地税培训辅导资源，共联合开展纳税人学堂34期，共培训纳税人3000余人次。与国税开展联合稽查，共查补入库收入2265.05万元。升级扩围跨区域合作。与贵州遵义市局达成跨区域税收合作协议，将跨区域合作推广至整个赤水河流域。同时，将合作事项从相对单一的税收征管向信息交换、联合稽查、税负均衡管理、干部交流及联合培训等方向延伸，进一步拓宽合作的深度和广度，逐步推动对“支柱性行业关联度高、区域性经济联系紧密”的地区跨区域税收征管的深度融合。2017年，跨区域合作直接促收681.82万元。

【负责人】　泸州市地方税务局局长：丁宏伟；副局长：涂多林、张杰、朱杰；总经济师：赖健（9月止）、张斌（9月起）；总会计师：简锐；纪检组组长：鄢书琴（女）；机关党委书记：张臻。

（李　芳　文　练）

金 融

综 述

【概况】 截至2017年年末，全市共有银行机构22家、保险机构40家、证券公司12家、小额贷款公司和融资担保公司49家。全市银行业金融机构实现各项存款余额2479.29亿元，比年初新增296.58亿元；各项贷款余额1457.03亿元，比年初新增175.13亿元。保险业实现保费收入69.55亿元，增长30.81%，增幅居全省第一；在泸证券公司营业部股票有效账户39.48万户，比2016年增长15.68%，证券成交总额3559.22亿元，比2016年增长47.82%。

【重点项目融资】 搭建银政企合作平台，及时收集披露融资需求信息，分类开展融资对接活动，有效促进银企信息对称。为应对国务院50号和87号文新规，为全市重点项目尤其是国有企业项目拓展融资渠道，在鼓励符合条件的企业发行债券的基础上，多次召开对接会，促进国有企业项目与银行、保险公司、融资租赁、基金信托等的对接。纳溪区以纳兴集团为代表的国有企业以停车场、设备等为标的物，办理融资租赁业务15.3亿元。大力发展投资基金，组建9只产业引导基金，规模达334.4亿元，到位151.2亿元。全市重点项目贷款余额342.6亿元，较年初新增66.23亿元，同比增长24.28%。

【中小微企业发展】 出台《关于进一步支持中小微企业融资与发展的意见》，建立30亿元规模的企业应急转贷资金，解决企业融资难问题，2017年为64户企业转贷11.53亿元；建立5000万元风险资金池，带动各级政府、金融机构共同分担企业融资代偿风险，解决企业融资忧问题。搭建平台，促进银企信息对称，分主体分类别召开专题融资对接会，全年召开银企对接会5次，督促各银行业金融机构创新产品和服务方式，推出“连贷通”“天天贷”等产品，降低融资成本，提高办贷效率，满足中小微企业多元化融资需求。全市中小微企业贷款余额达649.87亿元，较年初新增73.14亿元，同比增长12.33%。

【涉农和金融精准扶贫】 创新涉农金融产品，作为全国农民住房财产权抵押贷款和农村土地流转收益保证贷款试点市，累计发放两项贷款分别为1521万元和1.4亿元。全市涉农贷款余额650.66亿元，较年初新增75.14亿元，增长13.08%。推动政策性保险扩大覆盖面，政策性农业保险实现保费收入1.77亿元，实现赔付1亿元。开展金融精准扶贫，发放扶贫再贷款余额9.8亿元，实现贫困县全覆盖。支持建档立卡贫困户融资需求，累计发放扶贫小额信贷10.82亿元，余额10.31亿元。

【地方准金融机构】 2017年末全市24家融资担保公司（含5家分公司）累计担保贷款61.94亿

元，增长12.9%；担保贷款余额66.28亿元，增长7.3%。其中：向526户中小微企业、“三农”提供担保贷款58.77亿元。全市25家小额贷款公司（含1家分公司）累计向1003户发放贷款55亿元，增长9%；贷款余额为78亿元，减少3%。

11月24日，华西证券参与首届天府金融博览会

【直接融资】 大力发展股权融资，出台《关于支持企业上市挂牌工作的实施意见》，建立市领导联系重点拟上市企业工作机制，推动3家企业上市；利用贫困地区IPO绿色通道引导企业加快上市步伐，叙永沈酒集团正在券商指导下开展资产业务整合，古蔺成功引进清华大学信安公司总部、旗下两家子公司开展业务运营，拟于2020年申报新三板挂牌。全市共有主板上市企业5家，新三板挂牌3家，天府（四川）股权交易中心特色板挂牌企业112家。在全省率先制定改制规上企业规范化公司制改制认定标准，推动规上企业规范化公司制改制工作。大力发展债券融资，发行异地扶贫债二期5亿元，老窖集团发行超短融30亿元，纳兴发行10亿元全省首只绿色债券，巨洋集团发行外债获审批等，2017年以来累计发行债务融资工具19支，规模达148.7亿元。大力发展投资基金，鼓励社会资本服务实体，成立川南临港供应链金融公司，出台《鼓励社会资本设立融资担保基金的暂行办法》，设立第一期5.8亿元临港产业投资基金，为自贸区川南临港片区建设提供资金保障。

【保险业发展】 出台《关于进一步促进现代保险服务业发展的实施意见》，明确了“十三五”时期泸州市保险工作目标和重点。在充分发挥保险保障功能的基础上，鼓励保险机构发挥投融资功能，携手人保资本为泸州市两江新城基础设施建设提供规模50亿元，龙马潭区“棚改”10亿元的资金支持；开展保险支农融资、农业产业扶贫“政融保”等保险融资产品，截至2017年年底实现企业、农户支农融资额3000余万元。锦泰保险在叙永发放了全省首笔精准扶贫履约保证保险贷款240万元，支持658位贫困户发展养殖业。

【地方法人机构改革】 加快泸州市商业银行深化改革转型，2017年成都分行开业运营，重庆联合创新二室和上海联合创新三室设立，大力开拓市场；手机银行正式上线，发行10亿元二级资本债补充资本，启动H股上市工作，自身发展实力不断壮大；总资产规模达684.6亿元，净利润7亿元。深化农信系统改革，全辖农信社改制农商行工作全面完成，泸县农商行于7月14日开业；三区农商行（社）整合组建泸州农村商业银行与9月29日开业运营。

【金融组织体系建设】 加大金融市场对外开放，强化金融战略招商，加快建设区域金融聚集区。2017年成都农商行、成都银行、攀枝花银行、中融人寿保险、安华农业保险、广州证券、国金证券等7家金融机构实现开业，财通证券等正在筹建；筑牢国有融资担保体系，全市6家国有融资担保公司增资5.2亿元；新设兴阳融资担保、兴阳农业担保、高新融资担保和城投融资担保公司4家，国有融资担保公司实现区县全覆盖。

【金融对外合作】　致力于打造泸州金融名片，主动对上对外争取。争取到省金融工作局领导7（批）次到泸州调研指导工作，争取到人民银行成都分行、四川银监局、四川证监局以及金融机构省分行领导到泸州13次。与省金融工作局签署了全省唯一战略合作协议。争取到省信用联社、攀枝花银行、邮储银行省分行、成都农商行与市政府签署战略合作协议，未来五年拟提供不低于1200亿元资金支持；天津银行成都分行与市政府签署金融扶贫开发战略合作协议。人保财险省公司、中国人寿省公司、人民人寿省公司等保险公司、天府（四川）联合股权交易中心和天府商品交易所分别与泸州市签署战略合作协议，天府（四川）联合股权交易中心在泸州市设立泸州分中心。参展首届天府金融论坛，承办天府金融泸州专业论坛——新时代自贸区产融协同，获得朱鹤新副省长高度评价，在全省奠定良好金融形象，促成中国出口信用保险公司、天津银行成都分行、国泰君安四川分公司、保胜融资租赁有限公司与自贸区签署战略合作协议。

【金融风险防范】　出台《关于促进政银企通力合作良性互动发展共赢的实施意见》，强化金融工作组织领导，成立市委、市政府主要领导任组长的金融发展协调工作领导小组，建立金融形势分析联席会议制度，构建预警研判、防控处置、发展共赢和协调会商四大机制，切实防范化解重点领域风险，有效促进金融机构在抢抓业务的同时注重资产质量提升，2017年末，全市不良贷款率1.97%，低于2.61%的全省平均水平，列全省倒数第三位。

【普惠金融和社会信用体系建设】　制定《泸州市推进普惠金融发展规划（2016—2020年）》，明确发展目标，致力于提高普惠金融服务的覆盖率、可得性和满意度，全市金融机构实现乡镇全覆盖。为1.6万户中小微企业和85.4万户农户建立信用档案，助推泸州市成功获批全国第二批创建社会信用体系建设示范城市。

【非法集资专项治理】　制定泸州市非法集资举报奖励暂行办法，部署开展处置非法集资宣传月工作，开展涉嫌非法集资风险专项排查、重大矛盾纠纷及隐患排查、涉嫌非法集资广告资讯信息排查清理活动等，推进跨区域案件处置工作。2017年泸州市涉嫌非法集资新发案件11件，涉案金额5.64亿元，涉及人数1035人，其中，投融资理财类公司案件4件，涉案金额3101万元，涉及人数339人。

【互联网金融和交易场所清理整顿专项整治】开展代币发行融资清理整顿、互联网金融风险专项整治工作；加强从业机构资金缺口盯防做好清理整顿监督整改工作。对7家交易场所会员单位、1家微盘及1家邮币卡类交易场所进行了摸排处置。2家注销；3家吊销营业执照，正在进行注销程序；2家启动吊销程序；1家纳入异常名录。白酒产品交易中心通过省金融工作局整改现场验收，并于10月13日获得省金融工作局对直供商城现货挂牌模式的批复。

【负责人】　泸州市金融办公室主任：温水源；副主任：吴雪松（2月止）、周红剑、张蕾（女、2月起）；纪检组组长：郭春云（11月止）。

（张　勇）

中国银行业监督管理委员会泸州监管分局

【概况】 截至12月末，全市银行业机构各项存款2482亿元，比年初增加322亿元，增速14.89%；各项贷款1465亿元，比年初增加183亿元，增速14.31%；实现拨备后利润总额46亿元，同比增加9亿元。

【支持实体经济和民生金融】 截至12月末，全市银行业机构表内贷款余额1465亿元，比年初增加183亿元，增速14.31%。银行业重点项目及企业贷款余额380亿元，比年初增加77亿元，增长25.56%。全市小微企业贷款余额合计502.7亿元，比年初增长20.3%，高于各项贷款增速5.99个百分点，小微企业贷款户数合计3.95万户；申贷获得率96.01%，高于年初0.36个百分点，整体达小微企业贷款“三个不低于”的监管要求。涉农贷款余额646.41亿元，比年初增加72.8亿元，增长12.69%。

【缓解融资难和融资贵】 牵头主办银企对接会5次，促进银行机构与80家小微企业签订意向性融资或贷款合同金额达33.5亿元。与市金融办联合推动86个市县重点项目共开展银企对接洽谈380场次，达成融资意向签约199亿元，并对20个项目实施授信59亿元。与金融办、人民银行、经信委等单位联动推进工业、酒业应急转贷资金周转，促进办理转贷资金周转70笔，转贷金额9.4亿元；严格清理规范服务收费行为，有效为企业减负，取消服务收费12项、精简整合收费项目1项、降低收费标准8项；督促银行业落实小微流贷“无还本续贷”等降低企业融资成本政策，为797家企业办理流动资金续贷46亿元。各项融资降成本措施为企业节约融资成本超过3亿元。

【金融扶贫攻坚】 截至12月末，全市银行业发放小额扶贫贷款9.5亿元，比年初增加6.1亿元，增幅178.12%；银行业助贫捐赠款物合计1430万元；开展“一对一”对接帮扶贫困家庭718户，有274户贫困户脱贫；累计招录贫困农村高校毕业生190名；开展“送金融知识到贫困县活动”847场，接待14.4万人次。

【银行业改革】 推动泸州商行完善公司治理和股本结构，督促该行实施新一轮增资扩股工作，并于2月发行10亿元二级资本债券，监管评级继续维持AAA级。推动农村中小法人机构改制工作，辖内泸县农商行和泸州农商行分别于7月14日和9月29日正式开业，在全省率先完成了区县联社分别单独改制成立农商行、城区农商行整合两个阶段的改革任务。加大对泸县元通村镇银行的监管力度，对该行实施每两周进行派驻制巡查工作机制，并协同市、县党政及相关部门力促该行完善公司治理，促进董事会换届工作取得新进展。引进市外银行机构进驻泸州，成都银行、成都农商行泸州分行和攀枝花商业银行泸州分行于年内正式开业。

【严守金融风险底线】 截至12月末，全市银行业机构信贷资产质量继续保持全省较好水平，不良贷款率低于全省平均水平0.64个百分点。完成全年计划成立111家债委会工作，涉及融资余额为1088亿元，其中，经分局督导协调债委会成员有效联动，泸天化集团债转股工作取得了进展。法人机构流动性风险有效防控，全市法人机构的流动性保持充足状态，其中：泸州商行流动性比例48.42%，比年初增长3.44个百分点；法人农商行拨备覆盖率178.14%、流动性比例52.36%；泸县元通村镇银行流动性比例达80.19%。督促辖内机构全面落实消保投诉、信访、保密、安全保卫、信息科技及网络风险防控等工作主体责任，督导加强相关风险评估、排查和值守管理，确保十九大前后期间泸州银行业实现安全、稳健运行。扎实推进依法行政工作，全年依法实施行政处罚7起，对责任机构及人员合计罚款119万元，并对1名直接责任人员禁止从业终身；通过现场检查、监管核查和非现场监管等方式，发现机构存在问题315个，督促完成整改219个、持续整改96个，责成实施内部问责256人次，落实经济处罚30万元。

【负责人】 中国银行业监督管理委员会泸州监管分局局长：陈明正；纪委书记：曾全安；副局长：胡全大、赵寅。（刘 伟）

中国人民银行泸州中心支行

【执行货币政策】 1. 以“政府+金融机构+企业”的方式，督导成立9支政府引导基金。截至2017年末，全市金融机构各项存款同比增长13.59%；各项贷款同比增长13.23%。2. 强化货币政策工具的运用和管理。强化存款准备金管理，通过降准向全市金融机构累计释放资金5亿元。适度放宽泸州市商业银行资本充足率，支持地方法人金融机构贷款、股权投资、债券投资等广义信贷投放实现平稳较快增长。加大运用支农、支小再贷款等工具运用，促进小微企业和涉农融资增长、融资成本降低。继续推动信贷资产质押再贷款工作，重点支持建档立卡贫困户和带动贫困户脱贫的新型农业经营主体。加强资金投向和利率引导，依托“名单制、基地化”，推动再贷款、再贴现政策精准有效实施。推动同业存单的发行，拓宽负债产品市场化定价范围，提高法人金融机构主动负债能力。3. 加大信贷支持力度。以争取政策支持为突破口，实现信贷政策有效引导。引导金融机构切实加强重点企业、重点项目、重点行业的信贷支持。加大对基础建设项目和产业投资项目的支持力度，截至2017年末，重点领域贷款余额434.26亿元，较年初增加82.96亿元。加大对中小微企业和科技创新型企业的金融支持力度，培育经济发展新动力。截至2017年末，全市小微企业贷款余额321.20亿元，比年初增加57.92亿元。推动基于知识产权质押、股权质押、存货质押、仓单质押、收费权质押、原酒质押等金融产品创新，拓宽企业特别是小微企业的融资渠道。

【金融创新】 全力助推中国（四川）自贸区川南临港片区金融创新发展。协同海关、商务等相关部门推动自贸区川南临港片区国际贸易“单一窗口”上线、联合查验区“一次查验”等口岸通关便利化举措。改进核准类人民币银行结算账户开户许可证审批发放流程，支持自贸区川南临港片区的行政服务便利化。指导自贸区企业用活投融资政策，打通境内外资金融资渠道。引导金融机构加大对智能终端产业的支持力度。制定“一企一策”融资支持方案，指导各金融机构在风险可控和商业可持续前提下，探索和创新融资模式、服务手段、信贷产品及抵质押方式，针对性地推出了多种信贷产品。全市14家银行业金融机构针对智能终端产业共推出了信贷产品51个，有力支持全市智能终端产业千亿产值发展目标。截至2017年末，全市有4家银行向智能终端企业发放贷款6600万元。引导金融机构开展试点工作，农村土地流转收益保证贷款试点工作初见成效，落实5000万专项资金加快确权颁证。截至2017年末，共发放土地流转收益保证贷款33笔、总金额1.65亿元、余额1.21亿元。

【精准扶贫】 统筹推进金融精准扶贫和贫困村帮扶工作。健全金融精准扶贫工作机制，加大金融帮扶力度。引导金融机构精准对接易地扶贫搬迁融资需求。支持市农发行争取异地扶贫搬迁项目，配合相关部门发行异地扶贫搬迁债券，引导商业性金融机构支持相关配套产业项目。建立46

个金融扶贫重点基地和示范窗口，聚集资金支持“幸福美丽新村”建设。加强财政金融互动，促成扶贫小额信贷风险基金到位，按贫困户实际发放贷款总额的1%对金融机构给予补贴。向古蔺、叙永和合江县农商行发放扶贫再贷款，精准向贫困户和带动贫困户就业企业提供低利率资金。督促金融机构对6.7万户贫困户评级授信，并发放扶贫小额信贷。持续改善农村支付服务环境，全市农村乡镇ATM机布放覆盖率100%。截至2017年末，共建成助农取款点2909个，消除泸州市1386个金融服务空白行政村，实现农村助农取款服务全覆盖。做好金融精准扶贫政策宣讲，提升贫困地区基础金融服务质量和水平。抽调精干力量担任定点扶贫村第一书记，建立“一对一”结对帮扶机制，全市金融机构扶贫捐赠1450万元。督促金融机构对建档立卡贫困户开展评级授信，截至2017年末，泸州市金融精准扶贫贷款同比增长22.21%，全市涉农贷款余额较年初增长10%。

【“两权”抵押贷款试点】 以“两权”抵押贷款试点为着力点，促进新型农业经营主体发展，激发产权要素市场活力。支持金融机构针对新型经营主体，自主开发和申报适合地方特色和农房融资的“农房通”“安居贷”等信贷产品，构建配套产品体系。促成市县两级财政共同出资1000万元成立风险补偿基金。初步建立起农村产权流转及抵押登记制度和网络信息系统。全县耕地流转面积比2016年新增土地流转面积同比上升1.9%。截至2017年末，泸县农民住房财产权抵押贷款累计发放110笔。

【金融改革】 市政府出台《关于促进政银企通力合作良性互动发展共赢的实施意见》，不断提升金融服务实际经济能力。持续做好农发行和农行“三农事业部”改革监测和投保机构的风险监测。高度关注泸州市商业银行改革进展及泸县元通村镇银行经营动态，推动农村信用合作社等地方法人金融机构落实改革措施，支持泸州农村商业银行组建和泸县农村信用联社改制农村商业银行。推进社会效益债券、“双创”债务融资工具等创新型直接债务融资工具。泸州市商业银行发行10亿元二级资本债，泸州市兴泸集团注册了30亿权益类中期票据。109家企业在天府（四川）联合股交中心特色版块挂牌，泸州市兴泸水务集团在香港联交所主板挂牌交易，共募集资金近5亿元港币。

【金融稳定】 切实做好非现场金融风险监测，有效防范金融风险。完善金融稳定风险监测制度体系，密切关注银行业金融机构风险变化趋势。继续做好白酒、煤炭、房地产等重点行业和重点风险企业的监测，高度关注辖区企业突发性信贷违约事件风险，加强同业、理财、表外等领域风险监测分析。继续做好非银领域金融风险监测和地方政府防范化解地方金融风险工作。开展泸州辖内地方政府债务监测，配合市金融办开展打击非法集资宣传活动，配合地方政府处置辖区出现的非法集资案件。持续关注和参与“通过互联网开展资产管理业务及跨界从事金融业务风险专项整治工作”。推进区域金融稳定形势分析，有效防范辖区金融风险。严格执行重大事项报告制度。构建风险舆情监测机制，多渠道掌握辖内银行机构的风险状况。2017年收办重大事项报告159期。

【金融综合监管】 完善金融综合管理联席会议制度，畅通管理渠道。切实做好新设银行机构开业管理工作。2017年完成成都银行泸州分行等3家外地银行和泸州农商行等2家本地银行接入人民银行金融管理服务体系的审核工作。开展银行机构综合检查及评价工作，完成对泸州市邮政储蓄银行的综合执法检查，扎实做好存款保险制度实施各项工作。开展金融消费权益保护工作，推进“12363”金融消费权益保护咨询投诉工作。受理金融消费者投诉56起、咨询6起，全面办结，有效维护了金融消费者的合法权益。

【支付结算】 加强支付系统建设和管理，确保支付系统安全稳定运行。按要求完成 ACS 系统的升级及运行，指导泸州市商业银行加入网上支付跨行清算系统，申请开通电票再贴现业务，推动账户实名制建设，截至 2017 年末，协助司法查询 25 次。推广非现金支付工具，服务实体经济。推动电商平台和二维码支付使用，“智慧泸州社保”现代化缴费支付方式。做好非现场监管试点工作。加强对支付机构的监管。参与打击治理通信网络新型违法犯罪工作专项行动，及时纠正四川中国白酒交易中心违规办理网络支付业务，对“微盘”类交易平台、银行卡收单业务及预付卡违规经营等开展专项监测。

【经理国库】 做好国库会计核算和国库服务工作，国库经理职责高效履行。落实国库会计标准化，做好国库系统的升级管理和二代 TIPS 系统联调测试工作，确保国库资金安全。参与税制改革、地方财政体制建立，提高财税库银横向联网业务水平。做好国债宣传工作，保证国债发行和兑付工作的规范、有序。全年发行储蓄国债 14 期。

【货币发行与反假货币】 强化发行基金投放回笼管理，确保现金供应。科学预测发行基金投放情况，合理分配库存，保证节假日期间现金供应。加强人民币流通管理，持续推进人民币净化工程建设。加大对人民币收付业务的检查力度，对辖区 22 家金融机构网点进行抽查。探索人民币收付业务非现场监管工作，加强“反宣币”及钱币市场的监管，推进硬币自循环工作。推动打击假币违法犯罪专项行动常态化，提高金融机构鉴伪反假能力。加强与市公安局协作，提高返假培训及宣传力度。稳妥推进钞票处理业务转型改革，古蔺县代理发行库顺利运行。

【反洗钱监管】 强化反洗钱现场检查和非现场监管。完成对辖内 62 家机构的考核评级和风险评估，根据考核评价，实施分类监管。对辖内 3 家机构开展反洗钱专项检查，试点开展特定非金融机构反洗钱监管工作，推进完成泸州市商业银行法人反洗钱监测中心的建设深化反洗钱内外联动机制。开展反洗钱、反逃税、反恐融资专项行动，联合预防和打击洗钱犯罪。开展“清流 2017”“滤网 200”专项行动，加强对涉恐资金的重点监测，打击恐怖活动；加强与禁毒部门合作，召集金融机构、禁毒部门开展座谈会，修订和完善禁毒反洗钱监测指标，推动洗钱案件立案、起诉和审判。2017 年，协助开展行政调查 4 起，开展涉税犯罪调查 2 起、协助开展反洗钱行政调查 8 起，配合司法机关破案 10 起。

【征信管理】 推进辖区信用体系建设，改善社会信用环境。做好征信服务和监管工作，加强接入机构和人民银行的合规性管理，对辖区 8 家法人机构开展业务检查，上线个人征信查询前置管理系统，在全市设置 8 个自助查询网点并投入使用。加强信用信息系统建设，持续开展“三项评定”，持引进品牌征信机构发展，推进两类机构信用评级工作和中征应收账款融资服务平台应用。将应收账款融资纳入 2017 年政府财政奖补范围和建立风险补偿机制。截至 2017 年末，全市累计注册企业达 1234 户，累计实现融资 48 笔。坚持“双牵头”工作，搭建公共信用信息共享平台和跨区域信用城市联盟合作。“信用泸州”网站更新信用双公示信息 16.4 万条，实现了企业信用信息共享和一站式查询。进一步深化金融生态环境建设，2016 年四川省市州金融生态环境全省排名第二。

【外汇管理和跨境人民币业务】 落实各项改革措施，促进贸易投资便利化。推动个人外汇和报关单核验新政落地实施，持续推进全口径跨境融资宏观审慎管理政策，全市外债资金再创新高，指导推进跨国公司外汇资金集中运营管理。开展“扩流入、控流出”工作。加强与上级部门、地方政府的沟通汇报，持续发力压缺口中心工作，加强境外投资外汇管理。开展非现场监测与现场核查，防范跨境资金流动风险。开展对银行、企业现场核查6次，注销企业名录1家，约谈银行4家。

【负责人】　中国人民银行泸州市中心支行行长：鲁剑雄；副行长：何权、郭瑛（女）、刘伟宏；纪委书记：吴承红；工会主任：高福春。

（刘艺涵）

中国农业发展银行泸州市分行

【概况】　2017年，中国农业发展银行泸州市分行投放各类贷款37.7亿元，年末各项贷款余额94.94亿元，比年初增加18.3亿元，增长23.88%；各项存款余额55.83亿元，比年初减少2.79亿元，下降4.76%；各项存款日均余额55.83亿元，比年初增加6.18亿元，增长12.42%；账面利润2.46亿元，比2016年增加0.45亿元，增长22.28%。无新增不良贷款，继续保持不良贷款“零”余额，无案件事故，获得总行2015—2016年度“五一劳动奖状”。

【脱贫攻坚】　营销储备水利建设、教育、农村公路、现代农业产业园、农村宅基地等项目。拨付易地扶贫搬迁信贷资金2.82亿元，监督拨付国农统贷资金7.74亿元，发挥了易地扶贫搬迁贷款主办行作用。

【粮油收储】　保证支持储备粮轮换和粮食收购工作，确定10户粮油企业收购贷款资格，收购网点覆盖每个区县。支持企业开展托市收购、临时收储、中央和地方储备轮换收购等政策性收储业务，发放粮油储备、购销、调控类贷款2.33亿元。

【项目建设】　围绕“项目投资攻坚年”工作部署，把扶贫、棚改、水利、交通、林业等领域作为营销重点。全年获批项目5个、金额53.85亿元；累计向8个中长期项目投放26.87亿元，主要投向整体城镇化建设和棚户区改造，其中：整体城镇化8.22亿元、农村公路1亿元、扶贫过桥0.25亿元、农民安置房0.9亿元、棚改16.5亿元。

【服务实体经济】　做好化工企业、中小酒类企业维护工作，继续提供流动资金续贷支持。向郎酒、九禾等11户实体企业办理流动资金续贷8.47亿元。

【负责人】　中国农业发展银行泸州市分行行长：张晓峰；副行长：刘继红（女）、刘秀全、陈静。

（钟德强）

中国工商银行股份有限公司泸州分行

【概况】　2017年中国工商银行泸州分行各项存款余额231.73亿元，比年初净增21.41亿元；各项贷款余额212.07亿元，比年初增加7.88亿元。实现净利润4.74亿元，同比增长8.8%。缴纳税收2.36亿元。

【金融创新】　4月1日，成立泸州地区获得监管部门批准的第一家以自贸区命名的支行，并与泸州自贸区同日揭牌。利用外管局扩大境内外汇贷款结汇范围等契机，办理首笔基于出口订单项下的境内外汇贷款结汇业务360万美元。通过联动新加坡分行为泸州老窖集团有限责任公司办理4600万美元（等值约3亿元人民币）跨境直贷业务，降低企业整体融资成本。首家以企业通开展线下工商注册登记代办服务业务。在教育、党团工会、社保领域实现工银e缴费零的突破。首家开通办理社保卡一站式服务。与人社局通力合作，将社保卡申领、制卡工作迁移到网点，成为泸州首家社保卡办理一站式服务的金融机构。在全省率先试点推广组合服务流程、双屏交互服务、柜面运营服务无纸化改革和柜面人脸识别项目试点，受到总省行赞扬。

【服务实体经济】 2017年，累计投放流动资金贷款25.8亿元，新增贷款主要投向老窖集团、川南发电、天普化工等泸州优势行业重点企业及小微企业；依托泸州重要区域性综合交通枢纽和区域中心城市建设的契机，加大了对城建、公路、铁路等基础设施建设项目的支持力度。向泸州华为大数据中心、叙古高速、江习古高速公路项目贷款等重点项目投放项目贷款16.6亿元。增办融E借等消费信贷新产品，发放融e借近亿元。

【渠道管理】 首批开展岗位优化试点。试点经验得到总行认可。实施13个网点智能化改造，全行智能化网点全部达成。基本完成小市、红星、纳溪、江阳、合江少岷5个网点装修改造，主动撤销低效自助银行8个、优化低效自助银行4个。完成江北支行撤并工作。龙透关支行荣获中银协规范文明服务四星级网点称号。

【负责人】 中国工商银行泸州分行行长：马强；副行长：张黎明、向玉红（女）、杜一兵；纪委书记：钟颖（女）；高级经理：张清穗（女）；高级客户经理：刘建明。 （陈江浩）

中国农业银行股份有限公司泸州分行

【概况】 2017年，中国农业银行股份有限公司泸州分行人民币各项存款余额281.79亿元，增量19.70亿元，完成市委、市政府下达目标任务的131%；全行人民币各项贷款余额157.23亿元，增量15.68亿元，完成目标任务的121%；拨备前利润57624万元，拨备后利润52947万元；不良贷款率0.44%。

【存款业务】 实现全行人民币核心存款日均2706867万元，较年初增加245329万元，完成年计划的133%；全行人民币核心存款时点余额2821080万元，较年初增加198778万元。

【贷款业务】 人民币各项贷款余额157.23亿元，增量15.68亿元；其中中小微企业贷款余额20.14亿元，较年初增加5.92亿元，增幅41.58%；涉农贷款余额82.82亿元，比年初增加8.54亿元，增幅11.49%。

【金融创新】 新推小额保证保险贷款（保捷贷）产品，全年累计发放83笔577万元。农行泸州分行配合地方政府，探索创新，投放泸县宅基地有偿退贷款项目2.5亿元，成为全国农行首例。

【服务三农】 涉农贷款82.82亿元，比年初增长8.54亿元，比2016年增长11.47%。泸县宅基地整治三期项目5亿元完成项目评估资料的收集与报送；对叙永画稿溪项目（6亿元）业务进行了初步接洽。合江、叙永、古蔺三个贫困县支行精准扶贫贷款余额25.97亿元，较年初净增5.47亿元。累计对3713户建档立卡贫困户发放精准小额扶贫贷款4874.3万元。

【支持泸州重大项目建设】 2017年，对重大项目投放47.4087亿元。其中：泸州市城市基础设施建设专项基金40亿元，本年度提款31.2亿元；向沱二桥加宽项目投放贷款2.296亿元、泸县建设街棚户区改造项目投放贷款4.2亿元、合江锁口水库项目投放贷款1.1亿元、叙古高速项目投放贷款1.2327亿元、泸州市人民医院整体搬迁项目投放贷款1.44亿元、泸州二环路（纳溪段）投放贷款2亿元、贵州江习古高速公路投放贷款1.14亿元、泸县土地整理项目投放贷款0.5亿元、泸渝高速公路投放贷款2.3亿元。2017年报批表外项目1个，为中核建泸州市二环路（千凤路段）PPP项目6.1278亿元产业基金。推动泸天化债转股工作，持续支持泸天化集团改革脱困。

【负责人】 中国农业银行泸州分行行长：陈良凯；纪委书记、副行长：姚锋；副行长：刘志刚（7月起）、徐荣（女）、刘星（3月起）、唐洪（7月止）。 （武亚波）

中国银行股份有限公司泸州分行

【概况】 2017年年末，中国银行股份有限公司泸州分行本外币总存款（含理财）余额155.28亿元，增幅24.83%；本外币贷款余额93.75亿元，增幅5.95%；实现中间业务收入0.88亿元，增幅33.25%；实现净利润1.92亿元；不良贷款率0.20%，不良额、不良率控制在优良水平，各项业务健康、稳定、可持续发展。

【存款业务】 2017年年末，本外币存款余额69.69亿元，较年初新增23.98亿元，增幅52.46%，新增市场份额3.52%，四大行排名第一；个人本外币存款余额83.42亿元，较年初新增5.72亿元，增幅7.36%，新增市场份额0.38%，四大行排名第一。

【贷款业务】 围绕泸州市经济发展战略，结合地方经济发展特点，发挥金融服务经济的作用，加大信贷投放的力度，支持地方经济建设。帮扶困难企业脱困，继续对困难企业提供授信支持；继续加大对涉农贷款企业的支持力度，支持县域经济发展，同时进一步加强小微企业信贷支持，促进小微企业良性发展。截至2017年末，新增贷款9.26亿元，贷存比67.49%。

【泸天化债转股】 参与和推动泸天化债转股工作，做好利息催收，配合总行、省分行保持与市政府和企业的沟通，与相关方签署了战略协议，债转股工作取得了实质性进展。

【金融创新】 主动向政府部门提供综合性金融服务，签约“智慧泸州”掌上APP缴费项目；接入“住房公积金银行结算数据采集系统”提供支持，加快公积金中心自主化系统建设，拓宽公积金中心的结算渠道；支持智能终端产业的发展，率先成为向智能终端项目发放贷款的国有银行；推广宣传中国银行中银E贷产品，在当地形成较好的品牌效应；推进物理渠道建设，新增自助服务点，投放自助服务终端；做好智能网点改造加快网点转型，实现线上渠道和线下渠道的融合，逐步实现网点功能的智能化。

【渠道建设】 新增自助服务点4个，投放存取款一体机9台，截至2017年年末，营业网点23个，自助银行及自助服务点37个，ATM机109台；新投放智能柜台20台，对营业网点进行智能化改造，提升网点综合效能，实现传统金融服务向智能化、网络化、互动化和综合化转变，提升网点的自助服务能力。2017年7月3日分行办公楼及营业部由江阳区江阳西路31号搬迁至江阳区龙腾路20号。

【负责人】 中国银行股份有限公司泸州分行行长：康宇；副行长：周荣、廖运秀（女）、陈茂竹、孙蓉（女、11月止）；纪委书记：黄明。

（幸 勇）

中国建设银行股份有限公司泸州分行

【概况】 2017年年末，中国建设银行股份有限公司泸州分行一般性存款、各类贷款主要经营业务，增速分别达8%、16%，连续16年实现无案件、无重大违规违纪违法事件和无重大责任事故“三无”目标，荣获全国金融五一劳动奖状。全年存款业务高质量发展，对公存款和个人存款增速分别为10%和5%。贷款业务迅速发展，对公贷款和个人贷款增速分别为6%和33%。贷款余额、新增均为建行四川省20个市州行中第一。

（叶 霖）

中国邮政储蓄银行股份有限公司泸州市分行

【概况】 至2017年末，中国邮政储蓄银行泸州市分行资产规模340.72亿元，新增34.52亿元；个人存款余额（含邮政代理）285.85亿元，新增26.31亿元；全行各项贷款余额为42.42亿元，新增8.85亿元。自营业务收入30351.87万元，比2016年（下同）增长14.58%，实现利润总额12963.76万元，增长24.66%。

【服务“三农”和精准扶贫】 2017年7月26日，三农金融事业部实现了省、市、县同步挂牌成立。泸县、叙永等支行经与省农担、当地政府合作，加快推进新型农业经营主体贷款发展。当年8月、9月，辖内6个支行实现了信贷工厂成功上线，建立了6个小额贷款专业化团队，4个个人商务贷款专业化团队。与商会、协会对接，推广小额贷款等传统优秀产品，并参与精准扶贫工作，2017年再就业小额贷款余额达13721.12万元，快捷贷余额达43506.14万元；招聘贫困地区大学生6人，组织开展扶贫慰问、帮扶50余次，捐赠物资约7万余元。

【资产业务】 2017年，公司贷款授信金额达38.40亿元，较2016年增加32.95亿元，增幅604.59%；公司信贷投放2.90亿元，净增1.16亿元；小企业法人贷款净增6108.29万元。向泸州市最大平台公司授信23亿元；中标泸州首支公开招标引导基金，成为该基金唯一优先级合伙人；向泸州市公积金中心发放2.4亿元流动资金贷款；申报叙（永）毕（节）铁路（川滇段）固定资产银团贷款项目成功获得总行批复12亿元；与本地商业银行开展业务合作，办理存放同业业务5亿元；与泸州相关置业公司等签订监管协议，监管资金2.34亿元；申报泸州市政府评级授信金额87.18亿元；配合省分行与泸州市政府顺利签订战略合作协议，在5年内拟向泸州市政府提供不低于300亿元意向融资。

【内控管理和风险防范】 2017年，邮储银行泸州分行零售类贷款总体不良率为0.78%，控制在省分行下达的1.44%范围内，资产质量良好、可控。全年清收移交资保管户内不良金额1782.73万元。协助公安机关破获了由公安部挂牌督办的“6·6”妨害信用卡管理案，获得公安机关通报表扬；通过持续可疑交易分析与识别，向监管机构报送可疑报告4篇，协助公安机关破获一起公安部挂牌的大案。

【负责人】 邮储银行泸州市分行行长：袁锦；纪委书记、副行长：盛彤；副行长：王海、商希海。

（牟 聪）

招商银行股份有限公司泸州分行

【概况】 招商银行泸州分行成立于2011年5月，是世界五百强企业招商银行股份有限公司在泸州的分支机构。截至2017年末全行拥有员工42名，营业网点1个、离行式自助网点7个。

【业务经营】 截至12月末，招商银行泸州分行自营存款时点余额247171万元，比年初增长53348万元，其中对公存款178917万元，比年初增长22157万元；储蓄存款68254万元，比年初增长31191万元。各项贷款余额168091万元，比年初增加13976万元，其中对公贷款82490万元，比年初增长4044万元；个人贷款余额74327万元，比年初增加5789万元。截至12月末，中间业务收入实现129.2万元，其中公司条线57.6万元、占45%，零售条线71.50万元，占比55%。截至12月末，收入16845万元、支出11920万元，账面经营利润4925万元，比2016年增加200万元，增幅4.23%。利息净收入实现8561万元，比2016年增加6832万元，增幅25%。

【负责人】 招商银行泸州分行行长：刘守平；副行长：朱斌（4月起）；行长助理：张德平。

（余龙泉）

泸州市商业银行

【概况】 2017年是泸州市商业银行成立20周年。截至2017年末，泸州市商业银行资产规模达711.32亿元。存款余额421.44亿元，比年初增加114.32亿元，增幅37.22%。贷款余额193.75亿元，比年初增加50.03亿元，增幅34.81%。不良贷款率0.96%。实现经营利润11.39亿元。

【增资扩股】 9月20日，泸州市商业银行实施利润分配（每10股送1.3股），注册资本由144884.38万元增加为163719.34万元。完成10亿元二级资本债的发行。

市委书记蒋辅义（中）等市领导共同为泸州农商银行推杆启航

【泸州市商业银行成都分行开业】 2017年2月18日，经监管部门批准，泸州市商业银行成都分行正式开业，全年存贷款增幅均排名2017年成都市场新开业银行机构第1名。

【服务小微企业】 针对小微企业资金需求“短、频、急”的特点，创新研发“天天贷C”“税金贷”“创客贷”和“微梦想”系列信贷产品，解决小微企业融资难题。截至2017年末，小微企业贷款余额131.55亿元，占各项贷款比例67.89%。

【金融扶贫】 2017年，对贫困县发放的贷款余额为24.62亿元，较年初增加3.94亿元，主要用于支持贫困县域基础设施建设和特色优势产业发展。建档立卡贫困户贷款余额2573万元，有效帮助贫困户改善生产生活条件。全年共向贫困地区捐款921万元，帮助完善农村基础建设、改造乡村学校等。

【负责人】 泸州市商业银行党委书记、董事长：游江；党委副书记、行长：徐先忠；党副书记、监事长：袁世泓（女）；副行长：夏义伦、刘仕荣、薛晓芹（女）、成安华；工会主席：张自鸣；纪委书记：吴极。 （付荟如）

四川省农村信用社联合社泸州办事处

【概况】 2017年末，泸州农信系统各项存款余额达535.39亿元，存款规模占全市银行业金融机构的21.59%，在全市银行业金融机构中排名第一；较年初净增64.93亿元，存款增量在全市银行业金融机构中排名第二。各项贷款余额达314.39亿元，贷款规模占全市银行业金融机构的21.70%，在全市银行业金融机构中排名第一；较年初净增30.35亿元，贷款增量在全市银行业金融机构中排名第二。2017年上缴税收3.48亿元。

【贷款业务】 营销PPP项目及政府购买服务模式下的棚户区改造、安置房工程、基础设施建设等重点项目以及医疗卫生、教育、养老、环保等民生项目。全年共支持重点项目48个、金额12.1亿元。在泸州农商银行开业挂牌仪式上，省联社理事长艾毓斌代表四川农信系统与泸州市人民政府签订融资额度为300亿元的战略合作协议。竭力支持中小微企业发展，截至2017年末，泸州农信系统中小微企业贷款余额92.2亿元，比年初净增9.2亿元。推进乡村振兴战略，截至2017年末，泸州农信系统涉农贷款余额276.08亿元，比年初净增19.66亿元。

【金融创新】 泸州农商银行、泸县农商银行顺利挂牌开业。稳步推进CRM、FTP管会、绩效薪酬管理三大系统建设，持续推动O2O社区服务平台建设，探索农村集体经营性建设用地抵押贷款试点工作，努力打造科技金融工程。截至2017年末，泸州农信系统向52户科技型企业发放贷款10.15亿元；营销“月月发”负债产品640万元；试点推广圈链营销700余户，累计贷款5.3亿元；发放农民住房财产权抵押贷款77笔、929万元。

【普惠金融】 以金融精准扶贫劳动竞赛为抓手，以“绣花”功夫做好信贷扶持、金融服务、对口帮扶。截至2017年末，向50293户贫困户发放10.76亿元扶贫小额信用贷款；支持扶贫项目贷款和扶贫产业贷款共120户，金额12.47亿元。

【负责人】 四川省农村信用社联合社泸州办事处党委书记：唐一平；党委委员：兰萍（女）；党委委员、纪委书记：盛晓萍（女）。

（任玉琦）

中国人民财产保险股份有限公司泸州市分公司

【概况】 中国人民财险保险股份有限公司泸州市分公司有员工413人，下辖8个区县支公司和7个直属经营单位。主要经营机动车辆保险、货物运输保险、企业财产保险、家庭财产保险、责任保险、保证保险、信用保险、人身意外伤害保险和健康保险等200多个险种的业务，年承保各类风险总额达16395亿元。同时，承办全市政策性农业保险、农房保险、农村小额人身保险、城镇职工补充医疗保险、校园（方）责任保险、医疗责任保险、环境污染责任保险等政策性“民生”保险。2017年，公司占财产保险市场份额44.86%，在泸州产险市场居首位；处理各类赔案

23万件，赔款支出52040.45万元；全年实现税利13645万元。

【业务发展】 2017年，人保财险泸州市分公司保费收入9.4亿元，比2016年（下同）增长18%，保费规模居全省市州第5位。其中，农险保费收入12941万元；车险保费收入51836万元，增长8.76%；非车非农险（不含社保业务）保费收入11334万元，增长12.26%；社保业务保费收入18056万元，增长121.5%。特别是2017年"扶贫保"业务实现全市统保，为全市74775户贫困家庭提供41.87亿元的风险保障。

【保险服务】 车险方面，提供微信理赔、极速理赔、免费道路救援、代年审等特色服务。农业保险方面，全年共处理农险赔案56285件，支付赔款6757万元。在农险理赔上推广无人机查勘、遥感技术和手机移动查勘等新技术。社保方面，2017年城镇职工补充医疗保险为34万人次城镇职工提供了2550亿元的保险保障，为城镇职工报销医疗费用8446.77万元；城乡居民大病保险保费为420万名城乡居民提供8500多亿元风险保障，报销医疗费用7991.82万元。普惠金融方面，成立了专门机构开展支农融资业务，向上级公司争取了5亿元的"政融保"产业扶贫融资规模，同时，在全市全面启动50万元以内支农融资业务，实现企业、农户支农融资额3200多万元，切实解决了种植、养殖大户的融资难题。组建全市系统支农融资团队和助贷险专营机构，开办信贷保证保险业务，2017年年底为中、小企业及个人助贷放款577万元。

【负责人】 中国人民保险公司泸州市分公司总经理：王敏；副总经理：常伟、岳凤华（7月起）；总经理助理：郭宏（女、7月起）岳凤华（女、7月止）。

（屈清莲）

中国平安财产保险股份有限公司泸州中心支公司

【概况】 平安产险泸州中心支公司下辖泸县、合江、古蔺、纳溪、叙永5家四级机构。2017年，实现保费收入4.51亿元，同比增长14.95%，市场占有率21.49%，在泸州产险市场份额排名第二。经营业务范围涵盖车险、企财险、工程险、责任险、货运险、农业保险、短期健康险与意外险等一切法定产险业务及国际再保险业务。

【快捷服务】 创新多项服务举措，于业内率先推出车险理赔爆款服务"510极速查勘"及"车险理赔一键包办"。其中，极速查勘覆盖率达92.9%，一键包办服务可包办三者车损及小额人伤理赔、车辆维修及事故车接送、事故救援等六类服务，覆盖70%的案件，理赔资料包办率超过80%。

【负责人】 中国平安财产保险股份有限公司泸州中心支公司总经理：曹阳；副总经理：郝磊生、马志强。

（王盐红）

中国太平洋财产保险股份有限公司泸州中心支公司

【概况】 中国太平洋财产保险股份有限公司泸州中心支公司有员工85人，下辖5个基层公司。主要经营机动车辆保险、企业财产保险、家庭财产保险、工程保险、责任保险、船舶/货运保险、短期健康/意外伤害保险、信用保证保险、农业保险等。2017年泸州中心支公司实现保费收入15572.00万元。在泸州保险市场份额占比6.91%，排名第四。

【负责人】 中国太平洋财产保险股份有限公司泸州中心支公司党委书记：张骏；纪委书记：余蕾（女）。 （骆 宁）

中国人寿保险股份有限公司泸州市分公司

【概况】 中国人寿保险股份有限公司泸州市分公司建有市、县、镇（乡）的三级分支机构，下辖7个县（区）支公司和99个乡镇营销服务部。在编员工180人，保险营销人员3300余人。

【业务发展】 2017年，中国人寿泸州市分公司总保费收入7.56亿元，比2016年（下同）增长23.7%，市场份额为15.57%。其中：新单保费3.7亿元；首年期缴保费1.55亿元，增长28.09%；十年期及以上期缴保费10344万元，增长32.46%；短期险保费7022万元，增长24.66%。

【保险理赔】 2017年，赔款及给付合计5.7亿元，占全市保险系统总赔款的38%。其中：短期险赔付2.11万件、金额6287万元；死伤医疗赔付1.47万件、金额2452万元；满期给付6.27万件、金额43712万元；年金给付2.44万件，金额4490万元。

【负责人】 中国人寿保险股份有限公司泸州市分公司总经理：杨森。 （张丁月）

中国平安人寿保险股份有限公司泸州中心支公司

【概况】 平安人寿在泸州市共设有1家中心支公司，6家支公司和3家营销服务部，2017年个险业务保费收入72551.53万元，年末保险营销员4223人，内勤管理人员106人。

【理赔服务】 全年赔款及给付36671件，金额11212.77万元；其中短期险赔付7567件、金额256.47万元，死伤医疗给付548件、金额4482.09万元，满期给付14278件、金额5811.07万元，年金给付14278件、金额663.14万元，开展重疾先赔、特案预赔、闪赔等服务。

【负责人】 中国平安人寿保险股份有限公司泸州中心支公司总经理：张桂琼（女）；副总经理：万琳（女、11月止）、杨明鸣。 （吴 平）

中国太平洋人寿保险股份有限公司泸州中心支公司

【业务发展】 2017年，中国太平洋人寿保险股份有限公司泸州中心支公司新增保单24517件，实现保险业务收入3.12亿元，缴纳各项税收859.07万元。

【理赔服务】 采用“95500”客户服务系统，为客户提供365天、24小时全天候咨询和报案服务。2017年，给付金额16395.41万元，其中处理死伤医疗赔付金额938.98万元，年金给付金额897.94万元、满期给付金额14558.49万元。

【负责人】 中国太平洋人寿保险股份有限公司泸州中心支公司总经理：陈彦锦。 （张晓燕）

城建环保

住房和城乡建设

【住房保障】 2017年，全市新开工危旧房棚户区改造10300户，其中货币化安置9738户；全市保障性住房和棚户区改造基本建成13238套，竣工12595套；发放租赁补贴3475户，其中发放新增租赁补贴150户；政府投资公租房分配2465套；农村危房改造开工21856户，竣工21387户。农村危房改造和土坯房改造经验在全省现场会议上作经验交流。

【房地产业】 出台《泸州市人民政府办公室关于国有土地上房屋征收货币化安置购房补助有关事宜的通知》《泸州市人民政府办公室关于印发泸州市促进非户籍人口在城镇落户十条措施（试行）的通知》等文件，通过购房补助、棚改货币化安置、公积金支持、金融支持、税收优惠等一系列政策加快推进新型城镇化进程，促进房地产市场健康发展。2017年，全市完成房地产开发投资258.62亿元，同比增长8.1%；完成商品房销售面积734.87万平方米，同比增长36.1%；商品房销售金额350.27亿元，同比增长40.3%；房地产入库地税总额17.42亿元，比2016年同期增加62.25%，占全市地税收入的25.04%；房地产入库国税总额12.8亿元，比2016年同期增加185.71%，占全市国税收入的9.57%。截至2017年年底，房地产贷款余额为398.95亿元，比2016年同期增长23.3%；全市公积金委托贷款余额89.37亿元，住房公积金个贷率122.14%，比2016年底增长7.79个百分点。全市有房地产开发企业315家（其中一级3家、二级48家）、物业服务企业268家（其中一级5家、二级20家、三级251家）。

【园林绿化】 2017年，推进泸州市中心城区绿地系统规划修编，启动绿线划定，开展了连江公园、龙涧溪公园、华阳山郊野公园、中心城区绿道系统规划，推进一批市级风景名胜区总体规划编制工作；全面提升城市公园、绿地品质，中心城区漫游步游系统沱二桥至沱三桥绿道项目工程、植物园二期项目、市民中心广场等竣工投用，沱江北滨公园、沱江南滨公园、长江生态湿地公园等全面启动建设；完善了东岩公园、玉带河公园、建设公园、龙透关公园等10个城市公园和广场的功能；对酒谷大道、龙马大道、酒城大道等城市道路景观进行优化；江阳区黄舣镇等7个乡（镇）完成省级园林细胞申报，叙永县西溪村等6个村成功创建市级园林细胞；开展了主题为“推进新一轮绿化泸州行动，共建共享绿色家园”的36周年全民义务植树活动；古树名木二维码查询系统建成试运行，开展古树名木保护、排危、治理等工作；成功将纳溪区城市干道品质提升项目和酒谷大道园林绿化景观品质提升项目申报纳入“中国人居环境范例奖”预备名单库；制订实施了

《泸州市公共园林绿地管护考核办法（试行）》《泸州市公共园林绿地管护巡查通报制度（试行）》，完善考评机制与日常监察，提升了公共园林景观养护质量；泸州市公园建设服务中心创建为全国青年文明号。截至2017年年底，建成区绿地率达37%，城市人均公园绿地面积达11.5平方米。

【建筑业】 召开助推泸州建筑业健康持续发展座谈会，为全市建筑企业与入驻泸州的央企、国企、知名民企合作牵线搭桥、搭建平台；出台了《关于进一步促进建筑业持续健康发展的意见》

傍晚时分的蜀泸大道

《关于促进装配式建筑发展实施方案》，加大政策扶持力度，推动全市建筑业持续健康发展。2017年，全市完成建筑业总产值1022亿元（其中省外产值307.2亿元），建筑业总产值首次突破千亿大关，成为除成都外全省首个建筑业总产值突破1000亿元的市（州），同比增长34.49%，建筑业总产值全省排名第二；完成税收收入22.22亿元。晋升2家特级资质企业，其中中七集团华贸有限公司是全国第三家、四川省第一家双特级资质的民营建筑企业。截至2017年年底，全市共有建筑企业1186家，其中特级企业2家，一级企业62家、二级企业369家、三级企业374家，劳务企业379家；有监理企业8家、招标代理企业5家；有一级建造师1104人，二级建造师9547人；装配式建筑取得突破性发展，兴泸远大PC结构装配式生产基地厂房建成并投产。

【城建档案管理】 2017年，接收工程资料53个，发放档案竣工验收审核意见书63份，办理备案手续的工程47个，移交归档组卷的工程66个，城建档案接收进馆率达96.5%；开展城建档案利用工作，全年共接待咨询查档案者676人次，入库75个工程、2487卷；做好增量档案电子化工作，累计录入基础数据信息322284条、扫描文字4687252页、图纸418198页，扫描档案46830卷；2017年1月1日，推行建设工程纸质档案、电子档案一体化进馆，对最终实现异地备份、延长档案使用年限、节省库存空间、丰富馆藏档案载体、提高档案利用效率等起到了推进作用；发挥优势，开展档案寄存业务，利用先进的档案管理设备设施、专业化的管理人员对国家和社会具有保存价值的档案进行有效的保护。截至2017年年底，共有库藏档案47592卷，13个大类、73个小类。

【建设科技推广应用】 2017年，全市建设领域落实国家节能减排政策，继续巩固“禁实禁粘”成果，市规划区全年推广新型墙体材料6.12亿块（折标砖），新型墙材使用比例达85%，节约土地436.57亩，节省标煤3.78万吨，减少二氧化硫排放758.52吨；全年完成散装水泥总量302.453万吨，水泥散装率达67.25%，减少粉尘排放3.04万吨，节省标煤6.96万吨，减少二氧化硫排放590.82吨；引导企业申报绿色建材标识，有6家企业的8种产品取得四川省绿色建材标识。

【勘察设计市场监管】 2017年，完成建设项目初步设计审查660.72万平方米，道路长度约86.86公里，应审项目初步设计审查率100%；完成房屋建筑施工图审查备案616.65万平方米，道路总长度约43.45公里，施工图审查备案率100%；严格执行建筑节能和绿色建筑标准，城市规划区内建设项目民用建筑节能设计审查备案率达100%，完成民用建筑节能审查备案面积554.03万平方米，其中执行绿色建筑标准面积535.31万㎡。贯彻执行《四川省绿色建筑设计标准》（DBJ51/T037—2015）、《公共建筑节能设计标准》（GB50189—2015）、《消防给水及消火栓系统技术规范》（GB 50974—2014）、《建筑设计防火规范》（GB 50016—2014）、《中国地震动参数区划图》（GB18306—2015）等国家及地方新规范、新标准。严格执行初设审查和重点项目施工图审查跟踪会审制，从源头严把勘察设计质量关。加强勘察设计市场管理，在办理初步设计审查和施工图审查备案过程中严格程序审查，加强对勘察设计单位和设计人员从业行为的管理，有效规范勘察设计市场和提高勘察设计质量。

【跨江桥梁建设】 沱江二桥加宽改造工程：新桥及下穿竣工通车，老桥改造加快推进，完成投资约35800万元；沱江六桥及连接线工程：实现功能性通车，完成投资约32800万元；长江二桥及连接线工程：两岸主塔桩基、承台、系梁、塔座、下塔柱、下横梁浇筑完成100%，张坝侧上塔柱浇筑完成50%，罗汉侧主塔完成25%。北锚碇基坑开挖完成55%，南锚碇基坑开挖完成40%，完成投资约40200万元；长江六桥及连接线工程：江北立交、店子坡立交主体完工，南连接线土石方完成42%，桩基完成35%，主桥桩基完成30%，完成投资约42764万元；沱江五桥及连接线工程：完成方案设计和规划、用地、通航、行洪、水保、稳评等审批，道路部分（一期）开工建设；长江五桥及连接线工程：完成方案设计，进行相关专项论证报告编制。

【骨干道路建设】 机场路（含望天龙立交）竣工通车；二环路全面启动建设，北段（千凤路段）、南段（高新区A、B段）完成施工图设计，进行土石方工程施工。

【综合管廊建设】 《泸州市中心城区综合管廊工程规划》通过市政府批准并印发实施；出台了《泸州市城市地下综合管廊规划建设运营管理办法》，加强对全市综合管廊建设的指导；2017年，争取到2017年新型城镇化综合管廊建设专项债券资金4477万元，在建地下综合管廊13.78公里，其中新开工8.8公里。2017年开展地下综合管廊前期工作38公里。

【海绵城市建设】 印发实施《泸州市海绵城市专项规划（2016—2030）》。2017年，完成海绵设施投资21.7亿元，新增建设海绵城市6.0平方公里，累计建成8.8平方公里；向上争取专项资金1.99亿元，其中新型城镇化专项债券资金1.87亿元，海绵城市建设专项补助资金0.12亿元。

【污水处理】 2017年，建成投用鸭儿凼污水处理厂提标扩容，完成投资1.12亿元，排放标准执行一级A标，新增污水处理能力3万立方米/天；完成古蔺县污水处理厂二期工程，新增污水处理能力1万立方米/天；新建乡镇污水处理厂21座，新增污水处理能力1.5万立方米/天；新建农村聚居点污水处理设施60个；新建城市截污干管约为30千米。

【供水设施】 2017年，建成投用茜草二水厂，新增城市供水能力9.5万吨/日；完成泸县县城供水复线工程，新建DN1000管道21.8千米；完成长江五渡溪（南郊水厂）、长江观音寺（茜草水厂）、长江石堡湾（北郊水厂）3个城市集中式饮用水水源地市政排污口取缔和隔离网建设工作。

【供气设施】 新办“燃气经营许可证”3家，“燃气经营许可证”内容变更2家，新办“燃气燃烧器具安装维修资质证书”1家；完善泸州市中心城区燃气专项规划的修编；落实省建设厅一体化政务服务平台工作改革任务。

【新型城镇化】 以新型城镇化建设为主线，扎实推进全国建制镇示范试点、四川省“百镇建设行动”试点镇和纳溪区大渡口镇、合江县九支镇等7个市级新型城镇化试点镇建设，培育创建特色镇。泸州国家级新型城镇化综合试点通过国家第三方阶段性总结评估，泸州市试点经验在省委召开的全省新型城镇化工作推进会议做经验交流，在国家新型城镇化综合试点西部地区经验交流会议上做经验交流。2017年，全市15个省“百镇建设行动”试点镇完成市政基础设施建设投资9.6亿元，完成公共服务设施建设投资3.5亿元、产业发展投资26亿元，带动全市小城镇建设完成基础设施投资23.46亿元。大渡口镇、白节镇、江门镇创建为第一批省级特色小镇，龙马潭区双加镇大冲头村被评为全国美丽乡村示范村。

【房屋交易】 出台《泸州市存量房交易资金监管服务工作方案（试行）》，规范全市存量房交易市场秩序，维护存量房交易双方的合法权益，保障存量房交易资金的安全。制定和完善了《网上签约及备案业务流程》《房产测绘成果审核要求》等制度，进一步完善了业务流程，加强了业务管理。在房地产交易系统中建立API接口，实现了与不动产登记机构之间数据传送的实时验证，保证了交易安全。2017年，完成各类报表435件（套）；办理商品房交易审核及备案55945件；完成房屋测绘成果审核500余栋，650余万平方米；协助市地税局办理房屋权属登记查询7245件。

【白蚁防治】 2017年，签订新建房屋公共服务协议109份，建筑面积727.78万平方米；竣工项目96个，建筑面积744.57万平方米；完成白蚁灭治334户，灭治房屋面积3.5万余平方米，出动灭治人员700余人次，提供技术指导100余次；完成法王寺等古建筑及古树名木的白蚁防治保护工作；开展复查回访面积344.4万平方米；2017年4月1日起取消白蚁防治费征收。

【负责人】 泸州市住房和城乡建设局局长：杜磊；副局长：王晓谦、黄修华、詹勇、唐浩然、林健（12月起）；机关党委书记：卢山；纪检组组长：胡方全；总工程师：代继波（9月起）。

（康　熙）

城乡规划管理

【新增建成区】 2017年，全市新增建成区面积18.28平方公里。其中，江阳区新增8.74平方公里，龙马潭区新增5.64平方公里，纳溪区新增3.9平方公里。截至2017年年底，中心城区建成区面积达153.88平方公里。

【规划许可】 2017年，共办理“一书三证”事项2393个，其中选址意见书133个、用地规划许可138个、工程规划许可193个、乡村规划许可1929个；办理规划核实事项142个，其中市政工程23个、一般建设工程119个。

【规划修编】 推进泸州市新一轮城市总体规划修编工作，完成总规纲要成果编制，提出“成渝发展新中心、国际开放新高地”的城市总体定位；结合泸州市城市总体规划修编工作，同步开展《泸州城市发展战略规划研究》《成渝城市群南部区域中心城市课题研究》《泸州市拥江发展战略研究》等3个规划研究，完成泸州市主体功能区规划暨“中心城区多规合一”规划编制，统筹协调国民经济和社会发展规划、城乡规划、土地利用总体规划、环境保护规划等各类规划的空间布局，形成“一张蓝图、一本规划”。

【规划统筹】 1. 提高规划的科学性和指导性，完善规委会办公会、专委会、规委会“三会”分级审查制度，2017年共召开“三会”72次，审议议题1096个。实行专家决策，生成由82名省内外知名专家组成的专委会专家库，为党委和政府在城市规划方面的决策提供智力支撑。形成公众参与的规划监督机制，2017年主动公开各类信息1236条，在新一轮城市总体规划修编过程中，向社会发放5000多份公众问卷调查表，并通过微信、网站等公众平台，开展网上公众问卷调查，取得了较好的效果。2. 优化产业发展布局，编制完成《中国（四川）自由贸易试验区川南临港片区总体规划（2016—2030）》《泸州空港产业园区总体发展概念规划》《泸州空港产业园区总体规划研究》等10余个规划编制和20余项用地调规论证，推动项目落地实施。3. 助推城镇发展突破，完成《泸州市两江新城控规优化提升规划》《泸州市轨道交通线网规划》《泸州市城北高铁站综合交通枢纽规划》等规划编制，以“TOD发展模式”，引领城镇快速发展。4. 彰显规划公共政策属性，保障民生项目建设，让人民生活更美好，完成《泸州市海绵城市专项规划（2016—2030年）》《泸州市中心城区及泸县城区中小学幼儿园布点规划》《泸州市中心城区农贸市场专项规划》《泸州市环卫设施专项规划》等涉及民生产业的10余个专项规划编制。5. 带动县域经济发展，指导完成古蔺县二郎镇等7个特色小镇规划以及13个传统村落保护发展规划的编制工作，完成《泸州市红色旅游总体规划及石厢子红色旅游区修建性详细规划》等10余个规划，完善市域各类旅游文化设施布局，带动县域经济发展。

【“多规合一”】 创新“城乡规划”编制模式，编制完成《泸州市多规合一及主体功能区规划》，统筹协调国民经济和社会发展规划、城乡规划、土地利用规划、环境保护等各类规划的空间布局；指导九支镇、大渡口镇以“多规合一”的理念编制镇总体规划，指导泸县完成“多规合一”全域规划编制。建设“智慧规划”信息平台，初步建成涵盖规划信息查询、规划选址、规划数据动态维护和更新等功能的规划管理业务平台。制定“多规合一”技术指引，在市区镇三级试点编制“多规合一”的基础上，形成技术指引初步成果，为下一步全市推广社会经济发展、城乡、土地、生态、基础设施等规划“多规合一”，形成“一本规划、一张蓝图”提供技术支撑。

【“放管服”】 将自贸区范围内项目的规划审批权全部下放给自贸区行政审批局行使。对企业投资产业项目审查报批实行承诺告知和容缺受理，为220余个重点工程项目开设绿色审批通道。加大简政放权力度，将城市规划区范围内工业项目的规划审批权限下放至各区及各园区，将工业项目规划许可办理时限由法定20日缩短至3个工作日。制定《泸州市工业企业“零地”技改工程项目规划管理办法（试行）》，实行目录清单管理，将备案时间缩短至2个工作日，2017年共办理“零地”技改备案8件，面积22.54万平方米。

【负责人】 泸州市城乡规划管理局局长：陈军；副局长：叶祥九、刘彬；总规划师：周学红（女）；机关党委书记：许川（3月止）；纪检组组长：费野（4月止）、何平（5月起）。

（杨其江）

两江新城建设

【概况】 2017年，两江新城共实施重点项目24

个，年度计划投资70亿元，全年实际完成投资98.74亿元，占年度目标任务的141%；全年计划招商引资60亿元，全年实际完成招商引资66.44亿元，占年度目标任务的110.7%。

【项目建设】 1. 续建项目。11个续建项目年度计划投资54.6亿元，全年实际完成投资65.6亿元，占年度目标任务的120%。二环路（纳溪段）、沱江新城整体城镇化市政道路及综合管廊、长湿新城北部核心区整体城镇化道路等项目超额完成建设进度。加强综合统筹，做好服务对接，泸州金融商业中心（佳乐世纪城）、泸州市医教园区、西南医疗康健中心等由其他责任主体实施的项目顺利推进。2. 新开工项目。2017年实施的11个新开工项目计划完成投资15.65亿元，全年实际完成投资33.12亿元，占年度目标任务的211.6%。长湿新城北部核心区2、3号路、老机场路延长线、泸州两江美食文化街等项目顺利开工。3. 谋划后续项目。坚持“建设+策划+包装+入库”的项目生成机制，着重抓好后续项目谋划布局。2018—2020年将陆续启动各类重大项目19个，计划投资216亿元（含征拆费用），构建大城市骨架，不断完善配套基础设施，促进城市提质升级。

【要素保障】 突出问题导向，瞄准资金、土地等重点要素精准发力，为项目顺利推进提供保障。资金保障方面坚持“合法合规、成本控制、风险防范、结构合理”的融资原则，多渠道筹措项目资金。城投集团全年累计融资到位各类资金66.915亿元，完成年度目标任务的143%，争取上级各类补助资金8077万元，有效解决了项目建设资金需求。用地保障方面按照“项目跟着规划走，土地跟着项目走”的原则，突出抓早、抓实、抓好，下大力气抓好用地保障。全年共实施征地8388亩，拆迁房屋1025户，上报项目用地5801亩，拨付征拆资金约24亿元。

【城投集团转型】 统筹协调各方资源，放管结合推动城投集团转型升级。制定城投集团监督管理意见和目标考核办法。注册成立致远房地产公司、建材科技公司、智慧科技公司，拓宽经营业务范围、完善产业链条，加快企业向市场化、实体化转型升级。按照“代政府履行职责，按市场规律办事”的总体要求，包装第二医教园区教育培训基地、沱江新城南滨服务综合体、邻里中心等5个市场化项目，总投资约48.25亿元。截至2017年年底，城投集团资产总额达176亿元（净资产51亿元），实现营业收入6.2亿元，利润总额3.2万元，获得AA信用评级。

【新城规划】 编制完成《泸州市两江新城控制性详细规划优化提升规划（2016—2030）》，确定了“三区三副多中心”的总体空间结构，明确了建成新型城镇化示范区、现代服务业聚集区、生态文明建设引领区、综合交通中心和山水新城的发展定位。坚持节约城市空间、提高土地效益的原则，在资源分配、功能布局、基础设施、公共服务等方面加大统筹，综合布局一批邻里中心、市中心、商业综合体等优势项目，争取政策、资金、土地支持。

【负责人】 泸州市两江新城党工委书记：丁湘（9月止）；党工委书记、管委会主任：郭庆（9月起）；管委会副主任：尹德良、张登祥。

（艾李健）

城市管理行政执法

【概况】 2017年，市城管执法局履行城市管理职能，开展城管综合执法、城市管理体制改革、城乡环境综合治理等方面工作。政风行风建设在全省住房城乡建设系统群众满意度测评中获城管系统第1名，并连续两年在城管类分类排名中位列前两名，得到了省住建厅表扬；党建工作、党风廉政建设工作和安全生产工作在全市目标考核中均获一等奖。在2017年泸州市创建全国文明城市工作中获得先进集体称号。

【体制机制建设】 9月30日，中共泸州市委、泸州市人民政府印发《关于深入推进城市执法体制改革改进城市管理工作的实施方案》，完成市、区城市管理和行政执法机构综合设置，实现住房城乡建设领域行政处罚权的集中行使，实行区一级执法。12月20日泸州市人民政府办公室印发《泸州市城市管理和行政执法局主要职责和人员编制规定》，正式设立泸州市城市管理和行政执法局，标志泸州市城管执法体制改革全面完成。清理行政权力418项，并经市人民政府公布。

【行业法规规范建设】 《泸州市违法建设治理条例》《泸州市城市市容和环境卫生管理条例》两部地方性法规出台实施，其中《泸州市违法建设治理条例》是泸州市取得地方立法权后出台的首部地方性实体法规，为城市管理工作提供了有力的法制保障。出台《泸州市生活垃圾分类管理办法》《泸州市城市建筑垃圾管理办法》等，进一步完善了城市管理行业标准体系。

城区缩影

【城市治理监管】 发挥市城管委在城市管理工作中的统筹协调作用，全年召开市城管委全体成员会议4次，专题研究部署全市重大城市治理专项行动。修订印发《泸州市2017年度城市管理工作目标考核办法》，将区县政府及市城管委成员单位纳入考核，签订责任书，年终考核排名。全年市城管委办组织开展督查24次，印发督查通报24期。

【环卫设施建设】 出台《泸州市城乡垃圾处理设施建设三年推进方案的通知》（泸市府办函〔2017〕210号），对全市垃圾处理设施统筹规划建设。2017年，重点推进古叙生活垃圾焚烧发电厂，纳溪区、泸县、合江县、叙永县4个县区生活垃圾填埋场升级改造及古蔺县2个存量垃圾堆场整治等19个项目建设全面完成。泸州市森泰垃圾填埋场封场整治工程通过综合竣工验收。

【环境卫生管理】 2017年累计开展环境卫生检查565次，发现问题1969个。加强机械化作业车辆管理，城市建成区道路机扫冲洗率达88%。加强直管公厕24小时免费开放和全天候保洁值守管理，提升公厕便民服务水平。在主城区120个各级党政机关、184个企事业单位、95个中小学校、400余个居民小区推广生活垃圾分类工作，各级各部门共投入经费约1000余万元，采购分类垃圾桶29355个，分类垃圾袋174万个，设置垃圾分类宣传栏1690个，横幅标语650条，垃圾分类进社区、学校活动30余次，发放宣传资料35万份。市民垃圾分类意识显著增强，分类收集率稳步提升。

【市政和照明设施建设】 做好城市桥梁安全监测，对老旧桥梁维修加固。加强城市照明设施维护管理，累计维修路灯1.8万余盏次，维护线路约2万余米，维护配电箱（房）2800余个次，主城区城市照明设施燃灯率达99%。根据日出、日落时间智能控制照明设施开关灯时间，部分路段晚10点后实行间隔亮灯，有效节约用电。

【清洁城市建设】 市政府办公室印发《泸州市全面开展清洁城市环境活动实施方案》《泸州市城市管理委员会办公室关于开展清洁城市环境活动自查的通知》，明确44项重点工作任务，定期组织检查考核，有力推动清洁城市活动的正常开展。

【厕所革命工作】 由市城管委办公室牵头，统筹协调主城区城市公厕建设，2017年主城区计划新改建城市公厕95座，建成投使30座（其中新建24座、改扩建6座）。

【城市突出问题治理】 按照“坚决遏制增量，逐步化解存量”的原则，2017年主城区拆除存量违法建设42.949万平方米，拆除存量的49.26%。联合市公安局、市工商局印发《关于开展城区“牛皮癣”专项整治的通告》《泸州市主城区2017年“牛皮癣”治理工作方案》，建立“牛皮癣”专项治理联席会议，组建联合巡查组，对涉嫌违法的30批次1200个通信号码作停机处理，联合处罚157起，罚款2.41万元，公安部门拘留“制癣”人员12名，捣毁违法小广告印制窝点3个。制定《泸州市主城区创建安全文明小区两年攻坚行动总体方案》整治楼栋164栋。印发《2017年占道经营治理专项工作方案》，开展占道经营集中整治行动260批次，出动执法人员7300余人次，劝导流动商贩2.4万余起，规范跨门店经营3512起，取缔长期占道经营点413处，整治露天烧烤378处。

【城乡环境综合治理】 组建城乡环境综合治理工作机构，实行城乡环境综合治理工作责任制，签订目标责任书，构建上下联动、齐抓共管的工作格局。2017年全面完成十大民生工程及20件民生大事中泸州市120个村庄的农村生活垃圾治理目标任务。投入债券项目资金3344万元，开展泸县红斗山非正规垃圾堆放点治理和龙马潭区濑溪河垃圾分类项目，红斗山非正规垃圾堆放点治理完成存量垃圾3.4万余吨的转运和处理，濑溪河垃圾分类项目建设地埋式垃圾库17座，购置配套车辆17辆，同时配置其他垃圾分类设施，完成3座垃圾库设备安装。投入省级专项资金720万元，抓好6个建制镇污水管网建设项目。全市90%以上行政村生活垃圾得到有效治理，农村环卫综合承载能力得到提升。

【数字化城市管理】 推进数字化城管平台二期扩容升级，数字城管覆盖范围扩大到100平方公里，信息采集市场外包项目投入正式运行，视频会商系统通过验收，高空违法建设监控系统建设正在加快推进。2017年以来，数字化城管平台共立案受理城市治理问题170463件，结案163748件，结案率96.06%。

【依法行政】 全年共选派51名业务骨干，分5批100人次外出考察学习；组织643人次开展地方性法规专题培训，并邀请住建部干部学院专家、杭州环卫集团领导现场讲授指导；组织宣讲团到县（区）开展新法规培训6次，培训人员涉及区机关、乡镇街道、社区、物业企业等500余人次，所有在岗执法人员全部取得国家和省规定的行政执法证件，无暴力执法、野蛮执法现象。2017年召开案审会5次，对35个重大执法案件进行了法制审查，全年无行政行为被撤销、变更、确认违法、责令纠正或责令履行法定职责。

【负责人】 泸州市城市管理行政执法局局长：

李云春；副局长：何广才、林健（12月止）、邓白云（12月起）；纪检组组长：杨玲兰（女、11月止）；机关党委书记：何自慧（女、11月止）、黄生群（女、11月起）。（龙雅驰）

环境保护

【中央环保督督察】 1. 编印各类参考资料800余份，开展迎接中央环保督察专题培训10余次，有力指导各级各部门做好迎督各项准备工作。制定《中央环境保护督察迎检准备工作资料清单》，共组卷印证资料490余盒、3000余份，充分发挥了党委政府的参谋助手和主力军作用。2. 聚全市之力配合做好中央环保督察。央督期间，高标准高质量牵头做好国省组织的各类专项迎检工作，有效避免因工作不深不细造成被动，被抓典型。因研判精确，准备充分，顺利通过央督现场检查。3. 坚持问题靶向，围绕中央环保督察组高度关注的突出环境问题，以空前的决心和手段推动问题整改，啃下一批“硬骨头”，解决了一批“老大难”问题，生态环保工作取得历史性突破，完成了市委、市政府交给的“央督期间不出现颠覆性问题”的艰巨任务。中央环保督察组转办的227个群众举报投诉件全部办结，整改完成率达85.5%。

【污染防治】 1. 完善大气污染区域联防联控及应急机制，强化职能部门协作配合。督促3家平板玻璃企业完成污染治理设施建设，推进川南电厂超低排放改造。启动泸州老窖等5台20蒸吨及以下锅炉的清洁能源改造工作。全力打好“减排、扬尘、压煤、治车、控秸”等“组合拳”，开展灰霾课题研究和限期达标规划编制，有效改善全市环境空气质量。2. 全面实施水污染防治“四大行动”。创新推进“河长制”，实现市县乡村组五级河（段）长全覆盖。新建城镇污水处理厂22个，新增截污管网48公里，完成鸭儿凼污水处理厂提标扩能改造。玉带河黑臭水体完成整改，销号资料上报住建厅。禁养区内35家养殖场（小区）全部关闭搬迁。执行《四川省“三江流域”水环境生态补偿办法（试行）》，获得沱江流域生态补偿资金746.8万元，争取重点流域污染治理省政府债券资金3344万元、中央水污染防治专项资金1.3亿元。3. 泸州市列入全省3个土壤污染风险管控试点市之一，古蔺县列入全省8个土壤污染综合防治先行示范区之一。争取到中央土壤污染防治专项资金1.53亿元，用于推进龙马潭区铬渣场地、古蔺县耕地和叙永县工矿地3个土壤治理与生态修复工程建设。

忠山公园一角

【环境影响评价】 按照环境容量优化调整空间布局、城市规模和产业发展定位的要求，大力推进战略环评和规划环评，加强事中事后监管，全市9个工业园区中，有7个编制完成规划环评并通过审查。严格建设项目环评管理，完成省级及以上审批重点项目9个，市本级审批项目64个。大力构建“守信激励，失信惩戒”环境管理新机制，对在环境保护领域严重失信的企业及负责人实施联合惩戒，全市有20家重点企业参与四川省2016年度企业环境信用评价，信用等级均达良好以上。

【环保目标管理】 市、县（区）两级相继成立了环委会，出台《环保工作职责分工方案》《党政同责工作目标绩效管理办法》及《实施细则》，厘清各级各部门环保工作职责，加强统筹协调，加大目标考核力度。将环保目标任务完成情况纳入党委政府综合目标考核体系。制发《泸州市绿色发展规划》《环保“十三五”规划》《网格化环境监管实施方案》等规范性文件，形成“十三五”时期生态环境保护领域的行动纲领。

【环保执法】 2017年，全市共出动执法人员7000余人次，查处环境违法行为448件，处罚金额3759万元，同比2016年增长563%；实施配套办法案件101件，其中，实施按日计罚9件，查封扣押13件，限产停产47件，拘留移送28件，犯罪移送4件。因办案质量高，表现突出，市支队被评为全省、全国先进集体。

【环境监测】 开展环保科研课题研究，提升环境监测质量，为环境管理提供数据支撑和科学依据。市站成为全省除成都站外唯一一个承担全国土壤详查样品分析的市州站，编制的《泸州市“十二五”环境质量报告书》获得全省一等奖，被评为四川省环境监测编报优秀站。

【长江环境保护】 委托省环科院，对石化、酿造等企业较为集中的工业园区开展区域环境风险评估；委托环保部华南环境科学研究所，对36家重点风险源企业开展环境安全隐患排查诊断，切实提高排查专业化水平。在合江县举办四川省长江出川断面突发环境事件应急演练。耗资512万元的泸州市环境应急指挥平台一期如期建成，编制二期建设方案。省环境应急物资储备库泸州分库建成投用，现储备有3大类53种1000余件环境应急物资。加强跨区域联动协作。与毗邻的宜宾市、重庆市江津区等建立环境应急定期沟通机制，强化联防联控，组织开展赤水河流域突发环境事件应急处置桌面推演，严守长江出川的最后一道防线。

【负责人】 泸州市环境保护局局长：王开源（女）；副局长：罗波、何刚、傅涌；机关党委书记：赵晓琼（女）；纪检组组长：郭家莲（女）；总工程师：甘强。 （税　颛）

交　通

交通重点工程建设

【全域高速县县通】　2017年，全市高速公路通车总里程达455公里，居全省第三、川南第一。拥有“隆纳”“纳黔”“泸宜”“泸渝”“成自泸赤”“宜叙”“叙古”等7条高速公路，93公里绕城高速闭环运行。依托“G8515泸渝”“叙威”“泸永”“泸古金”等项目，加快建设完善“一环八射二横”高速公路骨架网。1. 叙古高速（太平至止点段）：2017年1月1日，叙古高速古蔺县城至太平镇段30公里建成通车。太平至习水段加快建设。2. G8515泸渝高速：全面加快建设，路基工程完成30%，桥涵工程完成44%，隧道工程完成12%。3. 叙威高速：2017年4月5日项目核准完成，2017年9月11日初步设计获得批复，施工图外业评审完成。截至2017年年底，征地拆迁工作基本完成，进入全面施工阶段。4. 泸永高速：项目前期工作加快推进。截至2017年年底，工可修改方案完善上报省厅，社稳完成，用地预审、环评、水保、节能等各专项正在编制；规划选址编制完成，上报省住建厅待审。5. 泸古金高速：经省政府同意，由省交通运输厅先期启动古蔺至金沙段高速公路项目（含黄荆老林支线）前期研究工作，在启动省高网规划调整时，统筹研究泸州经古蔺至金沙段项目。

【全国综合运输服务示范城市创建】　2017年，泸州市加快推进全国综合运输服务示范城市建设，印发了《泸州市人民政府关于加快综合运输服务示范城市建设的实施意见》，组建工作机构，加快推进综合客运枢纽、城市货物集疏运中心、运输服务信息共享、综合运输组织模式、综合运输服务工作机制、综合运输服务标准6项示范建设，编制《四川省泸州市 广西壮族自治区桂林市2017年全国综合运输服务示范城市建设“联学互促”活动实施方案》，到桂林市实地走访交流，通过2017年度部、省考核。

【全国公交都市】　2012年交通运输部启动国家公交都市创建工作。2017年8月，根据《交通运输部关于公布“十三五”期全面推进公交都市建设第一批创建城市名单的通知》（交运函〔2017〕597号），泸州市入选“十三五”首批国家公交都市创建城市。11月，省交通运输厅批复同意《泸州市公交都市创建工作实施方案》（川交函〔2017〕864号）。在市国家公交都市创建小组的统一领导下，在基础设施建设、公交资源整合、公交线网优化、公交优先设施、智能交通系统等多方面开展大量工作，公交客流量在国内公交客流量普遍下降的趋势下逆势增长3.37%。2017年，泸州市如期完成31项年度指标，完成率达91.2%。

【长江泸渝深水航道建设】　推进航道浅滩治理

工程，《长江干线“十三五”航道治理建设规划环境影响评价报告》取得批复。其中长江上游羊石盘至上白沙河段航道整治工程《长江上游特有珍稀鱼类国家级自然保护区影响专题报告》获得鱼评批复；《生态影响专题评价》报送省环保厅待审查；《环境影响评价》报告文本编制完成；《防洪影响评价》省水利厅转报长江水利委员会待审批；《工可报告》通过长江航务局预审查。

2017年1月3日，泸州市渡改桥攻坚建设项目集中开工

【航运物流中心建设】 2017年，完成水运建设投资1.0986亿元，纳溪港区青利码头完成建设，准备设备安装及竣工验收，纳溪港区香炉石码头完成竣工验收，纳溪港区石龙岩作业区一区工程完成初步设计，龙江港区泸州润华物流码头完成可研报告。与世界第一大内河港德国杜伊斯堡港和深圳盐田港开展合作，推出“天天直航快班”新模式。在建成的昆明、成都、攀枝花内陆无水港的基础上完成德阳、乐山两个内陆无水港的建设工作。拓展泸州港口航运服务范围，全年完成港口集装箱吞吐量55.02万标箱，同比增长9.82%。

【渡改桥】 2017年，加快推进全省试点示范工程渡改桥攻坚，实现大规模开工建设。渡改桥PPP项目一期工程（即长江以外的31座桥梁）陆续开工，二期工程列入财政公益性项目建设。截至2017年年底，泸州渡改桥建设项目46座桥梁，建成15座，开工建设24座（其中主体施工12座），加快前期工作5座，进行方案研究1座，调整建设1座。

【国省干线改造】 普通国省道提档升级和大中修工程加快实施，完成新改建34.2公里。1. S309线古蔺县城至叙永震东段完成投资10000万元，建设里程完成28公里，2017年12月完工。2. G321线叙永县城区段绕城公路完成投资7863万元，建设里程完成2.2公里，2017年11月完工。3. G321线叙永县段灾毁恢复重建项目完成投资1200万元，建设里程完成4公里。4. S438线兴隆乡巴毛田至贵州界段改建工程完成投资2.3亿元，全面开展征地拆迁工作。5. G246、G353线泸州段（泸县立石镇至泸州城区段）实现开工建设，完成投资1.5亿元。6. G546线纳溪至赤水段（川黔界）公路改建工程完成投资3.60亿元，纳溪机场口至倒流河段开工建设，其余段正在全面开展征地拆迁工作。7. 自贡至泸州港公路，G321纳溪至渠坝段、泸县至嘉明段，G246、G353线泸州段（泸州至江北段），G246纳溪至大渡口段，S438线泸县得胜至兆雅至神仙桥至合江县神臂城（合牛路），S438线泸县至白沙至白米互通升级改造等项目前期工作加快推进。

【客运站建设】 全年完成投资30984万元。国家一级公路客运站——城西客运站主体工程完工，川滇黔公铁联运物流集散中心主体工程完工，叙永县川泸西外车站、叙永县兴隆乡客运站建成完工，新建村级招呼站257个（合江县133个，叙永县41个、古蔺县83个），城区5个公交站增设“排队上下车”硬件设施。截至2017年年底，共有五级及以上客运站34个，其中三级客运站3个、二级客运站6个、一级客运站3个。

【交通民生工程】 2017年，全市新改建农村公路333.8公里，占年计划220公里的151%，其中县乡道改造120.8公里，村道改造213公里。

【负责人】 泸州市交通运输局局长：黄玉林（8月止）、沈昭平（8月起）；副局长：李子辉、曾志刚、虞卫国、曾兴宇、陆曹蓉（女）；纪检组组长：许亮（11月止）、杨玲兰（女、11月起）；机关党委书记：肖云贵；总工程师：王顺蓉（女）；交通战备办公室主任：陈曲平；安全总监：徐伟（12月起）。 （周　琴）

交通运输服务

【水路运输】 2017年，全市拥有经营性运输船舶338艘，67.72万载重吨，完成货物周转量190.15亿吨公里，完成货物吞吐量3492.98万吨，完成集装箱吞吐量55.02万标箱，四项指标均位列全省第一，分别同比增长33.4%、16.87%、0.99%和9.82%。服务并完成和润集团旗下船公司—四川长江粮运有限公司的开业入籍工作，成功入籍船舶33艘，新增运力10.99万总吨、19.7万载重吨，占全市总运力的30%，是全省运力规模最大的航运企业。

【道路运输】 2017年，全市道路运输企业2063户，客、货、出租、公交、教练车29163辆，其中：客运车辆2853辆、公交车1782辆、出租汽车2011辆、货运车辆20765辆、教练车1752辆。主城区城市公交出行分担率为32.3%、出租汽车出行分担率为14.8%。全市累计完成公路客运量7338.8万人次，旅客周转量453492.338万人公里；公路货运量8613.5万吨，货物周转量1386205.725万吨公里，公路运输周转量同比增长7.8%，增幅排名全省第一。有序推进道路客运改革。泸州至九支、泸州至合江两条县际客运班线试点“双线运行”，全市12家超长客运企业226辆超长客运车辆实行接驳运输，凌晨2点至5点不再停车休息，提高客运班线运输效率。开通泸州至隆昌高铁客运班线，共8辆车、每天18个班次，实现公路客运与高铁的无缝对接。坚持城市公交优先发展，国家公交都市申报成功，启动市交投集团整体收购泸县城市公交工作。深化出租汽车行业改革，推行出租汽车经营权无偿使用和期限制；完善出租汽车经营权审批权权限下放到区县；推进网约车有序发展，网络预约出租汽车平台公司在泸州落户1家。持续推广应用新能源纯电动汽车，全市累计推广应用新能源城市客运车辆774辆，居全省第二、川南第一。

【现代物流】 开通泸州至重庆、成都、贵阳、赤水货运班线。叙永县引进东南德物流公司，6条配送线路覆盖县内24个乡镇，建设上百个镇村两级配送服务网点，实现农产品直销进城，工业品直销到户。运输辅助行业不断规范，全市30所驾校采用“计时培训、按学时收费、先培训后付费”服务模式，覆盖率达93.7%。有序推进维修行业改革。全市11个汽车综合检测机构全部安装使用汽车综合性能检测信息化管理系统，74户承接营运车辆二级维护维修企业全部安装使用信息化管理系统。

【城乡客运】 2017年，加快推进城乡客运一体化建设，按照车辆通达村委会的标准，江阳区、龙马潭区241个建制村通公交，纳溪区、泸县98个中心村通公交，合江县、叙永县、古蔺县131个中心村通客运，解决群众出行“最后一公里”

出行问题。全市有农村客运车辆1536辆、农村客运班线545条，平均日发6416班次，年客运量3180.55万人次，旅客周转量85799.67万人公里，全市143个乡镇、1343个行政村建制村客车通达率分别达100%、92.19%。

【智慧交通】 城市公交发行“一卡通”卡13.5万张，实现网上充值、手机NFC支付、金融IC卡支付等功能。泸州客运中心站投资25万元建成电子客票系统，12家三级以上客运站实现联网售票。危险货物运输企业电子运单使用率达100%。全市符合条件的三级以上客运站均实现联网售票。加快道路运输WIFI覆盖建设，对符合条件的三级以上汽车客运站、旅游客车、高速直达客车和超长客车实现WiFi全覆盖。组织加入全省接驳运输联盟，226辆长途客运班线实行接驳运输。全市2843辆旅游客车、包车客车、四类以上班线客车入网率100%，825辆危险货物运输车辆入网率100%，。全市二级以上汽车客运站均安装了固定视频监控系统并接入运管、安监部门监管平台。全市6家汽车综合性能检测机构全部安装完成信息化管理系统并投入使用。

【交通运行监测与应急指挥系统建设】 四川省交通运行监测与应急指挥系统（二期）泸州部分建设，预算总金额3020.45万元，其中省级投资1079.17万元、市级投资1746.59万元（含区县级投资60.83万元）、企业投资194.69万元。确定业主单位为泸州交投集团，成立项目建设管理领导小组。

【公路桥梁信息化建设】 泸州长江大桥与泰安长江大桥的无线传感网智能监测及信息管理平台建设建成试运行，投资472.75万元（其中泰安长江大桥设备仪器187个，泸州长江大桥仪器设备194个）。

【运政信息化建设】 市运管局启动监控中心液晶大屏、监控平台固定视频和道路运输安全生产事故预防信息系统升级改造工作，落实升级改造专项资金285万元。投入123万元将监控中心液晶大屏升级改造为DLP大屏幕系统，项目进入施工阶段。投入162万元对区县运管机构监管平台、客运企业、危险品运输企业、社会化平台和12个客运站等73个监控平台的固定视频进行升级改造，已完成招标前期工作。

2017年12月1日，沱江六桥实现功能性通车

【道路运输安全生产事故预防信息系统升级】 由网络营运商全额出资，对全市道路运输安全生产事故预防信息系统进行了改造升级，全面完成2694辆客运车辆升级改造完毕（其中超长线客车290辆、高速客车490辆、旅游客车122辆、农村客运1792辆）。

【公共交通】 2017年，全市公交线路230条，公交车1782辆，其中主城区公交线路132条，公交车1187辆，公交客运量平均每天58万人次，公交分担率32.3%。2017年8月，泸州市被交通运输部确定为“十三五”期间第一批公交都市创建城市。按照市委、市政府“一城一交”和“国有公司注资控股城市公交”发展战略，市交投集团整体收购泸县城市公交有序推进。新推广应用新能源公交车191辆，全市新能源公交车数量达496辆。新设置公交专用道27.2公里，形成36公里的一环路闭环式公交专用道。在全省率先开通全国交通一卡通，发卡13.5万张。“掌上公交”查询服务覆盖主城区所有公交线路，手机用户达63万人次，日查询量18万人次。（周　琴）

交通行业管理

【平安交通】　开展“平安交通”专项整治，行业安全监管规范化建设、企业安全生产标准化建设全面落实，安全生产源头管理不断强化，安全风险防控和隐患排查双重预防机制基本建立，“四个一律”的规定落实到位，从严查处违法违规行为。全年查处客车驾驶员违反“六严禁”142起，其中受到停运7天处理的106起、停运1个月处理的32起、停运3个月处理的4起；销毁脱管船舶12艘，依法取缔码头46座，规范提升码头18座。国省干线公路安防设施和沿线地质灾害隐患防治工作有序开展，超限超载、侵占损坏公路和公路附属设等行为得到遏制。全年修复损毁波形护栏4100余米，查处超限车辆1421台次，卸载货物10669.78吨，处理损坏公路设施279起。

“平安工地”安全生产主任责任和监理单位监督责任全面落实，“三查”工作执行，杜绝施工方案与实施“两张皮”的现象。监督检查覆盖率达100%，以问题有效整改率达100%。

加强交通战备项目建设和应急演练，完成军事交通保障、通信设施安全保护等工作，深化交通运输危机管理研究，保障行业和谐稳定发展。

道路运输实现较大以上事故“零发生”，事故和死亡人数“双下降”；水上D型巡航救助船建成投用，水上交通安全监督管理系统建成运行，加强重庆、三峡、宜昌等区域联动合作，取得连续5年“零事故、零死亡”的最好成绩。

【公路路政管理】　2017年全市路政固定检测车辆770794辆，查获超限411辆，卸载399辆，处罚404辆，卸（转）载吨位3618.24吨，固定超限检测站车辆超限率控制在1%以内。流动治超检查车辆34648辆，查获超限890辆，卸载840辆，处罚864辆，卸载超限货物5913.08吨。国省干线公路车辆超限运输率控制在3%以下，结案率和处罚正确率均达100%，进一步巩固了道路交通安全综合治理成果，创造安全畅通的交通环境。

【公路养护管理】　2017年10月底，市局成立公路管理科，主要负责全市公路管养工作。全年完成国省干线大中修工程44公里，普通国省干线公路路面性能指数（PQI）89.5，通过2017年全国路况检测；创文期间，公路管理部门承担城市周边道路维修工作，共维修道路68152平方米，涉

路面执勤

及路段9条，完成投资900余万元，为泸州市创文成功奠定坚实基础。11月，在由省总工会、省人力资源和社会保障厅主办，省交通运输厅工会、厅公路局承办的2017年四川省交通运输行业筑养路机械操作工职业技能竞赛中，泸州代表队以团体总分288.95分的成绩荣获团体二等奖，朱奇荣获压路机竞赛三等奖，邓永朝、袁洪兵荣获修补坑槽竞赛三等奖。在公路养护工作上开展改革，一是对S307线泸盐路兆雅至永川界段（25公里）进行市场化保洁养护试点，二是对泸州长江大桥和泰安长江大桥实施长期健康监测试点，探索新的公路养护模式。

2017年泸州市交通运输能力表

公路交通运输			
通车里程	总里程（公里）：13799. 3		
	其中	高速公路	455
		一级公路	131. 2
		二级公路	805. 558
		三级公路	268. 9
		四级公路	9346. 1
		等外公路	2792. 5
公路密度	按国土面积计算：每百平方公里0. 1437公里		
	按人口计算：每万人0. 1061公里		
通达程度	通公路的乡镇128个，占乡镇100 %		
	通公路的村1472个，占村100%		
客运站	总数（个）：34		
	其中	一级站	1
		二级站	6
		三级站	3
		四级及以下站	24
营运车辆	总数（辆）：23618		
	其中	客车2853辆82068座	
		货车20765辆189232吨	
公路运量	客运	客运量（万人次）	7338. 8
		旅客周转量（万人公里）	453492
	货运	货运量（万吨）	8613. 5
		货物周转量（万吨公里）	1386205

内河航运运输			
通航里程	总里程（公里）：926. 54		
	其中	三级航道	136
		四级航道	
		五级航道	92. 5
		六级航道	
		七级航道	111. 6
港口（码头）	总数（个）：17		
	吞吐量	旅客吞吐量（万人次）	0
		货物吞吐量（万吨）	3492. 98
水路运量	客运	客运量（万人次）	30. 3
		客运周转量（万人公里）	264. 6
	货运	货运量（万吨）	1830. 2
		货物周转量（万吨公里）	1626975. 47
营运船舶	总数（艘）：338		
	其中	客船30　艘865座	
		货船309　艘50. 8万净载重吨	

城市公交运输	
营运车辆	1782辆
公交线路	230条
公交站	1810个
运量	2. 5亿人次
备注	

（周　琴）

航务管理

【水运发展】 全市拥有经营性运输船舶338艘，67.72万载重吨，完成货物周转量190.15亿吨公里，货物吞吐量3492.98万吨，集装箱吞吐量55.02万标箱，四项指标均位列全省第一，分别同比增长33.4%、16.87%、0.99%和9.82%；服务并完成和润集团旗下船公司—四川长江粮运有限公司的开业入籍工作，已成功入籍船舶33艘，新增运力10.99万总吨、19.7万载重吨，占全市总运力的30%，是全省运力规模最大的航运企业；累计争取项目资金2895万元，与世界第一大内河港德国杜伊斯堡港和深圳盐田港开展合作，推出"天天直航快班"新模式，已开通"泸州—南京""泸州—武汉""泸州—上海"3条内支线班轮以及"泸州港—水富"水水中转班轮，已开通"泸—汉—台""泸—宁—韩""泸—宁—日"3条近洋外贸航线，在已建成的昆明、成都、攀枝花内陆无水港的基础上完成德阳、乐山两个内陆无水港的建设工作。

【港航建设】 完成水运建设投资1.0986亿元，完成合江县下沙滩渡改人行桥建设；纳溪港区青利码头完成建设，准备设备安装及竣工验收；纳溪港区香炉石码头完成竣工验收；纳溪港区石龙岩作业区一区工程已完成初步设计；龙江港区泸州润华物流码头已完成可研报告。

【水上安全】 全市未发生属考核范围的水上安全事故，连续5年"零事故、零死亡"。共组织各类检查组2583组次，7310人次参加，检查各类船舶3059艘次、码头2264座次、涉水企业672家次，销毁脱管船舶12艘，应急出巡48次，开展救助20次，救助人员12人，救助遇险船舶4艘，救助遇险船员20人，处理险情5次，挽回经济损失2500万元，水上风险源总体数量下降至143个，19家航运企业、18家港口企业通过了安全生产标准化达标考评。

【船舶检验】 全年完成营运检验船舶582艘次，502880总吨、182273千瓦、2548客位；建造（改建）检验船舶9艘次，13733总吨；审图15套；检验费合计459158元；拆解船舶9艘完成省局目标任务的450%。

【船员培训】 全年举办基本安全教育培训3期，实操考试和适任证书培训考试各1期；办理船舶登记343艘、船员适任证书338本、船员服务簿104本、特殊培训合格再有效审验15本、新办特殊培训合格证11本。

【水运环保】 全市46座非法码头全部依法取缔，拆除比达100%，已设置禁航航标70个，设置告示牌41块，设置船舶应急救助停靠点5个，生态复绿44座，18座应规范提升码头中，拆除位于长江上游珍稀特有鱼类国家级自然保护区内的码头8座，其余10座完成了规范提升；发现并整改较大以上扬尘污染问题38个，港口码头污染物接收转运相关问题36个，完成对长江沿线6个饮水源保护区内停靠的50艘船舶的搬离工作；配备船舶垃圾桶654个，张贴垃圾告示牌234余块，约占全市经营码头的80%，完成443艘船舶的生活污水处理装置和油水分离器安装，约占全部须整改船舶的85%，完成6家船厂防污染整改验收，约占全部修造船厂数量的46%，90%的经营性码头完成垃圾桶设置实现分类收集，100%的经营性餐饮囤船配置生活污水处理装置。

【负责人】 泸州市航务管理局局长：刘冰；副局长：钱光明、胡玉臣、赵印；纪委书记：姚远（5–12月）；监督长：聂跃辉。 （陈国强）

泸州海事局

【概况】 2016年12月23日，泸州海事局揭牌成立。2017年1月1日，泸州海事局全面履职，担负长江干线泸州段136公里水域的安全监督管理、船舶防污染和水上突发事件应急处置协调职责。2017年9月30日，交通运输部正式批复“三定”方案。2017年12月25日，完成综合办公室、通航管理处、船舶监督处等5个内设机构，纳溪海事处、港区海事处、合江海事处3个派出机构的设置，建局工作完成。

【海事管理】 2017年，累计监管进出泸州港船舶23235艘次，检查船舶2711艘次，实施危险品船舶动态跟踪920艘次，开展危品船作业现场检查297艘次，纠正违法行为92起，实施行政处罚28件；检查走访辖区航运企业76次，督促整改问题115项；全年保障130. 5万人次安全渡运，3000万吨货物安全运输（其中危险货物80万吨、集装箱55万标箱）。

【渡运安全】 全面实施渡船监管长效机制。全年开展渡船现场检查1614次，旬跟船检查288次，召开区县渡船安全联席会议36次，安全监管1933. 98小时，完成春节、春运、“两会”、国庆等重大节日和重要时段安全监管任务，全年渡船无险情。春运安全监管工作得到交通运输部副部长何建中亲批“第一考合格”。

【环境保护】 大力整治敏感水域污染风险源，完成5个饮水源地保护区42艘各类趸船的搬迁安置，解决饮水源地保护区长期存在的污染风险；督促辖区13艘餐饮趸船安装生活污水处理装置和油污水处理装置，实现餐饮趸船100%现场指导，船舶垃圾和餐厨垃圾100%定点交付，一次性通过中央环保督察。保障60万吨原油和20万吨成品油的安全运输，无溢油险情。

【两非治理】 会同水务、公安、航道、航务等部门深入开展“两非”整治专项行动，对辖区64座非法码头开展集中整治，依法取缔46座，规范提升18座；协助划定8处砂石临时集中转运点，完成11艘采砂工程船在6处水域的集中停靠。整治期间，有效杜绝非法码头和非法采砂船违法作业。

【服务地方】 签署《口岸联合检单位合作备忘录》，推动泸州一类开放口岸申报；完成《国际航线船舶重庆——泸州航段通航安全评估》课题研究；推出全国首创“当天受理、当天办结”船舶登记制度，共计办理各类登记445艘次；服务“渡改桥”工程建设，管控11座已（在）建大桥通航安全，巡查桥区水域1600余次，检查在建桥梁现场施工800余次，维护6万余艘次船舶安全通过桥区水域；实施水上交通管制46次，禁航362小时，配合航道部门实施重点水域航道疏浚整治，确保枯水期水上物资运输的安全、畅通。

【综合执法】 2017年12月1日起，统一履行长江干线泸州段海事、航道、通信等现场执法职责。签署《综合执法交接备忘录》，建立海事、航道、通信工作协调机制，开展综合执法检查269次，检查航标638次，检查通航建筑物、航道整治建筑物128次。

【应急救援】 启动泸州长江水上搜救中心筹建工作，编制水上搜救应急预案（草案），建立由21艘公务船艇、2个专业救助公司和12名专家组成的应急搜救队伍。全年共实施安全预警68次，发送安全短信4. 6万余条，禁限航52次；处置突发事件60余起，险情救助5起，救助遇险人员29人，社会人命救助54起；成功处置“5・4”纳溪天异船厂待修船舶漏水事件。

【负责人】 泸州海事局局长朱红；筹备组副组长：王华才；筹备组成员：王焕章、黄安静、罗成；副局长：李杰（挂职）。

（刘育富　张倍源）

泸州市交通投资集团有限责任公司

【概况】 2017年，交投集团围绕“交通+N”发展战略，以做好“三个结合”（产业与金融、主业与辅业、业内与业外三个结合）、打造“五大板块”（金融、建设、物流、贸易、服务五大板块）为工作重点，转型促发展，全力保障重点交通项目建设。截至2017年年底，交投集团资产总额达55亿元，营业收入9.8亿元，利润总额3000万元。交投集团有全资子公司13家，控股公司5家，参股公司6家。主营业务范围覆盖工程建设、汽车租赁、驾考服务、物业服务、国际货运代理等多个领域，其中，工程建设板块形成设计、监理、施工、检测为一体的工程EPC产业链条。

【开放合作】 交投集团不断优化产业结构，打造“全方位、多层次、立体化”布局。物流公司与武汉龙兴公司合资成立供应链公司，实现优质资源整合提档；物资公司成功收购叙永非煤矿山，实现矿石供应长期稳定；江北港公司与泸州港华环境科技公司组建建材公司，利用自身优势，整合资源，站稳全市砂石市场；为拓展公司业务，掌握油品资源，与中海油成立海油销售公司；驾考公司与巴士城投合资成立驾培公司，迅速拓展驾培市场；为培养更高层次应用型专门人才，与西南交通大学土木工程学院成立实习实践基地。

【主体信用升级】 提升公司品牌价值与竞争力，为资本运营、投融资工作开展提供有力信用支撑。2017年，交投集团在立足主业的基础上，结合自身优势部署转型升级，多元业务拓展稳步向前，盈利能力有效提升，同年12月，交投集团主体信用等级评定为AA，评级展望为稳定。

【负责人】 泸州市交通投资集团有限公司董事长：李亮，总经理：王洪禹，副总经理：叶华荣、向小勇、宋民、吴杨，纪委书记：林平，财务总监：余芳（女）。（熊　竹）

长江泸渝段航道管理

【概况】 2017年，长江泸州航道局航标维护累计201847座天，航标维护正常率100%，航道尺度保证率100%；信号台维护2995台天次，信号揭示正常率100%，安全指挥船舶通过控制河段76969艘；航道测绘3742.95换算平方千米；航道整治建筑物观测1419.6换算平方千米、检查966艘次。开展了“擦亮行轮的眼睛”专项活动。开展了“三保一创”“平安交通专项整治行动”等专项活动，全年无一般及以上航道安全责任事故，辖区航道畅通安全。2017年，长江泸州航道局被四川省总工会授予“四川省五一劳动奖状”。

【“擦亮行轮眼睛”专项活动】 辖区航道476座在设浮标在规格、样式、颜色和标名上实现了规范统一，水上助航标志面貌焕然一新；对辖区11处岸标道路进行维修，岸标维护更加及时方便，岸标颜色更加鲜明、灯光更加明亮，岸标助航效果明显提升；承担了“长江航道水上浮标锚缆缠绕物解决方案”课题子项目“止缆钩弃渣草工艺”的研究，投入试用。

【非法码头专项整治】 在46个非法码头共设置专用航标68座，禁止船舶进出非法码头水域。航标设置以后，多轮大洪峰过境泸州，多座专用航标出现了移位、毁损、甚至流失等情况，通过加大航道航标巡查力度，及时发现问题，第一时间恢复航标10座、更换标体13个，保证了非法码头断航工作不断不乱。

【航道疏浚与整治】 协调完成叉鱼碛（位于合江县大桥镇）、甑柄碛维护性疏浚施工；参与小米滩（位于江阳区张坝街道）疏浚工程市场化试点项目。完成了瓦窑滩头坝（位于江阳区黄舣镇）、神背嘴大罐口堵坝（位于合江县焦滩乡）、神背嘴1号丁坝、哑巴碛顺坝等维修工作；完成了2017年整治建筑物技术状况评价，并通过了长江航道局的评审。推进长江泸州段Ⅲ升Ⅱ生态航道建设项目前期工作，并在鱼评、环评、行洪等方面取得实质性进展。

【综合执法与公共服务】 与泸州海事局签订《长江干线泸州段航道现场执法管理事权交接备忘录》，全面完成了航道行政现场执法的交接，正式建立了长航系统泸州区段水上综合执法协作机制；2017年辖区未发生航道被破坏而进行处罚的案件。向上级报告了重点项目关于通航影响、专设航标的意见16份，对外出具航道技术分析意见2份。长江泸渝段数字航道建设全面开工，各项建设工作稳步推进。主动征求航运企业、海事部门关于提高航道维护管理质量、提升航道公共服务水平的意见和建议，累计优化调整航标100余座，免费为船舶企业安装长江电子航道图系统24台套，船舶通行效率、船东满意度显著提升。

【负责人】 长江泸州航道局副局长：段原昌（主持工作）；纪委书记：彭玉明；副局长：殷厚臣、杨品福、赖珍宝。 （周 菠）

川铁（泸州）铁路有限责任公司

【经营情况】 2017年，川铁（泸州）铁路有限责任公司完成运量262.8万吨，比2016年（下同）增长9.1%,；货物周转量20171.47万吨公里，增长12.0%。实现营业收入9974.13万元，下降0.43%；实现利润-14233.09万元。2017年引进碎石运输。开通20英尺35吨敞顶箱专列煤，下半年开通泸州港泸蓉欧班列。铁水联运完成运量33.61万吨，下降19.14万吨，降幅36.3%。

【内控管理】 加强全面预算管理，严控非生产性支出，严控“三公”经费。2017年，业务招待费、小车使用费、会务费同比下降12.41%、0.07%、15.75%。修订完善各项管理制度。建立健全依法治企管理机制；聘请常年法律顾问形式处理公司重大事件；通过“七五”普法宣传及日常法制培训，增强全体干部员工的法制意识。

2017年12月21日，泸州市航空航天产业重大项目签约仪式

【负责人】 川铁泸州铁路有限公司总经理：张庆；党委书记：刘波；纪委书记、工会主席：曾渝；副总经理：刘登海、曾林跃；总会计师：谢

莉（女）。（许小翠）

民　航

【概况】　2017年，泸州蓝田机场1—4月机场旅客吞吐量比2016年同期增长12%，与东航合作新开的青岛航线获批。4月底，受外部突发事件影响，机场航班大幅减少直至9月底全部暂停。完成旅客吞吐量395575人次。新机场建设和通航前准备全面快速推进、创建全国文明城市、脱贫攻坚、基层治理及其他各项目标任务全面完成。机场获得民航四川辖区空防安全绩效考评第2名，市民航局被评为泸州市安全生产优秀单位。

【新机场建设】　自5月起，西部战区空军和泸州市均将机场迁建作为“一号工程”，采取超常规措施来全力推进。机场作为实施机构完成航站区建设PPP项目审批及SPV公司的组建运营；协调配合空军承建的飞行区工程加快建设；推进空管通信导航气象、航站楼弱电等专业工程顺利进场；提前开展空域航路、飞行程序、校飞试飞、《机场使用手册》编写、使用许可证申报等通航前准备工作。

【飞行安全】　航班暂停前，通过健全安全生产责任体系，层层签订分解落实《安全责任书》，重点抓好军民航防相撞、人为差错风险防范等节点难点，全力确保飞行安全；推进“平安民航建设”，实现“七个不发生”。完成年度应急救援综合演练。航班暂停后，安全工作重点转为维持机场资产安全和运行能力，配合保障部队飞行，做好特殊、应急飞行准备。实现机场第28个安全年。

【负责人】　泸州市民航管理局局长：漆会强；副局长：魏传洲、李健（12月止）；蓝田机场总经理：漆会强；副总经理：陆军（12月止）、魏传洲、李健（12月止）、先益兵。（李琢璋）

建设中的云龙机场

邮政·信息产业

泸州市邮政管理局

【概况】　2017年，全市邮政行业累计完成业务收入7.62亿元，比2016年（下同）增长22.66%，在全省位居第四位；累计完成业务总量7.23亿元，增长28.45%，在全省位居第六位。

【快递业务】　2017年，累计完成快递业务收入2.6亿元，增长40.97%，在全省位居第八位；累计完成快递业务量1956.16万件，增长42.4%，在全省位居第六位。

【邮政快递企业】　全市有邮政企业市公司1个、县分公司7个，开办法定邮政普遍服务的乡镇邮政营业网点251个，村邮站491个，邮亭（书报亭）110个，邮政企业普遍服务网络覆盖泸州所有乡镇。全市共有快递企业41家，其中本地法人企业28家、外地法人企业在泸分支机构13家，各企业在全市各区县设立快递服务网点共500余个，主要有邮政EMS、顺丰、申通、圆通、中通、百世快递、国通、韵达、天天、优速、宅急送、东骏、品骏、苏宁、速信、瑞丰、德邦、远成、中铁快运等品牌，初步形成以泸州市区为中心，各县为节点，辐射全市县级城市和乡镇的快递服务体系。邮政、快递服务汽车200余辆，邮政、快递从业人员共2800余人。

2017年12月，泸州跨境电商监管中心建成并投入使用

【快递服务制造业】　泸州各主要快递企业为本地区酒类企业提供寄递配送及销售服务。全年，泸州邮政EMS、申通、圆通、中通、韵达、顺丰、百世汇通等主要快递企业共寄递酒类产品约319万件，运送酒类产品价值约80.39亿元，业务收入合计约3533万元。并融入本地农产品电商发展，为本地特色农产品提供寄递配送服务，方便“工业产品下

乡、农产品进城”。

【电子商务进农村】 全年共寄递本地鲜果、土特产、中药材及其他农副产品约16.26万件、价值约1285.23万元、业务收入约458.64万元。

【邮政扶贫】 2017年，国家邮政局组织开展“一市一品”农特产品进城示范项目，市邮政管理局作为四川省“一市一品”农特产品进城示范项目课题组成员单位，制定《推动全市“一市一品”农特产品进城示范项目工作实施方案》，引导邮政企业发挥自身农村网络优势，对全市各区县农产品进行摸排，建立农特产品池，将“一市一品”拓展为“一市多品”，通过与专合社、农户合作组织农特产品货源，通过企业自身的线上、线下营销平台进行推广销售，将农特产品送进城，为农民增收。将“一市一品”项目推进情况作为2017年每季度政企联席会必议内容。扎实推进“一市一品”项目深入贫困村，形成以纳溪邮政分公司销售天仙枇杷、合江邮政分公司销售荔枝、泸县邮政分公司销售桂圆、到古蔺邮政分公司销售脆红李、猕猴桃为代表的邮政+助农、邮政+扶贫模式。全年泸州邮政、EMS、顺丰等企业收寄本地荔枝、桂圆、枇杷等鲜果及其他土特产品等约计33万件，交易额约1300万元，业务收入约480万元，惠及贫困户104户，人均增收2000元。

【快递园区标准化建设】 按照泸州市物流业发展中长期规划（2015—2020年）中“快递物流园区”项目筹建要求，泸州局与泸州长开区等部门协调，推进规划政策落地，确定在泸州长江经济开发区（龙马潭区安宁街道）九港路以南，进港铁路以东处建设川滇黔电商及快递分拨中心项目，占地面积约100亩，预计投资约1.5亿元，已完成总体方案和规划设计。

【跨境电商】 市邮政管理局多次会同泸州长开区、海关、检验检疫、商务局等部门推进跨境电商监管中心建设，确定由当地政府平台公司负责跨境电商运营场站建设投入，邮政EMS负责跨境电商业务的招商、运营、管理和推进，泸州跨境电商监管中心现已建成，2017年12月开始试运行，测试完成欧洲等地经公铁、公空、公海联运到泸清关分拨，实现跨境电商“一线双模式”操作功能。邮政速递物流引进了成都易达天下国际贸易有限责任公司、成都万达美电子商务有限公司、四川丝路易购科技有限公司等三家企业开展合作，进口包裹经成都海关办理转关手续到泸州清关后，通过邮政速递物流网络配送全国。

【信息化监管】 2017年9月底，市财政投入140万元建设的全市寄递渠道安全监管信息系统投入使用，接入江阳、龙马潭、纳溪区快递网点150余个，泸州局安排人员每天轮流值守监控系统，对快递企业执行“三项制度”情况进行抽查，对违反“三项制度”的情况实行“一警告、二约谈、三处罚”，每月对抽查情况在行业内进行通报。

【负责人】 泸州市邮政管理局局长：虞卫国；副局长、纪检组组长：王艳飞（女）。

（王　芹）

中国邮政集团公司泸州市分公司

【概况】 2017年，泸州市邮政分公司进行机构改革，设立2个市场经营部门（市场营销部、服务质量部）；5个经营支撑部门（运营管理部、金融业务部、集邮与文化传媒部、包裹快递部、渠道平台部）；6个综合职能部门（综合办公室、财务部、人力资源部、党委党建工作部、监察室和工会）；2个直属单位（机要通信分局、投递局）。

全市邮政共设立7个县区分公司（江阳区分公司、龙马潭区分公司、泸县分公司、合江县分公司、纳溪区分公司、叙永县分公司、古蔺县分公司）。2017年，全市邮政收入4.95亿元，比2016年（下同）增长12.36%，利润19776万元，利润率达39.96%，列全省邮政第1位。全员劳动生产率达33.65万元/人，名列全省邮政第1位。

【“农村电商+精准扶贫”】 利用邮政自有渠道，全面帮助农民增收，全年运作15个农产品项目，帮助20多万公斤本地农产品顺利返城，交易额近500万元，得到了当地政府和农户的高度评价。

【邮政服务】 围绕投诉预防前端化、处理本地化基本思路，从年初开始就做好工作安排部署，提前抓好指标控制工作。落实投诉首问责任制，将客户投诉控制在现场解决。改善用户体验，提升邮政通信服务质量。从强化邮件全程时限管理、强化规格质量的督查等着手，提升客户满意度。加强“内外服务”（即机关为基层服务，基层为客户服务），做好支撑工作，进一步提高职能部门为生产一线服务的意识。加大硬件设施设备的投入力度，以客户联谊会、优惠购等活动为切入点，提升客户参与度、粘连度和满意度。贯彻执行普遍服务新标准，严守“两条红线”，抓好普遍服务“不松手”。按照省公司和市邮管局新《邮政普遍服务标准》贯标工作要求，加强培训和管理，打造一支有能力的投递队伍。

【负责人】 泸州市邮政公司总经理：钱洪斌；副总经理：殷光理、向禹明、周启权。

（赵维丽）

信息化工作

【信息化发展】 2017年，泸州市互联网出口带宽达全省第二、宽带速率达全省第一，实现村村通4G通信信号；政务云建设和数据资源整合工作全省领先，被四川省定位为川南大数据区域中心，并成为唯一获省政府支持创建国家大数据产业集聚发展区的城市；华为四川大数据中心（一期）工程建成投用，四川省大数据发展现场交流会在泸举行。举办第二期智慧城市研修班，印发了《泸州市智慧乡镇（街道）建设指导标准》《泸州市智慧社区建设指导标准》《泸州市智慧乡村建设指导标准》《泸州市信息化精准扶贫实施意见》等政策性、标准性文件。完善信息安全保障体制，成立了信息安全科，启动泸州市信息安全监控中心建设，开展了泸州市容灾备份中心建设前期工作。

（黄祖鑫）

【智能终端产业】 2017年，按照“一业四园”发展定位，泸州市形成长开区智能终端产业园、高新区智能终端产业园、江阳区智能终端产业园和纳溪区智能终端产业园等4个园区为核心的智能终端制造产业基地，重点引进手机、显示模组、摄像头模组、指纹传感模组等整机及配套企业，智能终端产业实现从无到有、规模从小到大的突破发展。全市共签约智能终端企业82家，总投资额380亿元，产能产值可达1497.5亿元。共投产企业32家，产能产值521亿元，累计产值102.2亿元。规划建设标准化厂房477.36万平方米，建成投产53.45万平方米，装修中62.74万平方米，建设中100.75万平方米，后续规划240.42万平方米。共规划建设生活配套94.32万平方米，建成投产21万平方米，装修中1.5万平方米，建设中19.13万平方米，后续规划52.69万平方米。

（周　强）

【大数据产业】 印发《泸州市人民政府关于加快大数据产业发展的实施意见》（泸市府函〔2017〕100号）、《泸州市政务信息资源共享管理暂行办法》（泸市府发〔2017〕55号）。四川省大数据发展现场交流会在泸召开。2017年2月启动泸州市数据资源管理服务平台项目建设，完成四大基础数据库建设。在全市共调研梳理65家单位（含二级单位）的政务信息资源目录1056个，政务信息项13814个，建立全市统一的政务信息资源编目体系；累计梳理各类政务信息系统177个，完成整合63个。被省政府信息化建设领导小组办公室点名表扬。（张国梁）

电子政务内网

【概况】 2017年，完成门户网站信息采编2万余条；围绕市委、市政府中心工作新增专题栏目10余个；向省网站上报并被采用信息3426条，居全省第二；全年共保障各类视频会议306次，29054场次；完成基于电子政务内网专线的市、县（区）、乡镇（街道）143个标清视频会议节点全部升级为高清节点的改造。

【“云视泸州”视频信息化项目】 2016年8月，按照市委书记蒋辅义提出建设覆盖市、县（区）、乡镇（街道）、村（社区）四级视频信息化项目的要求，由市密码管理局牵头建设的扶贫应急项目“云视泸州”视频信息化项目于当年11月正式建成启用，全市1772个节点（分会场），实现声音、图像与字幕同步传输，将党的声音直接传递到最基层。截至2017年12月31日，通过“云视泸州”召开各类会议145次，27938场次。该系统建成投用使泸州市在全省乃至全国率先实现5个村村通全覆盖（即视频会议村村通、高清电视村村通、光纤宽带村村通、可视电话村村通、党员远教村村通），提前完成国家《网络扶贫行动计划》中“到2020年，宽带网络覆盖90%以上的贫困村”的目标任务。

【负责人】 泸州市密码管理局局长：罗永前；副局长：刘利炳（6月起）、牟祚银；密码督查专员：戚勇（2—6月）；总工程师：戚勇（6月起）。（张　韬）

无线电管理

【无线电频率台（站）管理】 2017年3月，开展无线电频谱使用评估工作专项活动，以广播电视、卫星广播等在用频率为重点，采用移动和固定监测相结合的方式进行数据采集与分析，从时域、频域、空域三个维度综合评估相关频段频谱使用情况，核实在用广播电视、卫星广播台站信息，结合台站数据，比对发现非法用频情况。通过评估工作，详细掌握了泸州地区相关频谱资源的实际使用和台站设置情况，为省无线电办及国家无线电管理局建立相关政策和完善评估工作机制提供了准确数据。

2017全年受理行政许可事项20起，指配频率20个（对），新设台（站）20个，变更台站15个、注销台站10个，收回频率10个（对），核发新台（站）执照20个、换发台（站）执照10个。

【无线电干扰查处】 加强对重点业务频段无线电监测工作，全年监测7500小时。开展了打击整治“黑广播”“伪基站”的专项工作，出动监测车56车次，出动监测人员184人次，成功查处“黑广播”2起、“伪基站”4起，非法设台行为得到了有效遏制。

【安全保障】 承担了研究生入学考试、公务员招考、高考、司法、医师、会计师等各类考试无线电安全保障工作，累计出动车辆98台次、监测技术人员296人次、监测598小时。做好了春节、两会、中共十九大、全国酒业博览会、四川省农产品交易会等重大活动无线电安全保障工作。

【管理宣传】　按照2017年全国和全省无线电管理宣传工作实施方案的要求，开展了“世界无线电日”“无线电管理宣传月”等宣传活动，抓住市内各重大活动契机，借助市内各类主流媒体开展宣传，重点做好《中华人民共和国无线电管理条例（修订)》、无线电科学知识的普及和依法使用无线电业务的宣传。（胡启灵）

中国电信股份有限公司泸州分公司

【概况】　中国电信泸州分公司下辖江阳、龙马潭、高新3个区营销中心，纳溪、泸县、合江、叙永、古蔺5个县分公司，20个市级职能部门，有员工800人，平均年龄43岁。

泸州电信1000M光纤宽带首发式

【市场经营】　中国电信泸州分公司实现了移动业务连续三年保持30%以上增长，宽带、电视用户保持规模发展速度，收入市场份额和天翼市场份额双双突破33.33%。2017年收入规模达9.43亿元，全省第四，人均劳产率106万元，市场经营综合评价全省第3，客户经营排名全省第2，保持全省前列，获“全国工人先锋号”“泸州市创建全国文明城市工作先进集体”，连续三年荣获“四川公司优秀管理团队”等荣誉。

【基础网络】　2017年4月15日，电信公司建成了泸州市第一张全国领先的800兆NB—LOT物联网基础网络。此网络支持海量链接、有深度覆盖能力、功耗及成本低，适用于智能抄表、车辆跟踪、智慧农业牧渔业以及智慧家庭等领域，为泸州物联网产业发展奠定基础，同时增强农村区域的覆盖范围，为贫困地区村民提供了高质的4G网络服务。

【信息精准扶贫】　2017年总投资1.4亿元，完成新建6万纯宽带乡村FTTH端口，直接受益农户近10.02万户，完成169个贫困村的新建加厚加深FTTH覆盖。在宽带乡村基础上实施“互联网+精准扶贫”，加载了“雪亮工程”、班班通、校校通、想家等信息应用，保障全市精准扶贫工作的通信需要。

【智慧城市】　发挥全国首个“全光网大城市”缔造者和“智慧城市”主力军的作用，助力市委、市政府“智慧城市”和“宽带中国示范城市”的建设。千兆入户：2017年年初，全面启动千兆城市智能光网络建设，全年实施了60余次大型网络割接，总投资1.5亿元，于12月完成城区千兆全面能力建设，100%覆盖全市四县三区57万城市用户，在全省率先提前完成国家要求的2020年前在经济发达的城市地区基本具备提供1000兆到户的能力布局，构建起泸州“智慧城市”建设和发展的底层基石。智慧旅游：为泸州多地景区进行网络和监控的安装，可实时查看景区人流量，并对景区的环境进行监控；为景区进行WiFi的建设，提高景区硬件实力，提升游人上网便捷性，逐步建设票务和停车场系统，实现对景区的智能管理，打造泸州智慧旅游城市，提升泸州旅游影响力。

【负责人】 中国电信泸州分公司总经理：陈鸿；副总经理：王涛（女）、孙进、严中会。

（王欣越）

中国移动通信集团四川有限公司泸州分公司

【概况】 中国移动通信集团四川有限公司泸州分公司，是一家提供互联网、移动电话、固定电话和多媒体业务的基础通信运营商。下设11个职能管理部门和8个县区分公司，员工931人，平均34岁，本科以上80%。2017年公司年收入规模超过14亿元，用户规模达246万，上网用户数超过196万，4G通信基站数5110个，通信基站总数8100个。获泸州市“创建‘四好’领导班子先进集体”、市总工会“2017年度工会工作目标考核一等奖”“泸州市安康杯精神优胜单位”等称号。

【光网泸州】 截至2017年年底，泸州移动建设有线宽带端口89万线，1346个行政村移动网络覆盖家庭宽带，用户规模突破39万，互联网电视用户规模突破34万。完成城区100%用户覆盖，并完成全市100%行政村有线宽带的覆盖工作；同时累计建成4G基站5110余个，为13776个偏远自然村开通移动电话，4G综合覆盖率超过98.5%，并建成川南地区规模最大、覆盖最广的4G网络；率先在全省乃至全国实现了“五个村村通”，即村村通视频会议、村村通光纤宽带、村村通高清电视、村村通党建远教、村村通视频电话全程光纤接入，有效的满足用户极速上网需求，实现精准扶贫信息化村村通。

【智慧城市】 泸州市是全国首批“智慧城市”试点城市，泸州移动作为“智慧城市”主导运营商，参与智慧城市建设。通过云视泸州的建设，提升党政单位会务信息化，17年召开会议超过140场次，覆盖会场2.8万余会场次，累计使用人数超过32万人，预计节约财政支出2100万元。与泸州市公安局合作两车卫士项目，助力摩托车、电瓶车的防盗等工作，覆盖车辆达超过4万。在4个区县合作开展校园卫士项目，对所有区县提供技防技术，提升校园安全管理；与古蔺、合江开展同步课堂试点，创新的交互式同步课堂可实现跨学校、跨区县的教育扶贫。参与各级单位信息化建设，开展智慧政务、智慧金融、智慧医疗、智慧交通、智慧旅游等项目的合作。

【业务发展】 推进宽带建设和业务拓展，城区和乡镇实现无查勘受理，借助组播技术发展电视

基站抢修

业务，使得偏远地区的农民也可以享受信息化的方便快捷。搭建立体全覆盖的渠道体系，通过现有的1900多家渠道营业网点，为城镇和农村居民提供通信和信息化服务，农村乡镇和行政村覆盖率均达100%。创新设立社区移动服务厅，一站式解决百姓通信、宽带、信息化、水电缴费等需求，并提供便捷的社区服务。不断致力于“提速降费”，流量综合单价比2016年同期下降50%。

【负责人】 中国移动泸州分公司总经理：吴超；副总经理：陈家盛、何秦峰；总经理助理：吴福强。

（冯　创）

中国联合网络通信集团有限公司泸州分公司

【概况】 2017年，泸州联通坚持聚焦战略，创新商务合作模式，打造全方位的产业互联网经济链，同时聚焦物联网、云计算、大数据等先进信息技术，与各级党政机关、大型企业开展广泛合作，承接建设了全市长途客运和公交运营车辆监管平台、群工局视频接访系统、数字化城管核心网络、海事码头及船舶监控平台、驾考车载监控系统、古蔺县智慧城市项目、“公安天网”等大型互联网+项目，助力泸州市智慧城市建设。

【网络建设】 2017年，泸州联通精准投资加快网络建设，城区网络覆盖率已达99%，县城96%，四县三区旅游风景区、交通沿线网络覆盖率达89%，偏远乡镇网络覆盖率达93%，实现全市范围内联通网络信号的有效覆盖，4G网络下行峰值达300Mbps，上行峰值达100Mbps，移动电话用户已超过35万户。

【负责人】 中国联通泸州分公司总经理：彭仁锋；副总经理：杨绪江、刘辉、胡利。

（钟夏夏）

科技·教育

科学技术和知识产权

【概述】 2017年，泸州市科学技术和知识产权局被国家知识产权局评为2016年度国家知识产权试点示范城市先进集体，1人被评为先进个人；泸州市政府、市科学技术和知识产权局被四川省委农村工作领导小组、省科技厅表彰为“十二五”以来农业科技创新先进集体；被四川省人社厅、省科技厅表彰为2016年科技系统先进集体；荣获第六届中国创新创业大赛四川赛区优秀组织单位奖；被市委、市政府表彰为泸州市创建全国文明城市工作先进集体，2人被评为先进个人。

【科技计划】 2017年争取国、省科技项目176项，立项金额8840.92万元，完成目标任务213.55%，立项资金较2016年同期增长139.59%。其中，市本级及三个区立项金额5942.92万元，完成目标任务的192.27%，较2016年同期增长66.47%。印发《关于组织申报2017年度泸州市科技计划项目的通知》，向全市征集200余项市级科技计划项目。全年下达2017年市级科技计划项目140项，安排科技项目资金940万元。安排下达市级科技创新基金301.4万元，市级科技成果转化项目资金206.6万。

【创新创业】 2017年新创国家火炬高新技术产业化基地1家，全市推荐备案国家级众创空间1家、国家“星创天地”2家、省级众创空间9家，认定市级众创空间16家，新增孵化面积21万平方米。建成国家级科技创新平台20个，省级科技创新平台45个，成立10个创新型科研机构。以O2O模式建立“川南（泸州）科技成果与专利技术交易实体市场”和“酒城科创航”科技创新服务平台。平台采用“4+X”（“4”即川南四市，“X”即合作单位）模式运作，强化与川南各市及省内外横向合作。“酒城科创航”APP上线后，注册用户达1227个，发布科技信

泸州市第一家智能终端投产企业——金欧科技产线

息1588条。2017年组织企业研发费用税前加计扣除政策专题培训会等各类创新创业培训56场，参加培训6850余人次；各级众创空间开展活动1237场次，参加创客18960人次，发放宣传资料9650份，入驻团队1841个，毕业企业575家，新增就业人员8790余人。新聘任创新创业导师45名，达到87名。

【成果转化】 2017年共有6项科技成果转化项目获得立项后补助支持，资助成果转化资金216万元。在全市征集发布2017年实施的重大科技成果转化清单项目20项，投入转化资金8.27亿元，其中有15项初步投产，新增销售收入2.37亿元，新增利税4705万元。组织推荐四川省科技成果转化示范项目7项，获立项支持3项，获资金支持250万元。建成“川南（泸州）科技成果与专利技术实体交易市场”，2017年完成技术合同登记67份，合同成交总金额达4.56亿元，较2016年增长45.7%。

【高新技术】 2017年新增国家高新技术企业17家，总数达66家，同比增长34.7%，增速全省第一。全年实现高新技术产业总产值315亿元，同比增长48.7%，增速全省第一。印发《泸州市科技型企业认定管理办法》《2017年泸州市培育企业创新主体专项改革推进计划》。2017年新增市级科技型企业210家，全市科技型企业总数达675家。

【科技合作】 2017年召开泸州·重庆科技成果转化专场对接会，重庆高校院所的40多位专家教授与泸州市120余家企业进行对接洽谈，就企业技术开发项目达成部分合作意向。泸州市科技知识产权局与重庆大学科学技术研究处签订合作共建“重庆大学（泸州）技术转移中心”的协议，落户泸州国家高新区。四川大学与泸州市战略合作项目立项24项，安排项目资金630万元，验收到期项目40项。完成2016年、2017年度泸州市人民政府—西南医科大学战略合作项目立项工作，立项136项，资金1800万元。促成西南医科大学附属医院与中国工程物理研究院核物理与化学研究所共建的“核医学与分子影像四川省重点实验室”通过省科技厅组织的专家评审获批，成为泸州市第3个省级重点实验室。西南医科大学附属医院“四川省神经外科临床医学研究中心”获批“第一批省级临床医学研究中心”。

【知识产权】 2017年全年完成专利申请3217件，其中发明专利申请量1062件，完成目标任务的110.6%，专利授权1403件，完成目标任务的140.3%。开展专利行政执法检查39次，出动人员83余人次，检查商业场所500余家，检查商品1.5万余件，纠正专利标识不规范行为6起，办结专利纠纷案件2起，查处假冒专利案件6起。制定了《2017年泸州市推进国家知识产权试点城市建设若干政策推进计划》《泸州市专利奖评奖办法》。完成了8个重点行业专利数据库建设。引入3家知识产权中介服务机构在泸州市注册，5家企业开展知识产权贯标工作。

【农村科技】 围绕泸州市八大农业优势特色产业发展，加快农业科技创新与转化推广。选派（在位）科技特派员236余人次、“三区”科技人才38名，建立农业专家大院8个，创建国家“星创天地”2家。开展科技扶贫工作，组织实施省级科技扶贫项目15项，建立科技扶贫示范基地10个，推广新品种14个，推广新技术16项。四川科技扶贫在线服务平台在合江县、古蔺县全面启动应用推广，在线平台各类种养殖技术咨询量为2622条，完成数量2424条，科技成果及技术供给完成15次，农业产业信息178条，供销网络平台信息20余条，争取平台建设及科技扶贫服务类项目经费200余万元。

【科技普及】 开展科技文化卫生“三下乡”、科普活动月、科技活动周等宣传活动，免费发放种养殖技术、食品安全、健康卫生、公共安全、防震减灾、消费者权益保护、消防安全、知识产权保护等科普宣传资料1.2万余份，接受农民群众现场咨询1万余人次，赠送农资价值2万余元，赠送价值2000余元的家庭常备药品。开展2008—2016年度市级科普基地核查工作，2017年新认定市级科普基地3个。

【负责人】 泸州市科学技术和知识产权局局长：邹维；副局长：何锋、李高和（8月起）；机关党委书记：陈卫东。（程绍琴）

教育行政管理

【办学条件】 坚持统筹城乡，大力提升办学条件。制定《泸州市主城区中小学、幼儿园校点布局规划》《关于进一步加强公办中小学校建设的实施意见》，重点推进城区19所公办中小学校、8所公办幼儿园建设；19所公办中小学校中，江阳区江南小学二期、龙马潭区阳雀山中学三期、叙永三中一期等10个项目竣工投用，江阳区实验小学城西分校、纳溪中学迁建工程2个项目正加快建设，泸高城西分校等7个项目开工建设；8所公办幼儿园中，江阳区茜草安置小区幼儿园建成投用，其余7所学校开工建设。“全面改薄”（全面改善贫困地区义务教育薄弱学校基本办学条件）工作成效明显，累计竣工校舍建筑面积81.62万平方米，完成规划的90.33%，竣工率居全省第三，承办全省“全面改薄”工作现场会。学校食堂“明厨亮灶”建设顺利推进，全市城区学校食堂100%、乡镇学校食堂65%完成“明厨亮灶”建设。“三通两平台”建设快速推进，全市中小学校、教学点全部实现宽带接入。高等教育扩容提质加快推进，高等教育发展取得突破。组织新建四川城建职业学院等8个项目申请纳入《四川省“十三五”高等学校设置规划》，新建四川城建职业学院和四川海事交通职业学院、四川化工职业技术学院更名进入规划，四川医疗器械应用技术学院有望“十三五”规划中期调整时列入；泸州职业技术学院入选省级优质高等职业院校建设学校，四川化工职业技术学院入选省级优质高等职业院校培育学校；开展教育对外交流，与德国德累斯顿工业大学签订职业教育合作项目协议书，与汉莎职业技术学院签订合作意向书。

【义务教育均衡】 2017年，对通过国检的江阳区、龙马潭区、泸县实行“回头看”专项督导，推动持续加大投入，对其他区县加强过程督导。

合江县榕山镇中心小学校

纳溪区、合江县分别通过国家和四川省规定的义务教育发展基本均衡县检查评估标准，全市所有乡镇通过乡镇教育均衡发展达标验收。

【综合改革】 组织开展“缤纷夏日，文明同行”

暑期实践活动、“诵读中华经典·美丽我的酒城”读书活动、“屈原魂”诗词创作大赛，“清明”“端午”等七大传统节日和“开笔礼”“成人礼”“毕业典礼”“成长礼”主题等活动，营造浓厚氛围。泸师附小六年级六班刘亚涵获得“第二十四届全国青少年爱国主义读书教育活动讲故事、演讲比赛”全国二等奖。泸州市教育局被为创建全国文明城市先进集体，泸州师范附属小学被评为第一届“全国文明校园”，西南医科大学等35所学校被评为“四川省文明校园”，泸州市23所中小学校被教育部命名为“2017年国防教育特色学校”。

【教育教学质量】 学前教育，编制下发第三期学前教育行动计划；开展学前教育宣传月活动，贯彻落实《幼儿园工作规程》《3～6岁儿童学习与发展指南》；12月，集中开展全市范围内公、民办幼儿园办园行为专项检查，规范办园行为。义务教育，启动泸州市义务教育阶段学校管理行为和课堂教学行为“双诊断”试点工作，加强对群文阅读实验学校的管理，提升义务教育水平；全市中考优生率提高1.14个百分点、及格率提高1.9个百分点、学困率下降0.37个百分点。高中阶段教育，加强普高过程管理，高考成绩再创新高，高考本科上线13038人，上线率49.8%，同比增加546人，增长1.18个百分点；重点本科上线4984人，上线率19.02%，同比增加200人，增长0.32个百分点；北京大学录取5人，清华大学录取6人，香港大学录取1人，香港中文大学录取1人，8名学生被空飞录取（录取人数名列全省第二）。泸州市中小学教师参加“一师一优课、一课一名师”活动教师注册率和晒课率均名列全省第二位，12月底，在省教育厅公布的2016—2017年度“一师一优课、一课一名师”活动省级获奖名单中，泸州市有61名教师获奖，市教育局也获得优秀组织奖。

【教师队伍建设】 建立学校教职工编制动态调整机制，根据实有学生人数实行一年一核定，2017年调整增加全市中小学教职工编制554名。出台《泸州市教育人才集聚工程实施细则》，落实优秀人才岗位激励政策，设立600万元教科研课题基金和300万元中小学教育质量奖，推荐评选第十二批省学术和技术带头人及后备人选3人、第十三批省有突出贡献的优秀专家人选3人，推荐四川省特级教师人选24名，评选表扬泸州市优秀教师200名、优秀班主任100名、优秀教育工作者30名，评选市知名教师39名、知名校长6名；多渠道补充教师2693人，其中签约研究生66人，签约免费师范生113人。全面落实教师待遇，全面落实教师待遇，落实农村教师生活补助和乡镇工作补贴，重点向村小和教学点、条件艰苦地区倾斜，2017年新建乡村教师周转宿舍1110套。做好中小学高级教师评审权承接工作，成立高级职称评审改革工作领导小组，组建高级职称评审委员会。

【教育精准扶贫】 对标指导合江县抓好教育精准扶贫，推动合江县顺利脱贫摘帽。薄弱学校改造工程2017年校舍项目开工率达100%，列全省第二；竣工率达66.25%，列全省第四，获省上表扬并在泸州召开全省2017年全面改薄工作现场推进会。安排免学费、助学金、营养午餐计划资金6.7亿元用于资助家庭经济困难学生，79747名建档立卡家庭经济困难学生得到资助，无一例建档立卡贫困家庭学生因经济困难失学。多渠道补充教师2693人，落实农村教师生活补贴9470.27万元，享受人数教师22893人，新建教师周转宿舍1110套，重点向农村学校倾斜。用好扶贫定向招生专项计划，近五年，古蔺、叙永两县有1109名考生享受国家扶贫定向招生专项计划政策、139名考生享受地方专项计划政策、6名考生高校专项录取计划政策，均考上清华、北大在内的理想大学。民生工程推进顺利，市教育局承担的16项工作任务全面完成。

【校园安全教育】 从2017年5月开始，全市集中开展为期8个月的学校“三防”标准化建设、学校安全管理提升、校园及周边环境治理、校车安全管理四大专项治理行动。市上成立由市长刘强任组长的领导组和由联系区县市委常委任组长的7个督查组，督查学校568所，实现片区以上学校全覆盖，直接指导整改安全隐患或管理问题542个，督办安全隐患113个。学校“三防”建设基本达标，共投入资金3.1亿元，新增保安2112人，配备率99%，全部持证上岗；新增宿舍管理员209人，配备率达109%；1148所学校围墙安装了周界报警器；配备防卫性器械2549套；各区县视频监控平台基本建成，共安装摄像头50678个，新增34822个，配备率达89%，重点部位基本实现全覆盖。同时，学校安全管理能力明显提升，校园周边环境得到进一步治理，校车安全管理有序。

【负责人】 泸州市教育局局长：黄辉；副局长：刘晓锋、杜旭林（8月止）、许建国、赖红艳（女、11月止）、何明英（女、11月起）；纪委书记：龙建国（女、11月止）；机关党委书记：谢铭；市政府总督学：肖林；纪检组组长：陈萍（女、11月起）。 （张流斌 张瑞波）

泸州高中

【概况】 全校有教学班128个，学生7048人，其中男生3440人，女生3608人。有教职工484人，其中专任教师470人，新分新调教师24人。有正高级教师2人，特级教师7人，高级教师186人，省市级学科带头人、骨干教师170余人，国家省市级模范教师、优秀班主任、优秀教师150余人。

【德育工作】 加强社会主义核心价值观教育，进一步培养学生的家园意识、公民意识、生命意识和“学霸”精神、自主精神、公共精神。严格实施分段主题德育，提升德育工作的针对性和实效性；坚定推行自主德育，激发学生自主发展需求；切实加强班主任队伍建设，树立表彰先进工作者；深化德育大讲堂，向师生宣扬正能量；开展学前军事训练，加强学生国防教育；开展阳光体育活动，促进学生身心健康；举行18岁成人礼，对学生进行成长、感恩、责任、励志教育；开展班团社团活动，丰富校园文化生活；开展劳动实践活动，实施学生“旅学研修”项目；家校合作育人，延伸德育手臂，助推学生成长。

【教学质量】 2014级在高考中，全市前10名该校占5人，其中文科占3人，理科占2人；全市前30名，该校占25人，其中文科占11人，理科占14人；全市前50名，该校占44人，其中文科占20人，理科占24人。一本上线率达57%，本科上线率达88%，考入“985”“211”高校的学生600人，10人超过北大、清华的录取线，其中1人填报北京大学被录取，4人收到香港科技大学等香港名校的录取通知书。2017年普通高中教育质量综合评价（A类学校）荣获全市一等奖，建成武汉工程大学优质生源基地。

【负责人】 泸州高中校长：李渝江；副校长：刘中楷、何明英（女、11月止）、陶俊梅（女）、陈云超；纪委书记：罗德强；党委副书记：杨波（11月起）。 （古邦伦）

泸州老窖天府中学

【概况】 2017年学校有126个教学班，6421名学生，439名教职工，其中，高级教师117人，中级教师156人，初级教师131人。有全国模范教师 1 人，全国优秀教师 2 人，特级教师 4 人，省市级优秀教师 21 人，省市级骨干教师 76 人；省市级知名教师 11 名，市级学科带头人 9 人；硕士研究生 113 人。

【教育综合改革】 完成现代学校制度建设及管办评分离试点改革、教育现代化实现路径探究试验两项改革任务，达预期效果；同时还开展了学制改革、素质教育综合改革、主体协同课堂教学结构改革、“三选一评”教学改革探索、干部人事制度改革、学科教研室改革、名师工作室建设改革等工作。

【现代学校制度建设】 构建“政府管理为主，企业扶持为辅，社会各界参与，学校办学自主”的办学体制，建设依法办学、自主管理、民主监督、社会参与的现代学校制度，建立政府、学校、社会之间的新型关系。10 月 30 日，学校通过泸州市教育局组织的泸州市现代学校制度建设试点项目检查评估。

【成长教育】 形成“成长教育”特色，促进生师、学校全面发展。学生实现全面而有个性的发展，教师实现育人启智的“三能 ”（即能干、能写、能说）发展，学校实现高品质内涵发展。学校开展备课组集体教研“三情”分析活动，扎实推进学科教研室建设和教研活动的规范开展，教师教研水平整体提升。在泸州市第六届普教教学成果奖评审中，有 1 个课题获一等奖、1 个课题获二等奖。2017 年，在四川省高中各类赛课展评活动中，4 名教师荣获一等奖；1 名教师获得“全国中学物理实验创新展评”一等奖；1 名教师获得“四川省家庭教育先进个人”称号，1 名教师被评为“泸州市知名教师”；1 名教师荣获“泸州市优秀教育工作者”称号；2 名教师荣获“泸州市优秀教师”称号；2 名教师荣获“泸州市优秀班主任”称号；有 1 名学生在泸州市第二十三届读好书故事演讲比赛决赛中勇夺全市第一名；有 1 名学生在首届四川省中小学生微电影节暨四川省中小学生态文明建设教育活动中荣获“最佳导演”奖；学校荣获国家、省、市级多项荣誉称号。

【德育工作】 以创建全国文明城市为契机，以行为养成教育、文明礼仪教育、纪律教育、安全教育和心理健康教育为重点，努力创新德育工作机制。学校开展“爱岗敬业”最美师生、优秀共产党员、模范教师、优秀班主任、“文明礼仪”优秀教师、优秀班集体、三好优干、校园之星、“创建文明城市”先进个人等评选表扬工作；组织开展系列主题班会；举办每年一度的学生文艺会演；学校免除 134 名建档立卡贫困户学生的学费、杂费、住宿费、校讯通费、校服费和各种教辅资料费，同时对 30 名初中学生提供免费午餐，确保任何一个学生不因家庭贫困而失学。学校组织中层以上干部、班主任和 35 岁以下年轻教师在本校参加西南大学心理学部举办的“班主任及骨干教师心理管理能力培训”。

【高考成绩】 2017 年高考，泸州老窖天府中学参考总人数 1337 人，重本上线 437 人，上线率 32.6%；本科上线 1016 人，上线率 75.9%。陈钦钲同学取得 682 分的高分，名列泸州市理科第二名，市直属校理科第一名，被北京大学录取，本博连读。罗一帆、杨永泰分别考入新加坡科技与设计大学和新加坡南洋理工大学。学校获 2017 年泸州市高中教育质量（A 类学校）综合评价一等奖。

【学科竞赛】 2017 年，泸州老窖天府中学学生参加物理竞赛获全国二等奖 3 人，全国三等奖 8 人，省一等奖 14 人；参加化学竞赛获全国三等奖 2 人，省一等奖 34 人；参加第 26 届泸州市“屈原魂”诗词大赛，共有 16 名学生参加比赛，12 人获奖，其中高中组获一等奖 1 人，二等奖 1 人，三等奖5人；初中获二等奖1人，三等奖4人；本校学生在第十二届中国中学生作文大赛四川赛区比赛中，6人获一等奖，9人获二等奖，4人获三等奖。

【科技创新】 2017年，泸州老窖天府中学学生代表队荣获四川省科协、四川省教育厅主办的第15届四川省青少年机器人创新实践大赛荣获一等奖；科技创新教师团队荣获“泸州市青年五四奖章”。

【体育教育】 2017年，泸州老窖天府中学开设阳光体育大课间课程，并通过“四川省阳光体育示范校”复查验收；成功组织开展了春季和秋季学生运动会；在2017年全国青少年“未来之星”阳光体育大会四川分会场暨国家级青少年体育俱乐部全民健身操舞比赛中，学校代表队荣获四川赛区健身操舞比赛（规定动作中学组）第一名；学校男子篮球队在泸州市中学生篮球联赛（高中组）决赛中，荣获冠军；学校荣获2017年泸州市国家级青少年体育俱乐部先进单位一等奖。

【艺术教育】 2017年，四川省重点课题“创建中小学艺术馆及艺术馆教育的研究策略”现场研讨会、四川省中小学美术馆联盟首届会议和泸州市教育学会摄影（摄像）教育专业委员会成立大会在泸州老窖天府中学举行。学校成为泸州市青少年摄影教育基地。学校举办“篆书鉴赏”讲座和第二届百人书法大赛；举办书法、绘画、摄影作品展。在2017年泸州民间音乐传承教育征文评选活动中，两名音乐教师各有1篇论文分获一等奖和二等奖；有1名教师在泸州市艺术教师基本功比赛中荣获一等奖。泸州老窖天府中学荣获四川省第三届中小学川剧传习普及展演传承奖。

【教育现代化建设】 组织200名教师参加四川省信息技术能力提升培训。四川省教科所组织的极课大数据应用课题研究顺利结题。学校在初中部分和高三年级应用极课大数据系统，实现精准教学、提高教学质量。全校师生注册人人通空间，利用人人通空间进行学习、备课。在2017年“一师一优课、一课一名师”活动中，教师晒课率达99%，并取得了优异的晒课成绩。本校教师有2个课例获教育部级优课，有7个课例被评为四川省级优课，有3个课例获市级优课。

【教育教学交流】 2017年，承办全省高中政治学科教学展评课活动，获优秀组织奖；台湾南投县文教交流参访团到泸州老窖天府中学成功开展教育交流活动；泸州老窖天府中学承办四川省中学校长协会理事会、监事会和中国泸州长江教育创新峰会。

【安全法制教育】 开展法制教育，推行法律进校园。开展普法教育、禁毒教育、健康教育工作。投入资金400万余元维修、更新监控设备，确保监控设备正常运行。全年进行管制刀具和违禁物品收缴10次；组织全校性教室和寝室大型安全疏散演练4次，结合大课间、集会进行日常疏散演练，力求收到实效。成立学校安委会，建立心理防控机制，增加门禁刷卡管理系统。组织安全委员、学校食堂公寓管理员开展消防灭火培训和演练2次。

【负责人】 泸州老窖天府中学校长：张如栩；副校长：王建波、林子杰、游卫东（12月起）；党委副书记：罗永怀；纪委书记：王珍（女）。

（刘春梅）

西南医科大学

【师资队伍建设】 学校专任教师1000余人，其中博士300余人，教授近300人，副教授300余人，硕士生导师600余人，博士生导师20余人。拥有“长江学者”讲座教授、国家“百千万人才工程”第一、二层次人选、“新世纪优秀人才支持计划”入选者、四川省“百人计划”“千人计划”“国务院政府特殊津贴专家”“四川省学术技术带头人”高层次人才60余人。2017年，学校全职引进博士147人，柔性引进高端人才20余人，组建8个高层次人才科研团队。编外招聘硕士研究生教师39人，选培优秀大学生46人，选派教师参加国家公派留学、出国进修、培训、各类学术会议近200人，参加岗前培训139人。

【人才培养】 学校应用型人才培养模式被国务院发展研究中心选取为应用型人才培养案例研究对象；新增成为推荐优秀应届本科毕业生免试攻读研究生普通高等学校；新增省级虚拟仿真实验教学示范中心1个、校级实验教学示范中心2个、非直属附属医院1个、临床理论校外教学基地2个、自考联合办学点5个。探索临床医学硕士专业学位研究生培养模式改革，建立“双轨合一”人才培养体系，临床医学硕士专业学位研究生住院医师规范化培训考试一次性通过率为96.85%。医学毕业生执业医师考试通过率连续9年全面高过全国平均水平，临床、中西医、口腔、预防分列全国第28、第7、第7、第13位。

西南医科大学助力合江县回洞桥村精准脱贫

【招生就业】 在校本专科生、硕士研究生、留学生总人数共19475人，其中普通本科生17168人、普通专科生272人、硕士研究生1679人、留学生356人。2017年招收新生共4928人，其中本科生4138人、硕士研究生595人、普通专科生132人，留学生63人；2017届毕业生共3938人，其中普通本科生3309人、普通专科生64人、硕士研究生500人、留学生65人。招生就业持续“两旺”，省内外调档线再创新高，本科毕业生就业率达97.33%，研究生就业率达99%。

【获奖情况】 学校获省部级以上科研成果奖9项，实现国家级科技奖零的突破；获四川省教学成果奖一等奖2项、二等奖2项、三等奖1项；获“四川省易班建设示范高校”、四川省“文明校园”、四川省“平安校园”先进单位、“四川省高等学校先进图书馆”“四川省高校示范性标准化学生公寓”等荣誉称号。教师参加各级各类教学竞赛，获国家级特等奖2项、一等奖7项、二等奖9项、三等奖11项、四川省一等奖8项、二等奖9项。学生参加各级各类比赛成绩喜人，获第十届中国大学生计算机设计大赛四川省一等奖2项、二等奖2项、国家级三等奖4项；全国第五届医药院校药学/中药学大学生实验技能大赛二等奖1项、三等奖1项。

【学科建设】 有28个普通本科专业，7个学科门类，硕士学位一级学科授权点7个，硕士专业学位授权点7个，其中临床医学、中西医临床医学、麻醉学为国家级特色专业。2017年，临床医学、药学为四川省一流建设学科，获经费资助1100万元；其中，临床医学ESI排名全球前0.69%。

【科研工作】 学校科研项目立项534项，横向合作10余项，其中国家自然科学基金24项、社会科学基金3项；首次获得国家科技部重点研发计划政府间国际科技创新合作重点项目新增四川省重点实验室1个。全校发表SCI论文265篇，在国际顶级学术期刊《NATURE》上发表学术论文1篇。与泸州市共同成立“西南医科大学—泸州市产业技术研究院”；与泸州高新区医药产业园签订科技成果孵化基地共建协议；与泸州自贸区签订战略合作备忘录，投资参与建设干细胞生产研发基地；与苏州工业园区自主创新医疗器械联盟协会签订战略合作协议，合作共建医疗器械重点实验室、人才培养平台、创业孵化平台；与中国工程物理研究院核物理与化学研究所签订战略合作协议，组建核医学研发转化中心。

【新技术推广】 学校附属医院建成市级“陈孝平院士工作站”，获批为国家“高级卒中中心”“标准化代谢病管理中心”“胸痛中心”，国家脑血管病疑难病症诊治能力提升工程项目获准立项。附属中医医院建成市级“钟世镇院士工作站”；新开展首例体外循环等新技术新项目86项，开设了眼科手术中心、疼痛手术中心等特色科室。附属口腔医院成立舒适牙科和颞颌关节门诊，分别与叙永县人民医院、永川口腔医院、泸州医疗投资有限公司合作，建立口腔专科联盟；首次参加国家援外医疗，选派优秀医护骨干赴非洲开展援外医疗救助工作。

【基础设施建设】 与泸州市签订基础设施建设合作协议。学校城北校区二期工程进展顺利，教学综合楼、400米体育场按期竣工验收并投入使用。科技大楼基础工程全部完成；公卫大楼、药学大楼、实验大楼等10个项目的方案设计获准通过。西南康健城一期、二期项目、附属中医医院智能停车场、口腔医院新院及卫校新校区建设均有序推进。

【对外交流合作】 与美国德克萨斯大学、泰国清迈大学、美国东弗吉尼亚医学院等6所国（境）外高校建立校际合作交流关系。接待来自美国、澳大利亚、加拿大、澳门等9个国家和地区的高校和教育机构的11个访问团组32人来校交流访问；派出赴美国、加拿大、巴西、葡萄牙等12个国家学术交流教师11人，教育访问团6组共31人；选派赴台湾、香港和澳门教育学术交流教师48人、赴台湾研修学习学生8人。主办中国酒城国际心血管医学学术会议、第五届两岸卫生法与生命伦理研讨会、第八届全国高等医药院校繁荣发展哲学社会科学高层论坛等学术会议，邀请诺贝尔奖获得者Ada Yonath教授等知名专家学者开展学术讲座。

【精准扶贫】 对合江、叙永等15个县550户贫困户对口帮扶，定点扶贫调研300余人，选送扶贫挂职干部11人，其中驻村第一书记5人，投入扶贫专项资金380余万元。举办乡镇卫生管理人员培训班1期，免费义诊活动数十次，参与文化扶贫演出1次。组织140人参加省脱贫攻坚第三方评估并完成评估考核工作。合江县回洞桥村、叙永县旺龙村已通过省级脱贫评估验收、“汇青春·智扶贫”项目获评全国“三下乡”社会实践“千校千项—最具影响好项目”、学校获评市“脱贫攻坚先进单位”、雷学举获评“四川省优秀驻村第一书记”。

【负责人】 西南医科大学党委书记：廖斌；校长：何延政；党委副书记：刘毅；纪委书记：刘广益（12月止）；副校长：彭钢、何涛（7月起）、邬丽莎（女、11月止）。（林　洁）

四川警察学院

【概况】 2017年，招录本科生1253人，警务硕士研究生5人，本科生毕业2001人，警务硕士研究生毕业8人；截至2017年年底，学院普通本科生在校总数为5297人，警务硕士研究生在校总数为15人，教职工总数为466人（其中专任教师为355人，正高级职称为45人，副高级职称为92人），年末纸质图书总量为92.014万册、电子图书815300册、电子期刊210746册、学位论文3435516册，固定资产总额为45574.24万元。

【师资队伍建设】 制定或修订针对高层次人才、人事代理人员、外聘专家等系列制度办法，争取和参照省市有关人才激励政策。全年公开考试招录25人、公开选调6人、招聘人事代理5人，聘请公安机关实战部门专家40余名、西南医科大学博士14名为学院外聘教授或研究员，从公安一线选任和聘任“双千计划”驻校教官24名。选派12名教师参加公安部“双千计划”赴各市州公安机关开展挂职锻炼、38名骨干教师到一线基层单位实践锻炼，贴近公安实战培育师资。大力推进教师团队建设，学院涉藏警务教师团队被评为首批“全国高校黄大年式教师团队”，是全国公安院校中唯一入选的团队。全年多名教师获得省部级以上表彰奖励，其中“全国公安系统优秀教师”3人，“全国公安系统优秀教官”1人；“全省公安系统优秀教师”7人，“全省公安系统优秀教官”2人。侦查系全体教师获“全省公安机关教育训练工作成绩突出集体”称号，成教部1人荣获“全省公安机关教育训练工作成绩突出个人”称号。参加第四届全省公安机关教官比赛获理论教官比武第一名、团体第五名的优异成绩。

四川警察学院升旗仪式

【校园文化建设】 强化先进典型引领，围绕黄大年、廖俊波、印春荣、张劼和英雄校友蔡松松、贾巴伍各及全国公安系统英雄模范，组织开展系列学习宣传活动。举办“两学一做”学习教育先进典型事迹报告会，开展第二届“警院好人”评选，组织青年教师赴张思德培训学院开展党性锻炼，通过假期集中培训、道德讲堂等形式加强师生的思想引导。严格按照“一会一报”的规定，审批讲座、报告会21场，签发《新闻舆论工作动态》38期，微博、微信平台影响力持续提升，始终居于同类院校前列。

【教育综合改革】 制定完善了教育综合改革项目实施方案及项目管理、督办和信息报送等制度，组织完成2017年度省公安厅下达重点调研课题任务，形成相关智库报告11项。做到年初有计划，半年、年度有总结，有形势分析报告，全年上报半月报24期，采编信息40余条，完成简报27期，在省教育综合改革第三批试点项目信息报送中排名第一，通过四川省教育综合改革试点项目2017年督查评估，成绩良好。《人民公安报》《公安部政工简报》《人民网》等刊载有关学院教育改革的文章。

【招生就业】 2017年共完成普通高考招生1253人，其中少数民族预科生47人，新生报到率达

98.7%，公安类专业新生报到率达99.9%。生源质量继续大幅提升，超省控一本分数线的公安专业新生达301人，较2016年翻一番，占比达33%。开展就业创业指导和服务，学生就业形势持续向好，全年毕业2001人，就业1813人，年终就业率90.6%。其中公安专业毕业492人，入警374人，入警率76.02%，组织学生参加公安院校联考及面试、体测等相关工作有序顺利。48名毕业生考取硕士研究生，较2016年增长28%，其中14人考入“985”“211”院校，创造了建校以来考取研究生人数最多、考入重点大学人数最多的纪录。303人报名参加全国司法考试91名学生获A证，127人获C证，通过率达71.9%，远远高于国家平均水平。

【学生活动】　学院组织多名学生参加“挑战杯”“蓝帽杯”“互联网+”等国家级、省级科技创新竞赛获得多个一、二等奖项，取得历史最好成绩。大学生创新创业训练计划项目国家级立项24个，省级立项43个。学院辩论队参加全国首届大学生禁毒辩论赛挺进八强，是进入八强的唯一公安院校；金盾警乐团赴上海参加全国第十一届非职业优秀（行进）管乐队展演获得大学组一等奖；警官艺术团、合唱团参加四川省第八届大学生艺术展演活动3个节目全部获得一等奖，取得建校以来的历史最好成绩，纪念英雄校友蔡松松的舞蹈《生命的托举》被省教育厅选定代表四川参加全国大学生艺术节。

【本科人才培养】　全年完成185个区队、663门课程5万余学时的教学任务。组织各类考试16次共79场，参考3万余人次。组织学生实习1974人、见习1940人，毕业论文（设计）1620人，真题真做比例达70%以上。持续加强教学质量监控，教学督导听课250余节，开展集中教学检查9次，发布教学督导简报7期。继续通过第三方开展毕业生追踪调查，完成年度教学基本状态数据采集和2016—2017学年本科教学质量报告。召开第三届本科教学工作会，大力推进校外实践教学基地标准化建设。启动本科教学审核评估工作，召开全院动员大会和专题培训会，印发执行工作实施方案。

【研究生教育】　“服务国家特殊需求警务硕士专业学位研究生试点项目”验收评估工作顺利完成；申请增列硕士学位授予单位和专业学位授权点工作取得重大突破，通过国务院学位委员会审核，成为第一所拥有硕士学位授予权的省属公安院校。

【科研工作】　全年发表学术论文128篇，其中核心期刊24篇，出版学术专著4本。组织各级各类科研课题申报138项，独立取得公安部、省科技厅、省社科联、省教育厅、泸州市社科联等课题立项55项，合作取得国家自科基金项目1项；“公安派出所基础工作考核系统”获国家版权局计算机软件著作权证书；申报省教育厅第十二次社科评奖、泸州第十四次社会科学优秀成果评奖43项；编辑出版《四川警察学院学报》6期、《预审探索》4期，《学报》重点打造“藏区社会治理”和“刑事侦查”栏目，在第三届四川省社会科学学术期刊评奖中蝉联“特色期刊”奖。组织评选校级教学成果奖45项，参加第八届高等教育四川省教学成果奖评选分获一、二、三等奖各1项，实现了升本以来省政府教学成果奖一等奖、二等奖零的突破。

【“战训合一”工作】　充分发挥公安部警务实战训练四川基地、省厅战训基地和省人社厅专业技术人员继续教育基地功能，服务国家安全大局战略需求，全年举办西藏和四省藏区公安机关警务实战教官培训班、“三省两铁”教官培训班、外警培训班、反恐防暴培训班、全省市县两级公安机关领导干部专题学习暨指挥决策能力提升培训班、全省“战训合一”定期培训班等各级各类培训班45期，培训学员5131人次。承办全省教官大比武、全省公安宣传队伍川南片区大比武等活动，派出5名专业干部全脱产进驻省厅515基地，全力服务支撑全省公安民警培训工作。

【社会服务工作】 全力参与泸州市全国文明城市创建工作，组建1453人的大学生文明志愿者队伍走上创文前线，开展交通指挥、行人劝导、环境维护、群众帮扶等志愿服务工作，劝导、制止不文明行为64890人次，被评为“创文先进单位”。近两千名师生参与执行成都国际马拉松、中国国际酒业博览会、泸州市“五月的花海”青春盛典等多个大型活动的安保任务，组建516人师生警队赴福建厦门千里增援金砖国家领导人第九次会晤安保工作，荣立集体二等功，278人受到当地公安机关表彰。

【对外合作办学】 持续推进与省厅各警种、各地公安机关的校局互动工作，构建“工作问题共商、警务资源共享、理论课题共研、师资队伍共建、公安人才共育”人才培养共同体。与四川大学、西华大学、四川民族学院等高校就就加强人才培养、学科建设、师资建设、课题攻关等达成合作意向或签订合作协议；全年与中国人民公安大学、中国刑事警察学院、南京森林警察学院，江苏、浙江、吉林、云南、重庆等省（市）公安院校开展互访交流100余人次。与泸州老窖股份有限公司签订“金盾奖”捐赠协议，从2017年至2026年，公司每年向学院捐赠60万元，总额600万元，用于“金盾教学名师奖”“金盾科技创新奖”“金盾青年英才奖”“金盾突出贡献奖”的优秀教师评选，进一步激发广大教学科研人员的积极性和创造性，助力学院教学科研工作再上台阶。首次承办公安部外警培训项目，完成巴布亚新几内亚要人警卫培训班15人（20天）的培训工作，这是四川公安历史上首次承办公安部国际执法培训项目。

【负责人】 四川警察学院党委书记：张光华；党委副书记、院长：伊良忠；党委副书记：吴健强；副院长：陈真、周长明、卓义才（8月起）；政治部主任：唐雪莲（女）。 （李春凤）

泸州职业技术学院

【概况】 泸州职业技术学院现有14个二级教学单位，开办各类别高职专科教育专业39个，拥有全日制在校生9339人。有教职工490人，其中专任教师395人。专任教师中，教授29人，副教授等副高职称教师97人，博士、硕士学位人员272人，常驻外籍教师2人；各类“双师型”教师263人。拥有省级突出贡献专家、省级学术和技术带头人后备人、市级学术和技术带头人、市级拔尖人才等20余人，省级优秀教学团队2个。建立由200多名行业企业专家、技术能手组成的兼职教师资源库。

【四川省优质高职院校创建成功】 2017年12月，获四川省教育厅批准成为四川省优质高等职业院校建设单位。

【师资队伍】 2017年学院引进博士研究生1人，硕士研究生23人；4名教师获得教授任职资格，10名教师获得副教授任职资格，学院专任教师中教授达28人，副教授、高级工程师等副高职称教师111人，博士、硕士学位人员263人。全年选派65人次参加各类业务培训，其中选派教师26人次赴德国培训。组织评选2017年度学院“十佳教师”1人、优秀教师29人、优秀教育工作者18人、优秀辅导员9人。2人获泸州市优秀教师称号，2人获泸州市优秀班主任称号。

【教学科研】　全年组织开展教学研究课、示范课及青年教师优质课竞赛活动共170节；开展学生教学质量评价问卷16万余份，同行教学质量评价问卷4000余份，教师评学问卷3800余份。2017年度，学生对课堂教学质量总体评价达优秀水平。修订完善《科技成果转化管理办法》《科研院所管理办法》《横向科研项目及经费管理办法》等6项管理制度。2017年度省、市级科研项目立项72项，院级课题立项24项。获得专利12项，其中发明专利1项，实用新型专利10项，外观设计专利1项。科研到账经费整体较2016年度有大幅度提高。依托院内设立的四川省白酒产业技术研究院，自身主导的泸州机械产业技术创新战略联盟和泸州市信息产业技术创新联盟，切实开展科研工作。启动开展泸州市白酒文化普及基地和泸州市非遗文化普及基地网站建设工作。

校园一角

【招生就业】　1. 2017年省教育厅下达学院招生计划2975人，录取新生3548人，实际报到3143人，新生报到率88.59%，新生报到率再创历史新高。2. 切实开展就业指导，面向定向班学生开设企业文化课，将企业文化带进课堂，提升学生归属感；拓展就业渠道，实现毕业生充分就业，推进校企合作定向培养，建立就业“一对一”帮扶机制。2017届毕业生2949人，就业率达97.27%。

【大学生创新创业】　院内初步建成大学生创新创业孵化园，入园孵化项目36个，入园企业8家，申报为泸州市大学生创新创业孵化园。全年开展SYB培训18期，承办市级大学生创新创业大赛初赛1场，开展政策宣讲6场，校内外专家进校园交流活动16场，创业学生校际交流座谈活动1场，创业成功学生返校经验交流会1场，创业学生外出参加创业交流活动3场。

【国际合作交流】　1. 选送院级领导参培国家教育部“千名中西部大学校长海外研修”加拿大高职团、四川省人社厅“高技能人才政企校协同培养机制与激励政策”德国培训团，有效提升学院领导班子的国际化视野。2. 开展中德“机电一体化师”“精密机械加工师”合作项目本土化改造。选派机械系专任教师赴德培训，24人成功获取HWK考官证书；2015届建制班学生HWK中期考试通过率100%；遴选中德班优秀学生第一批21人赴德国德累斯顿工业大学开展为期两周的交流学习。

【社会服务】　学院面向泸州开展保密培训、军警培训、村干部培训、老少边穷地区职业技能培训、农村转移劳动力培训、SYB创业培训、企业行业员工素质再提升培训等；拓展开展车工、汽车修理工、电工、白酒酿造等工种技师、高级技师职业技能培训及鉴定工作，全年为地方开展人员培训和职业技能鉴定共7000余人次。

【负责人】　泸州职业技术学院党委书记：何杰；

党委副书记、院长：贺元成；副院长：彭涛、徐波、张直明、卢世伦；党委副书记、纪委书记：张爽（女）。（胡　蒙）

四川化工职业技术学院

【概况】　四川化工职业技术学院2017年在校学生7760余人，教职工500余人，专任教师365人，专任教师中教授、副教授（高级职称）100余人，“双师型”教师260余人。2017年学院设化学工程系、制药与环境工程系、机械工程系、自动化工程系、信息工程系、经济管理系、基础教学部、思政部。2017年被四川省教育厅评为优质高职院校建设培育学校。

【专业建设】　2017年，学院三个省级重点建设专业建设均顺利通过验收，申报成功工业机器人技术、大数据技术应用2个专业，新开设软件专业（VR方向）；同时，加大对老专业的改造。

【课程建设】　建成院级精品在线开放课程20门并在爱课程平台运行，2门获得四川省教育厅认证为省级精品在线开放课程，3门认证为省级创新创业在线课程。

【师资队伍建设】　1. 推动学历职称提升工程，支持36名教师攻读硕士（博士）学位；2. 继续实施校企互培共育双师工程，组织200余人次的教职工参加下厂锻炼、认证培训和专业知识培训，组织近50名教师参加职业技能培训；3. 推动名师工程，1人被评为泸州市第四届酒城英才，1人被评为泸州市第七批学术技术带头人。

【实训基地建设】　学院高分子材料工程生产性实训基地、基于智能制造的电类生产性实训基地——白酒智能包装生产性实训基地、汽车维修（含新能源汽车）生产性实训基地立项为省级生产性实训基地建设项目，被教育部石化行指委立项为创新发展行动计划生产性实训基地建设项目。加强校内实验（实训）室的日常管理，完成新实验实训设备的采购、安装调试、验收等工作，还做好设备维护保养工作，努力提高实训（验）设备利用率。继续落实实验实训室建设规划，强化校内、外实习实训过程管理，对全院校外顶岗实习学生进行全覆盖的巡查指导，确保顶岗实习的安全。

【创新行动计划】　学院获批四川省创新发展行动计划（含优质高等职业培育学校建设项目）8类17个项目和10项任务，承接教育部石化行指委创新行动计划6类6个项目和4项任务。

【教育教学改革】　1. 在测绘地理信息技术、酒店管理、机械产品检测检验技术、高分子材料工程技术4个专业继续开展四川省现代学徒制试点工作，继续探索和实践校企联合招生招工制度、校企共同开发教学资源等更加科学的教学管理与运行机制。2. 探索和实践适应当前学生特点的教学方法和教学手段，继续在全院37门课程中推进学院凝练的“练学思拓”能力训练模式并进一步完善，推进项目化教学、理实一体、微课、慕课等教学改革。3. 大力实施网络课程教学，在12门课程开展线上线下“混合式”教学改革。

【学生获奖】　学院学生参加“全国职业院校高分子材料创新创业大赛”获两个团体一等奖和一个团体三等奖；参加“第三届全国高分子材料专业技能竞赛”获团体一等奖；参加“全国精细化工技术技能大赛”获团体三等奖。2017年共获得国家级比赛一等奖1项，二等奖1项，三等奖1项；省级比赛一等奖5项，二等奖11项，三等奖10项；行业比赛一等奖3项、二等奖4项、三等奖7项。

【教科研工作】 1. 继续保持院级立项课题数量。2017年度院级获准立项项目48项，项目资助经费23.6万元。2. 纵向科研项目立项继续提升。成功申报立项市（厅）级项目32项（省教育厅16项，市科技局3项、市社科联10项，其他市厅级项目3项），比2016年增加12项，增长60%。3. 教科研成果获突破。教师撰写科研论文78篇，其中SCI2篇，CSSCI1篇。主动参与四川省教学成果奖申报，向省教育厅申报的“建设现代化工生产性实训基地——创新化工技术技能人才实践教学模式”“探索‘会—站—室’校企合作创新机制的研究与实践”2个项目均获得四川省教学成果三等奖，学院在省级教学成果奖上实现首次突破。

【校企合作】 与优质企业开办定向班，探索校企合作的高职人才培养新模式，继续开办“海大定向班”“京东方定向班”“丰泽园现代学徒制定向班”“空间信息现代学徒制定向班”；2017年度与金发科技和永荣科技2家企业开设2个定向班。

【招生就业】 2017年，全院录取新生2980人（含五年制转录新生84人），报到2630人，报到率88.26%。截至12月31日，学院2017届毕业生2393人，签约2349人，毕业生就业率为98.16%，远高于同类职业院校毕业生就业率；2018届2653名毕业生，一次性签约人数2020人，签约率76.14%，比2016年同期增加12.36%。

【创新创业】 学院制订《大学生创新创业俱乐部建设方案（试行）》《大学生创新创业学分认定管理暂行办法》等规章制度，构建学校为主导，学生为主体，企业、金融机构、风险投资机构和创业导师等多方参与的大学生创新创业俱乐部建设和运营体系。组织项目参与各类比赛，组织2个项目参加“峰云谷杯”四川省第三届“互联网+”创新创业大赛，分别获得银奖和铜奖；组织参加第四届“创青春”四川青年创新创业大赛暨第八届高校毕业生创新创业大赛，获得二等奖1项，三等奖1项，在全省高职高专院校中名列前列。

【负责人】 四川化工职业技术学院院长：杨宗伟；副院长：蒲开伦、苏建智、王志斌、文申柳；纪委书记：陈淑娟（女）。 （吕松洋）

泸州市职业技术学校

【师资队伍】 学校有教职员工345人，在编教职工中党员125人，专任教师246人，中高级教师89人，“双师型”教师达80%，全国优秀教师、师德标兵3人，省级优秀教师5人、市级学科带头人27人、市级名师10人。有离退休职工（含大集体3人）147人，其中党员63人。

江阳区况场镇幼儿园

有全日制在校学生5683人（其中藏区“9+3”学生30人），非全日制本专本科学生1031人。每年毕业生就业率达98%以上。

【专业设置】 开设有12个专业。其中，省重专业3个：会计电算化、服装设计与制作、电子电器应用与维修；市重专业4个：学前教育、旅游服务与管理、中餐烹饪与营养膳食、汽车运用与维修；以及楼宇智能化设备安装与运行、航空服务、电子商务、机械加工技术、计算机平面设计5个专业。与泸州职业技术学院、四川西南航空职业学院联合举办汽车运用与维修、航空服务五年全日制大专，与四川大学、西南财经大学联合开办网络成人大专本科学历教育。学校以校企合作、产教融合为办学模式，以工学结合、就业升学并举为人才培养机制，基本形成中职、五年一贯制大专、成人本专科教育、社会培训四位一体的办学体系。

【教学质量】 2017年，文化课统考市教科所综合成绩分析位居三所国示学校第二名；升学成绩位居三所国示学校第一名，单招参考486人、录取411人、录取率84.6%，对口高考参考136人、上线专科77人、本科26人。荣获市教育局教育质量综合考核一等奖。2015级1241名学生参加职业技能鉴定，四级以上合格1207人，合格率97.26%。学生参加市第十三届技能大赛荣获交通运输类团体一等奖、信息技术一类和旅游服务一类团体二等奖；参加市第五届文明风采大赛获单项一等奖10个、二等奖16个、三等奖37个。22名学生参加2018年四川省中职学校学生技能大赛，是泸州市参赛项目最多的学校，获得服装设计一等奖1个、三等奖1个；汽车维修二等奖2个；电子商务团体、会计团体、职业英语三等奖。12月，创建为四川省艺术教育特色示范学校。

【教育科研】 2017年，举办公开课124节，主（承）办市级教研活动4次，147名教师参加市级教研活动。组织教师参加各级各类培训424人次，其中市级网络培训216人、市级培训86人、省级培训111人、国家级11人。立项市级课题3个，结题3个。申评市级立项课题11个，《中职校本研修制度建设的研究》课题阶段成果获省级一等奖。学校牵头负责的中职学前教育、汽修专业中高职一体化衔接改革成效显著，正式出版发行教材4本，完成专业核心课程标准学前专业8门、汽修专业5门。中高职一体化衔接改革获2017年省级考核“优秀”。教师优秀论文获奖22篇，其中省级三等奖2篇，市级一等奖4篇、二等奖6篇、三等奖10篇。教师参加市级专业技能比赛，获单项奖10人、团体二等奖1个，其中个人一等奖5人、二等奖4人、三等奖1人。教师参加说课、微课比赛获奖32人，其中，全国一等奖1人、三等奖1人，省级一等奖1人、二等奖1人、三等奖1人，市级一等奖3人、二等奖2人、三等奖4人，校级一等奖5人、二等奖7人、三等奖6人。体育教研组教师在市直属学校教师基本功技能大赛中，荣获团体第一名。制定学校《教学工作诊断改进制度建设与运行方案》，各项教学诊改工作按照方案有序推进。泸州市教育综合改革项目现场督查评估（市直属学校）会在该校举行。

【招生就业】 1. 招生。2017年招收新生2102人，其中，400分以上学生427人、500分以上学生3人，“3+2”五年制高职汽修专业招生121人、航空服务专业招生46人。西南财大、四川大学网络本专科招生302人。2. 顶岗实习。建立顶岗实习对标管理流程，确保三到位，即政策执行到位、规范落实到位、过程管理到位。2017年学生897人参加顶岗实习，组织开展顶岗前专题讲座6场，企业双选面试30场。统一组织安排学生586人前往北京、天津、上海、浙江、安徽、重庆、成都和泸州本地等35家企业进行顶岗实习。3. 社会服务。举办各类培训1098人，其中，培训企业员工501人，失业人员75人，农民工502人，退役士兵17人，师生参与企业技术服务109次。同时学校为泸州市人社局、各类企事业单位提供各类考试服务1万余人次。4. 就业。2017年，毕业生1541人，就业1518人，就业率为98.51%。在就业学生中有65.87%进入民营企业服务，26.88%进入国有企业事业单位服务，7.25%进入外资企业服务；就业学生中到三产就业比例65.14%，二产就业比例34.86%。对口升学533人，对口升学学生数占毕业生总数34.65%。

【校企合作】 2017年，学校与泸州老窖公司针对建档立卡精准扶贫家庭联合开办“众爱班”；与泸州金山电梯公司联合开办楼宇智能化专业；与四川西南航空职业技术学院校联办航空服务大专班；与天津新煮意企开展订单培养，订单人数448人，较2016年增长51.3%。

【贫困学生资助】 1. 对于建档立卡贫困学生实施”“两免两送一帮扶”。两免：每人每年免除书本费400元，免除体检费15元；赠送校服160元，赠送保险60元；一帮扶：每位党员干部帮扶一名困难学生。2017年两免两送一帮扶”受益学生114人。2. 对不是建档立卡的贫困学生，学校制定《贫困学生资助办法》。执行国家免学费政策，享受2000元国家助学金，免除住宿费。每年每人减负2635元（总计减负30.039万元/年）。党员、非党员老师与贫困学生开展手拉手、捐款、捐物活动，鼓励学生学好技艺。学校为贫困学生在校园超市、食堂提供勤工俭学岗位36个，近100名学生免费用餐。

2017年学生资助情况

免费教育（万元）	国家助学金		校奖学金		社会助学		学校助学	
	人次	金额（万元）	人次	金额（万元）	人次	金额（万元）	人次	金额（万元）
1416.48	16713	334.26	10	0.5	400	17.58	1000	22.32

【负责人】 泸州市职业技术学校党委书记、校长：陈熙华；副校长：熊明亮、王晓健、李安琼（女）；党委副书记、纪委书记：陈飞。

（涂勋友）

泸州广播电视大学

【成人学历教育】 学校成人学历教育办学规模保持稳中有升态势，2017年中国开放大学招生1129人，比2016年同期增长25%。全校有中开本、专科在籍生5000余人。通过奖学金评选、学生座谈、“电大”杯技能竞赛、“微电影”“摄影”比赛，“文明礼仪月”“唱响电大网络歌手比赛”等活动载体丰富成人学生的校园文化生活，不断提升成人学生的归宿感和专业技能。

【社区教育】 学校构建以泸州社区大学为龙头，区（县）社区教育学院、街道（镇、乡）社区教育学校、社区（村）社区教育学习中心的立体化四级网络体系。2017年，合江县和纳溪区相继出台推进社区教育工作实施意见，成立社区教育工作领导小组和社区教育学院。截至年底，全市建成县级社区教育学院3个（泸县、合江县、纳溪区），乡镇社区教育学校20个，村（社区）级社区教育中心320个。学校围绕泸州市“创建全国文明城市”这一中心工作，充分发挥社区教育的功能和作用，融入文明创建，助推社会治理。开展“6·1乐学堂”，年均培训3万余人次；4050家政服务培训，累计培训1000多人；“爱·系列”课程，年均培训2万余人次；“一校一品”社区教育特色实验项目，通过专家审核。与市妇联协同推进“精彩人生·女性终身学习计划”项目。采用线上+线下模式开展家政、农村电商、养殖种植等培训，“女性享学吧”平台资源线上注册学员3000人，线下培训2000余人。持续推进《社区大学服务学习型城市建设改革实验》，形成《“同心筑梦”社区教育参与社区治理成效报告》和“赵嬢嬢的社区人生”“社区学电脑，农村老年人也能‘玩’出彩”“学习，让生活更美好”“舍小家，为大家——‘救火队长’沈晓友”等社区教育参与社区治理的经典案例。成功举办“泸州市2017年全民终身学习暨社区阅读文化活动周”系列活动。

【综合实践教育】 学校接待江阳区八年级学生24期，49所学校，385个教学班，14581人。在已有课程基础上，推出真人CS、陶艺、包水饺、剪纸、包水饺等5门新课程。坚持以“引进来·走出去”的方式开展教师培训，每名教师具备2至3门综合实践课程的教学能力。16名教师参与中高级拓展师培训并考试合格，3名教师获得高级拓展师资格证，13名教师获得中级拓展师资格证。

【获奖情况】 学校获评四川省“优秀成人继续教育院校”，获评泸州市创建全国文明城市工作先进集体；学校社区教育项目“乐学大课堂”获评全国“终身学习品牌项目”，“农村学校创客阁”“百和莲枪非遗传承”“家庭应急救护”获评四川省“终身学习品牌项目”，“4050家政培训”“6·1乐学堂”获评四川电大首批社区教育特色项目；张邦奎获评泸州市“优秀第一书记”。

【负责人】 泸州广播电视大学党委书记：张燕（女）；校长：彭兵；副校长：谭沁、刘潮江、涂红霞（女）。（赵小容）

文化体育·新闻出版·广播电视

文　化

【概况】　2017年，市文体广局在体育方面：荣获“全国群众体育工作先进单位”表彰，泸州市先进代表在天津受到习近平总书记亲自接见；文化方面：“手机移动执法”被文化部授予“全国试点城市”，在第六届中国成都国际非物质文化遗产节上被省人民政府表彰为组织工作先进集体；新闻出版广电方面：“智慧广电、媒体融合、版权登记”3项工作，在全省大会上交流泸州经验。文化部副部长项兆伦调研泸州“非遗”主题馆。承办1次国际赛事、1次国际研讨会、2次国家级研讨会、5次省级活动，引进经典剧目10场。

市委常委、宣传部部长鞠丽在2017年国际诗酒文化大会·草堂国际诗会上致辞

【文化产业规划】　出台《泸州市文化产业发展规划（2016—2020）》，预计2020年实现全市文化产业收入占GDP比重5.5%左右，市级文创园区使用面积超过200万平方米，集聚企业数量超过1000家；出台《泸州市中心城区公共文化服务设施布点专项规划（2016—2030年）》，预计2030年，主城区公共文化服务设施点位达606个，其中市区级112个，街道社区494个，实现主城区公共文化服务设施全覆盖；出台《泸州市中心城区体育设施布点规划》，新增区级点位7个、社区级点位231个。

【文化产业发展】　全力推进首批国家文化消费试点工作，确定“114”试点模式，52家文化类型企业参与试点，被文化部通报表彰“试点工作进展较好城市”（四川唯一），全国排名第8位。支持产业转型升级，完成文化产业孵化园4000平方米闲置空间利用，创建“线上线下”文创交易平台。全市文化产业营业收入244.6亿元，同比增长18%，其中市电台1735万元，同比增长20%；市电视台

4448 万元，同比增长 3%；11 家规模以上印刷企业 12.17 亿元，同比增长 23.8%；电影票房 7253 万元，同比增长 15%；体彩销售 1.42 亿元，均创历史新高。以自贸区建设为载体，招引注册企业 17 家，超目标任务 240%，注册资金 4.2 亿元，超目标任务 740%。60 版销售 531.9 万元，同比 2016 年 323 万元，增长 65%。上争资金 2.18 亿元，完成率 105%。

【民生工程全面达标】 泸顺起义旧址陈列馆超常规、超进度推进，提前开馆；下一代有线电视网络超进度推进；市博物馆展厅改展、泸县宋代石刻博物馆、文化艺术中心投入使用。建立文体广系统储备项目库，入库项目 45 个，主动参与“天下川江国家文化公园”“学士山文创产业园”规划建设。1. 文化方面：完成 149 个贫困村文化室建设，占全年任务 100%；全市 9 个图书馆、8 个文化馆、128 个乡镇综合文化站、2 个美术馆、2 博物馆纪念馆实施免费开放，开放率 100%。2. 体育方面：免费开放体育场馆体育锻炼 121 万人次，占全年任务 134%；资助业余训练贫困学生运动员 80 人，占全年任务 100%；全市新建一条健身路径的社区数 70 个，占全年任务 350%；全市新建 1 个标准篮球场的行政村数 80 个，占全年任务 100%。3. 新闻出版方面：农家出版物补充更新 1341 个，占全年任务 100%；完成贫困村阅报栏建设任务 149 个，占全年任务 100%。4. 电影方面：免费放映农村和社区公益电影 17286 场次，占全年任务 107%；完成农村固定放映点建设任务 22 个，占全年任务 100%。5. 广播电视方面：完成应急广播村村响 250 个，占全年任务 100%；完成电视户户通工程建设 21514 户，占全年任务 100%；完成下一代有线电视网建设 5 万户，占全年任务 100%；完成有线电视宽带网络 19233 户；完成 1 个县级应急广播台建设，占全年任务 100%。

【文体活动】 承办 ITF 国际男子网球巡回赛 16 天，26 个国家和地区近 100 名职业球员参赛，泸州成为除成都外第一个举办国际网球赛事的市州。承办“宋代石刻与宋代社会文化”国际学术研讨会、中国龙文化峰会、“泸顺起义——中国共产党武装起义的先声”学术研讨会，影响巨大。承办全省戏剧调演、全省舞蹈新作比赛、全省高端舞蹈人才培训班等省级活动 5 次，引进演出近 30 场次，引进《白毛女》《梁祝》等剧目 10 场。开展“醉美泸州·百姓舞台”周末剧场、“泸州河”川剧驻场演出、农民演艺大舞台以及青少年网球比赛、端午民俗文化旅游活动周等本土品牌活动 300 余场。

【广电传媒创新发展】 加快“高清泸州 智慧广电”建设，获批首批高清四川智慧广电示范城市，高清智能终端普及率达 50%，公共无线 WiFi 视听项目达 150 个，多媒体信息平台推广应用达 30 个小区，4 个县广播电视台建成手机客户端，努力建设市电视台新闻综合高清频道。《铁血护国之青年朱德》即将在中央电视台黄金时段播出。市电台、市电视台在省级以上媒体发稿量持续保持市州前三名。

【文脉传承】 争取到文化资源保护资金 2000 余万元。推动叙永石厢子会议旧址、古蔺四渡赤水战役战场等列入国家“长征·红色记忆工程”。组团参加“第六届成都国际非遗节”，泸州作为除成都以外，唯一设立分会场城市。完成《泸州老窖国窖文化旅游公园项目总体概念规划》《茜草工业遗址概念性规划》《古蔺县太平镇四渡赤水纪念地规划》等编制，起草泸州市历史文化保护领域第一部地方性法规——《泸州市白酒历史文化保护条例》。启动沙湾古街整体保护开发，规划投资 90 亿元，占地 1300 亩，依托泸州城市历史文化记忆及酒文化，打造独具地域风情的文化旅游街区。

【文化精准扶贫】 投入4000余万元完成149个贫困村文化室建设任务，实现有文化室、有室外活动场地、有宣传栏、有成套文化器材、有成套广播器材、有图书等“六有目标”。安装完成建档立卡贫困户有广播电视26348户。

【市场监管】 抓好重点场所、重点领域、重点区域的市场整治，推进“扫黄打非”、五大专项行动及文化、新闻出版、广电市场等专项治理13次，狠抓文化安全，规范经营秩序，推动文化市场健康繁荣发展。全年市、区县文化市场综合执法队伍共出动检查人员19475人次，检查各类文化经营场所7810家次，受理举报登记9件，责令改正53家次，办理案件242件（办理一般程序行政处罚案件206件、简易程序36件），责令停业整顿3家次，吊销许可证1家，罚款24万元，取缔经营场所38家（含黑网吧、出版物发行），收缴电脑设备200台，收缴非法物品34342册（件）。开展“双随机一公开”、歌舞娱乐场所三年攻坚、综合执法改革等工作。

【安全生产】 开展安全生产大检查和安全隐患大排查大整治，将文化市场、新闻出版市场、文体活动、重点场馆、文物古建筑、施工场地、广播电视系统等列为重点检查对象，开展13次专项行动，建立安全台账实行闭环销案管理。全市检查经营单位7420家次，出动执法人员18529人次，发现安全隐患531个，责令现场整改414个，限期整改117个，办理一般程序行政案件199件，停业整顿3家、吊销许可证1家、取缔非法经营场所32家。发挥广播电视主流媒体优势，对全市安全生产宣传日、安全生产应急演练、安全生产先进典型等进行宣传报道，播发涉及安全生产消息126条，新媒体“泸州网”共刊发安全生产新闻325条，播出安全生产公益广告4条计2622条（次）；安全生产视频公益广告8组，提示类音频公益广告5条，平面公益广告3幅，发放文明上网提示卡420余份，现场讲解文明上网、安全用网知识60余次，制作播出公益广告1.5万条（次），营造“平安泸州”良好氛围。

【版权工作】 牢固树立“保护版权就是发展经济”的理念，贯彻《国家知识产权战略纲要》，切实落实“大众创业，万众创新”发展战略，推进作品创作健康发展，营造良好的保护知识产权的社会环境，抢抓泸州市创建国家知识产权试点城市的机遇，争取市财政资金扶持鼓励版权登记工作，建立“1573”版权登记网络体系，即1个市级初审登记平台、5所高校咨询点、7个区县登记点和3个园区服务点，将版权咨询、版权宣传、版权登记等职能向基层延伸、向社会拓展，2017年全年登记作品6515件。

【新闻出版管理】 完成139家印刷企业年度年度报告工作，全市印刷业257921万元，比2016年增加14.56%；利润总额22366.16万元，比2016年增长16.37%；工业增加值46243.05万元，增长0.27%；营业税金及附加2423.97万元。印刷总产值超过5000万元的印刷企业有16家，增加5家，工业总产值189934万元，增长30.34%；利润总额11094.87万元，增长18.45%；工业增加值31739.38万元，增长45.46%。营业税金及附加1544.81万元。与各印刷企业签订《印刷企业遵纪守法和安全责任书》，全市出版物发行单位322家（含15家邮政系统发行单位、321家书刊音像零售单位、1家网上书店），2017年全市发行单位出版物销售总额为3590.65万元，比2016年减少18.41 %；利润总额863.37万元，比2016年减少19.35%。完成20家连续性内部资料出版物初审和8家公开发行报刊初验。完成新闻记者证2017年度核验工作，参与核验的记者共257名，通过核验人员246名。获全国示范农家书屋1个，获农家书屋全面建设十周年先进个人1名，获全国优秀农家书屋管理员1名。

【“扫黄打非”工作】 举行“2017年侵权盗版及非法出版物集中销毁活动”，集中销毁全市收缴的盗版图书、报刊及音像制品17535册（书报刊15008本，光碟2527盘）。

【负责人】 泸州市文化体育新闻出版广电局局长：王毅；副局长：李林、钟明权、向立、王丽莎（女、9月起）、游泳（6月止）；纪检组组长：王正荣（11月止）、林海霞（女、11月起）；机关党委书记：何自慧（女）。

（伍声军 徐 佳）

泸州日报社

【概况】 2017年《泸州日报》出版300期、1838个版；新媒体6个平台用户突破100万。全年未出现政治性差错，确保新闻宣传立场坚定、导向正确。

【宣传服务】 宣传中共十八大、省第十一次党代会、市第八次党代会以及泸州市经济社会各方面取得的辉煌成就，全年刊发稿件1467条，超任务667条；宣传中共十九大、全国和省市两会精神，刊发稿件1800多条；宣传贯彻习总书记参加四川代表团审议时重要讲话精神，全年发稿426条，超任务226条；宣传坚定不移推进全面从严治党，全年发稿593条，超任务293条；突出宣传脱贫攻坚“头等大事”，全年发稿1846条，超任务846条；宣传“决胜全面小康、建成区域中心”，突出项目投资攻坚年等主题；宣传创新融合、党风廉政建设、核心价值观、依法治市、三抓三主动、综治维稳、安全生产等重大主题。在国家级、省级主流媒体分别上稿73件、60件，分别超任务68件、25件；10件作品荣获四川新闻奖，其中一等奖3件；8件作品荣获省副刊奖。全年《舆情内参》报送24条，采用9条。

【助力泸州创建全国文明城市】 在纸媒开设专栏30多个，动态宣传与深度报道、评论配合，文字报道、图片图表解读与公益广告结合，正面宣传与曝光引导结合，做到持续宣传不断档，天天都有新亮点，平均每天发稿18篇以上，每月刊发公益广告4个整版以上。其中1月18日《创文年历》连二版、3月11日《决战创文之颠—2017创文全民攻坚战作战图出炉》连二版、5月20日3个版《创文实地测评标准》等策划受到市委领导表扬。新媒体推出创文红包答题活动，超过100万市民参与。推出《爱要大声说出来》，引导市民说“非常满意”。推出《〈幸福中国白皮书〉发布丨泸州排名第一！为最幸福城市！》，获得10万+阅读，创文成功稿件也获得30万+阅读。推出为礼让斑马线司机点赞等系列创文视频，推出创文实地考察点位标准H5，成为全市干部职工创文实用宝典。强势的版面、接地气的新媒体语言。

【媒体融合】 狠抓媒体融合，搭建、完善融媒体平台，致力于新技术运用，推出报纸、特刊、手机报、微博、微信、客户端、新闻网七大平台。与人民日报社签署《全国党媒公共平台入驻合作协议》，与新华社签署现场云合作协议，与四川日报签署党报党端战略合作协议。全年推出点击量10万+的新媒体稿件4条、点击量超过5万+的新媒体稿件4条，分别超额2条、1条完成目标任务。《看见泸州》等微信新媒体矩阵用户数量粉丝增长率15.27%，超额5.27个百分点完成目标任务。新技术应用有新亮点：引进新华社现场云，购置无人机、视频编辑平台；直播成标配，H5、360°全景航拍广泛应用于新闻报道中。

【川江号客户端打造】 整合“两报一网”资源，全力打造川江号客户端，8月1日正式上线运行。截至年底客户端安装用户突破4万。截至12月25日，川江号发布新闻4851条，日均30条左右，发稿量在全市新媒体中排名第一。

【荣誉】 2017年，泸州市日报社被中国报业协会评为中国城市党报最具传播活力媒体；川江号新闻客户端项目被评为四川报业发展创新项目优秀奖；被团省委评为五四红旗团支部；两报一网推荐参评“名编辑”“名记者”4名。

【负责人】 泸州日报社社长、总编辑：彭祖平（女）；副社长：刘界平、胡波、陈红；副总编辑：何晓渝（女）、张涌；纪检组组长：刘亚梅（女）。 （杨基德）

泸州市人民广播电台

【概况】 2017年，泸州市人民广播电台三个频率安全播出时间16190小时，没有出现人为的或是重大的安全事故，其中自办节目播出新闻类稿件38621件（包括《泸州新闻》《记者行动》《970特别关注》《整点新闻》《区域纵横》）。有30多件作品分获中央、省、市优秀好新闻作品奖；传统媒体新闻作品在省级以上媒体发稿421件，其中在中央人民广播电台用稿110件，名列全省地市级电台发稿数第一，在四川电台发稿311件，名列全省地市级电台发稿数第二。对接人民网、凤凰新闻、网易新闻、今日头条、搜狐新闻、腾讯新闻等国内主要新闻网站和客户端，采用稿件2420条。开设“聚焦省第十一次党代会”“牢记总书记重托推动治蜀兴川再上新台阶——学习贯彻省第十一次党代会精神”“聚焦市两会”“市两会特别报道”等专栏。狠抓“决胜全面小康、建成区域中心”“督查与落实”“来自项目一线的报道”等专题和专栏报道。高密度、全方位开展学习贯彻省党代会精神的宣传，重点做好“牢记总书记重托推动治蜀兴川再上新台阶——学习贯彻省第十一次党代会精神”的宣传，以及政论片“法治中国”的宣传，系列片“大国外交”的宣传和全媒体推送等，在中央级媒体和门户网站上都有稿件被转发。

【媒体融合工作】 2017年初，泸州电台旗下“泸州广播网”更名为“大听网”并成功上线。成立全媒体新闻指挥中心，统筹全台新闻、采编播发。入驻今日头条、凤凰新闻、网易新闻、腾讯天天快报、UC新闻、搜狐新闻等国内主要新闻网站（客户端），2017年通过大听网发布各类热点稿件6845条，上传各类图片3.5万余幅，发布各类音频节目8900余条，上传各类视频节目（包含公益视频、线下活动视频、广播视频化节目等）1200余个。成功运作“汽车文化节”“寻找民间好舌头”“寻找万人迷”“平安畅通，文明出行——百日无违章大型公益活动”等城市广播互联网+活动模式。通过广播+互联网前期集客、线上线下有效互动、达成“媒体搭台、商家销售增长、消费者享受实惠”的三赢局面。2017年大听网独立IP点击人数突破104万人次，同比增长73.3%。微信公众平台总人数突破19.3万，同比增长40.5%。新媒体稿件单篇阅读量超过10万+的稿件有12件。

【节目改版】 2017年，泸州电台下属三套广播节目在节目生产创新上有新起色。FM97.0泸州新闻广播始终是新闻宣传第一平台，节目播出内容以新闻节目为主体，以综合服务类节目为重要补充。新闻广播以早8点《970新闻早报》、正午12点《970正午播报》、晚高峰18点《新闻大嘴巴》三大新闻版块为主要栏目带，形成全天滚动的时钟式新闻节目+公益、服务类型节目+访谈节目的构架。17点的《970特别关注》是一档全新的人物访谈节目，邀请泸州本土草根明星、有特殊技能或者特殊贡献的人物走进直播间进行节目访谈。FM104.6泸州交通广播收听率、市场占有率仍占据泸州首位。上下班高峰期的《1046早上好》和《下班万岁》。FM103.8泸州音乐广播早高峰8点到9点的《音乐在路上》是泸州电台极具特色的一档“夫妻档”对播节目。10点档《音乐风情之旅》节目注重人文关怀，2017年又推出诗集《微光》。1038少儿节目《智慧乐园》融知识性、趣味性、参与性为一体。

【服务中心】 紧扣“决胜全面小康，建成区域中心”战略目标，通过“撸起袖子加油干 扑下身子抓落实——奋力实现双过半”“决胜全面小康、建成区域中心——干在实处、走在前列·聚焦项目投资攻坚年”“来自项目一线的报道”“撸起袖子加油干——走进四川自贸试验区川南临港片区”“酒博会特别报道”等专栏，展开重点宣传。

【创建全国文明城市宣传】 泸州市广播电台利用全媒体平台优势，做到创建全国文明城市宣传持续有力，如“‘创文’3年 看得见摸得着的幸福”“‘创文’3年 我的创文故事”“创文攻坚进行时”等专项行动，做到天天有声音，天天有报道。“阳光政务记者行动”也配合参与，进行舆论引导，在发现问题的同时，督促问题得到解决。针对攻坚阶段发现的包保中的问题查漏补缺，策划出新的宣传方案，并在新闻、交通和音乐频率中推出，密度高，形式新，效果好。利用新媒体平台创作出原创微电影8部、微视听6条。微视频《泸州市民公约》和H5版本均在市内户外大屏滚动播出及政务微信上被大力推广。

【事业发展】 2017年，泸州市广播电台对泸州广播网互联网站进行升级改造，并成功更名为“大听网”上线运行。1. 传统广播平台：新闻、交通、音乐。广播信号100%覆盖泸州四县三区城市人口，以及环泸周边90%以上市县区域，是川滇黔渝结合部信号覆盖最广的城市广播。全天播出节目40档，时长54小时，所有节目均可多终端在线收听。2. 自有新媒体平台：官方网站大听网PC端、手机网、客户端、官方微信听泸州，各频率及王牌栏目《阳光政务》微信微博。3. 借力全国性新媒体平台：三大频率所有节目（资讯）均入驻阿基米德、蜻蜓、喜马拉雅等国内主要音媒平台和多家新闻移动端。

【负责人】 泸州市人民广播电台台长：储超峰；副台长：汪伟。

（郭隆江）

泸州市电视台

【宣传报道】 1. 主题主线报道。全年开办“十九大时光”“督查与落实”“聚焦重点项目建设”等20多个专题专栏，策划推出“砥砺奋进的五年”“泸州转型这十年”等大型系列报道20多组，其中9集系列报道“乌蒙山里的脱贫故事”，主题好、形式新，受到好评。2. 重大宣传活动。创文宣传贯穿全年，推出《非常满意》等一批创意视频，使得“非常满意”成为年度泸州流行语。完成创文总结表扬大会的承办工作。2017年3月酒博会期间，首次尝试融合报道模式，对酒博会盛况进行微博、微信、手机客户端等多平台直播，关注和影响的人群超过40万。3. 对上宣传。对上宣传工作围绕项目投资攻坚年、脱贫攻坚年、自贸区建设和重大活动等重点，从年初的“撸起袖子加油干”到省第十一次党代会、中共十九大等重要节点，组织策划，精心制作、及时上送。泸州电视台全年在央视播出83条，四川台播出561条；新媒体《央视新闻》17条、《四川观察》102条。上宣用稿位居全省市州台第三名。在四川台国际频道播出专题19部90分钟。4. 节目创新创优。2017年节目获国家级和省级奖励20多个。在获得四川省第十四届“五个一工程奖”的大型系列纪录片《记录四川一百双手》中，泸州市电视台制作的《搜狗训练员》等5部作品包含其中；新闻专题《搬出来的希望》、新闻栏目《泸州现在时》等11件作品分获四川新闻奖和四川广播影视奖。

【融合传播】 依托全媒体协同工作平台，推进具备“中央厨房”功能的运行体系建设。完善媒体平台直播和互动功能，分级直播成为常态，全年新媒体平台30多场直播。“直播泸州”客户端获得全省2017年度媒体融合案例优秀奖。

【安全播出】 在中共十九大、国庆等重要保障期间，泸州市电视台节目生产和节目播出没有发生安全播出事故，全年完成各频道播出31997.7小时。由于设备故障、节目素材问题等原因，全年造成54分钟异态播出，异态率0.0028%，远低于0.1%的考核目标。

【文化活动】 2017年酒城新报承办“2017年四川省报纸副刊研究会年会及四川省好新闻报纸副刊作品奖评选会”。酒城新报2件作品代表四川省参评第27届中国新闻奖报纸副刊奖项。同时与泸州市文化研究中心互为依托，打造以《泸州全书》为核心的系列文化产品，出版《泸州历史百人百事》，连环画（共四册）；举行“泸州全书首发仪式暨南方丝绸之路中心成立会议”“泸州宋城文化研究开题会”“中国同题诗歌三人行首发式暨草堂诗刊春天走进泸州”等文化活动；促进研究成果的转化，为“枇杷沟文旅商项目”等项目提供文化咨询服务。

【负责人】 泸州市电视台副台长：赵晓东（主持工作）、匡立中；总编辑：刘永霞（女）；纪委书记：曹罗。 （张万平）

卫生和计划生育

综　述

【卫生计生资源】　2017年，泸州市有卫生计生机构总数4628个，床位29256张，其中中医医院15所，床位4276张，卫生院130所，床位7362张，每千人口床位6.79张，比2016年增长9.34%，全市卫生计生人员总数34524人，卫计技术人员总数25462人，每千人口拥有卫计技术人员5.91人，其中执业医师（助理）9237人，占常住总人口数的2.14‰，占卫计人员总数36.28%；注册护士11752人，占常住人口总数的2.73‰，占卫计技术人员数的46.16%。

全市卫计技术人员25462人中，本科以上7552人，占29.66%，大专9759人，占38.33%，中专7911人，占31.07%，无正规学历240人，占0.94%，无学历人员与2016年比下降70.66%；执业医师7415人，占29.12%，执业助理医师1822人，占7.16%，注册护士11752人，占46.16%，药剂人员1274名，占5%，检验人员797人，占3.13%；正高387人，占1.52%，副高1189人，占4.67%，中级3342人，占13.13%，助理/师8135人，占31.95%，员/士11050人，占43.4%，其他1359人，占5.34%；中高职务人员数与2016年同比上升7.95%。

【卫生计生经费】　2017年，中央、省市县各级财政投入卫生计生经费173251万元，其中区县级投入（不含医疗保障）卫生经费86719万元。各级财政对医疗机构补助经费96373万元，比2016年增加12.9%，财政补助占医疗机构总收入22.02%。各级财政对卫生计生机构补助经费76878万元，比2016年增加22.3%，财政补助经费占卫生计生机构总收入69.98%。

全民预防保健体检现场

【公立医院改革】　全市20所县级公立医院（含妇幼保健院），4所市级城市公立医院，3所省驻泸城市公立医院全部取消药品加成。推进医疗服务价格改革，进一步完善取消药品加成改革工作评估机制，动态调整医疗服务项目价格。加快推进按病种收付费改革工作，科学合理制定按病种收费价格形成机制，探索构建现代医院管理制度，三级以上公立医院设立总会计师，市妇幼保健院事业单位法人治理结构试点工作有序推进。启动公立医院薪酬制度改革试点工作。推进叙永县综合医改示范县建设。创新公立医院编制管理，对公立医院实行人员总量控制。加强公立医院医疗费用监督和考核。

【分级诊疗】 构建医疗联合体6个，覆盖辖区内医疗机构248个，医联体内上转病人9028人次，下转患者3050人次。县域内就诊率达92%，基层医疗卫生机构建设达标率≥95%，基层医疗卫生机构诊疗量占总诊疗量比例≥65%，小病在基层、大病不出县、康复回社区的就医格局初步形成。龙马潭区、合江县、叙永县、古蔺县启动县、乡医疗卫生服务一体化管理试点工作。

【全民医保体系】 职工医保、城乡居民医保参保率稳定在98%以上。职工医保、城乡居民医保统筹基金最高支付限额分别为24万元、15万元，基本医疗保障水平进一步提高。住院费用政策范围内报销稳定。医保实现省内异地就医即时结算。

【药品供应保障】 全市药品、高值耗材集中采购考核积分名列全省前列。公立医院医用设备100%网上备案及价格查询管理。药品全流程改革，9月7日起公立医院药品采购全面实行“两票制”。

【公立医疗机构费用控制】 印发《关于进一步控制医疗费用不合理增长的通知》明确控费目标，签订控费承诺书，开展专项治理、集中约谈、诫勉谈话、专项巡查、重点监控、跟踪督查，加大控费力度。

【医疗卫生服务】 1. 骨干医院建设。6月，泸州市人民医院晋升三级甲等综合医院。7月，泸县人民医院和叙永县人民医院晋升三级乙等综合医院。2. 市级重点项目建设。其中：西南医疗康健服务中心一期工程完成投资7.7亿元，内部装修竣工后投入使用；二期工程采取PPP模式建设，公开招投标社会资本方。市人民医院新院建设完成投资2.5亿元，项目竣工投用。市中医医院城南医院完成投资2亿元，完成60%主体工程。市妇幼保健院二期项目完成投资4000万元，完成50%主体工程。3. 中央下达卫生建设项目。014年以前项目645个，投入使用率98.75%（投入使用637个）；2015年项目276个，开工率100%，完工率97.82%（270个），投入使用率96%（265个）；2016年项目11个，开工率100%。4. 基层医疗机构建设。市级财政投入4.76亿元实施镇、村卫生机构提档升级工程，截至12月底，23个中心乡镇卫生院建设项目完成建设任务18个，232个中心村卫生室建设项目全部完成。

【卫生信息化建设】 1. 信息平台建设。完成一个市级全民健康信息平台和七个区县平台建设，联通所辖医疗机构，并实现省、市、县三级人口健康信息平台互联互通。2. 数字化医院。所有三级医院关键信息系统通过三级等保测评，并达数字化医院评审二星以上。基层医疗卫生机构管理信息系统公卫模块使用率达100%，泸县、古蔺县开展“医通”试点。3. 远程医疗项目建设。投入3500万元建设覆盖市内的省、市、县、乡、村五级医疗机构远程医疗服务体系，实现全市一张网。建成市远程医疗中心和医疗机构接入点1862个，包括西南医科大学附属医院3所、市级医院4所、区县级医院20所、乡镇级医院142所、村卫生室1693个，于12月1日投入运营。

【全民预防保健工作】 1. 健康体检。截至12月底，全市完成全民体检176.27万人，占全年任务数105.18%。引入华大基因在全民预防保健中免费增加新生儿遗传性耳聋基因检测，妇女预防宫颈癌HPV病毒感染基因筛查，分别完成检测8001份、50027份。2. 健康档案。在四川省基层医疗卫生机构管理信息系统基础上，补充开发居民健康报告自动生成模块，自动生成体检报告和健康指导意见，健康体检报告及反馈率达95.66%。为每一名体检对象建立规范化纸质和电子健康档案建档率100%，规范化电子建档率96.61%。3. 健康管理。结合家庭医生签约和基本公共卫生管理规范，针对性出具健康处方，实行“2+1”精准管理。列入重点管理87.06万人，占体检人口49.38%；列入精准管理6.33万人，其中“2+1”精准管理3.57万人。截至12月底，全市组建家庭医生团队1148个，常住人口签约251.59万人，占常住人口的58.7%，强化健康干预，提高群众健康水平。

【健康城市建设】 1. “八项工程”。2017年，全市推进健康环境营造、食品安全保障、健康细胞建设、健康文化、全民健身、医疗服务体系、创新发展等八项工程，共36项指标任务，完成34项，完成率94.44%。2. 健康村镇试点。2017年2月，全市启动14个乡镇（街道），28个村（社区）健康村镇建设试点工作，年底基本完成。3. 监测体系。印发《泸州市健康城市监测工作方案》，建立横连30个市级部门、纵贯7个区县的监测体系，对健康城市建设36个指标进行动态收集、分析。4. 推进机制。健康城市建设工作纳入市委、市政府对区县年终目标考核体系，建立市领导牵头联系制度，一个常委联系一个区县，一个市政府领导牵头一项工程，每个指标有一个部门负责，督促健康城市建设工作落实。

【爱国卫生】 1. 卫生创建。2017年，合江、泸县国家卫生县城通过第一次复审，获得再次确认命名，泸县云锦镇、江阳区黄舣镇、龙马潭区长安镇获得2014—2016周期国家卫生乡镇命名，古蔺县省级卫生县城通过复审；新申报创建国家卫生乡镇8个，7个乡镇通过省级暗访；成功创建省级卫生乡镇20个、省级卫生村154个，省级卫生单位72个，省级无烟单位56个。2. 爱卫宣传。组织开展纪念爱国卫生65周年暨健康城市建设巡展巡讲、“爱国卫生月”和相关“纪念日”集中宣传活动。4个单位和12名个人被省爱卫会和省人社厅联合表彰为四川省爱国卫生先进集体和先进个人。强基础、重治理，推进泸州爱国卫生创新发展；实施健康融入万策，推进健康泸州建设；全面落实预防保健，奋力促进全民健康；三篇文章入选四川省爱国卫生工作经验集。3. 整洁行动。开展城乡环境卫生整洁行动，指导泸县完成联合国儿童基金会整乡环境卫生全覆盖试点阶段性目标任务，大力推进农村改厕工作，农村卫生厕所和农村无害化卫生厕所累计普及率分别达86.45%、79.18%。4. 病媒生物防制。投资640余万元，开展病媒生物防制常规监测与四害灭前灭后监测、春秋两季为重点的四害消杀灭行动，完成泸县病媒生物单项达标复查考核和新创建省级卫生乡镇、省级卫生村和省级卫生单位达标检查考核。

【疾病预防控制】 1. 机构建设。泸州市疾控中心创建三级甲等通过现场评审，合江县成功创建二级乙等疾控机构。2. 传染病防治管理。全市传染病管理和免疫规划工作扎实推进，甲乙丙类传染病报告发病率283.69/10万，低于省平均水平。艾滋病综合防治模式和运行机制基本建立，综合防控措施有序进行。全市结核病疫情逐年下降。3. 慢性病防控。江阳区和纳溪区为省级慢性病综合防控示范区。精神卫生服务体系逐步完善，严重精神障碍患者治疗管理工作进一步加强，全市检出率达4.47‰，管理率达87.23%。4. 地方病防治工作。叙永县和古蔺县达燃煤污染型地方性氟中毒控制标准。

【妇幼健康服务】 泸州市叙永县、合江县妇幼保健院成功创建二级乙等妇幼保健院。市级和区县设置7个危急重症孕产妇和新生儿救治中心，健全救治机制，畅通绿色转诊急救通道，强化产科急救培训和演练，开展母婴保健专项技术服务综合监管，保障母婴安全。全市孕产妇死亡率、婴儿死亡率、5岁以下儿童死亡率分别为13.05/10万、3.44‰、5.39‰，较2016年分别下降24.04%、6.52%、13.90%，均达省级指标要求，市卫计委获得全省母婴安全保障先进集体表彰。免费婚检、孕前优生健康检查等妇幼民生工程，以及预防艾滋病、梅毒和乙肝母婴传播等 妇幼重大公共卫生项目，各项指标均超额完成。叙永县接受国家卫生计生委预防艾滋病、梅毒和乙肝母婴传播专项督查，获得高度肯定，并在全省遏制艾滋病学术会议上作经验交流。

【中医药事业】 学习宣传贯彻《中医药法》及全省中医药工作会、全省中医药发展大会精神，制定下发《泸州市基层中医药服务能力提升工程"十三五"行动计划实施方案》。区县开展全国基层中医药工作先进单位创建，龙马潭区、纳溪区、泸县、叙永县、古蔺县通过国家级评审。第二届泸州市名中医评选，经单位推荐、民意调查、专家评定、组织审查批准、评选出白雪等10名市名中医。中医全科医师和"西学中"人才培养，市财政划拨专项经费举办2期中医全科医师培训班，培训学员137人。

【计划生育工作】 实施全面两孩政策，二孩出生人口呈增长趋势。截至2017年9月30日，全市总人口511.49万人，比2016年增加0.69万人。人口出生51367人，出生率10.08‰，人口自然增长率4.26‰（控制目标6.6‰），符合政策生育率98.24%（省目标95%），比2016年上升2.05%。人口出生增长主要来源于二孩出生，2017年二孩率为48.08%，比2016年增长7.22%。一孩出生呈现下降趋势，2017年一孩率49.79%，同比下降7.02%。

【健康扶贫】 贫困人口精准识别和就医信息精准管理，医疗扶持、基本医疗保险、六项补充医疗保险、分级诊疗、控制医疗费用、家庭医生签约服务、贫困患者基层就医社会公示各项覆盖率均达100%。完成建档立卡贫困人口32.98万人免费健康体检，到位体检经费2012.66万元。各区县事例医疗保险、大病保险、县域内全额报销救助、民政医疗救助、卫生应急救助、爱心医药基金、卫生扶贫救助基金，实现县域内门诊住院"零支付"。扶贫对象县域内住院治疗7.72万人、15万人次，救助医疗费用43633万元。脱贫摘帽县合江县县乡村三级医疗卫生机构建设达标，2017年退出149个贫困村的村卫生室100%达标。

【民生工程】 2017年，省、市下达泸州市卫生计生委民生工程5项、民生实事4项，超额全面完成。民生工程 基本公共卫生服务，城乡居民健康档案电子建档率达97.65%（目标93%）。自愿免费婚检完成25789.5对，婚检率达93.56%，较2016年提高7%（目标3%）。免费孕前优生健康检查完成14063对，覆盖率100%（目标80%）。实施贫困白内障患者免费复明手术，累计完成450例，完成率100%。确定享受农村计生家庭奖励扶助制度目标人数141209人，享受计生家庭特别扶助制度目标人数10215人，奖特扶奖金全部发放到对象卡中。

【民生实事】 全面取消公立医院药品加成，省市县财政到位资金1230.74万元（目标任务566万元）。加大重大传染病和地方病防治力度，免费治疗艾滋病、结核病患者6868例（目标5600

例）。对贫困家庭在卫生方面的特殊困难实行基金救助。全市七个区县均设立卫生扶贫救助基金，共筹集4096.02万元，累计补助147199人次，共使用1345.28万元。

【负责人】 泸州市卫生和计划生育委员会主任：涂曲平（女）；副主任：唐雯（女）、周正国、韦光焰、王建伟；纪检组组长：黄生群（女、11月止）、李明（11月起）。 （岑龙柱）

泸州市人民医院

【概况】 泸州市人民医院是国家三级乙等综合性医院，2017年通过三甲综合医院等级评审现场评价。市府路院区设有编制床位620张，沙茜院区1000张，业务用房113782平方米，在岗职工1040人。新院建设项目位于酒谷大道二段316号，占地133亩，床位1000张，建设规模16万平方米，2017年年底投入使用。医院被国家中医药管理局、国家卫生计生委、总后勤保障部评为2015年全国综合医院中医院工作示范单位，神经内科被四川省人社厅、共青团四川省委表彰为“四川省青年文明号”。

【业务综述】 2017年门诊376007人次，病床使用率108.4%，出院者平均住院日8.7天，危重病人抢救成功率95.0%，成分输血率100%。

【学术活动】 开展省级继教项目5项，市级继教讲座55项，申报2013年国家级继教2项，省级继教3项，发表论文129篇，其中SCI 3篇，核心期刊32篇。承办泸州市“西学中”培训班项目，为期2年。

【学科建设】 建成省级重点专科4个，在建1个。儿科是四川省甲级医学重点专科，妇产科、肾病专科是四川省乙级医学重点专科，肛肠科是四川省中医药重点专科。神经内科是在建的四川省乙级医学重点专科，肛肠科是国家中管局“十二五”重点中医专科建设单位。已建成市级重点专科4个，分别为神经内科、消化内科、呼吸内科、康复医学科，其中康复医学科是市级重点中医药重点专科。在建市级重点专科6个，分别为心血管内科、内分泌科、医学检验科、麻醉科、重症医学科、骨科。临床护理专科正在申报市级重点专科。

【对口支援】 2017年共派出22人进行对口支援，其中对口支援盐源县人民医院1人，周边地区进行下派锻炼10人，对口支援乡城县和稻城县人民医院建设工作11人。2017年共接收藏区5名医务人员到医院进修。9月18日，医院专家团队一行赴乡城县人民医院开展为期一周的肝胆手术义诊活动，完成22例手术，病人全部痊愈出院，手术治疗成功率达100%。

【医保工作】 2017年医院开通四川省内城镇职工医疗保险住院异地就医联网结算，江阳区、古蔺县精准扶贫、医院优惠现场结算，实施江阳区建档立卡贫困人群门诊就医、住院费用零支付，收治门诊患者488人次、住院患者461人次。开展打击骗取医疗保险基金违法行为，对存在的问题及时上报市医保局。

【负责人】 泸州市人民医院院长：卢苇；党委书记：姚国媛（女）；副院长：何进、袁云华（3月起）、丁兀峰（3月起）；纪委书记：李定军；总会计师：肖文。 （郭　云）

泸州市中医医院

【基本情况】 医院建于1959年，占地20亩、建筑面积3.4万平方米，是集医疗、教学、科研、康复、预防保健、文化为一体的国家三级甲等中医医院、国家级胸痛中心、国家重点中医医院建设单位、国家中医药管理局中医住院医师和中医全科医师规范化培训基地、四川省数字化医院、华西医院远程教学和会诊医院、成都中医药大学和西南医科大学教学实习基地、四川省麻醉、急诊、康复、妇产专科医师规范化培训基地。编制床位520张，开放床位712张。医院在岗职工823人，其中卫技人员占82.94%。有中高级职称218人，研究生37人，国家级、省级学术经验继承指导老师5人，省市级以上名老中医4名，四川省中医药管理局学术技术带头人后备人选3名，泸州市学术技术带头人4名，泸州市拔尖人才1名。

医院设置临床、医技科室39个，其中骨伤科、心脑血管病科、针灸康复科等8个科室是国家级、省级和市级重点中医专科。医院共配置1亿余元诊疗设备，其中中医诊疗设备12类，近300台。拥有西门子悬吊式数字化平板血管造影系统、1.5T核磁共振、64层螺旋CT、四维彩超等大型先进设备。

2017年，医院累计完成门诊26万余人次，比2016年增长2.99%；住院24021人次，同比增长13.81%；手术总台次9861，同比增长17.2%；医技检查68万项次，同比增长8.95%；总药比为24.39%，较2016年同期减少3.65个百分点；饮片比为23.2%，较2016年同期增加1.94个百分点。

【专科建设】 组织麻醉科申报市级西医重点专科建设单位，该项目于2017年12月顺利通过市卫计委组织的立项评审。2017年，医院开展新技术新项目22项，含针灸科1项，外二科2项，外一科3项，手麻科6项，放射科1项，内五科1项，病理科1项，脾胃病科1项，心血管内科6项。其中，心血管内科成功开展川南首例“左心耳封堵术”、植入式Holter（心电事件记录仪）植入术、FFR术及市属医院首例冠脉内切割球囊术、先心病介入封堵术、心脏再同步化治疗除颤器（CRT—D）植入术，实现新技术新项目上的重大突破，促使医院综合实力再上台阶。

【科教体系建设】 在科研方面，健全完善科研管理制度。全年组织申报各级各类科研项目80项，部分项目尚未发布立项结果，立项18项，获经费2.1万元，其中，市级及以上立项8项；授权专利合计4项，其中发明专利1项，实用新型3项；发表论文99篇，其中统计源期刊11篇。与西南医科大学签订第二轮科技合作框架协议，围绕学科发展开展系列基础研究、临床研究。组织开展第五届学术月活动，设立新技术专场、病例专场、心电图专场、科研专场等4个专场；举办两期中医药适宜技术推广培训班。在教学方面，2017年招收住院医师规范化培训学员62人；完成住院医师规范化培训的学员32人，结业考核通过率为93.75%。完善住院医师规范化培训的管理考核制度，顺利通过省级住培专业基地、国家级中医住培基地督导评估检查，并获得评审专家的高度认可和好评。举办省级继教8项，举办泸州市针灸年会、重症医学年会合计2项，开展市级继续教育项目73项，邀请20余名省内外专家教授来院授课，全省共1000余人次参加省级继续教育学习。

【对口支援】 2017年医院派出21名医务人员，其中高级职称1人、中级职称9人，专业包含骨伤科、针灸康复科、妇产科、急诊科、内科、检验、外科和护理等。开展学术讲座227次，业务培训456次，开展新业务新技术65项，开展手术例数106台，参与临床诊疗14317人次，巡回医疗诊治农牧民1071人次，教学查房406次。接收受援单位进修生7名，组织专家团队前往受援医院开展短期业务培训和技术指导两次。帮助受援医院健全医疗规章制度、流程，规范医务人员医疗行为，提高医护人员技术水平，扩大诊疗服务范围，改善受援医院医疗形象。

【中医药指导】 2017 年，医院作为市促进基本公共卫生服务均等化指导中心中医药健康管理专业组，对全市基层医疗卫生服务机构进行 3 轮督导；对全市基本公卫管理人员和江阳区基层医疗卫生服务机构中医药健康管理服务人员开展《国家基本公共卫生服务（第三版）》中医药健康管理服务规范培训；对江阳区、合江县开展 2017 年度基本公共卫生服务项目中医药健康管理年终考核。1. 推动全民预防保健中医指导工作。2017 年该院从中医科和中药房等科室设置、人员配备、中医药设备配备、中医药适宜技术应用、中医药健康管理服务、中医药预防保健服务、中医文化建设、中医药健康教育服务等方面，对全市 70 多个基层医疗机构中医馆打造进行技术指导。多次派遣专家，全面协助江阳区况场镇卫生院、南城社区卫生服务中心开展中医馆建设工作。2. 大力开展全国基层中医药工作先进单位创建工作指导。2017 年，医院从中医药服务条件建设、中医药人才队伍建设、中医医疗服务、中医预防保健服务等方面，对全市 70 多个基层医疗机构创建区县全国基层中医药工作先进单位工作进行指导。多次组织专家团队前往古蔺县、叙永县、纳溪区，对相关单位创先工作进行督导和指导。派遣专家对江阳区 18 个基层医疗卫生机构进行 2 轮创先督导。

【对外联系】 采取党委班子+职能科室+临床科室的联系阵营分片包干各区县，每月按计划到基层开展营销工作 20 余次，与四县三区卫计局和县中医医院和 30 多个乡镇卫生院、社区进行对接，签订医联体协议 8 个，培训讲座业务指导 30 余次，接受基层单位免费进修 19 人次。

【护理服务】 全院发表护理论文 36 篇，护理科研立项 3 项，申报护理专利 2 项，开展护理新技术、新业务 12 项。充分发挥中医护理特色优势，2017 年开展中医护理特色技术项目 46 项。编制专科护士工作手册 24 个，内容涵盖护士礼仪规范、核心制度、工作流程、岗位职责、专科、中医护理技术、中医护理方案、专科仪器设备操作流程、常用专科药物知识、应急预案等十三个方面的内容。

【负责人】 泸州市中医医院院长：郑海三；副院长：吴智惠（女）、巫骏川、向能强；党委副书记：王万芳（女）；纪委书记：何启红；总会计师：薛成后（女，11 月起）。 （杨　华）

西南医科大学附属医院

【概况】 截至年底，医院有职工 4000 余人，其中专业技术人员 3500 余人，博士、硕士 1000 余人，高级职称 500 余人，二级教授 7 人，省级学术和技术带头人 8 人、后备人才 56 人，享受国务院政府特殊津贴专家 18 人，教育部“新世纪优秀人才支持计划”3 人，四川省突出贡献优秀专家 15 人，担任省级医学会主任委员、候任主任委员及副主任委员 50 余人次。有医疗设备总值 10.37 亿元，其中包含 PET—CT、Micro PET—CT、3.0T 磁共振、256 层螺旋极速 CT、直线加速器、DSA、全飞秒激光近视治疗仪、3D 腹腔镜等大中型现代化仪器设备。杜一华院长被评为全国卫生计生系统先进工作者。医院获评为全省高校工会工作目标考核一等奖，学校思想政治教育示范单位。忠山院区门诊前区广场院牌揭幕，忠山院区总规建设基本完成。

【医疗工作】 2017 年，医院总诊疗 160.7 万人次，其中门诊 149.7 万人次、急诊 11 万人次。住院 11.9 万人次、手术 4.6 万人次，开放床位 3200

张，实际病床使用率98.38%、出院者平均住院日10.8天。平均病床周转次数37.24，中医药治疗率5%，临床输血率7%，抗菌药物DDD值全年平均38.7，有中药饮片580种、中成药208川、院内制剂品种35种。强化医疗管理，推行日间手术开展，推动多学科协作模式（MDT），慢性病协作管理新模式等。对标“三医监管”平台指标体系全过程动态监督，严格管控各类高值耗材。开展医疗质量督导、抗菌药物应用监测等工作。医院在全省三级综合医院医疗服务能力和质量排名全省第一。加强适宜技术推广，建设好高级卒中中心、中国胸痛中心等平台。实行预约诊疗，用信息化技术和与优质护理理念持续提升服务品质。

【医疗改革】 1. 医院与20家医院建立医联体，托管合江县人民医院，接收泸州石油医院，与周边72家医院签订双向转诊协议。2. 医院与江阳区人民政府高新科技园区延伸打造“产学研用”转化平台，与龙马潭区人民政府联合建设“三级”专科医院，创新开展和推动“五师共管”模式，切实推进分级诊疗政策。3. 开展以专科、专病为主的专科联盟，脊柱外科、耳鼻咽喉头颈外科、内分泌科、神经外科、风湿免疫科、疼痛科、肿瘤科、儿童保健科8个专科楔入国家级联盟；肿瘤科、内分泌科、心血管内科、精神科、康复科、眼科6个专科组建西南医科大学附属医院专科联盟，全面提升基层医疗机构服务能力。

【教学工作】 成功申报省级国家执业医师资格考试技能考试基地和校级实验中心。儿科系成立，首届儿科专业开始招生。医院被成功认定为省药师规范化培训基地，成功申报省级国家执业医师资格考试技能考试基地和校级实验中心，获得多项校级教改课题和教学成果奖，招收住院医师规范化培训537人、护理规范化培训260人。有4人获学校金教鞭奖，4人获金教鞭之星奖。学生在各类专业技能比赛中多次获得优异成绩，执业医师资格考试通过率达86.9%，学生就业率保持较高水平。

【科研工作】 临床医学专业ESI排名进入前0.69%，获省“一流学科”建设立项资助。2个省医学重点建设学科立项，核医学科再次获复旦大学专科声誉排行榜西南区第二名。获批2个省级科研平台。银发引智项目有延伸效果，中德妇产儿和乳腺疾病中心快速发展。新聘13位客座教授，周良辅院士加入院士工作站。脊柱外科王清科研团队参与完成的项目获国家科技进步二等奖1项（排名7），省科技进步二等奖1项，三等奖2项，华夏医学二、三等奖各1项（排名2、1）、中标国自科项目7项，发表SCI论文152篇。

【扶贫工作】 完成凉山州普格县特补乡特补乃吾村、泸州市叙永县旺龙村的驻村扶贫任务，新增选派干部赴凉山州昭觉县落实深度扶贫任务，向贫困村捐资捐物达400余万元。2人分获四川省、泸州市优秀驻村第一书记荣誉称号，医院被评为学校和省卫生计生委扶贫工作先进单位。

【负责人】 西南医科大学附属医院院长、党委副书记：杜一华；党委书记、副院长：惠曦；副院长：徐勇、江涌、杨宗凯；党委副书记、纪委书记：曾宪利；党委副书记、工会主席：邓存良。

（路　霞）

西南医科大学附属中医医院

【概况】 2017年全年医院门急诊人次111.69万人次，比2016年（下同）增长7.14%；出院人次62606人次，增长8.63%；业务收入11.93亿元，增长9.97%；总收入13.4亿元，增长16.02%。

【医护工作】 1. 新技术新项目。医院新开展首例体外循环等新技术新项目 86 项，引进直线加速器等设施设备，开设眼科手术中心、疼痛手术中心、沃森肿瘤中心等特色科室。2. 特色优势。开展中医体质辨识活动，全年开展 1500 余例。在全省创新性开设中医体质辨识护理专科门诊，接待

2017 年 6 月 15 日，西南及四川地区首家沃森国际肿瘤治疗中心落户西南医科大学附属中医医院

患者 200 余名。3. 分级诊疗。新增 5 家双向转诊医院（共 99 家），接收、转出双向转诊患者共 2600 余人次。4. 护理工作。获批“泸州市中医护理质量控制中心”挂靠单位。5. 医保物价工作。全国首家开通新农合重大疾病现场结算医疗机构；成功开通省内异地门诊特殊疾病即时结算工作，泸州市唯一医疗机构；成为贵州省遵义市国家平台异地联网结算四川唯一定点医疗机构；泸州市首家开通全国城镇职工医疗保险异地就医即时结算工作和新农合全国联网结报工作 。争取保留医院静脉配液收费项目，为医院争取收费金额 1000 余万元。

【名医名院名科建设】 1. 名医。新增中国好医生、全国最美中医、泸州市首届“五老七贤”——孙同郊；新增第二届四川省卫生计生首席专家、泸州市酒城英才——杨思进；新增第二届四川省卫生计生委领军人才——杨文信；新增泸州市酒城科技英才培育计划科技领军人才——白雪；新增省卫生计生系统先进个人 4 人——白雪、粟宏伟、斯光晏、李同莲；新增省中医药工作先进个人 4 人——李贵平、杜渊、谢林林、杨彬；新增第四批全国中医（临床、基础）优秀人才研修项目培养对象 3 人——李志、敖素华、冉志玲；新增省卫计委城乡医疗卫生对口支援工作表现突出个人 2 人——陈倩、马亮；新增泸州市十大名中医 2 人——白雪、扶世杰；新增高级职称专家 27 名，其中正高 5 名，副高 22 名。

2. 名科。心脑病科获评四川省卫生计生系统先进集体、健康泸州——最美护士团队；麻醉科获评“四川省卫计委甲级重点学科”；静脉用药调配中心获评“四川省委青年文明号”。

3. 名院：医院成功获批四川省爱婴医院、四川省中医药工作先进集体、四川省卫计委和四川省医药爱心扶贫基金会爱心捐赠单位；医院荣登 2016 年香港艾力彼医院研究中心全国中医、中西医结合医院中排名前 43 名，2016 年中国医院竞争力最佳互联互通医院第 84 名；2018 年 1 月，医院荣获 2017（首届）中国医院百强医院。

【业务拓展】 1. 新增分院广安奎阁医院、合江县中医院 2 家分院，合面镇卫生院等 6 家技术指导医院，龙驰门诊、天寿同仁国医管 2 家合作门诊。集团医院共 150 家，分院 10 家、技术指导单位 15 家。2. 牵头组建康复针灸专科联盟、疼痛专科联盟、骨伤专科联盟、脑病专科联盟，与 20 余家单位签订专科联盟协议。成立西南医科大学附属中医医院脑病专科联盟，来自全国各地 11 个省，60 余人参会；急诊科加入四川华西医院专科联盟；耳鼻咽喉科加入南方医科大学珠江医院专

科联盟。3. 与26家单位签订远程影像协议，阅片26000张。与34家单位签订远程心电，出具诊断报告556份。区域检验中心正在建设中。4. 举行家庭医生签约仪式；率先开通中药快递上门服务、移动智慧医院项目。

【院校教育】 1. 执业医师考试通过率。学校毕业生参加2016年中西医结合执业医师考试通过率为91.18%，在全国开设中医类本科专业并参加2016年医师资格考试且考生人数在30人以上的33所院校中，排名第7位。2. 参赛成就。学生团队荣获全国“天堰杯”中医药文化创业设计大赛三等奖；李妍、郝琦、林玲荣获第五届中医药社杯全国中医药院校青年教师基本功竞赛优秀奖。

【继教工作】 1. 基地建设。申报成功“中医类别国家执业医师资格考试实践技能考试基地”“泸州市专业技术继续教育培训基地”。完成全院618名执业医师的定期考核。2. 学术活动。举办各级各类学术会议，全年开展学术会议60余场次，其中，国际级2期、国家级10期、省级28期、市级14期、院级7期。3. 院内培训。举办形式多样的院内培训，派出330余人次外出进修学习和参加多种形式的学术活动。4. 学会管理。新成立四川省老年医学会下的脑病专委会、胸痹（冠心病）专委会、泌尿病专委会、养生与保健专委会、医疗联合体专委会、四川省中医信息学会信息应用分会、介入专委会7个省级专委；新成立泸州市中西医结合学会脑病专委会、骨科分会创伤专委会、康复专委会、骨质疏松及矿物盐疾病专委会、肿瘤专委会、脊柱骨髓专委会、医保管理专委会7个市级专委会。5. 中医传承工作。成功申报全国名老中医药专家张茂平传承工作室1个，新增国家级师承导师3人，国家级师承继承人6人。6. 规培医护培训工作。招收2017级规培医师173名、规培护士86名，并顺利通过结业考核；完成全省371名中医规培学员结业考核。

【科研工作】 1. 课题申报。申报科研项目233项，其中四川省科技厅项目22项，四川省中医药管理局创新团队项目14项，四川省中医药管理局项目64项。2. 课题立项。立项科研项目79项，其中国家级4项，省部级3项，厅局级38项，横向课题9项，校级25项。3. 科研成果。荣获中国中西医结合学会科学技术奖三等奖1项，中国中医药研究促进会科学进步二等奖1项，四川省科技进步一等奖1项。有3项国家自然科学基金获得立项资助。4. 论文发表、教材编写及专利申请。发表学术论文470篇，其中SCI论文31篇，编写专著22部、教材3部。获得专利授权47项，其中实用新型专利46项，获得发明专利1项。5. 科研平台建设。挂牌成立4个中心，分别为：“中西医结合药物研究中心”“中西医结合心脑血管研究中心”“中葡中医药国际合作中心”和“中医药表型组学研究中心”。获得泸州市第三批院士工作站资助，成立以中国科学院院士钟世镇教授为带头人的科研工作站。

【人才工程建设】 1. 人才招聘。参加各地招聘会7场、接收简历1500余份、安排招聘人员面试22次、新进人员213人。2. 人才引进。引进美国雷诺医学院教授段大跃、研究员叶玲玉以及澳大利亚昆士兰大学教授陈晨等3名全职教授，南方医科大学钟世镇院士等14名兼职教授及58名客座教授。截至年底院内学术院长、全职、兼职、客座教授115人。引进博士9人（含1名印度博士）。3. 人才培养。全年送出进修培训人员114人次，送出脱产学习博士3人、硕士2人、在职博士14人。医院有博士41人。

【公益事业】 1. 对口支援。派出35名医护人员到各医院进行对口支援。2. 公益活动。开展各类院内义诊97次，义诊人次达1.2万余人次，发放宣传资料余3.3万余份。组织健康讲座32场次，为2700余人次群众提供健康宣教服务。3. 医疗集团龙头引领。成立“专家讲师团”，开展巡讲20场，受众人群达2800余人次。到医联体单位指导500余人次，派出专家3400余人次，开展义诊26场，义诊4600余人次。

【国际合作】 1. 捷克中医中心开业；2. 中葡中心成立；3. 杨云春医师在东帝汶、马登尚医师在圣多美和普林西比援外；4. 10余名医务人员参加国外短期培训学习；5. 印度和美国籍医师来院工作。

【负责人】 西南医科大学附属中医医院院长、党委副书记：杨思进；党委书记、副院长：王琳（女）；党委副书记、纪委书记：赵国强；党委副书记：杨文信；副院长：刘建、谢长友、李志。

（陈孟利　谢艳玲）

西南医科大学附属口腔医院

【概况】 2017年，该院有职工218人，其中高级职称专家28人，专任教师95名、博士14名、硕士67名，留学经历人员10人；高级职称人员占教师总数的26%，硕士及以上学位人员占教师总数的85%。该院门诊173885人次。住院患者1593人次。住院部手术台次1316，口腔医院门诊手术465台，病房平均住院日9.4天。

【医疗服务工作】 1. 执行医疗控费。优化服务流程，确保医院2017年全年医疗费用增长率达标。2. 医药服务。次均药费2.51元/人，药占比0.71%。阳光采购达标，其中基药39.11%。门诊抗菌药物占比13.07%。3. 医疗质量安全。落实医疗质量安全核心制度，完善医疗应急预案和《口腔诊疗技术规范和质控标准》。建立院科二级质量管理体系，开展“医疗安全管理和风险防范”专项整治活动，接受省部级医疗机构专项检查。激励新技术新项目的开展。成立舒适牙科和颞颌关节门诊。执行重大手术审批制度。6项新技术新项目列入医院重点监管类技术进行管理。4. 医疗投诉管理。建立院内医患纠纷调解机制，引入第三方调解机制。按时续保医疗责任险。收到有效医疗投诉9起，无医疗事故发生。5. 医联体建设有序发展。与叙永县人民医院、永川口腔医院签订合作协议，并开展工作；与泸州医疗投资有限公司合作建立合江门诊。6. 依法执业与业务考核培训。依法将城北门诊部执业地点与院本部合并管理。2017年该院医师定期考核全部合格。开展“三基三严”理论和技能培训考核。全年组织医务人员42人次参加全国各种专业培训。

【教育教学工作】 完成省级虚拟仿真实验中心申报工作。开展2017年基地巡回教学活动。完成学校首届推荐免试硕士研究生复试工作，招收推免生1人。参加四川省住院医师规范化培训结业考试，结业通过率为100%。

举办2017年中华口腔医学会“西部行”公益种植继教项目培训班。举办省口腔修复学术年会、省级口腔修复、口外、正畸、口内及口腔种植科继教班。完成省级继教基地评估考核工作。申报国家执业医师考试（口腔类别）临床技能考核基地。教师获全国口腔医学院校青年教师临床技能竞赛一等奖，在学校教学比赛中荣获“金教鞭”荣誉称号。

【专业建设与学科建设工作】 申报各级科研课题82项，科研课题获批立项22项，国家自然科学基金1项，发表论文41篇，其中SCI论文3篇，Medline收录文章1篇，中文核心期刊28篇。

【学生工作】 学生各项学业成绩保持良好态势。获得国际口腔医学本科生操作技能大赛三等奖；

获得“中华口腔医学会今日之星奖”和现场演讲比赛全国三等奖；荣获中华口腔医学会第三届口腔科普作品创作大赛二等奖。

【社会公益】 1. 推进义诊活动。重点开展口腔健康教育进学校、进乡镇、进贫困县等系列义诊活动。共派出各级各类义诊人员43人次，服务百姓785人次，免费测量血压、涂氟，发放口腔健康知识宣传资料722份、赠送牙膏及牙刷452套，举办健康大讲堂、口腔健康知识讲座共15场。2. 重视对口支援和援外医疗工作。2017年学院下派3名医生到阿坝州人民医院进行对口支援。首次参加国家援外医疗，选派优秀医护骨干赴非洲开展援外医疗救助工作。3. 履行医院社会职能。全力配合泸州市做好全国文明城市创建迎检工作。负责泸州市口腔医学会具体工作组织实施。举办2017年口腔学术年会；完成省口腔医学会和省口腔质控下达的各项工作任务。

【负责人】 西南医科大学附属口腔医院院长：聂敏海；党委书记：李正新；党委副书记、纪委书记：徐茜（女）；副院长：肖金刚、黄跃。

（邓　婕）

“9·20爱牙日”西南医科大学附属口腔医院义诊活动走进龙马潭区石洞镇中心卫生医院

社会生活

民政工作

【社会救助】 启动社会救助和保障标准与物价上涨挂钩联动机制，将城乡低保标准提高到500元/人·月和3400元/人·年，实现低保线与贫困线“两线合一”；将低保清理“回头看”列为常态化工作，向234659名困难群众发放临时价格补贴。资助低保对象、特困人员100%参保；出台《泸州市城乡困难群众医疗救助实施办法》，扩大救助范围，提高救助标准，实现治疗费用“一站式”即时结算。出台《泸州市特困人员救助供养工作实施细则》，提高城乡特困人员分散供养标准至每人每月400元和500元，集中供养每人每月650元。

“让泸州山娃温暖过冬”项目

【养老福利体系】 新增养老机构床位2500张，维修改造公办养老机构床位1400张，建成城乡社区日间照料中心89个；为121420名困难失能老人和高龄老人提供居家养老服务。推进医养融合发展，打造重点项目6个，开发医养床位4000余张。提高机构养老服务质量，出台养老机构服务标准；对全市207家养老机构开展服务质量大检查、大整治。构建“终端+平台+实体商家”的居家养老服务模式，培育小蚂蚁、好孝心、轩悦等信息化服务组织。加强老年优待关爱，将常住主城区70周岁以上老年人，全部纳入免费乘坐公交车范围。养老服务“泸州模式”获得认可，市养老服务福利协会被授予“全国健康养老培训基地”荣誉称号。

【减灾救灾】 编制印发《泸州市“十三五”防灾减灾规划》。制定《泸州市民政局自然灾害应急救助预案》，成立对应工作组。启动新一轮避难场所规划建设工作。加强救灾物资管理，完成230万元的救灾棉被的采购任务。加强各级灾害信息员培训工作，全年全市共培训灾害信息员906名。

【涉军服务】 结合建军90周年，开展“4+N”系列庆祝活动：召开市委议军会议，慰问驻泸部队和泸州舰官兵，举办“庆祝建军90周年暨表扬双拥先进”文艺晚会。召开“全市优秀复员退伍军人表扬大会”。完成蔡松松评烈士相关工作，庄严肃穆组织烈士安葬仪式。全年接收退役士兵1999人，其中符合政府安排工作条件的142人按时上岗起薪；组织807名退役士兵参加职业教育和技能培训。通过矛盾纠纷大排查、领导干部大接访、遗留问题大化解，解决“空挂”退役士兵、市级机关安置退役士兵等5个涉军遗留问题，确保涉军形势总体稳定可控。

【区划地名】 10余次向民政部、省民政厅汇报泸县撤县设区工作；省政府常务会议审议通过《关于泸县撤销设立泸州市泸川区的请示》并向国务院申报。龙马潭区石洞镇撤镇设街道和叙永县大石乡、黄坭乡撤乡设镇获批，合江县密溪乡更名为真龙镇、叙永县石坝彝族乡更名为石厢子彝族乡。第二次全国地名普查通过省级验收，形成地名成果58082条，标准化处理地名89条。完成城区一环路沿线4477块门楼牌标识更新设置。命名主城区1个广场和25条道路。完成渝川线、川滇线边界联检。

【社会服务】 完成1343个村民委员会，278个社区居民委员会换届选举工作。推进村（社区）依法治理和标准化建设，加强村务公开和民主管理。因地制宜加快老旧社区阵地升级改造，完善综合服务功能。稳妥推进行业协会商会与行政机关脱钩，29个社会组织完成脱钩工作。全面提升社会组织党组织覆盖率，新建社会组织党组织85个。大力整治殡葬行业突出问题，依法取缔非法停灵点20家，推动江阳区公益性殡仪服务中心建成投用；创新推进殡葬“供给侧”结构性改革，南寿山墓园改制接近尾声；全面推行绿色低碳祭扫，2017年祭扫实现城区“零燃放”目标。加强农村留守儿童和困境儿童关爱保护，开展“合力监护、相伴成长”专项行动。全面规范流浪乞讨救助、婚姻和收养登记。

【负责人】 泸州市民政局局长：黄月桂；副局长：刘卫、卓彬、彭光磊；纪检组组长：郭楠；机关党委书记：曾晓军。 （李滨宏）

老龄工作

【70岁以上老人免费乘坐市内公交车】 2017年市民政局、市交通局联合行文，市公交公司负责落实《泸州市70岁老年人免费乘坐公交车实施细则》，将70岁以上老年人免费乘车范围由三区扩大到所有外地老年人，由市级财政给予经费补助，于2017年10月1日起正式实施。

【高龄津贴制度】 制定出台《关于落实高龄津贴有关事项的通知》，将80岁以上低收入老人津贴提高到每年不低于300元。市财政安排2017年三区高龄津贴补助资金690万元。三区35203万名高龄老年人受益。

【宣传教育】 安排部署全市老年人打击治理电信网络新型违法犯罪工作，向县区印制发放防范电信网络诈骗宣传资料5000份。“3·15”期间，联合市工商局在西南商贸城集中宣传，现场发放宣传资料300余份。市老龄办与市工商局和电视台联合拍摄《泸州市老年人防诈骗宣传公益片》，在市区各大商场、区县乡镇广泛播放，提高老年人自我防范意识和全社会主动防范意识。

【老年人意外伤害保险工作】 截至12月底，全市8万多老年人参与保险，参保资金560多万元，赔付近40万元，近1000人受益。对泸州市850名80周岁以上特殊困难老年人免费分配意外伤害综合保险。

合江县白鹿镇老年康复中心

【老年教育和老年文化体育活动】 10月24日，泸州市举办“醉美泸州，百姓舞台”泸州市老年合唱团成立15周年音乐会。继续以“银色酒城”、泸州老龄网开展宣传工作，在《川江都市报》、泸州新闻网等主流媒体上开设宣传专栏。

【负责人】 泸州市老龄工作委员会办公室主任：袁红（女）；副主任：徐民。 （陈　静）

人力资源和社会保障

【就业创业】 实施就业优先战略和更加积极就业政策，全年全市城镇新增就业4.33万人，完成目标任务的127%，城镇登记失业率为3.23%，控制在4%以内，实现就业逆势增长。高校毕业生就业率达92.5%，农村劳动力转移就业165.1万人，全面完成煤炭行业去产能职工安置工作。服务地方经济发展，招募智能终端产业人才和工人3303人，有效保障招商引资企业用工需求。开展就业扶贫工作，实施“扶贫专班”和“送岗位下乡”工作，开发公益性岗位10082个，安置就业困难人员和农村贫困家庭劳动者9657人，确保实现每个有就业愿望和劳动能力的贫困户家庭至少有1人实现就业。突出创业带动就业，成功举办第四届“醉美酒城，赢在泸州”创新创业大赛，高质量承办四川省第一届“天府杯”创业大赛大学生创业组决赛，参赛优秀项目“潦乡古彝”果酒在香港创业板正式挂牌上市，在全社会掀起创新创业热潮。

【社会保障】 在全省率先建立统一的城乡居民基本养老、基本医疗保险制度，新出台《泸州市基本医疗保险实施办法》《泸州市城镇职工补充医疗保险办法》《泸州市生育保险实施办法》，社会保障体系进一步健全。进一步提升社会保障待遇水平，养老金实现十三年连涨，医保待遇水平调整提高，实现精准扶贫对象县级以下看病就医个人“零支付”，全年发放五险待遇123.14亿元，社会保障红利充分释放。医保服务体系进一步改善，成功接入全国异地联网即时结算平台，实现异地就医即时结算。完善社保经办服务，推出“智慧泸州人社”“智慧泸州社保”和“智慧泸州医保”平台，实现参保缴费网上办理，全市通办。创新开展全国全民参保登记试点工作，全面按期完成试点工作各项任务，相关工作经验获省评估小组高度肯定。助力全市城镇化建设，加快落实失地农民养老保险参保政策，新增失地农民参保5万余名，征收养老保险基金达55亿元，新增城镇人口5万余人，泸州市失地农民养老保险工作在全国经验交流，获人社部有关领导肯定性批示。

【人事人才工作】 稳妥推进县以下机关公务员职级晋升工作，统筹开展市级部门中层干部跨部门轮岗交流，创新开展科级干部任前考法工作。实施“酒城人才新政”，发布《紧缺人才目录》，开辟引才绿色通道，全市事业单位共引才680人，其中，硕士研究生及以上学历87人，中级以上职称35人。加大公开考试招聘力度，全年共核准公开考试招聘计划3350个，其中，基层岗位3252个。出台《泸州市创新推进基层专业技术人才队伍建设若干意见》，解决基层专业技术人才引进难、留住难问题。在全省率先出台“三支一扶”人员直接通过考核聘用为乡镇事业单位工作人员政策，充分调动“三支一扶”人员工作积极性。印发《关于允许优秀外籍高校毕业生在华就业有关事项的通知》，全年引进优秀外籍人才31名。成功引进“雅思”考试，泸州市成为全国省会以上城市以外第一个设立“雅思”考点的城市。

2017年公交修理工精细维修技能大赛

【收入分配】 实施公务员职务与职级并行制度配套工资政策，建立基本工资标准正常调整机制。持续推进法官、检察官工资制度改革，提升司法人员的职业荣誉感和使命感。稳妥推进公立医院薪酬制度改革，出台泸州市公立医院薪酬制度改革实施方案，扩大医疗卫生机构收入分配自主权。国有企业负责人薪酬制度改革扎实推进，完善最低工资标准调整机制，发布年度企业工资指导线，引导企业合理进行工资收入分配。

【劳动关系调整】 制定出台《泸州市构建和谐劳动关系实施方案》，劳动合同制度全面实行，劳动合同签订率达96.5%，集体合同签订率达93.5%，超额完成省下目标任务。加强仲裁院标准化建设，市仲裁院成功创建为“省级示范仲裁院”，全年共收到调解仲裁申请2085件，涉及劳动者2460人，涉案金额达8185万元。劳动保障监察效能建设持续加强，建立了以源头治理为主的农民工欠薪治理体系，全年督促用人单位及时发放农民工工资1.2亿元，涉及农民工1.17万人。

【公共服务】 全面抓实“一号工程”，办好“头等大事”，建设群众满意的人社公共服务体系。全市建成基层服务平台1765个，其中街道（乡镇）143个，社区276个，行政村1346个，下延人社业务44项，让群众享受到“家门口”的“全方位”服务。全力推进“泸州智慧人社”建设，全面实现五险统征“掌”中办理、高校毕业生网上报到与档案托管、人事类考试证书网上邮寄、“众创家园”创业服务、人事人才业务网上办理等28项子业务智能化办理，“智慧人社”建设成效显著。简化审批流程，试点“综合柜员制”，全面推进“泸州人社事，最多跑一次”，主动公开服务事项清单目录，群众办事更加方便、快捷。

【负责人】 泸州市人力资源和社会保障局局长：周毅；副局长：林光智、黄烈超、郑远秀（女）、黄大立、邓传富；市军转办主任：张余；机关党委书记：邹家燕（女）；市就业服务管理局局长：李岭；市社会保险事业管理局局长：李蜀博；市医疗保险管理局局长：何勇；市人事考试中心主任：赵连全；市人才服务中心主任：罗明辉；市劳动人事争议仲裁委员会办公室主任：王平；市劳动人事争议仲裁院院长：任建宇。

（吴成虎）

民族工作

【民族乡经济社会发展】 2017年，全市8个民族乡实现地区生产总值7.15亿元，比2016年增长22%；工业增加值1.1亿元，增长10.5%；全社会固定资产投资14.56亿元；社会消费品零售总额4.76亿元；地方财政收入2129万元；农民人均收入8254.6元，增长10.85%。新建、改建通村公路1285公里，解决安全饮水79851多人，实施农网改造9个台区，28个贫困村，改造高低压线路336千米，解决少数民族建房户1660户。开展实用技术培训8期、培训群众1000多人。

【规划编制】 编制《泸州市“十三五”少数民族事业发展规划》《泸州市“十三五”少数民族干部人才队伍建设规划》，2个《规划》通过专家评审，填补省内市（州）编制《“十三五”少数民族事业发展规划》的空白。

【民族工作亮点打造】 组织市、县、乡（镇）、村有关人员到贵州、湖南等地学习考察民族村寨特色扶贫工作。依托民族文化、民俗文化、生态资源等优势，在叙永县石厢子彝族乡堰塘彝家新寨、古蔺县箭竹苗族乡团结村发展民族村寨旅游，逐步培育特色产业，助推少数民族群众脱贫攻坚。2017年，古蔺县箭竹苗族乡团结村大黑洞风景区投入资金5000余万元，建成长桌宴接待区、完成景观打造100余处，提供就业岗位200余个。2016年8月至2017年10月，古蔺县箭竹苗族乡团结村大黑洞风景区接待游客量达25万人次，实现旅游综合收入1.5亿元，“绿水青山就是金山银山”发展理念在民族地区取得生动实践。

【少数民族待遇县政策落实】 1. 争取上级资金支持。2017年，争取少数民族政策性资金33818万元（其中古蔺、叙永少数民族待遇县政策性资金33306万元）。2. 贯彻落实少数民族待遇县高考招生政策。古蔺、叙永两县高考考生享受政策红利，2017年两县新入学少数民族大学生300余人。3. 向省民族宗教委员会争取民族发展项目。累计投入资金502万元用于民族地区公路建设、人饮工程、危房改造等。4. 协调对接电力、交通、农业、林业、旅游等部门资金3000万余元，重点改善民族地区电力、公路、水利等基础设施建设。

【民族团结进步事业】 1. 多形式开展民族团结进步宣传教育活动。充分运用报纸、电视、广播、微信、微博等媒体宣传民族团结进步教育活动，在泸州日报开辟“民族团结进步宣传月”专栏8期、散发宣传资料5万余份、开展专题讲座及活动12次，累计有10万余人参与宣传活动。2. 开展民族团结进步创建“六进”活动。市委宣传部、市委统战部、市民宗局联合印发《泸州市民族团结进步创建活动进机关、企业、社区、乡镇、学校、宗教场所的实施方案》，动员各族群众广泛参与民族团结进步创建“六进”活动，全市共召开座谈会7次、专题宣讲8次、学习交流活动20次，“访贫问苦”活动12次。3. 集中命名民族团结进步教育基地。2017年，全市命名江阳区濂溪路社区、泸州奢香公园、合江县五通镇李咀村新村苗寨、叙永县石坝彝族乡堰塘彝寨、古蔺县大寨苗族乡富民村明镜坝新村为泸州市第二批民族团结进步教育基地。4. 多渠道宣传展示社会主义核心价值观。通过演讲、好歌大家唱、知识比赛、民族特色歌舞演出等形式，在全市7个民族团结进步教育基地开展民族团结进步、社会主义核心价值观宣传教育活动30余次，进一步筑牢中华民族共同体群众基础。5. 强化城市民族服务体系建设。以市委民宗工委名义下发《关于加强城市民族服务体系建设实施意见的通知》，全方位为城市少数民族和流动少数民族提供细致周到服务。召开城市民族工作推进会，将“民族团结进步示范创建”与泸州市“全国文明城市创建”同安排同部署，推动民族团结进步创建活动开展。

【负责人】 泸州市民族宗教事务局局长：熊华跃；副局长：王浩、杨玉峰（8月起）。

（马国伟）

宗教工作

【事务管理法治化】 以学习贯彻新修订《宗教事务条例》为契机，先后组织市、县、乡镇三级民宗干部、全市五大爱国宗教团体和113个宗教活动场所负责人等1000余人次开展新修订《宗教事务条例》学习，增强学法、知法、守法、用法意识。

2017年12月3日，中国社科院世界宗教研究所泸州市合江县法王寺爱国爱教调研基地揭牌

【宗教宣传】 深化法律进宗教场所活动，开展普法宣讲50余场次、编印《民族宗教政策法规读本》《宗教事务条例》《消防法》《安全生产法》《食品安全法》1万余册，发放宗教法律法规宣传资料2万余份，受教育宗教教职人员、信教群众达8万余人次。

【宗教执法】 开展燃香规范专项整治、“两乱”专项治理、基督教私设聚会点等治理工作，宣传党的宗教政策法规，增强宗教界人士在国家宪法、法律法规范围内开展宗教活动意识。2017年，依法拆除露天宗教造像2处，依法拆除存在安全隐患宗教活动场所1个，责令依法停止非法宗教活动点3处。

【宗教安全管理】 在全省率先启动113个依法开放宗教活动场所安全工作标准化建设工作，进一步强化落实宗教活动场所安全工作主体责任和民宗部门监管责任，消除宗教活动场所安全责任“真空地带”，切实维护教职人员和广大信教群众生命财产安全。2017年，全市累计投入资金500余万元，对排查出的111个安全隐患进行闭环整治。2017年，表扬5个安全工作标准化建设宗教活动场所。

【“和谐寺观教堂”创建】 创新开展以创建“爱国守法好，自身建设好，安全管理好，财务规范好，和谐建设好”为标准的“五好宗教活动场所”和争当“爱国爱教好，解经讲经好，维护团结好，文明教风好，发挥作用好”为要求的“五好宗教人士”活动。2017年，全市共命名“五好宗教活动场所”10个、“五好教职人员”19名。

【宗教引导】 1. 促成中国社会科学院佛教研究中心在四川唯一爱国爱教调研基地落户合江县法王寺。2017年4月21日，中国社科院世界宗教研究所所长卓新平到泸州考察，并在市委中心组学习（扩大）会上作了题为《坚持宗教中国化方向》专题讲座。2. 宗教界参与脱贫攻坚。全市宗教界主动参与“泸州统一战线精准扶贫进百村千家”活动，帮助古蔺、叙永两县贫困少数民族村寨解决基础设施建设项目资金 300 余万元。3. 拓展“宗教慈善周”活动，支持宗教界服务社会。指导基督教堂与古蔺、合江等县合作“贫困大学生救助”和“儿童关怀”“光彩事业”等，指导基督教、佛教寺院以非营利性服务方式向特定老年人群提供医养结合为主、精神关怀为特色的综合性养老服务，宗教界累计募集款物合计 500 余万元，开展扶贫、济困、助残、救灾、养老、助学、义诊等公益慈善活动，受益人数达 3 万余人。

（马国伟）

旅　游

【旅游概况】　截至 2017 年年底，全市有国家 A 级景区 34 个，其中国家 AAAA 级景区 11 个、国家 AAA 级景区 9 个、国家 AA 级景区 14 个；全市有省级旅游度假区 2 个、旅游强县（区）2 个、旅游扶贫示范区 1 个、旅游扶贫示范村 12 个；全市有旅行社 25 家、旅行社分社 31 家、旅行社服务网点 132 家；全市有星级宾馆 18 家，其中五星级宾馆 1 家、四星级宾馆 6 家、三星级宾馆 4 家、二星级宾馆 7 家；全市有旅游车公司 3 家，有专业旅游车 124 辆。2017 年，全市接待国内游客 4934.58 万人次，比 2016 年增长 25.99%；实现旅游总收入 441.88 亿元，同比增长 33.38%。

【乡村旅游和旅游扶贫】　2017 年，全市创建省级乡村旅游特色乡镇 2 个，精品村寨 3 个，省级乡村旅游特色业态 15 个，纳溪区创建为全省农民新产业新业态助农增收示范区。制定《泸州市旅游扶贫三年行动计划》和《2017 年旅游扶贫专项方案》，划拨 295 万元旅游扶贫专项资金，成功创建省级旅游扶贫示范区 1 个，示范村 9 个，民宿达标户 86 户。以国家实施“乡村旅游富民工程”为契机，发展乡村旅游，培育建立种类丰富、功能配套齐全、特色鲜明、服务规范的乡村旅游产品体系。

【红色旅游】　成立高规格的红色旅游工作协调领导小组，制定《泸州市红色旅游推进计划》，召开全市红色旅游工作推进会。申报红色旅游项目纳入国家规划，将叙永石厢子红色旅游项目纳入交通部《“十三五”时期全国红色旅游公路规划》、国家发改委《全国红色旅游经典景区三期总体建设方案》。

【厕所革命】　印发《泸州市“厕所革命”新建改建公厕设计建设管理技术和功能优化标准》《泸州市“厕所革命”实施方案（2018—2020）》。牵头改建泸州高速旅游厕所，指导高速入口、城区、景区和乡村旅游点旅游厕所新改建，全年新改建景区和乡村旅游点旅游厕所 68 座。

2017 年 5 月 19 日，中国旅游日—四川分会场

【标准化建设】 2017年度，沣泽苑宾馆被评定为四星级旅游饭店，凤凰湖景区、大黑洞景区被评定为国家AAAA级景区，富民新村旅游景区、甜橙庄园旅游景区、幸福白马旅游景区等5家景区被评定为国家AA级景区。玉蟾山景区通过国家AAAA级景区资源评估，启动创建纳溪区国家全域旅游示范区。6家高星级旅游饭店和1家三星级旅游饭店通过省星评委复核，12家三星级以下旅游饭店通过市星评委复核。

【旅游安全】 全年开展旅游安全和综合执法检查181次，出动检查人员516人次，向涉旅企业提出整改意见建议420余条。全市旅游行业安全形势稳定，全年未发生一起较大以上旅游安全责任事故。6月16日，全市旅游行业安全培训会召开，200余人参训。10月30日，市外事侨务旅游局与江阳区人民政府在南苑宾馆成功举办全市旅游行业消防安全暨游客应急疏散逃生演练，100余人参加观摩。泸州市南苑宾馆和兰尊大酒店被评为2017年度全市消防安全工作先进单位。

【旅游市场监管】 出台《泸州市人民政府办公室关于进一步加强全市旅游市场综合监管的实施意见》，进一步健全旅游市场综合监管工作推进机制。7月12—14日，四川省旅游发展委员会川南片区行管督查暨座谈会在泸州市召开。市外事侨务旅游局配合泸州电视台制作一期《给您说法》电视法治节目，通过情景剧演示、法律讲解、以案说法的形式倡导涉旅企业要合法经营，诚信经营，旅游者要合法合理维权。相继开展旅游市场秩序整治“春季行动”“暑期整顿”“秋冬会战”“不合理低价游”整治、旅行社及分支机构专项检查、A级旅游景区专项整治、重大节假日和重要时期旅游市场检查等专项行动。四川省旅游发展委员会发文对泸州市2017年度旅游市场监管工作进行通报表扬。

【宣传营销】 依托报刊、电视、高铁、大型宣传广告牌、LED大屏、微博、微信、网站、APP等平台加强立体营销。参加各类文化旅游节、交易博览会等旅游节会，组团前往重庆、成都等重要客源市场举办专场推介会，邀请自贡、内江、宜宾等100余名旅游企业、媒体代表到泸州考察踩线等拓展客源地宣传营销。指导举办黄荆老林英雄会、合江荔枝节等10余个重大节庆活动，制作《2018版泸州旅游攻略图》《2018版体验泸州旅游指南》《泸州旅游自驾手册》、泸州旅游环保袋等5万余份，强力推进目的地宣传营销。倡议并成立川南四市旅游宣传营销联盟，牵头组织举办川南四市旅游成都推介会、印制川南四市旅游宣传折页、搭建川南旅游四川国际旅博会特装展馆等。

【旅游招商引资】 策划包装玉蟾山、法王寺等29个旅游项目，主动对接碧桂园、港中旅、中信旅游集团等20余家重点招商企业，签约项目12个，协议引资593.2亿元。组织方山旅游景区、赤水河风光旅游区、大玉蟾旅游度假区3个项目参加四川优选旅游项目杭州路演推介会；组织参加第三届四川国际旅游投资大会，会上古蔺永乐镇温泉、叙永青山凉洞、合江神臂城（老泸州）宋元战争遗址3个项目入选第三届四川国际旅游投资大会100个精品旅游项目，方山佛教文化旅游度假区、四渡赤水红色文化旅游2个项目入选30个重点旅游新业态项目，中国酒城文化产业园、特色食品产业园、泸州高新技术产业开发区入选十大旅游产业集群项目，泸州市入选2016年四川旅游投资领先市州。

【智慧旅游】 2017年全面完成智慧旅游（一期）项目建设，该项目包括网络链路租用及平台运行环境、配套设施、旅游数据中心、动态数据采集和基础数据采集、泸州旅游资讯网、畅游泸州APP、微网站平台和系统集成等共八大项。基本实现涉旅企业数据集中采集、存储、处理及互通互联和信息共享查询，也为泸州市智慧旅游建设二期（应急指挥平台建设）做好前期准备工作。

【旅行社及导游管理】 全面启动“全国旅游服务监管平台”系统管理，定期开展旅行社安全检查，切实加强旅行社经营行为监管。主动配合省旅发委，做好“8·8”九寨沟地震游客疏散和旅行社党员基本情况统计上报等工作。2017年全市共223人报名参加导游人员资格考试，经资格审查，符合条件人数为215人，缴费成功人数为200人。11月18日组织泸州市2017年导游人员资格考试，完成考试组织、巡考等各项工作。开展导游证换发工作，对全市注册的309名导游进行信息核实确认，对申领电子导游证的人员进行审批，打印并组织下发224名导游的电子导游证。

【旅游投诉】 全年受理“12301”旅游投诉23件，电话投诉20件，办结率100%，共理赔6228元，接受旅游咨询200多人次。在受理和调解处理的投诉案件中未发现较大以上旅游服务质量和违法违规案件以及旅游安全责任事件，无一例不文明游客记录。

【社会信用体系建设】 制定《泸州市旅游行业社会信用体系建设工作实施方案》《泸州市旅游行业诚信建设“红黑榜”制度（试行）》，以信用信息的记录和整合、共享和披露、信用监督和奖惩、信用服务市场培育和监管等关键环节为重点，为泸州市旅游信用体系建设和运行提供保障；完善全市旅游征信平台建设，加快旅游数据库建设，建立旅游信用体系、构建市外侨旅游局诚信旅游版块，打造全市统一对外旅游信用信息发布、查询平台，加快旅游行业信用信息平台与市企业信用信息共享平台对接共享，完成收集全市星级饭店、旅行社、A级旅游景区等相关旅游企业、从业人员、行业协会会员的基本信息并在局网站上公示。与60多家涉旅企业法人签订《旅游业信用承诺书》，并在“信用泸州”网站上公布；推进旅游行业信用建设，建立和完善信用信息系统；加强管理，改进服务，提升质量，引导企业诚信经营，引导从业人员（特别是导游）讲究职业操守、恪守诚信规范。

【文明旅游】 贯彻落实国家旅游局《关于开展旅游不文明行为记录管理暂行办法》，并结合泸州市创建全国文明城市工作，不断加大对文明旅游的宣传、引导和教育、督查工作力度，开展旅游市场秩序整治和安全督查工作，健全工作机制，完善行业制度规范，向全社会倡导文明旅游、安全旅游、环保旅游的理念，促进泸州市旅游行业健康、稳定发展。2017年来，主动向游客发放“文明旅游，理性消费”“文明旅游出行指南”等相关宣传单、宣传册8万余份（册）。

【负责人】 泸州市外事侨务旅游局局长：兰均；副局长：向章明、甘元生；侨联专职副主席：罗华；机关党委书记：向章明（11月止）、凌朝君（11月起）；纪检组组长：凌朝君（11月止）。

（万永静　刘锐等）

区情县情

江阳区

【概况】 江阳区位于四川省南部，是川滇黔渝四省市结合部的交通枢纽和重要物资集散地，全区辖区面积649平方公里，辖10个镇、8个街道办事处，年末总人口67.43万人。

2017年5月9日，泸州市沙湾古镇·中天文旅城项目开工仪式

全年实现地区生产总值467.83亿元，比2016年（下同）增长10%；地方一般公共预算收入22.01亿元，增长14%；全社会固定资产投资增长19.9%；规模以上工业增加值增长11%；社会消费品零售总额210.95亿元，增长13.5%；城镇居民人均可支配收入36226元，增长8.7%；农村居民人均可支配收入16686元，增长9.3%。

【工业经济】 新设立3亿元产业引导孵化基金，兑现工业扶持资金1.3亿元，为企业申请用电优惠3500万元、应急转贷5000万元、落实贷款3.2亿元、协调融资6.8亿元。新培育规模以上工业企业20家。天府（四川）联合股权交易中心挂牌上市19家。完成技改投资82亿元。山村酒业、启航科技、中科玻璃技改投产，泸郎窖酒、川能电力、立德包装全面竣工。白酒、机械、建材三大产业总产值增长28.5%。智能终端产业从无到有，产值突破20亿元。金欧科技、华大科技等5家企业建成投产，第一台“江阳造”手机成功下线。

【现代农业】 整合投入5.9亿元，实施农业项目135个。新建现代经作产业标准化基地2.3万亩、高粱高产创建示范片2万亩。实施土地整理2万亩。新增高效节水灌溉面积8000亩。董允坝国家现代农业示范区南区巩固提升，北区基本建成，川南最大食用菌产业基地主体完工，千亩稻香蟹基地进场施工。四川（泸州）第二届江之阳蔬菜品赏会举办。张坝桂圆获批国家地理标志产品。

【现代服务业】 实现增加值155亿元，同比增长13%。新培育规模以上服务业企业32家、限额以上商贸企业33家。重庆白鲸商贸入驻盘活绿地商城，摩尔国际完成重建，成功引入星巴克、同仁堂等知名品牌，白塔商圈功能配套和品质品味明显提升。红星美凯龙、夜知味美食广场建成投运。滨河广场、环球生活广场竣工招商。成都银行、广州证券、攀枝花银行等5家金融机构落户江阳，全区金融机构存贷款余额突破1400亿元，税收总额增长39%。四川互联网交易大数据中心、京东自采中心四川分部签约落地，电子商务交易额突破70亿元，增长41.2%。全年接待游客1026万人次，实现旅游综合收入97.9亿元，增长27.1%。

【重点项目】 项目攻坚区级领导负责制高效落实，81个重点项目完成投资184.3亿元，增长14.8%。全面完成沱江新城一期、高新区渔子溪、老窖酿酒、国轩高科等13个项目13140亩交地任务，有力保障了市区重大项目用地需求。产城大道、弥陀平交及下穿道路全线贯通，江南片路网更加完善。沿沱江旅游道路、方山西环线和互通连接线建成通车，沿长江旅游道路、通况路加快建设，江北片路网全面铺开。康健城定向限价房、棚改二期安置房、七期廉租房、2013公租房竣工分房。锦欣医院、泰康医院、美年大健康体检中心、区公益性殡仪服务中心竣工投用。邓氏桂圆、宏鑫包装建成投产。桂圆里酒店综合体、沙湾古镇文旅综合体开工建设。双河水库扩容升级、方山景区整体开发等前期工作加快推进。

【园区建设】 江南科技产业园顺利承接规划、土地、税收、建设配套费等市级事权下划，争取到同等享受泸州国家高新区各类优惠政策，主营业务收入突破200亿元大关，实现三年连续翻番。基础设施更加完善，利民路、建安路一二段、江南路三段竣工通车，园区建成区排污管网全面完工。40万平方米标准化厂房、150套人才公寓、双创中心竣工投用。高规格完成楼宇经济规划，有效盘活闲置厂房4万平方米，引进中关村海淀创业园、住友富士电梯等项目65个。成功创建国家火炬中医药特色产业基地和省级现代服务业集聚区。参与中国白酒金三角酒业园区、泸州国家高新区、自贸区川南临港片区共建共享，飞地招引上海与德、腾盛电动车、沈酒玖集团、同春药业等企业23家。

【开放合作】 用好企业债、融资租赁、政府与社会资本合作等市场工具，撬动社会资本16亿元，融资到位30.2亿元。主动对接专项基金、债券资金等利好政策，向上争取资金22.1亿元。紧盯产业高端和高端产业主动出击、精准招商，举办手机产业转移高峰论坛、川江文旅产业发展高峰论坛，成功引进创一唯、大象通讯等智能终端企业21家，环球佳酿、邻玉·中国酒镇、国际超五星级酒店希尔顿等5亿元以上项目15个，10亿元以上项目8个，全年到位市外国内资金224亿元，同比增长19.3%。

【文明创建】 主动扛起主战场、主阵地、主力军的责任和使命，全面发动机关团体、村社干部、广大群众与志愿者，以最紧密的组织、最广泛的宣传、最有效的举措，确保全市51%的迎检点位高分通过考评，为泸州成功创建全国文明城市贡献了不可或缺的江阳力量。增设公益广告40余万平方米，开展主题宣传1500余场次。完成25.7万平方米道路“白加黑”、11个农贸市场升级改造。拆除违法建设7.3万平方米，依法取缔17家非法殡仪服务站点，清理城市牛皮癣近40万处，完成建筑立面整饰21万平方米，南极路、大慈路等长期占道经营行为得到有效整治。

【统筹城乡】 拓展城市建成区9平方公里。城镇化率提高2个百分点。沱六桥及连接线、沱二桥新桥、张坝滨江路建成通车，长二桥、长六桥加快建设，城区夜景观光工程、沱二桥至沱三桥步游道竣工投用。美丽镇村加快建设，通滩古街完成改造，分水岭特色示范镇、丹林梨海小镇、方山滨水旅游风情小镇启动实施。“多权同确”加快推进，区级农村产权流转平台建成挂牌。石寨金银、通滩罗石桥等6个幸福美丽新村提档升级。投入财政资金1500万元，推进20个村集体经济扶持试点有序实施。董允坝村创成全省百强名村和集体经济十强村。华阳西岸、方山云峰等16个村成功创建省级“四好村”。

【生态环境】　落实绿水青山就是金山银山的发展理念，扎实开展中央和省级环保督察、环保投诉问题整改，下大力气解决一批环境突出问题。关停污染企业3家，整改违规企业102家。碧水保卫战初见成效，“河长制”全面落实，高标准完成华阳五渡溪、茜草观音寺等7个饮用水源地保护区规范治理，依法取缔长江岸线非法码头23个、网箱养殖及餐饮趸船23艘，清理整治沿江砂石堆场34个，转运砂石1000余万立方米。蓝天保卫战守住阵地，全域实施“减排、压煤、抑尘、治车、控秸”五大工程，万元GDP能耗下降3.5%，建筑工地“六个100%”管理全覆盖，扬尘污染、露天焚烧、餐饮油烟、噪声扰民做到常态管控。净土保卫战深入推进，开展重点区域土壤污染调查评估、农业面源污染治理，太极机电土壤污染修复加快实施。垃圾分类收集实现主城区物管小区、机关企事业单位全覆盖。农村生活垃圾集中收运启动试点，蓝田、况场、通滩、分水岭实现垃圾“日产日清”。

【功能配套】　全域安全饮水扩面提标，安装供水管道2000公里，入户率达88%，石寨、通滩等11个镇街19万余人的饮水安全得到有力保障。农网改造升级全面完工，全域同网同质同价用电目标如期实现。全域供气加快推进，规划编制全面完成。全域治污快速延伸，新建污水管网14公里，蓝田石岭、黄舣中兴、通滩宜定等20个镇村污水处理站完成建设。便民设施不断完善，醉美农超开业运营，市民广场竣工投用。群众出行更加便捷，新建港湾式公交车站33座，新增停车位1200余个，打通“断头路”33公里，开通农村公交线路达42条，全市率先实现全域行政村农村公交全覆盖。荣获全省首批“四好农村路”示范区称号。

【民生工程】　持续扩大民生投入，民生支出达25.4亿元。创新创业保持活跃，创建省级创新创业园1个、市级4个，新增就业9816人，扶持创业1742人，转移农村富余劳动力15万人，城镇登记失业率控制在2.9%以内。社会保障持续扩面，养老保险覆盖24.1万人，居民医保参保49.5万人，城乡居民参保率达98%以上。城乡低保应保尽保，发放各类救助救济资金6700万元。百姓安居稳步推进，改造农村危房407户、棚户区1911户，建成安置房、保障房3979套。养老体系更加健全，社会福利中心主体完工，江北敬老院启动建设，新建城乡日间照料中心17个，新增养老床位500张。

四川（泸州）第二届江之阳蔬菜品赏会

【脱贫攻坚】　建立200万元小额信贷分险、300万元产业扶持、500万元教育扶贫、500万元卫生扶贫基金，农村居民最低生活保障线上调到3400元。实施贫困对象安居、医疗、教育、就业、广电等工程，完成住房“四改”429户，免除各类医疗费用524万元，减免幼儿保教、学生保险等费用143万元，新增广电“户户通”850户，帮助就业705人。全区脱贫群众“一超六有”全部达标。加大对口帮扶盐源县脱贫力度，选派专技人才增至32人，扶贫资金投入同比增长27.3%。

【社会事业】　教育均衡迈向高位发展，投入6亿余元新改建泸州七中城西校区、长江中小学、梓橦路小学渔子溪学校、弥陀镇中心幼儿园等校园21所，有力保障了全区适龄儿童学有所教。“四点半课堂”启动试点，星级校园长完成首轮提升培训，江阳教育驶入内涵式发展快车道。卫计事业加快发展，19.6万人完成免费健康体检，妇幼保健中心和疾控中心开工建设，丹林、分水岭卫生院加快推进，新改建16个中心村卫生室，实现公立基层医疗卫生机构DR设备全配备、远程诊疗全覆盖，成功创建省级慢性病综合防控示范区。文体事业更加繁荣，张坝艺术区建成开放，全国名家看江阳采风活动举办，摇滚夜跑、蔬菜马拉松等活动掀起全民健身热潮。茜草邻府、江北干坝等13个村社区阵地竣工投用。

【安全生产】　从严落实“党政同责、一岗双责、一票否决”制，狠抓安全生产风险分级管控，事故发生起数和死亡人数实现双下降，未发生较大以上生产安全事故。创新隐患排查整治闭环管理，青林包装、孝烈建材等重大安全隐患及时整改交账，通滩大竹林、泰安大面寺等10个地质灾害隐患点全市率先销号。逗硬落实“四个一律”，非法醇基燃料制售、非煤矿山违法生产等案件得到及时查处。“两高一体验”启动试点，微型消防站加快建设，安全体验中心建成开馆。南城街道创成国家级安全社区，邻玉街道创成省级安全社区。成功举办全省安全社区建设现场会。整合6个片区基层食品药品监管所，实现校园周边、农村坝坝宴等重点领域监管全覆盖。查处食品药品违法案件203起。创成省级食品安全示范区。

【社会大局】　公安基础设施建设三年攻坚正式启动。实战勤务中心建成运行。蓝田、北城等4个派出所竣工投用。治安防控体系加快完善，“雪亮工程”“楼宇卫士”等技术防控项目有序推进，校园“三防”建设全面完成。“三打击一整治”行动深入开展，盗抢骗、黄赌毒等突出治安问题得到有力遏制。各类案件案发率下降28.4%、破案率上升45.2%，群众安全感和平安建设满意度持续提升。狠抓矛盾纠纷多元化解，领导下访、定期接访、包案化解、联席会商等措施综合推进，成功化解信访积案难案393件。畅通群众诉求通道，办理群众来信来电5010件，办结率达98.8%。依法治访强力推进，严厉打击非访人员29人。全面落实信访突出问题属地治理与系统治理，新恒基翡翠城、大集体改制等问题得到妥善处置，百康健身、绿地商城等事件得到有效化解。

【改革推进】　有序推进行政执法“三项制度”试点，全面推行政府系统法律顾问制度。“放管服”、环保税、商事制度等改革事项稳步推进，新增市场主体9189家，公共资源交易事项纳入全市统一平台，公务用车改革、行业协会商会脱钩试点全面完成，全市率先开通“8585000”便民服务综合信息平台。在全市率先试点村级财务审计。

【负责人】　中共江阳区委书记：付小平；副书记：杨长缨、王强、刘淑兰（女）、廖俊（8月起）、沈昭平（8月止）；常委：张生勇、牟正权、杨雷、张程、王朝德、陈学军（8月起）、李红梅（女、8月起）、周炳、张燕（女、9月止）。

江阳区人大常委会主任：张敏（女）；副主任：赵碧科、张清明、彭昭平、聂华伟。

江阳区人民政府区长：杨长缨；副区长：张

程（8月起）、吕先、赖旭刚、罗勇、陈波、夏围禄（女、8月起）、吴晓东、张寨英（女、12月起）。

江阳区政协主席：张旭光；副主席：刘秋耘（女）、侯晓萍（女）、徐志兰（女）、陈兵。

（曾　卓）

龙马潭区

【概况】　龙马潭区是1996年泸州市调整区划新成立的县级行政区，是泸州主城区之一，自贸区川南临港片区、泸州长江经济开发区在龙马潭区境内。辖区面积333平方公里，辖7个街道（1个厂区办事处）、5个镇，39个村（475个村民小组）、50个社区（549个居民小组），户籍人口37.04万人（其中：农业人口4.45万人，非农业人口32.59万人），常住人口38.24万人，城镇化率77.91%。2017年，实现地区生产总值227.9亿元，同比增长10%；规模以上工业增加值增速10.3%；地方一般公共预算收入15.29亿元，同口径增长16.9%；全社会固定资产投资同比增长24.6%；城镇居民人均可支配收入实现3.6万元，同比增长8.8%；农村居民人均可支配收入1.8万元，同比增长9.2%；获评四川省2016年县域经济发展先进县。

【自贸区建设】　聚力制度创新、协同开放，自贸区川南临港片区复制推广改革经验158项，形成创新经验成果90项，其中，全国首创11项，全省推广7项，全市推广22项。大力推进投资自由化、贸易便利化、金融国际化、监管法治化。实施“一张清单定边界、一个窗口全受理、一枚印章管审批、一站服务快办结”集中行权综合改革，审批效率提高80%。全国首创“政务服务异地直通互办”“江上申报·抵港验放”模式，创新推出“零费用”口岸、“科技授信融资”等，成立省内首家商务秘书公司，建成行政审批、国际贸易等智慧自贸“单一窗口”，建设“一窗通办”智能法律协同服务平台和事中事后市场综合监管平台，营商环境更加公平高效。加强与周边地区和沿海沿边沿江城市互动协作，开通“泸蓉欧”快铁，完成“泸州—广州外贸铁路班列”测试，与天津东疆、广东前海等25个城市和地区建立合作关系。强力助推外向型经济发展，保税分拨、跨境电商、平行进口汽车贸易、融资租赁等发展迅猛，新注册企业3041家，完成外贸进出口总额16.77亿美元，泸州港集装箱吞吐量达55万标箱。引进碧桂园、中信集团、恒天集团等全球全国知名企业，成都农商银行、财通证券等23家金融和类金融机构落户自贸区。

【项目投资】　实施天下川江国家文化公园、合盛硅业、全域公交等133个重大重点项目，总投资318亿元。其中，投资50亿元以上项目8个，10亿元以上项目37个，1亿元以上项目63个。

【工业经济】　成功申创四川省第二批工业强县，长江经济开发区入围国家新型工业化产业示范基地名单。2017年规模以上工业企业127家，总产值497.5亿元。工业对GDP的贡献率达59.9%。泸州长江经济开发区新增企业24家，入园企业达659家，实现主营业务收入635亿元，同比增长25.7%；企业利润40亿元、入库税金8亿元。新建标准厂房62万平方米，引进诺亚信、威垦通讯等智能终端企业34家，投资项目48个，第一台“泸州造”智能手机成功下线，实现产能540亿元。泸州航天科技民品园（一期）、合盛硅业（泸州）西南基地（一期）投产达效。北斗卫星、青岛光电等高新技术企业落户，芯威科技成功研发出泸州第一颗高端智能手机芯片。和润粮油、西南食谷项目有序推进。引进原酒基金、川酒集团、1919酒类直供等平台，郎酒泸州包装基地初见成效，玉蝉白酒出口韩国，国粹酒业、唐朝老窖与韩国、美国建立贸易关系。

【商贸物流】 成功申创四川省现代商贸物流服务业转型升级示范县（区），泸州临港物流园获评全国优秀物流园区。全区限额以上物流企业131户。富森美家居、城北万达广场、自贸区总部基地、进出口商品展销中心二期加快建设。步步高商业综合体开业运营。平行进口汽车贸易顺利推进。成功举办中国（泸州）第五届西南商品博览会、第二届农产品交易博览会。电子商务、现代金融、总部经济、会展经济加速发展。

【农业农村】 大力推进电子商务进农村，新建网点50个。走马慈竹、“十里渔湾”等生态农业旅游项目初具规模，海吉星农产品商贸物流园（一期）建成投用，柑橘文化博览园、天一农庄、简氏乡村有机农业科技示范园等重大农业产业项目加快建设。44个行政村全部建成幸福美丽新村。双加镇大冲头村获评全国美丽乡村示范村和全国宜居村庄示范村。

泸州港

【城市建设与管理】 新增城市建成区面积4.68平方公里，城镇化率达78%。实施城建项目30个，累计投资29.6亿元，金岭路、九港路、玉雨路、银带路等9条城市道路建成通车。泸州新机场提速建设，启动泸州港第二作业区、多用途码头二期续建工程。实施机场路、机场快速通道、成自泸赤高速泸州港连接线景观提升改造工程。快速推进长江二桥及连接线、泸渝高速建设，完成沱江二桥加宽改造、沱江三桥下穿隧道、沱江六桥及连接线工程。加快城镇更新改造步伐，启动小市片区旧城改造，快速推进石洞片区棚户区改造，完成驿通片区棚户区改造。石洞撤镇设街道。实施大驿坝智慧社区建设，完成城市老旧道路“白加黑”升级改造。实施“六大工程”，助力全市成功创建全国文明城市。开展违法建设治理，推进立面整治、垃圾分类、厕所革命，城乡环境持续改善。

【生态文明建设】 香颂半岛、杜家街等6个片区污水管网改造工程建成投用。完成5个场镇7个污水处理厂提标扩能改造和16个农村污水处理示范点建设。严格落实耕地保护责任，完成耕地保有量23.6万亩，基本农田保护面积14万亩。全面落实河长制工作，实现区、街镇、村社、组四级河（段）长全覆盖。高度重视环保督察反馈问题整改，狠抓大气、水、土壤污染防治，强力整治扬尘污染、黑臭水体、非法砂石堆场等环境突出问题，加强北郊集中式饮用水水源地保护。

【社会民生】 强力巩固推进脱贫攻坚，163户418名贫困人口顺利脱贫，大冲头村退出省级贫困村序列，高质量实现全域脱贫目标。泸州市第十二中学、玉带河学校三期建成投用，新增义务教育学位1600余个，启动尹吉甫学校建设。全民创建健康城市，全面取消公立医院药品加成，分级诊疗有序推进，医保实现全国异地结算，区妇幼计生服务中心、疾控中心迁建项目加快推进，启动区二人医“三甲”医院创建。大力促进就业创业，城镇新增就业6035人，城镇登记失业率控制在3.04%以内。大力推进“六个全覆盖”工程，农村公交实现“村村通”，北郊水厂供水实现全覆盖。完成抚琴山水一期、竹林馨居、双加机场安置房建设，改造农村危房981户。顺利完成第三次全国农业普查和第十届村委会、居委会换届选举。持续完善公共文化服务，建成农民健身工程67个，行政村体育设施实现全覆盖。

【依法治区】 抓住“关键少数”，依法执政、依法行政不断强化，社会治理取得新成效。深化司法体制改革，全力推进司法责任制落实，建立“一站式”法律服务体系。全面落实综治领导责任制，开展安全文明小区创建，持续推进“平安龙马潭”建设，“天网”系统不断健全，“雪亮工程”全面铺开，“智慧云护城墙”工程大力推进，全区一体化监控体系逐步构建。信访秩序专项治理扎实开展，基层矛盾纠纷“一线化解”机制全面落实。加快构建安全生产综合治理体系，全面落实企业主体责任、属地管理责任和行业主管部门监管责任，安全生产形势总体稳定。创建国家食品安全示范城市，启动“打造食品药品安全龙马潭”，省级农产品质量安全监管示范县通过验收。

【改革深化】 开展相对集中行政许可权改革试点，成立区行政审批局。精简政府机构，整合设立区工商质监局。全力推进行政执法“三项制度”试点。稳步推进农村集体产权制度、统计管理体制、供销合作社等改革，调整执行新一轮街镇财政体制。大力推进政务公开，主动公开各类政府信息9100余条。加强行政权力依法规范公开运行，大力推进“互联网+政务服务”，42个区级部门行政权力纳入全省一体化政务服务平台运行，网上办理行权事项18.9万余条。

【负责人】 中共龙马潭区委书记：刘光明；副书记：靳地胜、任晓波；常委：熊燕（女）、许仁兵、王举松、程晓龙、文耀全（8月止）、陈讯、黄志有、申波（8月起）、袁瑞（12月起）、张志方、钟华贵（5月止）、李聪（5月止）、张宁迁（5月止）、张涌（6月起）、杨勰（11月起）。

龙马潭区人大常委会主任：吴文涛；副主任：朱永平、戴志林、吴国勇、廖竞瑜（女）。

龙马潭区人民政府区长：靳地胜；副区长：文耀全（8月止）、何学军（5月止）、申波（8月起）、胡兴成、刘彬（6月起）、熊建辉（12月起）、唐栋良、林光勇、彭莉（女）、李聪（6月止）、张宁迁（6月止）、刘勇（11月起）、张涌（6月起）、杨勰（10月起）。

龙马潭区政协主席：叶长青；副主席：兰永智、彭利蓉（女）、杜朝林、游健（女）。

（尹小玲）

纳溪区

【概况】 全区面积1150.22平方千米。2017年末辖大渡口、护国、打古、上马、合面、丰乐、白节、天仙、棉花坡、新乐、渠坝、龙车12个镇及安富、永宁、东升3个街道办事处，175个村民委员会，1838个村民小组，26个社区。全区年末户籍总人口为469863人，人口出生率9.16‰。人口自然增长率为3.04‰。

全年生产总值完成145亿元，比2016年增长8.4%；规模以上工业增加值同比增长9.7%；地方一般公共预算收入完成11.01亿元，同口径增长10.9%；全社会固定资产投资完成236亿元，同比增长16.3%；社会消费品零售总额完成82亿元，同比增长13.2%；城镇、农村居民人均可支配收入分别达32395元、15136元，同比增长8.6%、9.5%。获“全国文明城市”“2017最美中国全国旅游创新发展示范地”“2017年度全国十大魅力茶乡”等荣誉。

【工业园区】 启动园区扩容调规，完成泸州国家高新区纳溪科技园等3个园区产业发展规划。兴泸远大PC、泸州惠方科技（一期）等项目建成投用，明德亨电子元器件全产业链、中电熊猫云物数智西部产业园、惠兴智能终端制造产业链等8个项目加快建设，云溪AI双创基地暨AI畅想小镇起步项目启动建设。西部绿色智能住宅产业园完成启动区480亩土地场平，G546机场路延伸线一期建成通车。泸州高新林竹产业园开园，A区产品展示中心、博士后流动工作站等基本建成，启动B区2条道路建设，集中签约英正辉竹浆模塑制品、环保圆竹新型建材等项目11个。全力推进“中国酒镇·酒庄”项目，顺成和酒庄基本建成，花湖路旅游快速通道建成投用。推出“桑果之约”等新酒品12个，龙洄庄园橡木桶酒荣获“2017比利时布鲁塞尔国际烈性酒大赛金奖”。三大园区建成面积达12.9平方公里，新建标准化厂房5.67万平方米，新入驻企业32家，主营业务收入同比增长12%，成功创建“国家化工新材料高新技术产业化基地”。

【全域旅游】 实施“全域旅游2.0”战略，凤凰湖景区成功创建为国家AAAA级旅游景区。凝练“好享纳溪·四季有约”文旅品牌节庆活动，开展“5·19”中国旅游日四川会场活动、早茶节、中国美酒音乐·欢乐季启动仪式、春天诗会等系列活动，极大提升纳溪在全国的美誉度。获评“中国最美乡村旅游目的地县”“四川省旅游强区”。2017年，全区实现旅游综合收入79.5亿元，同比增长47.2%；旅游经济指标在全省183个县（市、区）中实现“五连跳”，从2013年到2017年排名上升近40位。

【新农村建设】 荣获“中国美丽乡村建设示范县”称号，建设丰乐天台、打古会龙等美丽幸福新村35个，创建新乐三江、护国德红、打古普照等省级“四好村”19个，大渡口平桥村获评“四川百强名村”“中国·竹镇”白节荣获2017中国年度十佳“魅力新农村”奖，列入第一批省级特色小镇。启动清溪河流域“乡村振兴”综合治理示范项目，完成农村危房改造2881户；整治山坪塘241口，新建及整治渠道126.47公里；完成7个村农网改造。

【城建国土】 长湿新城整体城镇化道路、第二医教园区骨干道路、G546（纳溪段）、二环路（纳溪段）等路网建设加快推进；五顶山西侧32米干道、疏港路延伸线等麒麟组团道路启动实施。G93成渝环线泸州南部新城互通及连接线、长江八桥等项目前期工作进展顺利。市中医院城南医院、泸州四中（纳溪中学）新校区、第二医教园区人才公寓等配套项目建设有序推进。城区面积扩至23.61平方公里，常住人口增至18.82万人。成功创建“全国文明城市”，为泸州创文成功作出纳溪贡献。全面完成16米以下老旧道路“白加黑”升级改造，河西截污干管（长江段）等项目竣工投用；主城区管网改造（一期）工程、河西体育场停车场等项目启动实施。

【招商引资】 全年新签市外国内投资项目145个，到位市外国内资金187.2亿元，同比增长18.67%，完成目标任务的103.7%；新签约泸州建筑工业化PC项目、泸州（纳溪）惠兴智能装备有限责任公司智能终端制造产业链项目一期工程等5亿元以上重点项目5个，完成目标任务的100%。主动对接智能终端、文旅康养、生态食品、绿色建筑、智能环保、商贸物流等相关企业100余家，邀请深圳多辉、广州富力、东方园林、深圳华堂古村之友、深圳华侨城集团、江苏欧瑞格、威廉国际、前海金桐资本、惠州富美康通讯等80余家意向性企业莅纳考察。加大与中国电子工业科学技术交流中心、北京赛普星通科技有限公司对接力度，云溪 AI 双创基地暨 AI 畅想小镇项目达成合作意向。

2017 年 6 月 10 日，小城大爱书画义卖活动在纳溪体育馆举行

【社会事业】 继续推进双创工作，认定市级众创空间 2 个、区级 4 个；五险统征统支有序推进。双拥创建有序开展，实现“三无”目标；持续开展“小城大爱”、慈善一日捐等慈善活动，落实特殊困难群体救助 6282.3 万元。落实“五个一”帮扶责任机制，新建硬化扶贫公路 45 公里，建成贫困村连片产业基地 2.1 万亩、种养殖基地 32 个。到位政策资金 7425 万元，实现医疗扶贫“四个 100%”，安置贫困家庭劳动力 1362 人，6 个贫困村均完成脱贫目标。扎实推进“六联创”工程，有效化解江南名城等遗留问题 32 件，启动乡镇“两所一庭”建设，继续实施“雪亮工程”等平安建设工程，连续七次位居全市平安建设群众满意度测评第一。新成立 3 个片区安监执法中队，扎实开展安全生产大检查，全年未发生较大及以上生产安全事故。

【财政税收】 全年全区地方一般公共预算收入完成 11.01 亿元，增长 10.9%，其中：税收性收入 6.07 亿元，非税收入 4.94 亿元；全区地方一般公共预算支出完成 28.22 亿元，全区争取到位上级资金 19.33 亿元，其中：争取到位省级均衡性转移支付资金 2.56 亿元，同比增长 6%，争取到位债务转贷收入 5.53 亿元，其中：新增债券 2.2 亿元，置换债券 3.33 亿元。

【金融保险】 全区年末存款余额 175.72 亿元，贷款余额 117.64 亿元，贷存比 66.95%，存贷余额分别较 2016 年同期增加 11.52 亿元、6.13 亿元。农业保险签单保险保费 1385.88 万元，中央、省、市、区补贴 1071.13 万元，农户仅自负 314.75 万元，补贴比例达 77.3%。直接融资后备库进一步充实，全年新增四川省上市各挂牌企业后备资源库注册企业 16 家，全区进入省级后备资源库企业达 25 家，全年直接融资 25.3 亿元。

【农业林业】 全年发展优质稻高产示范片 3 万亩，完成粮食播种面积 51.39 万亩，粮食总产量 21.78 万吨，新建茶园 5000 亩，改造提升老茶园 3 万亩，茶产业综合产值 42 亿元。顺利承办第五届“四川省茶叶开采活动周”，荣获“2017 年全国十大魅力茶乡”称号。全区优质水果种植面积 7 万亩，总产量 11.25 万吨。全区蔬菜种植面积 11 万亩，总产量 23.2 万吨。全区年出栏生猪 51 万头，全区渔业养殖面积 1.14 万亩，水产品总产量 8252 吨。全力推进温氏生猪养殖一体化项目，护国大营种猪场建成投用，温氏总部基地全面启动，带动发展家庭合作农场 101 个。全年新建竹基地 1.6 万亩，改造低产低效竹基地 3 万亩；发展珍稀树木 0.5 万亩，累计建成珍稀树木基地 9.6 万亩；新发展竹荪、林下鸡等林下种养殖基地 1120 亩，竹笋出口创汇名列全省同类产品首位。泸州高新林竹产业园建设加快推进，获评“全省首批林业双创示范基地”。泸州大旺国际竹种园工程主体全面完成，大旺竹海荣获全省首个“中国森林养生基地”称号。

【教科文卫】 义务教育均衡发展高分通过国家评估验收，“四育合一”教育模式和区域化同步课堂两项经验获得教育部通报表扬；普高、职高均荣获泸州市教育质量综合评价一等奖，全市唯一实现农村初中教育质量优秀“满堂红”的区县；四川省第三届教研室主任论坛在我区举办。完成全民预防保健体检17.3万人次，区人民医院住院部二期工程建设有序推进，建成村卫生站10个，通过“全国基层中医药工作先进单位”国家评审，成功创建“四川省免疫规划示范区”。文化惠民蒸蒸日上，举行农村公益电影放映2130场次，“村村响”“户户通”“贫困村广播安装”等任务全面完成；继续免费开放“三馆一场一站一室”，建成“一卡通”基层点187个，实现三级全覆盖。拍摄完成《铁血护国之青年朱德》等电视电影；“肖鸭子”“桂花酒”等4个“非遗”项目赴成都国际“非遗”博览园参展。护国运动文化园区成功入选第3批全国优秀旅游优选项目，护国人文学院荣获“四川统一战线中国特色社会主义教育基地”称号。

【品牌打造】 坚持“质量兴区、品牌强区”战略，成功创建全省首个“四川省有机产品认证示范区”；白酒酒庄综合服务标准化示范项目入选国家级服务业标准化示范项目名单。“省级农产品质量安全监管示范区”通过验收，成功创建“国家林下鸡养殖、茶叶栽培与茶庄经营综合标准化示范区”。瀚源有机茶获评国家“生态原产地保护产品”，天府酒厂“天府牌”获评中国驰名商标。成功培育星昱花木专业合作社等省级示范专合社4个、秀林家庭农场等省级家庭农场2个，新增“三品一标”产品品牌8个。

【交通安全】 全年实施交通项目5大类12个，完成投资4.46亿元。新建、改造农村公路152公里，长湿新城整体城镇化道路、第二医教园区骨干道路、G546（纳溪段）、二环路（纳溪段）等路网建设加快推进；五顶山西侧32米干道、疏港路延伸线等麒麟组团道路启动实施。G93成渝环线泸州南部新城互通及连接线、长江八桥等项目前期工作进展顺利。全年实现道路运输客运量1450.172万人，货运量3173.478万吨；水上客运量29.43万人，货运量131.49万吨。

【劳动保障】 率先建成省级标准化劳动人事争议仲裁院，代表泸州市接受省效能建设检查，并获得好评。建成立案（咨询）大厅、劳动人事争议仲裁办公室、仲裁庭等，畅通劳动维权渠道，受理劳动者的各类诉求。开展民工工资支付专项检查，确保在建项目和新开工项目支付民工工资达100%。全年受理劳动争议仲裁案件126件，按期审结126件，结案率达100%，为劳动者挽回经济损失578万元。开展人力资源市场秩序整治、用人单位执行劳动用工和社会保险法律法规情况、劳务派遣用工整治、农民工工资支付情况等专项检查活动，涉及劳动者5048人，查处劳动违法案件6件，协调处理案件67件，为劳动者追收劳动报酬854万元。依法依规受理申请工伤案件108件，认定102件。

【生态环保】 狠抓环保督察攻坚，动真碰硬抓好中央和省、市环保督察问题整改，长江、永宁河沿线17个砂石堆场完成转运，11个镇级污水处理厂建成投用，四川银鸽竹浆纸业有限公司白泥堆存、泸州鑫鑫废弃油脂再生利用有限公司环境污染等环保信访问题得到解决，顺利通过中央环保督察。坚决打赢大气、水、土壤污染防治“三大战役”，全年大气中可吸入颗粒物（PM2.5）较2016年下降8.7%，城市集中式饮用水水源地水质达标率为100%，未发生一起土壤污染事故。全面落实河（湖）长制，境内水质稳定向好。

【社会治理】 落实安全生产“五级五覆盖”要

求，常态化开展道路交通、建筑施工、危化品等重点领域整治，全年未发生较大及以上安全生产事故，各项指标均在市上下达的目标范围以内。以创建“全国平安建设先进县区”为主线，对上级交办的325件专项治理案件逐件落实领导包案，累计排查矛盾纠纷1481件，调解成功1460件，调解成功率达98.5%，出色地完成了十九大等特殊敏感时期的安保维稳工作，是全市唯一一个在全年全部特殊敏感时期均实现“零进京到省”的县区。

【党的建设】 扎实推进永宁街道打渔山社区等示范点升级打造，启动“龙车—丰乐—白节”党建示范线建设。实施“阳光选任”“优苗优育”“动力提升”三大工程，选拔40名优秀年轻干部到重要岗位任职。出台《纳溪区“云溪人才新政”20条》等文件，大力推行“纳才引智”“创在纳溪”等工程，引进中高层次和急需紧缺人才50名。全面加强党内监督，推进巡察工作，完成对8个区级部门、4个镇（街道）的巡察。落实“三个在前”，分层分类对党政一把手、新提拔领导干部、重点领域、重点岗位、村（社区）干部开展廉洁教育。重拳整治微腐败和群众身边不正之风，查处发生在群众身边的不正之风和腐败问题案件104件，给予党政纪处分88人，通报曝光20件20人；始终保持惩治腐败高压态势，立案审查172件，给予党政纪处分136人，其中科级干部12人。有序推进监察委员会体制改革；党风廉政建设社会评价满意度指数提升到87.6，在全省183个县（市、区）中排名第55位。

【负责人】 中共纳溪区委书记：徐利（女）；副书记：谭荣兵、李仁军（6月起）、熊杰（8月起）；常委：蔡宗炜（8月起）、姚波、周涛 、邹冰、潘浩 、张耀峰、王刚 、李庆、程少华。

纳溪区人大常委会主任：詹忠平；副主任：翁庆平、张纳（女）、余云江、丁友明。

纳溪区人民政府区长：谭荣兵；常务副区长：蔡宗炜（8月起）、熊杰（8月止）；副区长：陈少华（1月起）、陈小平（12月止）、游彦、张巍、马德凤（女）、李明、邓小军（12月起）、陈强（12月起）。

纳溪区政协主席：朱太成；副主席：谢兴宏、王跃泽、叶勇、王强（12月起）。 （徐东梅）

泸 县

【概况】 泸县辖区面积1532平方千米，辖1个街道办事处，19个镇，50个城镇社区居民委员会，2017年末户籍人口107.4万人。2017年，实现地区生产总值300.4亿元，比2016年（下同）增长9.1%，人均国内生产总值34554元。其中，第一产业实现增加值49.3亿元，增长4.1%；第二产业166.5亿元，增长10.1%；第三产业84.6亿元，增长10.1%。全社会固定资产投资367.3亿元，增长22.4%。地方一般公共预算收入14.9亿元，增长13.8%。社会消费品零售总额118.6亿元，增长13.4%。城镇居民人均可支配收入30910元，增长8.6%；农村居民人均可支配收入15146元，增长9.7%。主要经济指标全市排位靠前，跻身全省工业强县示范县。

【工业经济】 医药产业快速发展。科瑞德化学药、西蜀九锦等项目建成投产，天圣制药加快建设；化学药、生物技术药、中药及保化品、高端医疗器械、医药流通等五大产业板块初步形成。医药产值99.8亿元，增长33.7%。绿色食品升级发展。基酒优势持续巩固，华夏龙窖白酒产业园纳入中国白酒金三角酒业园区发展规划，“龙窖源”推向市场，陈年窖启动上市。绿色食品产值72.4亿元，增长11.2%。建安总公司、科茂建司加快晋升特级资质，新引进建筑企业72家、劳务企业59家。建筑业产值实现370亿元，增长

30%。以华冠智能机器人、佳控仪表为代表的智能产业起步发展，新材料、航空配套等产业兴起。新增规模以上工业企业4家。第二产业实现增加值166.5亿元，同比增长10.1%。

【农村经济】 2017年，泸县加快产业基地建设。借力农村承包地“三权分置”，规模化流转土地23.5万亩。建成优质果蔬基地57.6万亩、粮经复合产业基地5万亩、优质稻基地53.2万亩，全县粮食总产53.7万吨，生猪出栏100.2万头。建成喻寺谭坝三产融合发展示范区，泸县北部田园综合体初具规模。新培育农民专合社55家，新发展家庭农场476户，新创建市级龙头企业5家。农特品牌更加响亮。“熟龙”龙眼等3个产品获得国家生态原产地产品保护，“泸县青花椒”“牛滩生姜”列入国家地理标志保护产品。泸县龙眼直销港澳，实现泸州鲜活农产品赴港澳零突破。创建成功省级农产品质量安全监管示范县。全年第一产业实现增加值49.3亿元，同比增长4.1%。

2017年泸县春节联欢会

【第三产业】 商贸流通提档升级。电商交易额18.5亿元，新增限额以上商贸企业20家、3A级物流企业1家。创成省级商贸流通转型升级示范县、县域电子商务十佳县。文化旅游稳步发展。宋代石刻博物馆建成开馆，体育中心、龙城文化艺术中心加速建设，玉蟾山国家AAAA级景区创建工作全面启动，成功承办中国龙文化峰会。全年接待游客645.8万人次，实现旅游综合收入51.7亿元。金融服务取得突破。农商行改制顺利完成；利用担保资金和过桥贷款基金帮助企业解决“融资难”问题，累计提供发展资金3.5亿元，基础设施建设基金到位4.5亿元，汇兴公司首发企业债10亿元。养老服务、教育培训等产业加快发展。第三产业实现增加值84.6亿元，同比增长10.2%。

【城乡建设】 “四核四区”控制性详细规划编制有序开展，城西片区城市设计、“两河四岸”景观设计顺利完成，环泸州主城区8个镇总体规划、控制性详细规划编制工作陆续启动。川南城际铁路、云龙机场、海潮沱江大桥等向南融入泸州主城区重大项目加快建设，龙城大道、酒香大道建成通车，玉龙隧道、玉蟾大道全线贯通，县城建成区面积达18平方公里。县城及港城大道三角梅景观绿化工程顺利完成，龙湖湿地公园一期建成开放，玉蟾温泉国际度假区、城西商务综合体、建设街棚户区改造等项目建设进展顺利，县城城东、城西片区等骨干路网有序推进，县城生活垃圾压缩中转站竣工投运，城市品质显著提升。“四创一巩固”成效明显，国家卫生县城复审顺利通过，县城城西雨污管网提升工程建成投用，30个新村污水处理设施点建设启动，19个场镇雨污混排口整治全面完成，场镇污水收集处理率达85%。冒口经营等市容乱象有效改善，公共资源利用、环卫一体化等城市创新管理走向市场化。镇域发展各具特色，潮河龙城现代冷链物流项目主体完工，方洞屈氏庄园民俗博物馆开馆运营，海潮湖11公里荔枝观光路贯通，石桥等4个特色镇基金项目累计完成投资1.3亿元，太伏、云龙分别创建省级加工制造型、科技教育型特色小城镇。镇域公共停车场、公共厕所等配套设施逐步完善，玄滩、云龙镇实现场镇全域“白加黑”，云锦被命名为国家级卫生乡镇，喻寺、得胜被命名为省级卫生乡镇，创成省级卫生村37个。建成幸福美丽新村35个，新建民居467户，风貌塑造684户，建成“1+N”村级公共服务中心21个。打造“四礼新风进万家”移风易俗市级示范点4个、县级示范点20个。创建省级“四好村”13个、市级“四好村”35个，打造县级“四好村”41个。

【项目建设与投资】 临港污水处理厂、城北10千伏输交电工程建成投运，医药产业园20号线全线贯通；朗润飞依诺、医疗器械孵化器一期、双创孵化器化药区等产业配套设施主体完工。“一园一区”项目承载区达9.5平方公里，实现产值404.7亿元，增长21.2%。截污于管、电商大厦等20个项目相继建成；临港市政道路、步长生物制药基地等22个项目加快建设；沱江流域江河治理工程、南渝泸高速等59个项目开工建设；渝昆高铁、合牛路等17个项目前期工作加速推进。全年实施重点建设项目118个，完成投资251亿元，增长67.9%。对接国、省政策，动态包装储备项目210个；争取上级资金40.1亿元（争取中央、省预算内投资项目16个，计划总投资3.7亿元，其中中央预算内投资1.4亿元，增长120%），其中新增债券资金8.3亿元，同比增长60.3%。

【改革创新】 31项改革事项、17项改革试点有序推进。农村土地制度改革三项试点工作经验全国交流，敲响宅基地节余指标调整入市全国第一槌。全国农业水价综合改革、国有粮食企业重组改革等6个国省改革试点取得重大进展。供销社综合改革走在全国前列，农田水利设施产权制度改革等重点领域改革取得重大成果，为国家深化改革提供了泸县经验。成功承办全国农村土地制度改革研讨会、四川省药理学会学术年会等国省会议；组织参加“川货全国行”、西博会、酒博会、农博会等重大推介活动，“泸县造”走进一线城市。引进智能光电、雅阁酒店、红星美凯龙等重大项目；新签约3000万以上项目28个，其中5亿元以上项目14个；国内市外到位资金249亿元，居全市第1位。建成创新创业孵化载体6.3万平方米，入驻双创项目151个，带动就业3000余人。新增高新技术企业4家。新签订校企合作协议13项，联合实施项目22项。四川农业大学新农村发展研究院川南分院、农村产业技术服务中心和博士工作站在泸县设立；西南医科大学·医药产业园科技成果孵化基地、西南医科大学泸县博士（专家）工作站挂牌。获评国内领先成果2项、国内先进成果2项，获得专利授权350件。

【生态环境建设】 全力抓好中央环保督察反馈

2017年9月18日，泸县龙眼直销港澳首发仪式

问题整改，查处环境违法案件112件，关闭搬迁禁养区养殖场103户，关停违规矿山企业36家，全面取缔濑溪河经营性趸船，淘汰吉达玻璃、恒华玻璃落后生产线。退出产能114万重箱，节能总量2.3万吨标煤，万元GDP综合能耗下降3.6%。城西雨污管网、县城垃圾填埋场渗滤液处理工程建成投用。全县生活垃圾无害化处理率95%；场镇污水收集处理率85%，提前两年超额完成“十三五”目标任务。落实河长制，编制完成长江、沱江、濑溪河等20条河流“一河一策”管理保护方案，实行上下游、左右岸联防联治，濑溪河出境断面水质达Ⅲ类标准；沱江非法码头全面取缔，沿岸砂石堆场整治规范，沱江流域综合治理经验全市推广。综合治理水土流失面积30平方公里，巩固退耕还林7.2万亩，新增造林1万亩，森林覆盖率41%，高效节水灌溉、水土保持工作经验全省交流推广。

【民生社会】 实施农村“4+1”基础设施升级版工程，改造县乡公路41.1公里，建成“社社通”水泥路2026公里，规划新建公路桥14座、农村便民桥17座；新开通城镇公交线路44条。完成整村农网改造27个、低压台区改造87个，县域用电实现与泸州主城区“同网同价”。延伸饮水管网600公里，依法划定集中式饮用水源保护区15个，农村自来水普及率60.9%，安全饮水全域覆盖。建成投用镇级地埋式垃圾库22个、垃圾房230座；16个中心村污水处理厂、30个新村聚居点污水处理设施加快建设，城镇建成区雨污管网工程建成投运，污水处理厂实现第三方运营。改造农村危房2742户。22个扶贫专项、278个脱贫项目投入资金36亿元。21个贫困村7255户、19921名贫困人口通过脱贫退出验收；纳入“回头帮”的19个贫困村、14695户39353名贫困人口全部达2017年脱贫标准。农村D级危房动态消除，免费体检政策覆盖全县人民。整县脱贫退出目标实现，转入巩固提升阶段。城镇居民人均可支配收入31020元、同比增长9%；农村居民人均可支配收入15200元、增长10%。再次获评全省“三农”工作先进县。

【社会服务】 实施校舍改善项目18个；高考本科上线人数突破4000大关，蝉联泸州市27连冠；泸县二中夺取泸州市高考文理科“双状元”。县人医创成三级乙等医院，全国基层中医药工作先进单位创建通过国家评审；泸州市首个县级公共卫生中心建成投用，镇卫生院“一站一馆三区”全面建成。送文化下乡3500余场次，建成农民健身工程178个。发放城乡低保30.8万人次，社会保险覆盖168万人次，城乡医保参保率98.1%。转移就业39万人，发放就业创业补贴2521万元，城镇登记失业率3.3%。四个片区执法中队挂牌成立，学校“三防”能力明显提升，农村自办群体性宴席规范管理经验全省推广，四川省煤矿安全生产标准化建设示范县成功创建。妥善处置突发事件，分类开展应急处突专题培训，成功承办全市防灾救灾综合应急演练。建成县镇村三级综治中心322个，安装“雪亮工程”摄像头1849个、“两车卫士”防盗系统1.5万台，“一村一辅警”实现全覆盖。

【负责人】 中共泸县县委书记：薛学深；副书记：肖刚、张学彬；常委：喻斌、张文杰、金林松、张国华、李盛春、杨双全、陈佳（女）、赵斌（5月起）、赵领（5月起）、张福荣（8月起）。

泸县人大常委会主任：颜习林；副主任：蔡辉、杨怀清、余冰、杨开春（女，12月止）。

泸县人民政府县长：肖刚；副县长：张文杰、赵斌（5月起）、赵领（5月起）、杨开春（女、12月起）、杜作文、宋军、叶仕良、先泽平（8月起）、李晓白。

泸县政协主席：李镇；副主席：廖兴无、尹朝勇、杜开卷。（高　翔）

合江县

【概况】　合江县辖区面积2414平方公里，辖26个镇、1个乡，284个行政村、41个社区，年末人口90.1万人，地区生产总值189.9亿元、比2016年（下同）增长8.6%，地方一般公共预算收入10.77亿元、增长10.1%，规模以上工业增加值增长10.6%，全社会固定资产投资257.7亿元，社会消费品零售总额98.4亿元、增长13.1%，城镇居民人均可支配收入26262元、增长8.5%，农村居民人均可支配收入14472元、增长10%。县域经济综合评价居全省第83位。

【脱贫摘帽】　建立“四大战区+26个专项推进组+27个乡镇推进组”强有力的指挥体系，做到全县一盘棋、合力攻坚。健全贫困村“五个一”、非贫困村“三个一”帮扶体系，落实31名县级领导包镇、103个帮扶单位包村、380名领导干部包社、5136名帮扶干部包户，实现284个行政村帮扶力量全覆盖。累计投入25.04亿元，精准实施到村到户项目，贫困村基础设施、贫困户生产生活条件整体改善。统筹农村危改、易地扶贫搬迁、扶贫危改、地灾搬迁“四大工程”，11325户建档立卡贫困户、3.3万贫困人口安全住房得到保障。新改建农村公路278公里，改造农村电网882.4公里，解决3.5万贫困人口饮水安全问题，实现284个行政村标准化卫生室、文化室、宽带网络全覆盖。实施“三个一”工程，在64个贫困村分别规划建设1个脱贫奔康产业园、1个温氏合作家庭农场、1个扶贫车间，发放产业扶持基金借款4173万元、金融精准扶贫贷款25.5亿元，补充设立“四项基金”1.1亿元，实施产业扶贫到户项目83个，促进1.5万名贫困人口稳定增收。通过开设扶贫专班、设立就业基地、开发公益岗位、输出劳务等方式，实现贫困人口就近就业、转移就业1.9万人。承办全省乌蒙山片区脱贫攻坚推进会、全省“四项扶贫基金”现场会、全省农房建设质量安全现场会；四川基金扶贫的“合江路径”、农房建管“四+四”模式在全省推广；“五会”群众工作法及“5+2”“白+黑”拼搏精神得到国家、省、市领导充分肯定；发展产业、带动就业、促农增收的做法，在央视《新闻联播》《新闻30分》栏目连续3天4次集中报道。全县贫困发生率降至1.28%，有望在乌蒙山片区率先摘帽。

【工业发展】　以泸州国家高新区生态工业园为主战场，以基础设施完善为支撑，以项目建设为抓手，工业占比提升至37.5%。园区建成区面积达8.8平方公里，实现主营业务收入225亿元。承载能力不断提升，临港园污水处理厂、食品园污水处理厂建成调试，食品园一纵、匡化路建成投用，医化大道、食品园二纵加快建设。产业项目卓有成效，天华公司年产值16.3亿元、税收8012万元，实现扭亏为盈；华艺陶瓷（一期）、金田纸业（二期）、天香酒业（一期）、凯发玻璃建成投产；聚碳酸酯（一期）、铭宇陶瓷加快建设；差别化氨纶、路合化工等项目前期工作有序推进。招商引资成效显著，签约硝酸铵钙、然矣有机液等项目18个，总金额109亿元，实现市外到位资金250亿元。

【农业发展】　不断做优荔枝、真龙柚、金钗石斛三大特色产业，种植规模分别达30.6万亩、30.8万亩、5万亩，实现综合产值21.86亿元；“合江真龙柚”获国家地理标志产品保护，首次出口加拿大，并与“合江荔枝”“合江金钗石斛”申报为国家生态原产地保护产品。不断提升农业综合生产能力，完成温氏总部规划和永安种猪场主体工程建设，新发展年出栏生猪1000头以上的温氏合作家庭农场17个，“梦幻水乡”（一期）完成建设，中国真龙柚博览园加快推进。新申报国家林业龙头企业 1 家，省级专合社 4 个、家庭农场 3 家。

【旅游业发展】 初步完成合江县全域旅游规划编制。福宝景区完成投资 20 亿元，建成品牌酒店、文化陈列馆、会议中心、环湖公路等设施，初步具备接待能力。尧坝古镇创建为国家 AAAA 级旅游景区，尧坝旅游扶贫示范项目完成投资 1.5 亿元，建成美食购物街、民俗文化展览馆、丝路会馆等旅游配套设施。法王寺景区启动整体开发，石刻艺术博物馆等加快建设。金龙湖景区完成投资 3 亿元，建成景区内外道路 20 公里、三百梯步游道等旅游设施。举办荔枝文化旅游节、五通苗族踩山节等系列活动。实现旅游收入 55.8 亿元。金融业发展势头强劲，举办政银企联席会，达成融资意向 9.62 亿元；乐山商业银行合江支行、南充美兴小额贷款公司正式运营；完成浦发银行扶贫基金贷款 10 亿元，到位授信融资 14.94 亿元。商贸物流蒸蒸日上，成立电子商务运营中心，搭建“荔乡美农”营销平台，建设村级服务站 101 个，实现销售收入 5000 万元；荔枝电商销售额 500 万元，创历史新高。

合江县榕山镇回洞桥贫困户集中安置点

【城镇建设】 完成县城西扩重点区域城市设计、江北新城（一期）控制性详规、三江组团城市策划等规划编制。城西湿地公园、西扩 2 号线（一期）、军民街、荔乡路人行天桥、县城雨污分流（二期）相继建成，广场路升级改造有序推进，城西客运站、江北连接线、黄溪水厂等项目加快前期。建筑业持续健康发展，实现年产值 150 亿元、同比增长 48%；江语长滩美岸、荔城华府等城市开发项目交付使用，商品房销售面积 87.6 万平方米、增长 14.5%，产城相融吸纳 1.2 万名农业人口转移。开展双违、农村燃气、商砼站三大专项整治，依法拆除违章建筑 1.26 万平方米、整治农村燃气安全隐患 295 处、关闭商砼站 14 家。通过第四届省级文明城市考核验收。九支、福宝“百镇建设示范镇”建设步伐加快，大桥、尧坝纳入省“十三五”特色小城镇发展规划，密溪乡撤乡设镇为真龙镇。城镇化率达 38.3%。

【公共交通】 投入 6.3 亿元，全力加快交通基础设施建设，交通条件显著改善。G546（纳溪—九支段）、S438（神臂城—白米段）升级改造前期工作有序推进，甘自路升级改造开工建设，133 个农村客运招呼站建成投用，35 个中心村通客运，全县公路总里程达 2300 公里。12 座渡改桥稳步推进，长江公路大桥完成桥梁下部结构，清溪沟中桥建成投用，三江咀、黔鱼洞等 6 座渡改桥有序推进，榕山、白沙等 4 座渡改桥加快前期。

【环境保护】 全面打响大气、水、土壤污染防治“三大战役”，环境质量明显提升。县城集中式饮用水水源地水质达标率保持 100%；赤水河鲢鱼溪、醒觉溪国控断面，长江沙溪口省控断面水质优良。九支、白沙等 20 个乡镇污水处理厂，大桥长江村、榕山回洞桥村等 20 个农村污水处理点建成投用。严厉查处和打击各类环境违法行为，巡查污染源 285 家（次），转运非法堆场砂石 1600 万吨，拆除网箱渔船38艘，取缔非法养殖场12家、屠宰场6家、码头6座。承办全省环境应急管理工作会暨长江干流出川断面突发环境事件应急演练。立案查处各类环境违法行为57起，处罚金额270万元，办结中央环保督察组信访交办件32件，追责问责党员干部19名。

【公共服务】 推进义务教育均衡发展，累计整合投入7.2亿元，高标准新改扩建乡镇中小学和中心幼儿园108所、校舍23.09万平方米、运动场22.2万平方米，新建教师周转宿舍268套；投入6040万元配齐教学设备设施，全县办学条件实现质的飞跃。公开招录教师869名，与绵阳三台县、重庆江津区等签订战略合作协议，开展教师置换脱产培训。高考本科上线1815人。高分通过省政府义务教育均衡发展督导评估。支持和规范社会力量兴办教育，合江天立学校加快建设，三河学院通过省政府人才评估验收。医疗服务水平进一步提升，县人民医院创建为“三乙”综合医院，启动“三甲”创建；县中医院整体搬迁完成一期工程，启动二期建设；县疾控中心、妇幼保健院创建为“二乙”医疗机构。投入1亿元，新改建乡镇卫生院15个、村卫生室271个。实施全民预防保健，体检30.5万人，家庭医生签约服务35万人。人口自然增长率2.58‰，各项计生指标均在可控范围内。文化事业繁荣发展，在全市率先启动图文总分馆建设，升级改造标准化数字影院1个，县图书馆通过国家一级馆复检，法王寺获中国社科院“爱国爱教调研基地”授牌，“文化十进”工作得到省文化厅肯定。妇女儿童工作取得新成绩，获全省先进集体称号。

【社会保障】 实施棚户区改造1000户，配租公租房704套。启动全民参保登记试点。发放各类社会救助救济资金1.25亿元，法律援助3208人次。新建社区日间照料中心16个，新增乡镇敬老院床位200个、民办养老机构床位500个，居家养老购买服务3.6万人。建成大学生创新创业孵化园、返乡农民创业园等4个市级创业孵化园平台，新增就业5802人，城镇登记失业率控制在4%以内。尧坝农村群宴集中办宴点代表四川，参加全国食品安全宣传周成果展示；全县学校食堂、中型及以上餐饮单位“明厨亮灶”覆盖率100%。深化残疾人个性化服务改革，被评为四川省“量服工作示范县”。

【社会治理】 贯彻落实《关于推进安全生产领域改革发展的意见》，扎实开展安全生产大检查，排查隐患3556个，整改3549个、整改率99.8%，全年未发生较大以上生产安全事故。严格执行领导接访和信访积案包案制度，成功化解积案47件，全年信访形势持续稳定。整合公安、消防力量，组建100人的综合应急救援大队，在全市率先完成政府应急值班“三化”建设，应急管理能力不断提升。“雪亮工程”“智慧云·护城墙”有序推进，优化整合27个乡镇派出所为10个中心派出所，大桥、尧坝等4个派出所建成投用，基层社会治理不断加强。开展“盗抢骗”“三打击一整治”等专项行动，刑事案件发案数同比下降2.3%，破案数同比上升40.3%，群众安全感进一步提升。

【改革创新】 县属国有林场改革全面完成，实现榕山林场、福宝林场、笔架山园林管理所重组整合。农村土地制度改革深入推进，按照“三权分置”要求，流转土地1万亩，培育经济主体81家；完成不动产登记数据库和县级农村产权交易平台建设，农村房地合一不动产登记工作完成60%。供销合作社综合改革不断深化，建立“五大”为农服务新模式，实现政府行业指导和经营性服务“双线”运行。县属国企改革顺利推进，整合升级阜阳集团为AA市级平台，启动临港工投重组改革。县乡财政体制改革不断深化，设立3000万元激励性、1000万元困难性转移支付。卫生体制改革不断深化，全面推进县级公立医院综合改革，在全市率先启动医联体建设，县人民医院、县中医院分别与西南医科大学附属医院、附属中医院开展紧密型医联体合作，与九支、佛荫等卫生院启动医共体试点。商事制度改革取得新成效，新注册登记企业809家，启动相对集中行政许可权试点。

【党的建设】 实施“好支书选育”计划，遴选30名机关干部到村任职，138名致富带头人、返乡党员、退伍军人等担任村党组织书记，培育村级后备干部600余名。选派贫困村第一书记64名、非贫困村第一书记220名，组建驻村工作组284个，开展城乡党组织、党员结对“双联双扶”助脱贫活动，310个城镇党组织与284个村级党组织结对帮扶，建立32个特色产业党支部、14个产业链联合党支部、5个产业联盟党委。单独新建非公有制企业、社会组织党组织17个、联合党组织44个，选派党建指导员52名，实现党的组织和工作全覆盖。

【党风廉政建设】 严守纪律底线，持续用力正风肃纪。严格行政监察、财政监察、审计监督，加强政府采购、项目投资等监督管理。驰而不息纠正“四风”，严格控制“三公”经费，公务接待费、公务购车及运行费等支出持续减少。紧盯扶贫、环保、项目建设等重点领域，全年处置问题线索457件，立案231件，给予党纪处分227人，挽回经济损失600余万元。从严从快查处违反中央八项规定、发生在群众身边的不正之风和腐败问题，给予政纪处分41人。

【负责人】 中共合江县委书记：张季頫；副书记：胥兴贵、王一米（女）、潘丽娜（女）；常委：刘欣（7月止）、郑朝江（7—12月）、金忠全、周昌海、郑勇（9月止）、陈益良、蔡宗炜（9月止）、陈文（12月止）、陈棋楠（9—12月）、郑盛文 、吴代彬、张帆（5—12月）、王波（9—12月）。

合江县人大常委会主任：李林（1月止）、王亚容（女、12月起）；副主任：李洪伦、李泓清、冯泽江；代理主任：王炬麟（2—12月）。

合江县人民政府县长：胥兴贵；常务副县长：周昌海 ；副县长：张帆（5—12月）、李小蓉（女）、宋远平、吕刚 、刘伟宏 、刘本国（9—12月）、王波、冯红。

合江县政协主席：王亚容（女、12月止）、李子辉（12月起）；副主席：代育惠（女）、张霞（女）、邓洪（女）、李剑波 。

（罗　霞　伍家华　刘　翠）

叙永县

【概况】 2017年全县辖区面积2976.8平方米，其中耕地保有量73333公顷、基本农田巩固在基本农田面积55439公顷。辖20个镇、5个乡，其中苗族乡3个、彝族乡2个；村民委员会210个、村民小组1657个，社区30个、居民小组210个。年末，户籍人口72.51万人，常住人口58.16万人。其中城镇户籍人口17万人、常住人口19.87万人，户籍人口城镇化率23.4%。人口出生率为16.45‰、死亡率为11.62‰；自然增长率为4.83‰。实现地区生产总值115.36亿元、比2016年（下同）增长7.7%。全社会固定资产投资166.29亿元、增长21.7%；地方一般公共预算收入7.1亿元、完成调整任务100%，一般公共预算支出42.76亿元；城镇居民人均可支配收入23880元、增长8.3%，农村居民人均可支配收入10897元，增长10.0%。

【农业经济】 依托陕西海升、山东联盛、四川巨星等龙头企业，发展特色产业，打造“四大片区”特色产业带（指南部高寒山区生态果蔬产业带、赤水河流域特色经果产业带、北部乡村旅游产业带、中部种植养殖产业带）；投入1.2亿元，建成赤水河流域5000亩现代柑橘产业示范园，辐射带动6个乡镇种植甜橙10万亩；投资1亿元，建设年产1400万袋鸡枞菌麻城产业扶贫项目；投资15.2亿元，建设年出栏100万头生猪产业扶贫项目及东牛牧场等养殖龙头企业。年底倒流河、龙洞、高木顶、纳坪四大水库枢纽工程全面完工。全年，新增农业龙头企业28家、合作社641个，新建家庭农场489户。新增耕地灌溉面积870公顷，新增节水灌溉面积90公顷，新增森林面积1280.64公顷，新增森林蓄积15.17万立方，新增森林覆盖率0.43%。粮食种植面积6.06万公顷、增加486公顷，粮食产量24.6万吨、增产0.4%；

叙永县水尾镇黄金榜集中安置点

烤烟产值1.3亿元。其中油料产量5646吨、增产10.0%，糖料产量2094吨，与2016年持平，茶叶产量1326吨，增产4.1%。肉类总产量3.59万吨，下降6.7%。禽蛋产量1162吨、下降2.4%。牛奶产量90吨，下降5.3%。水产品产量2572吨，增长3.5%。其中淡水养殖水产品产量2526吨、增长5.5%，淡水捕捞水产品产量46吨、减少49%。商品木材产量4.18万立方米，下降6.1%。泸州野植珍食品有限公司、四川乌蒙山雨阳生态农业发展有限公司、泸州市恒达农业科技发展有限公司获省级林业产业化龙头企业，叙永县水尾西溪村获“四川省森林康养体验基地”称号。

【工业经济】 江门竹浆项目正式投产，年销售收入近10亿元，带动16个竹区乡镇近14万户竹农致富奔康，开启叙永工业新篇章；江门3万吨成品油库建成投产，实现泸州民营石化成品油仓储、批发企业“零突破”；郎酒玻瓶年产量达1亿只，产值2.5亿元，3号窑炉正加快建设；赛德水泥年产值实现5.5亿元；古泉洞酒业实现试生产；后山石灰石深加工项目第三条生产线建成投产，年产量达10万吨。全年，全县工业增加值39.8亿元、同比增长9.0%，其中规模以上工业增加值增长6.8%。规模以上工业企业主营业务收入50.32亿元，增长13.8%；实现利润1.15亿元，下降18.5%。建筑业增加值6.5亿元，增长9.5%；具有建筑业资质的所有独立核算建筑企业总产值（含省外）14.15亿元，增长16.4%。

【第三产业】 重点打造川滇黔商贸城、物流港等项目，入驻商家130余户，营业额8000余万元；完成电商公共服务中心和130余个农村服务站点建设，开设京东商城叙永特产馆自建“赶场小站”电商平台，3类以上重点品牌和20余种特色产品实施全网络营销，入围四川省县域电子商务十佳县；总投资4.5亿元、占地710亩的“苏州园林、江南水乡”坝上桃花坞旅游度假区建成营业，全年接待游客20万人次；实施北部山水生态游、赤水河赏花摘果游两大特色旅游品牌，成功举办赤水河自驾赏花、画稿溪清凉狂欢、彝族火把节等主题旅游活动；首次举办美景里程·乌蒙花海骑跑挑战赛，吸引200余名中外运动员参加，人民网、搜狐网等20余家主流媒体宣传报道，沿线乡镇旅游综合收入超千万元；石厢子堰塘新村完成特色业态乡村旅游品牌创建。全年社会消费品零售总额70.31亿元、增长13.3%。城镇消费品零售额43.7亿元、增长13.3%，乡村消费品零售额26.6亿元、增长13.1%；商品零售额61.52亿元、增长14.4%，餐饮收入额8.79亿元、增长5.9%。年末各项存款余额144.86亿元，比年初增加17.17亿元；各项贷款余额85.77亿元，比年初增加12.36亿元。公路旅客周转量每公里52031万人，比2016年下降12.1%；公路货物周转量每公里96853万吨、增长9.2%，水路货物周转量23998万吨公里、增长11.6%。年末，全县拥有营运载客汽车634辆、客位9962个，拥有载货汽车1413辆。完成邮政业务总量4438万元，下降10.3%。接待旅游人数412.29万人、增长42.8%，旅游总收入31.91亿元、增长49.0%。

泸州市江门镇3万立方米成品油库项目基地

【社会保障】 年末，全县参加城镇职工基本养老保险人数4.95万人，增加0.42万人；参加城乡居民基本养老保险人数17.8万人，增加0.61万人。参加城镇基本医疗保险人数64.65万人、减少1.19万人，其中参加职工基本医疗保险人数3.9万人、增加0.07万人，参加城乡统筹居民基本医疗保险（新口径）人数60.75万人、减少1.25万人。参加失业保险人数2.08万人、增加0.16万人，领取失业保险金人数684人；参加工伤保险人数2.14万人、增加0.08万人，其中农民工工伤保险8408人、减少26人；参加生育保险人数2.34万人。享受城市居民最低生活保障4887人，享受农村居民最低生活保3.82万人，享受农村特困人员救助供养3154人。资助参加基本医疗保险2.59万人，医疗救助1.47万人次。国家抚恤、补助各类优抚对象5793人。完成42个贫困村退出，减贫1.35万人。

【科技文化】 1. 优先发展教育。完成叙永三中一期工程建设，叙永职高改扩建，城西实验学校竣工投用实现招生；成功举办全省全面改造薄弱学校工作现场会。全年中等职业教育招生1224人，在校生3139人，毕业生1051人；普通高中招生3092人，在校生8763人，毕业生2911人，高考本科硬上线1668人；初中招生11106人，在校生30499人，毕业生8667人；普通小学招生7514人，在校生5.77万人，毕业生1.14万人；特殊教育招生158人，在校生814人，毕业生192人；学前教育在园幼儿1.92万人。2. 实施文化惠民。42个贫困村文化室通过达标验收；春秋祠全面完成抢救维修；全国300个红色旅游经典景区的鸡鸣三省石厢子会议旧址打造列入泸州市重大项目；水潦草把龙、海氏骨科医药等4个项目成功申报市级非遗项目；新增运动场地1.1万平方米，人均体育活动面积达1.45平方米以上，全民健身工作被国家体育总局评为全国先进。全年，开展送文化下乡、广场文化活动、元旦春节文化活动100

余场；全面完成25个乡镇综合文化站、231个行政村建成农家书屋；全县现有省级非物质文化遗产4项、市级25项、县级16项，流动图书借阅服务惠及25个乡镇和42个贫困村；完成12个行政村固定电影放映点建设，放映农村公益电影近3000场；春秋祠纪录片《春秋祠里盐商传奇》成功在央视《国宝档案》栏目上映，叙永形象片在央视微信平台1号线上推出、并在CCTV—1《鸟瞰中国》栏目中播出，《护国英雄》获电视社教专题提名奖；举办群众体育活动50场以上，体育场馆免费开放人数达23万人次，在全国空手道俱乐部争霸赛四川站比赛中叙永26名参赛运动员获11金7银11铜。三是深化精神文明精神。开展“破除陈规陋习、树立文明新风”“脱贫攻坚、感恩奋进”等主题教育活动，用精神脱贫助推精准脱贫。

【社会服务】 全面落实医疗扶贫“十免四补助”和“四个百分之百”，推进全民预防保健，“泸州模式、叙永经验”在全省推广；全国基层中医药工作先进县通过评估验收；县人民医院被国家卫计委表彰为全国卫生计生系统先进集体，成功通过“三乙”评审，全面启动“三甲”创建。年末，全县医疗卫生机构513个，其中公立医院3个、民营医院6个；基层医疗卫生机构503个，其中乡镇卫生院25个，社区卫生服务中心（站）8个，门诊部（所）53个，村卫生室417个；专业公共卫生机构1个。卫生技术人员2288人，其中执业医师和执业助理医师750人，注册护士1019人。医疗卫生机构床位2373张，其中医院1138张、乡镇卫生院1235张。有养老服务机构26个，养老服务床位2343张；社区服务中心1个，社区服务中心1个，社区服务站36个，社区养老机构和设施6个，社区互助型养老设施46个；社区日间照料床位521张；社区留宿照料床位730张。

【环境资源】 全年完成造林面积7534公顷，其中人工造林4867公顷；森林抚育面积800公顷；实有森林管护面积70566公顷。治理水土流失面积50平方公里。供应国有建设用地使用权25宗、面积134.46公顷，其中公共设施用地4.18公顷，水域及水利设施用地21.8公顷，工矿仓储用地10.48公顷，交通设施用地92.75公顷，商业和住宅用地5.1公顷，公园绿地0.13公顷。规模以上工业企业能源消费总量29万吨标准煤，下降7.6%；煤炭消费量47.24万吨，增长1.2%，占能源消费总量的86.8%；天然气消费量1321万立方米，占总量的4.5%；电力消费量29595万千瓦时，下降2.2%；吨水泥综合能耗与同期持平。城市区绿地面积446公顷、增长7.2%，建成区绿地率30.18%；人均公园绿地面积9.2平方米。

【环保攻坚】 2017年，中央环保督察组进驻四川开展环保督察。叙永县高度重视，实施环保攻坚。组建环保迎检机构，成立环保督查指挥部，下设“1+10”（1个综合协调组、10个专项环境问题整改组）工作小组。全县抽调30多人集中办公，选派3名干部参加市迎督办工作。全县干部不分昼夜、不分节假日，奋战85天，投入1.4亿元，顺利完成各项工作任务。“河长制”全面铺开，编制“一河一策”实施方案；完成东门渠、鱼凫古街等渠道清淤，永宁河沿岸污水支管网工程正式投运；红岩水厂建成投用，县城饮用水水质全面提升。全面启动12个乡镇和10个乡村聚居点污水处理厂建设；24个乡镇全面配备垃圾收储箱和清运车辆，关闭16个非正规垃圾填埋点。加强画稿溪国家级自然保护区保护工作，关闭7家小水电，征集21名志愿者全覆盖巡查。23家重点企业完成脱硫、脱硝，秸秆焚烧、露天烧烤等专项整治行动推进。高效完成省环保督察反馈10个问题全面整改，27个市反馈问题及市县自查自纠26个问题整改；市下达环境保护类信访案件责任书中涉及叙永县39项，剔除重复案件后22

项，全部办结；办结中央环保督察入驻四川期间，收到各类信访投诉251件；高质量办结中央环保督察组交办案件信访举报件12批16件。

【镇村建设升级】 2017年5月31日，市政府正式批复同意叙永县大石乡、黄坭乡撤乡设镇，石坝彝族乡更名为石厢子彝族乡。以原大石乡的行政区域为大石镇的行政区域，大石镇人民政府驻东大街347号；以原黄坭乡的行政区域为黄坭镇的行政区域，黄坭镇人民政府驻黄坭老街334号。至此，叙永县原有25个乡镇中，仅剩5个少数民族乡，其余全部为镇。江门、水尾成功入列省级百镇建设试点镇；江门成功申报省级首批特色小镇，引进香港昊阳集团编制场镇建设和产业发展规划；千年摩尼第一城加快建设；重塑水潦海涯、分水木格倒等6个传统村落文化记忆；两河太平山、天池甲寨子入选四川省“文化扶贫示范村”。

【乌蒙片区脱贫攻坚】 2017年，举全县之力，集全县之智，全力确保精准示范创建工作。1. 聚财力优先保脱贫。全面压缩开支，保障脱贫攻坚经费28.3亿元。其中投入2.3亿元开展对标补短，平均每个预脱贫村投入560万元；设立扶贫小额信贷分险补偿基金3499万元，增设农业产业扶贫基金1800万元；发放教育扶贫救助基金420万元，救助贫困学生1.7万人次；报销、减免贫困人口医疗费用9648.6万元，实现县内住院、门诊“零自付”；投资989.7万元，新改建通信基站80个，所有贫困村通网络信号；投入10亿元，新、改建农村公路1231公里，建设里程全市第一，实现所有行政村和主要少数民族聚居点通硬化路。2. 集人力优先干脱贫。全县4015名机关企事业单位干部职工，全覆盖帮扶23644户贫困户，每月驻村8天，通过“精准扶贫智慧管理系统”APP远程签到，数据统计、帮扶管理实现信息化；增派141名优秀党员干部到非贫困村任第一书记，实现所有贫困村和非贫困村第一书记全覆盖；34名县领导带队，抽调900余名县乡干部，组建25个工作组，参照国检方式每季度现场验靶交账，开展全覆盖核查。3. 抓重点优先亮脱贫。坚持将易地扶贫搬迁作为关键之仗、头号工程，全方位推动实施，完成5291户20186人住房建设，超额完成省下达任务。探索创新“五书四表三个一体系”（“五书”：《搬迁申请书》《搬迁承诺书》《建房告知书》《施工质量安全责任书》《建设服务协议书》，“四表”：《农户审批表》《农户资金到位情况表》《建房安全巡回检查表》《农户住房竣工表》，“三个一体系”：“统一运转”的指挥体系、“一包到底”的责任体系、“一票否决”的问责体系）易搬档案管理模式在全市推广实施、在全省作经验交流发言。精心打造以江门古寨、石厢子堰塘、水尾黄金榜、向林棉竹为代表的一批易地扶贫搬迁特色安置点。其中江门古寨“以产定搬、产城相融”的易搬模式，作为全国易地扶贫搬迁实景展示唯一代表，制作成沙盘模型参加“砥砺奋进的五年”大型成就展，向中共十九大献礼。健康扶贫示范创建“全民预防保健改革‘叙永经验’”入选全国年度改革十大案例备选名录，“撸起袖子加油干 磅礴乌蒙拔穷根”等2篇文章在国扶办主编的《中国扶贫》刊载。全年接受国家和省市脱贫攻坚督查考核、评估验收20余次，特别是7月，代表四川接受国务院督察组检查，获高度评价；42个贫困村退出、13535人减贫，通过省级脱贫考核验收；成功创建全国家政扶贫试点县和全国建筑劳务输出基地示范县。

【负责人】 中共叙永县委书记：陈景强；副书记：唐杰、曹阳、王龙、李游（2月起）、郑勇（7月起）；常委：黄安华、任刚美（11月止）、王亦白（11月止）、周之平、张伟、王坤、胡宁（8月起）、陈学军（8月止）、申波（8月止）、唐榕（女）、袁维荣（8月起）、叶继东。

叙永县人大常委会主任：张秋平；副主任：李官培、韩燕、高崇明、李小英（女）。

叙永县人民政府县长：唐杰；常务副县长：申波（8月止）、袁维荣（8月起）；副县长：王亦白（11月止）、谢华（女）、古涛（7月止）、石磊、胡维（3月起）、苏丹、吴立凡（2月起）、冉安健（7月起）、申刚（11月起）。

叙永县政协主席：马刚；副主席：邓娟（女）、何水、陈一龙、余显中。（黄永红）

古蔺县

【概况】 2017年，全县地区生产总值完成152.7亿元，比2016年（下同）增长9.2%；地方一般公共预算收入完成16.95亿元，增长5%；规模以上工业增加值增长11%；城镇居民人均可支配收入达26077元；农村居民人均可支配收入达11568元；社会消费品零售总额完成70.7亿元，增长13.6%；全社会固定资产投资237.6亿元，增长18%。

【脱贫攻坚】 易地扶贫搬迁6114户25759人，建成聚居点37个，新建通村公路1050公里，建成集水井251口、蓄水池1281口，完成49个村农网改造。新安设3G/4G基站120个，全县移动网络覆盖率已达95%以上，主干线公路沿线已基本实现3G、4G网络覆盖。统筹整合投入扶贫资金38.7亿元、实施58个扶贫项目，累计发放小额扶贫贷款3.76亿元、惠及贫困户14944户。完成贫困村退出45个、贫困人口脱贫1.44万人。

【产业发展】 郎酒天宝峰万吨基酒库区、露天陶坛酒库一期建成投用，川酒集团成功入驻古蔺，预计全年实现白酒主营业务收入148亿元。新引进3户大理石加工企业入驻鱼化园区，石屏大理石园区开工建设。实施煤矿机械化改造6家，增划非煤矿山采矿权资源12宗、出让3宗。黄荆老林获批国家森林公园，大黑洞成功创建国家AAAA级景区，太平古镇通过国家AAAA级景区复核验收，新创建国家AA级景区5个，全年接待游客717万人次，实现旅游综合收入66亿元，分别比2016年增长18%、28%。一次性引进新西兰安格斯母牛500头，全年出栏生猪50万头、肉牛6万头、家禽100万羽，实现农业总产值38.2亿元，同比增长3.8%。新改造城乡农贸市场5个，新建乡村电子商务服务网点36个，全年实现服务业增加值40亿元，同比增长11%。

二郎天宝峰“酒阵兵马俑”

【城乡建设】 兰西大道一期建成通车，西区停车场、西区主次干道绿化工程基本完工，蔺州大道破土动工；墨宝寺一期基本竣工、二期房屋征收全面完成、三期和四期征拆建设全面启动；新开发商品住房45万平方米；县城建成区面积扩至9.53平方公里，全县城镇化率突破30%。完成农村危房改造3416户，建成幸福美丽新村50个，创建省级“四好村”14个、市级“四好村”28个。

古蔺县马蹄乡甜橙喜获丰收

【民生改善】 高考本科上线再创佳绩，教育投入位列全市第一，义务教育“三免一补”、生源地助学贷款、中职助学贷款全面实施。完成27.76万人全民预防保健免费体检建档工作。成功举办全县首届运动会，首部古蔺本土院线电影《北纬二十八度》全国公映。城乡居民养老保险覆盖率达96%、医保参保率达98%，为16610名老人提供居家养老服务，为2.7万名残疾人提供量体裁衣式个性化服务；开展创业技能培训6800人，发放创业贷款3100万元，城镇新增就业4900人，城镇登记失业率控制在4%以内。有序实施新一轮退耕还林1万亩，新增森林面积1.3万亩，治理石漠化土地28.9平方公里、水土流失30平方公里。

【政府自身建设】 坚持法治思维引领政府工作，受理行政复议案件52件、办结47件，依法公开政府信息8066条，调整公布权力5662项。主动接受县人大法律监督、工作监督和县政协民主监督，办理人大代表意见建议107件、政协委员提案72件。行政审批制度改革不断深化，受理并办结行政审批和公共服务事项45万件。贯彻中央八项规定精神和省市县相关规定，“三公”经费同比下降2%。审计监督不断加强，完成审计（调查）项目33个，审减政府性投资项目支出3370万元。

【负责人】 中共古蔺县委书记：李万忠；副书记：陈廷俊、金雪（女）、曾永刚；常委：宋庆、章磊、刘松梅（女）、贾如彬（11月止）、郑传辉、刘泽军、罗宗肆、曾焱、李笑寒、李凌（11月起）。

古蔺县人大常委会主任：孙克刚；副主任：胡邦永、胡雁（女）、宋杰、朱博宇。

古蔺县人民政府县长：陈廷俊；副县长：宋庆、罗庆华、林燕（女）、赵秋颖、杨玉峰、王明、李笑寒、李学征（7月起）。

古蔺县政协主席：孙应举；副主席：邓学玲（女）、杨运晖、曹洪忠。 （曾凡艳）

附　　录

泸州市人民代表大会常务委员会工作报告

——在泸州市第八届人民代表大会第三次会议上

（2018年2月28日）

泸州市人民代表大会常务委员会主任　曹建国

各位代表：我受泸州市第八届人民代表大会常务委员会的委托，向大会报告工作，请予审查。

2017年主要工作

过去一年，是中共泸州市委团结带领全市人民，深入学习贯彻习近平新时代中国特色社会主义思想，奋力推动我市“决胜全面小康、建成区域中心”取得新进展的一年；也是市八届人大常委会开始履行法定职权，加快推进我市社会主义民主法治建设，开启泸州人大工作新篇章的一年。一年来，市人大常委会在市委的正确领导下，围绕中心、服务大局，与时俱进、开拓进取，听取审议专项工作报告17项，作出决议决定9项，组织开展视察调研、执法检查、专题询问等监督工作47次，备案审查规范性文件120件，任免国家工作人员77人次，组织选举省十三届人大代表和市监委主任，努力推动地方立法蹄疾步稳、监督工作务实深入、代表履职主动有为、选举任免规范有序、自身建设富有成效，全面完成了市八届人大一次会议确定的各项目标任务，为泸州经济社会持续健康发展贡献了人大力量。

一、科学立法、民主立法，为建设现代化区域中心提供法治保障

坚持党委领导、人大主导、各方参与，充分发挥立法引领推动作用，以良法促发展、保善治。

——把握市情科学选题。聚焦市委关心、群众关注、社会关切，精细化、精准化推进地方立法。一是从发展大局中研究立法方向。紧扣区域中心城市建设，走访调研7个区县、38个市级部门，深入分析、综合研判立法任务，围绕城乡建设与管理、环境保护、历史文化保护，梳理立法课题25件，并列入立法项目库。二是从社会关注中确定立法规划。贯彻新修改的《立法法》，从社会关注的问题着眼，从发展急需解决的问题着手，面向社会广泛征集立法项目建议，科学选择、严格论证，将7个立法项目列入本届人大常委会立法规划，并报请市委批准，确保立法工作有的放矢、有序推进。三是从管理难点中制定立法计划。从违建治理、物业管理、市容环境卫生维护、白酒历史文化保护等难点入手，制定“1+2+1”年度立法计划，有序开展立法工作。全省首部地方性违建治理法规《泸州市违法建设治理条例》和《泸州市市容和环境卫生管理条例》《泸州市物业管理条例》等3件地方性法规颁布施行，《泸州市白酒历史文化保护条例》预调研全面完成。

——把握规律确保质量。坚持把良法作为善治的前提，高标准、严要求推进地方立法。一是坚持民主立法。组织召开立法座谈会、专家论证会、立法听证会等50余次，广泛征求意见、凝聚共识，梳理形成立法建议410条，并对法规草案逐条分析、精心完善，确保法规立得住、有特色、能落地。特别是物业管理条例中，简化维修资金应急使用程序，赋予居（村）民委员会在自治范围内对业主大会、业主委员会、物业服务企业的具体指导和监督职能；市容和环境卫生管理条例中，规定群众娱乐健身活动应防止噪声污染、鼓励临街单位在非工作日向社会开放停车场所等特色条款，受到广泛关注。二是坚持科学立法。搭建“一库一点”立法平台，公开征选27名专家学者，组建地方立法咨询专家库；深入三区四县调研比选，确定基层立法联系点2个，不断拓宽公民参与立法的渠道。三是严格立法审议。健全统一审议制度，从专门委员会、法制委员会和常委会三个层面，组织审议法规草案11次，梳理形成审议意见150条，对法规逐字斟酌、逐条规范、确保质量。

——把握重点强化执行。执行是法律的生命，也是法律的归宿。常委会会同有关方面抓重点、破难题，着力推动我市3部地方性实体法规落地见效。一是抓宣传，让群众知法。围绕群众关注点和疑惑点，会同政府部门采取召开新闻发布会、开展新闻报道、发放宣传资料等方式，对法规进行广泛宣传，引导群众正确理解、自觉遵守。二是抓培训，让执法者懂法。督促和指导有关部门开展多次专题培训，把领导干部、行政执法人员和负有协助义务的单位人员作为重点培训对象，确保执法者依法办事、严格执法。三是抓机制，确保法规落地见效。督促有关部门建立健全违建地域责任制、巡查制、问题销号制等机制，24小时开通“96198”举报电话，构建以乡镇、街道、社区、村组、物业小区为单位的巡查网络，常态化开展巡查，对违建依法处置、逐个销号，排查违建面积87. 2万平方米，拆除存量违建34. 4万平方米，制止新增违建4. 3万平方米，法规执行力得到彰显，城市形象有效提升。

二、依法履职、注重实效，在强化监督中推动发展

结合实际创新监督方式、延伸监督触角，着力提升监督实效，推动人大监督更好地服务全市改革发展大局。

——紧扣经济运行强化监督。一是强化计划执行监督。采取每月一调研、季度一视察、半年一审议、全年一审查方式，深入了解计划执行情况，科学研判经济运行态势，提出增强发展主动性、优化经济结构等7条应对措施，促进政府严格执行计划、全面完成年度目标任务。二是强化预算执行监督。依法审查“四本预算”“四本决算”和20个市级部门预算决算，围绕公共预算收入结构不合理等六类突出问题、一般性预算支出存在随意调整等九类共性问题和市级部门38个具体问题，督促相关部门加强整改，确保预算决算编制和财政支出更加科学规范。三是强化审计工作监督。健全完善审计工作和审计查出问题整改情况向人大报告机制，创新开展审计查出突出问题部门负责人接受人大询问活动，督促政府部门整改审计查出问题196项、建立健全制度机制21项。四是强化国有资产管理监督。走访调研泸州老窖集团、工投集团等20余个单位，专题听取国

资国企工作汇报，督促政府强化国资管理、加快国资国企改革，确保国有资产保值增值。

——紧扣产业发展强化监督。一是围绕工业转型发展加强监督。紧扣智能手机、装备制造、现代医药、华为大数据中心等，开展视察调研5次，提出“搭建企业供需对接平台”等14条建议，促进政府大力扶持本土企业发展；听取审议国家知识产权试点城市创建情况，推动政府成立知识产权服务中心、设立高新区知识产权局，促进新兴产业加快发展。二是围绕农业产业化加强监督。紧扣农村产业结构调整、水利工程管理体制及农田水利设施产权制度改革、退耕还林及竹资源开发利用等工作，广泛开展调研，提出“构建现代农业投融资机制、引进培育龙头企业”等32条建议，为我市实施乡村振兴战略、推进农业供给侧结构性改革等提供参考。三是围绕自贸区建设加强监督。把自贸区建设列为重要监督事项，开展集中视察和专题调研3次，针对要素保障不足、基础设施滞后等问题，提出加大政策支持、补齐设施短板、完善配套功能等建议，促进自贸区建设实现良好开局。四是围绕旅游产业发展加强监督。紧扣重点景区建设管理及乡村旅游发展开展调研，推动相关方面深度整合旅游资源、优化升级旅游产业。

——紧扣民生改善强化监督。一是聚焦食品安全开展监督。扎实开展“三个一”活动（即围绕国家食品安全示范城市创建开展一次集中视察、围绕主城区餐厨废弃物处理开展一次专题调研、围绕《农产品质量安全法》开展一次执法检查），促进我市加快国家食品安全示范城市创建步伐。在执法检查中，检查组深入7个区县、18个乡镇，随机抽查农产品质检机构、蔬菜水果基地、农产品加工企业，督促整改问题15个，着力保障群众舌尖上的安全。连续六年抓食品安全监督的做法，得到省人大常委会充分肯定，并在全省人大监督工作座谈会上作经验交流。二是聚焦环境保护开展监督。督促施行《大气污染防治法》《固体废物污染环境防治法》等法律法规，扎实开展省环保督查反馈问题整改落实情况专项督查和环境保护工作专项视察，推动大气污染治理、固体废物滞留、玉带河污水整治、北郊水厂饮用水源地保护、城南污水处理厂及管网建设等问题得到有效解决。三是聚焦社会事业开展监督。围绕职业教育、学前教育发展滞后和城区学校布点不合理、学位紧缺等问题，深入开展调查研究，提出合理配置资源、统筹城乡均衡发展等建议意见，为我市出台《关于统筹推进县域内城乡义务教育一体化改革发展的实施意见》等提供有效参考。常委会还就城乡公交一体化建设、全民预防保健、非物质文化遗产保护等工作开展调查研究，推动我市各项社会事业健康发展。

——紧扣执法司法强化监督。一是开展专题询问。贯彻落实市委“信访治理攻坚年”决策部署，将涉法涉诉信访工作列为专题询问课题，深入7个区县和部分市级部门开展调研，围绕干警执法不够严谨等8个问题，对“两院”及公安、司法行政机关开展询问，提出整改建议，督促有关部门建立完善律师参与化解和代理涉法涉诉信访案件等工作机制，促进我市涉法涉诉信访工作纳入法治化轨道。二是开展执法检查。围绕《城乡规划法》《归侨侨眷权益保护法》《反家庭暴力法》等5部法律法规，深入7个区县和市级部门开展执法检查和调研，针对规划执行不够严肃、维护侨益长效机制不够健全等问题，提出执法检查意见42条，有力促进城乡建设进一步规范、侨务工作健康发展、妇女儿童保护更加受到重视。三是开展司法工作监督。围绕司法体制改革、刑事庭审实质化改革、检务公开、“基本解决执行难”等开展调研和审议，支持法检机关推进司法责任制和刑事诉讼制度改革，维护社会公平正义。督促法院完善失信惩戒机制，强力推进执行工作，执行效果显著提升，执行到位率等指标位居全省前列。

三、围绕中心、突出重点，在服务大局中主

动作为

坚持把围绕中心、促进发展作为人大工作的主题，在服务大局中突出重点、主动作为。

——勇于担当助推脱贫攻坚。始终把推动脱贫攻坚作为头等大事，围绕“精准扶贫、精准脱贫”决策部署，立足人大职能，整合力量攻坚。一是围绕法规抓监督。紧盯《四川省扶贫开发条例》，深入区县开展执法检查，随机抽查贫困村27个、贫困户70余户、扶贫项目40余个，组织召开座谈会28次，提出建议意见21条，督促推动政府补短板、强弱项，促进脱贫攻坚在法治轨道上加快推进。二是围绕问题提建议。紧扣“两不愁、三保障”“四个好”标准，多次深入脱贫攻坚一线调研督导，对发现问题现场交办、跟踪落实，督促市级部门和区县增添措施、强化整改。针对易地扶贫搬迁进展不平衡等问题，随机抽查1020户搬迁户，对后续产业发展、住房安全质量等6个问题进行询问，梳理交办审议意见13条，促进易地扶贫搬迁任务按期完成；针对我市危房户量大面宽等问题，推动制定《农村住房安全保障实施意见》等文件，促进群众生产生活条件不断改善。三是围绕目标抓落实。紧扣我市年度脱贫目标任务，以“脱贫攻坚——万名人大代表再行动”活动为载体，发动代表开展结对帮扶、政策宣讲、调研视察、助推矛盾化解“四大行动”，近1万名各级人大代表联系贫困户16957户，开展政策宣讲3．5万余次，协调落实帮扶资金3．7亿元，帮助解决就业3900余人，化解矛盾纠纷1．1万余件，建成代表助推脱贫攻坚示范点145个。特别是我市创新开展“发挥代表类别优势，分类助推脱贫攻坚”的做法受到省人大常委会充分肯定，在全省推进会上交流经验并由《四川人大信息》专刊刊发全省推广。深入开展助推叙永县脱贫攻坚工作，建立分片督导、分类指导机制，多次深入实地调研督查，指导叙永县推进脱贫攻坚。

——凝心聚力助推创文攻坚。把创文作为重中之重，全面动员、合力攻坚，圆满完成市委交给市人大常委会助推江阳区创文重任。一是组建强有力的班子。建立助推江阳区创文领导组和3个工作组，明确“一把手”牵头，统筹谋划全局，狠抓工作落实。二是建立科学高效的机制。建立督查巡查机制，组建4个督查组，落实责任，全覆盖巡查江阳区创文工作，对巡查发现问题建立台账、逐个交办、跟踪销号。三是“下深水”解决难点问题。组织赴首批全国文明城市——张家港市考察学习创文经验，提出8条针对性建议运用于创文实践；指导江阳区以“全国文明城市创建——人大代表再行动”活动为载体，引导代表扎实开展巡查调研，发现并交办问题1039个、提出建议意见437条；坚持问题导向，常委会班子成员30余次深入实地现场督导、推动整改，有效化解了“牛皮癣”顽疾、泸南中学校园周边迷信摊点、城区宠物交易市场散乱、主城区非法殡仪点长期扰民、广场周边二手摩托车市场和白塔商圈长期占道经营等一批“硬骨头”难题，得到市委充分肯定和群众广泛赞誉。

——真抓实干助推项目攻坚。围绕市委“项目投资攻坚年”决策部署，主动靠前、主动服务，推动重点项目加快建设。一是变支持配合为积极参与。常委会班子勇于破难，始终保持“一线”精神状态和“一线”工作作风，对牵头负责的238个重点项目紧盯不放，深入现场124次、协调解决问题153个，确保了年度投资任务圆满完成。二是变调查研究为督查督导。围绕市委、市政府确定的年度重点项目，常委会及各专委会分批次、有计划地组织开展检查督导170次，对发现问题现场研究、及时交办、跟踪整改，促进沱江六桥及连接线工程、沱江二桥加宽改造、古叙垃圾焚烧发电厂前期工作等高效有序推进。三是变一般了解为具体行动。扎实开展项目建设“代表助攻坚”活动，引导各级代表做好立足岗位履职尽责、化解矛盾优化环境、聚焦发展提出建议“三件实事”，全市各级人大代表共引进项目366个、引入资金245．3亿元、协调解决困难和问题941个、化解矛盾纠纷2587件次。

——紧盯热点强化调查研究。一是紧盯重点开展调研。抓住改革发展的难点、社会关注的热点、群众关心的焦点，确定农村人口市民化、学生心理健康教育、产业扶贫等10个年度重点课题，确保调研工作更具针对性、务实性、导向性。二是紧盯问题当好参谋。创办《人大之声》平台，编发10期调研报告，一批调研成果受到市委、市政府高度重视，转化为政策措施。特别是围绕我市学生心理健康问题，提出10条建议意见，督促政府强化学校管理和学生教育；围绕"营改增"后个别企业税负上升、地方财税减收影响较大等问题，提出坚持依法征管和优化服务"双轮驱动"等5条建议意见，促进企业减负增效。

四、创新方式、强化服务，充分发挥代表引领作用

充分尊重代表主体地位，不断完善保障机制，积极创新服务载体，切实加强和改进代表工作。

——搭建平台促履职。一是开通网络平台。整合手机APP、微信、代表信箱等联络方式，建立代表履职网上服务平台，全年发布人大和"一府两院"信息1万余条，代表知情知政渠道不断拓展。二是完善履职平台。指导区县按照有牌子、有阵地、有设施、有人员、有制度、有档案、有经费"七有"标准，建立区县人大代表之家、乡镇（街道）代表活动中心、村（社区）代表联络工作站800余个，实现三级阵地全覆盖。组织近千名代表开展4期专题培训，代表履职能力不断增强。三是强化平台运用。代表借助平台收集群众意见建议2000余条，组织农村实用技术培训500余场次，提供生产发展和就业信息6300余条，有效打通代表联系选民的"最后一公里"。组织代表参加党风廉政建设社会评价宣传和各类座谈会、听证会、庭审活动5000人次，代表参与管理国家事务的作用得到充分发挥。

——健全机制强管理。一是落实"双联"制度。深入开展"双联"工作，每名常委会组成人员联系2至3名代表、每名代表相对固定联系群众不少于3名，各级代表走访联系群众3万余人次，为群众办实事好事1．2万余件。二是落实履职登记制度。强化代表履职过程管理，依托《代表履职登记手册》建立代表履职档案，代表履职意识不断增强。三是落实履职监督制度。指导区县建立代表述职评议、履职考核和退出制度等3项机制，近2500名县乡直选代表向原选区选民述职，主动接受选民监督；严格代表履职管理，代表履职监督体系逐步建立完善。四是落实激励机制。大力宣传代表履职情况，广泛宣传代表履职事迹，树立代表良好形象，广大群众对人大代表的信任度不断增强。

——狠抓督办增实效。一是抓代表建议督办。建立办前、办中、办后"三联系"代表制度，充分听取代表对办理工作的意见建议。实行常委会重点视察督办、各专委会对口联系督办的双重督办方式，推行代表建议网上在线办理模式，代表建议督办力度切实增强、公开性透明度进一步提高。市八届人大一次会议召开及闭会期间收到的182件代表建议全部办结，按时办结率和代表满意率均达100%。二是抓视察建议督办。组织在泸全国、省人大代表开展集中视察2次，"规划建设四川泸州至古蔺至贵州金沙高速公路""将叙永至威信高速公路列入国家高速公路网"等重点建议引起国家有关部委和省政府高度重视，有效促进我市交通枢纽建设；围绕脱贫攻坚、城市管理、环境治理、食品安全、自贸区建设等热点难点，组织市人大代表小组开展多次视察，督促政府部门认真研究办理视察建议意见，推进支持小微企业流动资金贷款续贷业务等一批惠民生、促发展、利长远的建议意见得到有效落实。三是抓主任接待日建议督办。深化主任接待日制度，常委会主任、副主任轮流深入区县接待代表，对代表反映的问题及时交办、强化跟踪，涉众性民间借贷与非法集资定性处理难、农村堤灌站用电价

格高等事关群众切身利益的问题得到有效解决。

五、政治引领、完善机制，切实加强常委会自身建设

坚持以习近平新时代中国特色社会主义思想为统领，围绕提高依法履职能力的目标，着力抓好常委会和机关各项建设，切实保障和促进人大工作与时俱进、创新发展。

——从严加强思想政治建设。把深入学习宣传贯彻党的十九大精神作为首要政治任务，通过专家讲座、专题研讨等方式开展集中学习 20 余次，深刻理解、准确把握新思想、新论断、新要求、新任务，强化“四个意识”，坚定“四个自信”，坚决维护以习近平同志为核心的党中央权威和集中统一领导。坚持把党的领导贯穿于人大工作全过程和各方面，围绕中央、省委、市委重大决策部署谋划和推动人大工作，多次向市委专题报告人大工作，确保人大工作始终沿着正确政治方向前进。

——从严加强能力作风建设。以组成人员学习会、法制讲座、履职培训、上挂下派等为载体强化队伍建设，着力加强人大业务学习、提升工作效率水平，常委会依法履职能力不断提高。结合“两学一做”学习教育，组织开展以“讲政治、讲大局、讲担当、讲奉献、讲廉洁”为主要内容的“五讲”教育活动，人大机关作风建设取得明显成效。建立机关考核和创先争优激励机制，制定实施市人大常委会机关目标绩效管理办法，干部职工干在实处、走在前列的工作激情进一步增强。

——从严加强工作制度建设。着眼“依法、规范、高效”，创新完善符合人大特点的组织制度、工作制度和运行机制，全面梳理、修订完善常委会履职行权和机关管理等制度 78 项，保障人大工作有章可循、有据可依。加强对区县人大工作的联系指导，促进全市人大工作规范发展。立足泸州实际、适应发展需求，探索创新行使重大事项决定权的方式，报请市委出台《关于健全和落实人大讨论决定重大事项制度、各级政府重大决策出台前向本级人大报告的实施意见》，促进重大决策科学化、民主化、法治化。

各位代表，过去一年，市人大常委会取得的工作成绩，是市委正确领导的结果，是全体人大代表和人大工作者依法履职的结果，是“一府两院”协同配合的结果，也是社会各界和全市人民大力支持的结果。在此，我代表市人大常委会表示衷心的感谢！

过去一年，市人大常委会各项工作虽然取得了长足发展，但也还存在一些需要加强和改进的工作，特别是立法精细化水平有待进一步提高、监督方式有待进一步改进、代表履职能力有待进一步提升、常委会自身建设有待进一步加强。今后，我们将不断加强和改进人大各项工作，更好地发挥地方国家权力机关的作用。2018 年主要任务今年是全面贯彻落实党的十九大精神的开局之年，也是我市“决胜全面小康、建成区域中心”的关键一年。党的十九大对全面落实健全人民当家作主制度体系、发展社会主义民主政治，不断提升国家治理体系和治理能力现代化水平，做好新时代人大工作提出了新的要求。市人大常委会将全面贯彻党的十九大精神，以习近平新时代中国特色社会主义思想为统领，坚持党的领导、人民当家作主、依法治国有机统一，始终同以习近平同志为核心的党中央保持高度一致，在市委的正确领导下，依法履职行权，努力开创人大工作新局面，为泸州“加快建设现代化区域中心”不断贡献人大力量。

一、强化党的领导，着力推动市委决策部署落地落实

坚持党的领导是做好人大工作的根本要求。常委会要自觉接受党的领导，强化“四个意识”，坚定“四个自信”，坚持重要工作向市委请示报告，自觉围绕泸州“决胜全面小康、建设现代化区域中心”的奋斗目标，依法履职行权，促进市委决策部署落地落实。依法行使重大事项决定权，认真讨论审查事关全市改革发展的重大规划、重大项目、重大民生问题，把市委决策部署转化为全市人民的共同意志和自觉行动。坚持党管干部和人大依法任免的有机统一，完善权力运行制约和监督机制，进一步规范任免程序，强化任后监督，探索听取履职情况报告等方式，督促国家工作人员在宪法法律范围内主动作为、不辱使命，为泸州经济社会发展提供更加坚实的组织保障。

二、强化法治理念，着力推动法治泸州建设

推进法治建设是人大义不容辞的责任。要进一步加强立法工作，坚持科学立法、民主立法、依法立法，按照“党委领导、人大主导、各方参与”的原则，重点落实“123”立法计划，即制定实施《泸州市白酒历史文化保护发展条例》1件法规，有序开展《泸州市集中式饮用水水源保护条例》《泸州市城区山体保护条例》2件法规预调研，加强对《泸州市违法建设治理条例》等3件已颁布法规实施情况的监督。坚持把提高立法质量作为重中之重，深入推进立法工作平台建设，健全地方立法基层联系点制度、建立立法评估协作基地，不断扩大公民有序参与立法的途径和方式，努力使每一项立法都符合宪法精神、反映人民意志、得到人民拥护。扎实推进备案审查信息平台建设，加大备案审查监督的力度。切实加强法律监督，围绕《安全生产法》《宗教事务条例》《四川省农村扶贫开发条例》等法律法规贯彻实施情况开展检查和调研，确保法律法规在我市得到正确有效实施。着力加强司法工作监督，听取和审议公益诉讼保护、“七五”普法中期工作等专项工作报告，促进公正司法。

三、强化监督实效，着力推动经济社会发展

市委关心的工作就是人大关注的工作。要紧扣中心工作，进一步优化监督思路、突出监督重点、增强监督实效。一是突出经济发展，听取和审议国民经济和社会发展计划执行、政府全口径预决算审查、国资国企监督管理等专项报告，开展“十三五”规划中期评估；探索建立预算联网监督平台，实行预算在线监督。贯彻落实市委经济工作会议精神，围绕经济运行、政府性重大投资建设项目实施、自贸区川南临港片区建设及金融产业发展、建筑业发展、农业供给侧结构性改革、供销社体制改革、农业“三权”分置、外资及港澳台资企业权益保障等，深入开展调研，促进产业加快发展和经济健康运行。二是突出工作重点，围绕依法治理、重大项目建设、助推叙永县脱贫攻坚等重点工作，立足人大职能，推动工作落实。三是突出社会民生，围绕环保督察反馈问题整改、主城区餐厨废弃物管理等环保问题，加大监督力度，促进我市生态文明建设；针对健康城市建设、困境儿童保障、残疾人无障碍设施建设管理、城市住宅小区配套幼儿园建设、养老服务体系建设等课题开展调研，促进政府把人民对美好生活的向往落到实处，不断增强群众幸福感和获得感。积极探索创新，改进监督方式，强化问题导向，增强监督实效。

四、强化代表工作，着力推动人大代表履职尽责

人大代表既是法定职务，更有法定责任。要搭建更加宽阔的平台，组织和引导代表充分履职尽责。改进代表培训方式，提高培训覆盖面，强化政策理论、法律法规和人大制度知识培训，努力提高代表履职能力。健全代表履职监督机制，引导代表强化职务意识，充分发挥各自优势，主动反映群众呼声，切实谋求民生福祉，让代表履职行权成果真正惠泽广大人民。深化“双联”制度，将联系工作贯穿于常委会组成人员及人大代表履职全过程，广泛邀请代表参与常委会立法、监督等履职活动，促进代表更好服务泸州经济社会发展大局。持续推进“脱贫攻坚——万名人大代表再行动”等主题活动，强化服务保障，创新工作机制，狠抓实效提升，促进代表在脱贫攻坚等中心工作中发挥更大作用。加大建议办理力度，改进督办方式，提高办理公开性和透明度，确保代表建议得到有效落实。

五、强化履职能力，着力推动人大工作创新发展

打铁必须自身硬。要全面落实从严治党新要求，把学习宣传贯彻党的十九大、省委十一届二次全会、市委八届四次全会精神作为重要政治任务，持续掀起学习宣传贯彻落实的热潮。结合“两学一做”学习教育常态化制度化，扎实开展“不忘初心、牢记使命”主题教育和“五讲”教育活动，用习近平新时代中国特色社会主义思想武装人大干部头脑。加强人大干部履职培训，不断增强人大干部履职能力。进一步健全人大组织制度、工作制度和议事程序，始终运用法治方式推动工作，做到议事有效果、监督有力度、创新有特色，努力把人大常委会建设成为全面担负起宪法法律赋予的各项职责的工作机关，成为同人民群众保持密切联系的代表机关。充分利用现代传媒，大力宣传人大制度和人大工作，让人民代表大会制度真正根植于民心。

各位代表，新时代赋予新使命，新征程要求新作为！让我们更加紧密地团结在以习近平同志为核心的党中央周围，在市委的正确领导下，以时不我待、只争朝夕的精神，依法履职、扎实工作，不断开创我市人大工作的新局面，为泸州“决胜全面小康、建成区域中心”作出新的更大贡献！

泸州市人民政府工作报告

——在泸州市第八届人民代表大会第三次会议上

（2018年2月27日）

泸州市人民政府市长　刘　强

各位代表：

现在，我代表市人民政府，向大会报告工作，请予审查，并请市政协委员提出意见。

2017年工作回顾

2017年，在省委、省政府和市委的正确领导下，在市人大、市政协的监督支持下，我们全力以赴稳增长，攻坚克难求突破，全市经济实现平稳较快发展，社会保持和谐稳定。全年完成地区生产总值1596.2亿元，比2016年（下同）增长9.1%；规模以上工业增加值增长10.9%；全社会固定资产投资2042.1亿元，增长18%；社会消费品零售总额722.1亿元，增长13.3%；地方一般公共预算收入146亿元，增长11.3%；城镇居民人均可支配收入31449元，增长8.6%；农村居民人均可支配收入13670元，增长9.8%，主要经济指标增速位居全省前列。中国（四川）自由贸易试验区川南临港片区揭牌运行，全国文明城市创建一举成功。市八届人大一次会议确定的主要目标任务较好完成，向全市人民承诺的民生实事全部兑现。

一、项目建设和投资拉动势头强劲。认真贯彻“项目投资攻坚年”部署，实施重点项目609个，完成投资1724亿元，占年度投资计划的111.4%。华为四川大数据中心、中航EPS转向系统、合盛硅业泸州基地等产业项目建成投产，沱江二桥加宽改造、沱江六桥等城建项目建成投用，云龙机场、川南城际铁路自贡至泸州段、G8515泸渝高速公路等交通项目加快推进，古蔺观文水库、泸县三星桥水库等水利项目相继建成，市人民医院新院等民生项目竣工投用。强化要素保障，出台“零地”技改政策，全年保障用地3.8万亩，工业用电量43.6亿千瓦时，工业用气量16.6亿立方米，全市金融机构对重点项目贷款余额303.6亿元，较年初增加75.8亿元。实现民间投资1130.5亿元、增长7.5%。全社会固定资产投资增速连续三年居全省第一。

二、产业转型升级取得重大突破。深入推进供给侧结构性改革，大力发展现代制造业，智能终端产业从无到有、初具规模，落户项目93个，总投资380亿元，32个项目建成投产，投产后可实现年销售收入520亿元，“泸州造”智能手机成功走出国门。航空航天、装备制造、现代医药、信息技术、新能源新材料等新兴产业加快培育，航天科工预冷动力技术中心成功签约，泸州金能移动能源项目（一期）开工建设，步长生物制药基地、聚碳酸酯（一期）加快推进，新能源电动专用车正式量产。巩固提升白酒、机械、化工、能源等传统优势产业，泸州老窖酿酒技改工程、郎酒天宝峰陶坛酒库等项目加快建设，组建川酒集团带动中小酒企抱团发展，“四大产业”增加值增长12.9%。加快发展商贸、物流、金融等现代服务业，服务业实现增加值562.4亿元、增长9.5%，步步高综合体、泸州电商产业园、海吉星物流园（一期）建成运营，万达广场加快推进。兴泸水务在香港联交所、华西证券在深圳证交所成功上市，新入驻金融机构7家。旅游业实现总收入441.9亿元、增长33.4%。商品房销售额350.3亿元、增长40.3%。深入推进农业供给侧结构性改革，加快国家现代农业示范区建设，集中打造江阳区董允坝、泸县谭坝等产业融合示范园15个，新发展市级以上重点龙头企业25家，粮食总产量206.1万吨，“八大特色农业产业”稳步发展。加快园区载体建设，全市园区新建标准化厂房155万平方米，实现主营业务收入2248亿元、增长18.3%。“泸州制造”“泸州服务”“泸州品牌”正为全市加快发展注入强劲动力。

三、区域中心城市建设迈出坚实步伐。深入实施国家新型城镇化综合试点，加快推进“两江新城”建设，大力改造提升老城区，中心城区建成区面积154平方公里、人口152万人，城镇化率达49%。大力提升城市功能品质，海绵城市建设试点扎实推进，城市道路“白加黑”升级改造、城区景观照明（一期）工程全面完成，重要节点立交改造项目竣工投用，长江二桥、二环路等项目快速实施，鸭儿凼污水处理厂提标扩容工程建成运行，沱江新城南北滨公园主体完工。施行城市管理领域3部地方性法规，推进城市管理综合执法体制改革，城市管理和公共服务水平不断提高。加快县城和小城镇建设，泸县撤县设区进展顺利，合江、叙永、古蔺城乡面貌显著改善，大渡口镇、江门镇、白节镇列入第一批省级特色小镇。全力创建全国文明城市，深入实施“六大工程”，全市人民参与创建的磅礴力量不断汇聚，实现“三年创建，一举成功”。

四、自贸试验区川南临港片区建设开局良好。突出制度创新，复制推广改革经验158项，形成制度创新成果90项，14项制度全国首创，获批启运港退税政策试点，建成行政审批、国际贸易等“单一窗口”，进出口通关时间分别降低56%、49%。突出产业聚集，航运物流、港口贸易、智能终端等产业加快发展，新注册企业3041户，实现进出口贸易总额20.6亿美元、增长5.8倍。突出服务川南，实施口岸通关“零费用”、保B仓库“零租金”，推动自贸红利区域共享。突出协同开放，与成都片区建立物流一体化合作机制，开通“泸蓉欧”快铁，推出泸州至上海“天天直航快班”，与广东南沙、天津滨海等17个地区建立“政务服务异地直通互办”网络。川南临港片区为泸州发展增添新动能。

五、改革开放和创新发展成效显著。深化重点领域改革。30项国省改革试点有序推进，率先在全省开展“多证合一”改革，农村土地制度改革三项试点走在全国前列。“放管服”改革深入推进，新增各类市场主体4.2万户、增长20.7%，县域经济持续壮大。加快国有投融资平台公司市场化转型，泸天化改革脱困稳步推进。营改增试点全面推开，为企业减负超过10亿元。全方位扩大开放，引进世界500强、中国500强、行业百强企业12家，“酒博会”“商博会”“农博会”影响力持续扩大。创新创业蓬勃发展，推出“酒城人才新政”，设立每年5000万元的泸州市人才发展基金，新建创新型科研机构10家、产业技术联盟5家，实现高新技术产值315亿元、增长48.7%，西南医科大学科研项目荣获国家科技进步二等奖。

六、脱贫攻坚取得阶段性成效。全年实现8.5万人脱贫、149个贫困村退出，合江县脱贫“摘帽”。创新易地扶贫搬迁“五统一”模式，累计完成搬迁16281户66502人，基本实现“五年任务、两年完成”，叙永县江门镇集中安置点列入国家“砥砺奋进的五年”大型成就展。突出产业扶贫，在全省率先将贫困村产业扶持基金提高到50万元/村，组织3家市属国企打造特色产业示范片，发挥温氏、巨星等农业龙头企业带动作用，贫困地区造血功能持续增强。全域推进“一改三化”，预脱贫村集体经济收入全部达标。基础设施明显改善，建成农村扶贫公路2148.4公里、渡改桥8座、饮水工程1569处，贫困村电网改造升级全面完成。健康扶贫“四个百分之百”全面实施。建成省级“四好村”75个。援藏援彝工作扎实推进。扶贫机制不断健全、力量不断整合，专项扶贫、行业扶贫、社会扶贫“三位一体”的大扶贫格局初步形成。

七、民生和社会事业全面进步。十项民生工程和20件民生实事全面完成，民生支出占一般公共预算支出比重达70.1%。城镇新增就业4.33万人，失业人员再就业1.17万人，新增机构养老床位2500张。危旧房棚户区改造开工10300户。各级各类教育协调发展，新建公办中小学校19所、幼儿园8所、教师周转宿舍1110套，“全面改薄”累计竣工校舍98.1万平方米，免费定向培养村小教师229名，纳溪义务教育均衡发展通过国家评估认定。新建四川城建职业技术学院、四川海事交通职业学院列入《四川省高等学校“十三五”设置规划》。全市中小学幼儿园“三防”标准化建设基本完成。国家文化消费试点工作扎实推进，“宽带乡村”工程全面实施。深入开展全民预防保健，免费体检178万人，新改建中心村卫生室232个，远程诊疗工程实现五级全覆盖，市人民医院创“三甲”医院通过验收，国家健康城市试点取得阶段性成效。全面从严落实安全生产责任，安全生产形势持续向好。国家食品安全示范城市创建有序开展。依法治市扎实推进，“七五”普法深入开展。实施基层治理专项行动，“一村一辅警”“雪亮工程”实现全覆盖，社会治安立体化防控体系更加完善。

八、生态环境质量显著提升。大力整治环境突出问题，中央环保督察组交办的227件信访件、省政府交办的188件信访件全部办结，集中式饮用水水源地保护、城市黑臭水体等一批群众关注的问题得到有效解决。坚决打好污染防治“三大战役”，全市地表水国控考核断面水质优良比例85.7%，主城区环境空气优良天数273天、比2016年增加40天，工矿废弃地土壤污染治理有序推进。全面落实“河长制”，设立河（段）长5438名，实施12座污水处理厂扩容提标改造，新建截污干管37公里，拆除取缔非法码头54座、规范提升10座，长江、沱江泸州段水质稳定向好。着力推进生态优先绿色发展，制定《绿色发展规划》，全面完成总量减排，综合治理水土流失面积199.8平方公里，森林覆盖率达50.4%，顺利通过国家森林城市复检。

国防动员、人民防空、民兵预备役建设不断加强；青年、妇女儿童、老龄、残疾人事业取得新进步，民族、宗教、外事、侨务、对台、统计、消防、保密、气象、双拥、档案、地方志等工作取得新成效。

过去一年，我们扎实推进法治政府、效能政府、廉洁政府建设，深入推进依法行政，严格执行市人大及其常委会决议决定，自觉接受市政协民主监督，全力做好人大代表建议和政协委员提案办理，办结建议、提案560件，法定时限办复率100%。深入开展“两学一做”学习教育，坚持不懈纠正“四风”，加大行政监察和审计监督，严肃查处政府系统违纪案件，坚决整治损害群众利益的不正之风。

各位代表，2017年全市经济社会发展取得的成就，是省委、省政府和市委正确领导的结果，是市人大、市政协监督支持的结果，是全市上下真抓实干、奋勇拼搏的结果。在此，我代表市人民政府，向全市人民致以崇高的敬意！向人大代表、政协委员，向各民主党派、工商联、各人民团体，向驻泸部队官兵和社会各界人士，表示衷心的感谢！

在肯定成绩的同时，我们也清醒地看到，发

展中还存在一些困难和问题：一是传统产业还需进一步转型升级，新兴产业对经济增长的贡献仍然不足，产业投资规模还不够大，民间投资活力还不够强。二是脱贫攻坚任务仍然比较艰巨，产业扶贫带动作用还需进一步加强，农村基础条件有待进一步改善。三是社会治理任务仍然比较艰巨，安全生产、社会治安等领域仍然潜在风险隐患，社会治理的基层基础还需进一步夯实。针对这些问题，我们将在今后工作中采取有力措施，切实加以解决。

2018 年主要目标任务

今年是全面贯彻落实党的十九大精神的开局之年，是改革开放 40 周年。做好今年的政府工作，必须以习近平新时代中国特色社会主义思想为指导，深入贯彻党的十九大精神，牢固树立和贯彻新发展理念，按照省委十一届二次全会、市委八届四次全会决策部署，牢牢把握“稳中求进、进中求快、快中求好”的工作基调，聚焦“项目攻坚、创新发展”工作主题，强力推进“六个突破”，着力“三抓三主动”，统筹抓好稳增长、促改革、调结构、惠民生、防风险各项工作，提高发展质量和效益，坚决打好防范化解重大风险、精准脱贫、污染防治三大攻坚战，加快决胜全面小康、建设现代化区域中心。

经济社会发展的主要预期目标是：地区生产总值比 2017 年（下同）增长 9%，规模以上工业增加值增长 10.7%，全社会固定资产投资增长 15%，社会消费品零售总额增长 12%，地方一般公共预算收入增长 9%，城镇居民人均可支配收入增长 8.2%，农村居民人均可支配收入增长 9.5%。重点做好以下工作：

一、强化项目投资攻坚，全力以赴稳定经济增长

加大项目投资力度。积极谋划和推进一批大项目、好项目，持续发挥项目对稳增长的关键作用。实施 5000 万元以上重大项目 995 个，年度完成投资 1543.9 亿元。确保 170 个重大项目竣工投用，年度完成投资 242.9 亿元；加快推进 249 个重大项目建设，年度完成投资 709.5 亿元；开工建设 368 个重大项目，年度完成投资 591.5 亿元。全社会固定资产投资继续走在全省前列。

突出重点领域投资。狠抓产业投资，完成重大产业项目投资 860 亿元以上，重点推进 206 个重大工业项目，年度完成投资 321.7 亿元。狠抓基础设施建设投资，年度完成投资 435.2 亿元。坚持交通先行，加快建设全国性综合交通枢纽，确保云龙机场 7 月建成投运；突出“三路一总站”建设，快速推进川南城际铁路自贡至泸州段建设，力争渝昆高铁、城北高铁枢纽站、泸永高速公路开工建设；启动泸遵高铁前期工作，确保 G8515 泸渝高速公路、叙威高速公路顺利推进。狠抓民生社会事业、生态环保、精准脱贫等领域投资，为可持续发展奠定坚实基础。

强化项目要素保障。统筹资金、土地等要素，推动资源向优质项目集聚。深入实施“一企一策”，扩大直购电、直供气、富余电量消纳范围，全年减少企业用能成本 8 亿元以上。加大金融对重点项目支持力度，促进重点企业直接融资；推动银企项目对接常态化，项目贷款增长 17% 以上。强化国有资本与社会资本合作，激活民间投资活力。

二、推进产业转型升级，加快构建现代产业体系

加快发展先进制造业。聚焦航空航天、智能终端、高端装备制造、现代医药、大数据等新兴产业，加快形成发展新支撑。大力发展航空航天产业，加快航空航天产业园（一期）建设，推进北航泸州研究院、航天科工等航空发动机项目尽快落地，力争沈阳旋飞科技无人机项目开工建设。大力发展智能终端产业，新引进一批手机整机和核心配套企业，新建标准化厂房 160 万平方米、

生活配套设施55万平方米，确保67个项目投产达效，加快打造“千亿产业”。全力促成与德人工智能科技园、中科智富光电项目落地，加快建设朗润飞依诺医疗器械产业化基地、西部绿色智能住宅产业园等项目，确保泸州金能移动能源项目（一期）、江麓容大无级自动变速器研发生产基地（一期）等项目建成投产。加快发展大数据产业，重点培育酒业、物流、医疗健康等大数据，积极争创国家大数据产业集聚区。

优化提升传统优势产业。深化供给侧结构性改革，支持传统企业工艺更新、装备换代、产品升级。做强做优白酒产业，力争全市酒业主营业务收入突破900亿元、增长13%。发挥泸州老窖、郎酒龙头带动作用，加快推进泸州老窖酿酒技改工程、郎酒技改工程建设；川酒集团实现销售收入50亿元、利税5亿元，带动全市中小酒企加快发展，着力培育泸酒“第三极”。转型做精化工产业，加快鼎科纳米脱酸液研发生产基地建设，完成中海沥青与中海金象混改重组，启动100万吨沥青加工技改项目。优化提升能源产业，稳步推进电力体制改革。加快振兴机械产业，启动长江机械扩能技改，推进大型农机高端液压元件、环保设备、智能立体车库研发推广，促进机械产业智能化、服务化升级。

培育发展现代服务业。推动服务业提质增效，加快打造区域商贸、物流、金融、会展中心。大力发展现代商贸业，启动回龙湾商圈改造升级，推进西南商贸城（三期）、华升宝龙广场建设，确保万达广场建成投用，提升城市商圈品质。大力发展现代物流业，推进全国首批多式联运示范城市建设，启动石龙岩现代商贸物流园项目，加快和润粮油物流基地建设。大力发展全域旅游，重点推进天下川江文化公园、福宝国际旅游度假区、方山文旅小镇、玉蟾山国际温泉度假区（二期）等项目建设，旅游总收入突破490亿元。大力发展现代金融业，新引进3家以上金融机构，银行业金融机构各项贷款余额增长12%，推动科瑞德、天植中药上市挂牌。促进房地产和建筑业平稳健康发展。持续提升“春酒、秋商、冬农博”展会影响力。

推进园区提档升级。加快园区生产、生活基础设施建设，全市产业园区主营业务收入突破2600亿元、增长16%。高新区完成投资65.8亿元，加快国家创新型特色园区建设。长开区完成投资59.7亿元，加快推进外向型经济发展。酒业园区完成投资56.5亿元，开工建设环球佳酿等项目，加快推进产城融合、三产互动。航空航天产业园区完成投资41亿元，加快打造泸州航空航天科创新城。

三、深化农业供给侧结构性改革，大力实施乡村振兴战略

大力发展现代农业。坚持质量兴农、绿色兴农，深入实施“十大行动”，建好基地、育好龙头、搞好加工、创好品牌。重点打造15个现代农业产业融合示范园区，推进温氏生猪、正大肉鸡、古叙肉牛等项目建设。大力培育和引进现代农业经营主体，新增市级以上重点龙头企业22家、家庭农场示范场30个。强化农产品精深加工，优化物流运输等配套服务。积极实施农产品商标战略，加快培育一批知名品牌，新打造省级以上农产品品牌5个。抓好高效节水灌溉、骨干水源工程建设和病险水库整治，加强高标准农田建设，稳定粮食生产，确保粮食安全。推进“互联网+现代农业”，扶持发展农村电商、乡村旅游等新产业新业态，推动农村一二三产业融合发展。

加快建设美丽乡村。积极打造乡村田园综合体，强化基础设施、公共服务、环境风貌建设，持续改善农村生产生活条件。新改建通村公路1000公里，确保纳溪区、泸县全部建制村通公交，合江县、叙永县、古蔺县全部建制村通客运。加强农村教育、文化、医疗等基本公共服务建设，建成一批文化设施、体育场所。开展农村人居环境整治，着力补齐农村人居环境短板。健全完善自治、法治、德治相结合的乡村治理体系，提升

乡村治理能力。积极创建省级“四好村”，建设幸福美丽新村300个。

全力促进农民增收。深化农业农村改革，完善助农增收制度机制，深入推进“一改三化”，发展壮大村集体经济。健全“基地+农户”“企业+合作社+农户”等利益联结机制，新发展农民合作社示范社20家，促进小农户和现代农业有机衔接。创新乡村人才引进培育使用机制，支持农民工返乡创业，探索“高校+新型职业农民”模式，扎实做好实用技术、职业技能和创业培训，让更多的群众懂技术、会经营、能赚钱。

四、统筹推进新型城镇化，加快建设全国美丽城市

优化城市空间布局。围绕建设“美丽泸州”，完成新一轮城市总体规划修编，促进城市空间、产业布局、功能配套协调发展。突出“双两百”区域中心城市建设，积极推进泸县撤县设区，启动泸川新区、航空航天产业园区等控制性详细规划。开展省级“城市双修”试点，加强城市设计，优化城市沿江空间布局和公共开放空间。大力发展县域经济，培育发展30个市级特色小（城）镇，加快形成县区追赶跨越、争先进位新格局。积极构建现代化城市综合交通体系，推进中心城区、县城、小城镇互联互通、协调联动发展，加快打造“1小时城市经济圈”。

增强城市承载能力。加快“两江新城”建设，深入实施二环路、第二医教园区、沱江新城整体城镇化等项目，快速推进长江二桥、长江六桥、沱江五桥等跨江通道建设。着力完善城市功能，加快地下综合管廊、海绵城市建设，开工建设城北、城西垃圾压缩中转站，快速推进二道溪污水处理厂、金鸡湾天然气储配站等项目，确保城西客运站建成投用。大力提升城市品质，有序实施江阳蓝田片区、龙马潭小市片区、纳溪永宁片区等老城有机更新，加快推进滨江路延伸打造、城市照明景观提升（二期）等工程，建成沱江新城南北滨路及南北滨公园。中心城区新增面积15平方公里。开展“宜居县城建设行动”，新增县城建成区面积4平方公里。

提升城市治理水平。巩固全国文明城市创建成果，启动国家生态园林城市创建，推进智慧城市、国家信用体系建设示范城市建设。深化城市管理综合执法体制改革，健全城市治理体系，促进城市管理精细化、规范化、智能化。加快城乡环卫一体化建设，建成古叙生活垃圾焚烧发电厂，推进主城区生活垃圾分类收集、集中处置和有机废物协同处理。深化“厕所革命”，开展“靓城行动”，大力整治违法建设、占道经营、乱停乱放等突出问题，净化城市生活环境，完成国家卫生城市第七次复审。

五、奋力推进自贸试验区川南临港片区建设，打造内陆开放型经济新高地

推进制度创新。全面落实试验任务，探索建设内陆自由贸易港。积极争取国家部委、省级部门赋权，推进外商投资管理、“证照分离”等改革，促进投资便利化。完善国际贸易“单一窗口”，探索多式联运“一票制”，促进贸易便利化。推进跨境融资、航运金融等领域改革，积极发展金融新业态，促进金融国际化。实施“审管分离”“管执分离”，完善事中事后综合监管平台，促进监管法治化。加强海关、海事、检验检疫等领域制度创新，培育竞争新优势。

积极服务川南。全力争创国家开放口岸、综合保税区、跨境电商综合试验区，建成泸州港进口肉类指定口岸，着力完善功能平台。继续推进“自贸红利·区域共享”，在政务服务互办、口岸监管互认、物流通道共建等领域深化合作，服务川南经济区一体发展。启动泸州港第二作业区建设，加快自贡至泸州港大件路等项目建设，推进区域互联互通。

深化协同开放。加强与成都天府新区片区、青白江铁路港片区协作，推进物流一体化发展，稳定运行“泸蓉欧”快铁。加强与周边地区协作，促进港口物流互通、口岸通关互认，增强服

务成都经济区、攀西经济区和滇东黔北能力。持续深化与沿海沿边沿江口岸协作，推进长江航道泸州段“Ⅲ升Ⅱ”工作。深度融入“一带一路”建设和长江经济带发展，拓展与沿线地区、物流节点城市合作。

加快产业集聚。突出航空航天、智能终端、港口贸易、航运物流、融资租赁等重点产业，针对长三角、珠三角等重点区域，实施精准招商。突出水港特色，大力发展大宗商品交易、进口商品分拨、出口商品集散、进出口加工等开放型经济业态，培育发展总部经济、会展经济、保税贸易、跨境电商、航运金融，促进“泸州造”特色产品远销海外，推动自贸试验区引领泸州走出国门、走向世界。

六、全面深化改革创新，持续释放发展动力活力

深化重点领域改革。深入实施国、省改革试点，大力推进国家农村土地制度改革三项试点、国家知识产权试点城市、企业投资项目承诺制试点等改革。积极开展全面创新改革，落实涉及泸州的8张清单。突出重点领域改革，深化国资国企改革，开展国有资本授权经营试点，推进泸天化改革脱困，确保扭亏为盈；深化财税体制改革，加快建立现代财政制度，加强政府债务管理，推进国有投融资平台公司市场化转型；深化地方金融改革，坚决有效防控金融风险。

大力推进创新创业。实施创新驱动发展，加快创新型城市建设，新建创新型科研机构10家、产业技术联盟5家，新培育省级以上科技企业孵化载体8家以上。大力实施高新技术企业倍增计划，新增国家高新技术企业12家，高新技术产值达360亿元。深入实施“酒城人才新政”，举办“中国酒城泸州人才发展大会”，加快人才集聚。扎实开展“酒城创业行动”，持续推动大众创业万众创新。大力弘扬企业家精神，营造企业家健康成长良好环境，鼓励更多市场主体发展实体经济。

加快建设“政务服务示范城市”。深入实施“放管服”改革，以“五通”工程为主抓手，推进“互联网+政务服务”应用。清理整合全市政务服务热线，实现“一号通”；推进全市医疗、保险等便民服务功能集成，实现“一卡通”；推进政务服务数据全面共享，实现“一网通”；推进各级政务服务综合窗口设置，实现“一窗通”；推进办事“零跑路”和“最多跑一次”，实现“一次通”。着力打造流程最简、效率最高、服务最好的政务服务环境。

七、聚焦精准扶贫精准脱贫，坚决打赢脱贫攻坚战

精准实施产业扶贫。坚持把产业扶贫作为脱贫攻坚的主攻方向，精准制定产业扶贫举措。扶持发展特色产业，重点打造一批“贫困村+非贫困村”跨区域脱贫产业园，加快建设古蔺金鱼溪、叙永黄金榜、合江白村三个农旅融合扶贫示范片，扶持生产和就业发展2.69万人。积极推进资产收益扶贫、飞地扶贫、扶贫车间等新模式，探索资金资产资源“三权”分离新路子。用好用活产业扶持基金，推广“扶贫再贷款+扶贫小额信贷”模式，提升金融信贷对产业扶贫的支撑。

强化基础设施建设。加大涉农资金整合力度，切实改善贫困地区交通、水利、电力、通信等基础设施条件。全面完成“十三五”期间易地扶贫搬迁住房建设任务。推进农村扶贫公路项目，加快建设赤水河环线扶贫公路，解决2.6万名建档立卡贫困人口饮水困难问题，全面完成贫困村农网改造，实现“组组通”宽带。确保所有预脱贫村通硬化路，有文化室、卫生室、通信网络。

突出抓好健康扶贫。强化建档立卡贫困人口健康体检，实现精准到户、精准到人、精准到病。聚焦“基本医疗有保障”，扎实开展健康扶贫“五大行动”，全面落实“四个百分之百”，建好、用好医疗扶贫救助基金，切实减轻困难群众就医负担，防止因病致贫、因病返贫发生。

持续巩固脱贫成果。壮大“四项基金”规

模，提高资金投入精准性。全面落实教育扶贫政策，确保贫困家庭学生不因家庭经济困难失学。巩固低保政策，确保困难群众生活得到保障。坚持扶贫与扶志、扶智相结合，办好农民夜校，增强贫困群众自我发展能力。扎实做好定点扶贫和驻村帮扶，提升贫困村“五个一”、非贫困村“三个一”帮扶实效。强化“回头看”“回头帮”，巩固脱贫成效。全力确保5.87万名农村贫困人口脱贫，86个贫困村退出。

八、加强生态文明建设，推进生态优先绿色发展

坚决打好污染防治“三大战役”。大力实施大气环境质量提升工程，深入治理扬尘、秸秆焚烧、机动车和工业废气等污染，促进全市空气质量持续好转。大力实施水污染防治“四大行动”，强化城镇生活污染治理和农业农村污染防治，加快城市备用水源地建设，完成乡镇集中式饮用水水源地污染整治和规范化建设。开展土壤污染状况详查，大力实施矿山地质环境修复治理。以“零容忍”态度坚决打击生态环境违法行为，让泸州天更蓝、地更绿、水更清。

深入推进“河长制”。严格实施“一河一策”，全面落实河长制“六大任务”。开展河道管理范围划定，进一步明晰管理边界。建成以河长制管理模式为核心的河湖管理信息平台，完善水质、水情监测预报体系。全面启动“湖长制”，探索建立河道警长制，严厉打击涉水违法犯罪行为。加快沱江流域泸州段污染整治重点项目建设，确保沱江水质主要指标达III类标准，长江出川断面水质稳定保持在III类标准以上。

着力加强生态建设。开展生态保护红线划定，严格保护耕地。推进新一轮“绿化泸州行动”，持续加大天然林资源保护，完成营造林37万亩，全市森林覆盖率达50.6%。综合治理水土流失面积160平方公里，治理岩溶石漠化面积76平方公里。加强长江上游珍稀特有鱼类等自然保护区监管。强化生态环境监测预警、联防联控、应急处置，严格执行生态环境损害责任终身追究制。

加快推进绿色发展。优化沿江产业布局，推动集中集约集群发展。加快节能环保装备研发推广，推进绿色建筑产业集聚示范城建设。引导鼓励企业提标升级，实施传统制造业绿色改造，积极化解过剩产能，全面完成节能减排目标任务。倡导绿色生产生活方式，推动绿色低碳循环发展。

九、大力发展社会事业，千方百计改善民生

深入实施民生工程。持续加大民生投入，确保民生投入占一般公共预算支出的比重保持在70%以上。扎实推进十项民生工程，办好20件民生实事。加快完善各项就业政策，新增城镇就业3.6万人，确保城镇登记失业率控制在4%以内。深入开展全民参保登记，完善城乡居民大病医疗保险办法。实施农村危房改造1.2万户，城镇危旧房棚户区改造开工9216户。开工建设“渡改桥”3座，建成5座。

大力发展社会事业。深化教育体制机制改革，推进学前教育普惠健康发展、县域内城乡义务教育一体化发展，实施高中阶段教育普及攻坚计划，稳步提升教育发展质量。深入实施“全面改薄”，新建公办中小学校5所、公办幼儿园24所。大力发展职业教育，支持泸州职业技术学院建设四川省优质高等职业院校。培养高素质教师队伍，加强乡村教师队伍建设。强化校园及周边环境治理，打造平安校园。深化文化消费试点，推进高清泸州智慧广电、城市影院、城市博物馆群、科技馆群建设，打造15分钟公共文体服务圈。深化基层文化体育事业发展，新建村、社区体育健身工程160个，开展全民健身、文化惠民等活动，不断满足群众精神文化生活需求。

加快建设健康泸州。进一步完善全民预防保健服务体系，探索实施主动健康工程，加快创建全国健康城市示范市。深化医药卫生体制改革，扶持和发展中医药事业，加快推进西南医疗康健中心（二期）、市中心血站迁建等项目建设，建立优质高效的医疗卫生服务体系。深化养老服务

综合改革，推进医养融合发展。加强食品药品质量安全监管，加大对食品药品虚假宣传等违法行为打击力度，积极创建国家食品安全示范城市。

扎实推进基层治理。牢固树立底线思维和红线意识，坚决守住社会稳定、安全生产、食品药品安全“三条底线”。严格落实属地治理责任、部门（单位）包保责任，切实维护经济建设、信访、金融、文教卫生等领域良好秩序。健全落实安全生产责任体系，加强风险管理和隐患排查治理，强化煤矿及非煤矿山、道路交通、危化品、建筑施工、消防等重点行业安全监管，坚决遏制重特大事故发生。加强职业病危害防治，新增城市应急避难场所6个，做好水文、气象监测预报，强化防汛减灾和地灾防治。深化依法治理，推进“平安泸州”建设，健全立体化社会治安防控体系，严厉打击黑恶势力，开展危爆物品、寄递物流、禁毒防邪等专项整治。深入推进“雪亮工程”、四级综治中心规范化建设，实施网格化服务管理，完善矛盾纠纷多元化解机制，确保社会和谐稳定。

积极支持国防和军队改革，加强国防动员和后备力量建设，加快泸州国防教育基地建设，推进新一届省级双拥模范城（区、县）创建。推动援藏援彝工作取得新成效。积极发展妇女儿童、老龄和残疾人事业，切实做好人民防空、民族宗教、外事、侨务、对台、保密、统计、档案、地方志等工作。

十、加强政府自身建设，着力建设人民满意的政府

深化政府系统政治建设。坚持以习近平新时代中国特色社会主义思想统领政府各项工作，全面加强政府系统政治建设。牢固树立“四个意识”、坚定“四个自信”，认真开展“不忘初心、牢记使命”主题教育，推动政府系统更加自觉地落实党中央、国务院、省委、省政府和市委决策部署，提升政府各项工作水平。

深化法治政府建设。严格执行重大行政决策程序规定，进一步深化行政执法“三项制度”，加强行政人员法制教育，切实提高依法行政能力和水平。突出城乡规划、白酒历史文化保护等重点领域，推进政府立法。深化“两法衔接”，扎实推进依法行政。深化政务公开，健全政府新闻发布机制，完成全国基层政务公开标准化规范化试点。认真执行市人大及其常委会的决议、决定，自觉接受市人大、市政协监督，切实提高人大代表建议、政协委员提案办理质量和效率。

深化效能政府建设。坚持从严从实，持之以恒抓好效能建设，进一步提升政府系统执行力、公信力。加强公务员队伍能力素质建设，注重培养专业能力和专业精神。大力践行“一线工作法”，精准破解发展中的困难问题。强化政务督查、绩效管理和履职问责，完善正向激励和容错纠错机制，坚决整治不作为、乱作为、慢作为，推动各项工作干在实处、走在前列。

深化廉洁政府建设。从严落实廉政建设责任制，有力推进政府系统反腐倡廉工作。坚决贯彻落实中央“八项规定”精神和省委、省政府“十项规定”精神实施细则，严防“四风”反弹。强化审计监督和社会监督，加强重点领域、关键环节和重要岗位权力运行的监督管理，着力营造风清气正的良好氛围。

各位代表！进入新时代、开启新征程，我们深感责任重大、使命光荣。让我们更加紧密地团结在以习近平同志为核心的党中央周围，在省委、省政府和市委的坚强领导下，紧紧依靠全市人民，不忘初心、牢记使命，开拓创新、拼搏奋进，为泸州决胜全面小康、建设现代化区域中心而努力奋斗！

名词解释和说明

1. 2017年全市主要经济指标在全省排位情况：地区生产总值1596.2亿元，比2016年（下同）增长9.1%，总量居全省第6位、增速居全

省第1位；规模以上工业增加值增长10.9%，增速居全省第2位；全社会固定资产投资2042.1亿元，增长18%，总量居全省第2位、增速居全省第1位；社会消费品零售总额722.1亿元，增长13.3%，总量居全省第7位、增速居全省第1位；地方一般公共预算收入146亿元，增长11.3%，总量居全省第2位、增速居全省第15位；城镇居民人均可支配收入31449元，增长8.6%，总量居全省第5位、增速居全省第10位；农村居民人均可支配收入13670元，增长9.8%，总量居全省第10位、增速居全省第5位。

2. 中国（四川）自由贸易试验区川南临港片区：即国务院批复设立的四川自贸试验区三大片区之一，于2017年4月1日正式揭牌运营。片区规划面积19.99平方公里，位于泸州市龙马潭区境内，重点发展航运物流、港口贸易、教育医疗等现代服务业，以及装备制造、现代医药、食品饮料等先进制造和特色优势产业，打造连接“一带一路”和长江经济带的西部航运枢纽、内陆与沿海沿边沿江协同开放示范区和沿江开放型经济新高地，探索建设内陆自由贸易港。

3. 城市管理领域3部地方性法规：即2017年由省人大常委会批准实施的3部关于城市管理的法规，包括《泸州市违法建设治理条例》《泸州市物业管理条例》《泸州市市容和环境卫生管理条例》。

4. 全国文明城市创建“六大工程”：即信仰信念工程、文明素养工程、基础设施工程、安全畅通工程、市场建设工程、环境优美工程。

5. 启运港退税政策：即从启运港发往上海洋山保税港区中转至境外的出口货物，一经确认离开启运港口，即可视同出口并可办理退税。

6. “单一窗口”：即通过建立数字化信息平台，实现相关领域和部门数据共享、并联审批和综合监管，为企业和群众提供“一窗受理、一窗办结”的便利化服务。

7. 农村土地制度改革三项试点：即农村土地征收、集体经营性建设用地入市、宅基地制度改革试点工作。

8. “放管服”：即简政放权、放管结合、优化服务。

9. 易地扶贫搬迁“五统一”：即统一规划布局、统一方案设计、统一建设管理、统一要素保障、统一检查验收。

10. “一改三化”：即通过农村集体产权制度改革，公司化运营，股份化改造，多元化发展，做大做强村级集体经济。

11. 健康扶贫“四个百分之百”：即全民预防保健覆盖面100%、基本医疗保险参保率100%、商业附加保险参保率100%、应救必救救助面100%。

12. “四好村”：即实现农民群众“住上好房子、过上好日子、养成好习惯、形成好风气”。

13. “全面改薄”：即全面改善贫困地区义务教育薄弱学校基本办学条件。

14. 中小学幼儿园“三防”标准化建设：即中小学幼儿园安全人防、物防、技防标准化建设。

15. “雪亮工程”：即公共安全视频监控建设联网应用，是以“全域覆盖、全网共享、全时可用、全程可控”为总目标，实施重点公共区域、重点行业、领域的视频监控系统建设，推动视频图像信息在城乡社会治理、智能交通、民生事业、生态建设与保护等领域应用。

16. 污染防治“三大战役”：即大气、水、土壤污染防治“三大战役”。

17. “河长制”：即加强河湖管理保护的一项制度创新，由地方党政领导担任河长，依法依规落实地方主体责任，协调整合各方力量，有力促进水资源保护、水域岸线管理、水污染防治、水环境治理等工作。

18. “六个突破”：即市第八次党代会提出的产业发展突破、项目投资突破、城镇建设突破、改革开放突破、县域经济突破、精准脱贫突破。

19. “三抓三主动”：即攻坚克难抓发展，聚精会神抓党建，扎扎实实抓法治；主动向上使力，主动向外借力，主动向下发力。

20. “三路一总站”：即川南城际铁路内自泸线、渝昆高铁、泸遵高铁和城北高铁枢纽总站。

21. 农业供给侧结构性改革“十大行动”：即产业基地建设、农产品加工业壮大、“川字号”知名品牌创建、农业清洁生产、科技创新引领、农业供给新业态发展、新型职业农民教育创业、经营和服务主体培育、山水田林保护发展、民族地区产业脱贫等“十大行动”。

22. “城市双修”：即城市生态修复、城市修补工作。生态修复指有计划、有步骤地修复被破坏的山体、河流、植被，采取一系列手段恢复城市生态系统的自我调节功能；城市修补指不断改善城市公共服务质量，改进市政基础设施条件，发掘和保护城市历史文化和社会网络，使城市功能体系及其承载的空间场所得到全面系统的修复、弥补和完善。

23. “宜居县城建设行动”：即开展宜居县城建设试点工作，推动各地更新城市工作理念，有序实施城市修补、生态保护和修复，加快旧城有机更新，努力增强县城的综合承载能力，为逐步实现全省县城“宜居宜业”发展目标打下基础。

24. “国家生态园林城市”创建：即由国家建设部于1992年发起的一项在全国范围内开展的创建活动。“国家生态园林城市”评估周期为两年，采取城市自愿申报，建设部组织专家评议。申报城市必须是已获得“国家园林城市”称号的城市。截至2017年年底，全国仅有南宁、杭州等11个城市获此殊荣。泸州于2014年成功创建为“国家园林城市”，2018年启动“国家生态园林城市”创建，2020年申报，2021年迎检。

25. “厕所革命”：即建设、改造和管理厕所的行动，按照《泸州市“厕所革命”实施方案（2017—2020年）》，我市到2020年共新改建厕所1385座，通过建立健全长效管理机制，实现全市厕所“数量充足、干净无味、实用免费、管理有效、卫生文明”的目标。

26. “靓城行动”：即牛皮癣专项治理、占道经营专项治理、建筑垃圾扬尘专项整治、违法建设专项整治等专项整治活动。

27. 国际贸易“单一窗口”：即有效连接国际贸易、运输和监管等环节的公共服务平台。国家推行的国际贸易“单一窗口”标准版只有全国统一的海关、检验检疫、税务等申报功能，其余地方特色应用功能全部由地方自行建设。

28. 全面创新改革“8张清单”：即军民融合发展改革试点内容清单、技术攻关清单、成果转化清单、重大项目清单、技术创新平台建设清单、开发区储备清单、金融对接清单、可复制可推广经验清单。

29. “酒城人才新政”：即由市人才工作领导小组制定的《关于实施“酒城人才新政”促进区域中心建设的若干意见》，及其配套促进人才集聚实施细则组成的“1+N”泸州人才政策体系。2017年，我市引进各类高层次人才3000多名，首批院士（专家）工作站进站院士王泽山获“2017年度国家最高科学技术奖”。

30. “酒城创业行动”：即创业主体孵化行动、创业人才激励行动、创新活力释放行动、科技成果转移转化行动、创新创业金融支撑行动、创新创业示范行动、创业品牌塑造行动。

31. “五通”工程：即整合公共服务热线的“一号通”工程、集成多卡功能合一的“一卡通”工程、推进政务信息数据共享的“一网通”工程、推进政务服务事项一窗办理的“一窗通”工程、推进办事“最多跑一次”改革的“一次通”工程。

32. 飞地扶贫：即打破行政区划限制，通过创新规划、建设、管理等合作机制，以产业园区（公司）为主要载体，在异地通过共建、托管、入股等方式，实现优势互补、互利共赢、可持续发展的扶贫模式。

33. 扶贫车间：即鼓励有条件的企业在农村

特别是贫困村设置产品加工车间，主要吸纳贫困户劳动力通过培训就近从事简单的手工业加工等劳动密集型工作。

34. 健康扶贫“五大行动”：即贫困人群医疗救助扶持行动、贫困人群公共卫生保障行动、贫困地区医疗能力提升行动、贫困地区卫生人才培植行动、贫困地区生育秩序整治行动。

35. “四项基金”：即教育扶贫救助基金、卫生扶贫救助基金、产业扶持基金、小额信贷分险基金。

36. 贫困村“五个一”、非贫困村“三个一”帮扶：即每个贫困村都有一名联系领导、一个帮扶单位、一个驻村工作组、一名第一书记、一名驻村农技员；有20户以上贫困户的非贫困村都有一名第一书记、一个农技巡回指导小组，每个贫困户有一名帮扶责任人。

37. 水污染防治“四大行动”：即污染河流综合整治行动、水污染防治设施建设行动、饮用水环境安全保障行动、良好水体保护行动。

38. 河长制“六大任务”：即水资源保护、河湖水域岸线管理保护、水污染防治、水环境治理、水生态修复、执法监管。

39. 行政执法“三项制度”：即行政执法公示制度、执法全过程记录制度、重大执法决定法制审核制度。

40. “两法衔接”：即行政执法与刑事司法相衔接，及时将行政执法中查办的涉嫌犯罪的案件移送司法机关处理，防止以罚代刑、有罪不究。

中国人民政治协商会议 泸州市第八届委员会常务委员会工作报告

——在政协泸州市第八届委员会第二次会议上

（2018年2月26日）

政协泸州市委员会副主席　梁中元

各位委员：

我受政协泸州市第八届委员会常务委员会委托，向大会报告工作，请予审议，并请列席会议的同志提出意见。

2017年工作回顾

2017年是八届市政协的开局之年。一年来，中共泸州市委总揽全局、协调各方，着眼全市工作大局发挥政协作用，牵头制定年度协商计划，大力支持政协依法遵章履职。市委常委会多次听取市政协党组汇报，及时解决政协工作中的重大问题。市委、市政府主要领导亲自给政协出题目交任务，批示督办重点提案、社情民意和视察调研报告36次，带头参加协商活动，认真听取采纳委员意见建议，推动形成党委重视、政府支持、政协主动、各方参与的协商议政格局，全市政协事业开创新局面、展现新气象。

在中共泸州市委的坚强领导和省政协的有力指导下，市政协深入学习贯彻中共十九大、省第十一次党代会和市第八次党代会精神，围绕团结和民主两大主题，认真履行三大职能，坚持市委中心工作推进到哪里、政协履职就跟进到哪里，讲政治担当尽责，顾大局聚力助推，为民生建言献策，严要求固本强基，为加快泸州经济社会发展做出了积极贡献。

一、坚定政治方向，全力夯实思想基础

常委会始终把坚持和发展中国特色社会主义作为巩固共同思想政治基础的主轴，强化学习引导和思想引领，广泛凝聚政治共识，不断增强不忘初心、维护核心的政治自觉。

（一）努力提高政治站位。牢牢把握政治立场和政治要求，把深入学习贯彻中共十九大精神和习近平新时代中国特色社会主义思想作为首要政治任务，召开党组中心组学习会集中研讨，专门增开常委会专题学习并作出决议，在政协组织内树牢“四个意识”、坚定“四个自信”，坚决维护以习近平同志为核心的中共中央权威和集中统一领导。全面贯彻落实省第十一次党代会、市第八次党代会和市委八届四次全会精神，找准着力方向，明确履职重点，不折不扣把中央、省委、市委的重大决策部署在政协贯彻到底、落实到位。

（二）广泛增强政治认同。强化日常学习和专题培训，把加强学习培训列入重点工作安排，邀请全国政协、省政协专家学者，对新一届市政协委员和政协系统干部进行全员培训，帮助政协委员把握政协性质定位，明确职责担当。制定常

委会集中学习、主席会专题学习、委员小组交流学习计划，坚持学思践悟、知行合一，以习近平新时代中国特色社会主义思想武装头脑、指导实践、推动工作，不断深化各党派团体、各界别阶层的思想认同和政治认同，为“决胜全面小康、建成区域中心”凝聚思想共识、汇聚强大合力。

（三）不断强化政治意识。坚持党要管党、从严治党，充分发挥市政协党组的领导核心作用，把方向、谋大局、作决策、抓落实。规范党内政治生活，落实民主集中制，坚持重大事项及时报告。大力推进“两学一做”学习教育常态化、制度化，通过党员示范带动广大委员和各族各界人士，不断坚定政治立场、提升政治素养，进一步增强进入新时代、迈步新征程、展现新作为的政治自觉，时刻做到不忘初心、维护核心、永跟党走。

二、围绕中心大局，大力助推改革发展

常委会始终坚持“市委有号召、政协有行动”的工作理念，紧扣市委决策部署协商议政、视察调研，在围绕中心服务大局中贡献政协智慧力量。

（一）聚焦项目投资助推落地见效。围绕市委确定的“项目投资攻坚年”献计出力，按照市委统一安排，3 名副主席分别担任全市项目推进中心交通、产业、要素保障攻坚组长，9 名主席会议成员分别牵头联系空港产业园区、高新区医药产业园等 17 个重大项目和重点企业，多次深入一线督导调研，助推重大项目落地见效。围绕重点交通项目、重大产业项目、重要扶贫项目，组织开展主席会议成员视察监督，从投资环境优化、项目引进落地、工作机制创新等方面积极建言。

（二）聚焦产业发展助推转型升级。紧扣全市重点产业发展务实建言，密切关注全市智能终端产业发展，组织委员专门赴深圳、贵州等地考察调研，针对企业落地投产开展主席会议成员视察，形成的专题报告得到党政领导高度重视，批转相关部门认真研究落实。持续关注白酒产业发展，围绕酒业供给侧结构性改革组织专题调研，从名酒产区建设、产品结构调整、品牌形象塑造、白酒文化创新等方面系统建言，助推白酒产业提质增效。选取全域旅游发展作为本届政协的履职重点，在外出学习考察的基础上，邀请党派人士和专家学者座谈研讨，围绕“我市全域旅游发展战略实施方案”开展协商座谈，召开常委会进行专题议政，分别形成《我市全域旅游发展战略实施方案专题协商意见》《关于加快我市全域旅游发展的调研报告》，从“加强组织领导、整合资源要素、提升文化内涵”等方面呼吁建言。

（三）聚焦自贸区建设助推改革创新。密切关注中国（四川）自由贸易试验区川南临港片区建设，多次组织委员赴成都、厦门、珠海等先进地区学习考察，针对自贸区运行情况组织政协常委、主席会议成员、住泸省政协委员开展专题视察，就设立综保区、升级长江航道、规范港口管理等问题，向省政协提出集体提案呼吁支持解决，主动参与省政协开展的自贸区建设重点调研，针对自贸区建设召开常委会专题议政，形成《加快推进自贸区川南临港片区建设的调研报告》《自贸区建设存在的几个短板不容忽视》等履职成果，均得到市委、市政府领导的重视和采纳。

（四）聚焦脱贫攻坚助推全面小康。深入学习贯彻习近平扶贫开发战略思想，在政协系统广泛开展“企业帮村、委员帮户，我为扶贫攻坚做件事”活动，出台“两帮一做”实施意见，召开工作推进会部署落实。重点聚焦叙永、古蔺、合江 3 个贫困县，党组会、主席会定期听取工作汇报、专题研究帮扶措施，组织市县（区）1928 名委员全员参与，对帮扶情况进行全面建档立卡。围绕易地扶贫搬迁政策落实情况、合江县脱贫摘帽进程、古叙贫困山区产业发展等开展视察调研，针对易地扶贫搬迁中存在问题，在省政协常委会上作专题发言，反映的 7 条社情民意分别被全国政协、省政协采用。扎实开展联村帮扶工作，主席会议成员带头联系帮扶 9 个贫困村，帮助争取

扶贫项目37个，协调扶贫资金1.71亿元；139个委员企业积极投身脱贫攻坚主战场，投入扶贫资金3.26亿元；全市政协委员共为脱贫攻坚做好事实事4400余件，累计捐款833.7万元。市政协助力脱贫攻坚成效得到省市肯定和社会好评，受到新华社、四川政协报等中央、省级媒体的广泛关注和专题报道。

三、坚持履职为民，努力促进民生改善

常委会始终坚持把实现好、维护好、发展好最广大人民根本利益作为履职出发点和落脚点，综合运用多种履职形式，为改善民生坦诚建言、履职尽责。

（一）助推全国文明城市创建积极献计出力。按照市委“创建全国文明城市”（简称“创文”）工作总体安排，重点联系助推龙马潭区创文工作，在市区政协委员中广泛开展“我为创建文明城市做件事”活动。主席会议成员多次深入街道社区开展视察调研、协商座谈、对标指导，帮助解决炭黑厂、农贸市场、住宅小区存在的突出问题；召开党组会、主席会、常委会听取情况通报，针对困难症结出主意、想办法、干实事；专程前往贵州遵义等地学习创文经验，向市委、市政府报送《遵义创文经验值得借鉴》《建立长效机制巩固创文成果》等社情民意5期40余条建议。关于“强化宣传引导营造创文氛围”“倡导公职人员绿色出行”等建议得到党政重视和采纳。充分发动市区两级政协委员和政协机关干部，分片联系督导龙马潭区12个乡镇（街道）45个社区，全方位全覆盖开展创文宣传动员，采取“问题随手拍、意见及时报、整改反复查”的督导模式，有效促进包保区域创文难题的整改落实。市委书记蒋辅义给予高度评价，充分肯定“市政协在创建全国文明城市工作中，立足职能、发挥优势，主动作为、务实推动，为泸州‘一创即成’做出了积极贡献”。

（二）围绕民生事业开展调查研究。紧扣市委提出的“建成区域教育培训中心”目标任务，会同相关党政部门、县区政协和专家学者，多次深入基层、学校调研座谈，组织委员外出考察学习，召开八届三次常委会专题议政，形成《加快建设教育高地打造区域教育培训中心的调研报告》，提出“加快幼儿园教育供给侧改革”“加大普通高中基础性投入”等建议意见，均得到市委、市政府领导签批。召开文史工作座谈会，组织开展“泸州宋城文化保护利用”研究，邀请北京大学、人民大学、中山大学等国内著名宋史专家莅泸考察指导、把脉会诊，形成《重塑泸州宋城文化品牌引领泸州城市创新发展》研究报告，完成《泸州宋城文化资料汇编》成书出版发行。完成市诗书画院换届重组，团结泸州文化界精英人士，大力开展诗词书画摄影创作交流活动，努力搭建展示醉美泸州形象、体现泸州文化内涵的艺术平台。

（三）针对社会热点组织视察监督。着眼生态环境保护，专题视察全市环境保护工作，跟踪调研大气污染防治、乡镇集中式饮用水源保护，对沱江流域治理、污水处理设施建设等问题开展视察监督，积极助力我市迎接中央环保督察。围绕“惠民殡葬事业”开展主席会议成员视察，提出的建议意见得到重视采纳，促成市政府在全市范围内实施惠民殡葬、免除城乡群众基本殡葬服务费的相关政策出台。针对食品安全、医患纠纷、城市困难群众社会保障开展视察调研，《关于创建国家食品安全示范城市的视察报告》得到党政领导签批，《关于我市医疗纠纷现状与处置对策的调研报告》被国家级期刊收录。关注依法治市进程，主席会议成员集体视察全市法院工作暨“三型法庭”建设，组织委员围绕《市物业管理条例》《市容和环境卫生管理条例》等地方性法规（草案）开展立法协商，扎实推进基层治理工作，在化解矛盾、促进和谐中充分发挥政协的优势和作用。

（四）畅通信息渠道反映社情民意。利用全国政协信息直报点平台，畅通社情民意反映渠道，

重点瞄准党政关注重点、改革发展难点和群众反映热点问题，充分发挥政协委员专业优势、县区政协组织优势、党派团体界别优势和专委会基础优势，积极帮助党委政府识民情、听民声、汇民智。一年来，市政协收集汇总社情民意信息1189条，编辑上报全国政协和省政协169条，向市委、市政府报送《社情民意专报》29期，向相关部门转送《社情民意信息》6期。《我市深化供给侧结构性改革的有效举措》等4条信息被全国政协采用；《公车改革后基层反映的几个问题》等50余条信息引起省委、省政府重视；《优化企业家健康成长环境》等16条信息得到市领导签批和相关部门采纳。市政协社情民意信息工作继续在全国政协23个信息直报点中名列前茅，连续11年在全省市州政协中排名第一。

四、突出团结民主，凝心聚力聚智聚才

常委会始终围绕团结民主两大主题，充分发挥大团结大联合大统战职能作用，不断巩固和发展最广泛的爱国统一战线，为助推泸州发展聚人心、集众智、引人才。

（一）助力汇智聚才。按照市委“开明开放、聚智聚才”部署，发挥政协优势招才引智。围绕“创新举措促进人才培养引进”开展调研视察，针对“酒城人才新政”组织专题协商座谈会，广泛汇聚各党派界别、各行业部门的集体智慧，形成《酒城人才新政“1+N”协商意见》，提出七个方面20多条建议，得到党政重视和采纳，相关建议被吸纳进具体实施意见之中。主动为引进人才牵线搭桥，积极参与高端人才引进工作，助力成功申办泸州海事学院并列入“十三五”规划，为我市聚智聚才展示政协作为、贡献政协力量。

（二）加强党派合作。不断强化与各党派团体的联系交流和工作互动，坚持联合开展视察调研，注重引导提高党派提案比重，主动邀请出席政协全委会、常委会、专题协商会、中秋新年茶话会等重要会议活动，积极为各党派团体、各族各界人士搭建协商议政平台、畅通咨政建言渠道。一年来，各民主党派、工商联和无党派人士积极参与政协组织的履职活动，通过大会发言、联组讨论、提交提案、反映社情民意等形式，为党政科学决策提供了大量有价值的建议意见。其中，《关于加强泸州创新平台建设的建议》等8件提案被列为市政协重点提案，得到市委主要领导签批；《西部地区推进供给侧结构性改革面临的突出问题》等18条社情民意信息被全国政协、省政协采用。通过党派渠道，争取全国政协副主席刘晓峰、民建中央副主席宋海等民主党派中央和省委领导莅泸指导，主动为泸州发展引才引智、争取支持。

（三）发挥界别优势。适应新形势下界别工作的新要求，切实发挥政协界别作为扩大社会各界有序政治参与的重要作用。制定《政协泸州市委员会界别活动实施办法（试行）》，成立23个市政协界别小组，出台市政协领导和专委会联系界别的实施意见，以视察调研、协商座谈、履职活动为依托，畅通界别联系渠道、激发界别协商活力。专门召开界别工作推进会，按照市委关于市政协联系古蔺县脱贫攻坚的要求，明确23个界别小组一对一联系古蔺县23个乡镇，整合界别力量助力脱贫攻坚，切实增强界别工作实效。

（四）强化提案办理。发挥政协提案重要履职载体作用，抓住提案征集、交办、回复、督办等关键环节，加强提案工作领导，创新提案工作办法，规范提案审查程序，完善提案工作机制，促进提案办理质量和成效不断提升。市政协八届一次会议以来，收到提案411件，立案386件，现已全部办复。在办理过程中，坚持重点提案重点督办，遴选出《关于加快泸州区域中心城市建设的建议》等18件重点提案，由市委、市政府主要领导签阅批办、市政协主席会议成员领衔督办、市级部门“一把手”牵头承办，取得明显办理成效；坚持热点提案跟踪督办，针对社会普遍关注的问题，通过跟踪调研视察、现场协商办案等方式，推动相关问题得以解决。

五、全面从严从实，着力推进自身建设

常委会始终按照懂政协、会协商、善议政和守纪律、讲规矩、重品行的要求，不断创新工作举措、强化自身建设，切实提升政协工作科学化水平。

（一）充分发挥委员作用。完善专委会机构设置、配齐配强工作力量，切实发挥专委会联系委员、团结委员、发动委员的桥梁纽带作用。加强委员联系交流，建立政协委员微信交流群，组织300名委员对93个市级部门落实“三抓三主动”开展民主测评，推荐20名委员担任市级部门特邀监督员。配套完善委员服务管理制度，建立委员基本信息数据库，将“两帮一做”“我为创建文明城市做件事”活动开展情况纳入委员“五个一”考评范畴，有效调动委员履职积极性和主动性。借助住泸省政协委员力量，配合全国政协、省政协完成10余项专题调研。协助省政协举办全省地方政协联络工作座谈会，在省政协常委会、主席学习会、专题研讨会上多次作交流发言，积极为泸州经济社会发展鼓与呼。

（二）扎实推进协商民主。落实推进协商民主广泛多层制度化发展的战略任务，着力构建全委会整体协商、常委会专题协商、主席会重点协商、专委会对口协商的议政格局。认真组织大会发言和联组讨论，梳理报送委员建议意见综述，协同市委、市政府制发《年度协商工作计划》，首次将专家讲座、现场考察纳入常委会议程，召开主席会听取法检“两院”和党风廉政建设工作通报；针对党委交给的重点课题，约请各民主党派、工商联、界别代表和基层群众开展专题协商，进一步拓展协商内容、丰富协商形式、增强协商实效。市政协全年向党委政府报送视察调研报告22个，其中市委、市政府领导批示35人次，责成相关部门办理落实具体事项12个，40余条建议意见转化为党政具体举措。

（三）不断扩大宣传交流。利用全国25城市政协工作联系会、全国政协信息联系点工作会、川南七市政协联系会等平台，先后同省内外20余个市州政协开展合作交流，积极参加由民革中央、云贵川三省政协主办的赤水河流域保护治理发展协作推进会，建立赤水河流域市级政协主席联席会议制度，立足泸州实际，围绕“推进赤水河流域生态治理和区域发展”提出相关建议，得到三省政协的认同和采纳。抓好政协自身宣传平台建设，改造升级市政协门户网站，开设政协微信公众号和手机报，整合力量组建外宣队伍，加强与中央、省、市主流媒体的联系对接，增强政协宣传工作的密度和力度。一年来，在各级媒体刊登稿件400余篇，广泛宣传政协履职成果和委员履职风采，营造政协工作良好社会氛围。

（四）持续加强机关建设。按照守纪律、讲规矩、重品行的要求，从严抓队伍、建机制、转作风。始终把纪律规矩挺在前面，全面落实中央八项规定和省市相关规定，修改完善党组工作规则、主席会议工作规则、主席每周碰头例会等制度。调整充实机关干部队伍，利用全国政协、党校、高校等平台集中培训政协系统干部100余人次。充分运用互联网技术和信息化手段推进无纸化办公，大力营造机关文化氛围，着力打造务实廉洁高效政协机关。

各位委员、同志们，过去一年市政协工作取得的新成绩，是中共泸州市委高度重视、坚强领导的结果，是市人大、市政府及有关部门和社会各界大力支持、积极配合的结果，是广大政协委员、政协各参加单位团结协作、辛勤工作的结果。在此，我代表市政协常委会，向所有重视、关心、支持政协工作的同志们、朋友们致以诚挚的敬意，表示衷心的感谢！

在肯定成绩的同时，我们也清醒地认识到工作中存在的差距和不足，如界别作用发挥还不充分、监督性协商力度还需进一步加大、委员服务管理还需进一步完善等等，这些都需要在今后工作中研究探索、认真解决。

2018年工作打算

2018年是贯彻中共十九大精神的开局之年，也是改革开放40周年。市政协工作的总体要求是：深入学习贯彻中共十九大、省委十一届二次全会和市委八届四次全会精神，坚持以习近平新时代中国特色社会主义思想为指导，认真落实习近平总书记来川视察重要讲话精神，在中共泸州市委的坚强领导下，围绕团结民主主题，聚焦全市中心任务，按照市委分三步走建设现代化区域中心的总体部署，紧扣项目攻坚、创新发展工作主题，充分发挥社会主义协商民主重要渠道和专门协商机构作用，不忘初心、牢记使命，为决胜全面小康、建设现代化区域中心团结奋斗。

一、深入学习贯彻中共十九大精神

把学习贯彻中共十九大精神作为全市政协当前和今后一个时期的首要政治任务，深刻领会中共十九大的思想精髓和核心要义，持续在学懂弄通做实上下功夫。要不断提高政治站位，把坚定维护以习近平同志为核心的中共中央权威和集中统一领导，作为第一位的政治要求，在思想上行动上政治上同以习近平同志为核心的党中央保持高度一致。要坚持以习近平新时代中国特色社会主义思想凝聚人心、汇聚力量，积极引导政协委员和各族各界人士，增强“四个意识”、坚定“四个自信”。要认真贯彻落实市第八次党代会、市委八届四次全会精神，把各族各界的思想和行动统一到中央、省委、市委的决策部署上来，把智慧和力量凝聚到市委确定的各项目标任务上来。

二、紧扣党政中心工作献计出力

准确把握我国发展新的历史方位和社会主义矛盾的新变化，坚持围绕中心、服务大局，协力打好防范化解重大风险、精准脱贫、污染防治三大攻坚战，紧扣“决胜全面小康、建设现代化区域中心”目标任务履职尽责。聚焦“推动产业转型升级、推进创新驱动发展、打造区域经济重要增长极、建设全国美丽城市、提升改革开放水平、推动乡村振兴发展、构建现代基础设施体系”等重点领域和商贸物流、文旅会展、人才创新创业等“五中心”建设，认真开展专题议政、视察调研，协力助推现代化区域中心建设。按照市委总体部署，聚焦脱贫攻坚头等大事，重点助推古蔺脱贫攻坚工作，持续深入开展“两帮一做”活动，为实现全面小康献计出力。

三、积极促进民生改善与社会和谐

顺应人民群众对美好生活的向往，坚持协商于民、协商为民，积极为保障和改善民生出智出力。密切关注民生民情，围绕就业、教育、医疗、文化、社会保障、基层治理等问题开展视察调研，助力推进依法治市，不断增强人民群众的获得感幸福感安全感；贯彻落实党的民族政策和宗教工作基本方针，发挥政协组织优势，加强同各党派团体、各族各界人士的团结联谊、合作共事，汇聚加快泸州发展的强大合力。

四、着力健全协商民主制度机制

按照中共十九大关于加强政协协商民主建设的新思想新论断，充分发挥政协作为社会主义协商民主重要渠道和专门协商机构作用。聚焦党政中心任务，完善协商议政内容和形式，认真组织实施年度协商计划，贯彻落实省委《关于加强和改进人民政协民主监督工作的实施意见》，融协商、监督、参与、合作于一体，重点围绕党和国家重大方针政策以及省市决策部署的贯彻落实情况开展协商监督，积极协助党委政府解决问题、改进工作、增进团结，着力推动协商民主广泛多层制度化发展。

五、大力推进履职能力现代化建设

深入贯彻习近平同志关于人民政协工作的重要思想，以增强履职本领为重点加强政协自身建设。发挥政协党组在政协组织中的领导核心作用，严格落实管党治党政治责任；扎实开展“不忘初心、牢记使命”主题教育，持之以恒正风肃纪；

增强人民政协界别的代表性，强化委员服务管理，持续加大委员队伍培训，扎实抓好专委会和机关建设，切实增强政治把握能力、调查研究能力、联系群众能力、合作共事能力，为政协履职提供有力保障。

各位委员、同志们，走进新时代、开启新征程、谱写新篇章，是我们肩负的重大使命和责任。让我们更加紧密地团结在以习近平同志为核心的中共中央周围，在中共泸州市委的坚强领导下，不忘初心、牢记使命，团结奋进、务实作为，不断推进人民政协事业新发展，为推动泸州决胜全面小康、建设现代化区域中心而努力奋斗！

泸州市中级人民法院工作报告

——在泸州市第八届人民代表大会第三次会议上

（2018 年 2 月 27 日）

泸州市中级人民法院院长 吴洪汛

各位代表：

我代表泸州市中级人民法院向大会报告工作，请予审查，并请市政协委员提出意见。

2017 年主要工作

2017 年，全市法院认真贯彻落实党的十八大和十八届历次全会、十九大精神，以习近平新时代中国特色社会主义思想为指导，紧紧围绕市委“决胜全面小康，建成区域中心”战略部署，充分发挥审判职能作用，积极服务改革发展大局、深入推进司法改革、全面加强自身建设，全市法院工作实现新发展。全市法院受理各类案件 54769 件，审执结 52732 件，同比分别上升 21.21%、22.30%；市中院受理各类案件 3451 件，审执结 3320 件，同比分别上升 17.19%、14.64%。

一、坚持依法履职，服务保障改革发展大局

全市法院认真履行法定职责，充分发挥司法审判在维护稳定、促进发展、保障民生方面的职能作用，积极推进平安泸州、法治泸州建设。

积极维护社会稳定。依法严厉打击涉黑、涉恶、涉毒、故意杀人等严重危害群众安全感的犯罪，审结“两抢一盗”案件 492 件、“黄赌毒”案件 414 件。妥善审理涉众犯罪案件，依法审结非法集资案件 10 件，为 957 名受害群众挽回经济损失 2.85 亿元；对非法吸收巨额公众存款的何宽等人依法予以严惩，维护了社会面的稳定。依法严厉打击职务犯罪，妥善审理贪污、受贿、渎职侵权案件 82 件 124 人，加大对脱贫攻坚领域职务犯罪的打击力度，妥善审理相关案件 6 件，古蔺县法院审理的钟少岩、楼碧波滥用职权、贪污扶贫培训专项资金一案，入选全省脱贫攻坚领域职务犯罪典型案例。贯彻落实宽严相济刑事政策，对罪行轻微、认罪认罚、主观恶性不深的 1160 名被告人依法判处缓刑。

全力保障经济发展。全面贯彻新发展理念，妥善审理涉金融借款、民间借贷、买卖合同、建设工程类案件 11076 件。依法审理破产案件 22 件，服务供给侧结构性改革。落实“多兼并重组、少破产清算”要求，建立法院与政府联动机制，依法受理泸天化公司破产重整案件，促进企业转型发展。完善知识产权审判“三合一”机制，发布《酒业知识产权司法保护白皮书》，指导酒类企业加强知识产权保护，1 件入选全省法院保护知识产权典型案例。出台《加强环境资源审判工作、服务生态文明美丽泸州建设意见》，全市法院均设立了环境资源审判庭或专业合议庭，审结该类案件 65 件，2 件入选全省法院环境资源审判典

型案例。

扎实推进依法治市。充分发挥行政审判职能作用，及时审结行政案件943件，对其中165件依法判决驳回原告诉讼请求，50件依法判决撤销、确认违法，92件依法裁定驳回起诉。主动延伸审判职能，通过发布行政审判白皮书、提出司法建议、召开座谈会等方式，研判行政执法情况，提出对策建议，得到积极回应。市中院与市政府建立行政复议应诉与行政审判工作联系机制，市人大常委会组织召开推进依法行政座谈会，推动司法与行政良性互动。深入推进行政机关负责人出庭应诉，全市行政机关负责人出庭应诉率56.7%，同比提高近10个百分点。

主动服务自贸区建设。市中院出台服务保障自贸区建设指导意见，提出三大方面15条保障措施。龙马潭区法院成立自贸区巡回法庭，明确管辖范围，制定裁判规则指引，组建精英审判团队，已审结涉自贸区案件120件。探索审执机制创新，实施规制滥用管辖权异议、财产保全预执行、金融企业纠纷诉讼对接机制等创新制度，参与建设“一窗通办、智能法律协同服务平台”，打造诉非衔接升级版，不断提高服务保障自贸区建设的实效性。

二、深入破解执行难题，全面保障胜诉权益

在市委、市政府和社会各界大力支持下，全力攻坚“基本解决执行难”。全市法院共执结案件17485件，同比上升37.42%。有财产可供执行案件执结率为99%，执行到位21.45亿元，同比上升69.16%。

聚全市之力，形成共治大格局。持续巩固执行工作联席会议优势，联席会成员单位增至46家，在市委政法委的直接领导下，合力攻克“执行难”。依法治市领导小组按照《关于“两年基本解决执行难”工作的具体实施方案》，落实督查和考核机制。全市法院均成立院长、执行局长担任“双指挥”的执行指挥中心，依托两级法院执行指挥平台，强力攻坚“执行难”。

强化机制创新，提升执行效率和司法权威。积极探索人民法庭审执一体化改革，实行执行案件分段实施、过滤化解、繁简分流，实现“繁出精品、简出效率”。创新经验被省法院推广、最高法院转发。与市公安局联合出台《关于开展司法拘留社会矛盾化解工作的实施意见》，构建“公法联动、资源共享、纠纷同调”工作机制。加大打击拒执犯罪力度，移送犯罪线索44件，移送起诉10人，判决9人。龙马潭区法院审理的谭小麟、谭磊非法处置查封财产一案，入选全省法院2017年度十大典型案例。

狠抓规范管理，全面提升执行水平和司法公信。规范案款管理，确定每周三为执行案款集中发放日。安排审判管理专人和纪检监察专员实行“静默监督”，每周报告监督情况，强化内部监督，规范执行行为。扎实开展“消极执行、选择性执行、乱执行”专项整治，对下级法院立案监督29件，纠正下级法院不当或错误执行行为6件，督促下级法院查处“拖延办理、滥用权力”违规违纪人员2人。

三、深化司法改革，促进司法公正高效权威

按照上级法院统一部署，全市法院积极落实司法改革各项任务，努力实现以改革促审判，以改革促发展，以改革提公信。

全面推进司法责任制改革。实行人员分类管理。市中院员额法官、司法辅助人员、行政人员占比分别为32.12%、49.64%、14.6%，实现审判资源向办案一线回归。组建专业化审判团队。在市委、市政府的支持下，市中院及时补充了审判辅助力量，按照“3+2+3”模式组建了13个审判团队，审判资源配置更加优质高效。院领导带头办案。全市法院院领导办理案件4078件，其中市中院院领导办理重大疑难复杂案件510件。规范审判权运行。制定《关于独任法官、合议庭办案机制规定》等10余项制度，明确审委会、合议庭、法官的审判权力边界。定期开展庭审、裁判文书、案件质量“三评查”活动，实现案件评查

全覆盖，加强审判管理。

扎实推进以审判为中心的刑事诉讼制度改革。出台《进一步推进刑事庭审实质化改革工作的实施意见》，充分发挥庭审在认定事实、甄别证据、公正裁判方面的核心作用。全市法院以庭审实质化方式审理一审刑事案件181件，其中141件采用多媒体示证，证人出庭作证64件71人次，侦查人员出庭作证46件52人次，鉴定人员出庭作证23件23人次，专家出庭作证4件5人次。扎实推进轻刑快办工作，基层法院共办理轻刑快审案件900件。

统筹推进配套改革。推进案件繁简分流。全市法院均组建速裁庭或者速裁团队，加大小额诉讼程序适用力度，基层法院适用小额诉讼程序立案3476件，结案3471件，结案率99.8%，平均审理期限为15.3天。探索开展民商事案件要素式审判改革。合江县法院率先研发简案智审系统，实现劳动争议、交通事故损害赔偿及民间借贷等案件要件化、标准化审理，不断提高司法效率。

四、践行司法为民，不断满足人民群众多元司法需求

全市法院认真贯彻以人民为中心的发展理念，始终坚持公开司法、为民司法，积极回应人民群众新期待。

强化司法公开。健全审判流程、庭审活动、裁判文书、执行信息四大公开平台，进一步拓展司法公开的广度和深度，提升人民群众的获得感和参与感。审判流程公开实现各类案件全覆盖，当事人可自主查询案件进展；直播庭审430次，观看量达723071人次，市中院1件案件被省法院表彰为“十佳庭审”；在中国裁判文书网公开裁判文书53644份；公开执行信息18497条。

深化司法为民。推进诉讼服务中心提档升级，完善诉讼服务网和12368诉讼服务热线，为当事人提供“一站式”服务。运用微博、微信、网站等平台发布信息1672期。实行网上立案、网上查询，让信息多跑路、让群众少跑腿。开展巡回审判2200余次，积极推广“车载法庭”“院坝法庭”，法官深入田间地头，察民情、讲法理，用真情化解矛盾，让群众切身感受到社会主义司法的关怀和温暖。全市减免诉讼费2478万元3745人；司法救助212.5万元139人。

五、夯实基层基础，积极推进基层社会治理

全市法院始终坚持以党建带队建，高度重视强基层打基础，不断提升科学发展水平。

加强法院队伍建设。扎实推进“两学一做”学习教育常态化、制度化，认真开展“四对照四提升　做忠诚卫士”专题教育；坚持“教、严、创”三字要诀，创新基层党建工作模式，在泸州召开的全省法院基层党建工作会上，市中院作了经验交流。强化预防腐败惩防体系建设，制定分管领导监管责任清单，完善五方面的管控机制。开展“法官论坛”“法官龙门阵”“道德讲堂”等学术活动，全面提升队伍职业素养和文明司法水平。泸县法院成功创建成为全国文明单位。市中院通过全国文明单位复查验收，继续保持全国文明单位称号。

深化人民法庭建设。深化“三型法庭”建设，全市大部分人民法庭建成科技法庭，实现信息化审判。积极打造“一庭一品”亮点。江阳区法院人民法庭积极为园区企业提供“问诊式”司法服务；叙永县法院组建民族团结进步法庭，将民族习惯与调解有机结合，妥善化解涉少数民族案149件，民族团结进步效果显著；合江县法院人民法庭坚持巡回审判、以案说法，有效提升了基层群众的法治意识。泸州“三型法庭”建设写入省法院向省人代会所作的五年工作报告，工作经验在全省作交流。

创新参与基层治理。扎实开展涉诉信访疑难案件排查化解专项活动，处理各类来信来访436件，市上交办的32件信访事项全部办结。依法打击违法上访行为，叙永县法院以扰乱国家机关秩序罪判处胡天玉有期徒刑2年，净化了信访环境。充分发挥人民法庭“桥头堡”作用，将家事审判

改革同基层社会治理充分融合，发起并成功承办全省法院家事审判改革研讨会，以纳溪区法院江宁法庭为代表的家事审判“1+2”泸州模式受到充分肯定。

全市法院始终将接受监督作为推动和改进工作的动力和重要保障。加强工作报告。市中院向市人大汇报、向市政协通报了基本解决执行难、司法责任制改革等工作，接受市人大常委会涉法涉诉信访工作专题询问，邀请市政协主席会议成员视察调研法院工作。代表建议1件、政协委员提案2件均及时办理。强化沟通联络。开展邀请代表委员走进法院、参加法院开放日等活动，邀请代表委员参与调解、见证执行366件次。市中院在微信公众号开设“代表委员联络”专栏，收集代表委员意见建议46条，全部进行了回复。拓宽监督渠道。依法审理抗诉案件，主动接受检察监督，共同维护司法公正。强化司法民主，人民陪审员参与审理案件4379件。加强与新闻媒体协作，畅通民意沟通渠道，及时发布司法信息，主动接受舆论监督。

各位代表，过去的一年，全市法院共获得市级以上集体荣誉81项，其中国家级3项、省级54项；164名干警获得市级以上荣誉，其中国家级2人、省级154人。市中院荣获全省法院争创“两个一流”考核特等奖第一名，被省人社厅、省法院联合授予全省法院系统先进集体，市法官协会荣获全国先进集体。这些成绩的取得，是市委坚强领导、市人大及其常委会有力监督、市政府大力支持、市政协民主监督的结果，是代表委员、人民群众和社会各界关心支持的结果。在此，我代表全市法院表示衷心的感谢！

当前，全市法院工作还存在一些问题和困难：一是司法能力不能完全适应经济社会发展要求，有的法官就案办案，办案效果不佳。二是因极少数干警为民意识不强、司法作风不实而导致的投诉反映、合理怀疑偶有发生，影响司法公信、权威。三是在推进司法改革过程中，司法辅助资源力量不足，配套制度亟待完善。四是基层基础工作存在短板，部分基层法院留人难问题突出，队伍素质有待进一步提升。五是案件数量持续增长，部分基层法院办案压力巨大，有的法官常年超负荷工作，身心状况堪忧。对这些问题和困难，我们将深入分析，全力加以解决。

2018年重点工作

各位代表，2018年是全面贯彻落实党的十九大精神的开局之年，是决胜全面小康、深入推进司法改革的关键之年，全市法院将紧紧围绕市委“决胜全面小康，建成区域中心”战略部署，忠实履行法定职责，开启新征程，展现新作为。重点抓好以下工作：

一是以习近平新时代中国特色社会主义思想为统揽，坚定法院工作正确政治方向。毫不动摇把坚持党的绝对领导作为全市法院工作的最高政治原则，全面深入贯彻党的十九大、十九届二中全会精神，全面落实省委十一届二次全会和市委八届四次全会决策部署，旗帜鲜明讲政治，增强“四个意识”、坚定“四个自信”，确保在政治立场、政治方向、政治原则、政治道路上同以习近平为核心的党中央保持高度一致，确保各项工作方向正确、推动有力、落实到位。

二是围绕中心工作，提升司法服务保障水平。围绕市第八次党代会和市委八届四次全会安排部署，加强服务保障。扎实开展扫黑除恶专项斗争，维护安定的社会环境。完善破产审判机制，服务供给侧结构性改革。发挥知识产权审判职能，保护和激发市场主体创新活力。深化自贸区法庭审判机制建设，服务保障自贸区建设。健全环境资源审判机制，建设幸福美丽泸州。

三是深化司法为民，更好满足群众司法需求。依法及时审理教育、就业、医疗、养老等民生领域案件，及时审理执行拖欠农民工工资等案件，打击泄露公民个人信息犯罪，保障群众合法权益。依法审理各类涉农纠纷，为实施乡村振兴战略提供司法保障。持续加强功能一体化诉讼服务中心建设，进一步完善各项利民便民举措。

四是聚焦司法公正，深入推进司法体制改革。深化司法体制综合配套改革，进一步优化审判团队编配，建立员额法官常态化遴选、晋升和退出机制。深化庭审实质化改革，规范涉案财物管理处置，积极推进涉诉信访改革，加强基层社会治理。推进智慧法院建设，缓解案多人少压力。

五是全面执行攻坚，决战决胜基本解决执行难。充分发挥执行联席会议优势，进一步整合执行资源。继续深化执行机制改革，深入整治消极执行、选择性执行。突出执行强制性，强化失信联合惩戒，依法打击拒执违法犯罪，共建诚实信用的发展环境。

六是坚持从严治院，努力建设过硬法院队伍。扎实开展“不忘初心、牢记使命”主题教育，深化基层党建。深入推进法院队伍正规化、专业化、职业化建设，扎牢“不能腐的笼子”，构筑“不想腐的堤坝”，确保廉洁司法。强化审判监督指导，提升基层司法水平。

各位代表，新时代新征程新作为！全市法院将在市委的坚强领导下，不忘初心、牢记使命，攻坚克难，开拓奋进，努力提升司法公正水平，开创新时代全市法院工作新局面，为泸州“决胜全面小康，建成区域中心”做出新的更大贡献！

附件：报告有关用语解释

报告有关用语解释

1.“三合一”审判机制。指由知识产权审判庭、环境资源审判庭、未成年人案件综合审判庭分别统一审理涉知识产权、环境资源、未成年人民事、行政、刑事案件，提高案件审理的专业化水平。

2. 知识产权审判典型案例。四川省德阳市盛业贸易有限公司盛业食用油厂与成都市新兴粮油有限公司侵害商标权纠纷案。（省法院 2017 年 4 月份发布）

3. 环境资源审判典型案例。泸州市解鹏诉叙永县人民政府环保行政处理决定行政赔偿案和泸州纳溪太翔商贸有限公司诉泸州市纳溪区环保局环境行政处罚案。（省法院 2017 年 6 月份发布）

4. 诉非衔接。指诉讼与仲裁、行政调处、人民调解、商事调解、行业调解、律师调解、公证等非诉讼纠纷解决方式相衔接的矛盾纠纷解决机制，其目的在于促进矛盾纠纷得以有效化解。

5. 有财产可供执行案件。指进入强制执行程序后，执行法院发现并实际控制被执行人的责任财产，且该财产可以依法处置以清偿债务的案件，具体可分为有足额可供执行财产的案件和有部分可供执行财产的案件。有可供执行财产案件在法定期限内基本执行完毕，是“基本解决执行难”的基本任务和评价标准之一。

6. 执行指挥中心。全国四级法院联网运行的执行办案、指挥调度、综合管理等一体化、数据化、信息化、可视化工作平台，进一步强化对执行工作的统一管理、统一协调、统一指挥。

7. 人民法庭审执一体化改革。指充分发挥人民法庭熟悉案情、社情的优势，有效调动各方力量促使被执行人主动履行生效法律文书确定的义务，依法及时维护申请执行人的合法权益，对人民法庭自行审理的案件，一般由人民法庭负责执行。基层人民法院也可以将婚姻、抚养、赡养、继承等家事案件，简易程序审结的民事案件，被执行人或者被执行主要财产在人民法庭辖区的民事执行案件，由人民法庭办理更有利于促成当事人履行或和解的民事执行案件等相关类型的案件交由人民法庭办理。

8. 静默监督。指对当事人反映强烈、上级法院督办交办以及可能出现司法不廉、不公的案件，实行事前报备、事中参与和事后跟踪，纪检监察部门在不参与案件表决和决策、不干扰案件审理和执行的前提下适时介入，及时向承办法官和当事人了解情况、沟通意见、提出建议，既保证法官依法公正履职，又推动党风廉政建设。

9. “3+2+3”模式。指一个审判团队由3名员额法官+2名审判辅助人员+3名书记员构成。

10. 轻刑快办。即轻微刑事案件快速办理机制，具体指案情简单、事实清楚、证据确实充分，被告人认罪，可能判处三年以下有期徒刑的轻微刑事案件，法院、检察院、公安局、司法局联合，遵循法定程序和期限，简化工作流程、缩短办案期限，实现刑事案件繁简分流。

11. 小额诉讼程序。指基层法院和它的派出法庭在审理事实清楚、权利义务关系明确、争议不大，标的额在各省、自治区、直辖市上年度就业人员平均工资百分之三十以下的简单民事案件过程中，实行一审终审的民事诉讼程序。

12. 要素式审判改革。指对固定案情的基本事实要素进行提炼，就各要素是否存在争议进行归纳，把法官认定案件事实时所考虑的事项展示给当事人，让当事人围绕这些案件要素来提供相关证据，进行举证、质证，并围绕争议要素进行庭审及制作裁判文书，简化审理流程，提高审判效率，实现简案快审。

13. “十佳庭审”。指由四川省高级人民法院从2016年开始组织的，按照刑事类、民事类、行政类在全省三级法院该年度审理的案件中，邀请人大代表、政协委员、审判专家、院校学者、群众代表等社会各界人士担任评委，从庭审程序、庭审能力、庭审形象、庭审效果等各方面对庭审进行综合评判打分，择优选出10件优秀庭审。2017年，我院余琦、刘颖、赵娜三名员额法官组成合议庭审理的（2016）川05民终1360号案件被省法院表彰为“十佳庭审”。

14. “教、严、创”。指在推进基层党建工作中，一是在“教”字上下功夫，即创新教育形式、延伸教育阵地、丰富教育载体；二是在“严”字上见真章，即活动要求严、组织制度严、整改落实严；三是在“创”字上出实招，即以党员为核心，创建酒业知识产权保护泸州模式、创建未成年人案件审判的泸州模式、创建法治宣传的泸州模式。

15. “三型法庭”。即服务型、阳光型、效能型人民法庭，是省法院2015年提出的人民法庭建设理念，旨在推进人民法庭建设规范化，提升服务人民群众的水平。

16. 家事审判“1+2”泸州模式。指法院在审理涉家庭民事案件过程中，创新案件审理模式，注重当事人情感修复、保障老、幼、妇等弱势群体合法权益的家事审判模式。

17. 智慧法院。指依托现代人工智能，围绕司法为民、公正司法，坚持司法规律、体制改革与技术变革相融合，以高度信息化方式支持司法审判、诉讼服务和司法管理，实现全业务网上办理、全流程依法公开、全方位智能服务的人民法院组织、建设、运行和管理形态。

泸州市人民检察院工作报告

——在泸州市第八届人民代表大会第三次会议上

（2018 年 2 月 27 日）

泸州市人民检察院检察长　罗　乐

各位代表：

我代表泸州市人民检察院向大会报告工作，请予审查，并请政协委员提出意见。

2017 年主要工作情况

2017 年，全市检察机关在市委和省检察院的领导下，在人大、政府、政协的监督、支持、帮助下，紧紧围绕经济社会发展大局、法律监督工作实践、过硬检察队伍打造，坚持“三抓三主动”，攻坚克难、开拓创新，各项工作继续走在全省前列。

一、始终坚持司法办案与服务大局并重，营造良好发展治安环境

着力服务中心工作。严厉打击各类刑事犯罪，共批捕 1182 件 1520 人，起诉 2233 件 2868 人。其中，起诉破坏市场经济秩序犯罪 90 件 164 人，依法办理了高建军、周军等 15 人非法生产和销售泸州老窖注册商标商品案，共查办侵犯泸州名优酒知识产权犯罪案件 21 件 37 人，有力维护了泸州名优酒发展秩序。积极投入全国文明城市创建、环保督查、酒博会等中心工作，不折不扣落实包保责任，市检察院被市委表彰为“创文行业工作先进集体”。主动服务脱贫攻坚，立案查办扶贫领域职务犯罪 25 件 27 人，争取项目协调资金帮助对口帮扶村解决发展困难，市检察院被市委表彰为“脱贫攻坚先进帮扶单位”。服务保障科技创新和非公经济发展，正确区分经济纠纷中的罪与非罪，对改革创新中的新类型案件不批捕 1 件 3 人、不起诉 2 件 3 人。积极探索检察工作服务自贸区建设途径，制定《服务和保障自贸区建设的实施意见（试行）》和具体措施，在龙马潭区成立全省首个派驻自贸区检察室。

着力建设平安泸州。持续开展社会治安、校园周边环境等集中整治活动，办理“黑拐枪”“盗抢骗”“黄赌毒”等严重刑事案件 549 件 685 人。对最高检挂牌督办的张虎跃、刘兆强等 16 人组织、领导、参加黑社会性质组织案，及时提前介入引导侦查，依法提起公诉。全力保护民生民利，办理危害食品药品安全、故意伤害医务人员、恶意欠薪、生产销售伪劣商品等案件 81 件 147 人。护航绿色发展，起诉破坏生态环境资源犯罪 48 件 72 人，查办该领域职务犯罪 4 件 4 人。加大电信网络诈骗、网上窃取公民个人信息、网上散布虚假信息、网上传授犯罪方法等新型犯罪打击力度，审查起诉 13 件 22 人。

着力加强基层治理。积极落实市委加强基层治理工作部署，及时成立领导小组，落实专人包保社区，开展大排查、大梳理，化解和管控 25 个

突出问题。坚持全面把握、区别对待、宽严适度、注重效果的原则，因无社会危险性依法不批捕392件609人，因犯罪情节轻微依法不起诉82件89人。严厉打击侵害未成年人的犯罪，批捕96件133人、起诉150件191人；对涉案未成年人不批捕38件53人、不起诉17件18人；形成以“纳爱”团队为代表的泸州未成年人检察工作品牌，多次在全国全省会议上作经验交流。畅通信访举报渠道，及时解决群众合理诉求，促进诉访分离，接待群众来信来访3229件次，处理各类举报控告930余件。妥善处置集体访15件，化解缠闹访10件，为十九大的胜利召开营造和谐稳定环境。市检察院及泸县检察院等5个基层院被最高检表彰为“全国文明接待示范窗口（接待室）”。

二、始终坚持严肃查办与积极预防并重，维护风清气正政务环境

坚持惩治职务犯罪力度不减。面对国家监察体制改革，坚持“思想不乱、队伍不散、力度不减”，保持惩治腐败高压态势。全年共查办职务犯罪案件117件141人，其中贪污贿赂案件89件110人，渎职侵权案件28件31人，大要案56件76人。依托“小专项”活动，坚决惩治群众身边的“微腐败”。查办侵吞、骗取、截留国家就业创业补助资金案件18件32人，确保国家政策落实；查办医保系统贪贿案件11件11人，维护群众切身利益；查办破坏选举案4件4人，确保换届风清气正；查办工程项目领域职务犯罪10件10人，保障公平竞争环境。

保持职务犯罪预防不断深入。注重以案促改、以案促防，结合办理的案件，帮助相关单位堵塞管理漏洞33个。纳溪区院针对就业创业补助资金管理中的问题发出《检察建议》，为国家追回补贴资金260万元。创新开展“预防职务犯罪邮路”活动，把职务犯罪预防植入到邮政营业网点中，将职务犯罪警示案例、政策法规、廉政理念送进千家万户。参与和推动社会信用体系建设，提供行贿犯罪档案查询3534件次，审查否决列入黑名单的投标人23个，在重大工程建设项目、公共物资采购、信贷审批等活动中发挥源头预防作用。

三、始终坚持加强监督与接受监督并重，维护司法公正法治权威

强化刑事诉讼监督。加强立案监督，依托“两法衔接”平台，建议行政执法机关移送涉嫌犯罪案件57件。叙永县院办理的“四川金康公司、人人康大药房等销售假药立案监督案”入选全国检察机关“两个专项立案监督活动”优秀案件。加强侦查监督，纠正侦查活动中的违法情形65件次。加强审判监督，办理二审抗诉案件14件19人。充分运用非抗诉监督方式，提出书面纠正意见47件。加强刑事执行检察监督，纠正刑罚执行、监管活动中和监外执行脱漏管等违法情况158件次，监督消除监管场所安全隐患4个。

强化民事行政监督。完善“以诉讼监督为中心，非诉行政检察和维护公共利益并重”的民行检察监督新格局，努力畅通申请监督渠道，拓展监督案源，共办理各类民事、行政监督案件67件，依法提出民事行政抗诉、检察建议21件，法院采纳17件。重视释法说理，促进当事人对案件事实、适用法律及监督标准的理解认识，引导其接受正确的裁判，有效维护司法权威和社会稳定。

主动接受人民监督。深化检务公开，完善检察门户网站、案件公开查询、微博微信等平台，公开案件程序性信息、重要案件信息、法律文书7167份（条），以公开促公正，倒逼规范司法。专题向人大报告和向政协通报检察工作38次，认真落实议案、建议和提案13件，做到件件有回音。接受市人大关于涉法涉诉信访工作的专题询问，邀请人大代表、政协委员、人民监督员参加“检察开放日”和执法专项检查等活动35次，向代表、委员推送重大工作动态信息220条。

四、始终坚持深化改革与锐意创新并重，提升办案质量执法效果

全面深化各项改革。稳步推进司法体制改革，制定检察官权力清单，建立完善检察官联席会议

制等12项制度，探索构建权责明晰、制约有力、运行高效的检察权运行机制。全市两级检察院195名员额检察官办案6095件，入额院领导深入一线带头办案已成为常态。不断深化以审判为中心的刑事诉讼制度改革。落实“轻刑快办”，探索“认罪认罚从宽”机制，科学配置司法资源，提高办案效率，轻微刑事案件审查起诉周期由过去的平均20天缩短为7天。配合监察体制改革，正确引导干警思想，做好案件线索清理、结案与移交，平稳完成转隶工作。

拓宽检察服务路径。主动争取市委、人大、政府、政协对公益诉讼工作的领导和支持，市委印发了《关于贯彻省委办公厅、省政府办公厅〈关于深入推进公益诉讼工作的实施意见〉的通知》。建立公益诉讼线索“统一收集、统一评估、统一管理”机制，围绕生态环境和资源保护、食品药品安全等重点领域，摸排线索16件，立案办理15件。健全与执法部门的联席会议、个案协调、信息通报等制度，建立“生态环境保护检察工作站”和驻森林公安检察官联络办公室，加强行政执法监督力度。提出的10件检察建议在环境治理中发挥了积极作用，帮助相关部门查找并堵塞执法漏洞。

全面探索创新发展。向科技要检力，不断提高办案科技化水平。积极探索轻刑快办智能化系统建设，运用智能语音和“三远一网”系统开展远程庭审、提讯、送达，办案效率同比提升50%。泸州被确定为全国“智慧公诉”试点单位。在全省率先建立未成年人网格化管理模式，向社会公开发布《泸州未成年人检察工作白皮书》，全面分析我市未成年人犯罪情况和变化趋势，提出应对措施。案件质量“三层次”立体监管体系、“3621”惩防体系等4项创新工作受到省检察院的肯定推广。

五、始终坚持政治建检与从严治检并重，锻造忠诚履职检察铁军

强化思想政治建设。及时学习贯彻党的十九大和省第十一次党代会精神，重视意识形态引领，以“两学一做”学习教育、“四对照四提升　做忠诚卫士”专题教育为契机，强化“四个意识”。集中开展肃清周永康等流毒影响大反思大讨论，增强政治鉴别力。加强正面引导，开展“向身边先进典型学习”活动，推选6名“四优标兵”开展巡回宣讲，激励全市检察干警不忘初心、牢记使命、砥砺前行。

强化廉政规范建设。抓牢抓实党风廉政建设，严格落实“两个责任”和中央八项规定、省委、省政府“十项规定”，建立跟踪问效督察机制，开展“微腐败”专项整治，坚持不懈解决“四风”突出问题。分层分类定期不定期开展廉政谈话、约谈提醒等620人次。持续规范司法行为，加强案件流程监控，及时发出预警和整改通报；建立智能化保管场所，规范刑事诉讼涉案财物管理。

强化班子队伍建设。坚持民主集中制，积极开展批评与自我批评，不断提升领导班子依法议事和科学决策能力，增强班子凝聚力战斗力。全市两级检察院班子均保持或创建为“四好”领导班子。注重多角度全方位提升干警理论素养和职业技能。组织干警参加各类培训2630人次，8人在全国全省检察业务技能竞赛中获奖，1人在第六届全国检察机关优秀公诉人业务竞赛中荣获全国公诉标兵和最佳论辩奖。通过结对援藏、上挂下派等方式，对59名干部进行了多岗锻炼和培养。

2017年全市检察机关获得各类表彰奖励142项，其中省级表彰29项，国家级表彰14项，7件案例入选全国精品案例或优秀案例。市检察院被表彰为“全国未成年人思想道德建设先进单位”“全省科技强检示范院”，在检察机关综合目标考评中位列全省第二。纳溪区院被表彰为“全国文明单位”“全国先进基层院”，合江、叙永、古蔺县院被评为全省检察文化建设示范院、优秀院。

各位代表，一年来全市检察工作取得的新成

绩，离不开党委的坚强领导，人大及其常委会的有力监督，政府的大力支持，政协的民主监督以及社会各界的关心帮助。在此，我代表全市检察机关向各位代表委员表示衷心的感谢！

我们也清醒看到，全市检察工作仍存在许多不足：一是在社会主义法治不断完善的新形势下，人民群众对公平正义有新期盼，更加关注检察机关对社会公益、民生保障、公权力行使的法律监督实效；二是多重改革叠加带来新挑战，检察监督的思路、重点和方式亟需调整；三是检察工作信息化建设程度不高，远远没有跟上大数据、人工智能的飞速发展，更未实现与其他政法部门、行政执法机关数据互通、资源共享；四是新时代对检察队伍建设提出新要求，检察队伍能力水平还有较大差距，仍存在司法不规范和个别人员违纪违法的现象。对于这些问题，我们将紧盯不放，下大力气破解。

2018年工作打算

2018年全市检察工作的总体思路是：深入学习贯彻党的十九大精神，以习近平新时代中国特色社会主义思想统揽检察工作，紧紧围绕大局打好“三大攻坚战”，以强化法律监督为中心，依法调整监督重点、拓宽监督视野、创新监督方式，深化司法体制改革，加强党的建设和队伍建设，全面提升检察监督工作水平，为泸州“决胜全面小康、建成现代化区域中心”贡献检察力量。

一、以习近平新时代中国特色社会主义思想为统领，坚定检察政治方向。全面贯彻党的十九大精神、省委十一届二次全会和市委八届四次全会部署，不断增强“四个意识”，坚定“四个自信”，始终保持检察工作正确的政治立场、政治方向、政治原则、政治道路，始终坚持党对检察工作的绝对领导，始终坚持以人民为中心的发展思想，始终坚持稳中求进、进中求好。

二、以围绕中心服务大局为主线，贡献检察智慧力量。围绕市委中心工作目标，在防范化解重大风险、精准脱贫、污染防治、自贸区建设、平安美丽泸州建设等工作中，主动作为，促进经济社会健康发展。牢牢把握人民群众对美好生活的向往，严厉打击教育、就业、环保、医疗、金融、社会保障等领域危害民生民利的犯罪。依法严厉打击危害经济发展的各类犯罪，加强科技创新和知识产权司法保护，服务保障非公经济发展，依法办理改革创新中出现的新型案件，依法平等保护各类市场主体。

三、以促进社会公平正义为目标，充分发挥检察职能。全力维护国家政治安全、公共安全、经济安全和网络安全，依法妥善办理重大敏感案件。深入推动社会基层治理，切实做好检察环节维稳工作。积极投入“扫黑除恶”专项斗争，突出打击黄赌毒、黑拐骗等犯罪和宗族恶势力。持续加强未成年人司法保护和犯罪预防。主动适应新形势，认真探索加强法律监督的方式途径，不断丰富检察监督内涵，充分发挥检察建议作用，坚持刑事、民事、行政诉讼监督并重，完善平衡全面的检察监督格局。强化“检察官作为公共利益的代表”的使命感和责任感，综合运用打击、预防、监督、教育、保护等检察手段，深入推进公益诉讼工作。深入推进司法体制综合配套制度改革，进一步打造和巩固未成年人检察、智慧检务等泸州检察工作品牌。

四、以从严治党从严治检为抓手，打造过硬检察队伍。突出抓好意识形态工作，扎实开展“不忘初心、牢记使命”主题教育。深入开展“大学法”活动，提高检察人员的法律素养和业务能力。严守纪律作风各项规定，持之以恒建设过硬检察队伍。坚持问题导向，持续开展规范司法行为专项整治。推进全面从严治党向基层延伸，强化党组织战斗堡垒作用，打造一支对党忠诚、服务人民、执法公正、纪律严明的检察铁军。

各位代表：面对新时代新使命，全市检察机

关将认真落实本次会议精神，在市委和省检察院的领导下，更加自觉接受人大、政协和社会各界监督，求真务实，开拓创新，全力履行检察职能，努力让人民群众在每一个司法案件中感受到公平正义，为泸州决胜全面小康，建设现代化区域中心做出新的贡献！

有关用语解释

1. “纳爱”团队：指纳溪区检察院未成年人检察工作团队。该团队构建了司法保护、心理疏导、预防矫治、法治宣传、警示教育“五位一体”工作模式，打造了省内首个集“捕、诉、监、防、教”于一体的“纳爱”基地。

2. 检察官联席会议：是指司法责任制改革后，检察官在办理重大、疑难、复杂案件中，存有重大分歧意见，需要向上级检察院请示或者提交检察委员会讨论决定时，由业务部门主要负责人召集并主持召开，由员额制检察官参加的案件讨论会议。讨论意见供承办检察官参考，承办检察官自行决定是否采纳，与会人员对其发表的意见不承担司法责任。

3. “轻刑快办”：指对案情简单、事实清楚、证据确实充分且犯罪嫌疑人或被告人认罪的轻微刑事案件，在遵循法定程序和期限、确保办案质量的前提下，简化工作流程，缩短办案期限的工作机制。

4. 检察机关提起公益诉讼工作：指依据修改后《中华人民共和国民事诉讼法》和《中华人民共和国行政诉讼法》规定，检察机关在履职中发现生态环境和资源保护、食品药品安全、国有财产保护、国有土地使用权出让等领域有侵害国家利益和社会公共利益的，可以依法提起民事或行政公益诉讼。

5. 智慧公诉：2017 年 3 月，泸州市院被确定为全省智慧公诉试点地区。8 月，纳溪区院被确定为全国首批公诉现代科技试点应用单位，承担“三远一网”即远程提讯、远程庭审、远程送达和检察工作网建设。通过实时音、视频和数据双向传输，实现远程多方庭审、提讯送达、庭审指挥、庭审观摩、巡查监督五大功能。

6. 未成年人网格化管理模式：指市检察院与市社会治安综合治理委员会联合，将网格化服务管理工作与未成年人权益保护工作有机结合，依托基层社会治安综合治理部门现有网格化服务管理信息系统和网格员工作队伍，全面采集损害或可能损害未成年人刑事、民事、行政等合法权益以及其他涉及未成年人保护和犯罪预防的相关信息，上报分流至各相关职能部门处理。检察机关对该项工作实施监督。

7. 案件质量“三层次”立体监管体系：指以检察长、检委会主抓，以案件管理部门集中管理为枢纽，以条线管理为基础的案件质量监管体系。

8. “3621”惩防体系：指泸州市检察机关建立的以预警教育、家属助廉、科技强纪三个重点，内部廉政监督员、检务督察、“八小时外”纪律作风监督、“两会”代表监督、“3+N”全覆盖、案件当事人回访六项监督，“三防三卡”制度、健全问责追责两项机制为主要内容的一套党风廉政惩防体系。

关于泸州市2017年国民经济和社会发展计划执行情况及2018年计划草案的报告

——在泸州市第八届人民代表大会第三次会议上

（2018年2月27日）

泸州市发展和改革委员会主任　黄玉林

各位代表：

受市人民政府委托，现将2017年泸州市国民经济和社会发展计划执行情况及2018年计划草案提请市第八届人民代表大会第三次会议审查，并请市政协委员提出意见。

一、2017年国民经济和社会发展计划执行情况

2017年，面对复杂严峻的宏观经济形势和经济下行压力，在市委的坚强领导下，在市人大、市政协的监督支持下，全市紧紧围绕“决胜全面小康、建成区域中心”的总体目标，紧扣“项目投资攻坚年”工作主题，突出“三抓三主动”，全力以赴稳增长，攻坚克难抓发展，推动全市经济社会保持了总体平稳、稳中有升的运行态势。2017年实现地区生产总值1596.2亿元、增长9.1%，总量保持全省第6位、增速保持全省第1位，市八届人大一次会议批准的全市2017年经济社会发展计划任务执行情况总体较好。

（一）着力扩大有效需求，经济发展稳中向好。

项目投资势头强劲。稳步扩大投资规模，突出“项目投资攻坚年”工作主题，全社会固定资产投资完成2042.1亿元、增长18%，总量保持全省第2位，增速保持全省第1位。投资结构不断优化，第三产业投资1377.1亿元、增长27.5%，民间投资1130.5亿元，占全社会投资的比重达55.4%。全力保障项目要素需求。主动对接国家资金重点投向，全年累计争取中央、省预算内投资项目等资金88亿元，新获国家发改委核准发行4支企业债券34.2亿元，成功发行全省首支外债3亿美元。

重点项目扎实推进。省委“项目年”部署落地落实，优化完善市项目推进中心，组织4次重大项目集中开工，开工项目452个、总投资2837亿元。每季度召开项目流动现场会，609个重点项目完成投资1724亿元，占年度投资计划的111.4%。G76厦蓉高速公路方山互通及连接线工程等72个项目竣工；川南城际铁路自贡至泸州段、隆黄铁路叙镇段、叙古高速公路古蔺至习水段、叙威高速公路、G8515泸渝高速公路等178个项目加快建设；国道G546线（纳溪区机场口—合江县九支镇）等159个项目开工建设。

市场消费稳定增长。城乡市场供销两旺，消费潜力不断释放，社会消费品零售总额完成722.1亿元、增长13.3%，增速稳居全省第1位。市场拓展“三大活动”持续发力，传统实物消费增长保持在20%以上。“互联网+”推动线上线下融合发展，网络消费、移动支付、共享经济等新

业态不断壮大，电子商务交易额252亿元、增长30%。房地产消费需求旺盛，实现商品房销售额350.3亿元、增长40.3%。加强价格调控监管，居民消费价格指数累计上涨1.8%，市场物价保持总体稳定。

（二）着力产业转型升级，发展质量效益提升。

产业转型升级步伐加快。坚持工业为大、工业为重、工业为先，规模以上工业增加值增长10.9%，增速居全省第2位。以技改扩能加快传统产业转型。泸州老窖酿酒工程技改、郎酒天宝峰陶坛酒库等项目加快建设，川酒集团成功组建，白酒产业增加值增长14.7%。新火炬化工技改、合盛硅业泸州基地等项目竣工投产，聚碳酸酯（一期）加快推进，白酒、机械、化工、能源"四大产业"增加值增长12.9%。以招大引强加快培育新兴产业。华为四川大数据中心、中航EPS转向系统等项目建成投产，步长生物制药基地等加快建设，泸州金能移动能源项目（一期）等项目开工。智能终端异军突起，落户项目93个、总投资380亿元、32个项目建成投产。产业集聚水平提升，全市产业园区新增建成区面积11.8平方公里，实现主营业务收入2248亿元、增长18.3%。

现代服务业快速增长。实施服务业"三百工程"，着力加快服务业规模扩张、业态丰富、比重提升，第三产业增加值完成562.4亿元、增长9.5%，占地区生产总值比重达35.2%。商贸物流业加快发展，步步高综合体、海吉星物流园（一期）建成运营，西南商贸城（三期）、万达广场、和润粮食物流基地等项目快速推进。金融服务功能不断增强，兴泸水务、华西证券成功上市，入驻成都农商行、中融保险、国金证券等7家金融机构。文化旅游业不断提升，文化消费试点工作获文化部表彰，凤凰湖景区创建为国家4A级景区，实现旅游总收入441.9亿元、增长33.4%。

农业供给侧结构改革不断深化。实施粮食生产能力提升工程、粮油绿色高产高效创建活动，粮食总产量206.1万吨，粮食生产总体稳定。深入推进农村一二三产业融合发展，集中打造产业融合发展示范园15个，新认证"三品一标"农产品37个，新发展市级以上重点农业龙头企业25家、农民专业合作社481个。稳步推进农村集体资产股份制合作制改革试点，江阳区、纳溪区等土地流转收益保证贷款试点工作扎实推进。

（三）着力城乡协调发展，新型城镇化加速推进。

中心城区扩容提质。"两江新城"加快集中连片开发，泸县撤县设区进展顺利，加速融入主城区一体化发展，中心城区建成区面积154平方公里、人口152万人。沱江二桥加宽改造、沱江六桥等项目建成投用，长江二桥、二环路等项目快速实施，不断畅通城市干线、环线路网。城市道路"白加黑"升级改造、城区景观照明（一期）工程等全面完成，沱江新城南北滨公园主体完工，茜草二水厂（一期）、鸭儿凼污水处理提标扩容工程建成投用，城市有机废物协同处理示范工程开工建设。创建为全国文明城市，入选全国首批公交都市建设城市，城市品质功能不断提升。

城乡建设不断加快。县城集聚作用增强，四个县实施城镇建设重点项目48个、完成投资141.8亿元，合江县、叙永县、古蔺县县城面貌显著改善。"百镇建设行动"进展顺利，15个试点镇完成投资13.1亿元，大渡口镇、江门镇、白节镇列入第一批省级特色小镇。全域推进幸福美丽新村建设，建成幸福美丽新村250个、省级"四好村"75个。

新型城镇化试点取得实效。出台促进非户籍人口落户城镇十条措施及实施细则，全市新增城镇户籍人口16万人，户籍人口城镇化率达41%，提高3.16个百分点。继续深化多元化投融资机制改革，筹集城镇建设资金159亿元。探索推进城乡规划管理体制改革，创新行政管理机制，完成

4个乡镇行政区划调整，城镇化率达49%。

（四）着力新旧动能转换，改革开放不断深化。

重点领域改革深入推进。落实国、省改革部署，实施204项改革事项、35项年度重大改革、30项国省改革试点。深化“放管服”改革，在全省率先开展企业投资项目承诺制试点，民营经济占地区生产总值比重达58.5%。深化商事制度改革，“多证合一”全面实施，全市新增各类市场主体4.2万户、增长20.7%。深入开展全面创新改革，实施综合改革事项10项、军民融合试点事项6项。国家信用体系建设示范城市创建顺利推进，在全省率先建成公共信用信息平台，与三省八市建成信用联盟。

供给侧结构性改革扎实推进。去产能成效明显，淘汰钢铁产能11万吨、平板玻璃114万重量箱、制砖800万匹/年。去杠杆稳妥有序，规上工业资产负债率50.1%，下降2.4个百分点。降成本持续发力，营改增试点全面推开，直供电、直供气企业达33户、26户，降低企业用能成本8亿元。创新驱动作用增强，与清华、北航、航天科工集团共建航空发动机基地，挂牌北航泸州研究院。新认定市级众创空间16家，新增孵化面积21万平方米。国家高新技术企业达69家，实现高新技术产业产值315亿元、增长48.7%。

开放合作不断深化。主动融入“一带一路”、长江经济带建设，列入西部大开发长江—川藏西向开放节点城市。与澳大利亚巴罗萨市、英国诺丁汉市建立友好合作关系。建成成都、昆明、六盘水等无水港，开通“泸蓉欧”快铁，推出泸州至上海“天天直航快班”。推动川南经济区一体化发展，认真履行川南经济区联席会轮值主席方职责。自贸试验区川南临港片区开局良好，复制推广改革经验158项，形成制度创新成果90项，14项制度全国首创。招商引资成效显著，“酒博会”“商博会”“农博会”三大展会市场影响力和集聚力不断增强，全年到位市外国内资金1289.9亿元，增长18.8%。

（五）着力推进共建共享，民生福祉有效增进。

脱贫攻坚成效明显。落实“六个精准”“五个一批”，实现脱贫8.5万人、退出贫困村149个、合江县脱贫“摘帽”。强化基础设施建设，累计完成易地扶贫搬迁16281户66502人，基本实现“五年任务、两年完成”；叙永县江门镇集中安置点列入国家“砥砺奋进的五年”大型成就展。建成农村扶贫公路2148.4公里、渡改桥8座，贫困村电网改造升级全面完成。加强产业扶贫，在全省率先将贫困村产业扶持基金提高到50万元/村，“跨县接乡联村”特色产业带规模扩大，贫困地区造血功能持续增强。

社会事业全面进步。民生支出占一般公共预算支出比重达70.1%。新建公办中小学校19所、幼儿园8所，“全面改薄”累计竣工校舍98.1万平方米。国家健康城市试点工作深入推进，市人民医院创建三甲医院通过验收。启动公立医院薪酬制度改革试点，全民预防保健工作扎实推进。开展第七届群众文化旅游艺术活动等本土品牌活动300余场，广电高清智能终端普及率达50%，“宽带乡村”工程全面实施。坚持就业优先战略行动，城镇新增就业4.33万人，城镇登记失业率控制在3.23%。“五项社会保险”覆盖面进一步扩大，基本医疗保险参保率持续稳定在98%以上。全面开展基层治理专项行动，国家食品安全示范城市创建进展顺利，安全生产形势持续向好。

生态文明加快建设。污染防治“三大战役”成效初显，主城区环境空气优良天数273天、比上年增加40天；扎实开展城市集中式饮用水源地专项整治，全面落实“河长制”，市、县两级城市集中式饮用水水源达标率100%。绿化泸州行动深入实施，全市森林覆盖率达50.4%，综合治理水土流失面积199.8平方公里。狠抓中央环保督查问题整改，制定生态文明考核机制和生态补偿机制。

与此同时，在计划执行过程中我们也面临宏观经济形势严峻、金融环境趋紧、投资高位运行压力大、工业企稳回升基础不牢等困难和问题。由于工业产能相对过剩、工业产品市场需求疲软等原因，工业经济有所回落，规模以上工业增加值增速欠计划 0.1 个百分点。受宏观经济形势和工业效益减弱影响，城乡居民工资性、经营性、财产性收入增幅放缓，城乡居民收入增速分别欠计划 0.4、0.2 个百分点，其他指标都较好完成了计划任务。

二、2018 年经济形势和主要预期目标

2018 年是贯彻党的十九大精神开局之年，是“十三五”规划承前启后关键之年，是“决胜全面小康、建成区域中心”的攻坚之年，正确认识和把握宏观经济形势，是科学制定 2018 年经济社会发展预期目标，做好各项经济工作的基础。

从国际看，全球经济复苏缓慢，影响世界经济增长的因素复杂多变，且存在不确定性。从国内看，我国经济已由高速增长阶段转向高质量发展阶段，经济运行在合理区间，结构不断优化，新兴动能加快成长，稳中向好态势继续保持，但结构性矛盾依然突出，实体经济仍面临诸多困难，一些领域潜在风险不容乐观。从全省看，经济运行总体平稳，结构调整成效明显、质量效益不断提高，经济增长的稳定性、协调性和可持续性明显增强。但基本省情没有变化，发展不平衡不充分比全国突出，动能转化、科技创新有待提升，要素保障和生态环境约束加强，补短板任务艰巨，风险防范压力较大。

从我市来看，一是党的十九大精神深入贯彻落实，省十一次党代会、市第八次党代会、市委八届四次全会的战略部署加快落地，全国文明城市“三年创建、一举成功”，进一步增强了全市坚定信心、攻坚克难、敢于担当、加快发展的信心，为“决胜全面小康、建成区域中心”注入强劲动力。二是近年来供给侧结构性改革深入推进，白酒、化工、机械等传统产业转型发力，智能终端、大数据等新兴产业异军突起，稳步推动全市经济质量变革、效率变革、动力变革。三是国家实施“一带一路”、新一轮西部大开发、长江经济带、成渝城市群等战略，特别是自贸试验区川南临港片区加快建设，必将推动我市形成全面开放的新格局，融入国家区域总体发展战略。四是国家实施乡村振兴战略，加大脱贫攻坚支持力度，有利于我市更好整合政策、资金和帮扶力量等资源，加快推进农业农村发展，推动区域协同共兴、整体跨越提升。五是全国新型城镇化试点、全国信用体系示范城市建设、全国资源枯竭城市转型发展等政策试点，有利于我市更多地争取国家政策资源、项目资源、资金资源，加快全市经济社会协调发展。

与此同时，我市经济社会发展还面临长期结构调整矛盾和短期稳增长问题的交织。一是发展不足、总量不大、人均不高问题依然严峻，发展不平衡不充分问题比较突出；二是产业结构有待优化，与区域中心城市功能和定位有差距，高质量发展面临诸多困难；三是传统制造业和服务业比重过大，新兴产业培育有待加强；四是长江上游生态屏障建设责任重大，推动绿色发展任重道远。对此，我们将高度重视，紧扣社会主要矛盾变化，着力解决发展不平衡不充分问题，更好地满足人民日益增长的美好生活需要。

结合“决胜全面小康、建成区域中心”总体目标，2018 年全市经济社会发展主要指标计划安排如下：地区生产总值增长 9%，规模以上工业增加值增长 10.7%，全社会固定资产投资增长 15%，社会消费品零售总额增长 12%，地方一般公共预算收入增长 9%，城镇居民人均可支配收入增长 8.2%，农村居民人均可支配收入增长 9.5%。

三、2018 年经济社会发展重点任务

2018 年我们将深入贯彻中央、省委、市委经济工作会议精神，以“项目攻坚、创新发展”为工作主题，坚持“稳中求进、进中求快、快中求

好”的工作基调，始终保持专注发展、转型发展的定力，着力“三抓三主动”，全面做好“稳增长、促改革、调结构、惠民生、防风险”各项工作，打好防范化解重大风险、精准脱贫、污染防治三大攻坚战，推动全市经济社会快速健康发展。

（一）坚持内需拉动作用，着力经济平稳较快增长。

坚持把项目投资摆在突出位置，全面发挥投资对稳增长、调结构的关键性作用，始终保持投资快速增长的强劲势头。

持续深化“项目年”活动。更好地发挥项目推进中心的作用，采取集中开工、巡回督导、项目观摩、专项督查等方式，加快推进重大项目建设。实施5000万元以上重大项目995个，完成年度投资1543.9亿元。围绕用地、审批、融资、申报、规划选址等扎实做好项目前期工作，分级分类组织重大项目集中开工，力争渝昆高铁、城北高铁枢纽站、泸州港第二作业区等368个项目开工建设。进一步压实工作责任，强化要素保障和综合协调，确保叙大铁路、云龙机场等170个项目建成投用，叙古高速古蔺至习水段、川南城际铁路自贡至泸州段、隆黄铁路叙镇段等249个续建项目达投资和形象进度。强化政策研究和投向对接，有针对性地做好督促和服务，加快推进泸遵高铁等项目前期工作，提高项目成熟度，争取尽快具备开工条件。

着力优化投资结构。发挥投资对优化供给结构的关键作用，将工业项目作为重中之重，优先支持工业项目建设，2018年重点推进206个重大工业项目，完成年度投资320亿元以上。着力提振民间投资，落实鼓励社会投资、民间投资的系列政策措施，引导民间投资参与重大项目、公共服务、城市基础设施等项目建设。加强投资项目综合监管，发挥国、省资金引导作用，扩大社会投资规模。探索创新市场化融资机制，运用市场化手段调动银行、券商、保险机构、基金公司采取发行债券、上市挂牌、运用基金和担保等方式参与重点项目建设，推进项目融资由行政化手段向整合资源、项目、政策、平台的市场化手段转变，丰富项目多元化融资方式。

促进消费转型升级。大力推进幸福产业服务消费。加快培育健康产业，推进医养结合健康消费需求升级；结合全国文化消费试点城市建设，引导城乡居民扩大文化消费。引导发展新兴消费模式。结合大数据中心建设，促进分享经济、信息消费、电子商务等新消费模式和业态的提质扩容。促进衣食住行等传统消费升级扩大。继续巩固和扩大传统生活消费，积极推进新能源汽车、节能建材等行业发展，加快推进绿色消费、低碳消费升级。全力抓好国家食品安全城市、国家信用体系建设示范城市创建工作，持续优化消费市场环境。

（二）坚持供给侧结构性改革，着力产业高质量发展。

坚持以供给侧结构性改革为抓手，把提高供给质量作为主攻方向，加快建设现代化经济体系。

推进制造业转型发展。加快泸州老窖酿酒技改工程、郎酒技改工程等项目建设，以川酒集团带动全市中小酒企加快发展，培育泸酒“第三极”，力争酒业主营业务收入突破900亿元、增长13%。大力发展工业互联网、大数据、人工智能，加快提升机械产业产品竞争力和附加值。着力淘汰落后产能，加快化工、能源产业链条延伸，迈向中高端发展水平，“四大产业”增加值增长9%以上。加快航空航天、智能终端、高端装备制造、现代医药等新兴产业集聚发展、创新发展。着力抓好手机整机和核心配套企业精准招商，新建标准化厂房160万平方米，投产诺亚信等67个项目，培育打造“千亿产业”。加快推进航空航天产业，尽快落地北航泸州研究院、航天科工等航空发动机项目，力争开工沈阳旋飞科技无人机等项目。抓好朗润飞依诺医疗器械产业化基地等项目，确保江麓容大无级自动变速器研发生产基地（一期）、泸州金能移动能源项目（一期）等项目建成投产，新兴产业主营业务收入达 260 亿元以上。

促进实体经济提升巩固。优化发展环境，做细做实营造企业家健康成长良好环境的 12 条措施，构建“亲、清”新型政商关系，完善市场准入负面清单制度，平等全面依法保护民营企业产权。实施大企业、大集团“直通车”服务，梯度培育高成长型和行业“小巨人”中小企业。落实支持中小微企业发展的各项政策措施，加强企业生产要素保障，加大“泸州制造”“泸州品牌”的宣传推介力度，帮助企业拓展市场。搭建发展平台，加快航空航天园区产业培育和基础建设，推进“三大园区”提档升级，全市产业园区主营业务收入突破 2600 亿元、增长 16%。

加快服务业提档升级。紧紧围绕区域中心城市总体定位，提升服务业发展水平。大力实施服务业“三百工程”，确保万达广场、紫钻广场等项目建成投用，佳乐世纪城商业中心、海吉星物流园（二期）、中天文旅城等项目加快推进。推进金融与实体经济融合发展，新引进 3 家以上金融机构，银行业金融机构贷款余额增长 12%。持续提升“酒博会”“商博会”“农博会”展会影响力，深入开展“厕所革命”，推动全域旅游发展，旅游总收入突破 490 亿元。加快生产性服务业向专业化、高端化发展，生活性服务业向精细化和高品质提升。

（三）坚持区域协调发展，着力构建城乡一体格局。

坚持“双两百”城市目标，优化中心引领、县域带动、城乡补充的空间体系，推进城乡统筹协调发展。

提升中心集聚能力。按照“沿江组团、北进南拓、东接西延、拥江发展”的思路，强力推进“两江新城”主战场建设，全力抓好泸县撤县设区工作，高标准规划建设泸川新区，深入推进二环路、第二医教园区、沱江新城整体城镇化等项目，加快长江二桥、长江六桥、沱江五桥等跨江通道建设，力争 2018 年中心城区新增面积 15 平方公里。继续推进老城区疏解密度、完善功能、方便市民，实施回龙湾商圈改造，蓝田片区、小市片区、永宁片区等老城有机更新，抓好金鸡湾天然气储配站、二道溪污水处理厂、纳溪水厂（一期）等项目，提升城市供排水、电力、燃气、排污等服务能力。

着力提高城镇化质量。大力发展县域经济，推进特色经济强县建设，深入开展“宜居县城建设行动”，实施县城品质提升和旧城改造升级，推进县城老城新区统筹发展，加快合江县、古蔺县、叙永县建设县级中等城市，新增县城建成区面积 4 平方公里。着力推进以人为核心的新型城镇化进程，抓好全国建制镇示范试点镇和特色小城镇等建设，落实促进非户籍人口在城镇落户的十条措施，突出人文、自然、乡土和民俗特色，培育发展 30 个市级特色小（城）镇。

实施乡村振兴战略。深入推进农业供给侧结构性改革，推动农村一二三产业融合发展，着力建基地、创品牌、搞加工，加快培育休闲农业、乡村旅游等新产业新业态，着力打造江阳区董允坝、泸县谭坝等现代农业产业示范园区。实施农产品品牌发展战略，培育壮大新型农业经营主体。加快建设幸福美丽新村，持续改善农村生产生活条件，建设幸福美丽新村 300 个。

（四）坚持转化增长动能，着力增强发展活力。

加快推进重点领域和关键环节改革，激发全社会创新活力和潜能，持续释放改革红利，全面提升开放经济水平。

培育创新发展新动能。加大全面创新试验改革工作，积极建设创新型城市，持续做好“酒城人才新政”“中国（四川）自由贸易试验区川南临港片区”两项创新经验的探索推广。全力抓好军民融合发展，扎实推进精细化工、装备制造、民爆器材 3 个存量产业转型升级，创新做好北斗导航、通用航空、信息技术 3 个增量产业，培育和壮大一批军民融合成才型企业。大力推进创新创业，开展“酒城创业行动”，加快创新创业载体建设，实施高新技术企业倍增计划，新建创新型科研机构10家、省级以上科技企业孵化载体8家，实现高新技术产业产值360亿元。

抓好供给侧结构性改革。巩固去产能成果，鼓励先进企业重组并淘汰落后产能，严格控制产能过剩行业新增产能项目。加大棚改安置和住房保障货币化力度，建立多主体供给、多渠道保障、租购并举的住房制度，促进房地产市场平稳健康发展。支持企业化法制化债转股，有效降低企业负债率；引导银行业金融机构盘活信贷资产，扩大市场直接融资规模。落实国家各类降本减负政策措施，减轻实体经济企业负担。加快补齐基础设施、公共服务、生态环境短板，确保民生投入占一般公共预算支出的比重保持在70%以上。

提升对外开放水平。强力推进自贸试验区川南临港片区建设。全面落实《总体方案》实验任务，用好国家启运港退税政策，创新推动投资便利化、贸易便利化和监管法治化，探索建立内陆自由贸易港。深化区域合作，拓展泸州港口岸功能，推进综合保税区建设，强化与周边地区合作，共享自贸红利。扩大开放合作。依托“一带一路”、新一轮西部大开发、长江经济带、成渝城市群等国家战略，深化与沿江沿海沿边港区、城市、口岸合作，加快构建开放型经济体系。把握新兴产业发展和传统产业转型方向，大力开展精准招商、以商招商、产业链招商、合作式招商，力争2018年招商引资实际到位市外国内资金增长15%以上。

（五）坚持人民主体地位，着力增强群众获得感。

坚持在发展中保障和改善民生，使人民获得感、幸福感、安全感更加充实、更有保障、更可持续。

坚决兜住民生底线。强力推进脱贫攻坚，加快建设赤水河环线扶贫公路，扎实做好易地扶贫搬迁工作，确保所有预脱贫村通硬化路，有卫生室、文化室、通信网络；坚决完成5.87万贫困人口脱贫，86个贫困村退出任务。抓好民生工程建设。办好20件民生实事，积极拓宽就业渠道，确保城镇登记失业率控制在4%以内，城镇新增就业3.6万人；城镇危旧房棚户区改造开工9216户，实施农村危房改造1.2万户。扎实推进基层治理，坚决守住社会稳定、安全生产、食品药品安全“三条底线”。

加大公共服务供给。优先发展教育事业，积极扩大普惠性学前教育资源，实施高中阶段教育普及攻坚计划，大力发展职业教育。推动城乡义务教育一体化发展，新建公办中小学校5所、公办幼儿园24所。持续深化医药卫生体制改革，提升基层卫生服务能力，加快创建全国健康城市示范市，着力推进西南医疗康健中心（二期）、市中心血站迁建等项目，实施中心乡镇卫生院、中心村卫生室标准化等建设。创建国家公共文化服务体系示范区和国家级文化产业园区，加强城市博物馆群建设和文化遗产的保护利用，实施好“高清泸州·智慧广电”工程，加快在社会民生领域应用推广，促进“智慧城市”向“智慧社会”转型升级。

全力建设美丽泸州。以长江沱江生态优先绿色发展为重点，坚决打好蓝天、碧水、净土污染防治“三大战役”，加强大气污染联防联控，实施乡镇污水处理设施全覆盖，构建完善垃圾收集、转运、处理体系，力争2018年主城区空气优良天数比例达77%以上、全市国控考核断面水质优良比例达74%以上。统筹实施天然林防护、退耕还林还草、绿化泸州行动等重大工程，综合治理水土流失面积160平方公里，全市森林覆盖率达50.6%。大力发展绿色交通，抓好资源回收利用，积极推广绿色建筑，加快构建循环经济体系，全面完成省政府下达的节能减排和污染物削减目标任务。

各位代表，做好2018年国民经济和社会发展工作，任务艰巨、责任重大。我们将在更加紧密地团结在以习近平同志为核心的党中央周围，在市委、市政府的坚强领导下，主动作为、改革创新，奋力推动全市经济社会持续健康发展，为泸州加快建设现代化区域中心而努力奋斗！

附件1. 泸州市2018年国民经济和社会发展主要指标计划（草案）

2. 名词解释

附件1　泸州市2018年国民经济和社会发展主要指标计划

序号	指标	单位	2017年		2017年		2018年	
			计划数	比2016年±%	完成数	比2016年±%	计划数	比2017年±%
1	GDP	亿元	1615	9	1596.2	9.1	1739	9
	第一产业	亿元	183	3	183.2	3.9	190	3.5
	第二产业	亿元	963	10	850.6	10	933	9.7
	规模以上工业	%	——	11	——	10.9	——	10.7
	第三产业	亿元	469	9.5	562.4	9.5	616	9.5
2	全社会固定资产投资	亿元	2042	18	2042.1	18	——	15
3	社会消费品零售总额	亿元	713	12	722.1	13.3	808	12
4	地方一般公共预算收入	亿元	148.8	9	146	11.3	152.1	9
5	城镇居民人均可支配收入	元	31565	9	31449	8.6	34028	8.2
6	农村居民人均可支配收入	元	13695	10	13670	9.8	14968	9.5
7	居民消费价格指数	%	103	3	101.8	1.8	按省上下达任务数安排	
8	城镇登记失业率	%	——	控制在4%以内	3.23	控制在4%以内	——	控制在4%以内
	城镇新增就业人数	万人	3.6	——	4.3	——	3.6	——
9	旅游总收入	亿元	400	21.2	441.9	33.4	490	10.9
10	进出口总额	亿元	23	12	139.3	576.3	35	-74.8
	实际利用外资	亿元	4.08	——	8.4	68	4.6	-45.2

续表

序号	指标		单位	2017年		2017年		2018年	
				计划数	比2016年±%	完成数	比2016年±%	计划数	比2017年±%
11	招商引资实际到位资金（市外国内）		亿元	1228	15	1289.9	18.8	1483	15
12	耕地保有量		万公顷	38.96	——	41	——	38.96	——
13	主要污染物排放量削减	化学需氧量	吨	1675	-2.35	——	-3.8	按省上下达任务数安排	
		氨氮	吨	179	-2.34	——	-2.7		
		二氧化硫	吨	33524	-12.5	——	-33.3		
		氮氧化物	吨	21864	-11.4	——	-18.5		
14	GDP综合能耗		吨标煤/万元	——	-3.5	——	-3.5		
15	人口自然增长率		‰	——	控制在7‰以内	4.26	控制在7‰以内	——	控制在7‰以内

注： 1. 地区生产总值绝对数按现价计算，受口径调整、价格等因素影响，未完成计划数；增长速度按可比价计算，完成了计划任务。

2. 全社会固定资产投资待统计口径调整后予以修改调整。

3. 2017年全市地方一般公共预算收入完成146亿元，按财政部规定调整收入口径后，为计划数的103.4%，较上年同口径增长11.3%。

4. 进出口总额和实际利用外资受自贸试验区川南临港片区元年影响，2017年增幅较大，2018年两项指标增幅有所回落。

5. 约束性指标消减幅度以2015年末为基数下达，因上级未发布2017年消减量，完成数暂为预计数。

附件2

名词解释

1. 中国（四川）自由贸易试验区川南临港片区：即国务院批复设立的四川自贸试验区三大片区之一，于2017年4月1日正式揭牌运营。片区规划面积19.99平方公里，位于泸州市龙马潭区境内，重点发展航运物流、港口贸易、教育医疗等现代服务业，以及装备制造、现代医药、食品饮料等先进制造和特色优势产业，打造连接“一带一路”和长江经济带的西部航运枢纽、内陆与沿海沿边沿江协同开放示范区和沿江开放型经济新高地，探索建设内陆自由贸易港。

2. “四好村”：即实现农民群众“住上好房子、过上好日子、养成好习惯、形成好风气”。

3. “放管服”：即简政放权、放管结合、优化服务。

4. “全面改薄”：即全面改善贫困地区义务教育薄弱学校基本办学条件。

5. 污染防治“三大战役”：即大气、水、土壤污染防治“三大战役”。

6. 启运港退税政策：即从启运港发往上海洋山保税港区中转至境外的出口货物，一经确认离开启运港口，即可视同出口并可办理退税。

关于泸州市2017年财政预算执行情况和2018年财政预算草案的报告

——在泸州市第八届人民代表大会第三次会议上

2018年2月27日

泸州市财政局局长　葛洪亮

各位代表：

我受市人民政府委托，向大会书面报告2017年财政预算执行情况和2018年财政预算草案，请予审查，并请市政协委员和列席人员提出意见。

一、2017年财政预算执行情况

2017年，在市委的坚强领导下，在市人大、市政协的监督支持下，全市各级紧紧围绕“项目投资攻坚年”工作部署，加快推进“决胜全面小康、建成区域中心”，各项财政工作取得积极进展，预算执行情况总体良好。

（一）预算执行情况

1. 一般公共预算

收入保持稳定增长。全市各级坚持依法理财，积极组织财政收入，大力培植财源税源，以发展促增收。全市地方一般公共预算收入完成146亿元，按财政部规定调整收入口径后，为预算的103.4%，较上年同口径增长11.3%。其中：税收收入完成80.9亿元，为预算的106.6%，同口径增长22.2%；非税收入完成65.1亿元，为预算的100.1%，同口径增长0.3%。市级地方一般公共预算收入完成47.4亿元，按财政部规定调整收入口径后，为预算的105.4%，同口径增长13.8%。

支出规模不断扩大。认真贯彻落实“保运转、保民生、转变支持产业发展方式”的工作要求，不断优化支出结构，加强资金统筹，盘活存量、用好增量，全力保障重大决策部署落实。全市一般公共预算支出368.7亿元，为预算的98.1%，增长9.4%。市级一般公共预算支出88.2亿元，为预算的95%，增长29.8%（主要是医疗保险实行市级统筹）。

财政收支总体平衡。全市地方一般公共预算收入146亿元，加上返还性收入、一般性转移支付、专项转移支付等各项转移性收入181.8亿元，以及地方政府债券转贷收入、上年结余收入、调入预算稳定调节基金、调入资金等119.4亿元，全年总收入447.2亿元。总收入减去当年支出、上解省支出、地方政府债券还本支出、安排预算稳定调节基金等441.3亿元，年终结余5.9亿元，按政策规定应结转下年继续安排使用的项目支出5.9亿元。市级地方一般公共预算收入47.4亿元，加上返还性收入、一般性转移支付、专项转移支付等各项转移性收入73.6亿元，以及地方政府债券转贷收入、上年结余收入、调入资金等53.8亿元，全年总收入174.8亿元。总收入减去当年支出、补助三区和高新区支出、上解省支出、地方政府债券还本支出、地方政府债券转贷支出等

170.2亿元，年终结余4.6亿元，按政策规定应结转下年继续安排使用的项目支出4.6亿元。2017年全市和市级均实现收支平衡。

市级一般公共预算年初安排预备费1.9亿元，主要用于脱贫攻坚、教育发展、化解过剩产能等方面支出。

市级预算稳定调节基金规模和使用情况：根据预算执行情况，补充市级预算稳定调节基金1.9亿元，截至2017年年底，基金余额1.9亿元。

市级一般公共预算结转资金4.6亿元，主要是省下达的用于交通建设、教科文发展、商业服务业发展等方面的专项转移支付资金，因时间和项目进度等原因需结转下年继续使用。

2. 政府性基金预算

全市政府性基金收入176.8亿元，为预算的136.9%；加上上级补助收入、上年结余收入、专项债券转贷收入等50.5亿元后，收入总量为227.3亿元。全市政府性基金支出183.5亿元，为预算的97.9%；加上专项债券还本支出、调入一般公共预算安排支出等39.8亿元后，支出总量为223.3亿元。收入总量减去支出总量后，年终结转结余4亿元。

市级政府性基金收入107.2亿元，为预算的104.8%；加上上级补助收入、上年结余收入、专项债券转贷收入等40.5亿元后，收入总量为147.7亿元。市级政府性基金支出103.2亿元，为预算的97%；加上补助三区支出、专项债券还本支出、专项债券转贷支出和调入一般公共预算安排支出等41.3亿元后，支出总量为144.5亿元。收入总量减去支出总量后，年终结转结余3.2亿元。

3. 国有资本经营预算

全市国有资本经营预算收入2.1亿元，为预算的99.9%；加上转移支付收入0.9亿元后，收入总量为3亿元。全市国有资本经营预算支出0.9亿元，为预算的52.5%（省级国企“三供一业”补助0.8亿元按规定结转下年支出）；加上按规定调入一般公共预算安排支出1.3亿元后，支出总量为2.2亿元。收入总量减去支出总量后，年终结转结余0.8亿元。

市级国有资本经营预算收入1.1亿元，为预算的100%；加上转移支付收入0.8亿元后，收入总量为1.9亿元。市级国有资本经营预算支出0.8亿元，为预算的48.9%（省级国企“三供一业”补助0.8亿元按规定结转下年支出）；加上按规定调入一般公共预算安排支出0.3亿元后，支出总量为1.1亿元。收入总量减去支出总量后，年终结转结余0.8亿元。

4. 社会保险基金预算

全市社会保险基金收入58.5亿元，为预算的100%；加上上年滚存结余55.3亿元后，收入总量为113.8亿元。全市社会保险基金支出50.7亿元，为预算的100%，主要用于足额兑现各项社会保险待遇，提高医疗保险、工伤保险、生育保险和城乡居民养老保险基本养老金待遇水平。收入总量减去支出总量后，年终滚存结余63.1亿元。

市级社会保险基金收入50.7亿元，为预算的100%；加上上年滚存结余45.4亿元后，收入总量为96.1亿元。市级社会保险基金支出44.2亿元，为预算的100%，主要用于足额兑现各项社会保险待遇，提高医疗保险、工伤保险、生育保险和城乡居民养老保险基本养老金待遇水平，补助三区和上缴统筹基金等。收入总量减去支出总量后，年终滚存结余51.9亿元。

上述全市和市级财政预算执行数据均为快报数据，在完成区县决算审查汇总，并与省财政办理结算后，将会有所变化，届时再向市人大常委会报告。

（二）市人大预算决议落实情况

2017年，全市各级全面贯彻党中央、国务院和省委、市委各项决策部署，按照市八届人大一次会议有关决议以及市人大财政经济委员会的审查意见，认真落实各项审计整改要求，全面深化财税体制改革，充分发挥财政职能作用，支持经济社会平稳健康发展。同时，主动接受人大代表监督指导，认真办理人大代表建议25件，反馈满意率达100%。

一是突出增收节支，顺利完成全年预算。认真落实中央、省、市稳增长政策措施，促进经济平稳健康发展，财政收入增长与经济发展相适应。制定《泸州市重点项目税收征收管理办法》《2017年综合目标（财税工作）考核办法》，突出征管重点，加大考核督促，确保收入稳定增长。制定《泸州市涉税信息交换与共享保障暂行办法》，构建综合治税信息平台，利用第三方涉税信息比对分析查补税款。通过上述措施，2017年全市地方一般公共预算收支预算顺利完成，收入总量稳居全省第2位；收入质量明显提升，税收收入增长22.2%，占一般公共预算收入比重较上年提升4.9个百分点。全市一般公共预算支出增长9.4%，支出总量和增幅分别位居全省第6位、第7位。

二是抢抓政策机遇，向上争取成效显著。抢抓长江经济带、“一带一路”、新型城镇化试点、脱贫攻坚、自贸试验区川南临港片区等重大政策机遇，2017年全市争取到位中央、省资金310亿元，同口径增长18.6%。其中：省转贷新增债券资金51.8亿元，增长60.3%，有力支持城市、交通等基础设施建设，以及教育、生态环保等民生事业发展；省转贷置换债券资金77.4亿元，有效缓解当期还本付息压力；均衡性转移支付资金27.5亿元，增量资金2.3亿元，超过全省市州平均水平；农业转移人口市民化奖补资金1.1亿元，规模居全省第1位；重点流域水污染防治中央资金0.6亿元，规模居全省第2位。

三是转变支持方式，有效助推建设发展。围绕“项目投资攻坚年”工作主题，转变财政支持发展方式，支持设立投资发展基金，保障脱贫攻坚、建设发展资金需求。积极推进PPP工作，全市已有55个项目纳入财政部PPP综合信息平台项目库，总投资超过640亿元。助推国有企业市场化转型发展，市级新增3家AA级国有企业。认真贯彻落实各项结构性减税降费政策，全年累计为企业减负超过10亿元。支持川南临港片区建设发展，帮助设立建设发展基金，健全完善财税政策，制定跨区入驻企业财税分配办法。

四是持续加大投入，有力保障民生和社会事业。深入贯彻以人民为中心的发展思想，持续加大民生投入，增强民生政策的针对性和准确性。2017年全市十项民生工程和20件民生实事预算执行总额达93.1亿元，为预算的117.8%。教育、社保、医疗卫生、住房保障等民生支出258.4亿元，占一般公共预算支出比重为70.1%。支持对口援藏援彝，投入援助资金0.8亿元，帮助受援县脱贫攻坚和民生改善。

五是推进财税改革，健全完善体制机制。制定《调整完善市区财政体制实施方案》，按照“积极稳妥、统筹兼顾、循序渐进、分步实施”的原则，合理调整划分市、区财政收入分享比例和支出责任，财力与事权和支出责任相适应的制度逐步健全。按照全省水资源费改税试点工作安排，2017年12月1日起全面实施水资源费改税。推进透明预算制度建设，预算公开更加规范细化。加强预算绩效管理，绩效评价扩面提质。对142个乡镇（街道）财政规范化管理实施全覆盖检查，对发现问题逐一督促整改落实，开展“订单式”实用业务培训，制定《关于进一步加强乡镇财政管理的意见》，促进乡镇财政规范运行。

六是加强风险防范，财政运行状况总体良好。全面清理整改不规范的融资担保行为，防范和化解财政金融风险；制定促进经济和金融健康发展的政策措施，维护良好金融生态环境；修订出台《泸州市政府性债务风险应急处置预案》，切实加强债务风险防范。截至2017年末，全市地方政府债务余额371.3亿元（其中：一般债务230.7亿元、专项债务140.6亿元；市级债务176.5亿元、区县债务194.8亿元），低于省政府核定的债务限额386.5亿元，债务风险总体可控，财政运行状况总体良好。

（三）全市一般公共预算重点支出情况

2017年，全市各级继续加强支出管理，优化支出结构，集中财力支持经济社会发展重点领域和关键环节，为经济社会发展提供了有力的资金支持。

一是全力保障脱贫攻坚头等大事。全市投入48.1亿元，实现8.5万人脱贫、149个贫困村退出，合江县脱贫“摘帽”。全面建成“四项基金”，基金规模达5.7亿元，帮助解决贫困群众的现实困难和长远生计。突出产业扶贫，在全省率先将贫困村产业扶持基金提高到每村50万元。深入开展贫困县财政涉农资金统筹整合试点，3个贫困县统筹整合资金11.3亿元，集中财力推进脱贫攻坚。全面加强扶贫资金监管，加快资金拨付进度，确保早投入、早见效、早受益。

二是推进生态优先绿色发展。全市投入46.8亿元，支持推进生态文明建设。狠抓环境突出问题整治，推进中央环保督察交办问题、省级环保督察反馈问题整改。支持打好大气、水、土壤污染防治“三大战役”，支持推进“河长制”，着力推进长江、沱江生态优先绿色发展。继续加大支农投入，支持高标准农田等农业基础设施建设，大力发展现代农业，促进竹产业发展。

三是支持完善医疗卫生和社会保障体系。全市投入81.8亿元，推进养老制度改革，支持完善医疗卫生体系，提高社会保障水平。加强城乡困难群众基本生活保障，落实重度残疾人护理补贴制度和困难残疾人生活补贴制度。推进医药卫生体制改革，深入开展全民预防保健，实施基层医疗卫生基础提升工程，按政策提高城乡居民基本医疗保险财政补助水平，实现县级公立医院全面取消药品加成。支持养老服务体系建设，新建改造养老机构床位，新建社区日间照料中心，提供居家养老服务。

四是支持教育、科技、文化事业发展。全市投入80.9亿元，支持教育事业优先发展，促进科技文化繁荣发展。健全完善城乡义务教育经费保障机制，加大对贫困家庭学生资助力度。积极支持发展学前教育，推进公办幼儿园建设，减免贫困家庭幼儿保教费。进一步改善贫困地区义务教育薄弱学校基本办学条件，支持校舍新建、改扩建，以及购置现代教育设施设备。支持全国文明城市成功创建。支持公共文化服务体系建设，健全完善公共文化设施，落实公共文化设施免费开放经费保障机制。支持推进全面创新改革试验，落实科技奖励政策，提高奖励标准，促进科技创新与进步。

五是支持产业转型升级。全市投入19.6亿元，转变财政支持发展方式，增强经济发展新动能。综合运用产业发展投资引导基金、财政贴息、激励奖补等方式，支持巩固提升传统优势产业，大力发展现代制造业，加快发展现代服务业；支持优化产业结构，积极培育现代医药、信息技术、航空航天、新能源新材料等新兴产业，推动产业向中高端发展。完善财税政策，大力支持产业园区建设发展。

六是推进基础设施建设。全市投入42.6亿元，支持城市、交通、水利等重大基础设施建设。深入实施国家新型城镇化综合试点，全力支持云龙机场、长江二桥、长江六桥、二环路等重点项目加快推进。支持水利基础设施建设，继续巩固提升农村饮水安全工程效果。实施地质灾害隐患点治理，农户避险搬迁安置。实施危旧房棚户区改造，支持农村危房改造，改善群众住房条件。

需要说明的是，以上重点方面的财政投入统计，部分项目存在归类口径交叉。

2017年，全市财政总体平稳运行，财税改革深入推进，收支规模继续扩大，支持发展更加有力，民生保障显著增强。上述成绩的取得，得益于市委的坚强领导，得益于市人大、市政协的监督指导和代表委员们的大力支持，是全市各级克难奋进、扎实工作的结果。同时，我们也清醒地认识到，财政运行管理中还存在一些矛盾和问题，主要表现在：财政收支规模总体较大，但人均收支水平仍然偏低；财政收入持续增长难度加大，刚性增支、政策性增支因素较多，财政收支矛盾仍然比较突出；债务风险总体可控，但个别地方结构不合理、管理还不够规范；财政支持发展方式有待改进，资金使用绩效需进一步提高；基层财政管理水平有待进一步提高等。对于这些问题，我们将认真听取各位代表、委员的意见建议，采取有力措施逐步加以解决。

二、2018年财政预算草案

2018年是全面贯彻落实党的十九大精神的开局之年，是改革开放40周年，是决胜全面建成小康社会、实施“十三五”规划承上启下的关键一年。全市各级将牢牢把握“稳中求进、进中求快、快中求好”的工作基调，聚焦“项目攻坚、创新发展”工作主题，编制好2018年收支预算，做好各项财政工作，支持经济平稳健康发展。

（一）2018年财政政策

根据《省政府关于编制2018年财政收支预算的通知》和中央、省委、市委经济工作会议精神，2018年财政政策主要包括：

一是强化项目投资攻坚，全力以赴稳定经济增长。聚焦“项目攻坚、创新发展”工作主题，统筹资金、土地等要素，推动资源向优质项目集聚。围绕产业类、基础设施类、社会事业和生态环保类重点项目，加大金融对重点项目支持力度，促进重点企业直接融资；大力激发民间投资活力，全面放开投资准入门槛，探索国有企业与民间资本共建共享的合作方式。

二是深化供给侧结构性改革，推动产业高质量发展。坚持工业为大、工业为重、工业为先，加快构建现代产业体系。支持加快培育航空航天、智能终端、高端装备制造等新兴产业，加快发展先进制造业。支持传统产业技改增效，突出白酒产业的支柱地位，支持泸州老窖、郎酒扩大产能、拓展市场，出台优惠政策引导和鼓励中小微企业与川酒集团抱团发展，打造泸酒发展新格局。帮助机械、化工企业扩大合作、拓展销路、稳定生产经营，在转型发展中逐步迈向产业中高端。支持现代服务业发展，不断提高服务业规模效益和集聚能力。

三是打赢脱贫攻坚战，深入推进精准脱贫。继续加大财政投入力度，全力支持5.87万名农村贫困人口脱贫，86个贫困村退出。坚持把产业扶贫作为脱贫攻坚的主攻方向，支持推进资产收益扶贫、飞地扶贫、扶贫车间等新模式。加大涉农资金整合力度，支持改善贫困地区交通、水利、电力、通信等基础设施条件。强化建档立卡贫困人口健康体检，实现精准到户、精准到人、精准到病。壮大“四项基金”规模，提高资金投入精准性。

四是加快生态文明体制改革，解决突出环境问题。坚决把生态优先绿色发展理念落实到经济发展各领域全过程，以整改中央、省级环保督察问题为突破，以推进长江沱江沿岸生态优先绿色发展为重点，以持续打好大气、水、土壤污染防治“三大战役”为抓手，全面提升泸州生态环境质量，加快构建长江上游绿色生态廊道。

五是实施创新驱动发展战略，全面推进改革创新。坚定不移以自贸试验区川南临港片区建设为牵引，进一步深化改革、激活创新、扩大开放。支持推进川南临港片区制度创新，突出水港特色，探索建设内陆自由贸易港，培育竞争新优势。支持全力争创国家开放口岸、综合保税区、跨境电商综合试验区。优化科技经费投入，支持产业关键核心技术研发、创新创业载体建设、众创空间创办等，推进全面创新改革试验。

六是支持实施乡村振兴战略，优化财政支农投入。以乡村振兴战略为统领，深入推进农业供给侧结构性改革，特别是深化农村产权制度改革，高度重视农村各项事业的统筹规划实施，加大农业产业化企业招引和培育力度，建立有利于加快农业产业化标准化市场化的生产体系、产业体系、经营体系，实现农业增效、农村繁荣、农民致富。

七是支持改善民生水平，增加基本民生保障投入。深化教育体制机制改革，推进学前教育普惠健康发展、县域内城乡义务教育一体化发展，实施高中阶段教育普及攻坚计划。支持大力发展职业教育。落实政府卫生投入政策，支持推进公立医院改革，深化全民预防保健，提升基层医疗服务能力。完善城乡居民基本医疗保险筹资机制，合理确定城乡居民养老保险基础养老金、城乡最低生活保障和优抚对象抚恤补助标准。加快构建现代公共文化服务体系，提高公共文化服务水平。

（二）2018 年收支预算安排情况

根据中央、省委、市委确定的 2018 年经济社会发展预期目标和重点任务，按照“收入预算实事求是、积极稳妥”“支出预算统筹兼顾、突出重点”的原则，坚持“精打细算、勤俭节约、效益优先”，增强财政可持续性，防范化解财政风险，合理编制 2018 年收支预算。

1. 一般公共预算

根据收入预算编制原则，综合考虑宏观经济运行、国家结构性减税、财政部收入口径调整等因素后，2018 年全市收入预算基数为 139.6 亿元，全市地方一般公共预算收入预算安排为 152.1 亿元，同口径增长 9%；加上返还性收入、一般性转移支付收入、地方政府债券转贷收入、上年结余收入、调入资金等 120.8 亿元，减去上解省支出 7.1 亿元后，收入总量为 265.8 亿元。按照收支平衡的原则，全市一般公共预算支出为 265.8 亿元，在此基础上，加上省财政提前通知 2018 年专项转移支付补助 4.2 亿元，2018 年年初安排全市一般公共预算支出预算总额 270 亿元。

根据全市地方一般公共预算收入安排，以及现行财政管理体制，2018 年市级收入预算基数为 47.4 亿元，市级地方一般公共预算收入预算安排为 51.7 亿元，增长 9%；加上返还性收入、一般性转移支付收入、地方政府债券转贷收入、上年结余收入等 63.6 亿元，减去对三区和高新区的返还性支出、一般性转移支付、上解省支出 18.9 亿元后，收入总量 96.4 亿元。按照收支平衡的原则，市级一般公共预算支出为 96.4 亿元，在此基础上，加上省财政提前通知 2018 年专项转移支付补助 1.8 亿元，减去对三区和高新区专项转移支付补助 1.1 亿元后，2018 年年初安排市级一般公共预算支出预算总额 97.1 亿元。

2. 政府性基金预算

全市政府性基金预算收入 141.4 亿元，加上上年结转结余收入 4 亿元后，收入总量为 145.4 亿元。按照以收定支和收支平衡原则，全市政府性基金预算支出 145.4 亿元。

市级政府性基金预算收入 92.8 亿元，加上上年结转结余收入 3.2 亿元后，收入总量为 96 亿元。按照以收定支和收支平衡原则，市级政府性基金预算支出 96 亿元，主要用于征地拆迁、城市基础设施建设等。

3. 国有资本经营预算

全市国有资本经营预算收入 1.6 亿元，加上上年结转结余、转移支付收入等 1 亿元后，收入总量为 2.6 亿元。按照收支平衡原则，全市国有资本经营预算支出 2.6 亿元。

市级国有资本经营预算收入 1.2 亿元，加上上年结转结余、转移支付收入等 0.9 亿元后，收入总量为 2.1 亿元。按照收支平衡原则，市级国有资本经营预算支出 2.1 亿元（其中调出资金 0.3 亿元），主要用于解决市属国有企业历史遗留问题、增加资本金、调入一般公共预算等。

4. 社会保险基金预算

全市社会保险基金预算收入 62.2 亿元，加上上年滚存结余 63.1 亿元后，收入总量为 125.3 亿元。按照现行社会保险支出政策，全市社会保险基金预算支出 57.3 亿元，滚存结余 68 亿元。

市级社会保险基金预算收入 54.3 亿元，加上上年滚存结余 51.9 亿元后，收入总量为 106.2 亿元。按照现行社会保险支出政策，市级社会保险基金预算支出 50.5 亿元，滚存结余 55.7 亿元。

市级社会保险基金支出主要用于按时足额兑现各项社会保险待遇，进一步提高社会保险待遇水平。

5. 市级一般公共预算支出安排

按照“保运转、保民生、转变支持产业发展方式”的财政工作方针，根据年度经济社会发展目标，参考有关支出绩效评价结果，合理安排市级一般公共预算支出，保障各项重点支出资金需要。主要支出方向为：

（1）支持教科文发展方面安排资金 14.1 亿元，主要用于义务教育经费保障、发展现代教育、改善办学条件、市级直属学校建设；科技经费保障、校市战略合作；文化产业发展、精神文明建设等。

（2）提升社会保障水平方面安排资金 9.1 亿元，主要用于城乡居民最低生活保障、城乡居民养老保险补助、养老服务体系建设、残疾人事业发展、创新创业经费保障等。

（3）强化卫生计生保障方面安排资金 22.8 亿元，主要用于城乡居民医疗保险、医疗救助、全民预防保健、基层医疗机构能力提升、医药卫生体制改革、重大疾病补充医疗救助、长期护理保险、食品安全、落实计生奖补政策等。

（4）支持生态环保城乡建设方面安排资金 19.1 亿元，主要用于绿化泸州行动、生态环境保护、城乡污水垃圾处理；基础设施建设、新型城镇化试点、百镇建设、农业转移人口市民化补助；支持港口建设、公共交通发展等。

（5）支持农业农村发展方面安排资金 4.3 亿元，主要用于资产收益扶贫、乌蒙山连片扶贫开发、扶贫小额信贷分险基金；幸福美丽新村建设、农村水利建设、竹产业发展、支援不发达地区、农村综合改革、农村公共服务运行维护等。

（6）支持培育产业方面安排资金 3.6 亿元，主要用于支持酒业、现代制造业、智能终端、航空设备、金融业、旅游业、现代服务业等发展；支持中小企业发展、招商引资、智慧城市建设、落实财金互动政策、自贸试验区川南临港片区制度创新等。

（7）加强社会治理方面安排资金 1.9 亿元，主要用于安全生产整治、维护公共安全、加强基层治理、加大人才投入、增强政法保障、监察体制改革等。

（8）安排市级预备费 2.4 亿元，主要用于预算执行中自然灾害等突发事件处理增加的支出，以及其他难以预见的开支。

需要说明的是：2018 年市级部门财政拨款支出预算 35.5 亿元，减少 2.5 亿元，下降 6.6%，其中：基本支出 16.5 亿元，增加 1.9 亿元，增长 12.9%，主要是做实职业年金增加缴费支出，预留政策性调资等人员支出；项目支出 19 亿元，减少 4.4 亿元，下降 18.8%，主要是按国家政策要求医疗服务收入不再纳入预算管理，相应支出安排减少。

2018 年 1 月 1 日至预算草案批准前拟安排市级部门一般公共预算支出 10.6 亿元，主要用于保障单位正常运转所必需的基本支出和项目经费。

（三）2018 年财政工作

2018 年，全市各级将认真贯彻落实中央、省委、市委决策部署，紧紧围绕加快决胜全面小康、建设现代化区域中心，组织落实好本次人代会关于财政预算报告的审查意见和相关决议决定，着重抓好六个方面的工作：

一是更加注重质量效益，增强财政保障能力。继续实施积极的财政政策，认真落实各项稳增长政策措施，促进全市经济加快发展。在巩固传统支柱财源的同时，加快培育新兴产业，着力培植新增财源，加快形成经济发展新支撑。抓好重点税源建设，加快推进政府综合治税信息系统建设应用，挖掘增收潜力。进一步加强政策研究，主动汇报沟通，力争获得上级更多的项目和资金支持，推动区域协调发展，提高基本公共服务均等化水平。落实供给侧结构性改革政策，继续支持推进“三去一降一补”，降低企业税费负担，增强经济发展动力。转变对企业扶持方式，加大扶持力度，促进实体经济发展。

二是更加注重优化整合，提升财政支出绩效。科学安排财政资金，提高资金使用绩效，确保中央、省、市决策部署落地落实。加大财政支出结构调整力度，统筹整合各项资金，着力盘活用好存量资金，支持经济社会发展急需领域。加强预算执行管理，硬化预算执行约束，严格控制一般性支出，集中更多财力用于保民生、促发展。发挥财政资金放大效应，推进政府与社会资本合作，深化政府购买服务改革，强化投资基金的引导作用，带动社会资本支持经济社会加快发展。

三是更加注重托底保障，着力解决民生问题。持续加大民生投入力度，加强民生工程和民生实事资金保障，确保全市一般公共预算民生支出比重稳定在70%以上。支持加强就业和社会保障工作，提高就业质量和收入水平。支持办好优质公平教育，解决“大班额”“入园难”等教育热点问题。完善社会保障体系，统筹城乡社会救助体系，解决特殊困难群众生产生活问题。支持深化医药卫生体制改革，减轻群众医药费用负担，解决“看病难、看病贵”问题。支持打好污染防治攻坚战，牢固树立绿水青山就是金山银山的理念，解决突出环境问题。

四是更加注重精准统筹，全力支持脱贫攻坚。瞄准特殊贫困人口精准帮扶，健全完善脱贫攻坚财政保障体系，通过新增预算安排、统筹专项资金、争取上级转移支付等措施，全力支持打好精准脱贫攻坚战。创新社会扶贫机制，吸纳更多的社会资金投入扶贫。支持扶贫专项年度计划实施，为年度脱贫任务顺利完成提供有力的资金保障。强化财政扶贫资金监管，严格扶贫资金使用，严格财务核算，严格公开公示，确保扶贫资金规范、高效使用。

五是更加注重法治建设，提高依法理财水平。深入贯彻落实《预算法》，推进法治财政建设，着力构建全面规范、公开透明的现代财政制度，全面实施绩效管理。完善财政体制，继续推进市与区县事权与支出责任划分。深化税收制度改革，全面开征环境保护税，抓好水资源费改税试点。强化财政管理监督，重点加强扶贫资金、民生资金和预决算信息公开等方面违法违规行为的查处力度。认真执行市人大及其常委会的决议、决定，自觉接受市人大、市政协监督，切实提高人大代表建议、政协委员提案办理质量和效率。

六是更加注重预防管控，切实防范财政风险。认真贯彻中央、省、市防范化解重大风险的决策部署，坚决打好防范化解重大风险攻坚战。进一步规范地方政府举债融资行为，加强债务风险预警监控，严格债务管理考核问责，切实防范和化解财政金融风险。处理好政府和市场的关系，积极推动国有企业市场化转型，支持依法合规市场化筹集资金。

各位代表，做好2018年财政工作任务艰巨、责任重大。我们将认真学习贯彻党的十九大精神，在习近平总书记新时代中国特色社会主义思想指引下，在市委的坚强领导下，在市人大、市政协的监督支持下，以时不我待、只争朝夕的精神，开拓创新、锐意进取，埋头苦干、扎实工作，为推动泸州“决胜全面小康、建设现代化区域中心”作出新的贡献！

2017年泸州市国民经济和社会发展统计公报[1]

泸州市统计局

2017年，泸州市深入学习贯彻党的十八大、十九大精神，全面贯彻落实党中央、国务院及省委、省政府的各项决策部署，坚定不移践行新发展理念，坚持“稳中求进、进中求好、好中求快”的工作基调，围绕“三个走在前列、三个显著提升[2]”，着力“三抓三主动[3]”，扎实推进“六个突破[4]”，加快建设幸福美丽新泸州。全市经济持续健康发展，生态环境显著改善，民生保障持续增强，脱贫攻坚成效显著，社会事业全面进步，社会和谐稳定。荣膺第五届全国文明城市。

一、综合

行政区域。全市下设三区四县，12个乡、110个镇、22个街道办事处。在12个乡中，少数民族乡8个，其中苗族乡6个、彝族乡2个。2017年3月，省政府批准合江县密溪乡撤乡设镇。2017年4月，省政府批准龙马潭区石洞镇撤镇设街道办事处，叙永县大石乡撤乡设镇、黄坭乡撤乡设镇、石坝彝族乡更名为石厢子彝族乡。2017年6月，纳溪区区政府同意新建皂角树社区居委会。2017年8月，江阳区区政府同意撤销建国村村委会。全市行政区域面积12232.34平方公里[5]。

基层群众自治组织。全市有282个社区（居民委员会）、1342个行政村（村民委员会）。

行政区人口。年末全市公安户籍登记总户数155.28万户，户籍总人口509.58万人，其中城镇人口209.10万人，乡村人口300.48万人。年末全市常住人口431.72万人，其中城镇常住人口211.33万人，乡村常住人口220.39万人。城镇化率48.95%，比上年提高1.45个百分点。

表1 2017年泸州市户籍人口及构成

单位：人、%

指　　标	年末数	比　重
全市户籍总人口	5095829	100.0
其中：男性	2631941	51.6
女性	2463888	48.4
其中：0—17岁	1098438	21.6
18—34岁	1065306	20.9
35—59岁	1931709	37.9
60岁及以上	1000376	19.6

图1 2012-2017年泸州市常住人口

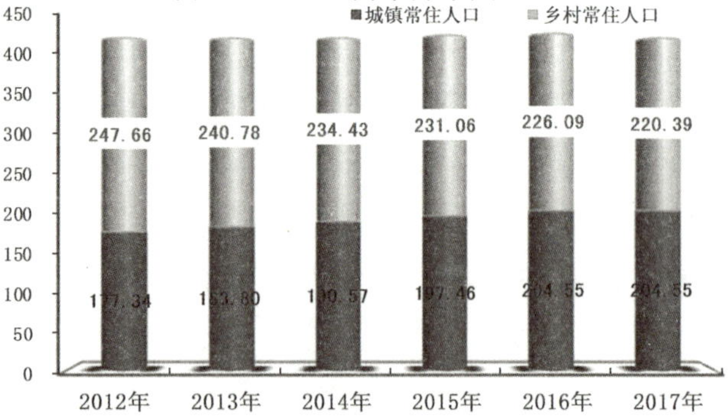

经济实体。商事制度改革持续深化。以简政放权、提高效率为导向，推进登记便利化，开展“证照分离”“多证合一”改革试点，与大众创业、万众创新政策形成叠加效应，掀起新一轮创业创新热潮。全年新登记各类企业8645户、农民专业合作社546户，新登记个体工商户32636户。

年末全市工商注册登记实有各类企业 42922 户。其中，内资非私营企业 7372 户（其中企业法人 4223 户）；内资私营企业 35413 户（含分支机构 5336 户）；港澳台及外商投资企业 137 户（含分支机构 92 户）。年末全市工商注册登记实有个体工商户 197214 户，其中城镇个体工商户 127029 户。农民专业合作社 4152 户，其中分支机构 59 户。

经济总量。经四川省统计局审定，全年实现地区生产总值（GDP）1596.21 亿元，按可比价格计算，比上年增长 9.1%。其中，第一产业增加值 183.19 亿元，增长 3.9%；第二产业增加值 850.56 亿元，增长 10.0%；第三产业增加值 562.46 亿元，增长 9.5%。三次产业对经济增长的贡献率分别为 5.0%、59.7% 和 35.3%。人均地区生产总值 37020 元，增长 8.7%。三次产业结构由上年 12.0∶53.5∶34.5 调整为 11.5∶53.3∶35.2[6]。第三产业中，批发和零售业增加值 99.76 亿元，增长 10.8%；交通运输、仓储和邮政业增加值 70.76 亿元，增长 4.5%；住宿和餐饮业增加值 45.02 亿元，增长 8.2%；金融业增加值 66.86 亿元，增长 12.9%，房地产业增加值 60.15 亿元，增长 11.3%。

民营经济。全年非公经济增加值 950.18 亿元，比上年增长 9.3%，非公经济增加值占 GDP 比重 59.5%，对 GDP 增长的贡献率为 61.0%。其中，第一产业增加值 49.91 亿元，增长 1.5%；第二产业增加值 570.02 亿元，增长 10.0%；第三产业增加值 330.25 亿元，增长 9.4%。个体私营经济增加值 933.95 亿元，增长 9.3%。港澳台及外商经济增加值 16.22 亿元，增长 10.1%。

图2　2012-2017年泸州市地区生产总值及增速

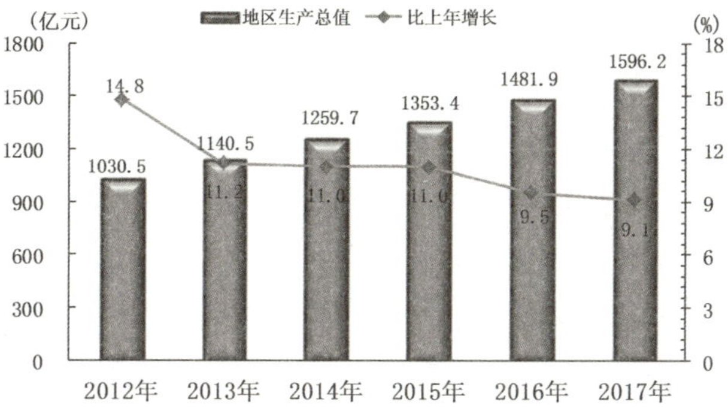

物价水平。全年居民消费价格总水平（CPI）比上年上涨 1.8%，其中食品烟酒类价格下降 1.6%，衣着类价格上涨 5.2%，居住类[7]价格上涨 2.8%。商品零售价格比上年上涨 0.1%。农业生产资料价格比上年下降 1.0%。工业生产者出厂价格（PPI）比上年上涨 3.5%，其中生产资料价格上涨 4.8%，生活资料价格上涨 2.6%。工业生产者购进价格（IPI）比上年上涨 8.1%。

表 2　2017 年居民消费价格指数

单位：%

类　别	以 2016 年价格为 100	类　别	以 2016 年价格为 100
居民消费价格总指数	101.8	蛋类	99.2
非食品价格指数	103.0	烟酒	103.2
服务价格指数	104.9	二、衣着	105.2
消费品价格指数	100.1	三、居住	102.8
一、食品烟酒	98.4	四、生活用品及服务	101.3
食品	96.9	五、交通和通信	100.7
#粮食	101.1	交通	102.5
食用油	98.4	通信	98.0

续表

类　别	以2016年价格为100	类　别	以2016年价格为100
菜	95.5	六、教育文化和娱乐	105.5
畜肉类	92.0	教育	103.6
#猪肉	88.7	文化娱乐	106.9
禽肉类	95.6	七、医疗保健	107.2
水产品	112.2	八、其他用品和服务	101.0

就业形势。全年城镇新增就业43301人。城镇失业人员实现再就业11714人。就业困难人员实现就业5180人。年末城镇登记失业人员17015人，城镇登记失业率3.23%。全市高校毕业生就业见习基地147个。

节能降耗。全年单位GDP能耗比上年下降3.61%，单位工业增加值能耗比上年下降5.11%，两项指标分别超额完成省上下达节能降耗目标任务。

二、农　业

全市农林牧渔业总产值305.22亿元，比上年增长3.8%。其中，农业产值163.22亿元，增长4.9%；林业产值13.24亿元，增长8.4%；畜牧业产值112.28亿元，增长1.6%；渔业产值11.54亿元，增长5.2%；农林牧渔服务业产值4.95亿元，增长7.2%。全市农林牧渔业增加值186.24亿元，增长4.0%。

农作物种植结构。全年粮食播种面积36.17万公顷，比上年减少2.2%。经济作物中，油料播种面积3.26万公顷，比上年增长27.5%；蔬菜及食用菌播种面积7.07万公顷，增长5.6%；中草药材播种面积0.38万公顷，增长10.8%；烟叶播种面积0.84万公顷，减少15.6%。

农作物产量。全年粮食总产量206.13万吨，比上年增产0.3%。其中，稻谷122.72万吨，增产1.2%；高粱14.06万吨，减产12.2%；玉米28.16万吨，增产5.2%。油料产量6.53万吨，比上年增产32.4%，其中油菜籽5.85万吨，增产37.0%。烟叶产量1.09万吨，比上年减产14.6%。蔬菜及食用菌产量255.98万吨，比上年增产4.8%。茶叶产量1.31万吨，比上年增产8.1%。水果产量21.99万吨，比上年增产6.8%。药材产量3.13万吨，比上年增产28.8%。甘蔗7.34万吨，比上年减产0.5%。

畜牧与水产品。全年生猪出栏334.12万头，比上年减少4.8%。牛出栏8.01万头，减少0.5%。羊出栏50.33万只，增长1.4%。家禽出栏3533.90万只，减少3.5%。兔出栏1032.61万只，增长2.4%。肉类总产量32.52万吨，比上年减少3.1%。其中，猪肉产量24.09万吨，减少4.2%；牛肉产量9625吨，增长1.4%；羊肉产量7873吨，增长2.0%。禽蛋产量4.28万吨，比上年减少1.0%。水产品产量8.30万吨，比上年增长5.6%。蚕茧产量2007吨，比上年减少2.2%。年末生猪存栏250.41万头，比年初减少1.4%。

林业生产。全年完成造林面积21316公顷。其中，人工造林14236公顷，当年新封山育林1334公顷，低效林改造5680公顷，森林抚育面积5966公顷，人工更新面积66公顷。人工造林重点工程中，天然林资源保护工程266公顷，退耕造林工程2667公顷，石漠化综合治理366公顷。四旁（零星）植树1075.4万株。年末实有封山育林面积7471公顷。木材产量（商品材）12.08万立方米，大径竹产量833.44万根。

水利工程。新建成水利工程1787处，古蔺观文水库、泸县三星桥水库等水利项目相继建成。年末全市已建成水利工程达35.02万处。其中，水库481座、水电站292座、农村集中式供水工程2739处、塘坝23895座、机电井30.32万眼。全年水利工程蓄引提水总量能力达95546万立方米，实际供水量93264万立方米。

新增有效灌溉面积0.39万公顷，累计有效灌溉面积15.33万公顷。新增节水灌溉面积0.32万公顷，累计节水灌溉面积10.93万公顷。年末规模以上灌区达120处，渠道总长度2624公里。新建达标堤防5.31公里，达标堤防累计达103.04公里，堤防总长度为144.79公里。

水土流失治理。新增综合治理水土流失面积1.64万公顷，其中小流域综合治理面积0.8万公顷。累计治理水土流失面积26.43万公顷。封禁治理保有面积7.27万公顷。

农业机械化。年末农业机械总动力227.08万千瓦，主要农作物耕种收综合机械化水平达56.3%，比上年提高9.6个百分点。

三、工业和建筑业

工业生产。全年全部工业增加值725.04亿元[8]，比上年增长9.7%，对经济增长的贡献率为50.3%。年末规模以上工业企业[9]663户，全年规模以上工业增加值增长10.9%。在规模工业中，从主要经济类型看，国有控股企业增加值增长10.1%；私营企业增加值增长8.9%；集体企业增加值增长5.4%，股份制企业增加值增长11.6%，外商及港澳台商投资企业增加值下降11.9%。从重点产业看，四大传统支柱产业增加值增长12.9%，对规模工业增长的贡献率为87.5%。其中，酒类制造业增加值增长14.7%，对规模工业增长的贡献率为71.4%；化工行业增加值增长12.9%，机械行业增加值增长8.5%，能源行业增加值下降1.8%。医药制造业增加值下降14.4%。从企业规模看，大中型企业增加值增长6.5%。新兴产业加快培育，智能终端产业从无到有、初具规模；新能源电动专用车批量生产。

表3　2017年规模以上工业主要工业产品产量

产品名称	计量单位	产量	比上年±%
白酒（折65°商品量）	万千升	205.61	5.3
啤酒	万千升	3.01	13.6
机制纸及纸板（外购原纸加工除外）	万吨	41.52	34.2
纸制品	万吨	62.98	-12.1
塑料制品	万吨	25.24	7.2
烧碱（折100%）	万吨	12.28	3.1
精甲醇	万吨	19.03	同期0.19
石墨及碳素制品	万吨	28.40	-5.0
农用氮肥（折纯氮）	万吨	55.78	-12.4
化学药品原药	吨	4858	4.3
中成药	吨	428	-2.2
兽用药品	吨	9106	22.0

续表

产品名称	计量单位	产量	比上年±%
水泥	万吨	450.02	-6.4
平板玻璃	万重量箱	1132.42	7.3
日用玻璃制品	万吨	18.67	42.5
玻璃包装容器	万吨	134.89	9.6
起重机	吨	5045	-7.7
液压元件	万件	127.41	21.8
矿山专用设备	吨	2085	1.6
炼油、化工生产专用设备	吨	53522	25.3
包装专用设备	台	1683	-14.8
高压开关设备（11万伏以上）	台	22596	26.1
石油钻井设备	台（套）)	1721	13.9
移动通信手持机	万台	148.47	同期0
锂离子电池	万只	613.15	同期0
建筑工程用机械	台	212	75.2

工业经济效益。全年规模以上工业实现盈利的企业616户，占全部规模以上企业总数的92.9%。规模以上工业企业实现主营业务收入1651.22亿元，比上年增长17.6%，实现利润总额104.32亿元，增长19.0%。规模以上工业企业资产负债率50.10%，下降2.40个百分点；总资产贡献率19.62%，上升1.72个百分点；资本保值增值率118.65%，上升10.16个百分点；成本费用利润率上升0.11个百分点。

表4　2017年规模以上工业主营业务收入、利润及增速

指　标	主营业务收入		利润总额	
	总量（亿元）	比上年增减%	总量（亿元）	比上年增减%
规模以上工业合计	1651.22	17.6	104.32	19.0
重点行业：酒类	807.82	20.0	69.68	12.3
能源	54.34	8.8	-0.12	同期盈利1.77
机械	141.10	14.7	7.68	14.5

续表

指　标	主营业务收入		利润总额	
	总量（亿元）	比上年增减%	总量（亿元）	比上年增减%
化工	164.29	17.9	2.22	同期亏损3.48
医药	28.61	-18.0	3.09	22.7

建筑业。年末具有资质等级的总承包和专业承包建筑企业254户，有工作量企业252户，从事建筑业活动人员40.45万人。全年建筑业总产值1021.81亿元，比上年增长34.5%。其中，国有控股企业9户（有工作量企业8户），全年建筑总产值82.32亿元，下降10.2%。

四、固定资产投资

投资规模。全年全社会固定资产投资2042.11亿元，比上年增长18.0%，其中计划投资500万元及以上的建设项目和房地产投资2005.11亿元，增长17.6%。

图3　2012-2017年泸州市全社会固定资产投资

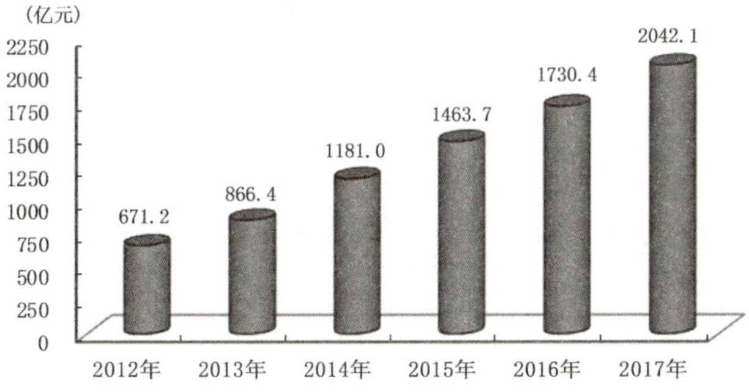

投资结构。全社会投资额中，第一产业完成投资63.49亿元，比上年下降20.9%；第二产业完成投资601.51亿元，增长5.4%，其中工业投资582.47亿元，增长3.3%；第三产业完成投资1377.11亿元，增长27.5%。基础设施投资[10]601.36亿元，增长16.7%，占全社会固定资产投资的比重为29.4%。全年民间投资[11]（含农户投资）1130.50亿元，比上年增长7.5%，占全社会固定资产投资的比重为55.4%。

房地产开发。全年房地产开发完成投资258.62亿元，增长8.1%，其中住宅投资179.65亿元，增长13.4%。房屋施工面积1848.97万平方米，增长1.6%，其中住宅1256.31万平方米，下降1.2%。房屋竣工面积505.00万平方米，下降10.6%，其中住宅竣工面积329.23万平方米，下降19.1%。全年新开工房屋施工面积648.39万平方米，比上年增长13.7%，其中住宅443.29万平方米，增长14.7%。

商品房销售[12]。全年商品房销售面积734.87万平方米，增长36.1%；销售额350.27亿元，增长40.3%。其中，住宅销售面积586.31万平方米，增长27.6%；住宅销售额272.81亿元，增长36.0%。商品房待售面积182.93万平方米，下降24.3%，其中住宅待售面积84.62万平方米，下降37.1%。

五、国内贸易及旅游

消费市场。全年社会消费品零售总额722.07亿元，比上年增长13.3%。按经营地统计，城镇消费品零售额514.09亿元，增长13.4%；乡村消费品零售额207.98亿元，增长13.3%。按消费形态统计，商品零售额617.54亿元，增长13.6%；餐饮收入104.53亿元，增长11.7%。

图4　2012-2017年泸州市社会消费品零售总额

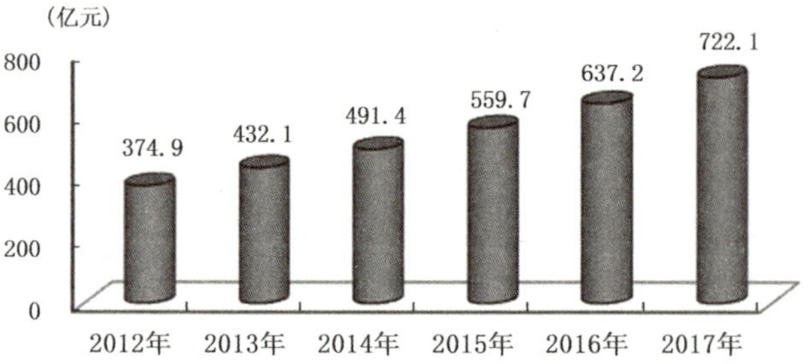

限额以上批发、零售、住宿和餐饮企业（单位）实现消费品零售额448.45亿元，增长19.9%，其中限额以上企业商品零售432.28亿元，增长19.9%。在限额以上企业商品零售额中，粮油、食品、饮料、烟酒类零售额比上年增长20.1%，服装、鞋帽、针纺织品类增长53.0%，化妆品类增长68.1%，金银珠宝类增长41.7%，日用品类增长28.9%，家用电器和音像器材类增长38.8%，中西药品类增长8.5%，文化办公用品类增长43.2%，家具类增长25.9%，通信器材类增长105.4%，建筑及装潢材料类增长17.1%，汽车类增长22.8%，石油及制品类增长7.1%。

旅游发展。全市新创建4A级景区2个、2A级景区5个，年末全市共有A级景区34个，其中4A级景区11个、3A级景区9个、2A级景区14个。全市新创建省级旅游强县1个、旅游扶贫示范区1个、旅游扶贫示范村9个，年末全市共有省级旅游度假区2个、省级旅游强县（区）2个、旅游扶贫示范区1个、旅游扶贫示范村12个。新增旅行社分社4家、旅行社服务网点26个，年末全市有旅行社25家、旅行社分社31家、旅行社服务网点132个。新增四星级宾馆1家，年末有星级宾馆18家，其中五星级宾馆1家、四星级宾馆6家、三星级宾馆4家、二星级宾馆7家。全年接待国内游客4934.58万人次，比上年增长26.0%；接待入境游客0.32万人次。实现国内旅游收入441.82亿元，比上年增长33.4%；实现旅游总收入441.88亿元，增长33.4%。

六、对外经济

进出口贸易。自贸试验区川南临港片区建设为泸州发展增添新动能，全年外贸进出口总额205708万美元，比上年增长566.1%。其中，进口9279万美元，增长168.6%；出口196429万美元，增长616.2%。按人民币计算，全年外贸进出口总额1393311万元，比上年增长576.3%。其中，进口62747万元，增长172.5%；出口1330564万元，增长627.1%。

图5　2012-2017年泸州市进口额和出口额

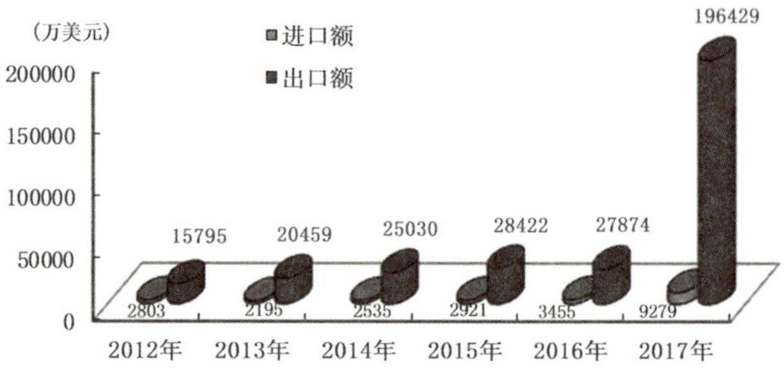

（注：增速按成都海关调整反馈数据。）

引进外资和对外合作。全年新履约市外到泸州投资项目713个（不含港澳台及国外），投资总额2253.20亿元。其中，5亿元以上重大项目46个，投资总额977.84亿元；工业项目373个，投资总额817.44亿元；省外国内项目245个，投资总额1287.51亿元。全市实际到位市外资金（包括续建项目资金）1289.94亿元，比上年增长18.8%，其中省外资金422.14亿元，增长1.5%。分产业看，第一产业项目到位资金62.11亿元，下降23.6%；第二产业项目到位资金828.68亿元，增长24.3%，其中工业项目到位资金562.02亿元，增长9.5%；第三产业项目到位资金399.15亿元，增长18.3%。

新签外资项目（合同）7个。全年外商实际直接投资额84164万元人民币，同比增长68.0%。对外投资600万美元，同比增长60.0%。

七、交通运输和邮电

交通项目建设推进有力，隆纳高速方山互通及连接线建成通车，叙古高速古蔺至习水段、G8515 泸渝高速公路、叙威高速公路加快建设，泸州城西客运站主体完工。扶贫农村公路建设助力脱贫攻坚，江阳区成功创建为“四好农村路”省级示范县。渡改桥工程惠及民生，全市新建成渡改桥 8 座，累计已建成 15 座，加快推进 31 座。

公路里程。年末境内公路总里程 13799.4 公里，其中高速公路里程 455 公里，一级公路里程 131.2 公里，二级公路里程 805.6 公里，三级及以下公路里程 12407.6 公里。

机动车保有量。年末全市民用机动车保有量达 67.82 万辆，比年初增加 7.47 万辆。其中，汽车 35.24 万辆（包括三轮汽车和低速货车 294 辆），增加 5.65 万辆；摩托车 32.37 万辆，增加 1.76 万辆。汽车中，私人汽车 31.26 万辆，比年初增加 5.48 万辆，其中私人小型和微型客车 28.86 万辆，增加 5.09 万辆。新能源汽车保有量 1120 辆，比上年增长 35.3%。

表 5　2017 年年末民用机动车保有量

单位：辆

指　　标	合计	在总计中：个人	在总计中：营运车
机动车总计	678216	635683	28274
其中：汽车	352382	312625	26053
其中：载客	307302	288869	7914
其中：小型和微型	302500	288589	4035
载货	43230	22865	18015
其他	1850	891	124
摩托车	323652	323035	58

图6　2012-2017年泸州市民用汽车保有量

公路运输。年末全市公路运输客运车辆 2853 辆（不含市内公交和出租车），等级客运站 46 个，客运线路 986 条。农村客运车辆 1536 辆，农村客运班线 545 条，行政村客运班车通达率 92.19%。全年完成旅客运输 7338.81 万人次，旅客运输周转量 45.35 亿人公里。年末公路货物营运车辆 20765 辆，全年完成货物运输 8613.58 万吨，比上年增长 22.6%，货物运输周转量 138.62 亿吨公里，比上年增长 8.7%。

港口业务。全市内河港口完成货物吞吐量 3492.98 万吨，比上年增长 1.0%，其中集装箱吞吐量 55.02 万标箱，增长 9.8%。

水路运输。内河航道通航里程 926.54 公里，其中等级航道里程 340.1 公里。年末全市拥有民用运输轮驳船 334 艘，全年完成货物运输 1830.23 万吨，下降 7.3%，运输周转量 190.15 亿吨公里，增长 16.9%；完成旅客运输 30.30 万人次，下降 21.2%，旅客运输周转量 264.6 万人公里，下降 10.9%。

铁路运输。境内铁路运营里程 160 公里。铁路货物运输 262.8 万吨，比上年增长 9.1%；货物运输周转量 20171.47 万吨公里，增长 12.0%。

航空运输。泸州机场国内航线飞行 3996 班次，比上年下降 60.0%。全年完成旅客吞吐量 39.56 万人次，下降 59.8%；完成货物吞吐量 1062.3 吨，下降 67.7%。

城市公共交通。全力推进智慧公交建设，加快农村客运线路公交化改造，加快推广新能源电动公交，推进公交专用车道设置，推进港湾式公交站点改造。成功入选全国公交都市首批创建城市。年末全市公共交通客车（含县城和城乡公交线路）1782辆，公交营运线路230条，全年客运量25439.5万人次。其中，市辖区城市公交车1459辆，公交营运线路159条，全年客运量22646.80万人次。年末城市客运出租车2011辆，其中市辖区1574辆。全市新能源公交车496辆，新能源出租车250辆。在酒城大道、龙马大道新建成投用公交专用道19.2公里，全市公交专用道总量达36公里。

城乡客运一体化工作顺利推进，实现全市所有中心村公交客运村村通。其中江阳区、龙马潭区实现241个行政村100%通公交，纳溪区、泸县实现98个中心村100%通公交，合江县、叙永县、古蔺县实现131个中心村100%通客运。

邮政和电信。全市邮政局（所）251个，快递企业40户（含分支机构）、营业网点532个。全年邮政业务收入7.62亿元，比上年增长22.7%，其中快递业务收入2.60亿元，增长41.0%。全市电信业务收入27.11亿元，增长8.4%。年末固定电话用户69.23万户，增长15.5%。年末移动电话用户449.34万户，增长17.8%。固定互联网用户105.03万户（未包括广电网络），比上年增长19.0%，其中家庭宽带用户86.13万户，比上年增长19.0%。移动互联网用户319.46万户，增长14.2%。IPTV（交互式网络电视）用户103.71万户，增长30.4%

八、财政和金融

财政收支。全市地方公共财政一般预算收入146.04亿元，增长7.2%[13]，其中税收收入80.91亿元，增长22.2%。公共财政支出368.71亿元，增长9.5%。财政支出继续向关系国计民生的重点领域和行业倾斜。教育支出77.20亿元，增长14.3%；农林水支出52.43亿元，增长3.4%；医疗卫生与计划生育支出51.06亿元，增长4.9%；社会保障和就业支出46.90亿元，增长7.9%；住房保障支出13.67亿元，增长1.9%；文化与体育传媒支出4.89亿元，增长15.4%。

图7　2012-2017年泸州市地方财政一般公共预算收入

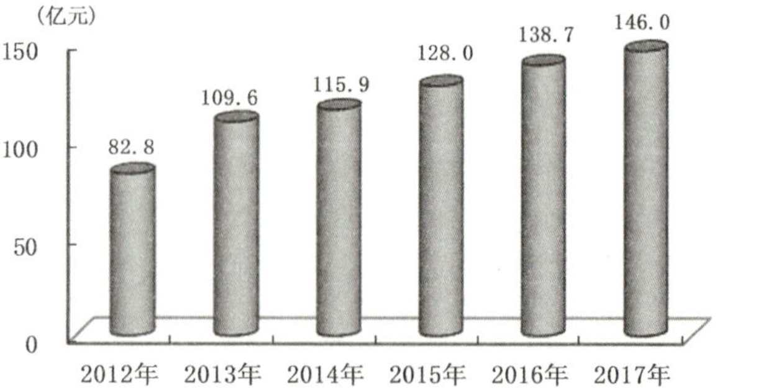

金融组织体系日趋完善。进一步加大金融业对外开放力度，整合和聚集金融资源，增强金融市场活力。成功引进成都农商行、攀枝花银行、安华农业保险、中融人寿保险、国金证券、广州证券入驻我市。地方法人金融机构改革推进顺利，完成农信社改制农商行工作，泸州农商行、泸县农商行正式挂牌运营。

金融机构存贷款。年末金融机构本外币各项存款余额2479.29亿元，比年初增加296.58亿元，其中住户存款1478.57亿元，比年初增加162.19亿元。年末金融机构本外币各项贷款余额1451.54亿元，比年初增加169.64亿元。其中，住户贷款607.89亿元，比年初增加80.26亿元；非金融企业及机关团体贷款843.63亿元，比年初增加89.37亿元。

证券。年末在泸证券公司有9家，所属营业部12个。股票有效账户数39.48万户，比年初增长15.7%；持有股票市值618.30亿元，比年初增长47.9%；全年证券交易额为3559.22亿元，比上年增长47.8%。证券公司营业收入1.50亿元，比上年下降24.2%；利润0.66亿元，比上年下降40.4%。

保险。年末在泸保险业务机构41家（含代理公司）。按业务性质分，财产险业务机构18家，寿险业务机构23家。全年保费总收入69.55亿元，增长30.8%。其中，财产险机构保费收入20.99亿元，增长12.9%；人寿险机构保费收入

48.56亿元，增长40.4%。全年处理各项赔款和给付金额26.10亿元，增长7.1%。其中，财产险机构已决赔付金额11.09亿元，增长16.2%；人寿险机构赔付金额15.01亿元，增长1.2%。

九、教育和科学技术

办学条件持续改善。重点推进城区公办中小学校和幼儿园建设。江阳区江南小学二期、龙马潭区阳雀山中学三期、叙永三中一期等10个项目竣工投用，江阳区实验小学城西分校、纳溪中学迁建工程、泸州高中城西分校工程等项目加快建设；江阳区茜草安置小区幼儿园建成投用。

教育扶贫稳步推进。全面改善贫困地区义务教育薄弱学校基本办学条件，2017年竣工校舍建筑面积84.25万平方米；安排免学费、助学金、营养午餐计划资金6.7亿元用于资助家庭经济困难学生，79747名建档立卡家庭经济困难学生得到资助；全面落实教师待遇，重点向村小和教学点、条件艰苦地区倾斜，落实农村教师生活补贴9470.27万元，享受补贴的教师22893人；新建教师周转宿舍1110套。

学前教育。全市有幼儿园727所，在园幼儿14.61万人，专任教师5415人。其中，市辖区幼儿园253所，在园幼儿45208人，专任教师2322人。全市公办幼儿园140所，在园幼儿6.93万人，专任教师1476人。其中，市辖区公办幼儿园32所，在园幼儿15020人，专任教师382人。减免民族待遇县4.73万名在园幼儿保教费，减免1.3万名非民族地区贫困家庭在园幼儿保教费。

义务教育。全市有小学223所，小学教学点697个，专任教师1.92万人，招生5.05万人，在校小学生38.08万人，毕业生7.51万人。初级中学190所，专任教师1.20万人，招生7.63万人，在校学生20.12万人，毕业生5.79万人。特殊教育（盲聋哑学校）学校7所，专任教师158人，招生173人，在校生980人，毕业生156人。包括普通学校随班就读的特殊教育学生在内，全市特殊教育在校生3823人。义务教育阶段58.21万名学生全部免除学杂费、教科书费和作业本费，补助6.2万名家庭经济困难的寄宿制住校学生生活费，补助金额4737万元。义务教育巩固率92.77%，初中毕业生升学率92.52%。

普通高中和中职教育。全市普通高中26所，专任教师5910人，招生2.86万人，在校学生8.08万人，毕业生2.62万人。中等职业教育学校[14]22所，招生2.07万人，在校学生6.86万人，毕业生1.64万人，专任教师2311人。免除全日制中职学生学费，金额7708万元；资助全日制一、二年级中职在校生1.56万名学生生活费，资助金额2927万元。免除普通高中2.52万名家庭经济困难学生学费，免除金额1137万元；资助2.65万名家庭经济困难的普通高中学生生活费，资助金额3945万元。

高等教育。全市有普通高校5所，专任教师2345人，招生17807人，在校学生63823人，毕业生23535人。其中，研究生教育招生600人，在读学生1694人，毕业生508人；全日制普通本（专）科招生13954人，在校学生47325人，毕业生13036人；非全日制本（专）科招生3253人，在读学生14804人。全市成人高等学校1所（教学点），专任教师50人，招生1164人，毕业生1147人，本专科在校生4987人。

高等教育招生考试。全市2.65万人参加普通高考，本科上线13038人、上线率49.2%；重点本科上线4984人、上线率19.0%；全市1.41万人参加成人高考，录取人数1.2万人。

2017年度自考报名总人数12812人。其中，社会型自考（社会型专业即大自考）2017年度报名累计人数1824人，毕业人数26人。

科技创新平台建设。实施创新驱动发展战略，着力建设高新技术产业基地和科技创新平台。泸州高新区江南科技产业园成功获批国家火炬泸州中医药特色产业基地。成功打造“酒城科创航”泸州科技创新服务平台，实现与线下“川南（泸州）科技成果与专利技术实体交易市场”相结合；建立全省唯一的四川重大技术装备几何计量检测中心；挂牌成立了北航研究院泸州分院，建立了王华明院士工作站、甘中学机器人研发中心。

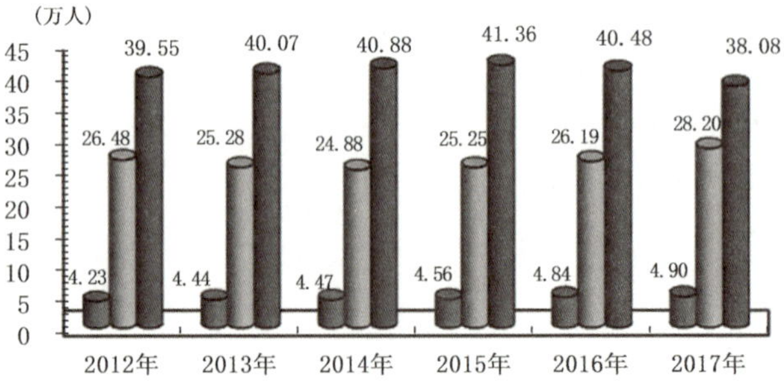

科技孵化载体。全市拥有国家级科技企业孵化器1家，国家级众创空间5家，省级科技企业孵化器7家，省级众创空间12家，省级大学科技园1家，市级众创空间39家。

科技成果与专利。全市创新科技成果3项，其中省级科技成果3项。获四川省科技进步奖9项。全年专利技术申请受理3217件，专利申请授权1451件，其中发明专利94件。西南科技大学科研项目荣获国家科技进步二等奖。

技术市场交易。全年技术合同登记67份，合同成交额45567万元，其中技术交易额5703万元。

高新技术企业。拥有国家级高新技术企业69户，市级科技型企业675户，省级创新型企业64户。

商标权。实施商标品牌兴市战略，完善商标注册、运用、保护和管理四大体系建设。本年新认定中国驰名商标1件，新注册地理标志证明商标1件。年末全市有效注册商标达16300件，其中，中国驰名商标26件、省著名商标73件、市知名商标181件、地理标志证明商标6件。

十、文化、卫生和体育

文化机构和设施。泸州市文化艺术中心、市博物馆展厅改展、泸县宋代石刻博物馆投入使用，泸顺起义旧址陈列馆开馆。年末，全市有文化馆8个、文化站142个，其中乡镇综合文化站128个、城市社区（街道）文化中心14个、公共图书馆9个、美术馆2个、博物馆（纪念馆）13个，全部实行免费开放。全市图书馆总藏量145.61万册（件），其中图书藏量108.99万册，总流通人次115.34万人次。图书馆中，市级图书馆2个（含少儿图书馆1个），总藏量73.98万册（件），图书藏量55.25万册，总流通人次58.11万人次。公共图书馆电子图书186.01万册。图书馆少儿阅览室坐席数574位，少儿文献14.03万册。全市剧场、影剧院16家。

文化产业创新发展。继续着力打造文化产业“一园四区”（泸州市文化创意产业孵化园、张坝艺术区、川南影视传媒创作区、川南文化创意园区、泸州市工业遗址展示区）。纳溪乐道旅游开发有限责任公司成功创建为省级文化产业（音乐产业）示范基地。开展国家文化消费试点，组建“泸州市文化消费试点企业联盟”，搭建“掌上泸州”文化消费平台，开展“四季”消费活动（文化消费季、精品演出季、书香阅读季、醉美旅游季）。由古蔺天香旅游发展有限责任公司、北京星瑞仁家文化传媒有限公司、北京如圆文化有限公司联合出品的以古蔺文化为背景，以古蔺历史、风景为核心的电影《北纬28度》登陆院线上映。城市电影产业蓬勃发展，城市商业影院16家，全年实现电影票房收入7253万元，比上年增长15.0%。

文化惠民。免费放映农村和社区公益电影16779场次。开展“醉美泸州百姓舞台”周末剧场、“泸州河”川剧驻场演出、“书香酒城全民阅读”系列品牌活动、端午民俗文化旅游活动等本土品牌活动500余场。承办宋代石刻与宋文化国际研讨会，中国龙文化峰会、中国美酒音乐欢乐季等全国、全省活动10余次，引进经典剧目10余场。

文化遗产保护。全市文物保护管理机构 8 个。县以上文物保护单位 280 处，国家级文物保护单位 16 处，省级文物保护单位 51 处，市级文物保护单位 120 处。有国家级非物质文化遗产保护项目 6 项，省级非物质文化遗产保护项目 45 项，市级非物质文化遗产保护项目 173 项。

报纸、期刊出版。出版期刊 3 种，总印数 3 万册；出版报纸 5 种，总印数 2499.5 万份。

广播电视设施。年末有线广播电视传输干线网络总长 4700 公里。有线电视实际用户 35.36 万户，其中数字电视用户 23.39 万户。广播电视互联网实际用户 9.51 万户，比年初减少 1.17 万户。

全民健身和体育活动。全市健身实施和场地数量 1654 个。继续推动各级各类公共体育设施免费或低收费开放，全年免费开放体育场馆体育锻炼 109.3 万人次。组织泸州市中小学生田径、足球（春季联赛）、羽毛球、乒乓球、足球（秋季联赛）、篮球比赛等 6 项市级比赛。成功举办 2017 年 ITF 国际网球巡回赛、中国铁人三项全国老年人健身大会乒乓球比赛、四川省全民健身羽毛球赛等赛事。资助业余训练贫困学生运动员 100 人；向省以上运动队输送优秀运动员 60 人，输送国家队 8 人。参加省级以上体育比赛，获奖牌 120 枚，破省级以上记录 4 次。全年体育彩票销售额达 1.42 亿元，比上年增长 26.7%。

卫生资源。年末全市共有卫生机构（包括村卫生室）4628 个，其中医院 140 个、专业公共卫生机构 30 个、基层卫生机构 4455 个、其他卫生机构 3 个。医院中，三甲医院 4 个。专业公共卫生机构中，疾病预防控制中心 8 个、专科疾病防治所 1 个、卫生监督机构 8 个、妇幼保健院 8 个、急救中心 1 个、采供血机构 1 个、健康教育机构 2 个、计划生育技术服务机构 1 个。基层卫生机构中，卫生院 130 个，社区卫生服务中心（站）48 个，门诊部 46 个，诊所、卫生所、医务室 715 个，村卫生室 3516 个。全市卫生技术人员 25462 人，比上年增加 2608 人。其中，执业医师和执业助理医师 9237 人，比上年增加 582 人；注册护士 11752 人，比上年增加 1610 人。年末医疗卫生机构编制床位 25242 张，实有床位 29256 张。

图9 2012-2017年泸州市卫生机构实有床位数

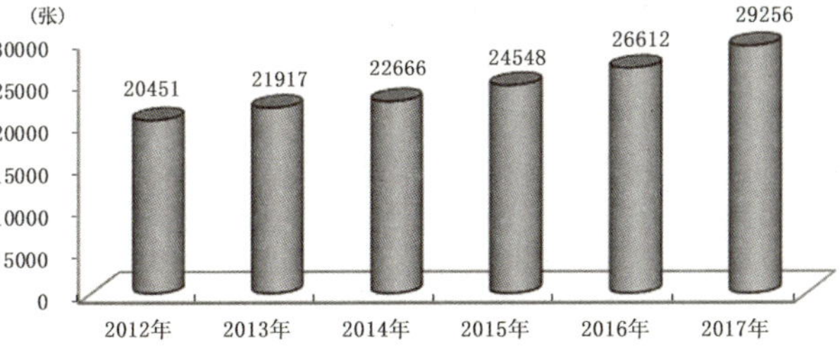

医疗服务和疾病预防控制。实施镇、村卫生机构提档升级工程，23 个中心乡镇卫生院建设项目已完成 18 个，232 个中心村卫生室建设项目全部完成。市人民医院创三甲医院通过验收，市人民医院新院建成投用。全年医疗卫生机构总诊疗人次数 1978.77 万人次，门、急诊 1920.48 万人次，住院治疗 103.26 万人次，出院 103.47 万人次。产妇住院分娩率 99.92%，高危孕产妇住院分娩率 100%，孕产妇死亡率 13.05/10 万人。婴儿死亡率 3.44‰，5 岁以下儿童死亡率 5.39‰。按照审核日期统计，全年甲、乙类法定报告传染病发病人数 7287 例，甲、乙类报告传染病发病率 169.21/10 万人，死亡率 3.53/10 万人。农村卫生厕所普及率 86.45%。

计划生育。计划生育人口统计年度 2017 年（报告期为 2016 年 10 月 1 日至 2017 年 9 月 30 日）出生人口 51367 人，死亡 29656 人，人口自然增长 21711 人；出生率 10.08‰，死亡率 5.82‰，人口自然增长率 4.26‰、比上年上升 0.29 个千分点；符合政策生育 50462 人，符合政策生育率 98.24%、比上年上升 2.05 个百分点。贯彻实施“二孩”政策。二孩生育 24699 人，比上年增加 5137 人。

十一、城市建设、环境、安全生产和司法

加快建设区域中心城市。加快推进“两江新城”建设，大力实施老城区改造提升，城市基础

设施和公共服务设施不断完善，人居环境不断优化。

中心城区扩容提质。初步统计，城市建成区新增面积18.28平方公里，新增城市人口16万人，年末城市建成区面积达153.88平方公里，建成区人口151.62万人。

——跨江桥梁和城市路网建设快速推进。沱江六桥及连接线、沱江二桥加宽改造、机场路、长江生态湿地新城整体城镇化建设项目市政道路（工业路、产业路、创业路、科兴路）、春江路等跨江通道和骨干道路建成通车。二环线建设快速实施，空港路段竣工通车。长江二桥及连接线、长江六桥及连接线，沱江五桥及连接线（一期）、长江滨江路改造等城市基础设施项目加快推进，长江滨江路小关门至柏木溪段示范段完工。

——大力提升城市功能品质，海绵城市建设试点扎实推进。城市道路“白加黑”升级改造、城区景观照明（一期）工程全面完成。中心城区慢行步游系统沱二桥至沱三桥、市民中心前区广场竣工投用。长江生态湿地公园一期起步区主体工程基本完成，实现部分对外开放。玉带河湿地公园（一期）、长江生态湿地公园（一期）、长江滨江路公园（现代城至柏木溪段）加快建设。初步统计，城市建成区绿地率达37%，人均公园绿地面积[15]达11.5平方米。第二批停车场（一期）大龙花园停车场、华升广场停车场加快建设。强化城市供排水、燃气污水等基础设施建设管理，两江新城地下综合管廊开工建设，玉带河污水管网改造、茜草二水厂、鸭儿凼污水处理厂提标扩容工程建成运行。

加快县城和小城镇建设。深入实施新型城镇化综合试点，深化拓展四川省“百镇建设行动”，培育创建特色城镇。43个新型城镇化重点示范项目建设完成投资310亿元，其中市本级重点示范建设投资完成160.48亿元，区县新型城镇示范建设项目完成投资121.32亿元，7个新型城镇化试点镇建设完成28.33亿元。全市省“百镇建设行动”试点完成基础市政设施项目建设9.6亿元，完成公共服务设施项目建设投资3.5亿元。年末，全市有国家级历史文化名镇4个，省级历史文化名镇1个。有国家级历史文化名村2个，省级历史文化名村1个；国家级传统村落26个，省级传统村落8个。

环境。全年城区环境空气质量达二级以上优良天数273天，空气质量达标率75.4%。城区可吸入颗粒物（PM10）平均浓度为80.0微克/立方米。降水酸雨频率26%，降水的pH值范围为3.59—7.39，总均值为5.20；地表水达标率81.2%。长江干流泸州段、赤水河泸州段和永宁河水质保持优良；饮用水源水质达标率100%。城市区域环境噪声等效声级总平均值为53.2分贝；道路交通噪声等效声级为71.6分贝。

气候。全年平均气温为18.5℃，最高气温42.2℃，最低气温0.4℃。年平均相对湿度81%。全年日照时数1190.5小时。全年降水量953.9毫米。

安全生产。全市共发生各类生产安全事故185起，死亡171人，死亡人数低于省政府下达控制指标数的11.4%；未发生较大及以上生产安全事故。非煤矿山、危化、烟花爆竹、农业机械等行业（领域）未发生生产安全死亡事故。

道路交通事故和火灾。全年共发生道路交通事故97起，死亡55人，受伤104人。发生火灾1540起，死亡2人，受伤9人。

司法。人民法院一审案件收案28919件，结案29515件。其中，刑事案件收案2285件，结案2282件；民商事收案26166件，结案26764件；行政案件468件，结案469件。检察机关直接侦查职务犯罪案件中，贪污贿赂案件受案68件，立案84件、人数105人；渎职案件受案28件，立案25件、人数28人。公安机关查处治安案件12516起，比上年下降15.0%；刑事案件破案6040起，比上年增长10.5%。

十二、人民生活和社会保障

城乡居民收入和支出。全年全体居民人均可支配收入21798元，比上年增长9.8%；全体居民人均消费支出15395元，比上年增长9.1%。

农村居民全年人均可支配收入13670元，人均增收1220元，增长9.8%。其中，人均工资性收入6074元，增长7.6%；人均经营净收入4622元，增长9.8%；人均财产净收入275元，增长10.1%；人均转移净收入2670元，增长15.2%。农村居民人均生活消费支出10573元，增长6.6%。其中，人均食品烟酒消费支出4462元，增长3.9%；人均衣着消费支出670元，增长9.5%；人均生活用品及服务支出712元，增长11.4%；人均教育文化娱乐消费支出636元，增长4.8%；人均医疗保健消费支出734元，增长9.3%；人均居住消费支出2034元，增长8.3%；人均交通和通信消费支出1089元，增长9.0%。农村居民食品消费支出占消费总支出的比重（农村居民恩格尔系数）42.20%。

图10　2012-2017年农村居民人均可支配收入

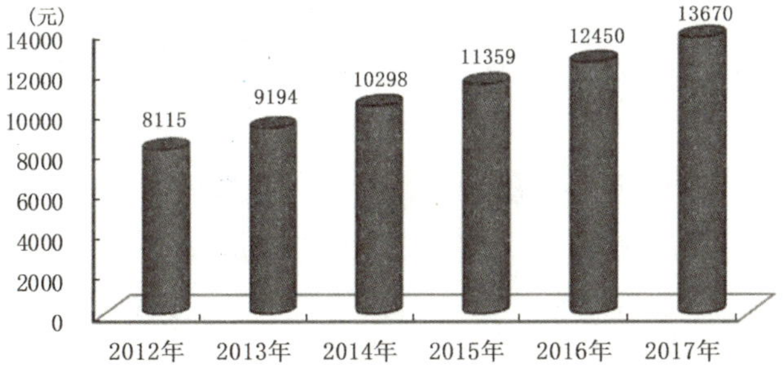

城镇居民全年人均可支配收入31449元，增长8.6%。其中，人均工资性收入19509元，增长8.5%；人均经营净收入4545元，增长10.4%；人均财产净收入1842元，增长8.1%；人均转移净收入5553元，增长7.7%。人均生活消费支出21121元，增长9.6%。其中，人均食品烟酒消费支出7957元，增长7.2%；人均衣着消费支出2015元，增长8.2%；人均生活用品及服务支出1589元，增长13.0%；人均教育文化娱乐支出1593元，增长13.4%；人均医疗保健支出1284元，增长14.5%；人均居住支出3660元，增长9.2%；人均交通和通信支出2353元，增长12.1%。城镇居民食品消费支出占消费总支出的比重（城镇居民恩格尔系数）为37.67%。

图11　2012-2017年泸州市城镇居民人均可支配收入

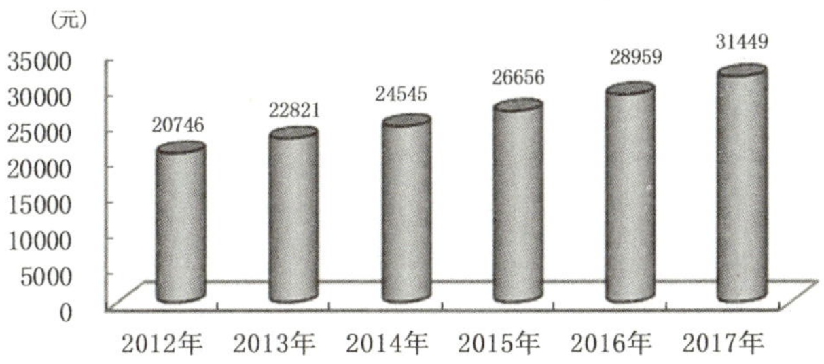

养老保障。年末全市基本养老保险参保总人数为266.28万人，比上年末增加13.07万人。

年末全市参加城镇职工基本养老保险人数103.17万人，比上年末增加10.45万人。其中，参保职工66.80万人，增加8.64万人；参保离退休人员36.37万人，增加1.81万人。从参保职工类别看，机关事业单位职工参加养老保险人数11.85万人，增加0.45万人，其中离退休人员3.64万人，增加0.14万人。企业职工参加养老保险人数58.59万人（不含离退休人员），增加8.33万人，其中个体经济组织及灵活就业人员40.09万人、增加7.02万人。企业离退休人员参保32.73万人，增加1.67万人；全年人均领取水平达22590元，比上年增加1156元，增长5.4%；年末企业退休人员社区管理覆盖面99.2%。农民工参保9.06万人，增加0.31人。

全年城镇职工基本养老保险基金总收入1663195万元，其中征缴收入1261798万元。养老保险费当期征缴率96.01%，比上年降低2.26个百分点。全年基金总支出1132135万元，比上年增加63043万元，其中发放养老金911921万元。年末基本养老保险基金累计结存902320万元。

年末参加城乡居民养老保险人数为163.11万人，比上年末增加2.62万人，其中享受待遇人数70.84万人，增加2.12万人。全年城乡居民养老保险基金总收入79856万元，比上年增加4008万元。其中，个人缴费收入11976万元，减少119万元；中央财政补助收入58095万元，增加3470万元；地方各级财政补助收入7649万元，增加515万元。全年基金总支出65283万元，比上年增加1580万元，其中支付养老金63682万元、增加1718万元。年末基金累计结存113183万元。

医疗保障。年末全市基本医疗保险参保人数474.38万人，参保率持续稳定在98%以上。其中，城镇职工医疗保险[16]参保45.53万人，城乡居民医疗保险参保428.85万人。

全年城镇职工基本医疗保险基金总收入174870万元，比上年增加21555万元。全年基金总支出144943万元，比上年增加10888万元。年末全市城镇职工基本医疗保险统筹基金累计结余127724万元。

全年城乡居民基本医疗保险基金总收入287416万元，比上年增加22475万元。全年基金总支出239397万元，比上年增加44803万元。年末全市城乡居民基本医疗保险统筹基金累计结余147158万元。

失业保险。年末全市城镇职工参加失业保险24.93万人，比上年末增加1.88万人，其中女性11.28万人，增加1.05万人。全市有7066名被征地农转非人员纳入失业保险参保范围。为9565名城镇失业人员提供了失业保障，1—9月月人均领取失业保险金水平达966元，10月起调整为1104元。其中，有3034名农民合同制工人与城镇失业人员享受同等的失业保险待遇。

全市城镇失业保险基金总收入12920万元，其中征缴失业保险费11397万元。全年基金总支出12080万元，比上年减少1480万元，其中支付失业保险金5787万元、支付1292户企业享受稳岗补贴3253万元。年末城镇失业基金累计结余58084万元。

工伤保险。年末全市参加工伤保险27.07万人，比上年末增加1.40万人。其中，农民工参保5.89万人，增加2010人。全年有2769人享受工伤保险待遇。

全年工伤保险基金总收入15762万元，比上年增加2975万元。其中，征缴收入15348万元，增加3199万元。当期征缴率96.09%。全年基金总支出9783万元，比上年减少146万元。年末基金累计结存16993万元。

生育保险。年末全市参加生育保险26.64万人，比上年末增加1.63万人，其中女性12.13万人，增加0.49万人；农民工参加生育保险4.40万人，增加0.63万人；私营企业职工参加生育保险4.83万人。全年有13835人次享受生育保险待遇，比上年增加5330人次。

全年生育保险基金总收入6530万元，比上年增加1938万元。其中，征缴收入6479万元，增加1948万元。当期征缴率98.04%。全年基金总支出9760万元，比上年增加3516万元。年末基金累计结存1343万元。

保障性安居工程。全市城镇保障性住房和棚户区改造基本建成13238套，竣工12595套。新开工危旧房棚户区改造10300户，其中货币化安置9738户。发放租赁补贴3475户，其中新增发放租赁补贴150户。政府投资公租房分配2465套。农村危房改造开工21856户，竣工21856户。

社会福利设施和救助。年末共有各类提供住宿的社会服务机构171个，床位22047张，收养、救助人数15377人。其中，老年人与残疾人服务机构157个，床位20011张，收养救助人数14139人；儿童收养救助服务机构2个，床位400张，收养救助人数70人；智障与精神病人服务机构2个，床位1101张，收养救助人数1061人；其他提供住宿的社会服务机构10个，床位535张，收养救助人数107人。

建立城镇各种社区服务设施1135个，其中社区指导中心8个、社区服务中心21个、社区服务站500个、社区养老机构及设施61个、社区互助养老服务设施325个、其他社区服务机构及设施

220个。

年末全市有2.16万人享受城镇居民最低生活保障，有17.91万人享受农村居民最低生活保障，有2.32万人享受农村特困人员救助供养。全年民政部门认定并实施医疗救助中：资助参加基本医疗保险10.95万人；民政部门直接救助25.22万人次。民政部门认定有关方面实施医疗救助中：资助参加基本医疗保险3.46万人；直接救助6.79万人次。抚恤、补助各类优抚对象4.09万人。

全年销售福利彩票4.07亿元，直接接受社会捐赠1379.20万元。自然灾害生活救助支出2269.8万元。

注释：

[1] 本公报数据均为初步统计数，正式数据以《泸州统计年鉴（2018）》为准。增加值总量按现价计算，增速按可比价计算；其余经济指标增速按现价计算。部分数据因四舍五入的原因，分项相加与合计略有误差。本公报中未特别指定基期的增减幅度计算都是以2016年同口径数据为基期，个别指标的基期数据有修订，增减幅度以此公报为准。

[2] 三个走在前列、三个显著提升：即市第八次党代会提出的未来五年“经济增长走在前列、城市发展走在前列、项目投资走在前列，产业发展水平显著提升、改革开放水平显著提升、人民生活水平显著提升”的主要任务。

[3] 三抓三主动：即攻坚克难抓发展，聚精会神抓党建，扎扎实实抓法治；主动向上使力，主动向外借力，主动向下发力。

[4] 六个突破：即市第八次党代会提出的产业发展突破、项目投资突破、城镇建设突破、改革开放突破、县域经济突破、精准脱贫突破。

[5] 行政区域面积来源于四川省第一次全国地理国情普查公报。（发布时间2017年9月，普查标准时点为2015年6月30日）

[6] 三次产业结构因2017年GDP核算方法改革调整而发生变化，2016年、2017年三次产业结构均按调整后的数据计算。

[7] 居住类价格包括租赁房房租、住房保养维修及管理、水电燃料等价格。

[8] 全社会工业增加值因2017年GDP核算方法改革调整计算口径发生变化，同口径的2016年全社会工业增加值为682.39亿元。

[9] 规模以上工业企业是指年主营业务收入2000万元及以上法人工业企业。限额以上批发零售贸易企业（单位）是指年主营业务收入2000万元及以上的批发企业（单位）和年主营业务收入500万元及以上零售企业（单位）。限额以上住宿和餐饮业是指年主营业务收入200万元及以上的住宿和餐饮业企业（单位）。固定资产投资项目统计范围为计划总投资500万元及以上项目，不含农户投资。全社会固定资产投资＝固定资产投资项目投资+农户投资+房地产开发投资

[10] 基础设施投资是指建造或购置为社会生产和生活提供基础性、大众性服务的工程和设施的支出。公报中的基础设施投资包括交通运输、邮政业，电信、广播电视和卫星传输服务业，互联网和相关服务业，水利、环境和公共设施管理业投资。

[11] 民间固定资产投资是指具有集体、私营、个人性质的内资企事业单位以及由其控股（包括绝对控股和相对控股）的企业单位建造或购置固定资产的投资。

[12] 商品房销售指房地产开发企业新建商品房销售，不包括二手房交易。

[13] 财政一般预算收入按省财政厅口径增速为7.2%，按市财政口径增速为11.3%。

[14] 中等职业教育包括普通中专、成人中专、职业高中和技工学校。

[15] 公园绿地含城市公园、广场、街头游园、居住区集中绿地。

[16] 城镇职工基本医疗保险人数包括参保职工和参保退休人员。城乡居民基本医疗保险的

参保对象是指不属于城镇职工基本医疗保险覆盖范围的人员。

数据来源：

本公报中，物价指数和城乡居民收支数据来源于国家统计局泸州调查队；户籍人口、机动车保有量、交通事故、火灾数据来源于市公安局；城市建设、城市建成区面积与人口、保障性住房等数据来源于市住房城乡建设局；财政收支数据来自市财政局；金融机构存贷款数据来自人民银行泸州中心支行；水产品产量、农业机械化数据来自市农业局；木材、竹材产量、造林面积数据来自市林业局；水利工程、灌溉面积、水土流失治理来自市水务局；城市公共交通、公路运输、水运、港口货物吞吐量数据来自市交通运输局；民航数据来自市民航局；电话用户、宽带用户、移动互联网等数据来自中国移动泸州分公司、中国电信泸州分公司、中国联通泸州分公司；货物进出口数据来自成都海关泸州办事处、市商务局；引进市外国内项目资金数据来自市投资促进局；外商投资数据来自市商务局；邮政业务数据来自市邮政管理局；旅游数据来自市外侨旅游局；证券数据来自市金融办；保险业数据来自市保险行业协会；教育数据来自市教育局；科技和技术合同、专利数据来自市科技知识产权局；文化馆（站）、博物馆、公共图书馆、广播电视、报纸、期刊、图书、体育数据来自市文体广局；卫生和计划生育数据来自市卫生计生委；土地资源数据来自市国土资源局；自然保护区、环境监测数据来自市环境保护局；气候数据来自市气象局；安全生产数据来自市安全监管局；司法数据来自市中级人民法院、市检察院、市公安局；城镇新增就业、登记失业率、社会保障、技工学校数据来自市人力资源社会保障局；城乡低保、农村特困人员救助供养、社会服务来自市民政局；其他数据均来自市统计局。

泸州市经济和社会发展统计表

全市地区生产总值构成及增速

单位：万元

指　　标	2017 年	比上年±%
地区生产总值	15962100	9.1
农、林、牧、渔业	1862381	4.0
工业	7250383	9.7
建筑业	1258820	11.3
交通运输、仓储和邮政业	707609	4.5
信息传输、软件和信息技术服务业	265818	34.3
批发和零售业	997560	10.8
住宿和餐饮业	450180	8.2
金融业	668606	12.9
房地产业	601509	11.3
租赁和商务服务业	159091	15.6
科学研究和技术服务业	57930	4.8
水利、环境和公共设施管理业	18377	2.0
居民服务、修理和其他服务业	306440	15.6
教育	452315	2.0
卫生和社会工作	271736	1.0
文化、体育和娱乐业	50468	15.7
公共管理、社会保障和社会组织	582877	5.5

注：生产总值按当年价计算，增速按可比价计算。

全市地区生产总值及三次产业结构

指　　标	总量及增速		三次产业结构（%）	
	2017年	比上年±%	2017年	2016年
地区生产总值（万元）	15962100	9.1	100.0	100.0
第一产业	1831866	3.9	11.5	12.0
第二产业	8505634	10.0	53.3	53.5
第三产业	5624600	9.5	35.2	34.5
人均地区生产总值（元）	37020	8.7	—	—

注：生产总值按当年价格计算。

分县（区）地区生产总值及三次产业结构

（2017年）

单位：万元、%

地　区	地区生产总值				地区生产总值构成			
		第一产业	第二产业	第三产业		第一产业	第二产业	第三产业
江阳区	4678334	212901	2547114	1918319	100.0	4.6	54.4	41.0
纳溪区	1450060	214223	777792	458045	100.0	14.8	53.6	31.6
龙马潭区	2279163	106809	1527970	644384	100.0	4.7	67.0	28.3
泸　县	3004463	493334	1664816	846313	100.0	16.4	55.4	28.2
合江县	1898644	358159	735996	804489	100.0	18.9	38.7	42.4
叙永县	1153604	223050	463086	467468	100.0	19.3	40.2	40.5
古蔺县	1497832	223389	788671	485772	100.0	14.9	52.7	32.4

注：生产总值按当年价计算。

分县（区）地区生产总值增速和人均地区生产总值

（2017 年）

地　　区	地区生产总值比上年±%	第一产业比上年±%	第二产业比上年±%	第三产业比上年±%	人均地区生产总值（元）	比上年±%
江阳区	10. 0	3. 5	10. 1	10. 6	76207	9. 1
纳溪区	8. 4	3. 6	9. 7	8. 2	31104	7. 5
龙马潭区	10. 0	3. 5	10. 2	10. 6	60311	6. 7
泸　县	9. 1	4. 1	10. 1	10. 1	34554	8. 9
合江县	8. 6	3. 9	10. 2	9. 2	26832	8. 6
叙永县	7. 7	3. 9	9. 1	8. 1	19849	7. 5
古蔺县	8. 6	3. 7	10. 1	8. 2	21530	9. 5

注：人均地区生产总值按当年价计算，增速按可比价计算。

全市及县（区）非公有制经济增加值

（2017 年）

单位：万元

地　　区	非公有制经济增加值		第一产业		第二产业		第三产业	
	绝对值	比上年±%	绝对值	比上年±%	绝对值	比上年±%	绝对值	比上年±%
全　市	9501770	9. 3	499084	1. 5	5700201	10. 0	3302485	9. 4
江阳区	2567120	10. 2	37276	1. 2	1668252	9. 5	861592	12. 0
纳溪区	854413	8. 6	51077	1. 3	551937	9. 9	251399	7. 1
龙马潭区	1424154	10. 2	41222	1. 8	999710	10. 6	383222	9. 8
泸　县	1951327	9. 3	141016	1. 7	1319696	10. 0	490615	9. 8
合江县	1210532	8. 8	104393	2. 7	587703	10. 5	518436	8. 1
叙永县	680025	7. 9	60973	2. 5	349970	8. 8	269082	7. 9
古蔺县	821304	8. 8	63126	1. 2	481210	10. 0	276968	8. 4

注：增加值按当年价计算，增速按可比价计算。

全市及县（区）固定资产投资完成额

（2017 年）

单位：万元

指　　标	全市	江阳区	纳溪区	龙马潭区	泸　县	合江县	叙永县	古蔺县
全社会固定资产投资	20421078	4631170	2364533	3071960	3672566	2576996	1662854	2440999
#固定资产投资（不含农户投资）	20051078	4573170	2337533	3022960	3607566	2517996	1615854	2375999
#设备工器具购置	17590250	4170512	1761208	2638225	3243966	2186323	1336286	2253730
建筑安装工程	1497399	153571	271308	226684	327821	231426	192769	93820
# 500 万元及以上项目投资完成额	17464909	3338496	2274135	2460397	3413042	2327104	1423836	2227899
#工业投资	5824718	1303982	834804	817599	1365625	923842	332455	246411
#技改投资	4115790	820713	550197	663502	1023900	625600	264250	167628
房地产开发投资	2586169	1234674	63398	562563	194524	190892	192018	148100

全市及县（区）泸州市社会消费品零售总额

单位：万元

指　　标	2017 年	比上年±%
全市社会消费品零售总额	7220721	13.3
一、按经营地分		
（一）城镇	5140885	13.4
（二）乡村	2079836	13.3
二、按消费形态分		
（一）餐饮收入	1045331	11.7
（二）商品零售	6175390	13.6
三、按区县分		
江阳区	2109493	13.5
纳溪区	821996	13.2
龙马潭区	710773	13.5
泸　县	1185734	13.4
合江县	983983	13.1
叙永县	703080	13.3
古蔺县	705663	13.3

注：本表分县区数相加不等于全市数是由于对小数点进行了四舍五入。

全市及县（区）城镇居民家庭收支情况

（2017 年）

单位：元/人

指　标	泸州市	江阳区	纳溪区	龙马潭区	泸县	合江县	叙永县	古蔺县
人均可支配收入	31449	36226	32395	36214	30910	26262	23880	26053
1. 工资性收入	19509	22685	21681	22708	18679	15874	14365	14392
2. 经营净收入	4545	4722	2672	5712	6539	3587	3252	4713
3. 财产净收入	1842	2164	1866	2027	1419	1899	1328	1856
4. 转移净收入	5553	6655	6175	5766	4273	4902	4936	5092
人均消费支出	21121	24253	20850	24495	20402	18077	16022	18985
1. 食品烟酒	7957	8488	7937	8881	7427	7355	7031	7880
2. 衣着	2015	2185	2127	1883	2106	1798	1203	2523
3. 居住	3660	4878	3316	4056	3016	3164	2641	3391
4. 生活用品及服务	1589	1965	1886	1654	1627	1460	855	873
5. 交通和通信	2353	2363	2558	3275	3113	1532	1358	1361
6. 教育文化娱乐	1593	2134	1221	2288	1365	1327	1237	937
7. 医疗保健	1284	1344	958	1622	1230	1083	1132	1687
8. 其它用品及服务	670	896	847	835	520	358	567	333

注：本表内收支分项指标相加与对应指标合计略有误差是由于对小数点进行了四舍五入。

全市及县（区）农村居民家庭收支情况

（2017 年）

单位：元/人

指　标	泸州市	江阳区	纳溪区	龙马潭区	泸县	合江县	叙永县	古蔺县
人均可支配收入	13670	16686	15136	17704	15146	14472	10897	11554
1. 工资性收入	6074	8535	6566	8233	6671	5927	4756	5333
2. 经营净收入	4622	4868	5510	5668	5059	5159	3801	3827
3. 财产净收入	275	337	266	479	334	268	243	196
4. 转移净收入	2700	2947	2794	3324	3082	3118	2097	2199
人均消费支出	10573	11729	11171	12761	12073	11076	8657	9169
1. 食品烟酒	4462	4581	4602	5342	4722	4688	4193	3983

续表

指　　标	泸州市	江阳区	纳溪区	龙马潭区	泸县	合江县	叙永县	古蔺县
2. 衣着	670	948	748	851	799	662	444	580
3. 居住	2034	2132	2027	2132	2260	2027	1732	1996
4. 生活用品及服务	712	951	627	854	953	796	580	419
5. 交通和通信	1089	1412	956	1415	1367	1062	651	1045
6. 教育文化娱乐	636	588	652	887	817	671	520	478
7. 医疗保健	734	867	930	1099	910	952	427	442
8. 其它用品及服务	235	250	630	179	245	219	108	226

注：本表内收支分项指标相加与对应指标合计略有误差是由于对小数点进行了四舍五入。

全市及县（区）教育事业基本情况

（2017 年）

单位：所、人

指　　标	学校数		毕业生数	招生数	在校学生数		
		教学点				教职工人数	专任教师
一、普通高等学校	5	—	23535	17807	63823	3309	2345
二、成人高等学校	1	—	1147	1164	4987	68	50
三、中等职业教育（不含技校）	19	—	16065	20323	67190	2380	1980
江阳区	5	—	5656	5268	28599	410	322
纳溪区	3	—	875	1609	4748	225	175
龙马潭区	2	—	1728	2067	5737	293	250
泸　县	3	—	2528	3552	9625	418	383
合江县	3	—	2724	4107	8991	648	486
叙永县	1	—	1051	1224	3139	162	144
古蔺县	2	—	1503	2496	6351	224	220
四、普通中学	216	—	84059	104903	282006	19230	17893
1. 高中	26	—	26176	28640	80761	6361	5910
江阳区	4	—	5263	5503	16063	2133	1963
纳溪区	2	—	2088	2133	5822	394	379

续表

指　标	学校数	教学点	毕业生数	招生数	在校学生数	教职工人数	专任教师
龙马潭区	4	—	1567	1906	5186	409	298
泸　县	5	—	7259	7184	21631	1441	1356
合江县	3	—	3361	5033	12345	741	716
叙永县	5	—	2911	3092	8763	531	498
古蔺县	3	—	3727	3789	10951	712	700
2. 初中	190	—	57883	76263	201245	12869	11983
江阳区	25	—	8667	10712	27283	1819	1644
纳溪区	12	—	4473	6189	16714	1113	1049
龙马潭区	14	—	3769	6067	15508	1086	920
泸　县	50	—	12275	16834	43790	2686	2368
合江县	22	—	8851	13975	34666	2204	2140
叙永县	30	—	8667	11106	30499	1836	1758
古蔺县	37	—	11181	11380	32785	2125	2104
五、小学（含小学教学点）	920	697	75149	50524	380825	20037	19205
江阳区	65	41	9760	7112	47313	2624	2453
纳溪区	74	59	6350	3979	32197	1711	1673
龙马潭区	22	10	5106	4405	28435	1685	1470
泸　县	147	111	16018	7913	71821	3701	3533
合江县	140	65	14886	8151	71806	3587	3482
叙永县	212	182	11398	7514	57709	3147	3023
古蔺县	260	229	11631	11450	71544	3582	3571
六、特殊教育学校	7		156	173	980	168	158

注：1. 按学年度统计。2. 普通高校学生为普通本专科学生。3. 特殊教育学校学生未含普通学校随班就读残疾学生2843人。

泸州港口基本情况

（2017年）

指　标	单　位	数　量
一、码头情况		
生产用码头总长度	米	5402
生产用码头泊位数	个	83
设计最大靠泊能力	吨	1000
集装箱码头年吞吐能力	万标箱	100
集装箱码头本年完成吞吐量	标箱	550204
二、生产完成情况		
货物吞吐量	万吨	3492.98
#出港	万吨	1365.43
三、主要货物吞吐量		
煤炭及制品	万吨	448.43
金属矿石	万吨	140.78
非金属矿石	万吨	236.23
水泥	万吨	84.30
化学肥料及农药	万吨	57.74
化工原料及制品	万吨	141.78
矿建材料	万吨	1742.45
粮食	万吨	7.09
石油、天然气及制品	万吨	94.62

注：包括长江干线港区和内河其他港区。

全市及县（区）按机构类型分组的法人单位数

（2017 年末）

单位：个

分 类	全市	江阳区	纳溪区	龙马潭区	泸县	合江县	叙永县	古蔺县
合 计	36870	8481	4033	6857	5553	4349	3909	3688
按机构类型分组								
企业	26457	6814	3114	5978	3763	2687	2383	1718
事业单位	2429	494	205	240	373	423	280	414
机关	668	162	66	97	82	89	82	90
社会团体	1083	332	126	121	131	133	158	82
民办非企业单位	1386	273	87	172	457	149	133	115
基金会	4	1	1	1	1			
居委会	268	58	25	44	47	41	30	23
村委会	1345	89	176	45	251	284	231	269
农民专业合作社	2978	194	214	136	411	497	567	959
其他组织机构	252	64	19	23	37	46	45	18

全市及县（区）卫生机构、床位、人员

（2017 年末）

指标	全市	江阳区	纳溪区	龙马潭区	泸县	合江县	叙永县	古蔺县
一、卫生机构个数（个）	4628	490	444	432	1257	829	514	662
医院	140	24	22	21	37	16	8	12
综合医院	94	9	20	5	33	12	5	10
中医医院	15	3	1	4	2	1	3	1
专科医院	31	12	1	12	2	3		1
基层医疗卫生机构	4455	458	419	403	1216	809	503	647
#卫生院	130	10	12	9	19	29	25	26
社区卫生服务中心（站）	48	20	3	8	5		8	4
村卫生室	3516	267	355	214	1067	625	417	571
门诊部	46			2	11	32	1	

续表

指标	全市	江阳区	纳溪区	龙马潭区	泸县	合江县	叙永县	古蔺县
诊所、卫生所、医务室	715	161	49	170	114	123	52	46
专业公共卫生机构	30	7	3	7	3	4	3	3
其他卫生机构	3	1		1	1			
二、卫生机构床位数（张）	29256	9445	2600	2770	4766	4558	2386	2731
三、卫生技术人员（人）	25462	9153	1856	2866	3800	3245	2276	2266
执业（助理）医师	9237	3326	662	1080	1469	1186	739	775
注册护士	11752	4517	901	1243	1700	1454	995	942

重要文件目录

中共泸州市委 2017 年发文目录一览表

发文号	发文单位	文件标题
泸委发〔2017〕1 号	中共泸州市委 泸州市人民政府	关于印发《泸州市 2017 年工业经济攻坚发展实施意见》《泸州市 2017 年产业发展突破实施方案》等“六个突破”实施方案和《泸州市 2017 年营造良好发展环境实施方案》的通知
泸委发〔2017〕2 号	中共泸州市委	关于加强和规范党内政治生活　严格党内监督　巩固发展良好政治生态的意见
泸委发〔2017〕3 号	中共泸州市委 泸州市人民政府	关于印发《泸州市国有林场改革实施方案》的通知
泸委发〔2017〕5 号	中共泸州市委 泸州市人民政府	关于贯彻《中共中央、国务院关于推进安全生产领域改革发展的意见》的实施意见
泸委发〔2017〕6 号	中共泸州市委 泸州市人民政府	关于印发《泸州市全面推行河长制实施方案》的通知
泸委发〔2017〕7 号	中共泸州市委 泸州市人民政府	关于印发《泸州市关于在公民中开展法治宣传教育第七个五年规划(2016—2020 年)》的通知
泸委发〔2017〕9 号	中共泸州市委	关于印发《中共泸州市委工作规则》的通知
泸委发〔2017〕10 号	中共泸州市委	关于加强社会主义协商民主建设的实施意见
泸委发〔2017〕12 号	中共泸州市委 泸州市人民政府	关于 2017 年党风廉政建设和反腐败工作的意见
泸委发〔2017〕13 号	中共泸州市委	关于旗帜鲜明讲政治　进一步加强领导班子思想政治建设的实施意见
泸委发〔2017〕14 号	中共泸州市委	关于进一步加强新形势下统一战线工作的实施意见
泸委发〔2017〕15 号	中共泸州市委 泸州市人民政府	关于加强城市规划建设管理工作的实施意见
泸委发〔2017〕16 号	中共泸州市委 泸州市人民政府	关于印发《泸州市推进城市执法体制改革　改进城市管理工作实施方案》的通知

续表

发文号	发文单位	文件标题
泸委发〔2017〕17 号	中共泸州市委 泸州市人民政府	关于贯彻落实《国家创新驱动发展战略纲要》的实施意见
泸委发〔2017〕18 号	中共泸州市委 泸州市人民政府	关于长江沱江沿岸生态优先绿色发展的实施意见
泸委发〔2017〕19 号	中共泸州市委	认真学习宣传贯彻党的十九大精神的通知
泸委发〔2017〕22 号	中共泸州市委 泸州市人民政府	关于稳步推进农村集体产权制度改革的实施意见
泸委发〔2017〕23 号	中共泸州市委	关于全面深入贯彻落实党的十九大精神　加快建设现代化区域中心的决定
泸委发〔2017〕25 号	中共泸州市委 泸州市人民政府	关于深化拓展“百镇建设行动”培育创建特色镇的实施意见
泸委发〔2017〕26 号	中共泸州市委 泸州市人民政府	关于印发《“健康泸州 2030”规划纲要》的通知

泸州市人民政府 2017 年发文目录一览表

发文号	发文单位	文件标题
泸市府发〔2017〕1 号	泸州市人民政府	关于印发泸州市科学技术奖励办法的通知
泸市府发〔2017〕2 号	泸州市人民政府	关于印发泸州市文化产业发展规划（2016—2020 年）的通知
泸市府发〔2017〕3 号	泸州市人民政府	关于聘任喻双同志为市政府顾问的通知
泸市府发〔2017〕4 号	泸州市人民政府	关于实施品牌发展战略　深入推进质量强市的意见
泸市府发〔2017〕5 号	泸州市人民政府	关于为参加“先锋 2016”全国公安应急保障演练有功集体和个人记功的决定
泸市府发〔2017〕6 号	泸州市人民政府	转发关于进一步明确安全生产职责　全面落实安全生产责任的通知
泸市府发〔2017〕7 号	泸州市人民政府	关于授权中国（四川）自由贸易试验区川南临港片区实施市级行政许可事项的通知
泸市府发〔2017〕8 号	泸州市人民政府	关于促进快递业健康发展的实施意见

续表

发文号	发文单位	文件标题
泸市府发〔2017〕9号	泸州市人民政府	关于印发泸州市线型工程项目征地补偿安置办法的通知
泸市府发〔2017〕10号	泸州市人民政府	关于印发泸州市征地补偿安置办法的通知
泸市府发〔2017〕11号	泸州市人民政府	关于印发泸州市农村客运村村通公路建设实施方案的通知
泸市府发〔2017〕12号	泸州市人民政府	关于加快推进城乡客运一体化建设的实施意见
泸市府发〔2017〕13号	泸州市人民政府	关于进一步做好城镇危旧房棚户区及农村危房改造工作的实施意见
泸市府发〔2017〕14号	泸州市人民政府	关于印发泸州市社会信用体系建设规划（2017—2020年）的通知
泸市府发〔2017〕15号	泸州市人民政府	关于印发泸州市“十三五”脱贫攻坚规划的通知
泸市府发〔2017〕16号	泸州市人民政府	关于深入推进新型城镇化建设的实施意见
泸市府发〔2017〕17号	泸州市人民政府	关于印发泸州市重点项目管理办法的通知
泸市府发〔2017〕18号	泸州市人民政府	关于加快综合运输服务示范城市建设的实施意见
泸市府发〔2017〕19号	泸州市人民政府	关于印发泸州市“十三五”食品安全规划和泸州市“十三五”药品安全规划的通知
泸市府发〔2017〕20号	泸州市人民政府	关于调整城乡居民最低生活保障标准的通知
泸市府发〔2017〕21号	泸州市人民政府	关于2016年科学技术奖励的决定
泸市府发〔2017〕22号	泸州市人民政府	关于印发泸州市“十三五”综合交通运输发展规划的通知
泸市府发〔2017〕23号	泸州市人民政府	关于进一步促进建筑业持续健康发展的意见
泸市府发〔2017〕25号	泸州市人民政府	关于印发泸州市创建国家食品安全示范城市工作方案的通知
泸市府发〔2017〕26号	泸州市人民政府	关于印发泸州市南寿山墓园管理处转制方案的通知

续表

发文号	发文单位	文件标题
泸市府发〔2017〕27号	泸州市人民政府	关于加强食品安全监管长效机制建设的意见
泸市府发〔2017〕28号	泸州市人民政府	关于委托下放民办高中、民办职高及民办中等教育机构审批权的通知
泸市府发〔2017〕29号	泸州市人民政府	关于印发进一步加强公办学校建设的实施意见
泸市府发〔2017〕30号	泸州市人民政府	关于印发泸州市“十三五”教育事业发展规划的通知
泸市府发〔2017〕31号	泸州市人民政府	关于印发泸州市残疾人事业“十三五”发展纲要的通知
泸市府发〔2017〕32号	泸州市人民政府	关于表扬优秀复员退伍军人的通报
泸市府发〔2017〕33号	泸州市人民政府	关于进一步加强乡镇财政管理的意见
泸市府发〔2017〕35号	泸州市人民政府	关于印发泸州市房地产开发项目资本金管理办法的通知
泸市府发〔2017〕36号	泸州市人民政府	关于印发泸州市人民政府工作规则的通知
泸市府发〔2017〕37号	泸州市人民政府	关于印发泸州市食品小作坊小经营店及摊贩管理实施细则的通知
泸市府发〔2017〕38号	泸州市人民政府	关于印发《调整完善市区财政体制实施方案》的通知
泸市府发〔2017〕39号	泸州市人民政府	关于促进加工贸易加快发展的实施意见
泸市府发〔2017〕40号	泸州市人民政府	关于印发沙州市征地青苗和地上附着物补偿标准的通知
泸市府发〔2017〕41号	泸州市人民政府	关于改革和完善国有资产管理体制的实施意见
泸市府发〔2017〕42号	泸州市人民政府	关于进一步加强农村留守儿童关爱保护工作的实施意见
泸市府发〔2017〕43号	泸州市人民政府	关于印发创建国家食品安全示范城市　打造食品药品安全泸州工作方案的通知
泸市府发〔2017〕44号	泸州市人民政府	关于印发泸州市重大火灾隐患整治办法的通知

续表

发文号	发文单位	文件标题
泸市府发〔2017〕45 号	泸州市人民政府	关于印发泸州市城镇职工补充医疗保险办法的通知
泸市府发〔2017〕46 号	泸州市人民政府	关于印发泸州市基本医疗保险实施办法的通知
泸市府发〔2017〕47 号	泸州市人民政府	关于印发进一步优环境降成本促进工业稳增长意见的通知
泸市府发〔2017〕48 号	泸州市人民政府	关于调整中国（四川）自由贸易试验区川南临港片区管理委员会实施的市级行政许可事项的通知
泸市府发〔2017〕49 号	泸州市人民政府	关于印发泸州市地震应急预案的通知
泸市府发〔2017〕50 号	泸州市人民政府	关于市政府副市长郭庆同志分工的通知
泸市府发〔2017〕51 号	泸州市人民政府	关于印发泸州市社会科学优秀成果评奖办法的通知
泸市府发〔2017〕52 号	泸州市人民政府	关于共建共享中国白酒金三角酒业园区的实施意见
泸市府发〔2017〕53 号	泸州市人民政府	关于印发加强体育工作建设健康泸州的实施意见
泸市府发〔2017〕54 号	泸州市人民政府	关于进一步加快泸州航空产业园区（泸州军民融合产业园区）发展的意见
泸市府发〔2017〕55 号	泸州市人民政府	关于印发泸州市政务信息资源共享管理暂行办法的通知
泸市府发〔2017〕56 号	泸州市人民政府	关于印发泸州港国家开放口岸建设方案的通知
泸市府发〔2017〕57 号	泸州市人民政府	关于印发泸州市城市地下综合管廊规划建设运营管理办法（试行）的通知
泸市府发〔2017〕58 号	泸州市人民政府	关于深化全市公共视频监控系统建设与联网应用工作的通知
泸市府发〔2017〕59 号	泸州市人民政府	关于印发加快推进“互联网+政务服务”工作实施方案的通知
泸市府发〔2017〕60 号	泸州市人民政府	关于印发泸州市节能减排综合工作方案（2017—2020）的通知
泸市府发〔2017〕61 号	泸州市人民政府	关于印发泸州市控制温室气体排放工作方案的通知

续表

发文号	发文单位	文件标题
泸市府发〔2017〕62号	泸州市人民政府	关于统筹推进县域内城乡义务教育一体化改革发展的实施意见
泸市府发〔2017〕63号	泸州市人民政府	关于印发泸州市主城区农贸市场规划建设管理办法的通知
泸市府发〔2017〕64号	泸州市人民政府	关于印发泸州市深化市级财政科技计划管理改革方案的通知
泸市府发〔2017〕65号	泸州市人民政府	关于建立完善守信联合激励和失信联合惩戒制度 加快推进社会诚信建设的实施意见
泸市府发〔2017〕66号	泸州市人民政府	关于印发泸州市深化医药卫生体制改革规划（2017—2020年）的通知
泸市府发〔2017〕67号	泸州市人民政府	关于给泸州市公安消防支队记集体二等功的决定
泸市府发〔2017〕68号	泸州市人民政府	关于印发泸州市失业保险市级统筹办法的通知
泸市府发〔2017〕69号	泸州市人民政府	关于印发泸州市生育保险实施办法的通知
泸市府发〔2017〕70号	泸州市人民政府	关于做好当前和今后一段时期就业创业工作的实施意见
泸市府发〔2017〕71号	泸州市人民政府	关于印发泸州市公共信用信息归集、使用和管理暂行办法的通知
泸市府发〔2017〕72号	泸州市人民政府	关于印发泸州市矿产资源总体规划（2016—2020年）的通知
泸市府发〔2017〕73号	泸州市人民政府 泸州军分区	关于下达泸州市2017年军人随军家属就业接收安置计划的通知
泸市府发〔2017〕74号	泸州市人民政府 泸州军分区	关于进一步鼓励大学生参军入伍的意见

索　引

使用说明

一、本索引采用内容分析索引法，按索引条目汉语拼音顺序排列。

二、索引标目后的数字表示内容所在的页码。

C

D

F

G

H

J

K

L

M

N

P

Q

R

S

T

W

X

Y

Z